TOD UND RITUAL IN DEN CHRISTLICHEN
GEMEINDEN DER ANTIKE

SUPPLEMENTS TO

VIGILIAE CHRISTIANAE

Formerly Philosophia Patrum

TEXTS AND STUDIES OF EARLY CHRISTIAN LIFE
AND LANGUAGE

EDITORS

J. DEN BOEFT — R. VAN DEN BROEK — W.L. PETERSEN
D.T. RUNIA — J.C.M. VAN WINDEN

VOLUME LXV

TOD UND RITUAL IN DEN CHRISTLICHEN GEMEINDEN DER ANTIKE

VON

ULRICH VOLP

BRILL

LEIDEN · BOSTON

2002

This book is printed on acid-free paper.

Die Deutsche Bibliothek – CIP-Einheitsaufnahme

Volp, Ulrich:
Tod und Ritual in den christlichen Gemeinden der Antike / von Ulrich
Volp. – Leiden ; Boston : Brill, 2002
(Supplements to Vigiliae Christianae ; Vol. 65)
Zugl. : Bonn, Univ., Diss., 2000/2001
ISBN 90–04–12671–6

Library of Congress Cataloging-in-Publication Data

Library of Congress Cataloging-in-Publication Data is also available

ISSN   0920-623X
ISBN   90 04 12671 6

In memoriam

Rainer Volp 1931-1998

INHALT

INHALT

INHALT

VORWORT

Als ich 1997 mit den Recherchen für die vorliegende Arbeit begann, war mir nicht bewußt, wie kontrovers das Thema „Tod" in jüngster Zeit noch diskutiert werden sollte. Dabei ist es zweifelsohne ein Wagnis, eine historische Arbeit zu einer aktuellen Fragestellung vorzulegen. Nicht immer ist der Blick in Texte aus vergangenen Zeiten willkommen, und nicht selten trüben tägliche Debatten um brennende Alltagsprobleme den Blick in die Quellen unserer eigenen Geschichte. Dennoch schien es mir lohnend, dieses Wagnis einzugehen, ist doch inzwischen deutlich geworden, wie überfällig eine Arbeit zu den Voraussetzungen für die Entwicklung christlicher Bestattungsrituale ist, so daß ich mich freue, nun den vorliegenden Entwurf veröffentlichen zu können.

Naturgemäß schulde ich vielen Dank, die dies erst möglich gemacht haben: An allererster Stelle gebührt er meinem verehrten Lehrer Professor Wolfram Kinzig—ich freue mich sehr, daß ich mittlerweile unter seiner Ägide arbeiten und weiter von ihm lernen darf. Außer in Bonn entstand ein großer Teil der vorliegenden Arbeit an der *Classics Faculty* der Universität Cambridge. Was ich neben meinem College Peterhouse und den Einrichtungen der Universität meinem dortigen Lehrer Professor Keith Hopkins verdanke, wird, meine ich, aus manchem Detail der vorliegenden Studie deutlich. Herrn Professor Markus Vinzent von der Universität Birmingham bin ich zu großem Dank für seine vielfältige Hilfe und andauernden Ansporn zur patristischen Neugier verpflichtet. Auch den Bibliotheken und den theologischen beziehungsweise den althistorischen Fakultäten der Universitäten Heidelberg, Bonn, Princeton und Birmingham möchte ich an dieser Stelle danken, sowie der Konrad-Adenauer-Stiftung und dem Deutschen Akademischen Austauschdienst für zwei Förderstipendien.

Im Wintersemester 2000/2001 hat meine Arbeit über Tod und Ritual in den christlichen Gemeinden der Antike der evangelisch-theologischen Fakultät der Friedrich-Wilhelms-Universität Bonn als Inauguraldissertation vorgelegen. Den Gutachtern—neben Herrn Professor

Wolfram Kinzig Herrn Professor Albert Gerhards und Herrn Professor Michael Meyer-Blanck—danke ich an dieser Stelle ebenfalls für Ihre geneigte Lektüre und positive Beurteilung.

Schließlich sei mir ein großes Danke an die Adresse meiner Frau Alexia gestattet, die sämtliche Höhen und Tiefen der Entstehung dieses Werkes miterleben konnte.

Bonn, im Januar 2002
Ulrich Volp.

KAPITEL EINS

TOD UND RITUAL IN DEN CHRISTLICHEN GEMEINDEN

1. Wenige Themen haben im gesellschaftlichen Diskurs der Gegenwart eine ähnliche Brisanz wie das des Todes und des Umganges mit den Toten. Auf der einen Seite finden Bücher über den Tod wie die von Philippe Ariès und Elisabeth Kübler-Ross reißenden Absatz[1], neue Ansätze zur Sepulkralkultur werden lebhaft diskutiert (beispielsweise Bestattungen als Techno-Feten), und zahlreiche wissenschaftliche Disziplinen haben „thanatologische" Forschungsgebiete entwickelt. Auf der anderen Seite wird das Phänomen einer zunehmenden Privatisierung und Anonymisierung des Todes allenthalben beklagt. Selbst in ländlichen Gebieten scheint Sterben als öffentliches Ereignis tabuisiert zu werden, alte und schwerkranke Menschen fühlen sich in Altersheimen und Intensivstationen mit dem Ereignis des Todes alleine gelassen. Für den abendländischen Menschen des beginnenden 21. Jahrhunderts ist der Tod offenbar ein biographisches Krisenphänomen, für dessen Bearbeitung ein selbstverständliches, seit Generationen eingeübtes und täglich praktiziertes Instrumentarium nicht mehr ohne weiteres vorhanden ist.

Professionelle und nicht-professionelle kirchliche Mitarbeiter wie akademische Theologen haben mit einem erneuten Interesse am Tod und seinen Ritualen reagiert: Nicht nur wurden praktische Lösungen gesucht, wie sie etwa in der Hospizbewegung einen Niederschlag gefunden haben, sondern im Zuge der Wiederentdeckung der Kasualien und ihrer Bedeutung für die Stabilität der Kirche wurde auch die Notwendigkeit eines wissenschaftlich reflektierten Umganges mit diesem Problemfeld deutlich[2]. Zudem entdeckte die protestantische Theologie im Zuge empirischer Untersuchungen das Thema

---

[1] Beides auflagenstarke Beispiele: Philippe Ariès, Geschichte des Todes, 8. Aufl. München 1997; Elisabeth Kübler-Ross, Interviews mit Sterbenden, 20. Aufl. (!) Stuttgart 1996. Vgl. auch etwa Constantin von Barloewen (Hg.), Der Tod in den Weltkulturen und Weltreligionen, München 1996.

[2] Man denke an die kirchensoziologischen Untersuchungen der siebziger und achtziger Jahre. Vgl. dazu nur Hans-Günter Heimbrock, Gottesdienst. Spielraum des Lebens. Sozial- und kulturwissenschaftliche Analysen zum Ritual in praktisch-theologischem Interesse, Kampen/Weinheim 1993; Ferdinand Ahuis, Der Kasualgottesdienst. Zwischen Übergangsritus und Amtshandlung, Stuttgart 1985; Friedemann Merkel, Bestattung IV, in: TRE 5, 1980, S. 749-757; Werner Jetter, Symbol und Ritual. Anthropologische Elemente im Gottesdienst, Göttingen 1978, S. 87-121; Joachim Matthes, Volkskirchliche Amtshandlungen. Lebenszyklus und Lebensgeschichte, in: ders. (Hg.), Erneuerung der Kirche. Stabilität als Chance?, Gelnhausen/Berlin 1975, S. 83-112.

des Rituals (wieder); und gerade in den neunziger Jahren lebten liturgische und anthropologische Diskussionen wieder auf[3], auch wenn in mancherlei Hinsicht diese Untersuchungen mit ihren Fragen nach theologisch verläßlichen Kriterien erst am Anfang stehen.

„Ritual" soll zunächst allgemein für über sich hinausweisende—und u.U. aus einzelnen „Riten" bestehende—repetitive und regelgeleitete Handlungen verwendet werden. Das, *worauf* die in dieser Arbeit behandelten Rituale hinweisen („symbolisches Universum", „Mythos" etc.), kann aus den u.g. Gründen nicht Gegenstand dieser Untersuchung sein, was wiederum eine präzisere Ritualdefinition genauso wie vollständige Ritualinterpretationen ausschließt. Stattdessen werde ich mich auf eine historisch-kritische Beschreibung der Entwicklung dieser „Symbolträger" beschränken. Auf die *Funktionen* der Rituale wird jedoch mindestens anmerkungsweise immer wieder einzugehen sein, weil sich an ihnen, wie die kulturanthropologische Forschung gezeigt hat, gerade in geistes- und kulturgeschichtlichen Übergangszeiten wie der Spätantike Entwicklungen und Kontinuitäten mit ihren Hintergründen besonders gut verifizieren lassen[4].

Die aktuelle Situation birgt für eine wissenschaftliche Beschäftigung mit diesen Themen eine hohe Verpflichtung, will man der Suche nach einem konstruktiven Umgang mit Sterben, Tod und Trauer nicht durch irritierende Simplifzierungen oder das Skizzieren einer einseitigen Perspektive im Weg stehen. Dies ist deshalb so schwierig, weil es die Erforschung des Problem-

---

[3]   Vgl. zum Beispiel Hans-Christoph Schmidt-Lauber/Karl-Heinrich Bieritz, Handbuch der Liturgik. Liturgiewissenschaft in Theologie und Praxis der Kirche, Göttingen 1995; dort besonders Karl-Heinrich Bieritz, Anthropologische Grundlegung, S. 96-127; Eberhard Winkler, Die Bestattung, S. 947-958 (mit weiterer Lit.). In der römisch-katholischen Liturgiewissenschaft scheint das Ritualthema konstanter diskutiert worden zu sein. Vgl. dazu die entsprechenden Beiträge in Aimé-Georges Martimort, Handbuch der Liturgiewissenschaft, Freiburg 1963-65. Alfred Lorenzer (Das Konzil der Buchhalter. Die Zerstörung der Sinnlichkeit, eine Religionskritik, Frankfurt 1981) stellt jedoch mit Recht einen Einbruch auch im katholischen Interesse an Fragen des Rituals mit dem 2. Vatikanischen Konzil fest, der in gewisser Hinsicht mit dem zeitweiligen Abbrechen der entsprechenden evangelischen Diskussion nach 1945 verglichen werden kann. In jüngerer Zeit neu begonnen: Hans-Bernhard Meyer u.a., Gottesdienst der Kirche. Handbuch der Liturgiewissenschaft, Regensburg 1983ff; Hansjakob Becker, Pietas Liturgica. Studia, St. Ottilien 1983ff (für unser Thema einschlägig die Bde. 3 und 4: Hansjakob Becker/Bernhard Einig/Peter-Otto Ullrich, (Hg.), Im Angesicht des Todes. Ein interdisziplinäres Kompendium, 2 Bde., PiLi 3/4, St. Ottilien 1987).
[4]   Vgl. zu möglichen Ritus- und Ritualdefinitionen Theo Sundermeier, Art. Ritus I., in: TRE 29, 1998, S. 259-265 (mit weiterer Lit.). Nur genannt seien an dieser Stelle exemplarisch drei—voneinander z.T. abhängige, aber in wichtigen Punkten auch gegensätzliche—prominente Positionen, die in der Vorbereitung der vorliegenden Arbeit ausführlicher konsultiert wurden. Schlagwortartig verkürzt ausgedrückt, fassen sie die Rituale bzw. die „Übergangsriten" (van Gennep) als durch ihre „Schwellenfunktion" bestimmt (Victor Turner in Anknüpfung an van Gennep), als einen „Komplex geordneter geheiligter Handlungen" (Geertz) oder als Teil eines „Code-Systems symbolischen Handelns und Verhaltens" (Douglas im Anschluß an E. Durkheim). Dargestellt u.a. bei Victor Turner, The ritual process. Structure and anti-structure, Ithaca/New York/London 1969; Clifford Geertz, Religion as a Cultural System, in: The interpretation of cultures. Selected Essays, 31. Aufl. New York 1996, S. 87-125; Mary Douglas, Ritual, Tabu und Körpersymbolik. Sozialanthropologische Studien in Industriegesellschaft und Stammeskultur, Frankfurt 1981. Jonathan A. Draper hat jüngst einen ersten Versuch vorgelegt, Turners Ritualtheorie für einen altkirchlichen Text fruchtbar zu machen (Ritual process and ritual symbol in Didache 7-10, in: VigChr 54 [2000], S. 121-158).

feldes Tod—Trauer—Ritual immer mit einem vielschichtigen Ineinander von kulturellen, religiösen, sozialen und psychologischen Dimensionen zu tun hat und sich ohne ein Mindestmaß an—zumindest methodischer—Begrenzung kaum sichere und fundierte Aussagen erreichen lassen.

Das gilt für die Betrachtung des Heute nicht anders als für die der Antike, in der die Wurzeln unserer Kultur liegen und mit der sich die folgende Arbeit ausschließlich beschäftigt. Thema kann deshalb nur ein begrenzter Aspekt des genannten Problemfeldes sein, und schon aus diesem Grund kann sich die Arbeit nur als Vorarbeit für weitere Untersuchungen verstehen. Mein Ziel ist es, grundlegende Veränderungen des rituellen Umgangs mit Tod und den Toten in den ersten Jahrhunderten des Christentums zu bestimmen und so umfassend, wie es die antiken Quellen zulassen, die rituellen Vollzüge und ihre Parameter für die gewählte Zeit und den gewählten geographischen Raum (s.u.) zu beschreiben. Damit ist gleichzeitig ausgesagt, welche Dimensionen des Themas ausgeklammert werden müssen: Vor allem die umfangreiche Diskussion um die geistige Entwicklungsgeschichte christlicher Eschatologie und christlicher Jenseitsvorstellungen, welche bereits vergleichsweise gut erschlossen ist[5], kann nicht wesentlicher Teil der Betrachtung sein.

2. Die historischen Disziplinen sind in der Erhellung des Umganges des Menschen mit dem Tod nicht untätig gewesen: Vor allem das europäische Mittelalter hat sich als Forschungsgegenstand geradezu aufgedrängt. Ein Blick in unsere Kirchen und Museen läßt erahnen, welchen Stellenwert insbesondere das Spätmittelalter diesem Thema zumaß[6]. Die neuere und neueste Kirchen-, Kunst- und Kulturgeschichte hat wichtige Beiträge geliefert[7], und auch die Altertumswissenschaften haben sich dem Thema nicht verschlossen: Viele archäologische Quellen, Gräber, Epitaphe, Sarkophage etc. konfrontieren insbesondere die antike Kunstgeschichte und die Archäologie—auch die

---

[5] Vgl. dazu nur exemplarisch die breite Diskussion seit den 1950er Jahren (ausgelöst durch die Habilitationsschrift Alfred Stuibers 1952, publiziert als: Refrigerium Interim. Die Vorstellungen vom Zwischenzustand und die frühchristliche Grabeskunst, Theoph 11, Bonn 1957) über die Vorstellungen eines jenseitigen Zwischenzustandes *refrigerium*: Lit. zusammengefaßt bei Josef Engemann, Biblische Themen im Bereich der frühchristlichen Kunst, in: Stimuli. FS Ernst Dassmann, Münster 1996, S. 543-556.

[6] Vgl. dazu nur zuletzt (mit einem Überblick über die Literatur): Paul Binski, Medieval death. Ritual and representation, London 1996. Siehe dazu auch Frederick S. Paxton, Christianizing death. The creation of a ritual process in early medieval Europe, Ithaca/London 1990; Norbert Ohler, Sterben und Tod im Mittelalter, München/Zürich 1990.

[7] Vgl. zum Beispiel den Überblick in Hans-Kurt Boehlke, Wie die Alten den Tod gebildet. Wandlungen der Sepulkralkultur 1750-1850, Kasseler Studien zur Sepulkralkultur 1, Mainz 1979.

christliche Archäologie—zwangsläufig mit dem antiken Tod. Entsprechend umfangreich ist die Literatur zu den Themen antike Sarkophagplastik, Grabbauten, römische Katakomben etc.[8]

Abb. 1: Sarkophag aus Ravenna (6. Jh.)

In der Kunstgeschichte und der Archäologie ist auch das Thema Ritual inzwischen vereinzelt auf Interesse gestoßen[9]. Auch gibt es einzelne Untersu-

---

[8]   Einige neuere Beispiele: Nikolaus Himmelmann, Attische Grabreliefs, Nordrheinwestfälische Akademie der Wissenschaften. Vorträge G 357, Opladen/Wiesbaden 1999; Jutta Dresken-Weiland, Repertorium der christlich-antiken Sarkophage. 2: Italien mit einem Nachtrag Rom und Ostia, Dalmatien, Museen der Welt, hg. v. Thilo Ulbert, Mainz 1998 (der erste Bd. erschien bereits 1967, hg. v. Friedrich Wilhelm Deichmann); Josef Fink/Beatrix Asamer (Hg.), Die römischen Katakomben, Zaberns Bildbände zur Archäologie/Sonderhefte der AW, Mainz 1997; Alain Dierkens/Patrick Périn, Death and burial in Gaul and Germania. 4th to 8th century, in: Leslie Webster/Michelle Brown (Hg.), The transformation of the Roman world. AD 400-900, London 1997, S. 79-95; Friederike Naumann-Steckner, Death on the Rhine. Changing burial customs in Cologne, 3rd-7th century, in: ebd., S. 143-157; Henner von Hesberg, Römische Grabbauten, Darmstadt 1992. Von besonderer Wichtigkeit für unser Thema sind nach wie vor die klassischen Arbeiten der christlichen Archäologie, auf die ich noch häufiger zurückgreifen werde (S. insbes. die Lit. im Kap. 3.2.1). Für das Thema Tod in der griechischen Antike gibt es eine ausführliche Bibliographie von Marlene Herfort-Koch (Tod, Totenfürsorge und Jenseitsvorstellungen in der griechischen Antike. Eine Bibliographie, Quellen und Forschungen zur antiken Welt 9, München 1992).

[9]   So befassen sich mit den Sterbe- und Todesritualen im Griechenland der klassischen Antike etwa die Arbeiten von Ian Morris und Sally C. Humphreys: Ian Morris, Poetics of power. The interpretation of ritual action in archaic Greece, in: Dougherty, Carol/Kurke, Leslie (Hg.), Cultural poetics in archaic Greece. Cult, performance, politics, Cambridge 1993, S. 15-45; ders., Death-ritual and social structure in classical antiquity, Cambridge 1992; ders., Attitude towards death in archaic Greece, ClA 8 (1989), S. 296-320; ders., Burial and ancient society. The rise of the Greek city-state, New Studies in Archeology, Cambridge 1987. Sally C. Humphreys, The family, women and death, London 1983; dies., The anthropology and archeology of death. Transcience and permanence, London 1982; dies., Death and time, in: dies./Helen King (Hg.), Mortality and immortality. The anthropology and archeology of death, London 1981, S. 261-283; dies., Family tomb and tomb cult in ancient Athens. Tradition or traditionalism, in: JHS

chungen, die sich mit für diesen Bereich relevanten grundsätzlichen anthropologischen Fragestellungen beschäftigen, wie zum Beispiel mit den Reinheitskategorien im paganen griechischen Denken[10].

Dagegen läßt sich von einer ähnlich intensiven Auseinandersetzung mit den schriftlichen christlichen Quellen nicht reden, und dies, obwohl sich frömmigkeitsgeschichtliche Fragestellungen gerade in letzter Zeit wieder größeren Interesses zu erfreuen scheinen oder zumindest ein entsprechender Nachholbedarf identifiziert worden ist[11]. In der römisch-katholischen Forschung hat die historische Betrachtung von Kasualriten in der Liturgik immerhin einen angestammten Platz, und so nimmt die einschlägige neuere katholische Liturgiewissenschaft immer wieder anmerkungsweise Bezug auf frühchristliche Quellen[12]. Die letzte patristische Monographie zu frühen christlichen Todesritualen liegt jedoch auch hier schon 60 Jahre zurück[13]. In der evangelischen Theologie (und Religionsgeschichte) fehlen neuere Arbei-

---

100 (1980), S. 96-126; dies., Anthropology and the Greeks, London 1978. Vgl. auch die Monographie ihres Schülers Robert Garland, The Greek way of death, Ithaca/London 1985.
    Die römische rituelle Welt kommt beispielsweise in den Arbeiten von Jocelyn Toynbee und Keith Hopkins zur Sprache: Jocelyn M.C. Toynbee, Death and burial in the Roman world. Aspects of Greek and Roman life, London 1971 (Nachdr. New York 1996); Keith Hopkins, Death and Renewal. Sociological Studies in Roman History 2, Cambridge 1983. Vgl. außerdem Jean Prieur, La mort dans l'antiquité romaine, Rennes 1986; Keith Hopkins, Graveyards for Historians, in: François Hinard (Hg.), La mort, les morts et l'au-delà dans le monde romain. Actes du Colloque de Caen 20-22 novembre 1985, Caen 1987, S. 113-126; Donna Carol Kurtz/John Boardman, Greek Burial Customs, London 1971 (dt. Thanatos. Tod und Jenseits bei den Griechen, Kulturgeschichte der Alten Welt 23, Mainz 1985, danach im folgenden zitiert). S. zudem die klassischen Handbücher der römischen Religionsgeschichte und „Privataltertümer": Kurt Latte, Römische Religionsgeschichte, HAW 5.4, 2. Nachdr. d. 2. Aufl. München 1992; Blümner, Hugo, Die römischen Privatalterthümer, 3. Aufl. München 1911; Joachim Marquardt, Das Privatleben der Römer. Erster Theil. Die Familie, Darmstadt 1964 (Nachdr. d. 2. Aufl. 1886); sowie die maßgeblichen Art. in PRE (insbes. der Bde. vor 1945).
    [10] Robert C. T. Parker, Miasma. Pollution and purification in early Greek religion, 2. Aufl. Oxford 1996.
    [11] So bereits (für Spätmittelalter und Reformation) der programmatische Aufsatz von Berndt Hamm, Frömmigkeit als Gegenstand theologiegeschichtlicher Forschung. Methodisch-historische Überlegungen am Beispiel von Spätmittelalter und Reformation, in: ZThK 74 (1977), S. 464-497. Zur antiken Frömmigkeitsgeschichte vgl. zuletzt z.B. Martin Wallraff, Christus Verus Sol. Sonnenverehrung und Christentum in der Spätantike, JAC.E 32, Münster 2001 (vgl. dort auch insbes. S. 11f); Christoph Markschies, Zwischen den Welten wandern. Strukturen des antiken Christentums, Frankfurt 1997 (mit akt. Lit.).
    [12] Vgl. Wilhelm Gessel, Bestattung und Todesverständnis in der Alten Kirche. Ein Überblick, in: Hansjakob Becker/Bernhard Einig/Peter-Otto Ullrich, (Hg.), Im Angesicht des Todes. Ein interdisziplinäres Kompendium, PiLi 3, St. Ottilien 1987, S. 535-568; Reiner Kaczynski, Die Psalmodie bei der Begräbnisfeier, in: Hansjakob Becker/ders., Liturgie und Dichtung. Ein interdisziplinäres Kompendium, PiLi 2, St. Ottilien 1983, S. 795-835; ders., Sterbe- und Begräbnisliturgie, in: Hans Bernhard Meyer u.a. (Hg.), Gottesdienst der Kirche. Handbuch der Liturgiewissenschaft 8. Sakramentale Feiern II, Regensburg 1984, S. 191-232.
    [13] Alfred C. Rush, Death and burial in Christian antiquity, SCA 1, Washington 1941/Nachdr. 1977.

ten fast völlig[14]. Die neueren Erkenntnisse der Sozial- und Humanwissenschaften sind dementsprechend im Hinblick auf die antiken christlichen
Quellen noch unberücksichtigt geblieben. Dies bedeutet vor allem für die
Analyse der den rituellen Zusammenhängen zugrundeliegenden Fragen eine
mißliche Lücke. Die Behandlung der vorhandenen Quellen in den älteren Arbeiten entspricht zudem nicht mehr in allen Fällen dem Stand und den Methoden der aktuellen Forschung, die zum Beispiel deutlich gemacht hat, daß
die spätantike Kultur des Mittelmeerraumes alles andere als eine homogene
Einheit darstellte[15]. Von *dem* frühchristlichen Umgang mit dem Tod läßt sich
deshalb pauschal nicht mehr sprechen, auch wenn dies bei der Behandlung
des Themas in Lexikonartikeln und vergleichsweise kurzen Aufsätzen notwendigerweise verallgemeinernd geschieht[16]. Deswegen ist eine neue Sich-
tung der vorhandenen Quellen unter Zuhilfenahme des aktuellen Forschungs-
standes wesentlicher Teil dieser Arbeit geworden.

3. Die Entwicklung christlicher Rituale fand nicht in einem rituellen Vaku-
um, sondern auf der Grundlage—manchmal im Gegensatz zu—graeco-
römischen, jüdischen und anderen rituellen Traditionen (etwa Ägyptens)
statt, zu denen in dieser Arbeit deshalb mehr als nur ein Wort angebracht ist
(Kap. 2). Andererseits ist es unmöglich, auf dem zur Verfügung stehenden

---

[14]   Zu einem Spezialaspekt der antiken Bestattungsrituale Palästinas hat sich lediglich un-
längst der Neutestamentler Byron McCane geäußert in seiner noch unveröffentlichten Dissertation mit dem Titel: Jews, Christians, and burial in Roman Palestine (Duke University/Ann Arbour 1992).
       Aus dem gleichen Jahr stammt im übrigen die Dissertation von Heikki Kotila (Memo-
ria mortuorum. Commemoration of the departed in Augustine, SEAug 38, Rom 1992), der die
augustinische Stellungnahme zum Totengedächtnis untersucht (v.a. seine Schrift *De cura pro
mortuis gerenda ad Paulinum episcopum*) und sich dabei—wie bereits Emil Freistedt 1928 (Altchristliche Totengedächtnistage und ihre Beziehung zum Jenseitsglauben und Totenkultus der
Antike, LQF 24, Münster 1928)—mit den Totengedächtnistagen auseinandersetzt. S. dazu Kap.
3.3.5.1.
[15]   Ich verwende den Begriff „Spätantike" in dieser Arbeit—dem allgemeinen Sprachgebrauch folgend—für die Zeit ab dem späten 3. Jahrhundert. Eine hilfreiche Zusammenfassung
der Bandbreite religiöser Vorstellungen im Zusammenhang mit Tod und Auferstehung hat zuletzt Jon Davies vorgelegt (Death, burial, and rebirth in the religions of antiquity, London/New
York 1999). Die Entwicklung christlicher Rituale (Kap. „Christian burial", S. 191-200) kommt
in einem solchen Überblick allerdings zwangsläufig zu kurz, zumal Davies in dieser Frage wenig Neues bietet.
[16]   Vgl. nur zum Beispiel Johannes Kollwitz, Art. Bestattung; Christlich, in: RAC 2, 1954,
Sp. 208-219; Wilhelm Gessel (1987), S. 535-568. Dies ist das Hauptmanko der erwähnten Dissertation Alfred Rushs, der von einem homogenen Bild der Alten Kirche ausgeht (und aus z.T.
singulären Quellenaussagen auf allgemeingültige Zustände schließt), wie es heute nicht mehr
vertretbar ist, s. dazu Kap. 3.

Raum eine Gesamtdarstellung aller antiken Kulturen, Religionen und Gemeinschaften und ihres Umganges mit dem Tod zu leisten. Ich werde mich deshalb auf die wichtigsten Hauptmerkmale derjenigen Traditionen beschränken, mit denen sich einige der hier behandelten christlichen Quellen explizit auseinandersetzen: Neben denen des alten Testaments und des antiken Judentums sind dies die pagane Überlieferung Griechenlands und Roms und einige der auch im übrigen Römischen Reich bekannten Traditionen der altägyptischen Religion. Kulte und Gesellschaften außerhalb der Grenzen des Römischen Reiches müssen ausgeklammert werden. „Neue" religiöse Strömungen wie die Mysterienreligionen können ebenfalls nicht so ausführlich berücksichtigt werden, wie es vielleicht wünschenswert wäre, weil deren Einfluß auf den rituellen Umgang mit Tod und Bestattung bisher so gut wie nicht erforscht ist und deshalb mindestens eine eigene monographische Untersuchung erforderte[17].

4. Die vorliegende Arbeit hat die überlieferten schriftlichen Texte christlicher Autoren zum Ausgangspunkt. Dies ist nicht die einzige mögliche Strategie in der historischen Ritualforschung—man hätte zum Beispiel auch archäologischen oder paganen Quellen diese Aufgabe zuweisen können—, jedoch angesichts des vorhandenen Materials meines Erachtens die vielversprechendste. Diese schriftlichen Quellen geben einen zeitlichen und geographischen Rahmen vor, innerhalb dessen ein sinnvoller Überblick über das Thema erreicht werden und eine exemplarische Behandlung der materiellen Zeugen ergänzend versucht werden kann. Die Textstellen, die unser Thema betreffen, sind keineswegs sehr umfangreich, dafür aber breit gestreut. Die ältesten christlichen Quellen stammen aus dem 2. Jahrhundert, das deshalb—abgesehen von

---

[17]   Vgl. dazu nur die neuere Lit. bei Dieter Zeller, Art. Mysterien/Mysterienreligionen, in: TRE 23, 1994, S. 504-526; Manfred Clauss, Mithras. Kult und Mysterien, München 1990; Merkelbach, Reinhold, Mithras. Ein persisch-römischer Mysterienkult, Königstein 1984. Zum Einfluß der Mysterienkulte auf die frühe christliche Liturgie (allerdings ohne Bezug auf Tod und Bestattung): Carsten Colpe, Mysterienkult und Liturgie, in ders. (Hg.), Spätantike und Christentum, Berlin 1992, S. 203-228. Auch wenn es bisher meines Wissens noch keine Untersuchung zu den Mysterienreligionen und dem rituellen Umgang mit Tod und Bestattung gibt, nehmen die Kenntnisse über diese Kulte zur Zeit doch mit großer Geschwindigkeit zu, so daß in absehbarer Zeit weitere Überlegungen zu diesem Thema angebracht sein werden (vgl. nur den erwähnten Aufsatz Colpes). Insbesondere die Vorstellungen von ritueller Reinheit und Unreinheit sowie der Zusammenhang zwischen stärker auf das Individuum fokussierenden Kulten und einzelnen Entwicklungen auf dem Feld des Totengedenkens scheinen mir lohnende Felder für eigene monographische Arbeiten zu sein.

verschiedenen neutestamentlichen Aussagen—den Anfangspunkt der Überlegungen darstellen soll. Als obere *zeitliche* Grenze für die Quellenauswahl
bietet sich die älteste schriftliche Quelle für den Ablauf einer christlichen Bestattungsliturgie an, die damit einen Höhepunkt der Entwicklung hin zu liturgischen Formen im Zusammenhang mit Tod und Bestattung markiert, deren
Voraussetzungen Thema dieser Arbeit sind. Der erste bisher bekannte Text
dieser Art ist im siebten Kapitel der Schrift *De ecclesiastica hierarchia* des
heute als Pseudo-Dionysius Areopagita bezeichneten Autors überliefert, entstanden wohl gegen Ende des 5. Jahrhunderts[18]. Für den Westen möchte ich
mich ebenfalls im wesentlichen auf Quellen bis zu dieser Zeit beschränken,
auch wenn hier die Situation komplizierter ist: Will man die christliche Ritualentwicklung im Gegenüber zu den paganen graeco-römischen Traditionen
darstellen, verbietet sich eine Ausweitung auf Quellen aus einer Zeit, als mit
den kulturellen Umbrüchen der Völkerwanderung und des Ende des weströ-
mischen Reiches bereits ein Abbruch jener Überlieferungen eingesetzt hatte.
Bestattungsliturgien im engeren Sinne finden sich im Westen jedoch in der
Tat erst in mittelalterlichen Sakramentaren (zu denen an entsprechender
Stelle deshalb gleichwohl ein Wort angebracht ist[19]). Auch im Westen werde
ich mich also im wesentlichen auf Quellen bis in die Zeit des Pseudo-
Dionysios Areopagita beschränken. Eine *geographische* Eingrenzung wird
sinnvollerweise ebenfalls von den vorhandenen Quellen abhängig gemacht.
Die Untersuchung wird sich auf die christlichen Zentren des römischen Rei-
ches im Mittelmeerraum konzentrieren, aus denen ausreichend schriftliche
Quellen erhalten geblieben sind: insbesondere Nordafrika, Rom, Griechenland und Syrien[20].

5. Im ersten Hauptteil der Arbeit (Kap. 2.2 bis 2.5) wird es, wie bereits deutlich geworden ist, notwendig sein, die für die christlichen Quellen bedeutendsten rituellen Überlieferungen auf dem Gebiet des Römischen Reiches vorzustellen, nämlich die ägyptischen, jüdischen, griechischen und römischen Ri-

---

[18]   S. dazu insbes. Kap. 3.3.3.
[19]   S. Kap. 3.3.3.
[20]   Die koptischen Quellen habe ich aus Gründen der arbeitstechnischen Begrenzung nicht
vollständig gesichtet; zu den ägyptischen Traditionen ist dennoch ein Wort angebracht, s. dazu
Kap. 2.2.

tualtraditionen. Bei den Todesritualen geht es, wie wir gesehen haben, um eine ganze Reihe von unterschiedlichen Fragen, auf die diese Traditionen zum Teil auch unterschiedliche Antworten gefunden haben. Um einen Überblick über die notwendigen Fragestellungen zu erhalten und zu einer sinnvollen inneren Gliederung dieser Abschnitte zu gelangen, ist es sinnvoll, mit Hilfe der humanwissenschaftlichen und religionsgeschichtlichen Forschung in aller Kürze eine zumindest provisorische Systematisierung zu versuchen (2.1). Eine solche Systematisierung lädt auch dazu ein, bei dieser Gelegenheit einen sehr knappen Blick auf einige Ergebnisse der Humanwissenschaften zu werfen und außerdem—sozusagen aus den Augenwinkeln— einige Anregungen aus völlig anderen kulturellen Kontexten wiederzugeben, die mir als Korrektiv bei der Quellensuche immer wieder hilfreich waren und dem Leser eine ebensolche Hilfe sein mögen[21]. Im zweiten Hauptteil (Kap. 3 und 4) werden den antiken nichtchristlichen Traditionen die Aussagen der christlichen Quellen gegenübergestellt werden, um Konstanten und Veränderungen in der Ritualentwicklung und die Charakteristika der christlichen Entwürfe herausarbeiten zu können. Möglich wäre hier eine geographische oder chronologische Gliederung, die jedoch zu zahlreichen Unterpunkten führen müßte, für die das Quellenmaterial nicht immer ergiebig genug ist. Deshalb werde ich mich auch hier an den gleichen systematischen Gesichtspunkten orientieren. In einem ersten Schritt werden die Aussagen der Quellen zum rituellen Ablauf so genau wie möglich beschrieben (Kap. 3), während in einem zweiten Schritt einige darin zum Vorschein kommende grundlegende Parameter der christlichen Ritualentwicklung im Umgang mit Tod und Bestattung beleuchtet werden (Kap. 4).

---

[21]   Kap. 2.2, 2.4 und 2.5, genaue Begründung dieses Vorgehens s. dort.

KAPITEL ZWEI

DER UMGANG MIT DEN TOTEN IN DER UMWELT DES ANTIKEN
CHRISTENTUMS

2.1 Vorbemerkung

Die Christen der ersten Jahrhunderte bestatteten ihre Verstorbenen in einer
Welt, die für den Umgang mit den Toten keineswegs eine einheitliche Tradition besaß, sondern aus einer Fülle von unterschiedlichen Einflüssen schöpf-
te. Daß der Übertritt vieler Teile der Bevölkerung des Römischen Reiches
zum Christentum früher oder später diese Rituale tangierte, ist nicht selbstverständlich—andere Religionen des Römischen Reiches haben auf diesen
Bereich des Lebens wenig Einfluß gehabt. Aus diesem Grund ist ein knapper
Überblick über die wichtigsten dieser rituellen Traditionen notwendig, um
die Voraussetzungen für die Entwicklung christlicher Todesrituale verstehen
zu können. So unterschiedlich diese Überlieferungen auch sind: Der Prozeß
des Sterbens, Bestattens und Trauerns hat selbst in voneinander völlig unabhängigen Kulturen oft zu ähnlichen rituellen Formen geführt (auch wenn man
nicht immer vorschnell auf Analogien schließen sollte, wie dies in der Blüte-
zeit der religionsgeschichtlichen Schule zu Beginn dieses Jahrhunderts zuweilen geschehen ist). Und wenn das Römische Reich auch keine Einheits-
kultur hatte, so gab es doch einen regen kulturellen Austausch, der nicht zuletzt einer der Gründe für die Durchsetzung des im Osten entstandenen Christentums in der europäischen Geschichte war.

Allein diese beiden Überlegungen lassen erkennen, daß das Verhältnis
Religion—Kultur—Todesrituale in der Antike komplizierter ist, als es auf
den ersten Blick scheinen mag. Eine methodische Vorüberlegung ist deshalb
angebracht, die über die selbstverständlichen historischen Fragestellungen
wie die Bewertung einzelner Quellen hinausgeht und die auch noch aus einem anderen Grund geboten ist: Die umfangreiche Literatur zu Sterben und
Tod im Mittelalter hat das Bild von Sterben und Tod in der Alten Kirche

stärker beeinflußt, als es manchen Autoren bewußt ist. Regelmäßig werden mittelalterliche Quellen zitiert, von denen man annimmt, sie reflektierten einen älteren Ritualbestand. Daß ein solches Vorgehen gefährlich ist, haben die jüngeren liturgiewissenschaftlichen Forschungen gezeigt[1]. Ich möchte an dieser Stelle zunächst einige Paradigmen erwähnen, die aus der klassischen (Kultur-)Anthropologie, Ethnologie und Soziologie stammen. Die methodischen Probleme dieser Disziplinen sind dabei keineswegs geringer. Die Distanz zu den historischen Methoden ist jedoch größer, so daß sich Fehler, die sich zum Beispiel durch die (implizite) Verwendung religionssoziologischer Kategorien einschleichen, leichter erkennen lassen als etwa eine anachronistische Projektion historischer kultureller Situationen. Abgesehen von dieser Ermahnung zur Vorsicht vor historischen Schnellschüssen sollen diese Vorüberlegungen vor allem eine Hilfe für die Gliederung der Darstellung des antiken Quellenmaterials sein und nicht zuletzt deutlich die Fragen aufzeigen, auf die die antiken Quellen Antworten schuldig bleiben.

(Kultur-)Anthropologie, Ethnologie und Soziologie haben sich eingehend mit den Themen Trauer und Tod in verschiedenen kulturellen Zusammenhängen beschäftigt und unterschiedliche Abhängigkeiten und Sinnebenen ausgemacht. Insbesondere die Ergebnisse der Kulturanthropologie sind hilfreich, wenn es darum geht, das Feld ritueller Aktionen abzustecken. Wenn man die Abläufe kennt, die sich bei diesen Ritualen immer wieder beobachten lassen, weiß man zumindest, welche Fragen sinnvoll an die Quellen zu stellen sind. Die zahlreichen Berichte, die die oben erwähnte neuere Diskussion um Sterben und Tod hervorgebracht hat, liefern dem Ritualforscher genügend Material, um von bestimmten, regelmäßig wiederkehrenden Elementen des Prozesses Sterben—Tod—Bestattung sprechen zu können. Ich nenne diese Elemente in Ermangelung eines besseren und gleichwohl neutralen Begriffes vorläufig „Bausteine", um die grundsätzliche Offenheit dieser Systematisierung zu unterstreichen. Es geht dabei nicht darum, etwa „anthropologische Konstanten" zu postulieren, sondern vielmehr mögliche Phasen des

---

[1] Vgl. dazu nur die Diskussion um die mittelalterlichen *ordines*, dargestellt im Kap. 3.3.3 (dort die Lit. im einzelnen; s. v. a. die verschiedentlich scharf kritisierte Position Damien Sicards, La liturgie de la mort dans l'église latine des origines à la réforme carolingienne, LQF 63, Münster 1978).

Sterben-Trauer-Zusammenhanges anzudeuten, die prinzipiell Raum für rituelle Formen bieten. In diesem Sinne orientiert sich die folgende Strukturierung an den klassischen Termini Arnold van Genneps, der die („soziologischen") Funktionen von einzelnen Riten mit Begriffen wie Trennungsriten,
Angliederungsriten, Umwandlungsriten und Reintegrationsriten bestimmte[2].
Sie stammen aus seinem Werk „Les rites de passage" von 1909 und haben
von dort ihren Eingang in beinahe alle Disziplinen, die sich mit Tod und
Trauer beschäftigen, gefunden, auch in die Altertumswissenschaften[3], aus
denen van Gennep im übrigen einen Teil seines religionsgeschichtlichen
Materials überhaupt gewonnen hatte[4]. Das System wurde seit seiner wissen-
schaftsgeschichtlich relativ späten „Entdeckung" vielfach kritisiert und modi-
fiziert[5]. Die anthropologische und ethnologische Forschung ist inzwischen in
unzähligen Einzelstudien fortgeführt worden[6]. Dies war durchaus im Sinne
van Genneps, dem bewußt war, daß sein System eben nur bestimmte Aspekte
des rituellen Geschehens erfaßte, andere jedoch notwendigerweise ausklam-
merte[7]. Die althistorische und patristische Forschung hat bisher den Begriffen
van Genneps nur wenig Aufmerksamkeit geschenkt[8]. Auch deshalb möchte
ich als Ausgangspunkt noch einmal die Begrifflichkeit des Gennepschen Sy-

---

[2]   Vgl. Arnold van Gennep, Übergangsriten, Frankfurt/New York 1999, S. 13-24; 142-
159; 181-186. Die hier durchgehend zitierte deutsche Studienausgabe von 1999 basiert auf der
französischen Ausgabe Les rites de passage, Paris 1981.
[3]   Etwa bei Karl Prinz, Epitaphios Logos. Struktur, Funktion und Bedeutung der Bestattungsreden im Athen des 5. und 4. Jahrhunderts, Frankfurt 1997, S. 13.51-53, und 84f. Prinz
versucht dabei, die Rolle der (gemessen an den übrigen Traditionen jungen) attischen Epitaphien im rituellen Ablauf einzuordnen.
[4]   So dienen ihm zum Beispiel die römischen Riten der *detestatio sacrorum* und der *tran-
sitio in sacra* als Paradigmen für Trennungs- und Angliederungsriten. S. van Gennep (1999),
S. 44, Anm. 125.
[5]   Durch den Konflikt mit der in Frankreich mächtigen Durkheim-Schule blieb van Gennep (gest. 1957) eine angemessene Rezeption seines Systems zu Lebzeiten versagt; sie setzte
massiv seit Ende der 1960er Jahre ein. Die bekanntesten Kritiken stammen von Victor Turner
und Maurice Bloch, S. Turner (1969); Maurice Bloch, Placing the dead. Tombs, ancestral villages and kinship organization in Madagascar, London/New York 1971; ders., Prey into hunter.
The politics of religious experience, Lewis Henry Morgan lectures, Cambridge 1992. Vgl. aber
auch den bereits ganz anderen, auf van Gennep reagierenden Ansatz bei Bronislaw Malinowski,
Magie, Wissenschaft und Religion, Frankfurt 1983 (Erstausgabe 1948).
[6]   Für einen Überblick über Rezeptionsgeschichte und Weiterentwicklung der Gennepschen Begriffe hilfreich: Wouter W. Belier, Arnold van Gennep and the rise of French sociology of religion, in: Numen 41 (1994), S. 141-162; Rosemary Lévy, The enigma of Arnold
van Gennep (1873-1957). Master of French folklore and hermit of Bourg-la-Rein, Helsinki
1988. Speziell zu den Todesritualen zuletzt Jacek Jan Pawlik, Expérience sociale de la mort.
Étude des rites funéraires des Bassar du Nord-Togo, SIA 43, Fribourg 1990; vgl. zu diesem
Themenkomplex auch z.B. zahlreiche Beiträge in der Zeitschrift *Systèmes de pensée en Afrique
noire*.
[7]   Van Gennep (1999), S. 22.
[8]   Vgl. jedoch den eben zit. Prinz (1997).

stems bemühen und nicht auf die häufig stärker spezialisierte aktuellere Forschung zurückgreifen. Dies scheint mir im auch Interesse einer größeren
Übersichtlichkeit gerechtfertigt, außerdem bietet diese Begrifflichkeit sich
nach wie vor an, wenn es sich um eine Strukturierung und Einordnung von
Quellen der vorliegenden Art handelt. Schließlich hat ein „klassisches Modell" den Vorteil, als allgemein bekannte Chiffre eine Diskussion zu vereinfachen, ohne in die aktuelle anthropologische und soziologische Debatte in
Einzelfragen einsteigen zu müssen. Von den „klassischen" Begriffsbildungen
der älteren Religionsgeschichte und Ethnologie aber hat allein das Gennepsche Modell trotz aller Kritik bis heute Bestand gehabt[9].

Van Gennep teilte den rituellen Prozess in die drei unterschiedlichen Phasen der Trennung, des Übergangs und der Angliederung ein, nachdem er in
verschiedenen Kulturen die Existenz von einzelnen Riten beobachtet hatte,
die mit diesen Phasen korrespondierten. Natürlich wäre auch eine stärkere
Differenzierung zum Beispiel in fünf Phasen beziehungsweise Ritentypen
möglich. Hinsichtlich der Bestattungsrituale kommentiert Gennep sein Modell folgendermaßen:

> Bei flüchtiger Betrachtung könnte man meinen, Trennungsriten seien der wich
> tigste Bestandteil der Bestattungszeremonien, Umwandlungs- und Anglie
> derungsriten dagegen lediglich schwach entwickelt. Die Analyse des ethnogra
> phischen Materials zwingt jedoch, daß es in bestimmten Fällen im Gegenteil
> nur sehr wenige und sehr einfache Trennungsriten gibt, während die Umwand
> lungsriten so langwierig und komplex sind, daß man ihnen eine gewisse Auto
> nomie zugestehen muß. Die Riten aber, die den Verstorbenen dem Totenreich
> angliedern, sind am stärksten ausgestaltet, und ihnen mißt man die größte Be
> deutung bei[10].

In der folgenden Tabelle habe ich einige Beispiele für Todes- und Bestattungsriten aus europäischer Antike und Mittelalter sowie aus der ethnologischen Forschung zusammengestellt und sie um die gennepschen Termini ergänzt[11]. Sie enthält die wesentlichen Begriffe und rituellen Abläufe, die in der

---

[9]   Problematisch beziehungsweise überholt ist der gennepsche Gebrauch einiger für unser
Thema weniger bedeutender Begriffe wie „Magie" oder „Zivilisation" sowie die Interpretation
einiger—jedoch nicht aller—der von Gennep gebrauchten Beispiele aus der ethnologischen und
anthropologischen Forschung seiner Zeit, so zum Beispiel des Passahfestes (van Gennep [1999]
S. 46), der sogenannten „Tempelprostitution" (ebd., S. 98-101) und anderer „sakral-sexueller"
Praktiken (ebd., S. 164-167).
[10]   Van Gennep (1999), S. 142.
[11]   Eine kurze Bemerkung zu den in der Tabelle erwähnten Leichenreden, Epitaphien beziehungsweise Orationen: Eine Positionierung innerhalb des Schemas—und damit sozusagen
eine Betrachtung der Reden als „Rituale"—ist dann möglich, wenn man im Anschluß an John

vorliegenden Arbeit untersucht werden sollen (und gibt damit insbesondere die Disposition des Kap. 3.3 vor). Unter den Beteiligten sind dabei neben den Angehörigen und der größeren sozialen Gruppe noch gesondert diejenigen zu berücksichtigen, die spezielle Leitungsfunktionen für die Rituale übernehmen, die „Funktionsträger"; ihre Rolle wird in der Regel durch ihre Funktion innerhalb der kultischen und institutionellen Organisation der Gemeinschaft definiert. Mit Hilfe des Begriffes „Funktionsträger" soll nicht mehr erreicht werden, als eine Vergleichbarkeit dieser Personengruppe innerhalb sehr unterschiedlicher religiöser Größen und Institutionen zu ermöglichen.

Bausteine Sterben - Bestattung - Totengedenken			
Bausteine	Funktionsträger (Priester)	Angehörige	Gemeinschaft
Sterben	Angliederungsriten Krankensalbung	Trennungsriten Kußritual	
Eintreten des Todes	Angliederungsriten Gebet „für eine sichere Überfahrt"/ Aufnahme in das Himmelreich etc.	Übergangsriten Anlegen von Trauerkleidung	Trennungsriten Totenklage
Beseitigung des Leichnams aus dem Haus des Todes	Trennungsriten Verbrennung des Besitzes des Verstorbenen	Trennungsriten Schließen der Augen, Schließen des Sarges	Trennungsriten Reinigungsriten, Totenklage
Vorbereitung des Leichnams für die Bestattung	Trennungsriten Reinigungsriten	Trennungsriten Reinigungsriten	Trennungsriten Reinigungsriten, Totenklage
Vor der Bestattung		Trennungsriten/ Übergangsriten Prothesis, Totenwache	Trennungsriten/ Übergangsriten Prothesis, Totenwache, Totenklage
Bestattung	Trennungsriten dreifacher Erdwurf	Trennungsriten Entzünden des Scheiterhaufens	Trennungsriten dreifacher Erdwurf
Nach der Bestattung	Trennungsriten ἐπιτάφιος / oratio funebris	Angliederungsriten Totenmahl, Reinigungsriten	Angliederungsriten Rückweg von der Bestattung, Totenmahl, Reinigungsriten
Sekundärbestattung	Angliederungsriten Sekundärbestattung	Angliederungsriten Sekundärbestattung Rotmalung der Knochen	Angliederungsriten Teilnahme an Sekundärbestattung
Totengedenken	Angliederungsriten (wenn Markierung des Endes der Trauerzeit) Gedenkmesse, Totenmahl	Angliederungsriten (wenn Markierung des Endes der Trauerzeit) Totenmahl	Angliederungsriten (wenn Markierung des Endes der Trauerzeit) Totenmahl

Langshaw Austin eine getrennte Betrachtung illokutionärer und perlokutionärer Aspekte (Handlungsaspekte) dieser „Sprechakte" unternimmt. S. dazu auch Kap. 3.3.4. Auch hier kann es jedoch nur um eine generelle und bestenfalls hilfsweise Einordnung gehen, die aber immerhin eine Diskussion im Rahmen dieser Arbeit ermöglicht und das Feld für weitere, dringend nötige eingehendere Untersuchungen öffnen will.

Der exemplarische Charakter dieser Zusammenstellung schließt Vollständigkeit aus, auch sind die Übergänge zwischen den einzelnen Bausteinen zuweilen fließend. Sie ist als Orientierungshilfe gedacht, als Lieferant von Ansatzpunkten für eine Vergleichbarkeit zwischen den Bestattungs- und Trauerprozessen, die in den folgenden Kapiteln untersucht werden sollen. Insbesondere weist die Tabelle auf die grundlegenden Faktoren der Rituale hin: mögliche Beteiligte, mögliche Aufgaben und Verantwortlichkeiten der Beteiligten, mögliche rituelle Ablaufphasen und ihr Zusammenhang mit den Phasen des Sterbens, Bestattens und Totengedenkens. Die Vergleichbarkeit innerhalb dieses Schemas erstreckt sich aber nicht allein auf antike Kulturen, auch kurze Blicke in ganz andere Kulturgebiete werden damit zumindest grundsätzlich möglich. Sie sind inzwischen für ein Werk über antike Sachverhalte nichts Ungewöhnliches mehr[12], bedürfen jedoch nach wie vor der Rechtfertigung. Jeder Vergleich antiker gesellschaftlicher Vorgänge mit denen aus anderen Kulturen setzt sich dem Verdacht hermeneutischer Naivität aus. Einige

---

[12]   Die neutestamentliche Forschung der letzten 20 Jahre hat mit der Entwicklung ihres „cross-cultural approaches" in den USA gezeigt, welche Chancen in einem solchen Vorgehen liegen können. Dabei geht es zum Beispiel darum, neutestamentliche Texte vor dem Hintergrund anthropologischer Beobachtungen der mediterranen Kultur besser zu verstehen, als dies mit einem mitteleuropäischen Gesellschaftsmodell möglich ist. So bekommt beispielsweise das Gleichnis vom großen Festmahl aus Mt 22 zusätzliche erzählerische Konnotationen, wenn man es gegen ein 'honour-shame'-Raster, wie es im heutigen Nahen Osten zu finden ist, liest. Die Hauptleistung eines solchen Ansatzes liegt zunächst in der Abkehr von einem einseitig mitteleuropäisch-nordamerikanisch-orientierten Weltbild, das das Verständnis antiker Texte regelmäßig behindert. Vgl. hierzu Richard L. Rohrbaugh, The social world of Luke-Acts. Models for interpretation, London 1994; Philip F. Esler, The first Christians in their social worlds. Social-Scientific approaches to New Testament interpretation, London 1994; ders. (Hg.), Modelling early Christianity. Social-scientific studies of the New Testament in its context, London 1985; Bruce J. Malina, The New Testament world, London 1983; Wayne A. Meeks (1983)—vgl. dazu die vorangegangene Anm. Für das Thema „Tod" bringt ein ähnliches Vorgehen, das in dieser Arbeit freilich nur angedeutet werden kann, hervorragende Voraussetzungen mit: Es gibt einerseits keine Kultur der Menschheit, die nicht ausdrücklich spezifische Mechanismen für einen kompetenten Umgang mit dem Phänomen Tod entwickelt hat. Andererseits gibt es—aus genau diesem Grund—kaum ein Phänomen, das in den letzten Jahren derartig umfassend von den Kulturwissenschaften erforscht worden ist. Einige Beispiele aus der Forschung seit 1971 in chronologischer Reihenfolge: Bloch (1971); J. A. Brown (Hg.), Approaches to the social dimensions of mortuary practices, Memoirs of the society for American archeology, New York 1971; Lewis R. Binford, Mortuary practices. Their study and their potential, in: ders., An archeological perspective, New York 1972, S. 208-43; Jack Bynum, Social status and rites of passage. The social context of death, in: Omega 4 (1973), S. 323-332; B. Harrah/D.F. Harrah, Funeral service. A bibliography of literature on its past, present and future, the various means of disposition, and memorialization, Metuchen 1976; L.H. Lofland, Towards a sociology of death and dying, Beverly Hills 1976; Robert Blauner, Death and social structure, in: Charles O. Jackson (Hg.), Passing. The vision of death in America, London 1977, S. 174-209; Hahn (1977), S. 51-81; Joachim Whaley (Hg.), Mirrors of mortality. Studies in the social history of death, Europa Social History of Human Experience 3, London 1981; B. Bartel, A historical review of ethnological and archaeological analyses of mortuary practice, in: Journal of Anthropological Archeology 1 (1982), S. 32-58; Loring Danforth/Alexander Tsiaras, The Death Rituals of Rural Greece, Princeton 1982; R.G. Kingsley, Kin Groups and mortuary practice. Ethnographic implications for archeology, East Lansing 1985; Hannes Stubbe, Formen der Trauer. Eine kulturanthropologische Untersuchung, Berlin 1985; Ariès (1995); Barloewen (1996).

zu euphorische Versuche dieser Art scheinen den Kritikern auch Recht gegeben zu haben[13]. Urteile aus anderen Zusammenhängen dürfen für die Quellenanalyse nicht zum Vor-Urteil werden, und auch vor Versuchen, religionsgeschichtliche Zusammenhänge oder Abhängigkeiten aufgrund äußerlicher
Ähnlichkeiten zu konstruieren, ist zu warnen. Sinn und Zweck eines solchen
Vorgehens muß es im Gegenteil sein, gefestigte Vorstellungen, die vielleicht
aus dem eigenen kulturellen Universum stammen und einer sachkundigen
Analyse im Wege stehen, aus dem Weg zu räumen. Ein Blick auf andere
Kulturen kann in diesem Sinne eine Hilfe sein, um Bewegung in die unver-
meidlichen Vorurteile des Exegeten zu bringen. Ich möchte es im folgenden
bei einigen anmerkungshaften Notizen belassen, die dem Befund der antiken
Quellen Material aus anderen Kontexten gleichsam illustrierend zur Seite
stellen, um den Blick für einige grundsätzliche Zusammenhänge zu weiten,
die für die Entwicklung von Ritualen im Zusammenhang mit Tod und Bestattung elementar sind. Ohne dabei die ganz offensichtlichen kulturellen
Unterschiede durch die Verwendung gemeinsamer Begriffe nivellieren zu
wollen, lohnt sich ein solcher Blick besonders in drei der bisher diskutierten
Sachverhalte, in denen unser eigener kultureller Kontext heute wenig Inter-
pretationshilfen bietet: bei den palästinischen Sekundärbestattungen (Kap.
2.3), in der Frage der sogenannten „rituellen Konzentration" bei den Grabbeigaben (insbesondere in Griechenland, Kap. 2.4) und dem rituellen Totengedenken in bestimmten, zeitlich genau festgelegten Abständen (Kap. 2.4
und 2.5).

Vor diesem Hintergrund werde ich nun einen Überblick über die Ergebnisse der Erforschung von Tod und Bestattung im antiken Palästina, in Griechenland und in den westlichen Zentren des Römischen Reiches geben, bevor
sich—nach dem gleichen Muster, aber in größerer Tiefe—die Betrachtung
der christlichen Quellen anschließt.

Der Umgang mit den Toten vor der Ausbreitung des Christentums
Könnte man einen vielbereisten Teilnehmer an Bestattungsritualen in der
Weltstadt Rom im 4. Jahrhundert nach den wichtigsten unterschiedlichen
Traditionen bei der Bestattung fragen, so würde er vermutlich neben den rö-
mischen die ägyptischen, griechischen und jüdischen Traditionen nennen.

---

[13]   Ich denke dabei zum Beispiel an Wayne A. Meeks, The First Urban Christians, London
1983, der in diesem Sinne von Richard Rohrbaugh—ebenfalls Vertreter dieser Forschungsrichtung—mit Recht kritisiert wurde, in: BTB 21 (1992), S. 67-75.

Daß die *Ägypter* auch in der Spätantike noch eine eigene rituelle Tradition besaßen, die mit ihrer Exotik eine gewisse Attraktivität für römische Bürger hatte, ist gut belegt. Dies bezieht sich vor allem auf die Bestattungsart, nämlich das Mumifizieren der Leichen, das auch im 4. Jahrhundert n. Chr. noch praktiziert wurde, oft wahrscheinlich relativ unabhängig von religiösen Vorstellungen[14]. Ein Einfluß auf die Entwicklung christlicher Rituale außerhalb Ägyptens ist jedoch noch nicht nachgewiesen worden und in den literarischen Quellen meines Wissens nicht belegt[15]. Dennoch sind auf Grund der großen Bedeutung und besonderen Spezifika der ägyptischen Todesrituale einige knappe Bemerkungen dazu angebracht (2.2). Es darf als sicher gelten, daß die ägyptischen Traditionen sich zum Teil in den Ritualen der (spät-)antiken Mysterienkulte wiederfinden, deren Rolle in der religiösen Welt der Spätantike noch kaum ausreichend beleuchtet ist, z.T. bedingt durch die häufig schwierige Quellensituation. Gerade in der Frage von Tod und Bestattung ist über diese Kulte noch kaum genügend bekannt, um ihnen einen eigenen Abschnitt widmen zu können. Ich werde an einigen Stellen auf diesen Punkt zurückkommen, muß ihre Behandlung jedoch zurückstellen, bis weitere Forschungen auf den Weg gebracht sind.

Von großer Bedeutung für unsere Fragestellung ist zweifellos die rituelle Überlieferung des *Judentums*. Die Gruppe „Juden" war außerhalb Palästinas als solche wahrnehmbar und durch Ritual und Glauben für den Außenstehenden deutlich definiert. Die besondere Verbindung des Judentums mit dem Christentum, das in der jüdischen Religion seine Wurzeln hat, ist nicht nur Gegenstand der theologischen Diskussion gewesen, sondern hat auch Konsequenzen für die Weiterentwicklung von Ritualen in christlichen Gruppen.

Schließlich ist auf die Unterschiede in *griechischen und römischen Traditionen* hinzuweisen. Auch wenn die Spätantike mit Recht als ein Zeitalter großen kulturellen Austausches angesehen werden kann, so zog die unterschiedliche Sprache im Westen und Osten des Reiches doch nach wie vor eine Trennlinie durch die „Welt des Mittelmeeres"[16], die sich auch in den ritu-

---

[14] Vgl. Hannelore Kischkewitz, Ägypten unter römischer Herrschaft, in: Renate Germer (Hg.), Das Geheimnis der Mumien. Ewiges Leben am Nil, München 1997, S. 75-84.
[15] Allerdings ist an verschiedenen Stellen von altägyptischen Vorstellungen bei ägyptischen Christen die Rede, vgl. Ath., *V. Antonii* 90f (dazu s.u.).
[16] Vgl. jedoch Kap. 3.2.4.
[17] Die altägyptische Religion der Pharaonen und Pyramiden in ihrer ursprünglichen Form war zur Zeit der Ausbreitung des Christentums bereits Vergangenheit—und das seit einem halben Jahrtausend. In Ägypten behaupteten sich zu diesem Zeitpunkt noch Reste der altägyptischen Religion neben hellenistischen Kulten—Frank Feder spricht vom „multikulturellen Ägypten", das gerade deswegen einen guten Nährboden für die Ausbreitung der universalistischen Religion des Christentums bereitstellte (Frank Feder, Ägypten und frühes Christentum.

ellen Äußerungen der Menschen wiederfindet. Aus diesem Grund werde ich im folgenden zunächst die Tradition Griechenlands und Roms getrennt betrachten.

2.2 Bemerkungen zur altägyptischen Funeralkultur

Die Sepulkral- und Funeralkultur des „Alten Ägyptens" hat Zeugnisse in einem für die Antike einzigartigen Umfang hinterlassen. Nirgends wurde offenbar dem Tod ein so zentraler Stellenwert innerhalb des gemeinschaftlich-religiösen Lebens eingeräumt. Schon deshalb verbietet sich ein Überblick über die Rituale des antiken Mittelmeerraumes ohne einige Bemerkungen zum Umgang der Ägypter mit ihren Toten, auch wenn ich mich aus den eingangs genannten Gründen auf die christliche Ritualentwicklung im Kerngebiet der graeco-römischen Kultur konzentriere und deshalb zum Beispiel nur anmerkungsweise auf koptische Texte eingehen werde.

Für einen knappen Exkurs ergibt sich sogleich ein Problem: Die „ägyptische" Sepulkral- und Funeralkultur ist noch weniger eine einheitliche Größe als jene in Griechenland und Rom, und das aus zwei Gründen: 1. Jede noch so kursorische Betrachtung der sogenannten „altägyptischen Religion" sieht sich Quellen aus über vier Jahrtausenden gegenüber, in denen es reichlich Gelegenheit für Veränderung und Entwicklung gegeben hat[17]. 2. Erschwerend kommt hinzu, daß die Bevölkerung Ägyptens in historischer Zeit alles andere als eine ethnische und kulturelle Einheit war[18]. Einen entscheidenden Einschnitt stellt die Eroberung Ägyptens durch Alexander den Großen dar, die den schon seit dem 6. Jahrhundert v. Chr. nachweisbaren Kontakt mit der griechischen Kultur intensivierte und die dadurch verursachten Veränderungen beschleunigte. In der römischen Kaiserzeit nahm der kulturelle Austausch noch zu, und jetzt begegnete man neben Ägyptern und Griechen in diesem Land Menschen nubischer, afrikanischer, römischer, palästinischer

---

Die ägyptische [koptische] Version des Alten Testaments in der Form der sogennanten Septuaginta, in: Altertum 42 [1997], S. 198).
    [18]   Vgl. dazu etwa H. Idris Bell, Cults and creeds in Graeco-Roman Egypt, Liverpool 1953; s. auch den Überblick über die ägyptische Literatur in Martin Krause, Art. Aegypten II, in: RAC.Suppl. 1/2 (1985), Sp. 14-53.68-88.

und asiatischer Abstammung[19]. Auch die schon vorher vorhandenen regionalen Unterschiede innerhalb Ägyptens werden in der nachpharaonischen Zeit offenbar stärker[20]. Allein schon aus diesen Gründen fehlt für einen Überblick über alle oder auch nur die prägnantesten Einzelheiten der alten ägyptischen Bestattungskultur mit ihren Ritualen an dieser Stelle der Raum. Auf den folgenden Seiten werde ich mich deshalb skizzenhaft auf einige Merkmale dessen beschränken, was sich als Spezifikum „altägyptischer" Rituale einigermaßen kontinuierlich über Jahrhunderte behaupten konnte und auch noch in nachpharaonischer Zeit in jenem Land praktiziert wurde. Neben diesem „altägyptischen" Umgang mit den Toten gab es in der Kaiserzeit auch vollständig hellenisierte beziehungsweise romanisierte Formen, die offenbar nicht nur von Ausländern, sondern auch von Ägyptern in ihre rituelle Praxis übernommen wurden[21].

---

[19]   Vgl. etwa Alan K. Bowman, Egypt after the Pharaohs. 332 BC—AD 642 from Alexander to the Arab conquest, 2. Aufl. London 1996, S. 123-164; Markus Vinzent, Das „heidnische Ägypten" im 5. Jahrhundert, in: Johannes van Oort/Dietmar Wyrwa (Hg.), Heiden und Christen im 5. Jahrhundert, Leuven 1998, insbes. S. 38-41.

[20]   Vgl. dazu z.B. Klaus Parlasca, Bedeutung und Problematik der Mumienporträts und ihr kulturelles Umfeld, in: ders./Helmut Seemann (Hg.), Augenblicke. Mumienporträts und ägyptische Grabkunst aus römischer Zeit, Frankfurt/München 1999, S. 23-48. Zum Unterschied zwischen Stadt und Land s. Roger S. Bagnall, Egypt in late antiquity, Princeton 1993, S. 45-180.

[21]   Als Indikator dafür darf man den archäologischen Befund heranziehen. So sind etwa Teile des ägyptischen Gräberfelds von Hawara kaum von manchen Nekropolen in anderen Gebieten des römischen Reiches zu unterscheiden. Hier finden sich auch eine Reihe von Mischformen hellenisierter und ägyptischer Bestattungskultur, am berühmtesten in Gestalt der auch aus anderen Teilen Ägyptens überlieferten Mumienporträts, deren Einordnung innerhalb eines Koordinatensystems „römisch—ägyptisch—hellenistisch" bis heute Schwierigkeiten bereitet. S. in diesem Sinne Helmut Seemann, Augenblicke der Geschichte—Augenblicke der Ewigkeit, in: Klaus Parlasca/ders. (Hg.), Augenblicke. Mumienporträts und ägyptische Grabkunst aus römischer Zeit, Frankfurt/München 1999, S. 11-22. Umgekehrt waren die exotischen altägyptischen Rituale für einige wohlhabende Römer in der ganzen Welt interessant, die ihre Körper von ägyptischen Spezialisten mumifizieren ließen. Manchmal mögen diese Vorlieben mit dem Isis- und Osiriskult zusammenhängen, die sich als eine popularisierte Form der altägyptischen Religion in der Kaiserzeit über das ganze römische Reich verbreitet hatte. Nimmt man etwa die Schriften des ägyptischen Christen Schenute zur Hand, so bekommt man den Eindruck, daß der Isis-Kult im späten 4. und frühen 5. Jahrhundert in Ägypten selbst weniger verbreitet gewesen war als im übrigen Römischen Reich. Vgl. dazu etwa Johannes Leipoldt, Schenute von Atripe und die Entstehung des national-ägyptischen Christentums, TU 25/1, Leipzig 1903; Jacques van der Vliet, Spätantikes Heidentum in Ägypten im Spiegel der koptischen Literatur, in: Riggisberger Berichte 1 (1993), S. 99-130.

Abb. 2: Ägyptisches Mumienporträt[22]

Bestattung

Die detailliertesten Berichte ägyptischer Bestattungen in der Antike sind von
zwei Griechen überliefert: Herodot (ca. 480-430 v.Chr.) und Diodorus von
Agyrion (1. Jahrhundert v.Chr.)[23]. Beide haben das ägyptische Bestattungs-
wesen auf eigenen Ägyptenreisen kennengelernt, wobei Diodorus Herodot
offenbar gekannt hat (er benutzt außerdem Hecataeus von Abdera als Quelle).

---

[22]   Ca. 80-140 n. Chr. Vgl. dazu Seemann/Parlasca (1999), S. 235.
[23]   Ägyptische Texte selbst scheinen insbesondere die „technische" Seite der Bestattung
nicht als berichtenswert empfunden zu haben. Stattdessen finden sich häufig Teile bzw. Varianten des mythologischen „Totenbuches". Vgl. dazu Raymond O. Faulkner/Carol Andrews (Hg.),
The ancient Egyptian book of the dead, 4. Aufl. London 1993.

Herodot schildert seine Beobachtungen wie folgt:

> Sie betrauern und bestatten ihre Toten folgendermaßen: Wenn ein Mann—einer von Bedeutung—seinem Haus verlorengeht, dann entstellt sich der ganze weibliche Teil der Familie dieses Hauses mit Schmutz auf dem Kopf oder dem Gesicht. Dann lassen sie den Toten im Haus zurück und, indem sie durch die Stadt streifen, wehklagen sie, binden die Kleider um und zeigen die Brüste[24], und das mit all ihren Verwandten. Andererseits wehklagen auch die Männer, diese haben ebenfalls die Kleider umgebunden. Wenn dies getan ist, bringen sie die Leiche zur Einbalsamierung. Es gibt aber welche, die für diesen Zweck professionell tätig sind und dies als Handwerk ausüben ... Wenn sie den Preis ausgehandelt haben, entfernen sie sich; die in der Werkstatt Zurückgebliebenen präparieren nun das Wichtigste auf folgende Weise: Zuerst ziehen sie mit einem gekrümmten Eisendraht das Gehirn durch die Nasenlöcher heraus, und wenn sie es herausgezogen haben, tröpfeln sie die Geheimmittel (φάρμακα) hinein. Danach schneiden sie mit einem scharfen äthiopischen Stein den Körper an den Weichteilen entlang auf und holen das ganze Innere heraus, reinigen es (ἐκκαθαίρειν), behandeln es mit Palmwein, ordnen es noch einmal und beräuchern es (θυμιάειν) mit zerriebenem Weihrauch. Dann füllen sie den Bauch mit reiner zerriebener Myrrhe und Zimt und anderem Räucherwerk—außer Weihrauch. Später nähen sie ihn wieder zusammen. Nachdem sie das getan haben, verbergen sie die Leiche, präpariert in Salpeter, für 70 Tage. Längere Zeit wird für die Einbalsamierung nicht gestattet[25].

Diodorus von Agyrion publizierte folgende Darstellung vermutlich in der Zeit zwischen 30 und 20 v. Chr.:

> Wenn sie zur Behandlung des aufgeschnittenen Körpers zusammengekommen sind, führt einer von ihnen seine Hand durch den Einschnitt an der Leiche in die Brust und zieht alles außer Nieren und Herz heraus; ein anderer reinigt (καθαι-ʹρειν) jedes einzelne Organ, indem er es mit Palmwein und Räucherwerk ausspült. Überhaupt ehren sie den ganzen Körper zuerst mit Zedernharz und bestimmten anderen Aufmerksamkeiten 30 Tage lang, danach mit Myrrhe, Zimt und Dingen, die nicht nur lange Zeit erhalten, sondern auch Wohlgeruch ver-

---

[24] Vgl. dazu Kap. 2.3 (Totenklage im Judentum) und Büchler (1901), S. 81-92.

[25] θρῆνοι δὲ καὶ ταφαί σφεων εἰσὶ αἵδε· τοῖσι ἂν ἀπογένηται ἐκ τῶν οἰκηίων ἄνθρωπος, τοῦ τις καὶ λόγος ᾖ, τὸ θῆλυ γένος πᾶν τὸ ἐκ τῶν οἰκίων τούτων κατ' ἐπλάσατο τὴν κεφαλήν πηλῷ ἢ καὶ τὸ πρόσωπον, κἄπειτα ἐν τοῖσι οἰκίοισι λιποῦσαι τὸν νεκρόν αὐταὶ ἀνὰ τὴν πόλιν στρωφώμεναι τύπτονται ἐπεζωσμέναι καὶ φαίνουσαι τοὺς μαζούς, σὺν δέ σφι αἱ προσήκουσαι πᾶσαι· ἑτέρωθεν δὲ οἱ ἄνδρες τύπτονται, ἐπεζωσμένοι καὶ οὗτοι. ἐπεάν δὲ ταῦτα ποιήσωσι, οὕτω ἐς τὴν ταρίχευσιν κομίζουσι. εἰσὶ δὲ οἵ ἐπ' αὐτῷ τούτῳ κατέαται καὶ τέχνην ἔχουσι ταύτην... οἱ μὲν δὴ ἐκποδὼν μισθῷ ὁμολογήσαντες ἀπαλλάσσονται, οἱ δὲ ὑπολειπόμενοι ἐν οἰκήμασι ὧδε τὰ σπουδαιότατα ταριχεύουσι· πρῶτα μὲν σκολιῷ σιδήρῳ διὰ τῶν μυξωτήρων ἐξάγουσιν τὸν ἐγκέφαλον τὰ μὲν αὐτοῦ οὕτω ἐξάγοντες, τὰ δὲ ἐγχέοντες φάρμακα· μετὰ δὲ λίθῳ Αἰθιοπικῷ ὀξέι παρασχίσαντες παρὰ τὴν λαπάρην ἐξ ὧν εἷλον τὴν κοιλίην πᾶσαν, ἐκκαθήραντες δὲ αὐτὴν καὶ διηθήσαντες οἴνῳ φοινικηίῳ αὖτις διηθέουσι θυμιήμασι τετριμμένοισι. ἔπειτα τὴν νηδὺν σμύρνης ἀκράτου τετριμμένης καὶ κασίης καὶ τῶν ἄλλων θυωμάτων, πλὴν λιβανωτοῦ πλήσαντες συρράπτουσι ὀπίσω. ταῦτα δὲ ποιήσαντες ταριχεύουσι λίτρῳ, κρύψαντες ἡμέρας ἑβδομήκοντα, πλεῦνας δὲ τουτέων οὐκ ἔξεστι ταριχεύειν. Hdt., 2, 85, 1-2, 86, 5 (BSGRT, ed. Rosén, Bd. 1, S. 188,7-189,12).

schaffen[26].

Diese aufwendige Mumifizierung wurde noch viele Jahrhunderte lang geübt, und auch manche christliche Leichen wurden offenbar später so behandelt[27]. In der *Vita* des Ägypters Antonius (*Vita Antonii* 90f) spricht sich Athanasius ausdrücklich gegen die Mumifizierung christlicher Leichen aus. Offenbar gab es in dieser Angelegenheit Klärungsbedarf[28]. Über das der Einbalsamierung folgende Bestattungsritual selbst sagen diese beiden Berichte nichts, weswegen wir dafür auf ältere ägyptische Quellen angewiesen sind. Die Ägypter waren sich bewußt, daß andere Völker weniger ausführliche Bestattungsrituale besaßen. In einem—allerdings sehr viel älteren[29]—Text versucht ein Pharao, einen nach Palästina geflohenen Ägypter zur Rückkehr zu bewegen:

> [In Ägypten] versorgt [man] dich des Nachts mit Föhrenöl und mit Mumienbinden aus den Händen der Webgöttin Tait. Man macht dir einen Schlittenzug am Tag der Bestattung. Der Innensarg ist aus Gold, [der] Kopf aus Lapislazuli. Der Himmel ist über dir, während du auf der Bahre liegst. Die Rinder ziehen dich, Chorsänger gehen dir voran. Man tanzt den Tanz der Ermatteten am Eingang deines Grabes. Man rezitiert die Opferliste für dich. Man schlachtet an der Tür deines Opfersteins[30].

Zur Bestattung gehörte also eine Prozession beziehungsweise ein Leichenzug unter freiem Himmel, begleitet von Vokalmusik. Am Grab folgten ein Ritualtanz und eine öffentliche Opferfeier. Noch in römischer Zeit wurde eine öffentliche und aufwendige Bestattung von den ägyptischen Zeitgenossen goutiert[31]. Ein Element der Rituale der alten Tradition fehlt dem Bericht jedoch, das in den erhaltenen „Totenbüchern" und anderen bildlichen Darstellungen häufig an zentraler Stelle zu finden ist: das sogenannte „Mundöffnungsritual". Dabei handelt es sich um eine Reihe von Riten, die ursprünglich wohl

---

[26]   πρὸς δὲ τὴν θεραπείαν τοῦ παρεσχισμένου σώματος ἀθροισθέντων αὐτῶν εἰς καθίησι τὴν χεῖρα διὰ τῆς τοῦ νεκροῦ τομῆς εἰς τὸν θώρακα καὶ πάντα ἐξαιρεῖ χωρὶς νεφρῶν καὶ καρδίας, ἕτερος δὲ καθαίρει τῶν ἐγκοιλίων ἕκαστον κλύζων οἴνῳ φοινικείῳ καὶ θυμιάμασι. καθόλου δὲ πᾶν τὸ σῶμα διὰ τὸ μὲν πρῶτον κεδρίᾳ καί τισιν ἄλλοις ἐπιμελείας ἀξιοῦσιν ἐφ᾽ ἡμέρας πλείους τῶν τριάκοντα, ἔπειτα σμύρνῃ καὶ κινναμώμῳ καὶ τοῖς δυναμένοις μὴ μόνον πολυχρόνιον τήρησιν, ἀλλὰ καὶ τὴν εὐωδίαν παρέχεσθαι· D. S. 1,91,5f (ed. I. Bekker/L. Dindorf/F. Vogel, BiTeu, S. 153,25-154,9).

[27]   Vgl. z.B. die Beschreibung des bei einem koptischen Kloster gelegenen Friedhofs in der Nähe des ägyptischen al-Hawawi: Klaus P. Kuhlmann, Materialien zur Archäologie und Geschichte des Raumes von Achmim, MDAI.KS 11, Mainz 1983, insbes. S. 58.

[28]   Zit. ist die Stelle im Kap. 3.3.3.

[29]   Aus der 12. Dynastie (Mittleres Reich, 1994-1781 v. Chr.).

[30]   Aus der „Geschichte des Sinuhe", zit. nach Hartwig Altenmüller, Die Mumie. Ein Körper für die Ewigkeit, in: Renate Germer (Hg.), Das Geheimnis der Mumien. Ewiges Leben am Nil, München/New York 1997, S. 36.

[31]   Zum Aufwand von (spät)antiken ägyptischen Bestattungen vgl. z.B. Bagnall (1993), S. 44 und 187f; Tomasz Derda, Necropolis workers in Graeco-Roman Egypt in the light of the Greek papyri, in: JJP 21 (1991), S. 13-36.

der „Belebung" von Statuen gedient hatten und später Teil der eigentlichen Bestattung wurden. Die Mundöffnungshandlung wird von Reinigungsriten mit Wasser und Weihrauch vorbereitet—insbesondere der Weihrauch hatte offenbar vor allem die Aufgabe, „kultische Reinheit zu verleihen"[32], weshalb er an dieser Stelle der Bestattungsrituale unverzichtbar war[33]. Den bildlichen Darstellungen zufolge war es Ziel dieses Rituals, der Mumie nach ihrer Fertigstellung jenes Leben wiederzugeben, das im Augenblick des Todes aus dem menschlichen Körper gewichen war und in der Regel als „Ba-Vogel" abgebildet wird[34].

Abb. 3: Prothesis mit Mundöffnungsritual, abgebildet auf einer vergoldeten Totenmaske eines jungen Mannes, Hawara ca. 20-40 n. Chr.

---

[32]   Walter W. Müller, Art. Weihrauch, in: PRE.S 15, 1978, Sp. 737.
[33]   Vgl. Adolf Erman, Die Religion der Ägypter, Berlin/Leipzig 1934, S. 267f.
[34]   Zahlreiche Beispiele für ägyptische bildliche Darstellungen des „Ba-Vogels" finden sich bei bei Faulkner/Andrews (1993).

Abb. 4: Mundöffnungsritual (Kalksteinrelief Theben, 14. Jh.v.Chr.)

Links von der Mumie sehen wir insgesamt drei Priesterfiguren: ganz rechts eine mit einem Mundöffnungswerkzeug, wie sie in großer Anzahl in ägyptischen Gräbern aus allen pharaonischen Jahrtausenden gefunden wurden, ganz links einen Priester mit Anubiskopf, der in der Linken ein Räucherwerkzeug hält—ein Gegenstand, der ebenfalls aus zahlreichen Grabfunden bekannt ist—und in der Mitte einen Priester mit einer Schriftrolle[35].

Dieses Mundöffnungsritual konnte an besonderen Fest- und Totengedenktagen an einer Statue des Verstorbenen wiederholt werden[36].

Einen Einblick in die Wahl der Bestattungsstelle geben die erhaltenen Quellen ebenfalls. Als ein Ergebnis seiner Untersuchung von Gräbern des frühen Neuen Reiches (15. Jahrhundert v.Chr.) in Theben formuliert Rolf Gundlach:

> Ebenso wie jeder Ägypter sein Leben im Sinne der Weltordnung, der Maat, auf den Staat auszurichten hatte, also letzlich auf den König als Verkörperung des Staates, war auch für die Zeit nach dem Tode die Nähe zum König entscheidend. Das erklärt einmal die Vorliebe dafür, sich in der Nekropole der Residenz beisetzen zu lassen, und zum anderen, einen Grabplatz in der Nähe der Königsgräber zu wählen[37].

Die Popularität von Abydos als Begräbnisplatz wurde in ähnlicher Weise damit erklärt, daß dort das „Haupt des Osiris" bestattet liegt, eine Reliquie,

---

[35] Vgl. dazu z.B. Hartwig Altenmüller, Die Mumie. Ein Körper für die Ewigkeit, in: Renate Germer (Hg.), Das Geheimnis der Mumien. Ewiges Leben am Nil, München/New York 1997, S. 38f; Adolf Erman/Hermann Ranke, Ägypten und äyptisches Leben im Altertum, Tübingen 1923, S. 365.
[36] Vgl. Erman (1934), S. 267.
[37] Rolf Gundlach und Mitarbeiter, Die Entwicklung der Nekropole von Theben-West, in: Arne Eggebrecht (Hg.), Sennefer. Die Grabkammer des Bürgermeisters von Theben, Mainz 1988, S. 22-24.

der jahrhundertlang festliche Rituale gewidmet wurden. Viele Ägypter, die dort kein Grab errichteten, stellten doch zumindest eine Stele oder einen Kenotaph auf, die so an den regelmäßigen Feierlichkeiten „teilhaben" konnten[38].

Der Bestattung folgte ein gemeinsames Essen der Teilnehmer, wie es insbesondere in der Grabkunst des Neuen Reiches häufig dargestellt wird. Auch diese gemeinsamen Mahlfeiern wiederholten sich mitunter an besonderen Totengedenktagen, an denen man den Verstorbenen Speiseopfer darbrachte[39]. Offenbar war es ursprünglich Aufgabe der Angehörigen, diese Totenopfer regelmäßig zu wiederholen, eine Aufgabe, die zumindest in späterer Zeit auch professionellen „Leichenbesorgern" (Erman) überlassen werden konnte[40].

Grabbeigaben

Die ägyptischen Grabbeigaben haben über Jahrtausende Grabräuber und Archäologen fasziniert und angezogen. Dem hohen Aufwand bei der Bestattung entsprach häufig auch eine reiche Ausstattung der Gräber mit Beigaben, die weit über das in der griechisch-römischen Welt Übliche hinausging. Neben Gegenständen des täglichen Lebens—und des nicht-alltäglichen Luxus'—finden sich auch Nachbildungen von Schiffen, Bauwerken, Speisen, Dienern und Dienerinnen[41]. Noch in römischer Zeit tragen viele Leichen wertvolle Schmuckstücke. Selbst in den Gräbern christlicher koptischer Mönche aus dem 6. Jahrhundert finden sich noch solche Gaben[42]. Darüber hinaus wurden ägyptische Tote häufig zusammen mit schützenden oder heilvollen Texten bestattet—dazu gehören auch die sogenannten Totenpapyri. In christlichen Gräbern finden sich später christliche Texte in ähnlicher Funktion; so tragen manche Leichen etwa Jesusworte auf oder in amulettartigen Behältnissen[43].

Familie und Öffentlichkeit—Reinheit und Unreinheit

Das in der oben abgedruckten Papyrusdarstellung auffallendste Merkmal (vor

---

[38]   Vgl. Erman (1934), S. 269 u. 271; Erman/Ranke (1923), S. 363.
[39]   Vgl. ebd., S. 273f. u. S. 252-256.
[40]   Ebd., S. 291f.
[41]   Vgl. nur Erman/Ranke (1923), S. 357f.
[42]   S. Hermann Ranke (Hg.), Koptische Friedhöfe bei Karâra und der Amontempel Scheschkons I. bei El Hibe. Bericht über die badischen Grabungen 1913 und 1914, Berlin/Leipzig 1926, S. 17.
[43]   Siegfried Morenz, Fortwirken altägyptischer Elemente in christlicher Zeit, in: Koptische Kunst. Christentum am Nil, Essen 1963, S. 58.

allem gegenüber der Bestattungskultur Roms und Griechenlands, s.u.) ist die
Beteiligung von Priestern an zentraler Stelle in den Ritualen. Die Unterschiede im Verständnis und in der Organisation der ägyptischen Priesterschaft gegenüber den graeco-römischen Kulten sind ausführlich zuerst von Walter
Otto und Franz Cumont untersucht worden[44]. Gegenüber dem griechisch-
römischen Ehrenamt stellte Cumont besonders den hohen Professionalisierungsgrad der hierarchisch organisierten, relativ unabhängigen und „fast iso-
lierten Kaste" der ägyptischen Priester heraus[45]. Solange die altägyptische
Religion mit öffentlichem Kult existierte, waren Priester auch die Funktionsträger der Bestattungszeremonien und damit in einer für antike Verhältnisse
besonderen Position. Der Grund dafür war offenbar nicht das Fehlen eines
Verständnisses für kultische Reinheitsfragen, die für den Kontakt zwischen
Priesteramt und (unreinem) Tod in der antiken Welt immer eine Barriere be-
deuteten. Im Gegenteil: Die Schilderungen Herodots und Diodorus' machen
deutlich, daß es gerade die Gefährdung durch die Unreinheit des Todes war,
die die ausführlichen und aufwendigen Rituale der Ägypter notwendig
machten: Die dort benutzte Reinheitsterminologie (καθαίρειν etc.) deutet ja
gerade darauf hin, daß es—unter anderem—darum ging, den Körper von
„Unreinheit" zu befreien. Dennoch ging man bei Einbalsamierung und Mumifizierung für unsere Begriffe recht grob vor, ohne Scheu vor dem toten
(unreinen) Körper. Diese Tätigkeiten wurden von „Handwerkern", wie Herodot und Diodorus sagen, ausgeführt, nicht Priestern:

> Die sogenannten Einbalsamierer werden aller Ehren und Hochachtung für wür-
> dig erachtet. Sie haben Umgang mit Priestern und gehen ungehindert in den
> Tempel, weil sie für rein (καθαρός) gehalten werden[46].

Diodorus muß also zu seiner Verwunderung feststellen, daß diese Handwerker trotz ihres Geschäftes nach ägyptischem Verständnis keineswegs als unrein galten! Was dies für einen paganen Griechen bedeuten mußte, wird im
nächsten Kapitel (2.4) klar werden, wenn wir uns den griechischen Quellen
zuwenden. Der Sachverhalt bedarf aber bereits hier einer Erklärung.

Es läßt sich nur vermuten, daß die Fähigkeit zur Reinigung, die im Zentrum der Profession der betroffenen Menschen stand, ihnen die Möglichkeit

---

[44] Walter Otto, Priester und Tempel im hellenistischen Ägypten, 2 Bde., Leipzig/Berlin
1905/1908; Franz Cumont, Die orientalischen Religionen im römischen Heidentum, 5. Aufl.
Berlin/Leipzig 1969, dort insbesondere Kap. 4.
[45] Ebd., S. 38.
[46] Οἱ ταριχευταὶ δὲ καλούμενοι πάσης μὲν τιμῆς καὶ πολυωρίας ἀξιοῦνται, τοῖς
τε ἱερεῦσι συνόντες καὶ τὰς εἰς ἱερόν εἰσόδους ἀκωλύτως ὡς καθαροὶ ποιοῦνται· D. S.
1,91,5 (LCL 174, S. 310,17-20).

gab, mit dem Tempelkult in Kontakt zu treten, ohne dabei die Unreinheit der Leichen auf sich selbst und damit in die heilige Sphäre der Tempel zu übertragen. Die erwähnten Handwerker hatten es in der Tat vor allem mit „Reinigungshandlungen" zu tun, wie sie Herodot und Diodorus ausführlich schildern[47]. Auf einem ägyptischen Sarg aus etwa der Zeit des Diodorus findet sich folgende Darstellung, die offenbar die Behandlung einer Leiche mit reinigenden Flüssigkeiten zeigt[48]:

Abb. 5: Reinigung einer Leiche
(Sarg des Djed-Bastet-iuef-anch aus el Hibe, Mittelägypten,
2. oder 1. Jh. v. Chr.)

Es läßt sich nach alledem ausschließen, daß die Reinheitsfrage in diesem Zusammenhang in Ägypten keine Rolle gespielt habe. Eine solche Theorie, die in der Forschung meines Wissens zur Zeit auch von niemandem vertreten wird, würde wesentlich mehr Probleme aufwerfen als lösen und die meisten der besprochenen Handlungen gänzlich unverständlich machen.

Wenn die aufwendige Präparation des Leichnams abgeschlossen war, kam die Stunde des Priesters: Das Mundöffnungsritual wurde offenbar erst an einem von Unreinheit befreiten Körper vollzogen. Deswegen konnte der Priester selbst den Ritus feiern, ohne sich zu verunreinigen, und deswegen konnte auch der „Ba-Vogel" wieder in den gereinigten und deshalb nicht mehr ge-

---

[47]   Vgl. nur das in den Beschreibungen Herodots wie Diodorus' verwendete Vokabular: καθαρός, θυμιάειν, καθαίρειν, ἐκκαθαίρειν usw.

[48]   In dieser Interpretation folge ich Altenmüller (1997), S. 18f, daher stammt auch die folgende Abbildung. Eine ähnliche Darstellung findet sich auf einem anderen Sarg aus demselben Familiengrab (Abbildungen bei Altenmüller auf den S. 16-19).

fährdeten Körper zurückkehren[49]. Die Anwendung eines Rituals aus dem öffentlichen Kultus—des Belebungsrituals für Götterstatuen—auf menschliche
Mumien läßt sich so geradezu als Brücke zwischen dem offiziellen Kultus
und dem privaten Bestattungsritual verstehen.

Diese Erfüllung von Funktionen, die in der graeco-römischen Welt nicht
Sache der offiziellen Kulte gewesen war (s.u.), mußte in nachpharaonischer
Zeit unter graeco-römischem Einfluß unter Druck geraten. Und tatsächlich
erfuhren in römischer Zeit die altägyptischen Kulte eine „Familiarisierung"
(Vinzent). Dahinter stehen eine Reihe ganz unterschiedlicher Gründe. So
schreibt Markus Vinzent (im Anschluß an Roger Bagnall[50]):

> Mit dem Verlust der alten ägyptischen Kultorganisationen ging eine Intellek-
> tualisierung, ein Synkretismus, eine Privatisierung, Familiarisierung und, in
> christlicher Zeit, vor allem eine Verheimlichung der ägyptischen Religion, so-
> wohl ihrer Inhalte wie der Reste ihrer Kultpraxis, einher. Darum wohl waren
> seit dem 4. Jahrhundert ihre Tradenten vor allem Dichter, Wissenschaftler, Me-
> diziner, Philosophen und *Familien*[51].

Daß dieser Prozeß nicht erst mit der antiheidnischen Gesetzgebung des
5. Jahrhunderts n. Chr. einsetzte[52], mag auch mit den eben angedeuteten
strukturellen Unterschieden zwischen altägyptischen und graeco-römischen
Religionen zusammenhängen, die einen Konflikt geradezu vorprogrammier-
ten und auf die noch näher einzugehen sein wird (s.u. Kap. 2.4, 2.5 und 4.2).

---

[49]   S. in diesem Sinne z.B. Altenmüller (1997), S. 17-39.
[50]   Roger Bagnall, Religious conversion and onomastic change in early Byzantine Egypt,
in: BASPap 19 (1982), S. 105-123.
[51]   Vinzent (1997), S. 46 (meine Hervorhebung).
[52]   S. dazu etwa Eunap., *Vita soph.* 461. Zur „Familiarisierung" vgl. noch Bowman (1990),
S. 130-141.

2.3 Tod und Trauer im antiken Judentum

Wer aus christlicher Sicht einen Blick auf die (Todes-)Rituale des antiken Judentums wirft, stößt schnell auf eine Reihe von zum Teil heftig debattierten Problemen. Besonders kontrovers wird die mögliche (gegenseitige) Abhängigkeit der Rituale christlicher und jüdischer Gruppen in den ersten Jahrhunderten unserer Zeitrechnung diskutiert. Grund für diese Uneinigkeiten (und Unsicherheiten) ist zum einen die schwierige Quellensituation[53], zum anderen eine im aktuellen Diskurs vielleicht zu selten explizit gemachte unterschiedliche Auffassung des Verhältnisses zwischen Lehre und Theologie auf der einen Seite und institutionellen und frömmigkeitsgeschichtlichen Fragen auf der anderen Seite[54]. Je nachdem, welche Ebene betrachtet wird, wird man zu anderen Ergebnissen hinsichtlich der Beziehung zwischen Juden und Christen in den ersten vier Jahrhunderten kommen[55]. Für unser Thema ist in erster

---

[53]   Die archäologischen wie literarischen Spuren der frühen Christen Palästinas sind ausgesprochen dünn. Eric Meyers und James Strange, die sich lange Jahre mit der christlichen Archäologie Palästinas beschäftigt haben, haben bis heute keinen Anhaltspunkt für spezifisch christliche Bestattungen dort gefunden (Eric M. Meyers/James F. Strange, Archeology, the rabbis, and early Christianity, Nashville 1981, S. 94: „...we are unable to identify positively early Christian tombs or Jewish-Christian tombs"). In den schriftlichen Texten ist die Bestattung in der Regel kein Thema (einen Einblick in die Struktur der vorhandenen Quellen für das Verhältnis zwischen Juden und Christen im östlichen Mittelmeerraum des 4. Jahrhunderts gibt Wolfram Kinzig, 'Non-Separation'. Closeness and co-operation between Jews and Christians in the fourth century, in: VigChr 45 [1991], S. 27-53; dort noch zahlreiche weitere Lit.). Erschwert wird die Identifizierung christlicher Gräber dadurch, daß es im Großraum Palästina-Syrien vermutlich noch im späten 4. Jahrhundert verschiedene christliche Gruppen gegeben hat, deren Distanz zum Judentum und vor allem zur jüdischen Frömmigkeitspraxis ganz unterschiedlich war. Kinzig (1991), S. 27-53, stellt exemplarisch zwei solche christliche Gruppen im 4. Jahrhundert vor („Nazoräer" und „Judaizing Christians"), die sich insbesondere in ihrer religiösen Praxis von der Großkirche deutlich unterschieden haben müssen. Auf jeden Fall ist der Nachweis spezifisch christlicher Bestattungen auf der Grundlage literarischer oder archäologischer Quellen bis zum 4. Jahrhundert bisher so gut wie nicht möglich. Auch der Anspruch Bellarmino Bagattis und Emanuele Testas, beides Mitglieder des Jerusalemer Studium Biblicum Franciscanum, einen archäologischen Nachweis früher judenchristlicher Gemeinschaften in Palästina erbracht zu haben, hat keine allg. Anerkennung gefunden. S. Bellarmino Bagatti, Resti Cristiani in Palestine Anteriori a Costatino?, in: Vivista di Archeologia Cristiana 26 (1950), S. 119-120; ders., L'église de la circoncision, PSBF.Mi 4, Jerusalem 1965; ders., Alle origini della chiesa, I: Le comunità giudeo-cristiane, Storia e Attualtà 5, Rom 1981; Emanuele Testa, Il simbolismo dei giudeo-cristiani, PSBF 14, Jerusalem 1962. Kritisch dazu z.B. J.P. Kane, By no means 'The earliest records of Christianity', in: PEQ 103 (1971), S. 103-108; Meyers/Strange (1981), S. 93f; J. Andrew Overman, Matthew's Gospel and formative Judaism, Philadelphia 1990.

[54]   Eine solche Unterscheidung bei der Frage nach dem Verhältnis zwischen Juden und Christen in der Alten Kirche in vier „levels on which separation could and did take place" findet sich bei Kinzig (1991), S. 27.

[55]   Einige Beispiele aus der Lit.: So sprechen zum Beispiel die Neutestamentler Leonhard Goppelt und J. L. Martyn von einer Trennung von Christentum und Judentum um das Jahr 100 (Leonhard Goppelt, Jesus, Paul, and Judaism, New York 1964; J. L. Martyn, History and theology in the fourth gospel, New York 1968). Auch Edwin K. Mitchell, Death and the disposal of the dead, in: ERE 4 (1911), S. 456, vertritt die These einer Separation von christlichen von jüdischen Bestattungen bereits am Ende des 1. Jahrhunderts, vgl. dazu auch Kotila (1992), S. 36; William H. C. Frend, The rise of Christianity, London 1984, S. 347. Eine exponierte Gegenposition vertritt Alan Segal, der Christen und Juden bis ins 4. Jahrhundert als „fraternal twins" behandelt wissen will (1986, S. 179). Ähnlich—auf den Aspekt der Volksfrömmigkeit be-

Linie die letzte Ebene von Interesse, auf der nach der verbreiteten religiösen
Praxis gefragt wird. Gerade auf dieser Ebene sind die Quellen jedoch besonders spärlich, und umfassende Untersuchungen, die unterschiedliche Quel-
lentypen zusammenfassend überblicken, fehlen weitgehend.

Die alttestamentlichen Texte, die für das Judentum auch der mittleren und
späten Antike eine zentrale Rolle spielten, geben keinen detaillierten Einblick
in die Bestattungsrituale ihrer Entstehungszeit[56]. Sie enthalten in der Regel
Einschränkungen existierender Bräuche (Verbot der Totenbeschwörung,
Reinheitsfragen) und lassen einige grundsätzliche Parameter korrekten Verhaltens bei Bestattung und Trauer erkennen (Verpflichtung zur Bestattung,
Einhaltung der Trauerzeiten etc.). Diese Tradition setzt sich in der rabbinischen Literatur fort. Hier ist das Material ausführlicher, und diese späteren
Texte nehmen häufig alttestamentliche Vorschriften zum Anlaß, Verbote wie
Gebote mit „theologischen Deutungen" zu füllen[57]. Dennoch sind auch die
rabbinischen Texte für ein erschöpfendes Bild der eigentlichen Bestattungen
alles andere als ausreichend. Die erhaltene Literatur, vor allem Mischna,
Talmud und Midrasch, gibt zwar einen Einblick in grundlegende Fragestellungen wie etwa diejenige der Unreinheit von Leichen (s.u.), hält sich aber
mit der Beschreibung ritueller Traditionen zurück. Auch ist umstritten, ab
wann und inwieweit diese Texte historische Praxis in nennenswertem Umfang reflektieren[58]. Um eine Vorstellung von möglichen rituellen Vollzügen
bei der Bestattung syro-palästinischer Juden zu bekommen, ist es deshalb
notwendig, auch den archäologischen Befund zu berücksichtigen. Dieser bestätigt die Historizität der Aussagen der schriftlichen Texte teilweise (zum
Beispiel die Bestattung außerhalb bewohnter Ortschaften), zum Teil widerspricht er ihnen (Grabbeigaben), und zuweilen ermöglicht er ein Verständnis
überhaupt erst (Sekundärbestattung, dazu s.u.).

---

schränkt—Kinzig (1991), S. 27-53. Einen guten Überblick über die Quellen und vor allem die
geographische Verteilung der Christen in Palästina und den angrenzenden Gebieten in den ersten beiden Jahrhunderten bietet Karl Heinrich Rengstorf, Das Neue Testament und die nach-
apostolische Zeit, in: ders./Siegfried von Kortzfleisch (Hg.), Kirche und Synagoge. Handbuch
zur Geschichte von Christen und Juden. Darstellung mit Quellen, Bd. 1, Stuttgart 1968, S. 50-
62.
    [56] Ein Überblick über die entsprechenden alttestamentlichen Stellen findet sich bei Peter
Welten, Art. Bestattung II. Altes Testament, in: TRE 5, 1980, S. 734-738; vgl. außerdem Ludwig Wächter, Der Tod im Alten Testament, AzTh 2,8, Stuttgart 1967; Paul Heinisch, Die Totenklage im Alten Testament, BZfr 13,9/10, Münster 1931; Hedwig Jahnow, Das hebräische
Leichenlied im Rahmen der Völkerdichtung, BZAW 36, Berlin 1923.
    [57] Wenn im folgenden Überblick alttestamentliche Textstellen erwähnt werden, so sind
diese dementsprechend im Sinne von „Referenzstellen" der späteren Lit. zu verstehen, nicht als
Quellentexte für nachbiblische historische Zustände.
    [58] S. dazu sehr kritisch Ed Parish Sanders, Judaism. Practice and belief 63BCE-55CE,
London/Philadelphia 1992, insbesondere S. 458-490.

Bestattung

Die wesentlichen Züge der jüdischen Bestattungen ähneln äußerlich denen
der antiken Umwelt. So finden sich die Grabstätten außerhalb der bewohnten
Siedlungen. Die Bestattung scheint relativ bald nach dem Eintritt des Todes
stattgefunden zu haben, zumindest wird dies immer wieder als wünschenswert bezeichnet[59]. In den rabbinischen Schriften wird eine Trauerprozession
ausdrücklich gutgeheißen[60]. Die *Baba Batra* beschreiben ein aufwendiges
und ausführliches Ritual für den Rückweg von der Bestattung, das Bewältigung und Abschluß des Bestattungsereignisses ermöglichen sollte—im gennepschen Sinne müßte man hier sicher von einem Angliederungsritus sprechen (vgl. die Tab. in Kap. 2.1). Eine Aufbahrung in der Synagoge findet
sich meines Wissens erst bei relativ späten Zeugen, auch wenn sie zum Beispiel von dem Rabbi beziehungsweise Patriarchen Jehuda Ha-Nasi (gestorben
vermutlich 217) berichtet wird, was allerdings nicht unbedingt historisch
ist[61].

Der für rituelle Fragen interessanteste Befund der archäologischen Quellen aus dem 1. bis 3./4. Jahrhundert ist der Nachweis zahlreicher Sekundärbestattungen im syro-palästinischen Raum[62]. Sekundärbestattungen spielen in
der anthropologischen Theoriebildung eine herausragende Rolle. Auf eine
provisorische Beisetzung des Leichnams folgt nach dessen vollständiger
Verwesung—in der Regel nach etwa einem Jahr—eine endgültige rituelle
Grablegung der Gebeine. Bereits van Gennep[63] und vor allem der zum Pari-
ser Durkheimkreis zählende Robert Hertz[64] hatten die Entdeckung von solchen Ritualen als Paradigma für Reintegrationsriten benutzt. Ihre Beispiele
kamen aus der ethnologischen Forschung der Jahrhundertwende (Madagas-
kar, karibische Inseln[65]). Auch die neuere anthropologische Forschung ist

---

[59]   MSanh 6,5; bTMQ 28a; bTPes 54b; TNeg 6,2; bTBQ 82b; ARN A 35 u.ö. Vgl. dazu
Dtn 21,22f.
[60]   Z.B. MKet 4,4; bTKet 17a; u.ö.
[61]   KohR 7,12 und 9,5. Der Text ist vielleicht erst im 8. Jh. in Palästina entstanden, vgl.
Günter Stemberger, Einleitung in Talmud und Midrasch, 8. Aufl. München 1993, Kap. 3.5.1.d.
Die Aufbahrung in Synagogen wird demnach irgendwann zwischen dem 3. und dem 8. Jh. auf-
gekommen sein; zur Verbindung zwischen Synagoge und Bestattung s.u. („Familie und jüdische
Gemeinde").
[62]   Dies ist das z.B. Hauptthema der zit. Dissertation von Byron McCane (1992).
[63]   Van Gennep (1999), S. 159.
[64]   Robert Hertz, Contribution à une étude sur la répresentation collective de la mort, in:
L'Année sociologique 10 (1907), S. 48-137; englische Übersetzung mit einem Vorwort von E.
E. Evans-Pritchard in ders., Death and the right hand, Aberdeen 1960, S. 29-86.
[65]   S. etwa hierzu N.M. Mikhailowski, Shamanstvo 1, Moskau 1892.

immer wieder auf Sekundärbestattungen gestoßen[66]. Archäologen wie Hachlili[67], Rahmani[68] und andere haben eine große Zahl an Sekundärbestattungen
in Palästina seit dem ersten Jahrhundert n.Chr. nachgewiesen. Für Hachlili
stellt die Sekundärbestattung „einen vollkommenen Wandel" gegenüber der
älteren Tradition der Einzelbestattung in einem Holzsarg dar, wie er noch im
1. Jahrhundert v.Chr. die Regel war[69]. Speziell für diesen Zweck angefertigte
Gefäße, sogenannte Ossuarien, sind von der Palästina-Archäologie in großer
Zahl zutage gefördert worden[70]. Auch in der rabbinischen Literatur hat die
Sekundärbestattung ihren Niederschlag gefunden: Im Traktat Mo'ed Qatan
wird zum Beispiel ausdrücklich erlaubt, die Gebeine der Eltern auch an den
„Halbfeiertagen" (= Mo'ed Qatan) für eine Sekundärbestattung zusammen-
zulesen[71].

   Zur palästinischen Sekundärbestattung sei hier in aller Kürze im Sinne des
   in 2.1 angekündigten *cross-cultural*-Vergleiches eine zusätzliche Parallele
   erwähnt, die die genannten, von der klassischen Anthropologie in der ersten
   Hälfte dieses Jahrhunderts beobachteten Sekundärbestattungen ergänzt.
       Emily Ahern untersuchte Ende der 1960er Jahre ausführlich Bestat-
   tungs- und Todesrituale in Taiwan[72]. Vor allem zur palästinischen Sekundärbestattung findet sie hier eine auffallende Parallele:
       „[The grave] is covered with a mound of earth. Three days later, some of
       the descendants return 'to see that everything is all right'. This done, they
       need not return again until the spring grave-cleaning festival, when they
       weed the grave and offer food to the deceased. Thereafter the grave is visi-
       ted yearly for 6 or 7 years. Then, on a propitious day, the coffin is disinter-
       red, and, if the flesh has sufficiently rotted from the bones, they are remo-
       ved, rubbed clean, and arranged in a ceramic pot, which is placed in the
       hole left by the coffin. After this the grave is still visited without fail every

---

   [66] So zum Beispiel in Taiwan, siehe dazu Emily M. Ahern, The cult of the dead in a Chinese village, Stanford 1973, S. 165-205. Dazu Kap. 2.5.
   [67] Rachel Hachlili/Ann E. Killebrew, Jewish funerary customs during the Second Temple
Period, in the light of the excavations at the Jericho necropolis, in: PEQ 115 (1983), S. 109-139;
Rachel Hachlili, Burial practices at Qumran, in: RdQ 62 (1993), S. 247-264.
   [68] Levi Y. Rahmani, Jewish rock-cut tombs in Jerusalem, in: 'Atiqot 3 (1961), S. 93-120;
ders., Ancient Jerusalem's funerary customs and tombs 1-4, in: BA 44 (1981), S. 171-
177(summer).229-235(fall).43-53(winter) und BA 45 (1982), S. 109-119(spring).
   [69] Rachel Hachlili, Art. Bestattung IV, in: RGG⁴ 1, 1998, Sp. 1366.
   [70] Vgl. dazu zum Beispiel Isaiah Gafni, Reinterment in the land of Israel. Notes on the
development of the custom, in: I. Levine (Hg.), The Jerusalem Cathedra 1, Jerusalem 1981, S.
96-104; Paul Figueras, Decorated Jewish ossuaries, DMOA 20, Leiden 1983; ders., Jewish ossuaries and secondary burial. Their significance for early Christianity, in: Imm. 19 (1984/85), S.
41-57; zuletzt Byron McCane, Let the dead bury their own dead. Secondary burial and Mt 8:21-
22, in: HThR 83 (1990), S. 31-43; ders., Bones of contention? Ossuaries and reliquaries in early
Judaism and Christianity, in: SecCen 8 (1991), S. 235-246; dort auch weitere Literatur.
   [71] MQ 1,5,2. Vgl. zu dieser Stelle Eric M. Meyers, The use of archeology in understanding Rabbinic materials, in: Michael A. Fishbane/Paul R. Flohr (Hg.), Texts and responses. FS
Nahum N. Glatzer, Leiden 1975, S. 34. Wie ich kurz vor Drucklegung erfahren habe, bereitet
Herr PD Dr. Michael Tilly eine Studie zu Tod und Trauerriten im rabbinischen Judentum vor,
die er unter Anwendung der oben beschriebenen gennepschen Termini analysiert.
   [72] Ahern (1973), S. 149-174.

spring"[73].

Dieser Bericht illustriert, daß eine Sekundärbestattung, wie sie von der Palästinaarchäologie nachgewiesen wurde, Teil eines bestimmten rituellen Ablaufes sein konnte, der auch eine genau festgelegte Form des Totengedenkens mit einschließen konnte. Da uns schriftliche Quellen für die rituellen Vollzüge im antiken beziehungsweise spätantiken Palästina fehlen, mag dieser Augenzeugenbericht aus einer anderen Kultur zumindest die grundsätzliche Möglichkeit eines solchen rituellen Ablaufes andeuten, wie sie mit dem archäologischen Befund Palästinas vereinbar wäre.

Über den möglichen Sinn einer solchen zweimaligen Bestattung gibt es zahlreiche Untersuchungen. Man kann dabei—etwas verkürzt—mindestens drei Deutungsebenen unterscheiden: zunächst die soziologisch-funktionale (van Gennep, Hertz), auf der die Sekundärbestattung als Abschluß einer liminalen Trauerphase (Turner/Leach[74]), des sozialen „Zwischenzustandes" der Angehörigen, interpretiert wird. Die Sekundärbestattung ermöglicht dann die vollständige Wiederaufnahme sozialer Beziehungen und die Wiedereingliederung (van Gennep) an die soziale Gemeinschaft (vgl. dazu die obige Tabelle). Eng verwandt ist die (sozial-)psychologische Interpretation, die die Funktion der Sekundärbestattung im Rahmen des individuellen Trauerprozesses in den Vordergrund rückt. Yorick Spiegel hat in seiner Arbeit über die Trauerphasen die Wichtigkeit eines definitiven Endes der individuellen Trauerarbeit mehrfach betont[75]. Ähnlich stellt auch Rahmani in seiner Betrachtung jüdischer Trauerzeiten neben den erwähnten sozialanthropologischen Aspekt den individualpsychologischen:

> Both in the psychological and in the sociological sense, this ossilegium was thus an individual, nonrecurring rite of passage, concluding the work of mourning. Concurrently it established relations between the deceased and his bereaved relative appropriate to the changed situation and reestablished the equilibrium between the bereaved and the community, which he could now rejoin, unimpeded by any further mourning[76].

Einfache praktische Gründe (Platzmangel etc.) wurden ebenfalls bisweilen als Hintergrund sekundärer Bestattungen erwogen[77]. Schließlich wird mitunter ein „theologischer" Hintergrund der Sekundärbestattung in der rabbinischen Tradition ins Feld geführt. Dabei ist umstritten, ob der in der makkabäischen Zeit aufkommende Auferstehungsglaube Hauptvoraussetzung für

---

[73]   Ebd., S. 165f.
[74]   Vgl. Turner (1969) u.ö.; Edmund Leach, Culture and communication. The logic by which symbols are connected, Cambridge 1976.
[75]   Spiegel (1995), insbes. Kap. 3 („Der Verlauf der Trauer").
[76]   Rahmani (1981), S. 173.
[77]   Michael Brocke, Art. Bestattung III. Judentum, in: TRE 5, 1980, S. 739.

deren Verbreitung gewesen sei (so Rahmani[78]) oder der Aspekt der Reinigung von Schuld und Sünde im Vordergrund stand (so tendenziell Lieberman, Meyers, Safrai, Hachlili[79]). So stellt beispielsweise Hachlili schlicht fest:

> The Jews saw themselves as sinners and therefore adopted the custom of secondary burial of the bones (after decay of the flesh) as a way to expiate their sins[80].

Hachlilis Verständnis von „Sünde"[81] findet sich allerdings in dieser Form (auf die Sekundärbestattung bezogen) in den antiken jüdischen Quellen meines Wissens nicht, und es bleibt noch zu fragen, ob nicht eine andere Deutungschiffre angemessener wäre, um den von Hachlili angedeuteten Sachverhalt besser zu beschreiben.

Totenklage und Musik bei der Bestattung

Die Berichte von Bestattung, Bestattungsprozession und Trauer im Alten Israel und im antiken Judentum kennen Totenklage und vereinzelt auch Musik bei der Bestattung. Bei der Totenklage muß man unterscheiden zwischen der rituellen Klage am Tag der Beisetzung und der über diesen Tag hinaus fortgesetzten Trauerhaltung beziehungsweise Wehklage, eine Unterscheidung, wie sie im Hebräischen in der Differenz zwischen den beiden Vokabeln מִסְפֵּד und אָבֵל reflektiert wird[82].

Die Totenklage, die nach den antiken Texten sowohl im oder vor dem Trauerhaus als auch am Grab und beim Leichenzug[83] stattfand, war für die deutsche religionsgeschichtliche Forschung aus der Zeit vor 1933/45 von besonderem Interesse[84].

---

[78]   Rahmani (1981), S. 173-177; ders. (1961), S. 117f.
[79]   Saul Lieberman, Some aspects of after life in early rabbinic literature, in: Harry Austryn Wolfson Jubilee Volume, Jerusalem 1965, S. 495-532; Eric M. Meyers, Jewish ossuaries. Reburial and rebirth, Rom 1971, S. 80-92; Shmuel Safrai, Religion in everyday life, in: Shmuel Safrai/M. Stern (Hg.), The Jewish people in the first century. Historical geography, political history, social, cultural and religious life and institutions, CRI.Sect. 1, Bd. 2, Amsterdam 1976, S. 793-833; Hachlili (1983), S. 109-132; dies. (1993), S. 247-264.
[80]   Rachel Hachlili, A second temple period Jewish necropolis in Jericho, in: BA 43 (1980), S. 239.
[81]   Auch McCane gebraucht den Begriff der „Sünde": McCane (1992), S. 78. S. dazu u. die Ausführungen über „Reinheit" und „Unreinheit".
[82]   Die Grenzen zwischen beiden sind freilich nicht immer ganz scharf; vgl. Josef Scharbert, Art. ספד, in: ThWAT 5, Stuttgart/Berlin/Köln/Mainz 1986, Sp. 901-906; A. Baumann, Art. אבל, in: ThWAT 51 Stuttgart/Berlin/Köln/Mainz 1973, Sp. 46-50. Vgl. aber auch U. Cassuto/Simon Bernfeld, Art. Klagelied (קינה), in: Encyclopaedia Judaica. Das Judentum in Geschichte und Gegenwart 10, Berlin 1934, Sp. 33-45.
[83]   Vgl. IISam 3,31ff.
[84]   Zur Relevanz dieses Einschnittes für die Forschungsgeschichte vgl. Kap. 1.

Viele der für diese Forschungsrichtung wichtigen Überlegungen finden sich zusammengefaßt in der Arbeit Hedwig Jahnows über „Das hebräische Leichenlied" von 1923. Darin stellt Jahnow weitreichende kulturgeschichtliche Vergleiche zwischen altisraelitischer, jüdischer und orientalischer Totenklage an
und analysiert auch Klagerituale zeitgenössischer inner- und außereuropäischer
Volksgruppen. Auch wenn sich die gegenwärtige Religionsgeschichte etwa
Jahnows Ausführungen über den „animistischen Ursprung" der Totenklage
nicht mehr anschließt und manche auf Grund von oberflächlichen religionswissenschaftlichen Analogien gezogenen Schlüsse einer kritischen Nachfrage heute
nicht mehr standhalten können, so verdient doch ihre funktional-rituelle Analyse der palästinischen Totenklage Aufmerksamkeit[85]. So stellt Jahnow unter anderem einen hohen Grad an Professionalisierung der sog. „Klagezünfte" fest[86],
wie sie sie auch im (damals) zeitgenössischen Palästina, Syrien, Süditalien und
Siebenbürgen beobachtet[87]. Die syro-palästinische Totenklage folgt danach prä-
zisen Regeln, die Form, Zeit und Dauer genau festlegten[88]. Aus beiden Beobachtungen schließt Jahnow, daß es sich bei dieser Art der Totenklage nicht
um mehr oder weniger spontane Ausdrücke des emotional empfundenen
Schmerzes handelt (auch wenn sich solche mit der rituellen Totenklage vermi-
schen können), sondern um ein zwar von der betroffenen Familie verantworte-
tes, aber öffentliches Ritual, das einen „obligatorischen, zeremoniellen Charakter" hat[89].

Folgt man der Beschreibung des Traktates der Semahot[90], so gehörte zur
Trauer neben der eigentlichen rituellen „Wehklage" (מִסְפֵּד) das rituelle Zer-
reißen(קרע) von Kleidern und das Entblößen (חלצ[91]) der Schulter[92]. Dabei
konnte מִסְפֵּד offenbar auch allgemein die rituelle Trauerfeier als solche bezeichnen; im AT wird das dazugehörige Verb ספד häufig absolut im Sinne
von „eine Trauerfeier halten" gebraucht[93]. Die Mischna verbietet die Totenklage in einer zerstörten Synagoge (MMeg 4,3); die dazugehörige Gemara
(bTMeg 4,3) erlaubt die öffentliche Totenklage in „bewohnten", d.h. nicht
zerstörten Synagogen. Alle Texte gehen wie selbstverständlich davon aus,
daß die Totenklage immer ein öffentliches und kein privates Ereignis ist, wo-

---

[85] Jahnow (1923), S. 57-90 („Die Totenklage als Zeremonie").
[86] Vgl. IIChr 35,25; Am 5,16; Jer 9,16.
[87] Jahnow (1923), S. 72f.
[88] Vgl. Sir 38,17.
[89] Jahnow (1923), S. 87. Vgl. dazu auch die Einordnung der Totenklage in die obige Tabelle.
[90] Die Datierung des Traktates über die Trauer, Ebel Rabbati oder Semahot/Semachot genannt, ist immer noch umstritten. Die meisten Autoren datieren die erhaltenen Fassungen auf
das 8. Jh., jedoch wird auch eine frühe Datierung immer wieder vertreten (so v.a. Dov Zlotnick,
The tractate „Mourning", New Haven 1966, S. 4-9). Die Semahot kennen immerhin die Sekundärbestattung, die nach dem 4. Jh. in der Regel nicht mehr anzutreffen ist (vgl. dazu Eric M.
Meyers [1975], S. 39f).
[91] Vgl. dazu Adolph Büchler, Das Entblößen der Schulter und des Armes als Zeichen der
Trauer, in: ZAW 21 (1902), S. 81-92.
[92] Sem 1,5; 2,1 u.ö.
[93] IISam 1,12; IKön 13,29; Jer 4,8 und 49,3; Ez 24,16; Jon 1,13; Mi 1,8, Koh 3,4, Sach
7,5 und 12,12.

bei die rabbinische Literatur sich insgesamt erstaunlich selten in dieser Frage
äußert. Erst im Mittelalter kam es zu konkreteren Regeln in Bezug auf Tod
und Bestattung[94].

Instrumentalmusik hat es bei Bestattungen in Palästina ebenso wie bei paganen Bestattungen im übrigen Mittelmeerraum gegeben[95]. Die Quellen sind
jedoch nicht zahlreich genug, um über Verbreitung oder zeitliche Kontinuität
genaue Aussagen zu machen. In biblischen Texten, etwa bei Jeremia[96] und im
Matthäusevangelium[97], kommt Flötenmusik als Trauermusik vor. Josephus
spricht von Aulosspielern, die Trauerlieder spielten[98]. In der Mischna wird
zwar die Verwendung von Trauerflöten mißbilligt, die bereits von Nichtjuden
an einem Sabbath gespielt worden waren[99], ein genereller Konflikt zwischen
religiösen Autoritäten und dieser Begräbnismusik ist aber in den Quellen
nicht auszumachen. Vermutlich wurde dieser Gesichtspunkt als eine private
Familienangelegenheit angesehen, die nicht Gegenstand normativer Debatten
war.

Spätestens im Mittelalter gehörte zur jüdischen Totenwache das „Psal-
menlesen"[100], eine Tradition, die vielleicht auch schon im antiken Judentum
existierte; auch wenn die ausführlichen Vorschriften der Semahot Psalmen
nicht ausdrücklich erwähnen, könnte der dort gebrauchte Begriff מִסְפֵּד eine
Psalmodie einschließen. Dafür spräche immerhin die große Bedeutung der
Psalmen in der alltäglichen Gebetspraxis auch des spätantiken Judentums.
Verläßliche Quellen, die es nahelegen, generell von der Psalmodie als einem
unverzichtbaren Zentralelement des rituellen Ablaufes sprechen zu können,
fehlen meines Wissens jedoch.

Grabbeigaben
Zur Zeit der Entstehung der talmudischen Tradition wurden Grabbeigaben
beziehungsweise eine aufwendige Ausstattung des Leichnams mit Kleidung
und anderen Dingen mindestens von den rabbinischen Autoritäten nicht mehr

---

[94]   Für freundliche Hinweise zur Bewertung dieser Quellen danke ich Herrn Professor
Seth Schwartz (JTS, New York).
[95]   S. z.B. MKet 4,4.
[96]   Jer 48,36.
[97]   Καὶ ἐλθὼν ὁ Ἰησοῦς εἰς τὴν οἰκίαν τοῦ ἄρχοντος καὶ ἰδὼν τοὺς αὐλητὰς καὶ
τὸν ὄχλον θορυβούμενον... („Und als Jesus in das Haus des Vorstehers kam und er die Aulosspieler und das Getümmel des Volkes sah...") Mt 9,23.
[98]   πλείστους δὲ μισθοῦσθαι τοὺς αὐλητάς, οἳ θρήνων ἐξῆρχον αὐτοῖς („Sehr viele
aber ließen Aulosspieler kommen, die für sie Trauerlieder spielten"), J., *BJ* 3,9,5.
[99]   MSchab 23,4.
[100] S. Brocke (1980), S. 740.

sanktioniert[101]. Im Mischnatraktat Mo'ed Qatan wird Rabbi Gamaliel (80-120 n. Chr., Enkel Gamaliels d.Ä.), Kopf der rabbinischen Akademie von Yavneh, für die Verbreitung dieser Ansicht verantwortlich gemacht[102]. Auch die Ketubbot erwähnen ihn in diesem Sinne[103]. Vermutlich besteht tatsächlich ein Zusammenhang zwischen der Durchsetzung der sogenannten rabbinischen Richtung[104] im palästinischen Judentum in der späteren Antike und dem Verschwinden von Grabbeigaben und entsprechenden „Beilegungsritualen"[105]. Weihrauch, bei Ägyptern und Römern unverzichtbarer Bestandteil der Bestattungsrituale, fehlt bei jüdischen Beerdigungen meines Wissens völlig, offenbar wegen seiner Bedeutung im alttestamentlichen Kult, der einen Gebrauch außerhalb des Tempels ausschloß[106].

In Gräbern aus den ersten Jahrhunderten finden sich zahlreiche Gegenstände des täglichen Bedarfs wie zum Beispiel Kochtöpfe, Öllampen oder Eßgeschirr. In der Regel hatten diese Gegenstände keinen hohen materiellen Wert, im Gegenteil: Manches war bereits zum Zeitpunkt der Grablegung nicht mehr zu gebrauchen, Keramik hatte Sprünge und Risse etc[107]. Es ist nicht mehr zu klären, ob es sich hier um Bescheidenheit oder besonders ökonomisches Denken gehandelt hat. Diese Funde könnten jedoch auch auf Unreinheitsvorstellungen hindeuten: Vielleicht hatten diese Gegenstände während oder nach dem Tod mit dem Verstorbenen in Kontakt gestanden, galten deshalb als unrein und wurden auf diese Weise „entsorgt". Nach Moh 1,1-4, werden nämlich Gegenstände, die in unmittelbarem Kontakt mit einem Toten gestanden haben, nicht nur unrein, sondern stellen ihrerseits eine Quelle für die Verunreinigung anderer Menschen und Gegenstände dar (s.u.). Vielleicht war aber auch der symbolische Wert der Gegenstände in dieser Zeit das Entscheidende, war die Beziehung zum Toten ausschlaggebend und nicht etwa ein repräsentativer Zweck[108].

---

[101] Auch wenn Josephus meint, jüdische Bestattungen hätten viele Angehörige arm gemacht (J., BJ 2,1,1, zit. im nächsten Abschnitt), so bezieht sich diese Bemerkung auf aufwendigen Leichenschmaus, nicht auf kostspielige Grabbeigaben.

[102] MQ 27.

[103] bTKet 8b.

[104] Zu den Definitionsproblemen dieses Begriffes („Rabbinic movement") vgl. Catherine Hezser, The social structure of the Rabbinic movement in Roman Palestine, TSAJ 66, Tübingen 1997, insbes. S. 53-154.

[105] BB 100b; vgl. Rowell (1977), S. 6.

[106] So v.a. Ex 30,34-38. Vgl. dazu Sir 24,15 und noch MAZ 1,5. Müller (1978), Sp. 743, kommentiert, „Weihrauch und Räucherwerk durften nur im Jahwekult Verwendung finden, und ihre Profanierung galt als todeswürdiges Verbrechen". Zur Verwendung im Tempelkult S. Lev 2,1.15; 16,12f; 24,7; Jer 6,20 u.ö.

[107] Rachel Hachlili, Ancient Jewish art and archeology in the land of Israel, HO 7.1.2, Leiden 1988, S. 97.

[108] S. dazu meine Diskussion der sog. Repräsentationsthese in Kap. 2.4.

Essen und Totengedenken

1. Rituelle Mahlfeiern sind für das rituelle Leben der antiken jüdischen Gemeinschaften von großer Bedeutung. Neben dem Pesachmahl sind aus dieser Zeit Berichte über Bundesmahle/Schaubrotmahle/Toda-Mahle, Abschiedsmahle und schließlich Trauermahle überliefert[109]. Dem Traktat Mo'ed Qatan zufolge brachten die dem Verstorbenen Nahestehenden Speisen und Getränke ins Trauerhaus, wo sie offenbar auch verzehrt wurden[110]. Josephus berichtet:

> Er trauerte nämlich sieben Tage um den Vater, auch veranstaltete er für das Volk einen kostspieligen Leichenschmaus; das ist eine Sitte bei den Juden, die schon viele in Armut gestürzt hat, weil man notwendigerweise das Volk bewirten muß; wenn einer es aber unterläßt, so ist er nicht fromm"[111].

Die gesetzlichen Bestimmungen der Torah fordern die Hinterbliebenen dagegen zu mäßiger Trauer auf (so in Dtn 14,1 und Lev 19,28); ein ausdrückliches Verbot von Toten- bzw. Totengedächtnismahlen wird nicht formuliert[112].

2. Über den Leichenschmaus hinausgehende Gedächtnis- und Totenmahle sind dennoch im antiken Judentum meines Wissens nicht zu finden. Eine neue Form des Totengedenkens ist vielleicht im zweiten Makkabäerbuch erwähnt, in dem für gefallene Kämpfer gebetet und ein Opfer an den Jerusalemer Tempel geschickt wird[113]. Es gibt freilich keine überzeugenden Hinweise dafür, daß hier eine allgemein übliche jüdische Praxis wiedergegeben wird[114]; die Stelle ist aber von den Kirchenvätern als Argument für die Legitimität von Fürbitten und Opfern für die Toten benutzt worden[115].

---

[109] S. dazu den Überblick über die Forschungsgeschichte (Aalen, Adam, Gese, von Meding, Jülicher, Schürmann, Spitta, Lohmeyer, Jeremias, Johansson, Reicke u.a.) bei Hans-Josef Klauck, Herrenmahl und hellenistischer Kult. Eine religionsgeschichtliche Untersuchung zum ersten Korintherbrief, NTA.NF 15, Münster 1986, S. 15-27.

[110] MQ 27a/27b.

[111] πενθήσας γὰρ ἡμέρας ἑπτὰ τὸν πατέρα καὶ τὴν ἐπιτάφιον ἑστίασιν πολυτελῆ τῷ πλήθει παρασχών· ἔθος δὲ τοῦτο παρὰ Ἰουδαίοις πολλοῖς πενίας αἴτιον διὰ τὸ πλῆθος ἑστιᾶν οὐκ ἄνευ ἀνάγκης· εἰ γὰρ παραλείποι τις, οὐχ ὅσιος· J., *BJ* 2,1,1

[112] So aber irrtümlich Gessel (1978), S. 558.

[113] IIMakk 12,39-45. Der Text stammt vermutlich aus dem späten 2., vielleicht auch erst aus dem 1. Jh. v. Chr., vgl. dazu Klaus-Dietrich Schunck, Art. Makkabäer/Makkabäerbücher, in: TRE 21, 1991, S. 739f (mit weiterer Lit.).

[114] So mit Recht Konde Ntedika, L'evocation de l'au-delà dans la prière pour les morts. Études de patristique et de liturgie latines (4e-8e s.), RAfTh 2, Louvain/Paris 1971, S. 2-6.

[115] So zum Beispiel von Augustin in Aug., *Cur. mort.* und *Nat. et orig. an.* Vgl. dazu Ntedika (1971), S. 7; Kotila (1992), S. 27.

Reinheit und Unreinheit

Im Zusammenhang mit Tod und Bestattung tauchen Vorstellungen von (kultischer) Reinheit und Unreinheit in jüdischen Texten an zentralen Stellen auf. So definieren die Reinheitsgebote in Num 5,2 und 19,11-22 kultische Unreinheit nach der Berührung eines toten Körpers:

> Wer irgendeinen toten Menschen anrührt, der wird sieben Tage unrein sein. Er soll sich mit dem Reinigungswasser entsündigen am dritten Tag und am siebten Tag, dann wird er rein. Und wenn er sich nicht am dritten und am siebten Tag entsündigt, so wird er nicht rein[116].

In ähnlicher Weise äußern sich auch Num 9,6-13 und Lev 21,1-4.10-12, Hag 2,13 und Tob 2,9. Num 9 verbietet ausdrücklich, unmittelbar nach der Berührung eines Toten noch an rituellen Vollzügen teilzunehmen. טָמֵא beziehungsweise טֻמְאָה bezeichnen in allen diesen Fällen die durch den Kontakt mit der Sphäre des Todes verursachte Unfähigkeit zu gültigem Kult und Gottesdienst. Josephus berichtet von Samaritanern, die einmal zu Beginn des Pesachfestes heimlich nach Jerusalem gekommen waren und kurz nach der nächtlichen Tempelöffnung menschliche Gebeine „in den Hallen und im ganzen Tempel" verstreuten, woraufhin der Tempel während des Festes geschlossen bleiben mußte[117]. Auch andere als טָמֵא bezeichnete Sachverhalte können diese Unfähigkeit verursachen, zum Beispiel die Berührung mit Tieren, die in fremden Kulten eine Rolle spielen[118]. Der Zusammenhang der beiden genannten Termini mit religionswissenschaftlichen Tabubezeichnungen ist Gegenstand ausführlicher Untersuchungen gewesen. Helmer Ringgren und andere haben überzeugend gezeigt, daß die gern gesehene Parallele zum Tabu, das sowohl heilig-göttlich als auch dämonisch-schädlich sein kann, für das geschichtliche Judentum große Schwierigkeiten bereitet[119]. Man wird am

---

[116]

הַנֹּגֵעַ בְּמֵת לְכָל־נֶפֶשׁ אָדָם וְטָמֵא שִׁבְעַת יָמִים:
הוּא יִתְחַטָּא־בוֹ בַּיּוֹם הַשְּׁלִישִׁי וּבַיּוֹם הַשְּׁבִיעִי
יִטְהָר וְאִם־לֹא יִתְחַטָּא בַּיּוֹם הַשְּׁלִישִׁי וּבַיּוֹם הַשְּׁבִיעִי לֹא יִטְהָר:
Num 19,11f.

[117] J., *AJ* 18,2.

[118] S. Helmer Ringgren, Art. טָמֵא טֻמְאָה 1., in: ThWAT 3, 1982, Sp. 352-354; vgl. Gummel André, Art. טָמֵא טֻמְאָה 2., in: ThWAT 3, 1982, Sp. 354-366.

[119] „Als unrein (tame') gelten bestimmte Tiere, die nicht gegessen oder berührt werden dürfen (Lev 11; Dtn 14), alles, was mit dem Geschlechtsleben (Lev 15), mit Zeugung (IISam 11,4) und Kindergeburt (Lev 12) zu tun hat, die als Aussatz bekannte Krankheit (Lev 13f) und alles, was mit dem Tod zusammenhängt: Leichen, Gräber usw. (Num 19,11-16). Unreinheit steckt an. Wer mit etwas Unreinem in Berührung kommt, wird selber unrein (Lev 5,2; 15,21-24; Num 19,22; Hag 2,14). Man gewinnt den Eindruck, daß diese Unreinheit etwas Dingliches ist, eine Art äußerer Befleckung, die durch Waschungen entfernt werden kann. Unreinheit ist vor allem ein kultisch-ritueller Begriff. Der Unreine ist nicht kultfähig (Lev 22,3.6f; Num 9,6; ISam 20,26), ja, er kann nicht, ohne die „Ganzheit" zu stören, am normalen Leben der Gemeinschaft teilnehmen." Helmer Ringgren, Israelitische Religion, RM 26, Stuttgart 1982, S. 127. In ähnli-

besten einfach festhalten, daß es einen nicht aufzuhebenden Konflikt zwi-
schem religiösem Kult und Gottesdienst einerseits und dem Umgang mit den
Toten andererseits gegeben hat[120]. Nicht nur der Kult war in der jüdischen
Antike durch die Unreinheit des Todes gefährdet, auch das tägliche Leben
war betroffen. Josephus berichtet, daß Herodes Antipas Zwang anwenden
mußte, damit sich Juden im neugegründeten Tiberias ansiedelten: Die Häuser
der Stadt befanden sich über älteren Gräbern, aus Angst vor Verunreinigung
wollte sich niemand dort niederlassen[121]. Im antiken Alexandrien schließlich
findet sich die jüdische Nekropole nicht etwa in der Nähe des jüdischen
Viertels, sondern am entgegengesetzten Ende der Stadt. Ähnlich ist die Situation in Jaffa, Beth She'arim und Rom[122].

In den Semahot wird die Bedeutung von Reinheit und Unreinheit für den
Trauerprozess besonders betont[123]: Bei einem Todesfall wird nach dieser rabbinischen Tradition sämtliches Wasser im Hause unrein und muß wegge-
schüttet werden. Dies entspricht den alttestamentlichen Vorschriften in Num
19,15, nach denen „offene Gefäße" durch den Tod unrein werden.

Auch die archäologischen Funde weisen darauf hin, daß Gräber als unrein
galten. So hat man Wassergefäße am Eingang zu jüdischen Gräbern gefunden, die zu einer Reinigung nach dem Besuch einer Grabstätte gedient haben
könnten[124].

In den Semahot wird zudem die Trauerzeit als besondere „unreine" Zeit, als
„Aus-Zeit" klassifiziert: Die heiligen Schriften dürfen nicht berührt werden,
und sexuelle Aktivität ist verboten. Um diese Zeit visuell besonders zu markie-

---

cher Weise René Dussaud, Les origines cananéennes du sacrifice israélite, 2. Aufl. Paris 1941,
S. 30-35.
    [120] S. dazu (mit weiterer Lit.) Ringgren (1982a), Sp. 352-354, und André (1982), Sp. 354-
366. Ringgren formuliert in diesem Sinne an anderer Stelle: „Jedenfalls sind im Alten Testament
Heiligkeit und Unreinheit absolute Gegensätze", Ringgren (1982b), S. 127.
    [121] J., AJ 18,2.
    [122] Nur in Antiochia gibt es eine relative Nähe zwischen Synagoge und jüdischem Fried-
hof, was jedoch „quite exceptional" ist (so Salo Wittmayer Baron, A social and religious history
of the Jews 2,2. Aufl. New York 1952, S. 286).
    [123] Zur Datierung der Semachot s.o. (Totenklage). Die im folgenden erwähnten Ausführun-
gen über die Unreinheit des Todes sind im allgemeinen sicher für das spätantike Judentum relevant, auch wenn Details der Vorschriften jüngeren Datums sein mögen. Zur Position der rabbinischen Lit. allg. vgl. Judah D. Eisenstein, Views and customs concerning death in rabbinic literature, in: JE 4, S. 483-486, New York 1903; Erwin Ramsdell Goodenough, Jewish symbols in
the Greco-Roman period, Bd. 6, S. 163-165.169-171; Jacob Neusner, The idea
of purity in ancient Judaism, Leiden 1973; ders., A history of the Mishna laws of purity, Leiden
1974-1977; Rudolf Kayser, Art. Death, in: EJ 5, 1974, S. 1420-1426; Zwi Werblowsky, A note
on purification and proselyte baptism, in: Jacob Neusner (Hg.), Christianity, Judaism, and other
Greco-Roman cults 3, Leiden 1975, S. 200-205; S. Safrai/M. Stern, (Hg.), The Jewish people in
the first century II, CRI, Sect. 1, Bd. 2, Amsterdam 1976, S. 773-787; Rowell (1977), S. 3-8;
Emanuel Feldman, Biblical and post-biblical defilement and mourning, New York 1977; Hannah K. Harrington, The impurity systems of Qumran and the rabbis, Atlanta 1993; Robert Goldenberg, Art. Reinheit III, in: TRE 28, 1997, S. 483-487.
    [124] Dies vermutet Hachlili (1988), S. 97.

ren, sollen Liegemöbel umgedreht werden[125]. Für Hochzeiten gelten im Talmud umgekehrte Vorzeichen; sie dürfen nicht in zeitlicher oder örtlicher Nähe zu Bestattungen stattfinden[126].

Eine mögliche Verbindung zwischen Grabbeigaben und Unreinheitsvorstellungen habe ich kurz erwähnt. In jüdischen Gräbern in Jericho, die vermutlich aus dem 1. Jahrhundert stammen, befanden sich die Skelette der Bestatteten zum Teil auf Matratzen[127]. Auch aus Qumran gibt es solche Funde[128]. Rachel Hachlili, die an den Ausgrabungen in Jericho beteiligt war[129], vermutet, daß die Betreffenden auf diesen mit Zweigen gefüllten Matratzen gestorben waren. Die bereits erwähnten Gefährdungswarnungen aus den Ohalot (MOh 1,1-4) könnten dafür wie bei den o. g. Grabbeigaben eine Erklärung liefern[130]: Vielleicht wurden diese Unterlagen, die in unmittelbarem Kontakt mit den Toten gestanden hatten, als unrein betrachtet und deswegen mit ihnen zusammen bestattet[131].

Blickt man vor diesem Hintergrund noch einmal zurück auf das, was anfangs über die palästinische Sekundärbestattung gesagt wurde, so ließe sich zumindest als eine Möglichkeit erwägen, in diesen Ritualen Spuren solcher (Un-)Reinheitsvorstellungen zu sehen. Der Zeitraum zwischen Primär- und Sekundärbestattung ließe sich dann als eine Art reinigende Zwischenzeit begreifen[132]. Für eine solche Ersetzung des von Hachlili verwendeten Begriffes „Sünde" durch „Unreinheit" sprächen immerhin die eben zitierten Quellen. Eine explizite Reflexion über diese Vorstellungen im Zusammenhang mit der (Sekundär-)Bestattung fehlt freilich in der antiken jüdischen Literatur, die sich zur Sekundärbestattung nur selten äußert[133].

Familie und jüdische Gemeinde

Im Zusammenhang mit den Reinheitsvorstellungen ergibt sich zwangsläufig

---

[125]   Sem 6,1; 11,12 u.ö.
[126]   Sem 11,5f.
[127]   Hachlili (1988), S. 93-95.
[128]   R. de Vaux, Archeology and the Dead Sea scrolls, London 1973, S. 47; P. Bar-Adon, Another settlement of the Judean desert sect at 'En el-Ghuweir on the Dead Sea, in: BASOR 227 (1977), S. 22.
[129]   Vgl. dazu Rachel Hachlili, A second temple period necropolis in Jericho, in: BA 43 (1980), S. 235-240.
[130]   S. dazu Neusner (1977), S. 45-53.
[131]   Hachlili (1988), S. 93-95.
[132]   Vgl. dazu auch die obige Tab.
[133]   Z.B. Moed Qatan 1,5,2; dazu s.o.

auch die Frage nach der Rolle von religiösen „Funktionsträgern" des Judentums und damit nach der Verbindung zwischen populären Vorstellungen und
institutioneller Organisation. Auch wenn es in der Volksfrömmigkeit ganz sicher allgemeine (und mitunter unscharfe) Vorstellungen davon gegeben hat,
was als „rein" und was als „unrein" zu betrachten sei und was dies jeweils
bedeutete[134], gab es auch die explizite oder implizite Definition durch einen
Funktionsträger—zum Beispiel in der rituellen Beseitigung von Unreinheit,
wie sie in den Vorschriften der rabbinischen Literatur vorkommt[135]. Jeder
dort beschriebene Reinigungsritus setzt gleichzeitig eine bestimmte Definition des Begriffes von Reinheit und Unreinheit voraus. Die Frage des Einflusses von Pharisäern und Rabbinen in der Antike ist mit E.P. Sanders' Angriffen auf die traditionelle Sichtweise Schürers und Jeremias' erneut Gegenstand der Diskussion geworden[136]. Ohne hier ins Detail zu gehen: Ihre Beteiligung am synagogalen Leben in der uns interessierenden Zeit war offenbar
unterschiedlich, und ein Vergleich mit nichtjüdischen Funktionsträgern wie
Tempelpriestern oder christlichen Bischöfen ist äußerst schwierig[137]. Rabbinische Autoritäten hatten kein festes Amt, sie konnten aber ebenso wie
Nachkommen der alten Priestergeschlechter in einzelnen Gemeinden zu großem Einfluß gelangen. In den rabbinischen Schriften werden immer wieder
Rabbinen erwähnt, die als Autorität um Rat gefragt werden und zum Teil offenbar verbindliche Entscheidungen treffen—geschildert in den sog. „Fallgeschichten", die fester Bestandteil der rabbinischen Überlieferung geworden
sind. Dabei geht es meistens um Fragen ritueller Reinheit, aber auch in
Rechtsstreitigkeiten spielen Rabbinen in diesen Texten eine Rolle[138].

---

[134] So wird z.B. in den Toharot („Reinheiten") 8,2, beschrieben, wie einfache Menschen
sich darum bemühen, Essen, das für die Priester bestimmt war, rein zu halten.
[135] bHul 106a; bHag 25a; yBer 6,1,10a. Vgl. dazu die o.g. Lit. zu den rabbinischen Quellen.
[136] S. o. (Sanders 1992). Vgl. Emil Schürer, Geschichte des jüdischen Volkes im Zeitalter
Jesu Christi, 3 Bde., 4. Aufl. Leipzig 1901-1909/ND Hildesheim 1970; Joachim Jeremias, Jerusalem zur Zeit Jesu Christi, 4. Aufl. Göttingen 1969. Der epigraphische Befund, der keine Anhalte für eine weltweite rabbinische Führungsrolle in der Spätantike gibt, wird zusammengestellt
und analysiert von Shaye J. D. Cohen, Epigraphical Rabbis, in: JQR 72 (1981/82), S. 1-17. Cohen kommt zu dem Schluß: „The Rabbinic presence in the Diaspora was meager" (ebd., S. 15).
[137] Vgl. zu den einzelnen paganen Gruppen und „Ämtern" Kap. 2.2 bzw. 2.4 und 2.5 (und
3.3).
[138] Hier nur einige Beispiele, weitere bei Hezser (1997), S. 191-194. Reinheitsfragen:
MKel 5,4; MNid 8,3; MJad 3,1; TTer 7,15; TAZ 7,4; TKel 1,3; TNid 4,3; TMiqw 6,3. Ehe- und
Familienangelegenheiten: MJeb 12,5 und 16,4; MKet 1,10; MGit 1,5; Tjeb 10,3; TKet 4,9. Sab-
bathfrage: MSchab 3,4.

Die rabbinische Autorität und Stellung—um nicht zu sagen „Institutionalisie-rung"—in Antike und Spätantike ist zuletzt von Catherine Hezser ausführlich untersucht worden[139]. Nach Hezser besitzt jede Unterscheidung zwischen Rab-binen und anderen in der Torah belesenen Individuen in dieser Zeit immer eine gewisse Unschärfe, denn es waren die jeweiligen Schüler oder „Jünger", die ei-nen Torahlehrer als „Rabbi" definierten[140]: „The rabbinic movement ... seems to have neither been centralised or institutionalized ... a specifically rabbinic institution with an organizational structure, a hierarchy and succession of of-fices, and a leadership function within the Jewish community seems to have been a new development of Islamic times"[141].

Hezser stellt unter anderem grundsätzlich in Frage, ob aus den erwähnten Fallgeschichten auf historische Begebenheiten geschlossen werden darf[142], und schließt letztendlich aus, daß es ein System allgemein anerkannter rabbinischer (Gerichts-)Entscheidungen gab[143]. In nichtjüdischen Texten wie dem Codex Theodosianus werden bei der Aufzählung jüdischer Kultoffizieller Rabbinen in der Regel nicht erwähnt[144]. Dennoch ist auch für Hezser der Einfluß der Rabbi-nen in der Definition von kultischer Reinheit und Unreinheit nach dem Jahr 70 ganz entscheidend.

Wenn man eine Verallgemeinerung wagen möchte, so sind die von spätanti-ken Rabbinen wahrgenommenen religiösen Aufgaben in Bereichen der Un-terweisung und Beratung beziehungsweise der Entscheidung rechtlicher Fra-gen zu suchen, nicht jedoch in solchen der leitenden Ausführung religiöser Rituale. Selbst die Beschneidung, die—obgleich zweifelsohne religiöses Ri-tual—in erster Linie als Rechtsakt wahrgenommen wurde, war zunächst die Aufgabe des Hausvaters[145].

Diese Situation verbietet es, pauschale Aussagen über die Verbreitung der Beteiligung von Rabbinen an Bestattungen zu machen. Sicher ist lediglich, daß es in der Spätantike einzelne Fälle gab, in denen eine als „Rabbi" be-zeichnete Person eine führende Rolle innerhalb des Bestattungsrituals ein-nahm[146]. Ein solcher Fall ist auf einer Inschrift aus Beth She'arim dokumen-tiert, deren Interpretation allerdings alles andere als einfach ist:

---

[139] Hezser (1997), dort insbes. die S. 185-227 und 450-497. Vgl. dazu auch (mit Hauptthe-sen und Lit.) dies., Social fragmentation, plurality of opinion, and nonobservance of Halakhah. Rabbis and community in late Roman Palestine, in: JSQ 1 (1993/94), S. 234-251.

[140] Hezser benutzt dafür den Begriff „personal alliance system".

[141] Hezser (1997), S. 492f.

[142] „The actual *Sitz im Leben* of case stories remains unknown", Hezser (1997), S. 193.

[143] Eine Ausnahme stellen jene Fälle dar, in denen ein Rabbi ein Amt bei (römischen) Lo-kalgerichten einnahm, was seit dem 3. Jh. tatsächlich vorkam, vgl. z.B. yBB 2,3,13b. S. dazu Catherine Hezser, Form, function, and historical significance of the Rabbinic story in Yerus-halmi Neziqin, TSAJ 37, Tübingen 1993, S. 149-151.

[144] Cod. Thds. 16,8,2; 16,8,4; 16,8,13f. Vgl. Klaus Dieter Reichardt, Die Judengesetzge-bung im Codex Theodosianus, in: Kairos 29 (1978), S. 16-39.

[145] Vgl. dazu Arnold Ehrhardt, Jewish and Christian ordination, in: JEH 5 (1954), S. 126.

[146] So heißt es in der vermutlich aus dem 6. Jh. stammenden Inschrift CIJ 1,611, aus Ve-nosa (Italien), *duo apostuli et duo rebbites* hätten θρήνους für die Verstorbene angestimmt.

Die Marmortafel fand sich in der Nähe der wohl 351 zerstörten Synagoge. Die „Rabbinen Samuel und Juda" werden darin verbreiteter Ansicht nach mit verantwortlichen Funktionen bei Bestattungen der Gemeinde in Verbindung gebracht[147]:

ΡΙΒϹΟΥΜΩΗΛΟϹϹΥϹΤΕΛΛΟΝ'ΚΑΙ ΙΟΥΔΑΚΟΙΜ'

Rabbi Samuels Tätigkeit wird also mit συστέλλειν bezeichnet, was eine große Bandbreite an Interpretationen offenläßt, aber auf eine Tätigkeit im Zusammenhang mit Bestattungen hinweisen könnte („zusammenstellen", „vorbereiten", evtl. „zudecken", „in Leichentücher einwickeln" etc.—im funeralen Kontext wird συστέλλειν zum Beispiel in Act 5,6 gebraucht). Hinter Judas Namen finden sich die Buchstaben ΚΟΙΜ, vermutlich das Partizip des Verbes κοιμᾶν abkürzend (eigtl. „zum Schlaf bringen")[148]. So ließe sich der gesamte Text (also ʿΡιβ[149] Σουμωῆλος συστέλλον[τος] καὶ ᾿Ιούδα κοιμῶν[τος]) lesen als: „Rabbi Samuel, der vorbereitete/einwickelte und Rabbi Juda, der zur Ruhe brachte/bestattete". Der genaue Verwendungszweck der Tafel ist nicht eindeutig zu klären. Es könnte sich um einen Epitaph, eine Sitzplatzmarkierung oder eine Benefaktorentafel handeln. Die ungewöhnliche Schreibweise des Namens Samuel Σουμωῆλος deutet nach Schwabe/Lifshitz auf eine relativ späte Datierung hin (kurz vor 351?)[150].

Die Rekonstruktion des Zwecks dieser Inschrift ist nicht unwichtig, wenn man sie als Argument für eine rabbinische Institutionalisierung der Bestattung in der Spätantike benutzen möchte. Sollte es sich um einen Epitaph handeln, dann muß gefragt werden, ob Samuels und Judas Einsatz den Zeitgenossen noch einer besonderen Inschrift würdig gewesen wäre, falls die rituelle Gestaltung von Bestattungsfeierlichkeiten bereits allgemein rabbinisch institutionalisiert gewesen wäre—auf mittelalterlichen und neuzeitlichen Grabinschriften von christlichen Priestern und Pfarrern wird deren rituelle Funktion bei Bestattungen ja auch nicht eigens erwähnt. Die Erwähnung zweier Namen auf einer Tafel ist für Epitaphe eher ungewöhnlich, ließe sich aber eventuell damit erklären, daß die beiden gleichzeitig und womöglich als Folge ihres Dienstes ums Leben gekommen sind[151]. Schwabe/Lifshitz vermuten, die Tafel habe die Aufgabe gehabt, die Sitzplätze des gemeindlichen συστέλλοντος und des κοιμῶντος in der Synagoge freizuhalten, die „functionaries" (sic) des synagogalen Lebens waren[152]. Eine solche Hypothese ist möglich, jedoch setzt sie bereits eine Theorie der synagogalen Institutionalisierung von Bestattungen voraus, für die es außer dieser Inschrift kaum Anhalte gibt. Bei Samuel und Juda könnte es sich schließlich um zwei angesehene Mitglieder oder gar Sponsoren der Synagogengemeinde gehandelt haben, deren ebenfalls lobenswerter Einsatz um die Bestattungen der Gemeindeglieder auf einer Benefaktorentafel eine würdige Erwähnung gefunden haben könnte. Immerhin gilt in der talmudischen Literatur

---

[147]   Sie wird ausführlich diskutiert in: Moshe Schwabe/Baruch Lifshitz, Beth She'arim 2. The Greek inscriptions, Jerusalem 1974, S. 189f; Gedaliah Alon, Hashkava. Studies in Jewish history, Bd. 2, Tel Aviv 1958, S. 109f.

[148]   S. dazu ausführlich u. Kap. 3.2.4.

[149]   Der Titel ῥίβ bezieht sich wohl auf beide Personen, vgl. dazu Schwabe/Lifshitz (1974), S. 189.

[150]   Schwabe/Lifshitz (1974), S. 189f.

[151]   Der Dienst an den Toten war in der Antike tatsächlich mit einem hohen gesundheitlichen Risiko verbunden, vgl. nur den Bericht über die Pestseuche in Ägypten in Kap. 3.3.2.

[152]   Schwabe/Lifshitz (1974), S. 190.

dieser Zeit die Bestattung von Mitmenschen ausdrücklich als eine Tat der Nächstenliebe[153].

Die Diskussion zeigt einerseits, wie schwierig—um nicht zu sagen unmöglich—es ist, ein regelrechtes funeral-liturgisches Amt in den Synagogengemeinden der späteren Antike nachzuweisen; andererseits hat es offenbar in dieser Zeit Verbindungen zwischen jüdischer Gemeinde und Bestattung gegeben, die über das hinausgingen, was sich alleine mit sozialen Kriterien (Überschneidung von *peer-group* und Synagogengemeinde, familiäre Verflechtungen etc.) erklären ließe[154].

Neben den Rabbinen sind in dieser Zeit mindestens zwei regelrechte „Ämter" auszumachen, die in den Synagogengemeinden der Diaspora offenbar bedeutend wurden und insbesondere in Inschriften immer wieder erwähnt werden: der Synagogenvorstand ἀρχισυνάγωγος[155] und der *Chazzan* beziehungsweise ὑπηρέτης oder διάκονος. Diese Ämter werden auch im Codex Theodosianus erwähnt (s.o.). Von einer Beteiligung all dieser Gruppen an Bestattungen reden die Quellen aus dieser Zeit meines Wissens nicht, es scheint keinen Unterschied zwischen solchen Amtsträgern und einfachen Familien- oder Gemeindemitgliedern gegeben haben. Eine Sonderrolle nahmen dagegen Juden ein, die aus priesterlichen Familien stammten. Sie konnten durchaus unter anderem als Rabbinen großen Einfluß auf jüdische Gemeinden ausüben, wobei es offenbar zwischen ihnen und nichtpriesterlichen Rabbinen auch zu Konflikten kam[156]. Die priesterliche Abkunft hatte—und hat bis heute—Konsequenzen für den Umgang mit kultischer Unreinheit und damit mit Bestattungen, von denen sich diese Personengruppe möglichst fernzuhalten hatte[157].

Festzuhalten ist demnach, daß die Sorge für die Toten zwar in der talmudischen Literatur einen hohen ethischen Wert besitzt und es Überschneidungen zwischen den Mitgliedern der Synagogengemeinde und den bei einer Bestattung anwesenden Personen gab. Die „institutionelle Verantwortlichkeit" für die Bestattung eines Mitgliedes einer solchen Gemeinde lag jedoch grundsätzlich bei den Angehörigen. Zeev Weiss schließt nach einer Analyse der talmudischen Quellen und der Ausgrabungen von Beth She'arim:

The responsibility of purchasing or hewing a family tomb, as well as bringing

---

[153] TMeg 3,16; MQ 3,7,83b; bTNid 24b; JPes 3,7,30b; u.ö.

[154] Cohen schließt aus der o.g. Inschrift CIJ 1,611: „One thing that the text does make clear is that the public recitation of lamentations at funerals by these four men was quite exceptional and worthy of comment. We can hardly deduce that the two rabbis were in charge of normal liturgical activities". Cohen (1981/82), S. 14.

[155] S. zu diesem Amt ausführlicher Tessa Rajak/David Noy, *Archisynagogoi*. Office, title and social status in the Greco-Jewish synagogue, in: JRS 83 (1993), S. 75-93.

[156] So jedenfalls Gedaliah Alon, Jews, Judaism, and the classical world, Jerusalem 1977, S. 318-323; s. in diesem Sinne bereits Adolph Büchler, Die Priester und der Cultus im letzten Jahrhundert des Jerusalemischen Tempels, Wien 1895, S. 17-35.

[157] Vgl. dazu Zwi Werblowsky, Der Tod in der jüdischen Kultur, in: Constantin v. Barloewen (Hg.), Der Tod in den Weltkulturen und Weltreligionen, München 1996, S. 165.

the coffin, shrouds, flute players, and mourners to the funeral, fell on the family
of the deceased … The archeological and epigraphic material from Beth
She'arim, as well as the talmudic sources, indicate that familial burial was pre-
valent in the mishnaic and talmudic periods and that there was no public institution run by the community which handled burial and funerary af-
fairs[158] … The fact that burial and cemeteries are never mentioned among the
numerous sources dealing with synagogues leads one to conclude that there was
no connection between the two[159].

Von einer institutionellen Verbindung zwischen Synagogengemeinde und der
Organisation von Bestattungen läßt sich also in der hier untersuchten Zeit
noch nicht sprechen. Die jüdische Religion hat erst in späteren Jahrhunderten
Funktionsträger geschaffen, die sich um Trauer und Bestattung kümmerten.
Bei dieser „heiligen Bruderschaft" (חֶבְרָה קַדִּשָׁה) handelte es sich um eine
Laienzunft ohne priesterliche Aufgaben, deren Entstehung im Einklang mit
der These steht, daß in den antiken jüdischen Gemeinden die Bestattung Sache der Familie war. Vorher konnten sich die betroffenen Familien jedoch
auch an die in der antiken Welt verbreiteten Bestattungsvereine und professionelle „Bestattungsunternehmer" wenden, deren Dienste auch Juden offen-
standen[160].

Sollte es möglich sein, in der Alten Kirche religiöse Funktionsträger mit
priesterlichen Aufgaben beim Sterben und Bestatten von Christen in der altkirchlichen Literatur nachzuweisen, wäre damit auch eine bemerkenswerte
Aussage im Verhältnis zum älteren jüdischen Umgang mit den entsprechenden Ritualen getroffen.

---

[158] Zeev Weiss, Social aspects of burial in Beth She'arim. Archeological finds and Talmudic sources, in: Lee I. Levine (Hg.), The Galilee in late antiquity, New York/Jerusalem 1992,
S. 362.
[159] Ebd., S. 366, Anm. 42. Dort auch ein Kommentar zur umstrittenen Stelle LevR 5,5, bei
der eine solche Verbindung vermutet wurde. Ganz ähnlich Baron (1952), S. 287 („the convicti-
on that burial of the dead was a family, rather than communal, responsibility").
[160] Vgl. die Bestattung von Juden durch Nichtjuden in bTMQ 3,5. An einzelnen Orten wie
z.B. Daro Matha gab es vielleicht schon früher systematisch geordnete Aufgabenverteilungen
innerhalb der jüdischen Gemeinschaft—vielleicht sogar so etwas wie Vorläufer der „heiligen
Bruderschaft", s. bTMQ 3,7. Um welche Aufgaben es sich genau handelt, geht aus dieser Stelle
jedoch nicht hervor. Vgl. dazu Baron (1952), S. 424, Anm. 62.

2.4 Der Umgang mit den Toten und der Trauerprozeß im Griechenland der klassischen Antike

Das wissenschaftliche Interesse am Thema Tod und Bestattung im Griechenland der klassischen Antike hat eine mehrhundertjährige Geschichte. Bereits die Antikenbibliographie des Johann Albert Fabricius verzeichnet in der Ausgabe von 1760 zahlreiche Untersuchungen. Deren Interesse richtete sich häufig vor allem auf den Totenkult um die Gräber[161]. Die jüngste Bibliographie von Marlene Herfort-Koch führt annähernd 2000 Titel auf, die sich mit Grabdenkmälern, Totenfürsorge, Totenorakel, Tongefäßen im Totenkult und den entsprechenden Jenseitsvorstellungen beschäftigen[162]. Ein großer Teil dieser Literatur diskutiert dabei die archäologischen Funde (Vasenmalerei und Grabstätten), insbesondere wenn—in der Regel am Rande—die rituellen Aspekte des Problemfeldes thematisiert werden[163].

Obwohl eine angemessene, rituell ausgestaltete Bestattung im antiken Griechenland immer als äußerst wichtig erachtet wurde[164], sind die literarischen Quellen selten so auskunftsfreudig, daß sich einzelne Riten genau rekonstruieren ließen. Eine ganze Reihe von Lekythoi, Kantharoi und anderen Gefäßen, die in Gräbern gefunden wurden, weisen Darstellungen von Bestattungs- und Totenritualen auf. Dagegen halten sich die griechischen Autoren im allgemeinen mit genauen Angaben zurück. Dies trifft neben den Tragödien und anderen Schriften (Herodot) auch auf die Komödien (etwa die *Lysistrata* des Aristophanes) und Satiren (Lukianos) zu, die mit ihrer Darstellung einfacher Menschen und alltäglicher Charaktere häufig das Alltagsleben

---

[161] Johann Albert Fabricius, Bibliographia antiquaria sive introductio in notitiam scriptorum, qui antiquitates Hebraicas, Graecas, Romanas et Christianas scriptis illustraverunt, 3. Aufl. Hamburg 1760, S. 1019-1039—auf diesen Seiten finden sich bibliographische Hinweise zu Bestattung und Totenkult in der gesamten Antike, speziell zum Thema im klassischen Griechenland s. insbesondere S. 1023. Zu den antiken christlichen Bestattungen in Griechenland und Rom s. S. 1025-1027.

[162] Herfort-Koch (1992). Vgl. zu diesem Bereich auch den Literaturbericht von Hans-Günter Buchholz in seiner Einleitung zur deutschen Ausgabe von Donna Carol Kurtz/John Boardman, Thanatos. Tod und Jenseits bei den Griechen, Kulturgeschichte der Alten Welt 23, Mainz 1985. S. 9-21 (Erstausgabe als: Greek burial customs, London 1971).

[163] So auch das eben erwähnte und zum Standardwerk für dieses Thema gewordene Buch von Donna Carol Kurtz und John Boardman von 1971. Weitere Beispiele: Henri Metzger, Ekphora, convoi funèbre cortège de dignitaires en Grèce et la pèriphérie du monde grec, RA 69 (1975), S. 209-220; Gudrun Ahlberg, Prothesis and ekphora in Greek geometric art, SIMA 32, Göteborg 1971 (mit zahlreichen Darstellungen von Aufbahrung und Leichenzug auf Gefäßen des geometrischen Stils); Georgios E. Mylonas, Burial customs, in: J.B. Wace/F.H. Stubbings (Hg.), A companion to Homer, London 1962, S. 478-488; C. Rouge, Bestattungssitten im alten Griechenland, in: NJKA 13 (1910) S. 385-399.

[164] Dies demonstriert beispielsweise der Arginusenprozeß Xen., HG. 1,7 und Diod., 13,97-102. Auch gibt es aus Athen die Überlieferung, daß beim Verlust des Leichnams im Krieg die Bestattungsriten ersatzweise an einer leeren Bahre vollzogen wurden, vgl. dazu Prinz (1997), S. 32.

der Zeitgenossen parodieren[165]. Diese Texte bezeichnen Rituale meist nur als
„die üblichen Zeremonien" oder als ein „Fest, das jedem bekannt ist"[166].
Konkreteres ist mit den Fragmenten der Athener Gesetzestexte zur Bestattung
erhalten geblieben, wie sie vor allem durch Cicero[167] und Plato[168] überliefert
wurden[169]. Auch aus anderen Teilen Griechenlands sind Gesetzesfragmente
und Inschriften mit juristischem Charakter überliefert. All diese Quellen dienen als Grundlage für die folgenden Überlegungen.

Bestattung: Prothesis, Totenklage, Ekphora, Leichenrede
Die eigentliche Bestattung wird auf einer Vielzahl von griechischen Vasen
aus der Zeit des geometrischen Stils (9.-8. Jahrhundert), der archaischen (8.-
6. Jahrhundert) und der klassischen Zeit dargestellt—nicht zuletzt, weil viele
dieser Gefäße im Zusammenhang mit Bestattung und Totengedenken Verwendung fanden (s.u.). Dadurch läßt sich ein Bild von einzelnen Stationen
der Totenrituale vor und während der Bestattung gewinnen, insbesondere von
der häufig abgebildeten πρόθεσις (Aufbahrung), der in der Vasenkunst selte-
nere ἐκφορά (das „Hinaustragen") und schließlich der eigentlichen Grablegung beziehungsweise Kremation[170].

---

[165]   Einen Überblick über die Thematisierung des Todes einfacher Menschen in der attischen Komödie gibt Kurt Treu, Der Tod in der attischen neuen Komödie, in: Theodor Klauser
u.a. (Hg.), Jenseitsvorstellungen in Antike und Christentum. Gedenkschrift für Alfred Stuiber,
JAC.E 9,2. Aufl. Münster 1988, S. 21-29.
[166]   So Hdt. 4,26.
[167]   Cic., *Leg.* 2,21-27.
[168]   Pl., *Leg.* 12.
[169]   Neben den Regelungen des solonischen Rechtes sind durch Cicero zwei weitere Be-
stattungsgesetze bezeugt, ein nicht genauer datiertes (Cicero sagt einfach nur *post aliquando*)
und eines aus der Regierungszeit des Demetrios von Phaleron im späten 4. Jahrhundert (zu Demetrios vgl. Christian Habicht, Athen. Die Geschichte der Stadt in hellenistischer Zeit, München
1995, S. 65; weitere Lit. dort in Anm. 52-54). Dabei beschränken diese „Aufwandsgesetze" etwa die Dauer der Arbeit an einer Grabstätte; bei Cicero (Cic., *Leg.* 2,26,64) ist von drei, bei
Platon (Pl., *Leg.* 12,958) von fünf Tagen die Rede. Zu den solonischen Gesetzen gehörte auch
die Vorschrift, den Scheiterhaufen nicht mit einer Axt zu bearbeiten, den Toten nicht aufwendig
zu bekleiden, nicht mehr als zehn Aulosspieler und fremde Klageweiber zu verpflichten; vgl.
Eberhard Ruschenbusch, ΣΟΛΩΝΟΣ NOMOI. Die Fragmente des solonischen Gesetzeswerkes
mit einer Text- und Überlieferungsgeschichte, Hist. Einzelschriften 9, Wiesbaden 1966, S. 95-
97. Neben Einschränkungen von Aufwand und Sichtbarkeit der Grabbauten enthalten diese
Texte verschiedene Regelungen des Grabrechtes im engeren Sinn, insbesondere ein Verbot der
Bestattung von Fremden in Familiengräbern und ein Gesetz gegen Grabschändung (τυμβωρυ-
χία). Über die faktische Durchsetzung dieser gesetzlichen Normen berichten diese Texte freilich
nichts (vgl. auch die Angaben bei Demosthenes, *Or.* 43). Weitere Gesetzesfragmente sind aus
Kreta und Gambreion überliefert. Schließlich gibt es noch etliche Inschriften, die einen Einblick
in die zeitgenössische Wahrnehmung ritueller Vollzüge und Kategorien zulassen. Herausragen-
des Beispiel ist dabei eine noch genauer zu diskutierende Inschrift von der Insel Keos, die ausführliche rituelle Reinigungsvorschriften enthält (s.u. den Abschnitt über Reinheit und Unreinheit).
[170]   In diesem Sinne folgert Robert Garland, The Greek way of death, Ithaca/London 1985,
S. 21: "The Greek funeral, or kêdeia, was a three-act drama with precise regulations governing
the most minute details of procedure. These three acts comprised the laying out of the body

Zentrales Ritual historischer Zeit ist den bildlichen Darstellungen zufolge die Prothesis. Bei dieser feierlichen Aufbahrung versammelten sich die Trauernden und hatten Gelegenheit, ihre Zugehörigkeit zum Verstorbenen und zu dessen Familie zum Ausdruck zu bringen.

Abb. 6: Prothesis (geometrische Keramik, Griechenland)

Die in den Quellen belegten Konflikte um soziale und politische Implikationen der Bestattungsrituale kristallisieren sich häufig am Ritual der Prothesis. Im Peloponnesischen Krieg wurden auf der Agora jeweils am Ende des

(prothesis), its conveyance to the place of interment (ekphora), and finally the deposition of its cremated or inhumed remains. It is evident...that this ritual was already well-established by the time of Homer. In antiquity, no less than in the modern world, a funeral presented unrivalled opportunities for the conspicuous display of wealth, kin-solidarity and family pride". Vgl dazu Walter Burkert, Griechische Religion der archaischen und klassischen Epoche, RM 15, Stuttgart 1977, S. 295f. Von einem „drei-aktigen Drama" sprechen auch Louise Bruit Zaidman/Pauline Schmitt Pantel, Religion in the ancient Greek city, hg. v. Paul Cartledge, Cambridge 1992, S. 72. Vgl. zu diesem Aufbau auch die obige Tab.

Kriegsjahres die Urnen oder Gebeine der Gefallenen aufgebahrt; die Prothesis avancierte damit zu einem öffentlich-staatlichen Ritual mit oftmals politischer Dimension[171]. Diese Prominenz der Prothesis hat manche moderne
Autoren dazu gebracht, ihr noch weitergehende eschatologische Bedeutung
zuzumessen[172].

Zur Prothesis im weiteren Sinn gehört die Vorbereitung der Leiche auf die
Bestattung, die ebenfalls in bildlichen Darstellungen zu finden ist: Anlegen
eines Kinnbandes, das Waschen der Leiche[173], das Bekleiden, das Auslegen
auf einer κλίνη und das Unterlegen von Kissen[174]. Seit hellenistischer Zeit
läßt sich auch der vielzitierte Charonslohn sicher nachweisen[175], der dem
Toten dabei in den Mund gelegt wird. Diese einzelnen rituellen Aktionen
sollten im Rahmen der Prothesis von Frauen ausgeführt werden, die mit dem
Verstorbenen verwandt waren[176].

Während der Prothesis setzt die Totenklage ein, beide werden oft zusammen abgebildet[177]. In der neueren Sekundärliteratur ist die Totenklage Gegenstand besonderen Interesses. Den Anlaß dafür boten häufig die klassischen Tragödien mit ihren Darstellungen der ritualisierten Klage[178]. Wie
man sich die griechische Totenklage vorzustellen hat, beschreibt der Satiriker

---

[171] In diesem Sinne Felix Jacoby, Patrios Nomos. State burial and the public cemetery in
the Kerameikos, in: JHS 64 (1944), S. 37-66; Prinz (1997), S. 31. Nicht zuletzt zeigt dies, daß
die Prothesis—wie die Leichenreden—grundsätzlich auch mit großer zeitlicher Verzögerung
stattfinden konnte.
[172] Von einer „eschatologischen Bedeutung" der Prothesis spricht z.B. Garland (1985),
S. 23f. So soll etwa das Schließen der Augen das Entweichen der Psyche erlauben, eine Vorstellung, auf die ich später noch einmal genauer eingehen werde, S. dazu Kap. 3.3.2.1.
[173] S. dazu Kap. 3.3.2.2.
[174] In der Vasenmalerei des 8.-4.Jh. wird dieser Ablauf häufig dargestellt, allein mindestens 52mal auf geometrischen Vasen (vgl. die obige Abb., weitere Beispiele bei
Kurtz/Boardman 1985).
[175] Die erste Erwähnung findet sich meines Wissens bei Aristophanes (Ra. 140 und 270),
dann bei Lucian (Luct. 10) und anderen. Archäologische Funde sind erst seit der römischen Kaiserzeit zahlreich, vgl. Joachim Marquardt, Das Privatleben der Römer. Erster Theil. Die Familie,
Handbuch der römischen Altherthümer 7/1, Leipzig 1879, S. 338f.
[176] Vgl. dazu die Belege bei Kurtz/Boardman (1985), S. 171.
[177] Vgl. zum Beispiel die rotfigurige Lutrophore mit der Totenklage einer Familie bei der
Prothesis eines jungen Mannes in der Antikensammlung München (Inventarnummer Schoen
66), abgebildet in: Bert Kaeser/Susanne Pfisterer-Haas/Klaus Vierneisel (Hg.), Staatliche Antikensammlungen am Königsplatz in München, München 1993, S. 4, Abb. 6. Ein weiteres schönes Beispiel befindet sich in Form eines vielleicht die Prothesis Achills darstellenden κρατήρ im
Louvre, Inventarnummer 643 (πρόθεσις mit klagenden Frauen und Flötenspielern).
[178] Hier nur einige Beispiele aus der umfangreichen Literatur: L.C.G. Grieve, Death and
burial in Attic tragedy, Columbia 1898; Martin P. Nilsson, Totenklage und Tragödie, in: ARW
(1906), S. 286f; Eugen Reiner, Die rituelle Totenklage der Griechen nach den schriftlichen und
bildlichen Quellen dargestellt, TBAW 30, Tübingen 1938; D.M. Koonce, Formal lamentation
for the dead in Greek tragedy, Pennsylvania 1962; Charles Edmond Mercier, Suppliant ritual in
Euripidean tragedy, Ann Arbour 1990; Rush Rehm, Marriage to death. The conflation of wed-
ding and funeral rituals in Greek tragedy, Princeton 1994.

Lukianos, allerdings in späterer Zeit und vielleicht in satirischer Überzeichnung:

> Aber es gab ein Klagen über diese Dinge, dazu das Jammergeschrei der Frauen sowie Tränen von allen. Dabei wurde die Brust geschlagen, die Haare wurden ausgerissen und die Wangen blutig gekratzt[179].

Die griechischen Totenklagetraditionen zeichnen sich durch eine starke Ausdifferenzierung der einzelnen rituellen Funktionen und eine geradezu „professionalisierte" Durchführung aus: Klageweiber wurden häufig gemietet und bezahlt, ohne daß sie selbst immer einen familären Bezug zum Verstorbenen gehabt hätten[180]. Die in der griechischen Philosophie nahezu durchgängige Verurteilung überflüssigen Luxus' im Zusammenhang mit Bestattungsfeierlichkeiten richtete sich deshalb auch gegen die Totenklage, was ebenso wie die Bestattungsgesetzgebung diese starke Tradition jedoch nie ernsthaft gefährdete[181]. Dazu gesellten sich später in ähnlicher Weise manche Kirchenväter mit heftigen Angriffen auf die ritualisierte Klage[182]. Die Vertreter dieser breiten intellektuellen Tradition, die die rituelle Totenklage der Verstorbenen für unangemessen hielt, plädierten häufig dafür, sich bei den Bestattungsfeierlichkeiten auf die zu preisende ἀρετή der Verstorbenen zu konzentrieren[183].

Einen wichtigen Beitrag zur *rituellen* Bedeutung der Klage im engeren Sinne hat Margaret Alexiou in einer Monographie vorgelegt, die die Entwicklung von der archaischen Zeit bis in die Gegenwart verfolgt[184]. Ihre Widerlegung der bis dahin in der Literatur häufig anzutreffenden Annahme, bei der Totenklage handelte es sich „nur" um spontane Trauerkundgebungen, ist

---

[179] οἰμωγαὶ δὲ ἐπὶ τούτοις καὶ κωκυτὸς γυναικῶν καὶ παρὰ πάντων δάκρυα καὶ στέρνα τυπτόμενα καὶ σπαραττομένη κόμη καὶ φοινισσόμεναι παρειαί. Lucian, *Luct.* 12 (ed. M. D. MacLeod, Luciani Opera 2, SCBO, Oxford 1974, S. 312,27-29). Vgl. dazu auch die viel älteren, aber ganz ähnlichen Schilderungen bei Hom., *Il.* 18,26-31; 18,316-318; 18,710-712; 19,283-286; 22,429f und 24,719-723.

[180] Zur Professionalisierung der „Trauerkünstlerinnen" vgl. z.B. Johannes Engels, Funerum sepulcrorumque magnificentia. Begräbnis- und Grabluxusgesetze in der griechisch-römischen Welt mit einigen Ausblicken auf Einschränkungen des funeralen und sepulkralen Luxus im Mittelalter und in der Neuzeit, Hermes.E 78, Stuttgart 1998, S. 180.

[181] Vgl. dazu nur die gegen die Totenklage gerichtete Grabluxusgesetzgebung, z.B. in Plut., *Sol.* 21,5-7 (dazu z.B. Engels [1998], S. 84 u. ö.); außerdem die von Demosthenes zit. gesetzlichen Beschränkungen in D., *Or.* 43,62.

[182] S. Kap. 3.3.2.3.

[183] Dies ist ein immer wiederkehrender Topos der Leichenreden des 5. und 4. Jahrhunderts, so etwa bei Lys. 2,80f. S. dazu die unten folgende Bemerkung zum Epitaphios Logos.

[184] Alexiou (1974).

seitdem immer wieder aufgegriffen worden[185]. Nach Alexiou folgte die Totenklage meist strikten rituellen Regeln; die an der Totenklage Beteiligten
kamen nicht spontan zusammen. Gestik, Form, Inhalt—alles unterlag Konventionen, die häufig wenig Spielraum für spontane Äußerungen ließen.
Margaret Alexiou schreibt dazu:

> The lament was by no means just a spontaneous outbreak of grief. It was care-
> fully controlled in accordance with the ritual at every stage[186].

Bei der Totenklage wird nicht nur der Verlust des gerade Gestorbenen thematisiert, sondern die Klageweiber verbinden ihre Klage auch mit der Klage
über andere Tote, wie antike wie moderne Quellen bezeugen[187].

Alles in allem scheint die Totenklage in Griechenland ein bedeutenderes
Phänomen als in Rom gewesen zu sein. Gesetze gegen die Totenklage gab es
hier wie dort[188]. Die Kritik der Kirchenväter konzentriert sich später im
Osten[189].

An die πρόθεσις schloß sich häufig eine ἐκφορά, ein Leichenzug, an. Die
griechischen sogenannten „Grabluxusgesetze" reflektieren Bestrebungen von
offizieller Seite, den Trauerzug auf die frühen Morgenstunden zu beschränken, so daß das öffentliche Leben durch die Bestattung möglichst wenig beeinflußt und so gestört, ja verunreinigt würde[190]. Bei Cic, Leg. 2,26,66, heißt
es in diesem Sinne:

> Doch sagt der erwähnte Demetrios, die Prachtentfaltung bei Leichenbegängnis-
> sen und Grabmälern sei wieder allgemein geworden, etwa wie sie jetzt in Rom
> ist. Diesen Mißbrauch hat er selbst durch ein Gesetz beschnitten ... Er be-
> schränkte also den Aufwand nicht nur durch eine Strafandrohung, sondern auch

---

[185] Vgl. Danforth/Tsiaras (1982); Georges Canacakis, Trauerverarbeitung im Trauerritual
und leib-seelisches Befinden. Psychologische Felduntersuchung zur psychohygienischen Wirksamkeit der Totenklagen (Moiroloja) in Mani, Griechenland, Essen (o. J.).
[186] Alexiou (1974), S. 4, s. dazu auch ebd. S. 40.
[187] Vgl. Alexiou (1974), S. 41, die ein Klageweib mit den Worten zitiert, „I weep for my
own, not for theirs"; s. dazu auch den Beginn der Trauerrede des Gregor von Nazianz für Kaisarios, zit. in Kap. 3.3.2.3.
[188] *Postea quom, ut scribit Phalereus [Demetrius], sumptuosa fieri funera et lamentabilia
coepissent, Solonis lege sublata sunt, quam legem eisdem prope verbis nostri Xviri in decimam
tabulam coniecerunt ... de lamentis vero expressa verbis sunt: 'mulieres genas ne radunto neve
lessum funeris ergo habento'* („Nachdem man später, wie Demetrios von Phaleron berichtet, begonnen hatte, die Trauerfeierlichkeiten mit Aufwand und großem Wehklagen zu begehen, wurden sie durch ein Gesetz Solons abgeschafft, welches unsere Zehnmänner fast wörtlich auf ihre
zehnte Tafel gesetzt haben ... Das von den Klagen: 'die Weiber sollen nicht die Wangen zerkrat-
zen und nicht des Begräbnisses wegen eine Klage [*lessus*] veranstalten' ist wörtlich übersetzt").
Cic., Leg. 2,25,64, Text u. Übers. nach K. Ziegler/W. Görler, Ciceros staatstheoretische Schriften, SQAW 31, 4. Aufl. Berlin 1988, S. 294f).
[189] S. dazu Kap. 3.3.2.3.
[190] Vgl. dazu den Abschnitt über das Römische Recht in Kap. 2.5.

durch eine zeitliche Begrenzung: Er ordnete die Beerdigung vor Tagesanbruch an[191].

Neben der Totenklage wurde auch die Darbietung von Musik gesetzlich beschränkt[192], auch wenn beide die ἐκφορά in manchen bildlichen Darstellungen begleiten[193].

In Athen bildete sich seit dem 5. Jahrhundert bei öffentlichen Bestattungen der Brauch des ἐπιτάφιος λόγος heraus, der Leichenrede zur Ehre der im Kampf gefallenen Bürger, die zuweilen in überarbeiteter Form beziehungsweise als Teil anderer Werke (Thukydides) publiziert wurden. Die erhaltenen Texte dieser Reden haben dabei vor allem die ἀρετή der Getöteten, ihre Leistungen und ihr Verhältnis zur πόλις zum Inhalt. Sie stehen damit in einem gewissen Gegensatz zum traditionellen θρῆνος, der sich auf die Thematisierung des durch den Tod erlittenen Verlustes konzentrierte. Karl Prinz hat überzeugend herausgearbeitet, daß die Einführung der Epitaphien und ihre Betonung der ἀρετή unter anderem eine bewußte Substitution des Inhaltes der Totenklage zum Ziel hatte[194]. In seiner Arnold van Gennep folgenden funktionalen Analyse kommt er zu dem Ergebnis, „daß die Epitaphien als Teil einer Bestattungszeremonie sämtliche Funktionen eines Übergangsritus erfüllen"[195], sie also „eine Fortsetzung des Bestattungsrituals mit anderen Mitteln" sind[196].
Der ἐπιτάφιος λόγος in Verbindung mit der gemeinschaftlichen öffentlichen Prothesis der Gefallenen ist ein Beispiel für die Möglichkeit griechischer Todesrituale, ein bestimmtes Selbstverständnis des Staatswesens öffentlich zu thematisieren. Damit wird die Bandbreite möglicher Bedeutungsebenen ritueller Aktionen angerissen, die hier offenbar ohne „religiöse" Implikationen im engeren Sinne geblieben sind—die olympischen Götter spielen in den erwähnten Epitaphien jedenfalls keine Rolle.

Bestattungsreden konnten offenbar bei der Prothesis wie am Grab oder Scheiterhaufen gehalten werden. Kremationen gaben Gelegenheit zur sicht-

---

[191] *Sed ait rursus idem Demetrius increbruisse eam funerum sepulcrorumque magnificentiam quae nunc fere Romae est. Quam consuetudinem lege minuit ipse ... Is igitur sumptum minuit non solum poena set etiam tempore: ante lucem enim iussit efferri.* Text u. Übers. nach Ziegler/Görler (1988), S. 294f. Vgl. zu Demetrios Rudolf H. W. Stichel, Columella—Mensa—Labellum. Zur Form der attischen Grabmäler im Luxusgesetz des Demetrios von Phaleron, in: AA (1992), S. 433-440. Zum Thema der Verunreinigung s. Kap. 2.5 und 4.2. Bei Solon wie bei Demetrios von Phaleron mögen neben einer Sorge um den „Reinheit" des öffentlichen Lebens politische Überlegungen eine Rolle gespielt haben: Politischen Gegnern und einflußreichen Einzelpersonen sollte keine Gelegenheit gegeben werden, ihre Gefolgschaft um sich zu versammeln und politische Ansprüche öffentlich zu demonstrieren. Dies scheint zumindest in der übrigen solonischen Gesetzgebung ein verbreitetes Motiv zu sein. Vgl. in diesem Sinne Engels (1998), S. 77-96.
[192] Zur Musik bei Prothesis und Ekphora vgl. insbes. Johannes Quasten, Musik und Gesang in den Kulten der heidnischen Antike und christlichen Frühzeit LWQF 25,2. Aufl. Münster 1973, S. 196-198, zur Totenklage S. 172; vgl. dazu die Abb. 51a und 51b dort auf S. 173.
[193] Vgl. dazu etwa die Vasendarstellungen des sog. Sappho-Malers, zum Beispiel die Abb. 51-55 in Kurtz/Boardman (1985). Das alles demonstriert, wie schwierig es ist, von gesetzlichen Regelungen auf historische Zustände zu schließen.
[194] Prinz (1997), S. 35-43.
[195] Ebd., S. 332.
[196] Ebd., S. 334.

baren Verbrennung von Grabbeigaben. Sarah Humphreys stellt sich eine solche Kremation folgendermaßen vor:

> Speeches in honour of the dead are made at the pyre; the mourners file round it,
> valuable cloth and other possessions are laid on it with the corpse. Animals may
> be sacrificed. The mourners remain round the pyre until it has burnt through,
> then quench it with wine ... and friends and kin would heap up the earth over
> the grave and burn offerings over the 'offering trenches' ... or at 'offering pla-
> ces' nearby. The funeral party would then circle other graves of the same family
> in the same area, lamenting, celebrating the fame and virtues of the dead and
> perhaps making further offerings[197].

Diese Rekonstruktion orientiert sich außer an den klassischen Tragödien vor
allem an bildlichen Darstellungen, die ihrerseits ein Idealbild vermitteln
wollen—ein solch ausführlicher ritueller Ablauf nimmt viele Stunden in Anspruch. Viele Bestattungen, insbesondere die von Frauen, Fremden, Sklaven
und Kindern, sahen sicherlich anders aus[198]. Es gab jedoch kein Interesse,
auch sie in Literatur und auf wertvollen verzierten Gefäßen wie Kantharoi
und Lekythoi darzustellen.

Ein Reinigungsritus gab die Möglichkeit, den Abschluß der Bestattungsfeierlichkeiten rituell zu markieren. Dieser Vorgang, dessen genaue Gestalt
nicht ganz klar ist, wird in verschiedenen Quellen als τὰ τρίτα bezeichnet,
was auf den zeitlichen Platz des Ritus hinweist. Die meisten Texte sprechen
lediglich von Opfergaben am Grab bei der Bestattung, τὰ τρίτα im Zusammenhang mit der Bestattung sind nur bei Aristophanes belegt. Der genaue
Zeitpunkt gibt immer noch zur Diskussion Anlaß, auch im Zusammenhang
mit ähnlich benannten Totengedenkritualen (dazu unten mehr). Rohde vertrat
die Ansicht, daß die τὰ τρίτα drei Tage nach der Beisetzung stattfanden[199].
Diese Meinung wurde lange Zeit allgemein anerkannt. Bereits Emil Freistedt
hat jedoch versucht nachzuweisen, daß die τρίτα am dritten Tage nach dem
Tod stattfanden[200], was von Kurtz, Boardman, Alexiou und anderen bestätigt

---

[197] Sarah C. Humphreys, Family Tomb and Tomb Cult in Ancient Athens—Tradition or
Traditionalism?, in: JHS 100 (1980), S. 99-101. Literarische Quellen für diese Schilderung sind
Texte von Homer, Euripides, Herodot, Plutarch, Lysias, Terentius Afer und Sophokles.
[198] S. dazu das Kap. „Das Grab des einfachen Mannes" bei Kurtz/Boardman (1985),
S. 223-260. Unter dem „einfachen Mann" verstehen die Autoren allerdings nicht die Mitglieder
des unteren Endes der sozialen Pyramide, sondern vielmehr die freie, wenn auch nicht wohlhabende Mittelschicht. Von den Bestattungen der übrigen Menschen wissen wir schlicht sehr wenig. Sklaven, so muß vermutet werden, wurden entweder mit den anderen Mitgliedern der Familie zusammen beigesetzt oder in einer Art und Weise, die keine Spuren hinterlassen hat.
[199] Rohde (1925), Kap. 5, kann sich das Zusammentreffen von Ekphora und τὰ τρίτα
nicht vorstellen und verweist auf das römische Ritual *novemdiale*, das nach Porph., *Epod.* 17,48,
am neunten Tag nach der Bestattung durchgeführt wurde.
[200] Emil Freistedt, Altchristliche Totengedächtnistage und ihre Beziehung zum Jenseitsglauben und Totenkultus der Antike, LQF 24, Münster 1928, S. 90-118.

worden ist[201]. Folgt man dieser Ansicht, muß es sich sich bei den τὰ τρίτα um Rituale in unmittelbarer zeitlicher Nähe zur Bestattung gehandelt haben, denn die Bestattung fand häufig ebenfalls am dritten Tage nach dem Tod statt. Wenn die ἔννατα und τριηκόστια, auf die noch einzugehen sein wird, vom Todestag an berechnet werden, so könnte man dies in der Tat auch für die τρίτα, die an mehreren Stellen zusammen erwähnt werden, annehmen. Davon, wie der rituelle Ablauf im einzelnen aussah, wissen wir wenig. Vielleicht bestand er im wesentlichen aus einem Libationsritual, worauf die an den Gräbern gefundenen Trinkgefäße hindeuten könnten[202]. Der—auch, aber nicht nur in diesem Zusammenhang—bezeugte Begriff πανοσπρία deutet vielleicht auf die Verwendung von Hülsenfrüchten hin[203].

Art der Bestattung

Die Bestattungsart hat für die Durchführung der Rituale eine Reihe von Konsequenzen, die in einem der folgenden Kapitel (3.3) beleuchtet werden, wenn es um die christlichen Positionen dazu geht[204]. An dieser Stelle deshalb nur eine knappe Zusammenfassung des historischen Befundes aus dem Griechenland vorchristlicher Zeit: In den historischen Epochen wechseln sich Erd- und Feuerbestattungen immer wieder ab und existieren auch nebeneinander; die Entscheidung für die eine oder andere konnte in solchen Fällen offenbar von sozialen Kriterien abhängen[205]. Während die homerischen Epen grundsätzlich von der Kremation ausgehen, deutet der archäologische Befund auf ein Nebeneinander von Erd- und Feuerbestattung mit stark schwankendem Anteil hin. Nachdem in geometrischer Zeit zunächst die Kremation von der Körperbestattung abgelöst wurde, scheint in archaischer Zeit die Leichenverbrennung wieder populärer geworden zu sein, die auch die Bestat-

---

[201] S. Alexiou (1974), S. 208; Dietrich Wachsmuth, Art. Totenkult, in: KP 5, Sp. 897; Kurtz/Boardman (1985), S. 172-175.
[202] Vgl. Kurtz/Boardman (1985), S. 174.
[203] Vgl. zu den vielerlei Zeugen Freistedt (1928), S. 99-111.
[204] Der Unterschied zwischen der Erd- und Feuerbestattung im antiken Griechenland wurde in der öffentlichen Debatte ausführlich im ausgehenden 19. Jahrhundert thematisiert, als diese Frage in einigen europäischen Ländern im Hinblick auf die moderne Praxis diskutiert wurde. Dabei ging es oft darum, Aussagen für die Rekonstruktion bestimmter Jenseitsvorstellungen aus der Bestattungsart abzuleiten (in diesem Sinne etwa noch Albrecht Schnaufer, Frühgriechischer Totenglaube, Untersuchungen zum Totenglauben der mykenischen und homerischen Zeit, Spudasmata 20, Hildesheim/New York 1970, S. 34-57). Sie sind bis heute wenig überzeugend geblieben, s. dazu den Überblick bei Jan Bremmer, The early Greek concept of the soul, Princeton 1983.
[205] So wurde etwa Kindern und Sklaven üblicherweise keine Kremation zuteil. Vgl. Plin., *Hist. nat.* 7,72, dazu Kurtz/Bordman (1985), S. 225.

tungsform aller klassischen Tragödien ist[206]. Die Archäologie hat Überreste
beider Bestattungsarten in etwa gleicher Zahl in Gräbern klassischer Zeit zutage gefördert. In der hellenistischen Epoche ist schließlich die Erdbestattung
wieder überwiegend nachzuweisen[207]. Von Ort zu Ort variiert das Verhältnis
stark und es lassen sich immer wieder einzelne—und teilweise entgegenge-
setzte—Trends ausmachen, was Verallgemeinerungen im Weg steht[208]. In
Kleinasien hat die Kremation dagegen offenbar nie wirklich Fuß gefaßt[209].

Grabbeigaben
Nach der Bestattung legten in der Regel die Angehörigen und Freunde persönliche Gaben ins Grab beziehungsweise auf den Scheiterhaufen. Davon
zeugt die große Menge ganz unterschiedlicher Grabbeigaben, die die Archäologie aus verschiedenen Jahrhunderten zutage gefördert hat. Aus der umfangreichen Forschung möchte ich hier anmerkungsweise nur zwei Punkte
zur Interpretation des archäologischen Materials Griechenlands und Kleinasi-
ens aus vorchristlicher Zeit herausgreifen, die für die Analyse der Todes- und
Bestattungsrituale von besonderer Bedeutung sind.

Zunächst ein Wort zur Problematik dessen, was man als „Repräsentationsthese" bezeichnen könnte. Bei den modernen Interpretationen von Grabfunden findet sich immer wieder die Auffassung, die Funktion der Grabbeigaben erschöpfe sich in einer Zurschaustellung des Reichtums und der Macht
der beteiligten Familie, der repräsentative Zweck stehe also im Vordergrund.
Sarah Humphreys schreibt in diesem Sinne:

> The size of the mound heaped up over the tomb by the male kin and friends of
> the dead was intended to be a sign of his power and honour to all future genera-
> tions: a further symbol may be added on top of it to show what kind of man he
> was[210].

Die Archäologie hat eine Abnahme der Qualität dieser Funde seit klassischer

---

[206]   Genaue Aussagen lassen sich ohnehin nur für sehr kleine geographische Einheiten machen. So ist zum Beispiel der Kerameikos, der ehemalige Hauptfriedhof Athens, intensiv erforscht, so daß hier auch verläßliches statistisches Material vorliegt. Vgl. Alfred Brückner, Der
Friedhof am Eridanos, Berlin 1909; Walter Burkert (1977), S. 293f.
[207]   Belege bei Garland (1985), S. 34f.
[208]   So ist etwa bei den Ausgrabungen in Athen ein „bemerkenswerter Zuwachs an Brand-
bestattungen im Laufe des 4. Jhs." festzustellen, s. dazu Kurtz/Boardman (1985), S. 118.
[209]   Vgl. dazu etwa Josef Fink/Beatrix Asamer (Hg.), Die römischen Katakomben, Zaberns
Bildbände zur Archäologie/Sonderhefte der AW, Mainz 1997, S. 4; Henri Stierlin, Kleinasiatisches Griechenland. Klassische Kunst und Kultur von Pergamon bis Nimrud Dagh, Antike
Kunst im Vorderen Orient 1, Stuttgart/Zürich 1986 (auf den S. 121f.177.179.194f.197f, dazu die
Abb. 85.86.145.154.155.158).
[210]   Sarah C. Humphreys, The family, women and death, London 1983, S. 87.

Zeit nachgewiesen. Der Tiefpunkt wird häufig bei Gräbern um das Jahr 400 v. Chr. angesetzt. Die These vom wirtschaftlichen Niedergang in dieser Zeit wird häufig durch diesen Befund untermauert[211]. Konzentriert man sich allerdings nur auf diesen einen Punkt, unterschlägt man die Möglichkeit einer Wandlung im Umgang mit den Grabbeigaben. Nicht nur der materielle Wert hat sich nämlich in dieser Zeit verändert, sondern es scheint auch eine Tendenz zur Verwendung von Objekten gegeben zu haben, die einen stärker personalisierten Bezug zu dem Toten erkennen ließen. Dutzende von kleinen Ölfläschchen und vor allem sehr persönliche Hygieneobjekte wie Schaber und Spiegel, auch viele Spielzeuge wurden aus dieser späteren Zeit entdeckt[212]. Walter Burkert berichtet von „praktisch unverwendbaren Miniaturformen"[213], die den Toten mitgegeben wurden—Gegenstände, die im täglichen Leben keinen Nutzen hatten, aber im Bestattungsritual eine Aussage zur Beziehung zum Toten machen konnten. Michael Vickers hat einmal die These vertreten, die attische rotfigurige Keramik sei überhaupt in erster Linie als Grabbeigabe in Imitation teurerer Metallgefäße (Gold, Silber) entstanden[214]. Die Wahl solch billigerer Keramik muß nicht unbedingt die wirtschaftliche Situation der Betroffenen widerspiegeln, wenn es die Bedeutung innerhalb der Rituale war, die diesen Objekten ihren Wert verlieh. Diese Bedeutung darf deshalb nicht außer acht gelassen werden, wenn man antike Grabfunde mit Bedacht einschätzen will, was auch für ältere Funde gilt, die nur als Imitation anderer Gegenstände zu erklären sind: So wurden in Athen tönerne Nachbildungen von Lederstiefeln gefunden oder ein Modell eines Getreidespeichers[215], alles

---

[211] Vgl. Kurtz/Boardman (1985), S. 188-198.

[212] Wenn man die Bedeutung für die Rituale stärker in den Vordergrund stellt, verschließt sich automatisch der Weg einer simplifizierenden Interpretation des Zweckes dieser Beigaben (etwa: „dem Toten wurde Essen und Spielzeug mitgegeben, damit er auf dem Weg in den Hades nicht hungern und sich nicht langweilen mußte"). Ein solcher Ansatz findet sich etwa bei Bertram S. Puckle, Funeral customs. Their origins and development, London 1926, S. 49-60, der Grabbeigaben generell als Beleg für einen "belief of a material hereafter" wertet (S. 55). Puckle ist entsprechend ratlos angesichts moderner Grabbeigaben wie Photographien, künstlicher Blumen und geliebter Gedichtbände (ebd., S. 228). Auch heute weist der Teddy, der einem toten Kind auf den Sarg gelegt wird, nicht automatisch auf eine Jenseitsvorstellung hin, die eine Weiterbenutzung des Spielzeuges in einer jenseitigen Welt unterstellt, sondern kann etwa auch eine bestimmte emotionale Beziehung von Hinterbliebenen o.ä. (!) thematisieren.

[213] Walter Burkert (1977), S. 296.

[214] Michael J. Vickers, Greek vases, Oxford 1978; ders., Artful crafts. The influence of metalwork on Athenian painted pottery, JHS 105 (1985), S. 108-128; ders., Silver, copper and ceramics in ancient Athens, in: ders. (Hg.), Pots and pans, Oxford Studies in Islamic Art 3, Oxford 1986, S. 137-151; ders./Oliver Impey/James Allan, From silver to ceramic. The potter's debt to metalwork in the Graeco-Roman, Oriental and Islamic worlds, Oxford 1986.

[215] Abgebildet bei Kurtz/Boardman (1985), S. 75, Abb. 12a und b.

Dinge, deren Rolle für die Rituale sich ganz sicher nicht in ihrem materiellen Wert erschöpft hat. Unterstützung findet diese Mahnung gegen einen voreiligen Griff zur Repräsentationsthese schließlich durch den Vergleich mit Bestattungsritualen in anderen Kulturen.

> Eine „rituelle Konzentration" ist von der anthropologischen Forschung auch in anderen Funeralkulturen beobachtet worden, ebenso wie Parallelen zur Imitationsthese bei der attischen rotfigurigen Keramik. Der tatsächliche materielle Wert von Gegenständen, die in Totenritualen geopfert werden, ist nach dieser These dann unwichtig, wenn sie auch ohne diesen Wert zum Beispiel soziale und emotionale Beziehungen zwischen dem Toten und den Gebern thematisieren und öffentlich machen können und so zu einem erfolgreichen Trauerprozeß beitragen. Die von Emily Ahern beobachteten Bestattungen in einigen taiwanesischen Dörfern benutzen solche Grabbeigaben als Teil ihrer rituellen Sprache. Gerade bei den ausführlichsten Opferritualen nahm Ahern zum Beispiel den Einsatz von unbrauchbarem *mock money* zur Kenntnis[216]. Bei diesen Totenopfern ist es vielleicht im Laufe der Zeit zu einem Ersatz von Naturalien durch Silber, dann durch Geld[217] und schließlich zur Opferung wertlosen Falschgeldes gekommen—im Rahmen eines rituellen Konzentrationsprozesses. Im Laufe und vor allem am Ende der 49-tägigen Trauerperiode beobachtete sie die Opferung weiterer Gaben für den Verstorbenen, die zum Teil einfach billige Kopien der Dinge sind, die im täglichen Leben als wichtig angesehen werden:
>
> „The most elaborate array of paper objects I saw was for a woman in the Li lineage. Outside of her large, three-room house stood representations of two armed door guards. Inside the front gate, in the open courtyard, were replicas of an electric fan, two television sets, an electric rice pot, a washing machine, a car with large tail fins, a radio, lawn furniture, and a refrigerator, along with several servants wielding mops and brooms … On an adjacent table stood a paper figure representing the deceased woman"[218].
>
> Bei den Grabbeigaben läßt sich hier also so etwas wie eine Verschiebung von materiellen Gegenständen zu Repräsentationen faktischer Güter beobachten. In Taiwan gab es vielleicht die Entwicklung von Silberbarren zu (falschem) Papiergeld, im archaischen Griechenland von Alltagskeramik zu unverwendbaren Miniaturformen, im klassischen Griechenland—im Sinne von Michael Vickers' These—von wertvollen Metallgefäßen zu schwarz- und rotfiguriger Keramik, Metallgefäße imitierend[219].

Dennoch weist die Repräsentationsinterpretation auf eine mögliche Ritualfunktion hin; inwieweit sie jeweils mit Berechtigung zur Anwendung kommen darf, ist im Einzelfall zu entscheiden. Ich werde darauf später noch öfter eingehen müssen, auch im Hinblick auf die paganen und christlichen Bestat-

---

[216] Ebd., S. 171f.
[217] Essen—oft in ungenießbarer Form—, Silber und echtes Münzgeld spielten bei den Ritualen der untersuchten Sippe ebenfalls eine Rolle, vgl. ebd., S. 149-228.
[218] Ahern (1973), S. 226.
[219] S. Kap. 2.4.

tungen Roms[220].

Nikolaus Himmelmann hat jüngst eine weitere Entdeckung beigetragen, die sich nicht nur gegen die Vorherrschaft der Repräsentationsthese wendet, sondern auch auf die große Bedeutung des rituellen Totengedenkens bereits im archaischen Griechenland aufmerksam macht. Seine Untersuchung von aufwendigen Weihgeschenken und Grabmälern des 6. Jahrhunderts aus dem ionischen Osten (Milet, Samos) und Attika beschäftigt sich mit der großen Anzahl an Jungverstorbenen, denen diese besondere Totenehrung offensichtlich zugekommen ist:

> Der ungewöhnliche Aufwand, der gerade an Gräbern von Jugendlichen entfaltet wird, ist eine sehr auffällige Erscheinung, die einer Erklärung bedarf. Als Stifter nennen die Inschriften meist den Vater, aber auch die angeblich so unselbständige Mutter[221] kann das Grabmal veranlaßt haben[222] ... Kinderlosigkeit [ist] der Grund für die Stiftung. Dabei denkt man natürlich an die außerordentliche Bedeutung, die der Grabkult in den Augen griechischer Familien besaß. Die Angehörigen sind religiös und moralisch verpflichtet, an öffentlichen und familiären Feiertagen die Gräber zu besuchen und die herkömmlichen Riten zu vollziehen. Wer dies unterläßt, büßt sein bürgerliches Ansehen ein und kann zum Beispiel ... von Ämtern ausgeschlossen werden. Kinderlose adoptieren Erben häufig allein zu dem Zweck, ihren Grabkult zu sichern und sich damit zugleich ihr Andenken zu erhalten. Wer dem Laufe der Natur entsprechend bei seinem Tode Kinder hinterläßt, kann auch ohne aufwendiges Grabmal ritueller Grabpflege sicher sein. Der ohne Nachkommenschaft Verstorbene hingegen erhält von seiner Familie ein anspruchsvolles Denkmal, das durch seine schiere Präsenz die Forderung nach Kult auch bei entfernteren Verwandten beziehungsweise Erben wachhält[223].

---

[220]   Auch hier hat die Beschränkung auf die Repräsentationsthese eine gewisse Tradition. Wer etwa in Ludwig Friedländers Sittengeschichte zum Alten Rom nach „Bestattungskultur" sucht, wird alleine im Kapitel über den römischen Luxus fündig, vgl. Ludwig Friedländer, Darstellungen aus der Sittengeschichte Roms in der Zeit von Augustus bis zum Ausgang der Antonine, 10. Aufl. Aalen 1964, Bd. 2, S. 360-369.

[221]   Zur besonderen Rolle der Frau in den Bestattungsritualen s. v. a. Humphreys (1983). S. dazu die Rez. von Robert Garland in: History Today 33 (1983), S. 48.

[222]   Nikolaus Himmelmann, (1999), S. 13.

[223]   Himmelmann (1999), S. 16. An anderer Stelle (ders., Um Totenklage auch Fernstehender bittend. Denkmäler für Kinderlose im archaischen Griechenland, in: Frankfurter Allgemeine Zeitung 191 [19.8.1998], S. N 6) schreibt Himmelmann zu diesem Problem: „Die aufwendigen Denkmäler sollen also die Erinnerung an kinderlos Verstorbene bewahren und den Grabkult für sie provozieren ... Nicht Jugend, sondern Kinderlosigkeit war hier der entscheidende Gesichtspunkt ... Die Wendung der Grabmäler an die Öffentlichkeit, von modernen Archäologen gern allein auf das Bedürfnis nach politischem Prestige zurückgeführt, hat in dieser Zeit also nicht nur ein soziales, sondern auch ein religiöses Motiv. Andernfalls müßten die Väter und die verdienten Honoratioren im Mittelpunkt stehen, nicht aber die kinderlos verstorbenen jungen Männer und Mädchen, die nie das Ansehen von Familienoberhäuptern erlangten". Eine denkbare andere Lösung, das Verlangen nach Monumentalisierung des erlittenen großen Verlustes, lehnt Himmelmann mit guten Gründen ab, S. Himmelmann (1999), S. 13-15.
    Ein hilfreicher Forschungsüberblick zu den attischen Grabreliefs, auf die sich Himmelmann bezieht, findet sich bei Bernhard Schmaltz, Griechische Grabreliefs, Edf 192, Darmstadt 1983, S. 24-58. Die besondere Bedeutung, die man dem „unzeitigen Tod" in Griechenland

Die solonische Gesetzgebung hat—ähnlich wie bei der Totenklage—den
Versuch unternommen, Größe und Aufwand dieser aufwendigen Grabbauten,
wie sie zum Beispiel auf dem Kerameikos eindrücklich erhalten geblieben
sind[224], einzuschränken[225].

Essen und Totengedenken

Auf die Bestattung folgte—wie bei den meisten antiken Völkern[226]—das gemeinsam eingenommene Mal, das περίδειπνον, ursprünglich vielleicht in
unmittelbarer Verbindung mit einem Opferritus: So verbot die solonische
Gesetzgebung ausdrücklich das Schlachten eines Rindes am Grab[227]. Das περίδειπνον fand zumindest in späterer Zeit jedoch im Hause des Verstorbenen
statt[228]. Beim Satiriker Hegesipp haben die Gäste einer Bestattung ausschließlich am anschließenden Essen Interesse und warten die übrigen zeit-
raubenden Rituale nicht ab[229]. Auch ein erst nachträgliches Totenmahl war
bereits im klassischen Griechenland weit verbreitet und wurde—ebenfalls
unter dem Namen περίδειπνον—oft am 9. Tag nach dem Tod am Grab gefeiert[230]. Die Feier des Leichenmahles am Grab ist vielleicht die ursprünglichere Tradition[231].

---

unterstellte, wird auch im häufigen Grabmotiv der *mors immatura* reflektiert, zu der es inzwi-
schen einschlägige Untersuchungen gibt, vgl. nur Ewald Griessmair, Das Motiv der Mors Immatura in den griechischen metrischen Grabinschriften, Innsbruck 1966; Hans Lohmann, Das
Motiv der mors immatura, in: Kotinos. FS Erika Simon, Mainz 1992, S. 103-113.
    [224]   Brückner (1909); s. außerdem die Literaturüberblicke bei Hans Rupprecht Goette, Art.
Athenai II., in: DNP 2, 1997, S. 168-186, und W. Zietzschmann, Art. Athenai III, in: KP 1,
Sp. 699f und bei Kurtz/Boardman (1985), S. 9-21. Zum Kerameikos im einzelnen s. die inzwi-
schen 14 Bände der Grabungspublikationen: Deutsches Archäologisches Institut Athen (Hg.),
Kerameikos. Ergebnisse der Ausgrabungen, Berlin 1939-1988. Ein Überblick über die Ge-
schichte der Ausgrabungen findet sich bei Ursula Knigge, Der Kerameikos von Athen. Führung
durch Ausgrabungen und Geschichte, Athen 1988, S. 166-168.
    [225]   S. Cic., *Leg.* 2,26,65f.
    [226]   S. etwa den Überblick bei Alfred Loisy, Essai historique sur le sacrifice, Paris 1920,
S. 153-161.
    [227]   ἐναγίζειν δὲ βοῦν οὐκ εἴασεν („Er verbot, einen Stier als Totenopfer darzubringen",
Plut., *Sol.* 21,5, zit. als F 72c in Ruschenbusch [1966], S. 96). Vgl. dazu Walter Burkert, Homo
necans. Interpretationen altgriechischer Opferriten und Mythen, RVV 32, Berlin/New York
1972, S. 62-65. Burkert leitet Totenopfer und Leichenschmaus etwas spekulativ aus alten Jagd-
ritualen ab, wonach gemeinschaftstiftendes Essen, Tod und Töten zusammengehören. Das
Schlachten eines Rindes und das gemeinschaftliche Verzehren des Fleisches könnte von der solonischen Gesetzgebung freilich auch als eine zu vermeidende Gelegenheit für Adlige zur Ge-
winnung politischer Anhänger betrachtet worden sein (s.o.).
    [228]   Vgl. Hegesipp, *Adelphoi* 11-16. Dazu Kurtz/Boardman (1985), S. 175.
    [229]   Hegesipp., *Athen.* 290b.
    [230]   Auch dafür ist offenbar der Begriff περίδειπνον überliefert, vgl. die Angaben bei Her-
mann Menge, Langenscheidts Grosswörterbuch Griechisch—Deutsch, unter Berücksichtigung
der Etymologie, 28. Aufl. Berlin 1994, S. 543.
    [231]   Burkert (1977), S. 297.

Wie bereits angeklungen ist, spielte schon im Griechenland historischer Zeit das rituelle Totengedenken eine große Rolle. Die Tragödien—und auch Herodot—sprechen von Ritualen am 9. (ἔννατα) und 30. (τριηκόστια) Tag nach dem Eintreten des Todes sowie von einem jährlichen Totengedenken, das von besonderer Wichtigkeit war[232]. Für die Bestätigung der in der Sekundärliteratur oft erwähnten Gedenkfeier am dritten Tag reichen die Quellen nicht aus, ganz ausschließen läßt sich die Existenz einer solchen Feier jedoch nicht[233].

Außerdem war z.B. im Athen der klassischen Zeit der 30. Tag eines jeden Monats den Toten gewidmet (τριακάδες[234]); dieser Tag wurde als Anlaß für Gedenkrituale genommen, die in ähnlicher Weise zudem am Todestag oder an einem für ein ganzes Gemeinwesen festgelegten jährlichen Festtag vollzogen werden konnten—ähnlich wie in Rom (s. u.). Nach Herodot gab es beispielsweise einen solchen Festtag mit dem Namen γενέσια, der „allen Griechen bekannt ist"[235]. Außerdem wissen wir von einem gleichartigen attischen Fest, den χοαί[236]. Andere in der antiken Literatur und auf Inschriften erwähnte Totenfeiern ähnlicher Art heißen uneinheitlich νεκύσια, ἀγριώνια, χύτροι, νεμέσια, ἐπιτάφια, ἀλαθεάδες, ὁραία, ἀποφράδες, μιαραὶ ἡμέραι, ἀνθεστήρια, ἐνιαυσία[237]; der Vielfalt der Bezeichnungen entsprach eine gewisse Vielfalt je nach Ort und Zeit[238].

Anhaltspunkte für den Ablauf dieser Rituale liefert die griechische Vasenmalerei. Zentral war offenbar ein von Gebeten begleitetes rituelles Totenopfer (Haarlocken, Wein, Öl, Salben; Milch, Honig, Wasser, Sellerie, πέλα-

---

[232] Vgl. dazu u. a. Bernard Laum, Stiftungen in der griechischen und römischen Antike. Ein Beitrag zur antiken Kulturgeschichte I, Leipzig/Berlin 1914, S. 74f.
[233] Kurtz/Boardman (1985), S. 174, führen die These eines Gedenkens am dritten Tag auf ein Mißverständnis des nach der Beisetzung durchgeführten Reinigungsritus τὰ τρίτα zurück. Der Begriff beziehe sich vielmehr auf den Zeitpunkt des Eintreffens des Todes—sowohl Beisetzung als auch Ritus hätten dann am dritten Tag stattgefunden, s.o. Die Quellen, die sich mit dieser These nicht erklären lassen, sind meist aus späterer Zeit und aus Syrien, Kleinasien oder Nordafrika. Dort werden dann am Tage des Todes bezeugt, so bei Apuleius, *Metamorph.* 9,31, weitere Belege dafür bei Dölger (1922), S. 555-557.
[234] Vgl. Poll. 1,66; vgl. dazu Olof Gigon (1965), Sp. 457.
[235] Hdt. 4,26.
[236] Vgl. Alexiou (1974), S. 208. Die χοαί sind eigentlich die Gaben beziehungsweise Trankopfer, die man den Toten ans Grab bringt (Gerstenbrei, Milch, Honig, Wein, Öl), vgl. dazu Burkert (1977), S. 299.
[237] Vgl. dazu nur etwa August Mommsen, Feste der Stadt Athen im Altertum, geordnet nach dem attischen Kalender, Leipzig 1898; Ludwig Deubner, Attische Feste, Berlin 1956.
[238] S. dazu Ulrich von Wilamowitz-Moellendorf, Der Glaube der Hellenen, Bd. 1, Darmstadt 2.Aufl. 1955, S. 296-310.

νος, κόλλυβα, μελίκρατον[239]; in früheren Zeiten vielleicht auch Blut[240]), an das sich eine Mahlfeier anschloß. Die Aufschrift eines Grabes aus römischer Zeit endet mit folgenden Worten:

> Wenn du die Psyche [eines toten Mannes] bezaubern willst, dann [bezaubere,] indem du das ausgießt, was Brauch für die Sterblichen ist[241].

Die vorwiegend flüssigen Gaben versickerten vor den Augen der Teilnehmer in der Erde der Gräber. Zu diesem Zweck hat man in Einzelfällen eigens unterirdische Röhren verlegt[242]; in Urnengräbern aus dem 8. Jahrhundert finden sich Bauchamphoren und große Mischgefäße, deren Böden durchstoßen sind, damit diese Spenden in die Erde sickern konnten[243]. Der Vasenmalerei zufolge wurden die Gaben aber zuweilen auch einfach auf und an die Gräber gestellt, wie es die Ethnologie und Kulturanthropologie auch in anderen Kulturen beobachtet hat[244]. Eine solche Szene zeigt beispielsweise ein Lekythos aus dem 5. Jahrhundert, auf dem mehrere solcher Spenden in verschiedenen Gefäßen abgebildet sind. Die dargestellte Frau bringt offenbar gerade eine Libation vor dem festlich geschmückten Grab dar:

---

[239] Ausführlich zu Art und Form der Libationen (mit zahlreichen Quellen) Fritz Graf, Milch, Honig und Wein. Zum Verständnis der Libation im griechischen Ritual, in: Perennitas. Studi in onore di Angelo Brelich, Rom 1980, S. 209-221. Weitere Belege noch bei Alexiou (1974), S. 208-209.

[240] So die Meinung von Wolfgang Fauth, Art. Bestattung, KP 1, Sp. 873. Fauth steht damit—bewußt oder unbewußt—in der mit der Anthropologie Edward Tylors verbundenen Forschungstradition, in der der Blutguß der Überlebenden (*survivors*) nach einem Todesfall eine feste und immer wiederkehrende ethnologische Konstante darstellt, mit der der Kontingenzerfahrung des gefährdeten Lebens begegnet wird (vgl. z.B. Edward B. Tylor, Die Anfänge der Cultur. Untersuchungen über die Entwicklung der Mythologie, Philosophie, Religion, Kunst und Sitte, Leipzig 1873, S. 403f). Zu dieser Art von „Survivaltheorie" (Tylor) kritisch bereits M. T. Hodgen, The doctrine of survivals, London 1936, sowie Geo Widengren, Selbstverständnis und Wesen der Religionswissenschaft, Darmstadt 1974, S. 87-113. Vgl. zur Tylor-Schule auch Kap. 4.2.

[241] εἰ δὲ θέλεις θέλγειν ψυχὴν [τεθνηκότος ἀνδρός, θέλξο]ν ἐπισπίσας ὅσσα βροτοῖσι [θέμις]. CIG 1030; s. Epigrammata Graeca ex lapidibus conlecta, ed. G. Kaibel, Berlin 1878, S. 42,120,9-10.

[242] Belege bei Burkert (1977), S. 299; s. Kap. 2.5.

[243] So auf dem Kerameikos. S. dazu Paul Stengel, Die griechischen Kultusaltertümer, HKAW 5/3, München 1920, S. 144f und die o.g. Lit. zum Kerameikos. In jüdischen Gräbern aus talmudischer Zeit hat man übrigens Särge mit ebenfalls durchstossenem bzw. durchbohrten Boden gefunden, was nach rabbinischer Interpretation Berührung mit der Erde schaffen soll (bTBer 19b).

[244] Vgl. Kap. 2.5.

Abb. 7: Frau am Grab mit Totenspende (Lekythos, 5. Jahrhundert)

An den Grabbauten selbst sind zum Teil sogar Reste einer Schmückung mit Binden (ταινίαι) und Kränzen an diesen Festtagen erhalten geblieben[245].

Bei Lukianos findet sich eine Bemerkung, die einen Eindruck vom Ablauf dieser Rituale gibt[246]:

> Errichten sie einen Scheiterhaufen vor den Grabhügeln und graben (eine Grube) und verbrennen diese wertvollen Speisen und gießen Wein und μελίκρατον (Gemisch aus Honig und Wasser) in die Grube, wie es scheint?[247]

Ansonsten gehen die literarischen Texte meist davon aus, daß diese Rituale jedem bekannt waren, weshalb, wie schon gesagt, meist nur von „den üblichen Dingen" (τὰ νομιζόμενα/τὰ νενομισμένα) die Rede ist[248].

---

[245] So erwähnt M. Pfanner, Hefte des archäologischen Seminars Bern 3 (1977), S. 5f, Metallstifte zur Aufnahme von Kränzen und Tänien. Vgl. auch die Einlassungen für Kultgefäße bei Brückner (1909), S. 66, Abb. 37-38. Zu beiden s. Himmelmann (1999), S. 37f.

[246] Zu den Beteiligten an diesen Ritualen spekuliert Humphreys (1980), S. 122, angesichts der erhalten gebliebenen Grabmonumente: "It might seem, so far, that the history of the commemoration of the dead in Athens is one of a progressive narrowing of the circle involved, from the outward-looking monuments of the archaic age, addressed to the community as a whole and to the passing stranger, to the intimate groups of kin and friends provided for by the foundations of the Hellenistic period...[But] the very rich were never content for long with purely private forms of commemoration".

[247] οἱ δὲ καὶ πυρὰν νήσαντες πρὸ τῶν χωμάτων καὶ βόθρον τινὰ ὀρύξαντες καίουσί τε ταυτὶ τὰ πολυτελῆ δεῖπνα καὶ εἰς τὰ ὀρύγματα οἶνον καὶ μελίκρατον, ὡς γοῦν εἰκάσαι, ἐκχέουσιν; Lucianus, *Charon* 22 (ed. M. D. MacLeod, Luciani Opera 2, SCBO, Oxford 1974, S. 20,12-15).

[248] So zum Beispiel in der Erbschaftsrede des attischen Redners Isaios, περὶ τοῦ Μενεκλέους κληροῦ, 10, oder in der auf S. 58f zit. Beschreibung des Polybios. Vgl. auch Hdt.,

Familie und Öffentlichkeit

Die solonische Gesetzgebung und ihre Nachfolger sind Zeugnisse von Versuchen, Bestattungen auf den familiären Bereich zu beschränken und eine zu
große Öffentlichkeit zu verhindern. In diesem Sinne sind die Beschränkungen
des Bestattungsaufwandes und vor allem der Ausschluß aller Nichtverwand-
ten von einer Bestattung zu verstehen[249].

Unbeschadet dieser Bestrebungen fanden Bestattungen keineswegs ganz
hinter verschlossenen Türen statt. Der Trauerklage, den Leichenreden und
dem Totengedenken kann zu allen Zeiten ein gewisser Grad an Öffentlichkeit
unterstellt werden. Diese Öffentlichkeit war jedoch eine andere als die der öffentlichen Opfer und des öffentlichen Kultes. Themen der paganen Tempelreligion tauchen in den Quellen nicht auf. Zuweilen läßt sich ein regelrechter
Antagonismus zwischen „professionellen" Trauerweibern und Bestattungs-
rednern einerseits und den Funktionsträgern der Tempel andererseits nachweisen, die zudem eine andere soziale Schicht repräsentierten[250]. So vermei-
den auch die überlieferten Epitaphien Themen religiöser Mythologie und des
Tempelkults.

> Karl Prinz bestätigt dies in seiner bereits erwähnten Untersuchung von Epi-
> taphien aus dem Athen des 5. und 4. Jahrhunderts. Der Tempelkult der olympi-
> schen Götter hatte mit den familiären Bestattungsritualen nichts zu tun, von de-
> nen Prinz die athenischen Epitaphien noch einmal abgrenzen möchte. Trotz
> mancher funktionaler Parallelen nehmen sie eine historische Sonderrolle ein[251].
> Die offenkundige Konkurrenz zwischen Epitaphien, Bestattungsriten und öf-
> fentlichem Kult hat immer wieder zu unterschiedlichen Interpretationen Anlaß
> gegeben. So versuchte Nicole Loraux[252], die Reden ganz von den rituellen und
> religiösen Aspekten der Bestattung abzukoppeln und sie nur als „rein politische
> Diskurse" zu verstehen, da sie fast ausnahmslos von ranghohen Politikern ver-

---

1,35 und 1,49. Vgl. zum Begriff auch Rohde (1925), S. 251f.259f. Christliche Autoren wie Origenes (*Cels.* 8,30) bedienen sich dieser Terminologie ebenfalls, s. dazu Kap. 3.2 und 3.3
[249]   So berichtet Cicero: *quocirca Pittacus omnino accedere quemquam vetat in funus alio-
rum* („Daher verbietet Pittakos überhaupt allgemein den Zutritt zur Leichenfeier eines Nichtan-
gehörigen", Cic., *Leg.* 2,25,65, Text u. Übers. Ziegler/Görler [1988], S. 294f). Eines der Motive
Solons war sicher politischer beziehungsweise verfassungsrechtlicher Natur: Der Aristokratie
sollte eine Gelegenheit genommen werden, Gefolgschaft öffentlich zu versammeln (s.o.).
[250]   Mit der sozialen Herkunft eng verknüpft ist die Frage des Professionalisierungsgrades,
vgl. dazu zuletzt (mit Lit.) Georg Schöllgen, Die Anfänge der Professionalisierung des Klerus
und das kirchliche Amt in der syrischen Didaskalie, JAC.E 26, Münster 1998, S. 7-33.
[251]   Prinz (1997), insbes. S. 16ff und S. 48-50. Auf die Tempelreligion gegenüberste-
henden Tradition der Athener Epitaphien greift interessanterweise ein noch zu diskutierender
Text Kyrills von Alexandrien zurück, der den christlichen Umgang mit den Toten damit vergleicht, s. Kap. 4.2.
[252]   Nicole Loraux, L'invention d'Athènes. Histoire de l'oraison funebre dans la ʻcité classique', Paris 1969, S. 339-342.

faßt und vorgetragen wurden. Tatsächlich werden religiöse Themen im Sinne der Tempelreligion auffallend vermieden, wobei, wie Prinz zeigt, der Zusammenhang mit rituellen Abläufen sicher enger war, als Loraux das annimmt.

Reinheit und Unreinheit

Es ist bereits deutlich geworden, daß die Kategorien von Reinheit und Unreinheit von größter Bedeutung im Zusammenhang mit Tod und Bestattung in der Alten Welt waren. Diesen Zusammenhängen ist inzwischen auch von seiten der Forschung große Aufmerksamkeit zuteil geworden, insbesondere was das Griechenland klassischer Zeit betrifft[253]. Ich beschränke mich deshalb wiederum auf einige Bemerkungen.

Wie im Fall des palästinischen Judentums, so gibt es auch in Griechenland keine Hinweise auf eine Anwesenheit von Priestern des Tempelkults bei Bestattungen[254]. Es gibt im Gegenteil guten Grund zu der Annahme, daß zumindest in klassischer Zeit[255] Sakralbezirke und Friedhöfe örtlich unvereinbar und Priester von den Bestattungen ausgeschlossen waren. Namentlich wurden in einer ganzen Reihe von Fällen Gräber und manchmal ganze Friedhöfe verlegt, um einen Reinheitskonflikt zwischen Sakralbezirk und Grab beizulegen. Das bekannteste Beispiel sind die von Peisistratos veranlaßten Reinigungen auf Delos im Jahre 543/542. Aber auch etwa in Delphi und Daphne läßt sich Ähnliches nachweisen[256]. Allerdings sind die Quellen nicht zahlreich genug, um für diesen langen Zeitraum zu wirklich allgemeingültigen

---

[253] Die ausführlichste aktuelle Untersuchung dazu stammt von Robert C. T. Parker (Miasma. Pollution and purification in early Greek religion, 2. Aufl. Oxford 1996), auf die ich im folgenden vor allem zurückgreife. Parkers Arbeit, die stark von Mary Douglas beeinflußt ist, hat in der angelsächsischen Forschung extensive Diskussionen ausgelöst, vgl. dazu die Lit. im Vorwort zur 2. Aufl. Vgl. außerdem Günther Neumann, Καθαρός „rein" und seine Sippe in den ältesten griechischen Texten. Beobachtungen zu Bedeutung und Etymologie, in: Kotinos. FS Erika Simon, Mainz 1992, S. 71-75. Insbesondere für Quellenhinweise immer noch äußerst nützlich ist darüber hinaus die in den folgenden Anm. zit. Lit. der religionsgeschichtlichen Forschung vor 1945 (Eitrem, Rohde).

[254] So folgern Kurtz/Boardman (1985), S. 237, aus ihrer Quellenanalyse: „Während die meisten anderen religiösen Handlungen in der Öffentlichkeit von Berufspriestern ausgeführt wurden, oblag die Durchführung der Bestattung privaten Personen—den nächsten Verwandten."

[255] In der minoischen Kultur im 2. Jahrtausends v. Chr. gibt es eine Verbindung von öffentlichem Kult und öffentlichem Tod—ähnlich der ägyptischen pharaonischen Todeskultur. Das sogenannte Tempelgrab im Palast von Knossos ist freilich ein nahezu singuläres Beispiel, das zur späteren klassischen Kultur Griechenlands wenig Verbindung hat. S. dazu den Grabungsbericht bei Arthur J. Evans, The palace of Minos. A comparative account of the successive stages of the early Cretan civilization as illustred by the discoveries at Knossos, Bd. 4,2, London 1935, S. 962ff. Theodoret berichtet—ältere Autoren zitierend—von verschiedenen Mythen und Legenden, nach denen etwa auf der Akropolis in Athen der mythische schlangenbeinige Kekrops begraben liegt oder sich im Tempelbezirk bei Larissa das Grab des Akrisios befindet, Vater der Danaë, Großvater des ihn schließlich tötenden Perseus (Thdt., Affect. 8,29f; vgl. dazu Kap. 4.2). Mythen dieser Art ändern freilich nichts an den Verboten von Bestattungen gewöhnlicher Sterblicher im Bereich eines Tempel in historischer Zeit.

[256] S. dazu Kurtz/Boardman (1985), S. 233-235, sowie die im Kap. 4.2 beschriebenen Maßnahmen Julians in Antiochia.

Schlüssen zu gelangen. Diese Unsicherheit hängt auch mit dem relativ gerin-
gen Professionalisierungsgrad mancher griechischer Priester zusammen:
Wenn die Priesterschaft in vielen Kulten ein Ehrenamt auf Zeit war[257], dann
wird es eine Teilnahme solcher Personen an Bestattungen der eigenen Familie zweifelsohne gegeben haben—aber eben örtlich und vor allem zeitlich
getrennt von ihrem Priesteramt.

Der reinigenden Wirkung des Wassers kam eine besondere Rolle bei den
Ritualen zu, wie durch die große Zahl der in griechischen Nekropolen gefundenen Wassergefäße illustriert wird[258]. Vor allem dem Meerwasser, ersatzweise „fließendem" Wasser, schrieb man offensichtlich eine besondere rituelle Reinigungskraft zu[259]. Damit reinigte die Familie des Verstorbenen zunächst die Leiche[260]. Aus Athen wird berichtet, daß während der Prothesis oft
eine Schüssel (ἀρδάνιον) mit Wasser aufgestellt wurde, das von außerhalb
des Hauses herbeigeholt wurde und mit dem sich Besucher beim Betreten
und Verlassen des Trauerhauses reinigen konnten[261]. Außerdem wurden zuweilen ein Zypressenzweig oder eine Haarlocke an die Haustür gehängt,
wohl zur Warnung, daß sich hier eine Leiche befinde und der Ort deshalb unrein sei. Der Zypressenzweig ist auch in der späteren römischen Bestattungskultur zu finden[262]. Aus Athen ist zudem der Ritus des ἀπόνιμμα (Waschung,
von ἀπονίζειν/ἀπονίπτειν) für die Trauernden nach der Bestattung überliefert, der dem Bericht des Kleidemos zufolge[263] aus folgenden Elementen bestand: Ziehen eines Grabens an der Westseite des Grabes, Hineingießen von
Wasser und Sprechen einer ἀπόνιμμα-Formel[264]. Danach wurde Myrrhe in

---

[257]   So etwa—Cumont folgend—Schöllgen (1998), S. 7-33.
[258]   Ausführliche Beschreibungen von Gefäßen zur rituellen Reinigung bei
Kurtz/Boardman (1985), S. 183-185.
[259]   S. dazu ausführlich (mit zahlreichen Quellenbeispielen sowie antiken religionsgeschichtlichen Parallelen) Samson Eitrem, Opferritus und Voropfer der Griechen und Römer,
Kristiania 1915/Nachdr. Hildesheim/New York 1977, S. 76-132. Im Judentum hatte offenbar
stets Quellwasser einen höheren Wert, in den graeco-römischen Religionen in der Regel Meerwasser (in einigen Zauberpapyri gilt auch frisches Regenwasser zur rituellen Anwendung als besonders wertvoll, vgl. Th. Hopfner, Griechisch-ägyptische Offenbarungszauber 2, Leipzig 1924,
S. 117-120), vgl. zum Ganzen Theodor Klauser, Taufet in lebendigem Wasser! Zum religions-
und kulturgeschichtlichen Verständnis von Didache 7,1/3, in: ders., Gesammelte Arbeiten zur
Liturgiegeschichte, Kirchengeschichte und christlichen Archäologie, JAC.E 3, Münster 1974,
S. 77-183.
[260]   Dabei ist in Athen die Benutzung des als rituell reinigend betrachteten ὀρίγα-
νον/ὀρίγανος belegt, vgl. Erwin Rohde, Psyche. Seelencult und Unsterblichkeitsglaube der
Griechen, Tübingen 9./10.Aufl. 1925, S. 218f.
[261]   Zahlreiche Belege bei Rohde (1925), S. 220; Olof Gigon, Art Grab A, in: LAW,
Sp. 457; Garland (1985), S. 43. Vgl. Bruit Zaidman/Schmitt Pantel (1992), S. 72.
[262]   Serv. Aen. 6,216; Plin., Hist. nat. 16,139. Plinius spricht außerdem von Tannenzwei-
gen, die zu diesem Zweck aufgehängt wurden: Plin., Hist. nat. 16,40.
[263]   In dem bei Athenaios überlieferten Fragment des Ἐξηγητικόν, FGH 323.
[264]   S. Parker (1996), S. 36, Anm. 15.

den Graben gegossen[265]. Außerdem scheint es für die Trauernden üblich gewesen zu sein, sich nach der Zeremonie zu waschen. Die Angaben zur Dauer der rituellen Unreinheit schwanken von drei bis neun Tagen nach einer Bestattung[266].

Abb. 8: Trauernde Frau bei Reinigung (Lekythos, 5. Jahrhundert)[267]

Die oben bereits erwähnte Inschrift von Keos fordert ausführlich eine Reinigung des Totenhauses:

> Am nächsten Tag soll ein Freier das Haus zuerst mit Meerwasser reinigen, dann mit Quellwasser, nachdem er Erde ausgestreut hat; wenn das Haus einmal gesäubert worden ist, ist es rein, und es soll mit den Opfern begonnen werden ...
>
> Unter die Bahre darf kein Trinkgefäß gestellt werden, auch darf kein Wasser ausgegossen werden...
>
> Wenn der Tote einmal von seinem Sterbeort fortgebracht worden ist, dürfen nur die befleckten Frauen (γυναῖκες μιαινόμεναι) das Haus wieder betreten...[268].

---

[265]   Dieser rituelle Ablauf zeigt gewisse Parallelen zu den römischen Lemurien-Ritualen, die im wesentlichen ebenfalls aus Reinigungsriten bestehen, s. Kap. 2.5.

[266]   Belege bei Olof Gigon (1965), Sp. 457; vgl. Wilamowitz-Moellendorf (1955), S. 306.

[267]   Bei dem abgebildeten Gefäß handelt es sich—ebenso wie bei dem Lekythos von Abb. 7—um einen Behälter für eine Totenspende, was die Darstellung aus dem Bereich dieses rituellen Kontextes erklärt.

[268]   τῆι δὲ ὑστεραί[ηι δι]-
αραίνεν τὴν οἰκίην ἐλεύθερον θαλά[σση]-
[ι] πρῶτον, ἔπειτα δὲ ὕ[δ]ατι λούεν γη[ι] χ[ρίσ]-
αντα· ἐπὴν δὲ διαρανθῆι, καθαρὴν ἔναι καὶ τὴν οἰκίην καὶ θύη θύεν ἐφ[ίστι]-

In der solonischen Gesetzgebung werden die Teilnehmer am Leichenzug als die „sich Befleckenden" bezeichnet, deren Zahl möglichst gering zu halten sei[269]. Der Nachtrag der hesiodischen Erga verbietet Geschlechtsverkehr unmittelbar nach dem Aufenthalt an einem Grab[270]. Außerdem wird berichtet, daß nach der Bestattung einmal im Monat Kehricht zum Grab des Toten gebracht wurde—vielleicht spiegeln sich auch hier Reinigungsvorstellungen wider[271]. Aus diesen Berichten stammt auch der Begriff μίασμα („Befleckung"/„Unreinheit" etc., von μιαίνειν = „färben", „verunreinigen"), sprachlicher Vorläufer des christlichen ὁ μιασμός[272]. Schließlich weiß man auch von dunkler Trauerkleidung, die nach Meinung mancher Autoren ebenfalls mit der Markierung eines unreinen Status zu tun haben könnte[273].

[α]· ...
μὲ ὑποτιθέναι κύλικα ὑπὸ τὴν [κλί]
[ν]ην, μεδὲ τὸ ὕδωρ ἐκχὲν ...
ὅπου ἂν [θ]άνηι, ἐπὴ[ν ἐ]-
ξενιχθεῖ, μὲ ἱέναι γυναῖκας π[ρὸ]ς τ[ὴν οἰ]-
κίην ἄλλας ἒ τὰς μιαινομένας·
Es folgen noch weitere Definitionen bzw. Vorschriften bzgl. Befleckung und Reinigung, die die Wörter λούειν, μιαίνειν und καθαρός enthalten; der Text ist jedoch stark verderbt. Nr. 97 bei Franciszek Sokolowski, Lois sacrées des cités Grecques, TMEFA 18, Paris 1969, S. 188-191; die Übers. folgt Kurtz/Boardman (1985), S. 237f; vgl. noch Garland (1985), S. 44.

[269] Bei Plut., Sol. 21,5, zit. als F 72c bei Ruschenbuch (1966), S. 97.

[270] μηδ' ἀπὸ δυσφήμοιο τάφου ἀπονοστήσαντα σπερμαίνειν γενεήν, ἀλλ' ἀθανάτων ἀπὸ δαιτός („Auch nicht, wenn du zurückkommst vom unheilbringenden Grabe, säe du dein Geschlecht, vielmehr nach dem Mahle der Götter", Text u. Übers. Albert v. Schirnding, in: ders. [Hg.], Hesiod. Theogonie. Werke und Tage, TuscBü, München 1991, S. 140f). Ulrich v. Wilamowitz-Moellendorff (1955), S. 306, kommentiert diese Stelle folgendermaßen: „Der Tod bringt eine Befleckung in das Haus, solange die Leiche darin ist, und befleckt solange alle, die es betreten ... Später gibt es Anordnungen über die Dauer der Befleckung".

[271] Weitere Belege für Verunreinigungsvorstellungen im klassischen Griechenland bei Garland (1985), S. 45.

[272] μιασμός und μίασμα erscheinen im NT nur im 2. Petr., auch μιαίνειν ist selten—im Gegensatz zum LXX-Gebrauch. Hauck, Art. μιαίνω—μίασμα—μιασμός—ἀμίαντος, in: ThWNT 4, S. 647-650, spricht davon, daß dies ein Zeichen dafür sei, daß das NT „die rituell-kultische Denkweise [der LXX] überwunden" habe (vgl. Kurtz/Boardman [1985], S. 182; Parker [1996], S. 3f.12f). Eine Verengung von μιασμός/μίασμα auf eine von Hauck offenbar unterstellte „rituell-kultische" Eindimensionalität wird freilich weder der breiten und vielfältigen Begriffsgeschichte in vorchristlicher Zeit gerecht, noch der komplexen, mit dieser Vokabel eng verbundenen, Diskussion christlicher (Un-)Reinheitsvorstellungen in patristischer und mittelalterlicher Literatur. S. dazu die Lit. im Kap. 4.2 und 3.3.

[273] Vgl. Kurtz/Boardman (1985), S. 238; Gertrud Herzog-Hauser, Art. Trauerkleidung, in: PRE 6, Sp. 2225-2231. Ob die rote Bemalung der Innenseite von Sarkophagen und Särgen auch in diesem Zusammenhang zu sehen ist, läßt sich nicht mit Bestimmtheit sagen. Die Spartaner bestanden zu bestimmten Zeiten auf einem roten Leichentuch—auch hierfür fehlt bisher eine überzeugende Erklärung (das rote Leichentuch ist auch heute noch in Griechenland anzutreffen). S. dazu Kurtz/Boardman (1985), S. 260; ein ausführlicher Erklärungsversuch findet sich bei Friedrich v. Duhn, Rot und Tod, ARW 9 (1906), S. 1-24. S. dazu Kap. 3.2.2.

2.5 Der Umgang mit den Toten und der Trauerprozeß in der römischen Republik und in der frühen römischen Kaiserzeit

Die Rituale, die vor der Ausbreitung des Christentums auf der italienischen Halbinsel zur Bewältigung von Tod und Trauer existierten, ähneln in vieler Hinsicht denen des klassischen Griechenlands[274]. Die Unterschiede in der Sozialstruktur und vor allem in den (gesellschafts-)politischen Strukturen der beiden Gesellschaften, wie sie in den Quellen deutlich zutage treten und bereits eingehend erforscht sind, haben jedoch auch Konsequenzen für die Rituale von Tod und Bestattung. So läßt sich die Bedeutung einzelner römischer Familien und Geschlechter in den oberen Schichten der Gesellschaft bei den Bestattungen genauer erkennen. Auf dem Feld der Bestattungen und des Totengedenkens hatte eine solche „Familie" Gelegenheit, als eigene Größe aufzutreten[275]. Eindrücklich läßt sich das etwa an einzelnen Grabmonumenten zeigen, aber auch die rechtlichen Bestimmungen, von denen mehr Einzelheiten als in Griechenland überliefert sind, geben davon Zeugnis.

Von dem Griechen Polybios (200-120 v.Chr.) gibt es einen ausführlichen Bericht über die Bestattung eines berühmten Mannes in Rom. Dieser Text verdeutlicht die Rolle der römischen Familie[276] und zeigt, wie sich diese Einheit mittels der Trauer- und Bestattungsrituale öffentlich darstellen konnte:

> Immer nämlich, wenn bei ihnen einer der herausragenden Männer stirbt, wird er zu seinem Begräbnis mit allem Schmuck eines Leichenbegängnisses zu den sogenannten *rostra* (ἐμβόλοι[277]) ins Forum getragen, manchmal aufrecht sitzend und sichtbar, seltener liegend. Ringsherum aber steht alles voller Leute; wenn ein Sohn im Mannesalter übriggeblieben ist, falls ein solcher gerade anwesend ist—sonst ein anderer Verwandter—, besteigt er die *rostra* und spricht von den Tugenden und Taten des Toten. Dadurch ereignet es sich, daß die vielen, wenn

---

[274] Vgl. dazu die beiden Überblicksstudien Prieur (1986) und Toynbee (1996). Im folgenden soll es um die „römischen" Rituale—den *mos Romanus*—gehen, wie sie sich selbstredend auch bei der römischen und romanisierten Bevölkerung in den römischen Provinzen finden.

[275] Ich benutze den Begriff „Familie" hier zunächst unspezifisch, alleine schon wegen des großen Zeitraumes, der in diesem einleitenden Teil zur Sprache kommt und in dem die sozialen Strukturen großen Veränderungen unterworfen waren. V.a. ist die juristische Größe *familia* häufig etwas anderes als die soziale Einheit „Familie". Der folgende Sprachgebrauch soll deswegen eine Bandbreite an unterschiedlichen familienähnlichen Entitäten einschließen: Wenn das Bestattungsrecht etwa Freigelassene eines Hauses mitberücksichtigt, so hat man diese selbstverständlich zu einer solchen Einheit dazuzuzählen, also nicht nur die direkt verwandtschaftlich verbundenen Familienmitglieder. Deswegen vermeide ich an dieser Stelle spezifischere Begriffe wie *gens* oder *familia*. Vgl. dazu zuletzt (mit einem Überblick über die Lit.): Jane F. Gardner, Family and *familia* in Roman law and life, Oxford 1998; außerdem Richard P. Saller, Patriarchy, property and death in the Roman family, Cambridge 1994, sowie die Lit. im folgenden Abschnitt über die Öffentlichkeit von Bestattungen.

[276] Polybios verwendet den Begriff γένος.

[277] *Rostra* meint eigtl. „Schnäbel", gemeint ist die Rednerbühne zwischen *Forum Romanum* und Komitium in Rom.

sie sich erinnern und das Geschehene aufgrund des Anblickes ergreifen, und nicht allein die, die Anteil an diesen Leistungen hatten, sondern auch die, die keinen Anteil hatten, auf diese Weise zum Mitleiden bewegt werden, so daß das Mitleid nicht ein privates Mitleid der Verwandten ist, sondern zum öffentlichen Mitleid des Volkes zu werden scheint. Nachdem aber die Bestattung und die üblichen Bräuche durchgeführt worden sind, stellen sie das Abbild (εἰκών) des Verstorbenen an die exponierteste Stelle des Hauses, umschlossen von einem hölzernen Schrein. Dieses Bild ist eine Maske, die den Toten sowohl in der Modellierung als auch im Ausdruck bemerkenswert getreu wiedergibt. Bei öffentlichen Opferfeiern enthüllen sie diese Bilder und schmücken sie mit viel Sorgfalt, und wenn irgendein besonders hervorragendes Mitglied aus dem Haus (οἰκεῖος) stirbt, dann nehmen sie die Masken mit zum Leichenzug (ἐκφορά) und setzen sie den Männern auf, von denen sie meinen, daß sie die größte Ähnlichkeit in Größe und Haltung mit dem Toten haben. Diese Stellvertreter legen purpurgesäumte Togen an, wenn der Verstorbene Konsul oder Praetor war, ganz purpurfarbene, wenn er Zensor war, goldgestickte, wenn er einen Triumph oder etwas ähnliches erreicht hatte. Sie fahren aber nun in Wagen hinter den *fasces* (ῥάβδοι), Äxten und anderen Insignien, je nach Würde der staatlichen Ämter, die jemand zu Lebzeiten innegehabt hat. Wenn sie die *rostra* erreichen, sitzen sie alle in einer Reihe auf elfenbeinernen Sesseln. Für einen jungen, nach Ruhm und Tugend strebenden Mann gibt es nicht leicht Schöneres zu sehen: Denn wer wird nicht begeistert sein, daß er die Bilder von für ihre Tugend anerkannten Männer sieht, alle nebeneinander und als ob sie lebten und atmeten? Welches Schauspiel könnte schöner strahlen als dieses?[278]

Der Bericht des Polybios hat das heute verbreitete Bild von den römischen Bestattungen geprägt[279]. Ein Bestattungsritual wie das geschilderte, das eine

---

[278] Ὅταν γὰρ μεταλλάξῃ τις παρ' αὐτοῖς τῶν ἐπιφανῶν ἀνδρῶν, συντελουμένης τῆς ἐκφορᾶς κομίζεται μετὰ τοῦ λοιποῦ κόσμου πρὸς τοὺς καλουμένους ἐμβόλους εἰς τὴν ἀγορὰν ποτὲ μὲν ἑστὼς ἐναργής, σπανίως δὲ κατακεκλιμένος. πέριξ δὲ παντὸς τοῦ δήμου στάντος, ἀναβὰς ἐπὶ τοὺς ἐμβόλους, ἂν μὲν υἱὸς ἐν ἡλικίᾳ καταλείπηται καὶ τύχῃ παρών, οὗτος, εἰ δὲ μή, τῶν ἄλλων εἴ τις ἀπὸ γένους ὑπάρχει, λέγει περὶ τοῦ τετελευτηκότος τὰς ἀρετὰς καὶ τὰς ἐπιτετευγμένας ἐν τῷ ζῆν πράξεις. δι' ὧν συμβαίνει τοὺς πολλοὺς ἀναμιμνησκομένους καὶ λαμβάνοντας ὑπὸ τὴν ὄψιν τὰ γεγονότα, μὴ μόνον τοὺς κεκοινωνηκότας τῶν ἔργων, ἀλλὰ καὶ τοὺς ἐκτός, ἐπὶ τοσοῦτον γίνεσθαι συμπαθεῖς ὥστε μὴ τῶν κηδευόντων ἴδιον, ἀλλὰ κοινὸν τοῦ δήμου φαίνεσθαι τὸ σύμπτωμα. μετὰ δὲ ταῦτα θάψαντες καὶ ποιήσαντες τὰ νομιζόμενα τιθέασι τὴν εἰκόνα τοῦ μεταλλάξαντος εἰς τὸν ἐπιφανέστατον τόπον τῆς οἰκίας, ξύλινα ναΐδια περιθέντες. ἡ δ' εἰκών ἐστι πρόσωπον εἰς ὁμοιότητα διαφερόντως ἐξειργασμένον καὶ κατὰ τὴν πλάσιν καὶ κατὰ τὴν ὑπογραφήν. ταύτας δὴ τὰς εἰκόνας ἔν τε ταῖς δημοτελέσι θυσίαις ἀνοίγοντες κοσμοῦσι φιλοτίμως, ἐπάν τε τῶν οἰκείων μεταλλάξῃ τις ἐπιφανής, ἄγουσιν εἰς τὴν ἐκφοράν, περιτιθέντες ὡς ὁμοιοτάτοις εἶναι δοκοῦσι κατά τε τὸ μέγεθος καὶ τὴν ἄλλην περικοπήν. οὗτοι δὲ προσαναλαμβάνουσιν ἐσθῆτας, ἐὰν μὲν ὕπατος ἢ στρατηγὸς ᾖ γεγονώς, περιπορφύρους, ἐὰν δὲ τιμητής, πορφυρᾶς, ἐὰν δὲ τεθριαμβευκὼς ἤ τι τοιοῦτον κατειργασμένος, διαχρύσους. αὐτοὶ μὲν οὖν ἐφ' ἁρμάτων οὗτοι πορεύονται, ῥάβδοι δὲ καὶ πελέκεις καὶ τἆλλα τὰ ταῖς ἀρχαῖς εἰωθότα συμπαρακεῖσθαι προηγεῖται κατὰ τὴν ἀξίαν ἑκάστῳ τῆς γεγενημένης κατὰ τὸν βίον ἐν τῇ πολιτείᾳ προαγωγῆς, ὅταν δ' ἐπὶ τοὺς ἐμβόλους ἔλθωσι, καθέζονται πάντες ἑξῆς ἐπὶ δίφρων ἐλεφαντίνων. οὗ κάλλιον οὐκ εὐμαρὲς ἰδεῖν θέαμα νέῳ φιλοδόξῳ καὶ φιλαγάθῳ· τὸ γὰρ τὰς τῶν ἐπ' ἀρετῇ δεδοξασμένων ἀνδρῶν εἰκόνας ἰδεῖν ὁμοῦ πάσας οἱονεὶ ζώσας καὶ πεπνυμένας τίν' οὐκ ἂν παραστήσαι; τί δ' ἂν κάλλιον θέαμα τούτου φανείη; Plb. 6,53,1—6,54,1 (ed. Raymond Weil/Claude Nicolet, Polybius, Histoires 6, Paris 1977, S. 157f).

[279] Vgl. zum Beispiel Robert Muth, Einführung in die griechische und römische Religion, Darmstadt 1988, S. 290, oder die Schilderung bei Howard Hayes Scullard, Römische Feste,

zusätzliche gesamtgesellschaftliche und politische Funktionsebene besaß, gab
es freilich nur selten, etwa beim Tod eines Konsuls[280]. Die Totenehrung in
den Bestattungen römischer Familien spielte aber grundsätzlich eine große
Rolle. Im Unterschied zu Griechenland war, wie der Grieche Polybios betont,
dabei auch das Andenken an ältere Vorfahren über die eigenen Eltern hinaus
von großer Bedeutung, vor allem bei den alten römischen *gentes*[281].

Bestattung

Wie sich Römer den Idealfall eines rituell begleiteten Sterbens und Bestattens
in Rom vorstellten[282], läßt sich aus den archäologischen[283] und literarischen[284] Quellen umrißhaft rekonstruieren. Danach bestanden die Rituale
idealerweise aus folgenden Abläufen[285]: dem Kußritual, bei dem der nächste
Verwandte den letzten Atemzug des Sterbenden „einfing"[286], dem Schließen
der Augen (*oculos premere*) und der *conclamatio*, mit der die anwesenden
Verwandten den Namen des Toten „ausriefen"[287]. In den meisten Quellen

---

Kalender und Kult, Kulturgeschichte der Alten Welt 25, Mainz 1985, S. 308f; John R. Patterson,
Patronage, collegia, and burial in Imperial Rome, in: Steven Basset (Hg.), Death in towns. Urban responses to the dying and the dead, Leicester 1992, S. 15-27.
[280]   Ähnliche Schilderungen finden sich bei Tacitus, *Ann.* 3,76, und Plutarch, *Sulla* 38. Die
Sitte, daß ein Sohn des Verstorbenen die *rostra* für eine *oratio* besteigt, wird auch von Hieronymus bezeugt, der davon als einem Brauch aus alter, das heißt vorchristlicher, Zeit redet (Hier.,
Ep. 60,1).
[281]   Johanna ter Vrugt, Art. Ahnenkult, in: LAW, Sp. 74, möchte den Begriff „Ahnenkult"
überhaupt nur für die alten römischen *gentes* benutzt wissen, bei denen es verehrbare *Di parentes* gab.
[282]   Hier folge ich im wesentlichen Toynbee (1996), S. 43-55, die ihre Rekonstruktion vor
allem auf die in den folgenden Anm. erwähnten Quellen stützt. Vgl. darüber hinaus auch die
entsprechenden Abschnitte bei Marquardt (1879), S. 28-61.124-126.378-385; Ernst Samter, Familienfeste der Griechen und Römer, Berlin 1901; Daniel P. Harmon, The family festivals of
Rome, in: ANRW, 16,2 (1978), S. 1592-1603.
[283]   Einige der prominentesten Quellen hier: Relief von Cluny, Daremberg/Saglio, S. 1386,
fig. 3357; Relief im Louvre, in: Salomon R. Reinach, Répertoire de la statuaire grecque et romaine, Bd. 1, Paris 1897, S. 48; Relief im Lateran, in: Donald E. Strong, Roman imperial
sculpture. An introduction to the commemorative and decorative sculpture of the Roman empire
down to the death of Constantine, London 1961, Taf. 66 (dort auch Volterra-Relief mit Bestattungsprozession, Taf. 9); Amiternum-Relief, reproduziert in: MDAI.R 23 (1908), Tafel IV. Vgl.
Quasten (1973), S. 202f bzw. Tafel 31 sowie Toynbee (1996), Tafel 11. Weitere Darstellungen
ähnlicher „Leichenszenen" sind beschrieben bei Theodor Klauser, Die Cathedra im Totenkult
der heidnischen und christlichen Antike, LQF 21, Münster 2. Aufl.1971, S. 23, Anm. 44.
[284]   Vgl. vor allem Seneca, *Ad Marciam* 3,2; Vergil, *Aen.* 4,684f; 6,219; 9,486f; Ovid,
Pont. 2,2,45; Cicero, *Leg.* 2,24,60; Juvenal 3,267; Persius 3,103-105.
[285]   Vgl. dazu auch die Tab. in Kap. 2.1.
[286]   Bei Seneca, *Ad Marciam,* 3,2, wird dieser Ritus als *ultimum osculum* bezeichnet. Offenbar war das *ultimum osculum* sowohl eine unverzichtbare Pflicht des nächsten Verwandten
als auch eine besondere Ehre, die seine Stellung dem Verstorbenen gegenüber markierte. Die
Schilderung eines Ehestreites bei Petronius findet z.B. ihren Höhepunkt darin, daß der Ehemann
seiner Frau ausdrücklich verbietet, nach seinem Tod den Ritus zu vollziehen (Petron. 74,17).
Zu dieser Stelle irrtümlich bzw. ratlos Hesberg (1992), S. 15, dem die Verwurzelung des Lei-
chenkusses in der rituellen Konvention entgangen ist. Cicero (*Verr.* 5,45,118) spricht dementsprechend von Müttern, die ihren (unverheirateten) Söhnen das *ultimum osculum* geben. Vgl.
noch Verg., *Aen.* 4,683-685; Suet., *Aug.* 99.
[287]   Serv., *Aen.* 6,218; Ov. *Trist.* 3,3,43. Weitere Belege bei Latte (1992), S. 101.

folgt diese *conclamatio*, die noch mehrmals bis zur Grablegung beziehungsweise Kremation wiederholt wird, einer einfachen und sehr festgefügten
Form (die Verwandten rufen mehrmals laut den Namen des Verstorbenen)[288];
vereinzelt kann der Begriff aber auch eine der östlichen Praxis ähnliche Totenklage bezeichnen[289]. Anschließend wurde die Leiche gesalbt und gewaschen[290], gefolgt von der Aufbahrung (*collocatio*) auf einer Totenbahre (*lec-
tus funebris*)[291], dem Leichenzug, den Kremationsritualen (mit weiterer *conclamatio*), bei denen die Grabbeigaben mitverbrannt wurden, mit anschließenden Mahlfeiern. Dann folgten verschiedene Reinigungsrituale im Haus
des Verstorbenen mit Wasser und Feuer (*suffitio*), die sich in den folgenden
Tagen noch fortsetzten (*feriae denicales*). Am Tag der Bestattung gab es einen Leichenschmaus (*silicernium*), dem neun Tage nach dem Tod ein weiteres Totenessen mit Speiseopfern für die *manes* folgen konnte (*cena noven-
dialis*), das offenbar das Ende der Trauerzeit im engeren Sinne markierte[292].

Ein solch idealer ritueller Ablauf, wie ihn etwa Jocelyn Toynbee und John
Patterson schildern, findet sich freilich nur bei bestimmten römischen Bestattungen. Die Sozialstruktur der römischen Gesellschaft ist inzwischen eingehend untersucht worden, und es ist klar, daß es gerade im römischen Stadt-
gebiet zu allen Zeiten eine überwältigend große Zahl von Menschen gab, die
sich eine auf öffentliche und repräsentative Funktionen ausgerichtete Bestattung nie und nimmer leisten konnten[293]. Im Gegenteil wissen wir, daß für
viele Bestattungen noch nicht einmal ein Minimum an rituellen Vollzügen
garantiert war, weil es keine Institution gab, die—womöglich unentgelt-

---

[288]   So Serv., *Aen.* 6,218; Lucan. 2,23; Sen., *Dial.* 9,11,7; Ov. *Trist.* 3,3,43; Ps.-Quint.,
Decl. mai. 8,10. Vgl. dazu Wilhelm Kierdorf, Art. Conclamatio, in: DNP 3, 1997, Sp. 115; ders.,
Totenehrung im republikanischen Rom, in: Gerhard Binder (Hg.), Tod und Jenseits im Altertum, Bochumer altertumswissenschaftliches Colloquium 6, Trier 1991, insbes. S. 73; Hugo
Blümner, Die römischen Privatalterthümer, 3. Aufl. München 1911, S. 483.
[289]   Tac., *Ann.* 3,2,2; Sen., *Ep.* 52,13.
[290]   Pers. 3,104; Serv., *Aen.* 6,218.
[291]   Vgl. z.B. die Abb. eines 1847 an der *Via Labicana* in Rom gefundenen Reliefs mit einer deutlichen Darstellung einer *collocatio* bei Klauser (1971), Taf. 3.
[292]   S. Toynbee (1996), S. 50f; Patterson (1992), S. 15-27.
[293]   Diese Erkenntnis stammt letztendlich aus den archäologischen Entdeckungen, die vor
allem in Rom seit der Mitte des 19. Jahrhunderts gemacht wurden. Vgl. dazu etwa Rodolfo Lanciani, Le antichissime sepoltore Esquiline, in: BCACR 3 (1875), S. 43ff; E. Brizio, Pitture e sepolcri scoperti sull' Esquilino, Rom 1876; s. dazu auch die Bemerkung von 1931 bei Wilamowitz-Moellendorf (1955), S. 299, Anm. 1. Zu Beginn des 20. Jahrhunderts waren die an der
Bieda-Ausgrabung beteiligten Archäologen des Kaiserlichen Archäologischen Instituts noch
recht verdutzt über die—gemessen an dem langen Zeitraum, durch den hindurch das Gräberfeld
von Bieda kontinuierlich genutzt wurde—geringe Anzahl an gefundenen regelrechten Gräbern.
Im Bieda-Bericht von 1915 heißt es: „Auffallend gering an Zahl sind die römischen Gräber,
wenn man bedenkt, daß sie sich auf einen Zeitraum von mindestens 5-6 Jahrhunderten verteilen
müssen ... Man wird annehmen dürfen, daß die Aschenurnen der ärmeren Bevölkerung ganz
einfach, ohne dauerhaftes Monument, in die Erde vergraben wurden." H. Koch/E. v.
Mercklin/C. Weickert, Bieda, in: MDAI.R 30 (1915), S. 173f.

lich—dafür hätte sorgen können[294]. Die folgende Schilderung Rodolfo Lan-
cianis einer 1875 auf dem Esquilin[295] durchgeführten Grabung, bei der Überreste eines öffentlichen Friedhofes gefunden wurden, erlaubt ein Bild von
den Bedingungen der Bestattungen einfacher Römer:

> This latter section covered an area one thousand feet long, and three hundred
> deep, and contained many hundred *puticuli*[296] or vaults, twelve feet square,
> thirty deep, of which I have brought to light and examined about seventy-five.
> In many cases the contents of each vault were reduced to a uniform mass of
> black, viscid, pestilent, unctuous matter; in a few cases the bones could in a
> measure be singled out and identified … Men and beasts, bodies and carcasses,
> and any kind of unmentionable refuse of the town were heaped up into those
> dens[297].

Keith Hopkins zitiert eine an eben dieser Stelle entdeckte Inschrift, die noch
einmal die Stellung der Grabanlagen der römischen Unterschichten vor Augen führt: *Stercus longe aufer ne malum habeas*[298]. Ähnliche Zustände sind
auch für die römische Provinz, zum Beispiel im britannischen York, nachgewiesen worden[299]. Ein geregelter Vollzug von Totenritualen wird dementsprechend außerhalb der Reichweite vieler Menschen gelegen haben. Eine
Inschrift eines Bestattungsvereins[300] rechnet mit Gesamtkosten von 300 Sesterzen für eine bescheidene Bestattung—zweifelsohne zu viel für manche[301].

Dies bedeutet jedoch nicht, daß rituelle Sprache von dieser Bevölkerungs-
gruppe nicht verstanden wurde. Gerade in den größeren Städten und insbesondere in Rom gab es genügend öffentliche Bestattungen in der von Polybios geschilderten Größenordnung, an denen Menschen unterschiedlichster sozialer Herkunft in irgendeiner Form—und sei es als Zaungäste—teilnehmen

---

[294] Vgl. Prieur (1986), S. 21ff.
[295] Zum Esquilin (mit Karten) zuletzt Andreas Grüner, Zur Topographie des Esquilin in
der frühen Kaiserzeit. Das Haus des Properz—Versuch einer Lokalisierung, in: Boreas. Münstersche Beiträge zur Archäologie 16 (1993), S. 39-51.
[296] Zu den *puticuli* („Brunnengräbern") vgl. Marquardt (1879), S. 332; Gerhard Radke,
Art. Puticuli, in: PRE 46, 1959, Sp. 2062.
[297] Rodolfo Lanciani, Ancient Rome in the light of recent discoveries, Cambridge,
Ma./London 1888, S. 64f. Vgl. dazu auch Keith Hopkins, Death and Renewal. Sociological Studies in Roman History 2, Cambridge 1983, S. 208. Hopkins verweist an dieser Stelle außerdem
auf zwei antike Kommentare zu Horaz und Festus, in denen Armenbestattungen erwähnt werden. S. dazu F. Pauly, Scholia Horatiana, Bd. 2, Prag 1861, S. 186.
[298] Etwa: „Dreck (= Leichen) weiter weg, wenn du kein Unheil willst!" CIL 6,4.2,31615,
vgl. zur Übersetzung und Interpretation in diesem Sinne Hopkins (1983), S. 210.
[299] Siehe John Wacher, The Empire at prayer. Religion and burial, in: ders., The Roman
Empire, London 1987, S. 194.
[300] ILS 7212, s. u. den aus dieser Inschrift zit. Passus.
[301] Vom römischen Kaiser Nerva (96-98) ist eine einmalige Bestattungsbeihilfe für Mitglieder der *plebs* von 62 Denaren (umgerechnet 250 Sesterzen) überliefert; zit. bei Attilio Degrassi, Nerva funeraticium plebi urbanae instituit, in: ders., Scritti vari di antichità 1, Rom 1962,
S. 697.

konnten. So spricht Diodorus von einer großen, sich aus *plebs* wie Aristokratie zusammensetzenden Menschenmenge, die der Bestattung des Aemilius Paullus 160 v.Chr. beiwohnte[302]. In der Zeit der Republik wurden, so eine These John Pattersons, öffentliche Bestattungen zur Absicherung des Patronage- beziehungsweise Klientelsystems instrumentalisiert; später waren es die Kaiser, die die rituellen Möglichkeiten einer Bestattung in ähnlicher Weise zu nutzen verstanden: Der Leichenzug des Augustus nahm so geradezu die Form eines Triumphzuges mit Repräsentationen der von ihm besiegten Völker an[303].

Die Totenklage (*nenia* beziehungsweise *lessus*) scheint in Rom eine geringere Rolle als in Griechenland gespielt zu haben. Sie taucht immerhin vereinzelt in Texten und bildlichen Darstellungen auf, deren ungenaue Angaben darauf hindeuten könnten, daß es sich hier um Rituale aus sehr alter Zeit handelte, die spätestens in der Kaiserzeit eine nurmehr geringe Rolle spielten[304]. Latte, der meint, daß „die Sitte ... früh abgekommen" sei, geht etwas spekulativ von einer Substituierung der Totenklage durch die *laudatio funebris* aus, die der Klage um einen Toten individuelleren Raum geben konnte[305]. Die Bewertung der Bedeutung der Totenklage hängt nicht zuletzt von der Interpretation des neben *nenia* und *lessus* außerdem noch in Frage kommenden Begriffes der *conclamatio* ab, der außer dem oben beschrieben *conclamatio*-Ritual im engeren Sinne vielleicht auch allgemein eine Totenklage bezeichnen kann[306]. In jedem Fall scheint festzustehen, daß die verschiedenen Formen der Totenklage kaum Anlaß zu Kritik gegeben haben, was erklären könnte, weshalb die Quellen weniger ergiebig sind. Das von Cicero überlieferte Verbot der *tabulae duodecim* bezieht sich nur auf den *lessus* (vielleicht eine bestimmte Form lautstarker Klage), der Teil der rituellen Totenklage gewesen sein muß, der aber schon Cicero selbst nicht mehr geläufig war[307].

---

[302] D. S. 31,25.
[303] Patterson (1992), S. 15-27.
[304] Varro L.L. 7,70; Fest. 223 M. 329; Cic., *Leg.* 2,62 u.a.; vgl. auch z.B. das bereits erwähnte Lateran-Relief, Abb. bei Strong [1966], Taf. 66. W. Kroll meint in seinem PRE-Art. *Nenia* wegen der fehlenden römischen Quellen (im Gegensatz zu den griechischen) sogar: „Wir tappen völlig im Dunkeln" (W. Kroll, Art. Nenia, in: in: PRE 16, 1935, Sp. 2392).
[305] Latte (1992), S. 101.
[306] Quellen s. dort.
[307] Cic., *Leg.* 2,23,59 und Cic., *Tusc. disp.* 2,55.

Art der Bestattung

Die eigentliche Bestattung fand bis ins 3. Jahrhundert in Rom bevorzugt als Kremation statt. Einige große römische Familien behielten trotz ihres Reichtums demonstrativ die noch ältere Form der Erdbestattung als Familientradition bei, so die *Gens Cornelia*, die deshalb bei Cicero und Plinius d.Ä. eigens erwähnt wird[308]. Außerhalb Roms gab es zahlreiche Gegenden, in denen die Inhumation weit verbreitet war (Sizilien, Neapel etc.). Die Ägypter und Juden Roms verbrannten ihre Toten ebenfalls nicht[309]. Aber auch nicht alle Römer hatten Zugang zur Kremation: Selbst zur Hochzeit der Kremation (etwa 2. Jahrhundert v.Chr.-2. Jahrhundert n.Chr.) war es zuweilen eine Frage der finanziellen Mittel, welche Bestattungsart gewählt werden konnte[310]. Von den Massengräbern der Ärmsten Roms ist archäologisch nur wenig erhalten.

> Es gab offenbar sowohl die massenhafte Inhumation als auch Sammelkremationen. Ein 1876 in Rom gefundenes Massengrab (eher ein als Müllhalde benutzter Graben, der auch zahlreiche Leichen aufgenommen hatte) enthielt nach Rudolfo Lancianis Einschätzung die Reste von 24000 Toten[311]. John Bodel ist der Ansicht, daß es viele Massenverbrennungen von Armen in dieser Zeit aus Platzgründen gegeben hat, von denen freilich heute keine Reste mehr zu finden sind[312]. Die Begriffe „Erdbestattung" und „Kremation" scheinen für diese Art von „Leichenentsorgung" kaum angemessen zu sein.

Die Leichenverbrennung bot Gelegenheit für eine dreifache Feier: Das Verbrennen selbst konnte als Trennungsritus ausgestaltet werden, indem die Angehörigen den Scheiterhaufen selbst entzündeten und Gegenstände, die eine Beziehung der Hinterbliebenen mit dem Toten symbolisierten, auf das Feuer geworfen wurden—zahlreiche Verwandte und Freunde konnten so einen aktiven Part in dem Ritual spielen. Bei der Verbrennung der Leiche Caesars etwa wanderten Kleidungs- und Schmuckstücke mit persönlichen Bezügen in die Flammen[313]. Nach dem Ausglimmen der Asche wurden die übriggebliebenen Gebeine von Familienmitgliedern in einem Tuch eingesammelt

---

[308] Cic., *Leg.* 2,22,56. Plin., *Hist. nat.* 7,187. Vgl. Toynbee (1996), S. 39f (Anm. 96 und 97). Aus diesen Stellen geht noch einmal hervor, daß die Erdbestattung wohl tatsächlich die ältere Tradition war, was auch durch den archäologischen Befund gestützt wird.
[309] Zur ägyptischen Funeralkultur s. Kap. 2.2. Zu den jüdischen Bestattungen in Rom (mit Lit.) zuletzt David Noy, Where were the Jews of the Diaspora buried?, in: Martin Goodman (Hg.), Jews in a Graeco-Roman world, Oxford 1998, S. 75-89.
[310] S. dazu die ausführliche Diskussion in Kap. 3.2.1.
[311] Lanciani (1888), S. 65f.
[312] John Bodel, Graveyards and groves. A study of the *Lex Lucerina*, Cambridge/MA 1994, Anm. 194, S. 114.
[313] Schilderungen bei Appian, *De bell. civ.* 2,147; Suetonius, *Iul.* 84; Dio Cassius 56,35-51. Vgl. dazu Toynbee (1996), S. 57f. Vgl. dazu noch Kap. 2.1.

(bei Caesars Bestattung taten das die von ihm Freigelassenen).

Donovan Ochs vertritt die Ansicht, daß die Temperatur antiker Kremationen unter offenem Himmel nicht hoch genug gewesen sei, um die stark kalziumhaltigen Knochen mitzuverbrennen. Seiner Ansicht nach hatte eine auf die Kremation folgende Sekundärbestattung es demnach mit als menschlich erkennbaren Gebeinen zu tun[314], was für die Ritualbetrachtung von Bedeutung ist. Nach einem Gespräch mit Hansjürgen Bratzke, Professor am rechtsmedizinischen Zentrum der Universität Frankfurt, scheint mir diese Position nicht haltbar zu sein. Ochs geht von Temperaturen zwischen 300 und 400°C aus. Die Beschreibungen antiker Kremationen erwähnen jedoch die Verwendung von teilweise recht großen Scheiterhaufen aus Holz, Reisig etc. Selbst die geringe Holzmenge eines modernen Holzsarges reicht nach Bratzke als Brandbeschleuniger aus, um auf Temperaturen von 800°C zu kommen, bei denen der menschliche Körper zu Asche reduziert wird. Auch bei niedrigeren Temperaturen seien die durch die Hitze erzeugten Spannungen innerhalb der Gebeine so groß, daß die Knochen zerbärsten und nurmehr Knochensplitter erhalten blieben.

Der Kremation konnte die Bestattung eines vorher abgetrennten Gliedes, des *os resectum*, mit anschließendem Reinigungsritus folgen[315], an den sich die erste Mahlfeier anschloß[316]. Nach einigen Tagen gab es im Falle von Kremationen eine zweite Bestattung im engsten Familienkreis, nun von Asche und Knochensplittern. Das Zwölftafelgesetz verbot ausdrücklich ein regelrechtes zweites *funus*[317]. Was ich über die Funktionen der palästinischen Sekundärbestattung gesagt habe, wird man auch hier in gewissen Grenzen voraussetzen dürfen[318].

Grabbeigaben

Was die Grabbeigaben angeht, so gilt im wesentlichen das Gleiche, was im vorigen Kapitel gesagt wurde[319]. Selbst bei römischen Bestattungen in Mas-

---

[314]   Donovan J. Ochs, Consolatory rhetoric. Grief, symbol, and ritual in the Greco-Roman era, Studies in rhetoric and communication, Columbia 1993, S. 80, Anm. 7.

[315]   Cic., *Leg.* 2,22,57.

[316]   Ausführliche Belege aus der Literatur bei Marquardt (1879), S. 369-371.

[317]   Cicero, *Leg.* 2,24,60, zitiert das Zwölftafelgesetz mit folgenden Worten: *homini ... mortuo ne ossa legito quoi pos funus faciat* („wenn ein Mensch gestorben ist, sollst du nicht die Knochen sammeln, um für ihn später ein *funus* durchzuführen"). *Ossa legere* meint zum einen die Bergung des Leichnams eines im Krieg Gefallenen, die von dieser Regelung ausdrücklich ausgenommen, wird sich jedoch auch auf eine Sekundärbestattung beziehen, die in größerem zeitlichen Abstand zur Kremation beziehungsweise Primärbestattung durchgeführt wird. Unklar ist, inwieweit gegen diese Vorschrift (ebenso wie gegen das Einbalsamierungsverbot) der *tabulae duodecim* verstoßen wurde, worauf die in großer Zahl erhaltenen aufwendig ausgestatteten Urnen hindeuten könnten. Text bei Ziegler/Görler (1988), S. 290f.

[318]   Zu Parallelen in anderen Kulturen, zum Beispiel in Indien und bei den Toda, vgl. bereits Hertz (1960), S. 42f. Für Hertz verlangt die Kremation geradezu nach einer Sekundärbestattung: „As for cremation, it is usually neither a final act, nor sufficient in itself; it calls for a later and complementary rite" (ebd., S. 42).

[319]   Zahlreiche Belege wieder bei Marquardt (1879), S. 354-357.

sengräbern sind—oft wenig wertvolle—kleinere Grabbeigaben nachgewiesen worden[320]. Wenn man von einem Trend in späteren Jahren sprechen kann, dann geht dieser in erster Linie hin zu „personalisierten" Beigaben, das heißt zu sehr persönlichen Schmuckstücken, Toilettenartikeln (sehr häufig!), Spielen und sonstigen Spielsachen sowie bildlichen Darstellungen von Menschen und Göttern[321]. Der materielle Wert der Gegenstände scheint gegenüber persönlichen Bezügen insbesondere in der Kaiserzeit stärker zurückzutreten.

Essen und Totengedenken

Auch in Rom war eine auf die Bestattung folgende Mahlfeier üblich. In der Art und Weise, wie das der Bestattung folgende περίδειπνον beziehungsweise *silicernium* bei den Griechen und Römern gefeiert wurde, lassen die Quellen keine für unsere Untersuchung wesentlichen Unterschiede erkennen[322]. Der Leichenschmaus war in Italien wohl schon in etruskischer Zeit üblich[323]. Unterschiedliche Akzente sind jedoch bei dem auch in Griechenland üblichen gemeinsamen Essen an den Gräbern im *Gedenken* an die Verstorbenen zu erkennen.

Manche römische Grabstätten der Spätantike boten Platz für ausführliche gemeinsame Mahlzeiten, vor allem in Italien und Nordafrika. Man findet dort Speisebänke, Tische[324], Waschbecken und sogar Kochgelegenheiten[325]. Die Gräber selbst weisen zuweilen Öffnungen auf, durch die offenbar flüssige Speisen und Getränke direkt in die Gräber gegossen werden konnten, sogenannte „Libationsröhren"[326]. Schließlich besteht die gefundene „Möblierung"

---

[320]   Vgl. zum Beispiel Wacher (1987), S. 194.
[321]   Belege bei Toynbee (1996), S. 52f.
[322]   Strittig ist lediglich, ob das *silicernium* direkt auf die Bestattung folgte (so Varro, *Men.* 303B) oder das Ende der neuntägigen Trauerperiode markierte (so Festus, 294 M. 394). Vgl. dazu Latte (1992), S. 102, Anm. 2.
[323]   Vgl. Alfred Loisy (1920), S. 156.
[324]   Dazu speziell Alfons Maria von Schneider, *Mensae oleorum* oder Totenspeisetische, in: RQ 35 (1927), S. 287-301. Schneider untersucht die zahlreichen *mensae* der römischen Katakomben, über deren Funktionen die Pioniere der Katakombenforschung uneinig waren (Leuchtenständer, Duftölhalter etc.). Schneider rekonstruiert nicht zuletzt im Vergleich mit den nordafrikanischen Ausgrabungen ein Bild antiker Totenspeisungen, mit dem die Darstellung hier im wesentlichen übereinstimmt. Der Artikel enthält einen (unvollständigen) Katalog der *mensae* der römischen Katakomben. Dennoch sind diese *mensae* keineswegs auf christliche Grabanlagen beschränkt, s. dazu Kap. 3.3.5.
[325]   Vgl. dazu nur Paul-Albert Février, Le culte des morts dans les communautés chrétiennes durant le iiie siècle, in: Atti del IX congresso internazionale di archeologia cristiana 1, Rom 1978, S. 211-274 (mit Bibliographie zu ähnlichen Ausgrabungen).
[326]   S. Kap. 2.4. Diese Libationsröhren finden sich bei Kremationen wie Inhumationen. Beispiele mit Abb. aus Italien und Britannien z.B. bei Robert Eric Mortimer Wheeler, A Roman pipe-burial from Caerlon, Monmouthshire, in: AnJ 9 (1929), S. 1-7; aus Nordafrika: Henri-Irénée Marrou, Survivances païennes dans les rites funéraires donatistes, in: Latomus (1949), S. 193-203.

nicht nur aus Bänken und Tischen, sondern häufig auch noch aus einem oder
zwei steinernen oder marmornen Stühlen. Diese καθέδραι, wie sie in der Archäologie den literarischen Quellen folgend genannt werden, sind oft gerade
groß genug für kleine Kinder. Sie waren offenbar nicht für den Gebrauch
durch Menschen bestimmt, sondern den „anwesenden" Toten vorbehalten[327].

Diese Quellen sind Zeugen von Ritualen im Rahmen von Familienfeiern,
die in den Jahresablauf des römischen Gemeinwesens durch Feiertage einge-
bunden waren. Den griechischen Totenfesten entsprechen in Rom etwa die
parentalia und—zumindest formal ähnlich—auch die *lemuria*, die zu den
dies religiosi gezählt werden[328]. Der Ablauf dieser beiden Feste, wie er beispielsweise bei Ovid[329] geschildert wird, macht den diametralen Gegensatz
zwischen dem Tempelkult und dem religiösen Umgang mit dem Tod deutlich: Vor dem Beginn der *dies parentales* (wohl 13.-21. Februar) gab es noch
einmal ein großes festliches Opfer durch die *uirgo uestalis maxima*, nach
dem alle Tempel geschlossen wurden und die öffentlichen Beamten ihre
Amtsinsignien ablegen mußten. Erst nachdem sich so die „öffentliche Religion" aus dem gesellschaftlichen Leben für neun Tage verabschiedet hatte,
konnte das Totengedenken, das zu einem religiösen Kontakt mit dem Reich
des Todes führte, beginnen[330]:

> Ehre erweist man auch Gräbern: Versöhnt die Seelen eurer Ahnen! Bringt klei-
> ne Gaben dorthin, wo sie verbrannt wurden! Nur wenig wünschen die Toten,
> fromme Dankbarkeit ist ihnen angenehmer als ein kostbares Geschenk. Die
> Styx drunten beherbergt keine gierigen Götter. Ein Ziegel, umhüllt mit Opfer-
> kränzen, das genügt, und ausgestreute Früchte, ein wenig Salzkörner und Brot,
> in Wein geweicht, und lose Veilchen. Lege dies in einen irdenen Topf mitten
> auf den Weg ... Füge ein Gebet hinzu, wenn du den Opferherd errichtet hast,
> und die dafür bestimmten Worte ... In dieser Zeit sollt ihr, Mädchen, nicht hei-
> raten; die Hochzeitsfackel soll auf reine Tage warten. Dir, die der drängenden
> Mutter zum Heiraten reif scheint, soll heute nicht der gekrümmte Speer
> schmücken das Jungfrauenhaar! ... Auch die Götter sollen bei versperrten
> Tempeltoren eingeschlossen bleiben, die Altäre sollen keinen Weihrauch er-
> halten und die Herde ohne Feuer stehen[331].

---

[327] Grundlegend nach wie vor Klauser (1971). Auf den S. 83-97 („Die monumentalen Sessel in heidnischen Grabanlagen") stellt er καθέδραι aus paganen Grabstätten aus Germanien,
Etrurien, Phrygien und Pontus vor (teilweise im Anschluß an Karl Gustav Vollmoeller, Griechische Kammergräber mit Totenbetten, Bonn 1901). Dazu noch Theodor Klauser, Das altchristliche Totenmahl nach dem heutigen Stand der Forschung, in: ThGl 20 (1928), S. 599-608. S.
Kap. 3.3.5.
[328] S. zu den Totenfesten zum Beispiel Franz Bömer, Ahnenkult und Ahnenglaube im Alten Rom, Leipzig 1943.
[329] Ov., *Fasti* 5,429-444 beziehungsweise 2,533-570. Ein Bild vom (familiären) Charakter
der Feiern vermittelt auch die *praefatio* zu den *parentalia* des Ausonius (4. Jh.).
[330] Ebd., 2,563f.
[331] *Est honor et tumulis. animas placare paternas*

Von Hochzeiten und anderen Anlässen, die nicht in einem „unreinen" Kontext stattfinden durften (beispielsweise wichtige Amtshandlungen, die mit einem Opfer oder dem Tragen der Amtstracht verbunden waren), wurde in dieser Zeit also abgesehen[332]. Höhepunkt der *parentalia* waren die Mahlfeiern an den Gräbern, bei denen den Toten bei Tageslicht verschiedene Speisen geopfert wurden. Bei den *lemuria* (9., 11., 13. Mai) wird eine noch größere Distanz zum öffentlichen Kultus deutlich. Sie werden ausdrücklich als *nefasti* bezeichnet, also als „unheilig". Funktionsträger und Ausführender der Lemurienrituale ist der *pater familias*, der mit einer Kombination aus ausführlichem Reinigungs- und Speisungsritual die *lemures*, die Totengeister, besänftigen mußte. In striktem Sinne sind die *lemuria* keine Totengedenkfeiern, sondern Familienrituale für beziehungsweise gegen mögliche Schadensgeister aus der Sphäre des Todes. Sie demonstrieren die Rolle der „Familienreligion" im römischen Leben und machen deren Distanz zum öffentlichen Kultus deutlich[333].

Franz Cumont beschreibt den Unterschied zwischen *parentalia* und *lemuria* folgendermaßen:

„Les *Parentalia* sont consacrés aux Mânes des ancêtres[334], dont les restes

---

parvaque in extructas munera ferre pyras!
parva petunt manes, pietas pro divite grata est
munere, non avidos Styx habet ima deos.
tegula porrectis satis est velata coronis
et sparsae fruges parcaque mica salis,
inque mero mollita Ceres violaeque solutae:
haec habeat media testa relicta via ...
adde preces positis et sua verba focis ...
dum tamen haec fiunt, viduae cessate, puellae;
exspectet puros pinea taeda dies.
nec tibi, quae cupidae matura videbere matri,
comat virgineas hasta recurva comas...
di quoque templorum foribus celentur opertis,
ture vacent arae stentque sine igne foci.
(Ov., Fasti 5,429-444 beziehungsweise 2,533-558; ed. F. Bömer, WKLGS, Heidelberg 1957, S. 120f).

[332]   Ebd., 2,557-562; neben den *dies parentales* und den *lemuria* waren noch weitere Tage *non apti taedis* (Fasti 6,221), darunter etwa die ersten Tage des Juni vor der Purifikation der *aedes* der Vesta (Fasti 6,223f). Vgl. dazu Pierre Noailles, Les Tabous du mariage dans le droit primitif des Romains, in: ASoc.J 2 (1937), S. 6ff; Muth (1988), S. 288f; Bömer (1957), S. 37-39.

[333]   Vgl. dazu unten den Abschnitt über die Familie und den öffentlichen Kult.

[334]   Den *Dii manes*, die oben bereits erwähnt wurden, sind die paganen Grabstätten gewidmet, was in der seit Beginn der Kaiserzeit häufigen Grabinschrift *DISMANIBVS* reflektiert wird. Zahlreiche Belege in ILS oder Ilt; vgl. auch etwa den im Louvre befindlichen Grabaltar des Amemptus, Abb. in Strong (1961), Taf. 53. Mit dieser Widmung wird vielleicht auch der Status als *res religiosae* öffentlich gemacht. In diesem Sinne schreibt der Jurist Gaius im 2. Jahrhundert: *Divini iuris sunt veluti res sacrae et religiosae. Sacrae sunt, quae diis superis consecratae sunt; religiosae, quae diis Manibus relictae sunt* („Zum göttlichen Recht gehören zum Beispiel die *res sacrae* und die *res religiosae*. Die *res sacrae* sind den himmlischen Göttern geweihten Sachen, die *res religiosae* sind für die Manengötter bestimmt"). Gaius, Inst. 2,3f (ed. E. Sekkel/B. Kuebler, BiTeu, 7. Aufl. Stuttgart 1935/Nachdr. 1968, S. 54,7-9). Vgl. Kap. 4.2.

sont ensevelis dans le tombeau: c'est sur le tombeau qu'est célébré le repas au-
quel ils doivent prendre part, et ils y demeurent en repos, si les oblations qui
doivent les rendre propices, leur sont offertes. Les *Lemuria* au contraire sont la
fête des esprits qui se meuvent dans l'atmosphère, des âmes aériennes qui à
certains jours viennent visiter leurs demeures d'autrefois. C'est dans cette de-
meure que sont accomplis les rites qui doivent les apaiser. Ces cérémonies sont
nocturnes, celles des *Parentalia*, diurnes et les calandriers indiquent que les
dates des *Lemuria* sont néfastes; celles des *Parentalia* au contraire ne le sont
pas"[335].

Die *parentalia* werden in der Literatur tatsächlich zuweilen als *fasti* bezeichnet. Grund dafür sind die antiken Festkalender, die den Status eines Festes
jeweils mit *F* oder *N* kennzeichnen. Dort steht hinter den Lemurien grundsätzlich ein *N*. Darin sind die *parentalia* selbst jedoch gar nicht aufgeführt, sondern
nur der auf die eigentlichen Feierlichkeiten folgende Tag als *feralia*—der dann
natürlich als *fastus* gelten kann (auch wenn dies nicht in der ganzen Überlieferung so ist[336]). Eine eindeutige Klassifizierung der eigentlichen *parentalia* gibt
es in den Quellen meines Wissens nicht, was vielleicht noch einmal den besonderen, nichtöffentlichen Charakter dieses „privatreligiösen" Festes unterstreicht.
Für das öffentliche Leben war der Status der *feralia* entscheidend, weil nur dieser eine öffentliche Angelegenheit war. Diese Überlegung zeigt zugleich, daß
man mit der Vermischung von Kalenderterminologie und dem kultischen Charakter eines Festtages vorsichtig sein muß[337].

Daneben gab es noch mindestens zwei weitere, weniger wichtige Festtage in
Rom, an denen der Toten gedacht wurde, die *rosalia* (auch *rosaria* oder *dies
rosae*[338]) und die *violaria* (auch *dies violae*)[339], Namen, die vermutlich auf
die den Toten an diesen Tagen dargebrachten Blumen hinweisen[340].

Außer an solchen Festtagen konnte es am Gedenktag des Todes eine Feier
geben[341] oder an einem Tag kurze Zeit nach der Bestattung, so etwa am 3., 9.,
30. oder 40. Tag. In persönlichen Testamenten und Rechtssetzungen auf
Grabsteinen finden sich darüber hinaus immer wieder Anordnungen für das
Totengedenken an individuell festgelegten Daten; es gab also eine gewisse
private Freiheit in ihrer Festsetzung[342].

---

[335] Franz Cumont, Lux Perpetua, Paris 1949, S. 397.
[336] Die Ausgabe von E. H. Alton, BSGRT, Stuttgart 1997, S. 42, entscheidet sich für *FE-
RAL·F vel FP* (vgl. Cumonts Bemerkung), die Edition Franz Bömers, WKLGS, Heidelberg
1957, S. 120, jedoch für *FERAL. NP* (was Bömer als *nefas, feriae publicae* deutet, vgl. Bömer
[1957], S. 36).
[337] Vgl. in diesem Sinne C. A. Peeters, Fas en Nefas, Utrecht 1945, S. 138-141.
[338] So auf einer Inschrift aus dem CIL 10,3792.
[339] Vgl. ILS 8341.8342.8345.8346.8352.8379.
[340] Die *rosalia* sind seit dem 1. Jahrhundert bezeugt (CIL 6,9626; 6,10248 und 10,444;
Plin., *Hist. nat.* 21,11) und wurden zu unterschiedlichen Daten zwischen Mai und Juli gefeiert.
Vgl. dazu Theodor Klauser, Art. Blume, in: RAC 2, 1954, Sp. 451f; Henri Leclercq, Art. Fleurs,
in: DACL 5.2, Sp. 1693-1699; Gerhard Radke, Art. Rosalia, in: KP 4, Sp. 1457.
[341] Nach Toynbee (1996), S. 63, die dafür allerdings keine Quellen nennt, an ihrem Geburtstag—auf christlichen Grabsteinen finden sich in der Tat Inschriften, die vom *dies natalis*
sprechen, vgl. zum Beispiel ILCV 1,2114 und 2116.
[342] In der Inschrift ILS 8366 werden zum Beispiel Totenopfer an allen Kalenden, Nonen
und Iden (*omnib[us] k[alendis] nonis idibus*) gefordert; auch zit. v. Toynbee (1996), S. 296,

Es ging bei all diesen Ritualen um religiöse Feiern, die ohne Verbindung zum Kultus der Tempelreligion geblieben sind—man sollte diesen Bereich deswegen am besten mit dem genannten Begriff „Familienreligion" beschreiben[343]. Weil eine institutionelle Überwachung im Detail fehlte, sind die Regeln und Mechanismen schwer zu fassen, nach denen diese Rituale gestaltet wurden. Das Pontifikalrecht wies den Feiern zwar einen genau festgelegten Platz im öffentlichen Leben zu, überließ ihre Durchführung jedoch den Familien. Eine gesellschaftliche Kontrolle über diesen Bereich gab es nur in nicht-institutionalisierter Form: Verhaltensregeln waren bekannt und wurden befolgt, aber nicht von einer Person oder Institution einheitlich überwacht[344].

Spuren der Totengedenkfeiern sind an den erhaltenen Grabbauten der wohlhabenderen Schichten zu finden, häufig in Form der erwähnten baulichen Maßnahmen. Auch manche der beliebten Mahlszenenmotive in der malerischen oder bildhauerischen Ausschmückung der Grabmäler müssen in Beziehung zu diesen Ritualen gesehen werden. Einerseits geben deshalb manche römischen Grabanlagen Auskunft über die rituellen Vollzüge der Totenehrung und des Totengedenkens. Das Fehlen solcher Grabanlagen für Unterprivilegierte bedeutet andererseits, daß sie kaum über einen angemessenen Rahmen für ihre Totenrituale verfügten. Seit dem 1. Jahrhundert v. Chr. bildeten sich deshalb die bekannten *collegia funebria/funeraticia*[345]/*sodalicia/sodalitates*[346], die zumindest für die mittleren Schichten der römischen Gesellschaft für Bestattungen und Gedenkfeiern mit angemessenem Ritus sorgten[347]. Diesen Genossenschaften, die juristisch anderen Verbänden ver-

---

Anm. 259. Plutarch berichtet von Decimus Brutus, daß dieser das Totengedenken im Unterschied zu vielen anderen Römern im Dezember beging: Plut., *quaest. Rom.* 34, vgl. Cic., *Leg.* 2,21,53.

[343] In der Lit. begegnen häufig Begriffe wie „Privatkult", „domestic cult", „religion domestique" etc. Der allgemeinere Begriff „Familienreligion" erscheint mir jedoch am geeignetsten, solange man ihn im Sinne des eingangs vorgeschlagenen breiten Familienbegriffs versteht.

[344] Artemidoros aus Ephesos schreibt in der 2. Hälfte des 2. Jahrhunderts ausführliche Beobachtungen zu dieser Familienreligion nieder: Er berichtet etwa davon, daß Selbstmörder aus dem Gedenkritual der Familie ausgeschlossen werden müssen (Artem., *Onirocriticus* 1,4).

[345] Der in der Literatur (zum Beispiel bei T. Schliess, Die römischen Collegia funeraticia nach den Inschriften, 1888) häufig anzutreffende und v.a. von Theodor Mommsen populär gemachte Begriff *collegium funeraticium* begegnet in den Quellen offenbar nur in *dig.* 11,7,30. S. dazu Jan H. Waszink, Art. Genossenschaft, in: RAC 12, 1983, Sp. 105; Georg Schöllgen, Collegia funeraticia, in: LThK 2, 1994, Sp. 1257f.

[346] Die allgemeinste und als *terminus technicus* auch ins Griechische übernommene Bezeichnung ist *collegium* (κολλήγιον), die auch eine Vergleichbarkeit mit ähnlichen zu anderen Zwecken gegründeten Genossenschaften im römischen Recht ermöglicht. Vgl. Waszink (1983), Sp. 100.

[347] Bei Plinius, *Ep.* 10,96,8, werden die Christen als *hetaeria* (von ἑταιρία, lat. *collegium*) bezeichnet: *quibus peractis morem sibi discedendi fuisse rursusque coeundi ad capiendum cibum, promiscuum tamen et innoxium, quod ipsum facere desisse post edictum meum, quo secundum mandata tua hetaerias esse vetueram* („Hernach seien sie auseinandergegangen und dann wieder zusammengekommen, um Speise zu sich zu nehmen, jedoch gewöhnliche, harmlo-

gleichbar sind[348], ist in der neueren Literatur große Aufmerksamkeit zuteil geworden[349]. Dabei ging es vor allem um die juristische Stellung dieser Vereine, deren Rechtsform zu bestimmten Zeiten besonders gefördert werden konnte, deren Zulassung in der Kaiserzeit jedoch immer wieder Beschränkungen unterlag[350]. Insbesondere im 1. Jahrhundert hat es offensichtlich sehr restriktive Regelungen gegeben[351], die im 2. Jahrhundert teilweise wieder gelockert wurden[352]. Offenbar gab es die Befürchtung, solche schlecht zu kontrollierenden Vereine könnten eine politische Gefahr darstellen – dieser Gedankengang ist zum Beispiel in den Briefen des Plinius zu finden[353].

Aus dem 1. Jahrhundert stammen vermutlich die ältesten *columbaria* („Taubenschläge"), die solchen Bestattungsvereinen gehörten und in denen bis zu 800 Ascheurnen aufbewahrt werden konnten[354]. Auch wohlhabende Familien, die sich für die Bestattung der Angehörigen ihres Haushaltes verantwortlich fühlten, errichteten solche Columbarien.

---

se Speise, aber das hätten sie nach meinem Edikt, durch das ich gemäß Deinen Instruktionen Hetärien verboten hatte, unterlassen"), ed. Heribert Philips, C. Plini Caecili Secundi Epistulae, Paderborn 1986, S. 31; Übers. Helmut Kasten, Gaius Plinius Caecilius Secundus. Briefe, Tusc-Bü, 5. Aufl. München 1984, S. 643.

[348]   Zum Beispiel Berufs- und Kultgenossenschaften. Man beachte jedoch die unten erläuterte juristische Unterscheidung zwischen den *res sacrae*, *res sanctae* und *res religiosae*, die einer zu großen Ausweitung der Funktionen dieser Genossenschaften zumindest in älterer Zeit zweifelsohne im Wege stand. Nicht zuletzt deswegen bestand Theodor Mommsen, De collegiis et sodaliciis, Kiliae 1843, auf der Existenz reiner „Bestattungsvereine" ohne weitere Funktionen, eine Sicht, die in neuerer Zeit kritisiert worden ist (Frank M. Ausbüttel, Untersuchungen zu den Vereinen im Westen des römischen Reiches, Frankfurter althistorische Studien 11, Kallmünz 1983).

[349]   Vgl. zum Beispiel Hopkins (1983), S. 211-217; Ausbüttel (1983); Toynbee (1996), S. 54f. S. auch die folgenden Anm.

[350]   Die Diskussion findet sich übersichtlich zusammengefaßt bei Waszink (1983), Sp. 99-117.

[351]   Dies wird häufig mit den Auswirkungen der sogenannten lex Iulia in Verbindung gebracht, die von Caesar erlassen und von Augustus ergänzt worden war. Eine sich ausdrücklich auf diese *lex* beziehende Inschrift, die eine Widmung DIS.MANIBVS trägt, findet sich im CIL 6,4416. Ausführlich zur lex Iulia und den *collegia* Francesco M. de Robertis, Storia delle corporazioni e del regime associativo nel mondo romano 1, Bari 1971, S. 195-237. Vgl. außerdem die Dissertation von Ausbüttel (1983), S. 92f und 101.

[352]   Eine Analyse dieser Veränderungen anhand gallischer Inschriften unternimmt Peter Kneissl, Die Berufsvereine im römischen Gallien. Eine Interpretation der epigraphischen Zeugnisse, in: Peter Kneissl/Volker Losemann (Hg.), Imperium Romanum. Studien zu Geschichte und Rezeption. FS Karl Christ, Stuttgart 1998, S. 431-449.

[353]   Vgl. insbes. Plin., *Ep.* 10,33 u. 10,34.

[354]   Vgl. dazu Johannes Kollwitz, Columbarium, in: RAC 3, 1957, Sp. 245-247. Auch außerhalb Roms finden sich diese *columbariae*, vgl. Koch/v. Mercklin/Weickert (1915), S. 291f. Columbarien wurden freilich auch von einzelnen großen Familien unterhalten, vgl. J.P. Waltzing, Étude historique sur les corporations professionelles chez les Romains 1, Löwen 1895, S. 257.

Abb. 9: Columbarium der Familie der Marcella[355]

Die soziale Zusammensetzung der Bestattungsvereine beurteilt Henner von Hesberg folgendermaßen:

> Bei den Inhabern der Columbarien handelte es sich keineswegs um die Ärmsten der Bevölkerung, die wohl ihrerseits einfach auf freiem Feld beigesetzt wurden und vielfach—besonders wenn die Grabstelle nicht eigens markiert war—schnell der Vergessenheit anheimfielen, sondern vor allem um meist in einem Collegium organisierte Freigelassene und Sklaven, die in der Geborgenheit eines Columbariums für ihr Nachleben sorgten[356].

Für die rituelle Bewältigung der Trauerphasen mit mehrmals nach der Bestattung wiederholten Riten sowie zu den römischen *collegia funebria*, die Funktionen im Rahmen der Finanzierung von Bestattungen erfüllten, gibt es

---

[355]   Marcella war die erste Frau des Kaiser Agrippa; das Columbarium enthält vor allem die Urnen der Freigelassenen Marcellas und ihrer Tochter Marcella d.J.

[356]   Henner v. Hesberg, Römische Grabbauten, Darmstadt 1992, S. 77f. Vgl. außerdem Marquardt (1879), S. 359ff; Waltzing (1895), S. 256-300; Robert L.Wilken, The Christians as the Romans saw them, New Haven/London 1984, S. 31-47; John Patterson ordnet die Mitglieder der Bestattungsvereine den „upper échelons of the *plebs*" zu (Patterson [1992], S. 21). Dort noch weitere Lit.

ebenfalls zahlreiche Parallelen in anderen Kulturen.

Dabei scheint nicht nur in der europäischen Antike das Essen eine zentrale
Rolle gespielt zu haben. Aus dem heutigen Äthiopien berichtet etwa der Jour-
nalist Axel Wermelskirchen:

„Wenn in Äthiopien jemand gestorben ist, macht morgens um sechs Uhr
ein Mann die Runde im Viertel und bläst die „Turumba". Dann bauen Männer—nicht nur auf dem Land, sondern auch in der Hauptstadt Addis Abeba mit
ihren dreieinhalb Millionen Einwohnern—ein großes Zelt auf der Straße beim
Haus des Verstorbenen auf: dunkle Planen über dem Gerüst aus starken Ästen.
Hier versammeln sich die Verwandten und Nachbarn. Sie sprechen den Hinterbliebenen ihr Beileid aus, beweinen den Toten und reihen sich am Tag des Begräbnisses hinter dem Priester ein in den Zug zum Friedhof. Drei Tage lang
sind sie Gäste der Familie bei den Trauerfeierlichkeiten. Am zwölften Sterbetag
kommen sie zu einer kleineren Feier wieder, am vierzigsten abermals. Die Tradition, der man sich nur bei Strafe sozialer Ächtung entziehen kann, kostet soviel Geld, daß die meisten Familien finanziell in arge Bedrängnis gerieten, hätten sie nicht zuvor jeden Monat ihren Beitrag beim „Iddir" bezahlt, der Sterbe-
kasse ... Im Todesfall kommt der „Iddir" für einen Teil der Kosten auf, stellt
das Zelt und den Leichenwagen. Helfer sind zur Stelle, wenn die Trauernden
noch gelähmt sind vom Verlust der Angehörigen, sie regeln die Formalitäten
und kümmern sich um die Organisation der Feier"[357].

Auch die erwähnte Untersuchung taiwanesischer Totenbräuche durch
Emily Ahern beobachtete zahlreiche rituelle Mahlfeiern im Zusammenhang mit
Bestattung und Totengedenken[358]. Neben dem Leichenschmaus observierte sie
jährliche Totenmähler an den Gräbern, bei denen den Verstorbenen getrockne-
tes Essen—häufig in ungenießbarer Form—geopfert wird[359].

In der ethnologischen und religionswissenschaftlichen Forschung findet
sich noch ein weiterer erhellender Beitrag zur Deutung solcher rituellen Feiern
und Mahlzeiten, die offenbar auch in einem Zusammenhang mit individualpsychologischen Mechanismen gesehen werden können. Theo Sundermeier hat
sich Ende der sechziger Jahre ausführlicher mit den rituellen Aktionen der afrikanischen Herero, Zulu und Nyakusa beschäftigt und ist dabei teilweise zu
ähnlichen Ergebnissen gekommen wie Yorick Spiegel bei der psychoanalyti-
schen Beobachtung von Trauer in Mitteleuropa[360]. Mit einem Unterschied: Yorick Spiegel ging von den Problemen aus, die die Trauerphasen für den Menschen heute erzeugen, während Sundermeier die rituellen Antworten afrikanischer Stämme beobachtete, und daraus auf die Phasenhaftigkeit des Trauerprozesses schloß.

Sundermeier stößt dabei auf eine weitgehende phänomenologische Parallelität bei verschiedenen Stämmen, auf gleiche „Bewältigungsmechanismen"
der Krise. Vor allem für die Schockphase (Ankündigungsritus) und die Regres-
sionsphase (Rückzug der Trauernden) sind rituelle Antworten festgelegt. Die
Emotionen werden durch gemeinsame symbolische Sprache gelenkt, gemeinsame Totenklage und das Öffentlichmachen des Todes verhindert den—auch

---

[357] Axel Wermelskirchen, Iddir muß gefragt werden, in: FAZ 217 (18.9.1997), S. 9.
[358] Vgl. Kap. 2.3 und 2.4.
[359] Ahern (1973), S. 159 u.ö.
[360] Veröffentlicht wurden diese Ergebnisse erst später, v.a. in: Theo Sundermeier, Todesriten als Lebenshilfe. Der Trauerprozeß in Afrika, in: WzM 29 (1977), S. 129-144.

von Spiegel beobachteten—verhängnisvollen psychologischen Mechanismus der Realitätsleugnung. Auch das Verhältnis zwischen *in-group* und *out-group* wird thematisiert: die Suche nach Schuldigen kann unter Umständen zur Extrapolation der Aggressionsgefühle der Trauernden und zu neuen Todesopfern bei Mitgliedern der *out-group* führen. Bei den Todesriten geht es einmal um eine symbolische Wiederholung des Todes des Verstorbenen, zum anderen um eine symbolische Identifikation mit dem Toten, um einen rituellen Tod der Trauernden (Eßtabus, Selbst-Bestreuen mit Asche und Erde, Rasur etc.), von Sundermeier als Abwehrmaßnahme gegen die Ansteckungsgefahr des Todes interpretiert.

Auch hier verbietet es der Rahmen dieser Arbeit, näher auf diese komplizierte Thematik einzugehen. Die genannten Beispiel mögen als Illustration genügen und demonstrieren, um welche Zusammenhänge es geht, wenn die Voraussetzungen für die Entwicklung von Todesritualen in den christlichen Gemeinden der Antike diskutiert werden sollen.

Das römische archäologische Material weist noch auf eine andere bemerkenswerte Entwicklung hin: In der späten Republik stieg der Aufwand, der für die repräsentative Ausgestaltung der Monumente betrieben wurde, kontinuierlich an. Der Tumulusbau des Augustus[361] wird oft als End- und Höhepunkt dieser Phase, als „unüberbietbare Steigerung"[362] betrachtet. Seit dem 1. Jahrhundert verändert sich, wie Henner von Hesberg beobachtet hat, die architektonische Zielsetzung: Jetzt steht immer seltener die nach außen möglichst weithin sichtbare Exposition von Macht und Einfluß des Auftraggebers im Vordergrund. Die Idealform ist mehr und mehr diejenige, die möglichst optimale Bedingungen für die rituellen Vollzüge des Totengedenkens zur Verfügung stellt, und zwar des Totengedenkens im Rahmen der familiären Kleingruppe. Der Öffentlichkeitsaspekt tritt schrittweise zurück[363].

---

[361]   Abbildungen in: Toynbee (1996), Tafeln 49 und 50 sowie Fig. 14, S. 153.
[362]   Hesberg (1992), S. 99f.
[363]   Henner von Hesberg unterscheidet bei der Entwicklung der römischen Grabbauten vier strukturell verschiedene Abschnitte: In der ersten Phase (mittlere Republik bis 2. Jh. v. Chr.) wurde die Auffälligkeit des Monumentes einer starken Kontrolle unterworfen. „Der Prunk der Leichenbegängnisse ... hat den aristokratischen Familien dagegen durchwegs die Möglichkeit gegeben, in der Öffentlichkeit hervorzutreten und die Wertvorstellungen, zu denen sie sich bekannten, zu propagieren" (ebd., S. 242f). In der zweiten Phase (2./1. Jh. v. Chr.) wurden die Grabbauten zur repräsentativen Selbstdarstellung der konkurrierenden Familien benutzt, die mit aller Macht um den Führungsanspruch in Rom stritten. Anders in der dritten Phase (Augustus und 1. Jh. n. Chr.): „Einen tiefgreifenden Wandel bringt die augusteische Zeit und das 1. Jh. n. Chr. Angesichts der überragenden Position des Princeps und seiner Familie verliert die aggressive Konkurrenz der Aristokraten ihren Sinn, und es fällt auf, wie schnell die Grabbauten ihre Wirkung nach außen einbüßten. Im Verlauf des 1. Jh. n. Chr. gewinnen in der Ausgestaltung der Gräber intimere familiäre Züge an Bedeutung, die zuerst offenbar die Freigelassenen in verschiedenen Variationen in ihren Monumenten umgesetzt und die dann zunehmend die anderen Gruppen der Bevölkerung übernommen haben. Während in Rom und Italien diese Gestaltungsweise einhergeht mit einem zunehmenden Abschluß der Anlagen nach außen, wie sie besonders deutlich die Ziegelgräber des 2. Jh. n. Chr. vor Augen führen, sieht es in den Provinzen anders aus. Dort ist man zwar auch den neuen Wertvorstellungen verpflichtet, sie werden aber auch nach außen hin wiedergegeben" (ebd., S. 243). „In der vierten Phase, dem 3.-5. Jh., errichten nur noch wenige privilegierte Mitglieder aus den Spitzen der Gesellschaft große Grabbauten. Diese

In der Zeit, die zwischen der Schilderung des Polybios und den Grabhäusern des 4. und 5. Jahrhunderts liegt, hat sich der Kontext der Todesrituale also grundlegend gewandelt, zumindest für die aristokratische Spitze der römischen Gesellschaft. Diese Veränderungen müssen berücksichtigt werden, wenn man die Entwicklung dieser Rituale bei den christlichen Gruppen der Spätantike untersuchen möchte. Es wird zu fragen sein, ob sich christliche Bestattungen diesen Trends entgegenstellten, oder ob sie nicht vielmehr „auf der Höhe der Zeit" oder gar ihrer Zeit voraus waren.

Die Bestattungen im römischen Recht
Wie bereits mehrfach angeklungen ist, enthält das römische Grabrecht eine ganze Reihe von Bestimmungen, die für das Ritualthema von Bedeutung sind und die pagane wie christliche Bestattungen gleichermaßen betrafen[364]. Rechtliche Regelungen alleine sind in der Regel nicht ausreichend, um unmittelbar auf historische Zustände schließen zu können. So ist etwa die juristische Umschreibung der *patria potestas* nicht automatisch eine akkurate Wiedergabe römischen Familienlebens[365]. Dennoch definieren sie Grenzen und geben den faktischen wie gedanklichen Rahmen vor, innerhalb dessen sich Familienleben ebenso wie Funeralkultur bewegte. Die Zuteilung bestimmter Bereiche und Zuständigkeiten des Grabrechts gibt dementsprechend einen Eindruck davon, innerhalb welcher „Sphären" des alltäglichen Lebens die Rituale vollzogen wurden.

Die römischen Rechtstexte lassen sich zweckmäßigerweise fünf möglichen juristischen „Ebenen" zuordnen, die in dieser Beziehung alle ergiebig sind: Neben dem schon erwähnten Zwölftafelgesetz gilt es, das Pontifikalrecht, das prätorische Recht und für die spätere Zeit auch die kaiserlichen Erlasse zu berücksichtigen. Schließlich gibt es private Rechtssetzungen, die

---

Bauwerke bilden nun gleichsam Festsäle, in denen man der Verstorbenen in entsprechenden Feiern gedenkt. Die demonstrative und geradezu plakative Zurschaustellung der Qualitäten des Grabinhabers ... ist nun endgültig einer anderen Form der Rückbesinnung gewichen" (ebd., S. 243).
[364] S. dazu Fernand de Visscher, Le droit des tombeaux romains, Mailand 1963; ders., Le droit des tombeaux romains, in: Max Kaser, ZSSt Rom. Abt. 95 (1978), S. 15-92; Rudolf Düll, Studien zum römischen Sepulkralrecht, in: FS Fritz Schulz, Weimar 1951, 1, S. 191-208; Max Kaser, Das Römische Privatrecht 1. Das altrömische, das vorklassische und klassische Recht, HAW 10.3.3.1, 2. Aufl. München 1971; ders., Das Römische Privatrecht 2. Die nachklassischen Entwicklungen, HAW 10.3.3.2, 2. Aufl. München 1975; Römisches Privatrecht. Ein Studienbuch, 17. Aufl. München 1998; ders., Römische Rechtsgeschichte, Jurisprudenz in Einzeldarstellungen 2,5. Nachdr. der 2. Aufl. Göttingen 1993; Detlef Liebs, Römisches Recht, 4. Aufl. Göttingen 1993.
[365] S. dazu eindrücklich Richard P. Saller, Corporal punishment, authority, and obedience in the Roman household, in: Beryl Rawson (Hg.), Marriage, divorce, and children in ancient Rome, London 1991, S. 144-165, insbes. S. 144-146.

vor allem seit dem 2. Jahrhundert n.Chr. im Zusammenhang mit Gräbern immer häufiger auftauchen.

Die ältesten uns erhaltenen Rechtstexte zu Bestattungs- und Grabrecht finden sich im Zwölftafelgesetz[366]. Sie verfolgen im wesentlichen zwei Ziele. Einmal sollte der „Bestattungsluxus", ein übertriebener Aufwand und dessen mögliche negative Konsequenzen für das Gemeinwesen, eingeschränkt werden, ähnlich, wie das auch von der solonischen Gesetzgebung in Griechenland beabsichtigt war[367]. Außerdem wurde die Bestattung *intra urbem* verboten und ein Mindestabstand zu Nachbargebäuden von 60 Fuß vorgeschrieben—der Bestattung wurde also ein Bereich zugewiesen, der klar von dem des übrigen öffentlichen Lebens getrennt war[368].

In der Folgezeit entwickelte sich ein umfangreiches System an pontifikalrechtlichen, zivilrechtlichen und prätorischen Bestimmungen, die Voraussetzungen und Zulässigkeit von Bestattungs- und Gedenkritualen, den ungehinderten Ablauf von Bestattungen, Lokalität und Ausgestaltung der Gräber sowie Besitzansprüche an bestimmten Gräbern regelten. Dabei kam den *pontifices* die Aufgabe zu, der Bestattung und dem Grab ihre Plätze im öffentlichen Leben zuzuweisen, während sich die *praetores* mit (strafrechtlich relevanten) Beeinträchtigungen von Bestattung und Totenruhe beschäftigten. Auch Verstöße gegen die *cura funeris*, die Bestattungspflicht, und das unberechtigte Bestatten in fremden Gräbern wurden vom prätorischen Recht geahndet.

Am besten läßt sich die juristische Lokalisierung der Sphäre des Todes anhand zweier Begriffsbildungen demonstrieren, die in der späten Republik und frühen Kaiserzeit in den juristischen Texten als allgemein anerkannte Kategorien begegnen. Sie standen in Interdependenz mit anerkannten gesell-

---

[366] Rekonstruktion bei Rudolf Düll, Das Zwölftafelgesetz, TuscBü, 6. Aufl. München/Zürich 1989.

[367] Einen feinen Unterschied mag man freilich in der Stoßrichtung der Gesetzgebung vermuten, die in beiden Fällen ja v.a. die Aristokratie traf: Solons Grabluxusgesetzgebung wird häufig im Rahmen seiner *Homonoia*-Politik interpretiert, die eine Balance zwischen δῆμος und adligen *peers* suchte (vgl. die Lit. [Manville, Rihll, Manuwald, Nesselrath] bei Engels [1998], S. 77-96). Richtete sich die solonische Gesetzgebung also gegen die Aristokratie im allgemeinen, so sollte in Rom vielleicht eher verhindert werden, daß sich eine (adlige) Familie gegenüber den anderen besonders profilierte und so zwischen den Familien Spannungen entstehen konnten, ohne daß die *plebs* bei diesen Überlegungen ein wesentlicher Faktor gewesen wäre (dazu Engels [1998], S. 155-188).

[368] S. Cic., *Leg.* 2,23,59 und Ov., *Fasti* 6,663-664; vgl. dazu Marquardt (1879), S. 335; Toynbee (1996), S. 54; Scullard (1985), S. 311; Georg Klingenberg, Art. Grabrecht, in: RAC 12, 1983, Sp. 590-637.

schaftlichen Werten und sind deshalb für unser Thema sehr viel aufschlußrei-
cher als einzelne Regelungen, über deren tatsächliche Anwendung sich oft
nur spekulieren läßt.

1. Bestimmungen im Hinblick auf Gräber gehörten im Römischen Recht
zum Bereich der *res divini iuris*[369]. Damit haben Gräber eine Gemeinsamkeit
mit Tempeln, Altären, Stadtmauern und ähnlichen Dingen, die nicht *res humani iuris* waren. Innerhalb dieser Kategorie wird ihr Status jedoch von den
res sacrae und den *res sanctae* unterschieden, also den „heiligen" Dingen,
die mit öffentlichem Kult zu tun hatten (Tempel, Bildsäulen, Opferaltäre,
Kultgeräte etc.), beziehungsweise den Dingen, die nicht *sacrae* waren, aber
dennoch für das Allgemeinwohl von fundamentaler Bedeutung waren und
unter göttlichem Schutz standen, etwa Stadtmauern und Stadttoren[370]. Die
Grabstätten bildeten eine eigene juristische Kategorie: die *res religiosae*[371].

2. Das Grab selbst wurde von den Juristen als *locus religiosus*[372] bezeichnet, was eine ganze Reihe von Konsequenzen hatte, die Aufschluß über die

---

[369]   In der juristischen Diskussion wird dieser Bereich als *res extra commercium* oft sogar
ganz dem *usus hominum* entzogen, was in der Praxis, wie die Inschriften belegen, jedoch nicht
immer relevant war. Das *Corpus iuris civilis* kommentiert dennoch, *nullius autem sunt res sacrae et religiosae et sanctae* („Niemandem gehören die *res sacrae*, die *res religiosae* und die *res
sanctae*"; *Inst. Iust.* 2,1,7, Behrends/Knütel/Kupisch/Seiler [1993], S. 46,5f). In der Sekundärliteratur werden diese drei Bereiche häufig zusammenfassend mit „Sakralrecht" bezeichnet, was
sich dann jedoch nur auf die Nichtanwendbarkeit privatrechtlicher Regelungen bezieht. S. in
diesem Sinne—mit einer Darstellung der privatrechtlichen Ausnahmen—Düll (1951), S. 191-
208.
[370]   So findet sich diese Unterteilung etwa im Lehrbuch des Gaius (*Inst.* 2,2-8), das zur
Grundlage für die Institutionen Justinians wurde (ed. E. Seckel/B. Kuebler, BiTeu, 7. Aufl.
Stuttgart 1935/Nachdr. 1968, S. 54f).
[371]   Eine auf kaiserzeitlichen—häufig christlichen—Gräbern zu findende Inschrift wie
LOCVS SACER SACRILEGE CAVE MALVM ist dagegen als Grabmulta zu verstehen: Mit
dieser Aufschrift wird eine für den Fall der Verletzung zu entrichtende Geldstrafe (*multa*) angedroht, wie sie ursprünglich vom Magistrat gegen Bürger verhängt wurde, die sich gegen das
Gemeinwesen vergangen hatten (insbesondere gegen Tempel, öffentliche Einrichtungen etc.).
Multa und *res sacrae* sind also zusammengehörende Begriffe im Gegensatz zu *poena* und *res
humani iuris*. Deshalb sollten solche Sepulkralmulten uns nicht zu einer unterschiedslosen Ver-
wischung der juristischen Kategorien der *res sacrae* und *res religiosae* verleiten, auch wenn diese späten Multen Zeugnis von der zunehmenden Unschärfe in der Rezeption dieser juristischer
Größen in späterer Zeit geben, von der die systematischen Rechtstexte freilich unberührt blieben. Die zit. Inschrift findet sich auf einem Cippus aus den Vorräumen der Domitilla-
Katakombe, Abb. und Zit. in BArC 2. Ser. 6 (1875), S. 39 u. 56.
[372]   Zur Definition eines Ortes als *locus religiosus* s. Gaius, *inst.* 2,1,9. Toynbee (1996),
S. 50, Anm. 176, vertritt die Ansicht, daß ein Grab erst nach Opferung eines Schweines rechtmäßig zum Grab wurde. Cicero schreibt zwar an der von Toynbee zit. Stelle *Leg.* 2,22,57, daß
nec tamen eorum ante sepulchrum est quam iusta facta et porcus caesus est, aber die Definition
als *locus religiosus* wurde in der Praxis offenbar auch ohne diesen Ritus juristisch gültig, sobald
sich mindestens der wesentliche Teil (mit dem Kopf des Bestatteten) einer rechtmäßig einge-
brachten Leiche in dem Grab befand. Klingenberg (1983), Sp. 602-605, rekonstruiert in diesem
Sinne die entscheidenden drei Bedingungen für den Status als *locus religiosus* als 1. die Berechtigung zum *funus*, 2. die *illocatio mortui* und 3. die Bodenberechtigung des Einbringenden.

römische Auffassung von der Sphäre um Tod und Bestattung geben: Nachdem ein Grab nach der rechtmäßigen Einbringung eines Leichnams zum *locus religiosus* geworden war, genoß es zunächst besonderen rechtlichen
Schutz. Eine *sepulchri violatio* (Verstoß gegen die Grabruhe) wurde streng
geahndet. Andererseits galt ein als *locus religiosus* aufgefaßter Ort nicht als
ein *locus purus*; das Grab war durch diese Definition dem gewöhnlichen *usus
hominum* entzogen, im Gegensatz etwa zu einer noch nicht belegten Grabstätte, die nicht *religiosus* war[373]. Man durfte weder Veränderungen ohne
pontifikale Erlaubnis vornehmen noch Überführungen oder Exhumierungen
ohne weiteres durchführen. Ein Grab war deshalb nicht eine Immobilie wie
jede andere, mit der Handel getrieben werden konnte und deren Zweck man
etwa hätte umwidmen können—zumindest in der juristischen Theorie.
Schließlich verbot sich eine örtliche Nähe zwischen Dingen aus dem Bereich
der *res sacrae* und der *res religiosae*, wie das schon die 60-Fuß-Regel des
Zwölftafelgesetzes und das Bestattungsverbot *intra urbem* zeigen. Wie noch
zu zeigen sein wird, wurden diese Regelungen in christlicher Zeit von Entwicklungen wie dem Reliquienwesen, den Bestattungen *ad sanctos* und den
neuen Kirchenbauten allmählich unterwandert[374].

Die meisten übrigen rechtlichen Regelungen betreffen die Grabschändungen, die insbesondere in der Kaiserzeit ein wichtiges juristisches Thema werden, vor allem im kaiserlichen Recht und in den Rechtssetzungen der Grab-
stifter. Es sind zahlreiche Zeugnisse von Grabmulten überliefert, insbesondere Inschriften, die für Verstöße gegen die Totenruhe hohe Strafen androh-
ten[375]. Einige dieser Vorschriften sichern Grabanlagen gegen jeglichen fami-
lienfremden Zugriff, womit nicht zuletzt demonstriert wird, daß funerale und
sepulkrale Angelegenheiten auch juristisch in den Zuständigkeitsbereich der
Familie fielen[376].

---

[373] *purus* heißt denn auch einmal „rein" im kultischen Sinne, aber auch „ohne rechtlichen
Vorbehalt" (*indicium purum*). Ein belegtes Grab ist sowohl rituell wie juristisch *impurus*.

[374] S. dazu v.a. Kap. 3.2.1. Das Bestattungsverbot *intra urbem* galt in der Antike keineswegs immer und überall. Polybios erwähnt das bereits für die tarentinischen Kolonisten (Plb.
8,30). In apulischen Städten früherer Zeit wurde häufig innerhalb der Mauern bestattet, wie etwa
die Ausgrabungen der vermutlich aus dem 3. Jh. v. Chr. stammenden Gräber in Canosa zeigen
(Hans Hachod, Gräber in Canosa, in: MDAI.R 29 [1914], S. 260-296).

[375] Beispiele und Literaturüberblick zum Thema der Grabmulten bei Klingenberg (1983),
Sp. 590-637.

[376] Vgl. Cic., *Leg.* 2,26,64; dazu Düll (1951), S. 194.

Öffentliche Bestattungen

Die römische Bestattung und das Totengedenken waren, nicht anders als in
Griechenland und im Judentum, in der Tat zunächst Sache der betroffenen
Familie. Die römische Gesellschaft weist allerdings einige Besonderheiten
auf, die zum Teil bereits angedeutet wurden und dazu führen, daß in diesem
Zusammenhang mit dem deutschen Wort „Familie" recht unterschiedliche
Größen gemeint sein können[377]. Nach dem traditionellen Bild der Familie
und ihrer Aufgaben, wie wir es beispielsweise bei Cato d.Ä. finden, war der
pater familias für folgende Bereiche der Religion zuständig, ohne daß es zu
einer Einmischung der Verantwortlichen der öffentlichen Kulte kam: Unter
Anwesenheit des versammelten Haushalts, inklusive Sklaven und Kinder,
vollzog er die Riten zur Reinigung der Äcker, betete für Fruchtbarkeit und für
den Schutz der Aussaat, vollzog den Gottesdienst für die Hausgottheiten *La-
res et Penates* und schließlich alle Riten und Gebete im Zusammenhang mit
Geburt, Hochzeit, Bestattung und Totengedenken[378]. Die *Pontifices* waren
zwar für den rechtlichen Rahmen einiger dieser Rituale zuständig und laut
Livius auch als Ratgeber in rituellen Fragen ansprechbar[379], der Vollzug dieser Rituale lag jedoch ganz in der Hand und in der Verantwortlichkeit der
einzelnen Familien[380].

Wenn es deshalb auch keine Verbindung zwischen öffentlichem Kultus
und privaten Bestattungsritualen gab, so fanden Bestattungen doch nicht immer hinter verschlossenen Türen statt, und es lassen sich unterschiedliche
Grade an öffentlicher Partizipation je nach gesellschaftlicher Stellung der

---

[377]   In jüngster Zeit hat es eine Reihe von Untersuchungen gegeben, die sich explizit mit
dem Unterschied zwischen der sozialen Einheit der römischen „Familien" und der juristischen
der *familiae* beschäftigten, die alles andere als deckungsgleich waren. Zur ersten s. z.B. Suzanne
Dixon, The Roman family, Baltimore 1992; Constant van de Wiel, Les différentes formes de
cohabitation hors justes noces et les dénominations diverses des enfants qui en sont nés dans le
droit romain, canonique, civil et byzantin jusqu'au treizième siècle, in: RIDA 39 (1992), S. 327-
358; Elizabeth Rawson, Roman culture and society, Oxford 1991; Beryl Rawson (1991—mit
Beiträgen zu den vielfältigen sozialen Beziehungen innerhalb der römischen Familie); Susan
Treggiari, Roman marriage. *Iusti coniuges* from the time of Cicero to the time of Ulpian, Oxford
1991; Thomas E.J. Wiedemann, Adults and children in the Roman empire, London 1989; Suzanne Dixon, The Roman mother, London 1988. Dort noch zahlreiche weitere Lit. Zur *familia*
(und ihrer Beziehung zur Familie) s. zuletzt dagegen Jane F. Gardner, Family and *familia* in
Roman law and life, Oxford 1998.
[378]   S. Cato, *Agr.* 141.
[379]   Liv. 1,20,6f.
[380]   Vgl. dazu ausführlich J.A. North, Religion in Republican Rome, in: F.W. Walbank u.a.
(Hg.), Cambridge ancient history, Bd. 7.2, 2. Aufl. 1989, S. 573-624 (insbes. S. 605-607).

Verstorbenen ausmachen. Es gab durchaus den Fall, daß von einer Bestattung nur eine Kleinfamilie im heutigen Sinne betroffen war, und zwar dann, wenn der Verstorbene weder zum Haushalt einer großen—„aristokratischen"—Familie gehörte, noch Mitglied eines *collegium* war, dem bei der Bestattung eine verantwortliche Rolle zukam. Je nach Zeit und Ort war ein solcher Fall jedoch nicht unbedingt die Regel[381]. Verstarb ein Mitglied der römischen Aristokratie oder der Kaiserfamilie späterer Zeit, so konnte die Bestattung zum öffentlichen Ereignis werden, wie wir das in den Berichten des Polybios und Diodorus gesehen haben. Seit den Tagen der Republik bekam—vor dem Hintergrund der hochentwickelten rhetorischen Kultur nicht überraschend[382]—vor allem die *laudatio funebris* eine öffentliche Bedeutung. Eine ganze Reihe von solchen Leichenreden sind erhalten geblieben, auch noch aus christlicher Zeit[383]. Auch wenn die überlieferten Texte für die Publikation gedachte literarische Formen und keine wörtlichen Mitschriften sind, so lassen sie doch erkennen, daß als Adressaten eine Öffentlichkeit im Blick war, die über den engen Familienkreis hinausging. Allerdings sind diese Texte alles andere als repräsentativ für die üblichen *laudationes*, die wohl tatsächlich im engen Familienkreis gehalten wurden; sie reflektieren vielmehr die besondere Praxis einiger Familien[384]. Aus der Zeit der Republik gibt es Berichte von einem eigenen republikanischen Amt für den *praeco*, der die Tatsache des Todes öffentlich zu machen und zur Bestattung zu laden hatte—freilich nur bei einem großen *funus indictivum*[385]. In diesem Sinne hat

---

[381]   Ramsay MacMullen schätzt, daß ein Drittel der städtischen Gesellschaft—und damit ein substantieller Teil der freien *plebs*—Mitglied eines *collegium* war. Ramsay MacMullen, Enemies of the Roman order, Cambridge, Ma. 1966, S. 174.

[382]   Zu den rhetorischen Traditionen in christlicher Zeit s. Wolfram Kinzig, The Greek Christian writers, in: Stanley E. Porter (Hg.), Handbook of classical rhetoric in the Hellenistic period (300B.C.-A.D. 400), Leiden/New York/Köln 1997, S. 633-670. Dort zahlreiche Belege und weiterführende Literaturhinweise (zu den lateinischen Kirchenvätern s. den Beitrag Philip E. Satterthwaites im gleichen Band, S. 671-694).

[383]   S. Kap. 3.3.4 und die dort zit. einschlägige Lit. zu den Trost- und Leichenreden des Ambrosius von Mailand und der großen kappadokischen Theologen. Im Vergleich dazu s. zu den Epitaphien im Athen klassischer Zeit die ausführliche Bibliographie bei Prinz (1997).

[384]   S. dazu Peter L. Schmidt, Art. Laudatio funebris, in: KP 3, Sp. 517f. Oft, vor allem in späterer Zeit, gibt es eine recht große zeitliche Distanz zwischen den *laudationes* und den eigentlichen Bestattungsritualen. Die *laudationes* wurden dann erst einige Zeit nach der Bestattung gehalten, etwa an den Totengedenktagen. So hielt etwa Ambrosius die berühmte *laudatio funebris* auf Theodosius wohl erst 40 Tage nach dessen Tod (Ambr., *De obitu Theodosii* 3), und Gregor von Nyssa trug seine Leichenrede zum Tod der Kaiserin Flacilla vielleicht am 30. Tag vor (Gr. Nyss., *Placill.* 880). S. aber zu diesen [in der Regel unsicheren] Datierungen Kap. 3.3.4).

[385]   Vgl. Toynbee (1996), S. 45. In der Kaiserzeit war dies wohl auf den Tod eines Kaisers, auf ein *funus imperatoris*, beschränkt, ebd., S. 57.

man sich auch die Leichenzüge mit Musik[386] und Klageweibern[387] vorzustellen[388], deren Organisation in besonderen Fällen Sache des Staates war (*funus publicum*[389]). Eine weitere Besonderheit der Bestattungen der römischen Oberschicht waren gelegentliche Gladiatorenspiele oder Theateraufführungen[390]. Für Keith Hopkins und andere hat das Gladiatorentum seinen Ursprung überhaupt in der Bestattung gehabt[391]. Tatsächlich gibt es Berichte aus republikanischer Zeit von Bestattungsfeierlichkeiten mit teilweise über 100 Gladiatoren[392].

Auch das *silicernium* eignete sich zur gesellschaftlichen Repräsentation. Auf einer Grabinschrift aus Sinuessa wird ausdrücklich von einer Bewirtung der „Bürger der Stadt" mit Honigwein und Gebackenem berichtet[393], und Horaz erzählt von einem öffentlichen Leichenschmaus begleitet von Gladiatorenkämpfen mit 200 Kämpfern im Rahmen einer Bestattung[394].

Zählte der Verstorbene nicht zur Spitze einer dieser großen Familien, aber zu ihrem Haushalt, so war seine Bestattung und sein Totengedenken mitunter dennoch Angelegenheit dieser familären Einheit. Das Ausmaß der rituellen Beteiligung der Mitglieder konnte ganz unterschiedlich sein, je nach Stellung, Ort, Zeit, Familientradition etc. Insbesondere aus der Kaiserzeit wissen wir von einigen großen Familien (unter anderen den Kaiserfamilien), daß sie sich nicht nur um die Bestattungen des engeren Kreises an verwandtschaftlich verbundenen Familienmitgliedern kümmerten, sondern diese Fürsorge auch auf die Sklaven des Haushalts, Freigelassene und ehemalige Haushaltssklaven und ihre Familien ausdehnten. So enthält das Grab des Statilius Tau-

---

[386] Von der Musik bei öffentlichen Bestattungen berichten etwa Plutarch (*Aristides* 21), Persius (*Satura* 3), Seneca (*Apocolocyntosis* 12,1), Propertius (*Eleg.* 2,13,19ff) und Servius (*Aen.* 5,138). Die Quellen sind besprochen bei Quasten (1973), S. 201f.

[387] S. dazu Kap. 3.3.2.3 (und zur Totenklage s.o.).

[388] Ein anschauliches, wenn auch idealisiertes Bild vermittelt das zu Beginn dieses Kap. bereits erwähnte, 1879 in Preturi (Amiternum) gefundene, Relief aus der späten Republik oder frühen Kaiserzeit, das eine römische Bestattung mit vielen Einzelheiten zeigt (reproduziert in: MDAI.R 23 [1908], Tafel IV).

[389] Zum *funus publicum* s. Wilhelm Kierdorf, Art. Funus publicum, in: DNP 4 (1998), Sp. 711f; Gabriele Wesch-Klein, Funus publicum. Eine Studie zur öffentlichen Beisetzung und Gewährung von Ehrengräbern in Rom und den Westprovinzen, Heidelberger althistorische Beiträge und epigraphische Studien 14, Stuttgart 1993.

[390] Vgl. dazu die detaillierten Angaben bei Friedländer (1964), S. 364f, oder Muth (1988), S. 288, Anm. 751.

[391] Hopkins (1983), S. 3f. So auch Ludolf Malten, Leichenspiel und Totenkult, in: MDAI.R 38/39 (1923/24), S. 300-340. Vgl. dazu auch Tertullian, *De spectaculis* 12.

[392] Bei Liv. 23,30,15; 31,50,4; 39,46,2; 41,28,11, sowie Liv., *Epit.* 16; s. dazu Toynbee (1996), S. 56 und 294, Anm. 218-222.

[393] CIL 10,4727 = ILS 6297.

[394] Hor., *sat.* 2,3,84ff. Vgl. dazu Friedländer (1964), S. 364.

rus, eines Vertrauten des Augustus, die Überreste von mehr als 700 solcher „Familienangehörigen"[395].

Eine dritte Gruppe stellen die seit der späten Republik und frühen Kaiserzeit häufiger werdenden Bestattungen im Rahmen der erwähnten *collegia funebria* dar. Eine Inschrift mit den Statuten eines solchen Vereines aus dem südöstlich von Rom gelegenen Lanuvium gibt einen Eindruck vom Ausmaß der rituellen Öffentlichkeit:

> Es ist ihnen erlaubt zusammenzukommen, sich zu versammeln und ein *collegium* zu unterhalten. Diejenigen, die monatliche Beiträge zum Zwecke der Bestattung zusammentragen wollen, dürfen in diesem *collegium* zusammenkommen, und sie dürfen in der Form des *collegium* nur einmal im Monat zusammenkommen, um das [Geld] einzusammeln, mit dem die Bestattung der Toten bezahlt wird. Möge dies gesegnet, glücklich und heilsbringend sein für den Kaiser Caesar Trajanus Hadrianus Augustus und für sein ganzes Haus[396], für uns, für unser *collegium*, und mögen wir [das Geld] gut und fleißig einsammeln, so daß wir den Tod der Verstorbenen anständig begleiten![397]

Bei diesen Zusammenschlüssen ging es also um verschiedene Dinge: Zum einen sollte durch ein Versicherungssystem für jedes Mitglied eine Bestattung mit angemessenen Ritualen durchgeführt werden (*honeste prosequamur*). Über diese „Bestattungskasse" hinaus übernahmen viele dieser Vereine verschiedene, eigentlich zum Bereich der *familia* gehörende Funktionen. Ihre Mitglieder trafen sich regelmäßig zu gemeinsamen Mahlfeiern (die Inschrift, deren Anfang ich oben zitiert habe, enthält zu diesem Zweck noch genaue Daten und Anweisungen); man brachte kleinere (Trank-)Opfer dar, wie sie für die *religio familiae* typisch waren, man sang und betete zusammen. Bei der Bestattung eines ihrer Mitglieder traf man sich und beteiligte sich an den Ritualen, an denen sonst vor allem die eigene Familie teilgenommen hätte. Die Existenz dieser Vereine schuf damit einen neuen Typ von Öffentlichkeit zwischen einem großen *funus publicum* und einer intimen Familienbestattung.

---

[395] Abb. dieses Grabkomplexes finden sich bei Nash (1968), Bd. 2, S. 359f.

[396] Hier folge ich dem Vorschlag Theodor Mommsens, *totique domui* (statt *totiusque [do]mus*) zu lesen („*totiusque domus pro tertio casu positum videtur et hic quoque duae formulae permixtae [quod salutare sit toti domo—pro salutare totius domus]*" Theodor Mommsen, De collegiis et sodaliciis, Kiel 1843, S. 99, Anm. 10).

[397] *Quib[us coire co]nvenire collegiumq. habere liceat. Qui stipem menstruam conferre volen[t in fun]era, in it collegium coeant, neq. sub specie eius collegi nisi semel in mense c[oeant co]nferendi causa, unde defuncti sepeliantur.*
[Quod fa]ust[um fe]lix salutareq. sit imp. Caesari Traiano Hadriano Aug. totique domui, nobis [n]ostris collegioq. nostro, et bene adque industrie contraxerimus, ut [e]xitus d[efu]nctorum honeste prosequamur. ILS 7212.

Reinheit und Unreinheit

Die Vorstellung von der Unreinheit des Todes ist für Jocelyn Toynbee eine
der Grundlagen aller römischen Bestattungsrituale:

> All Roman funerary practice was influenced by two basic notions—first, that
> death brought pollution and demanded from the survivors acts of purification
> and expiation; secondly, that to leave a corpse unburied had unpleasant reper-
> cussions on the fate of the departed soul[398].

Funktionsträger des Tempelkults spielen—wohl aus diesem Grund—auch in
Rom keine Rolle[399], weder bei den „öffentlichen" noch den „familiären" Bestattungen. Reflektiert wird diese scharfe Abgrenzung, wie wir gesehen haben, auch im römischen Recht. Sakrale Funktionsträger sind mit Aufgaben
im Bereich der *res sacrae* betraut, von dem der Bereich der *res religiosae*
strikt getrennt ist. Wenn Tempelpriester bei Bestattungen zugegen sind (was
meines Wissens nicht belegt ist, aber denkbar wäre), so sind sie das *nur* als
Familienmitglieder und keinesfalls in ihrer priesterlichen Funktion. Hier liegt
eine auffallende Gemeinsamkeit zwischen römischen, älteren jüdischen und
griechischen Auffassungen.

Weihrauch, Myrrhe, Amomum und andere Spezereien wurden vor allem
bei Kremationen verwendet[400], womit zuweilen ein großer finanzieller Aufwand verbunden war[401]. Plinius d.Ä. spricht vom Weihrauch, den „man den
Göttern körnerweise streute, zu Ehren der Leichen massenweise darbrachte"[402]. Dem Weihrauch wird in manchen Quellen ein reinigender Charakter
zugesprochen, was seine große Bedeutung im Götteropfer mit erklären
könnte[403]; vor diesem Hintergrund ließe sich vielleicht die Verbrennung von
Weihrauch bei Kremationen als Parallele der in Griechenland beobachteten
Reinigungsrituale interpretieren. Anklänge an eine „Reinigung" der Umgebung des toten Körpers vermitteln auch die reichhaltig bezeugten Blumen[404].

---

[398]   Toynbee (1996), S. 43.
[399]   In dem Bericht vom Leichenzug des Sulla folgen zwar der Ekphora Priester und Vestalinnen, auch hier beteiligen sie sich aber in keiner Weise an den Ritualen (Plut., *Sulla* 38).
[400]   Belege bei Friedländer (1964), S. 364f.
[401]   Müller (1978), Sp. 735, kalkuliert, daß man z.B. für ein Pfund Weihrauch der billigsten
Sorte den Wochenlohn eines Arbeiters aufwenden mußte.
[402]   Plin., *Hist. nat.* 12,83. Zum Ritual des Weihrauchstreuens bzw. der *supplicationes* vgl.
auch die Quellenangaben bei Wilken (1984), S. 25-28.
[403]   Vgl. die zahlreichen Quellen bei Müller (1978), Sp. 757-761.
[404]   So erwähnen die Quellen explizit die Verwendung von Lilien (*lilium, rosa Iunionis*),
denen in der Antike eindeutig reinigende Eigenschaften nachgesagt werden bzw. die als Symbol
der Reinheit, Unbeflecktheit und Keuschheit galten. Vgl. zum Beispiel Ambr., *De obitu Valen-*

Hier verbinden sich Möglichkeiten zur repräsentativen Darstellung einer Familie und der Bedeutung des Verstorbenen, wie sie meist in den Vordergrund gestellt werden, mit dem Ausdruck emotionaler Zuneigung und dem Bedürfnis nach ritueller Reinigung des mit Unreinheit behafteten Vorganges. Diese visuell und sensorisch angenehmen Ausgestaltungsmittel der Rituale haben verschiedene mögliche Funktionen, und eine Beschränkung auf eine dieser Ebenen wäre angesichts der Mehrdeutigkeit ritueller Sprache und des großen untersuchten Zeitraumes auch hier wieder eine unzulässige Vereinfachung.

Auch die in Rom übliche schwarze Trauerkleidung ist als Markierung des unreinen Status der Trauer verstanden worden[405]. Zu einer solchen Markierung gehörte auch das erwähnte Anbringen eines Zypressenzweiges am Trauerhaus zur Warnung, daß sich hier eine Leiche befinde und der Ort deshalb unrein sei[406].

Schließlich sprechen die Quellen von ausdrücklichen Reinigungsritualen, insbesondere nach der Rückkehr von der Bestattung. So erwähnt etwa Festus einen als *suffitio* bezeichneten Ritus, mit dem die von einer Bestattung Zurückgekommenen gereinigt wurden[407]. Weitere Rituale, die *denicales*, die eine Reinigung zum Inhalt hatten und im Haus des Verstorbenen durchgeführt wurden, sind für die Tage nach der Bestattung bezeugt[408].

---

tiniani consolatio 56 oder Hier., *Ep.* 66,5. Zum reinen Status der Lilien s. Nik., *Alex.* 406ff und ders., *Apud Athen.* 1,1. Dazu Otto Schrader/Victor Hehn, Kulturpflanzen und Hausthiere in ihrem Übergang aus Asien und Italien sowie in das übrige Europa. Historisch-linguistische Studien, 9. Aufl. Hildesheim 1963, S. 251-263; Joseph Wiesner, Art. Lilie, in: LAW, Sp. 1732; Konrat Ziegler, Art. Lilie, in: KP 3, Sp. 650f; Henri Leclercq, Art. Fleurs, in: DACL 5.2, Sp. 1693-1699. Bei Prozessionen mit kultisch-religiösem Charakter bestreute man die Straßen mit Blumen—auch dabei ging es darum, den unreinen Alltagsraum der Straße für die religiöse Handlung zu reinigen (s. dazu Klauser [1954], Sp. 451).
[405]   S. ausführlich dazu Kap. 3.2.2. Zahlreiche Belege dafür bei Marquardt (1879), S. 346. Zur möglichen Bedeutung dieser Markierung im gennepschen Schema vgl. die Tab. in Kap. 2.1.
[406]   Serv., *Aen.* 6,216. Vgl. zum Zypressenzweig noch Plin., *Hist. nat.* 16,139 (und allg. 16,10 und 16,33).
[407]   Fest. 3. S. dazu die oben zit. Beschreibung Toynbees.
[408]   Cicero (*Leg.* 2,22,55) schreibt dazu: *nec vero tam denicales, quae a nece appellatae sunt, quia residentur mortuis, quam ceterorum caelestium quieti dies feriae nominarentur, nisi maiores eos qui ex hac vita migrassent in deorum numero esse voluissent. eas in eos dies conferre ius, ut nec ipsius neque publicae feriae sint* („Freilich wären die *Denicales*, die ihren Namen von „nex" her tragen, weil sie zu Ehren der Toten gefeiert werden, nicht wie die Ruhetage der übrigen Götter „Feiertage" genannt worden, wenn es nicht die Meinung der Vorväter gewesen wäre, daß die, die aus diesem Leben gewandert sind, den Göttern zuzuzählen sind. Es ist Rechtsbrauch, diese Festtage auf solche Tage zu verlegen, die weder eigentliche Feste noch öffentliche Feiertage sind"). Text bei Ziegler/Görler (1988), S. 288f. Vgl. dazu auch Toynbee (1996), S. 50f. Dieser Vergleich Ciceros von Göttern und Verstorbenen macht übrigens noch einmal schön den Unterschied im Rituellen zwischen öffentlichem (*publicus*) Götterkult und Totenkult deutlich, wie er u.a. in der peinlich genauen Differenzierung im Festkalender zum Ausdruck kommt.

KAPITEL DREI

DER RITUELLE UMGANG MIT DEM TOD NACH DEN ALTCHRISTLICHEN QUELLEN

3.1 Die christlichen Quellen

Eine Untersuchung von Ritualen und „populärer Religion" ist—stärker als etwa eine theologiegeschichtliche Arbeit—auf die Zusammensicht von schriftlichen und archäologischen Zeugen angewiesen und muß zudem Interpretationen christlicher Kunst zu Rate ziehen. Der Überblick über die rituellen Traditionen in Griechenland und Rom hat deutlich gemacht, wie unterschiedlich die Aussagen dieser verschiedenen Quellenarten sein können (zum Beispiel in der Frage des Grabluxus' und der Bestattungsart). Urteile über die frühe christliche Ritualentwicklung lassen sich deshalb nur nach einer hinreichend breit angelegten Untersuchung der Quellen fällen.

Literarische Quellen

Rituale im Zusammenhang mit Tod und Bestattung spielen in der überlieferten literarischen Diskussion der Christen der ersten fünf Jahrhunderte keine herausragende Rolle—im Gegenteil. Offenbar gab es in dieser Frage relativ wenig Konflikte und unterschiedliche Meinungen, die Anlaß für literarische Produktion hätten geben können. Auf mögliche Gründe dafür wird noch einzugehen sein. Wer sich auf die Suche nach Informationen zu diesem Thema macht, muß sich meist mit Andeutungen und beiläufigen Erwähnungen zufrieden geben. Zahlreich sind diese Hinweise jedoch durchaus.

Alfred Rush hat in seiner 1941 fertiggestellten Dissertation die ihm zugänglichen Quellentexte zusammengestellt[1]. Sein Überblick ist allerdings keineswegs vollständig, und seine Auswertung ist mit zahlreichen Problemen behaftet, auf die an entsprechenden Stellen im einzelnen einzugehen sein wird[2]. Die meisten späteren Arbeiten kennen in der Regel nur die bei Rush

---

[1] Death and Burial in Christian Antiquity, SCA 1, Washington 1941/Nachdr. 1977.
[2] Wichtige Quellenlieferanten für Rush sind die 1907 publizierte Arbeit von Swete (1907) und die 1930 erstmals erschienene Arbeit von Quasten (1973), deren Ergebnisse zu diesem Thema von Quastens Schüler Rush fast vollständig übernommen werden, s. dazu insbesondere das u. folgende Kapitel über die Musik.

zitierten Quellentexte[3].

Läßt man sich von Textgenera leiten, so gilt es, mindestens vier verschiedene Gruppen zu unterscheiden: Neben Synoden- und Konzilsentscheidungen (4.) finden wir Kirchenordnungen (3.), Predigten und Homilien (2.) sowie sonstige Texte (1.), in denen Tod, Bestattung und Totengedenken mehr oder weniger beiläufig erwähnt werden (Briefe, hagiographische Schriften etc.).

1. Am wichtigsten für die vorliegende Untersuchung ist die letzte Kategorie, zu der viele der verwertbaren Quellentexte gehören. Dazu zählen die zahlreichen Bemerkungen antiker christlicher Autoren über das tägliche religiöse Leben der Christen im Zusammenhang mit der Diskussion völlig anderer Fragen. Da den Ritualen in diesen Texten nicht das Hauptinteresse gilt, sind diese Hinweise selten so detailliert, wie wir uns das wünschen würden. Ihnen darf man dafür häufig einen hohen Grad an Glaubwürdigkeit unterstellen, zumindest für eine bestimmte geschichtliche Situation, denn auch wenn mit Idealisierungen und Übertreibungen immer zu rechnen ist—man denke an die seit dem 3. Jahrhundert aufkommende Vitenliteratur—, so zeichnen beiläufige Bemerkungen mitunter ein zuverlässigeres Bild des „Milieus" einer religiösen Gemeinschaft als programmatische (und deshalb häufig ausführlichere) Abhandlungen. Auch hier bestätigt die Ausnahme freilich die Regel.

Während Quellen dieses Typs aus der frühesten Zeit spärlich sind (Martyriumsschilderungen, frühe Apologeten), gibt es aus dem 3. Jahrhundert eine große Anzahl solcher Bemerkungen (Minucius Felix, Tertullian, Cyprian, Origenes, Clemens Alexandrinus u.a.). Noch reichlicher fließen die Quellen im 4. und frühen 5. Jahrhundert; diese Zeit ist bereits von ausführlicheren Diskussionen – und eben doch ersten kleineren Konflikten—um den rituellen Umgang mit den Toten gekennzeichnet (Eusebius von Caesarea, Basilius, Gregor von Nazianz, Gregor von Nyssa, Kyrill von Jerusalem, Ambrosius, Hieronymus, Chrysostomus, Augustinus u. a.). In diesen Texten ist—stärker als in den beiden anderen Quellengruppen—eine Vielfalt an unterschiedlichen lokalen Traditionen zu spüren, die kein einheitliches Bild des Ritus in der christlichen Kirche dieser Zeit zuläßt[4].

2. Eng verwandt mit dieser ersten Gruppe sind die erhaltenen Predigten und

---

[3]   Dies wird z.B. bei Heikki Kotila, *Memoria mortuorum.* Commemoration of the departed in Augustine, Rom 1992, deutlich, der seiner Augustinarbeit einen Überblick voranstellt, der auf den bei Rush (1941) zitierten Quellen basiert. Das gleiche gilt für Kaczynski (1984), S. 191-232.
[4]   S. dazu im einzelnen die Kap. 3.2 und 3.3.

Homilien. Der Großteil dieser Texte stammt aus dem 4. und frühen 5. Jahrhundert (insbesondere von Chrysostomus, aber auch von den kappadokischen
Vätern, Ambrosius, Augustinus u.a.), nur die zitierten Homilien des Origenes
sind älter. Im Unterschied zu den unter 1. genannten Quellen können diese
Texte häufig einen stärker „programmatischen" Charakter haben, insbesondere wenn sie explizit zu einem bestimmten Verhalten bei Tod und Trauer aufrufen, wie es zum Beispiel Chrysostomus in seinen zahlreichen Predigten zu
Trauer und Totenklage tut.

3. Die dritte Gruppe von Quellen besteht aus expliziten Anordnungen für rituelle Vollzüge, wie sie etwa in der *Traditio Apostolica*, der *Didascalia Apostolorum*, den Apostolischen Konstitutionen oder den *Canones Hippolyti* erhalten sind. Diese im engeren Sinne „programmatischen" Texte beschreiben
zunächst einmal rituelle *Ideale*. Sie sind deswegen nicht weniger aussagekräftig als die Quellen der ersten Gruppe, müssen aber von diesen unterschieden werden, denn sie haben selten ein Interesse daran, *historische Praxis* zuverlässig zu beschreiben. Schlüsse auf tatsächlich praktizierte Rituale
sind mit großer Vorsicht zu ziehen, jedoch zumindest für die Folgezeit dieser
höchst einflußreichen Texte in bestimmten Grenzen durchaus möglich. Für
Aussagen über die christliche Bewertung grundlegender ritueller Kategorien—zum Beispiel der Reinheitsfrage—sind diese Texte von ganz entscheidender Bedeutung.

4. Schließlich gibt es in Ritualfragen seit dem 4. Jahrhundert einige wenige
Synodenentscheidungen. Das Konzil von Nicaea unterstützt etwa das *viaticum* im Sinne einer letzten Eucharistie für Sterbende, andere Beschlüsse verbieten die Praxis des *viaticum* für Leichen[5]. Der Wert dieser Quellen für die
Rekonstruktion historischer Praxis hängt stark von Alter und Kontext der Beschlüsse ab (und nicht zuletzt von deren Echtheit). Sind Verbote aus früher
Zeit noch eher Reflexionen auf vorhandene Zustände, so bedingt das Genre
dieser Texte, daß in jüngeren Beschlüssen unter Umständen ältere Formulierungen transportiert werden, ohne daß diese noch einen Anhalt im gemeindlichen Leben der Zeitgenossen gehabt hätten.

Dieser kurze Überblick macht bereits deutlich: Ein einigermaßen lückenloses
Bild davon, wie „die Christen" in den ersten Jahrhunderten mit dem Tod umgegangen sind, wird sich nicht gewinnen lassen. Neben den üblichen Quel-

---

[5]   S. dazu Kap. 3.3.1.2.

lenproblemen, denen sich jeder Historiker für diese Zeit gegenübersieht, kommen bei diesem Thema zwei Sachverhalte erschwerend hinzu: 1. Die Rituale um Tod und Bestattung waren aus noch näher zu untersuchenden Gründen kein zentrales Thema der christlichen Autoren und deshalb nicht Gegenstand ausführlicher Diskussion. 2. Die christliche Kirche war in der untersuchten Zeit alles andere als eine einheitliche Größe. „Rekonstruktionen" ritueller Formen lassen sich auf der Grundlage der nur punktuell zu findenden Quellenaussagen deswegen nur für sehr begrenzte zeitliche und geographische Gebiete skizzieren. Details örtlichen Brauchtums, die für Verallgemeinerungen unbrauchbar sind und regelmäßig zu Mißverständnissen Anlaß geben, sind deshalb nur von begrenzter Aussagekraft. Statt dessen muß vor allem nach grundlegenden Parametern gesucht werden, die sich in unterschiedlichen kulturellen Kontexten in ähnlicher Weise wiederfinden und die mit benennbaren Charakteristika christlicher Praxis in Verbindung stehen.

Archäologische Quellen und Christliche Kunst
Das Thema Tod und Bestattung in der antiken Christenheit ist ein ureigenes Feld der christlichen Archäologie: Ein großer Teil der archäologischen Quellen überhaupt steht mit Gräbern und Grabbauten in Verbindung. Die Erforschung der römischen Katakomben in den letzten beiden Jahrhunderten prägt nach wie vor das populäre Bild christlicher Archäologie. Für die Rekonstruktion ritueller Abläufe sind monumentale Zeugen, deren Form vor allem zweckmäßig definiert war (zum Beispiel einfache Grabanlagen ohne besondere künstlerische Ausgestaltung), allerdings nur begrenzt aussagekräftig, wie der Überblick in den Kapiteln über die Rituale in Griechenland und Rom gezeigt hat. Dieser archäologische Befund ist aber vor allem dann unersetzlich, wenn es darum geht, den „Kontext" der Rituale zu illustrieren, insbesondere ihre räumlichen Vorbedingungen. Auch die Bestimmung der Art der Bestattung—Kremation oder Inhumation—kann allein durch archäologische Beobachtung zuverlässig bestätigt werden. Für unser Thema besonders wichtig sind jene monumentalen Zeugen, die direkte Überreste von Ritualen sind. Ein Beispiel dafür sind die vor allem in Nordafrika zahlreichen archäologischen Zeugen von Totenmählern (s. Kap. 3.3.5). Außerdem wird sorgfältig auf Beziehungen zwischen Gräbern und Sakralräumen zu achten sein—Nähe und Distanz können Aussagen über das jeweilige Verständnis des Verhältnisses zwischen Gottesdienst und dem Umgang mit den Toten ermöglichen. Schließlich werde ich einige Grabinschriften zitieren, weil es

sich hier um eine vom Überlieferungs- und Auswahlprozeß der altkirchlichen Literatur unabhängige Überlieferung handelt[6].

Eine andere Form archäologischer Quellen stellen die antiken Zeugnisse christlicher Kunst dar. Ihre Interpretation unterliegt zum Teil anderen Regeln als die jener archäologischen Quellen, bei denen ein praktischer Zweck im Vordergrund steht (wie zum Beispiel schmucklose Einzelgräber)[7]. Die meisten Kulturen haben über diese Zwecke hinausgehend Formen entwickelt, in denen der Kontext der Rituale künstlerisch gestaltet wurde; bei den Bestattungsritualen ist etwa an Sarkophage und sorgfältig ausgestaltete Grabanlagen zu denken[8]. Die christliche Kunst ist in dreifacher Hinsicht von besonderem Interesse für unser Thema:

1. Als direkte Quelle für die Rituale: Einige gegenständliche bildliche Darstellungen stellen rituelle Aktionen im Zusammenhang mit Tod und Totengedenken dar, so zum Beispiel bestimmte Mahlszenen, die sich als Totenmahldarstellungen interpretieren lassen, oder Bilder, die zu Totenspenden aufrufen (s. Kap. 3.3.5).

2. Als Quelle für den „Symbol-/Mythos-/Zeichen-Kontext": Ritual und künstlerische Darstellung teilen eine Gemeinsamkeit, die sie von schriftlichen (und mündlichen) Texten unterscheidet: Bei beiden geht es um die *nonverbale Darstellung* einer—im Christentum häufig in narrativer Form überlieferten—„Vorstellungswelt"; man mag das *Mythos* oder *symbolisches Universum* nennen oder eine andere Bezeichnung wählen. Gerade in christlicher (und jüdischer) Kunst verbindet sich dieser Inhalt mit schriftlichen Texten. So werden etwa das letzte Abendmahl Christi oder die Lazaruserzählung in der Sepulkralkunst aufgegriffen und sind damit Teil des räumlichen Kontexts des Rituals (s. Kap. 3.2.1).

3. Als Quelle für das „religiöse Mileu" der Rituale: Die christliche Kunst ist schließlich eine der wichtigsten Quellen, wenn es darum geht, (Selbst-)Abgrenzungen christlicher Milieus von nichtchristlichen Traditionen zu identifizieren. Je größer die Anlehnung an pagane Traditionen in der christlichen

---

[6]   So geben uns etwa einige Inschriften eine Vorstellung davon, welchen Identifikationswert die auch in der Literatur häufig erwähnten *psalmi et hymni* für einzelne Gemeindemitglieder haben konnten. S. dazu Kap. 3.2.3.
[7]   Vgl. dazu zuletzt ausführlich Josef Engemann, Deutung und Bedeutung frühchristl. Bildwerke, Darmstadt 1997, insbes. S. 106-122.
[8]   Zahlreiche Beispiele zuletzt etwa bei: Konrad Hoffmann, Art. Sepulkralkunst, in: TRE 31, 2000, S. 160-165 (mit aktueller Lit.); Himmelmann (1999); Dresken-Weiland (1998); Dierkens/Périn (1997); Naumann-Steckner (1997); Fink/Asamer (1997); Hesberg (1992); Antonio Ferrua, The unknown catacomb. A unique discovery of early Christian art, New Lanark 1991; Prieur (1986). Vgl. auch noch die Bibliographie von Herfort-Koch (1992).

Kunst eines bestimmten Ortes und einer bestimmten Zeit ist, desto weniger ausgeprägt mag unter Umständen die Abgrenzung der betreffenden christlichen Gemeinde von paganen rituellen Überlieferungen gewesen sein. Diese Analogie läßt freilich nicht mehr als ungenaue Tendenzfeststellungen zu, kann jedoch eine wertvolle Hilfe sein, um Unterschiede zwischen so verschiedenen christlichen Milieus wie etwa denen von Alexandrien und Rom verstehbar zu machen (s. Kap. 4).

3.2 Kontext und Voraussetzungen der Rituale

Rituale werden von ihrem gegenständlichen und sinnlich wahrnehmbaren Umfeld geprägt und prägen es umgekehrt selbst mit. In diesem Sinne wird der „Kontext" von Ritualen oft zum wirklichen „Mit-Text" des „Textes" des Ritus[9]. Genau wie Rituale theologische Vorstellungen erzeugen können—denn sie sind in der Alten Kirche ja nie Endprodukte von geschlossenen Theologien—können Grabbauten, Musik und Sepulkralsymbolik theologische Denkkategorien entscheidend mitgestalten[10]. Sie genauer zu untersuchen, ist deshalb unabdingbar, um die Bedeutung und die Möglichkeit der Entwicklung von Ritualen einordnen zu können.

---

[9]   Mit dieser Begrifflichkeit folge ich an dieser Stelle der Verwendung des Begriffes „Text" im weiteren Sinne, wie er in der neueren Literaturwissenschaft und Ritualforschung immer häufiger anzutreffen ist, vgl. dazu z. B. Doris Bachmann-Medick, Kulturelle Spielräume, in: dies. (Hg.), Kultur als Text. Die anthropologische Wende in der Literaturwissenschaft, Frankfurt 1996, S. 98-121.

[10]   In diesem Sinne versucht etwa Sister Charles Murray, mit einer Untersuchung der Noah-Darstellungen in der christlichen Sepulkralkunst aufzuzeigen, wie sehr die eschatologische Bedeutung Noahs von der frühchristlichen Kunst geprägt wurde. Ihre Untersuchung wendet sich gegen das nach wie vor zuweilen verwendete Schema, nachdem höchstens das, was dogmatisch bereits vorgebildet war, Eingang in die Kunst hatte finden können (und zwar ausschließlich in simplifizierender Form). Durch die Aufdeckung der pagan-künstlerischen Herkunft mancher Motive kommt sie zu der These, daß der Sinn der Bilder oft nicht nur ein erklärender ist, sondern daß die Bildwelten eine eigene Dynamik entwickelten, die für den verbreiteten Erlösungsglauben ganz entscheidende Konsequenzen hatte. Manche theologische Topoi hatten ihrer Meinung nach gar in der christlichen Kunst erst ihren Ursprung: „The eschatological significance of the figure of Noah in the ark originated in early Christian funerary art" (S. 109). In den untersuchten Bildern sind Taufe und Mitgliedschaft in der Kirche zentrale theologische Motive. S. Sister Charles Murray, Rebirth and afterlife. A study of the transmutation of some pagan imagery in early Christian funerary art, British archeological reports 100, Oxford 1983, insbes. S. 109-113. Ihre Beobachtungen treffen sich außerdem mit einer zunehmenden Skepsis (H. Bredekamp, Kunst als Medium sozialer Konflikte. Bilderkämpfe von der Spätantike bis zur Hussitenrevolution, Frankfurt 1975, S. 32-35; K. Krüger, Die Lesbarkeit von Bildern, in: Ch. Rittelmeyer/E. Wiersing [Hg.], Bild und Bildung, Wiesbaden 1991, S. 105-131; Engemann [1997], S. 8 u.ö.) gegenüber der früher vorherrschenden Vorstellung eines dezidierten Gegensatzes zwischen frommer Bildkunst und „offizieller" Theologie bis ins 4. Jh. (so etwa noch Hugo Koch, Die altchristliche Bilderfrage, Göttingen 1917, S. 89f, Johannes Kollwitz, Art. Bild III. Christlich, in: RAC 2, 1954, Sp. 321; Theodor Klauser, Die Äußerungen der Alten Kirche zur Kunst, in: Atti VI congresso internazionale di archeologica Cristiana 1962, Ravenna 1965, S. 235).

3.2.1 Der Raum

Der Ort von Bestattung und Totengedenken ist aus mindestens zwei Gründen
von grundlegendem Interesse für diese Untersuchung:

1. Die Entwicklung „christlicher Bestattungen" ist eng an das Entstehen
„christlicher Räume" gekoppelt. In dem Moment, in dem christliche Grabbauten als solche erkennbar sind, muß die Frage nach den rituellen Vollzügen
an diesen Orten gestellt werden, treten die „Christen" als eine Gruppe auf, die
Bestattung und Totengedenken gemeinsam begehen. Die erhaltenen Reste
von Grabstätten sind mithin die wichtigsten nicht-schriftlichen Zeugen in der
Frage, inwieweit und seit wann sich christliche von nicht-christlichen Bestattungen unterschieden haben.

2. Der Raum determiniert den örtlichen Kontext, die Umgebung der Rituale.
Grabanlagen selbst waren, wie wir gesehen haben, in der Antike häufig Orte
ritueller Feiern, über die sie Aufschluß geben können[11]. Alles, was über den
Ort gesagt werden kann, ist nicht nur wichtig für das Gesamtbild der rituellen
Feiern, sondern hat die Entwicklung dieser Rituale ganz entscheidend mitbe-
stimmt. Umgekehrt zeigen jene Räume, die speziell für christliche Bestattungen geschaffen wurden, welches Verständnis sich für den Umgang mit dem
besonderen Ort des Todes in der Alten Kirche entwickelte.

In den ersten beiden Jahrhunderten bestatteten die christlichen Gruppen
ihre Toten zunächst unter den Bedingungen, die auch für die paganen Mitmenschen galten und die ich in den Kapiteln über die Bestattung in Rom und
Griechenland beschrieben habe. Die ersten Grabanlagen, die mit einer gewissen Plausibilität christlichen Gemeinden zugeordnet werden können, stammen vermutlich aus dem ausgehenden 2. beziehungsweise frühen 3. Jahrhundert (Calixtus-Katakombe Rom[12]). Bei der Bestimmung dessen, was „christliche" Gräber sind, ist man heute allerdings vorsichtig geworden[13].

---

[11]   S. Kap. 2.4 und 2.5. Einige christliche nordafrikanische Grabstätten weisen z.B. spezielle Ausstattungen für Totengedenkfeiern auf, behandelt im Kap. 3.3.5.
[12]   Die römischen Bischöfe Zephyrinus (ca. 198-217), Fabian (wohl 226-250) und Dionysius (wohl 259-268) werden mit der Errichtung christlicher Friedhöfe in Verbindung gebracht.
Vgl. Hipp., *Haer.* 9,12,14; *Chronographus anni* 354 (MGH.AA 9.75); *LP* 1,157.
[13]   Vgl. z.B. die in vorsichtigem Gegensatz zu der älteren Zusammenstellung Joseph Wilperts (I sarcophagi cristiani antichi I/III, Rom 1929/1936) entwickelten Zuordnungskriterien bei
Wilhelm Deichmann (Hg.), Repertorium der christlich-antiken Sarkophage. 1: Rom und Ostia,
bearb.v. Giuseppe Bovini/Hugo Brandenburg, Wiesbaden 1967, insbes. S. XIIIf. So hat sich
zum Beispiel inzwischen die Überzeugung durchgesetzt, daß ein Fischsymbol auf einem antiken
Epitaph nicht immer auf ein christliches Begräbnis schließen läßt, wenn es als Arkanzeichen der
frühen Christen auch zweifelsohne eine große Bedeutung besaß; vgl. zum Fischsymbol vor allem die klassischen Materialsammlungen bei Franz Josef Dölger, ΙΧΘΥΣ, 5 Bde. Münster 1910-

Abb. 10: Calixtus-Katakombe Rom

In der Literatur werden christliche Grabstätten ebenfalls erstmals in Texten aus diesen Jahren erwähnt. Tertullian berichtet an einer Stelle vom Vandalismus gegen christliche Gräber[14], an einer anderen von der Auseinandersetzung um die Gewährung von *areae* zur ausschließlichen Bestattung christlicher Gemeindemitglieder:

> Wie wir bereits gesagt haben, muß uns die Angelegenheit dennoch schmerzen, denn kein Gemeinwesen darf ungestraft das Vergießen unseres Blutes dulden. So zum Beispiel unter dem Statthalter Hilarian, als man hinsichtlich unserer

---

1943 (vor allem ΙΧΘΥΣ 1, Das Fischsymbol in frühchristlicher Zeit, 2. Aufl. Münster 1928, und ΙΧΘΥΣ 2, Der heilige Fisch in den antiken Religionen und im Christentum, Münster 1922). Außerdem Erwin Ramsdell Goodenough, Jewish Symbols in the Greco-Roman Period 1. The archeological evidence from Palestine, New York 1953, S. 4-45; Bd. 5 und 6. Fish, bread and wine, New York 1956. Die ältesten archäologisch als christlich identifizierbaren Gräber stammen vermutlich aus der Zeit Tertullians, vgl. dazu etwa Kaufmann (1922), S. 113-153; Paul Styger, Die römischen Katakomben. Archäologische Forschungen über den Ursprung und die Bedeutung der altchristlichen Grabstätten, Berlin 1933, S. 324; Bernhard Kötting, Art. Grab, in: RAC 12, 1983, Sp. 385f; Friedrich Wilhelm Deichmann, Einführung in die christliche Archäologie, Darmstadt 1983, S. 46-53.

[14] „In der Raserei bei den Bacchanalien schont man nicht einmal die verstorbenen Christen, man reißt sie aus der Ruhe des Grabes, aus dem Asyl des Todes heraus, obwohl sie schon verändert, obwohl sie nicht mehr ganz sind, zerschneidet, zerstückelt sie. Welche Kränkung habt ihr jemals von Leuten erfahren, die so eng miteinander verbunden sind, welche Wiedervergeltung für das erlittene Unrecht habt ihr erlebt von Leuten, die von solchem Mute, einem Mute bis in den Tod beseelt sind, während doch eine einzige Nacht und ein paar armselige Fackeln schon genügen würden, um reichliche Rache zu üben, wenn es bei uns erlaubt wäre, Böses mit Bösem zu vergelten?" *Ipsis Bacchanalium furiis nec mortuis parcunt Christianis, quin illos de requie sepulturae, de asylo quodam mortis, iam alios, iam nec totos auellant, dissipent, distrahant. Quid tamen de tam conspiratis umquam denotatis, de tam animatis ad mortem usque pro iniuria repensatis quando uel una nox pauculis faculis largiter ultionis possit operari, si malum malo dispungi penes nos liceret?* Tert., Apol. 37,2f (Text CChr.SL 1, S. 148,7-14, Übers. Heinrich Kellner, BKV 24, S. 137). Vgl. zu dieser Stelle unter anderem Kötting (1983), Sp. 386.

Grabstätten (*areae sepulturarum*) schrie: ‚Keine *areae!*' Tennen (*areae*[15]) hatten sie selbst nicht, denn sie trugen keine Ernte aus[16].

Daß den Christen tatsächlich eigene *areae sepulturarum* gewährt worden sind, geht aus beiden Stellen bei Tertullian nicht mit letzter Sicherheit hervor.

---

[15] Der Begriff *area* (Tenne) bereitet der Übersetzung einige Schwierigkeiten. Die Wendung *areae sepulturarum nostrarum* schließt aus, daß es sich um etwas anderes als einen Friedhof handelt; andererseits sind im zweiten Fall mit *areae* tatsächlich Tennen gemeint, die wegen der ausbleibenden Kornernte im besagten Jahr nicht benötigt wurden. Hugo Brandenburg, Coemeterium. Der Wandel des Bestattungswesens als Zeichen des Kulturumbruchs der Spätantike, in: Laverna 5 (1994), S. 213, erklärt *areae sepulturarum nostrarum* folgendermaßen: „Es handelt sich also offenbar um die christlichen Gemeindefriedhöfe ... Offenbar fehlte, da es sich um neuartige Einrichtungen handelte, ein entsprechender Name". Schon Henri Leclercq behandelt *area* als einen auf diese Bemerkung Tertullians zurückgehenden *terminus technicus* („Le nom d'*area* donné aux cimetières chrétiens est particulièrement connu grâce à un texte de Tertullien"; Henri Leclercq, Art. Area, in: DACL 1.2, 1907, Sp. 2787). Tatsächlich findet *area* in diesem Sinne später zuweilen auf, so in den Acta Proconsularia Cypriani 5,6 und einzelnen Inschriften wie z.B. CIL 8,9585. Allerdings findet sich entgegen der Meinung Brandenburgs *area* bzw. *areola* auch in Grabinschriften, die keineswegs sicher christlich sind (CIL 10,6706 und 7307).
    Wenn Brandenburg recht hat und es sich bei *area* um eine christliche sprachliche Neuprägung Tertullians handelt, bleibt jedoch zu fragen, weshalb er ausgerechnet das nicht unmittelbar naheliegende Wort „Tenne" wählt. Es mag ein historischer Zufall dahinter stehen, etwa weil der Friedhof, um den es an dieser Stelle geht, auf einem Platz errichtet wurde, der vorher bereits *area* genannt wurde. Auch kann *area* ganz im allgemeinen Sinne für einen freien Platz von bestimmten Ausmaßen verwendet werden. Interessanterweise begegnet eine Wortwahl im Sinne von „Tenne" im rabbinischen Traktat Semachot, auf den ich o. im Kap. 2.3 bereits eingegangen bin: „Alle Tennen (גּוֹרֶן), die geerbt werden, dürfen von Ort zu Ort verbracht und von Familie zu Familie übertragen werden" (כָּל גּוֹרְנֵי הַנַּחֲלוֹת עוֹבְרוֹת מִמָּקוֹם לְמָקוֹם Sem 14,2; Zlotnick [1966], S. 38 des krit. Textes). Natürlich ist eine Übersetzung mit „Tenne" nicht gut möglich. Dov Zlotnick (1966), S. 85, übersetzt deshalb גּוֹרֶן mit „funeral urns", obwohl גּוֹרֶן sonst in der Literatur Tenne meint (z.B. SemH n. 6). Er rechtfertigt dies mit der Ähnlichkeit zum griechischen Wort ἡ γόρνη = Urne (vgl. z.B. IGLS 269), das seinerseits vom syrischen *gurna* abzuleiten ist. Diese Interpretation, für die es Parallelen erst in mittelalterlichen Texten gibt (s. Zlotnick [1966], S. 165), steht jedoch in einem Widerspruch zu Zlotnicks eigener Frühdatierung des Textes. Eric M. Meyers (1975), S. 40 und (1971), S. 62f, schlägt „Ossuarium" vor, weil der archäologische Befund vor Urnen im strikten Sinne zu reden; die Semachot haben sicher die palästinische Sekundärbestattung mit ihren Ossuarien vor Augen. Ossuarien finden sich in der Tat noch im 4. Jh., was Meyers Übersetzung plausibel macht, allerdings bleibt das philologische Rätsel. Schließlich findet die Totenklage für Jakob in der Gen an einem Ort mit dem Namen עַד־גֹּרֶן statt. A.J. Wensinck, Some Semitic rites of mourning and religion. Studies on their origin and their mutual relation, in: VAW.L 18 (1917), S. 1-11, hatte u.a. wegen dieser Stelle angenommen, daß die Tenne in „semitischen Kulturen" grundsätzlich ein Kultort sei und für Todes- wie Fruchtbarkeitsrituale gleichermaßen genutzt wurde. Im AT ist das jedoch keineswegs reflektiert; im Gegenteil ist an vielen Stellen gerade der profane bzw. nicht-kultische Charakter von גֹּרֶן entscheidend (s. G. Münderlein, Art. גֹּרֶן, in: ThWAT 2, 1977, Sp. 66-70), was diesen Begriff jedoch als eine Bezeichnung für einen Bestattungsort gerade nicht disqualifiziert (vgl. die Reinheitsdiskussion in Kap. 2.3). Vielleicht spielt der Begriff bei Tert. und/oder Sem auch auf Ps 1,4, Hos 13,3 und Mi 4,12 und damit auf das Gerichtshandeln Gottes an. Falls Meyers mit seiner plausiblen Ossilegium-These recht hat, würde dies immerhin zu Liebermans (1965) und Hachlilis (1983 und 1993) Interpretation der Sekundärbestattung als rituelle Begleitung des Gerichtshandeln Gottes passen (vgl. Kap. 2.3). Als sicher ist über diese Vermutungen hinaus letztendlich nur festzuhalten, daß—bemerkenswert genug—wir es im Falle Tertullians und der Semachot mit zwei evtl. ähnlich alten Texten zu tun haben, die beide eine Vokabel mit der Bedeutung „Tenne" zur Bezeichnung eines Bestattungsortes bzw. -behältnisses verwenden.
    [16] *Tamen, sicut supra diximus, doleamus necesse est, quod nulla ciuitas impune latura sit sanguinis nostri effusionem; sicut sub Hilariano praeside, cum de areis sepulturarum nostrarum acclamassent: ‚Areae non sint!' Areae ipsorum non fuerunt: messes enim suas non egerunt.* Tert., Ad Scapulam 3,1 (CChr.SL 2, S. 1129,1-5).

Wohl möchte er jedoch diesen Eindruck erwecken und ist auch so verstanden worden[17]. Etwa ein halbes Jahrhundert später kritisiert der nordafrikanische Bischof Cyprian in einem Brief einen spanischen Bischof, der seine Söhne „zwischen Heiden" begraben ließ:

> Auch Martialis hat nicht nur lange Zeit schändliche und schmutzige Gelage (*conuiuia*) in einem *collegium* der Heiden besucht und seine Söhne in dem gleichen *collegium* nach heidnischer Sitte (*exterarum gentium more*) in profanen Gräbern beigesetzt und neben Andersgläubigen bestattet, sondern er hat auch in der öffentlichen Gerichtsverhandlung vor dem Ducenarius-Prokurator versichert, daß er sich dem Götzendienst gefügt und Christus verleugnet hat[18].

Hier finden wir also tatsächlich die Forderung nach einer Trennung christlicher und paganer Gräber—und Rituale (*gentium more*). Es ist jedoch eben nur eine Forderung im Zusammenhang mit dem Vorwurf des Abfalles zum Götzendienst (in der Verfolgung), mit der Cyprian die Affinität des Martialis zu paganer Gesellschaft illustriert. Martialis selbst hatte wohl die Dienste der *collegia* keineswegs als anstößig empfunden, und er wurde schließlich vom römischen Bischof Stephanus rehabilitiert, ohne daß die Teilnahme an *conuiuia* und die Bestattung seiner Söhne in nichtchristlichen Gräbern als ein Problem noch einmal aufgegriffen wurde.

---

[17] Mark Johnson, Pagan-Christian burial practices of the fourth century. Shared tombs?, in: Journal of early Christian studies 4 (1997), S. 41f, kommentiert die Stelle mit den Worten, „Tertullian speaks of a Christian *area* at Carthage in 203, while at Rome the organization of the cemeteries took place slightly later". Vgl. Henri Leclercq, Art. Area, in: DACL 1, 1907, Sp. 2787-2802; Victor Saxer, Morts, martyrs, reliques en Afrique Chrétienne aux premiers siècles. Les témoignages de Tertullien, Cyprien et Augustin à la lumière de l'archéologie africaine, Paris 1980, S. 95f und 117f.
Auch die Stelle Tert., *Idol.* 14,5, wurde im Sinne einer Trennung christlicher und paganer Gräber interpretiert (so letztendlich Brandenburg [1994], S. 222): „Es ist erlaubt, mit den Heiden zusammenzuleben, aber es ist nicht erlaubt, zusammen mit ihnen zu sterben. Wir möchten mit allen zusammenleben; wir möchten uns zusammen unserer gemeinsamen Natur wegen freuen, nicht wegen des Aberglaubens. Wir sind gleich in der Seele, nicht jedoch in der Lebensführung (*disciplina*)..." (*Licet convivere cum ethnicis, commori non licet. Convivamus cum omnibus, conlaetemur ex communione naturae, non superstitionis; pares anima sumus, non disciplina*; Tert., *Idol.* 14,5, ed. J.H. Waszink/J.C.M. van Winden/P.G. van der Nat, SVigChr 1, Leiden 1987, S. 50,23-25). Aus dieser Forderung, „nicht mit den Heiden zusammen zu sterben", läßt sich jedoch keineswegs auf einen historischen Zustand schließen, und mir scheint auch unsicher, ob Tertullian eine solche Trennung hier „spirituell begründen" (so Brandenburg) möchte. Tertullians *conuiuere* ist dem Ausdruck *commercium vitae*, *commori* dem Begriff *peccare* des vorangehenden Satzes parallel geordnet; er gebraucht *commori* also im Sinne von Röm 6,23: Das (gemeinsame) Sterben ist der Sünde Sold (vgl. auch den Komm. von Waszink/van Winden, a.a.O., S. 234). Tertullian meint damit also keineswegs gemeinsame Bestattungen.
[18] *Martialis quoque praeter gentilium turpia et lutulenta conuiuia in collegio diu frequentata et filios in eodem collegio exterarum gentium more apud profana sepulcra depositos et alienigenis consepultos, actis etiam publice habitis apud procuratorem ducenarium obtemperasse se idolatriae et Christum negasse contestatus sit.* Cypr., *Ep.* 67,6 (CChr.SL 3C, S. 456, 135-457,140; Übers. nach Julius Baer, BKV 60, S. 296f). Vgl. dazu den Kommentar bei Saxer (1980), S. 93f und Johnson (1997), S. 46.

Die Apostolischen Konstitutionen sprechen ausdrücklich von Feiern „in *euren* Kirchen und in *den* Koimeterien"[19], was selbst im 4. Jahrhundert gegen eine allgemeine Verbreitung spezieller christlicher Bestattungsstätten spricht[20]. Vor allem aber geben die archäologischen Quellen keine sicheren Hinweise auf eine solche allgemeine Trennung. Sogar in römischen Katakomben hat es offenbar Bestattungen von Nichtchristen gegeben[21], und der archäologische Befund aus Nordafrika, Sizilien, Süditalien und anderen Gegenden des Römischen Reiches läßt häufig auf ein Nebeneinander von christlichen und paganen Bestattungen schließen, ausgewiesen etwa durch pagane und christliche Inschriften oder—weniger eindeutig—durch pagane neben christlichen Dekorationen. Mark Johnson hat dies jüngst noch einmal überzeugend dargestellt, selbst für relativ späte Grabstätten (350-400)[22].

Man kann also nicht generell von einer Trennung christlicher und paganer

---

[19] ἐν τε ταῖς ἐκκλησίαις ὑμῶν καὶ ἐν τοῖς κοιμητηρίοις. *Const. App.* 6,30,2 (SC 329, S. 390,9f); in der lat. Version der Didaskalie heißt es dementsprechend, *in collectis uestris qua[m] etiam et in coemiteriis* (latD 61,19). Wenn es sich um eindeutig christliche Koimeterien gehandelt hätte, hätte der Autor—schon aus Gründen der grammatischen Parallelität—sicher von *euren* Kirchen/Versammlungen und *euren* Koimeterien gesprochen (vgl. dagegen die anderslautende Übers. von Johannes Flemming in den TU 10 [1904], S. 143,9f). Die vollständige Stelle ist zit. in Kap. 3.3.5.

[20] Ähnlich wie bei der *Traditio Apostolica*, mit deren Überlieferungsgeschichte sie zusammenhängt, liegt die Entstehungsgeschichte der Apostolischen Konstitutionen, insbesondere ihre Autorschaft und Einheitlichkeit, nach wie vor zum Teil im Dunkeln. Der hier zitierte Text stammt—soweit gibt es eine *communis opinio*—wohl aus Syrien, vielleicht Antiochia, und ist um 380 entstanden. Zu Datierung und Lokalisierung s. Bruno Steimer, Vertex traditionis. Die Gattung der altchristlichen Kirchenordnungen, BZNW 63, Berlin/ New York 1992, S. 114-133 und Marcel Metzger, Art. Apostolische Konstitutionen, in: RGG⁴ 1, 1998, Sp. 652, sowie Metzgers Einleitung seiner Ausgabe der Apostolischen Konstitutionen in SC 320.

[21] Die genaue Zuordnung bleibt freilich schwierig. In den Katakomben finden sich vereinzelt Gräber mit Grabbeigaben (so in der Calixtus-Katakombe)—nicht notwendigerweise, aber möglicherweise ein Zeichen für pagane Bestattungen (vgl. Kap. 3.3.3). In den meisten Fällen fehlen jegliche Anhaltspunkte für eine Zuordnung. Selbst wenn man annähme, die Inschriften von Katakombengräbern mit dem Wort *pax*, einem Kreuz, einem Anker, einem Chi-Ro-, Iota-Chi- oder Alpha-Omega-Zeichen etc. seien grundsätzlich christlich, ließe sich höchstens jedes siebte bis achte mit einer Inschrift ausgestattete Grab als christlich identifizieren, von den inschriftlosen Gräbern ganz zu schweigen (s. dazu die Untersuchung von Carlo Carletti, Iscrizione cristiane di Roma. Testimonianze di vita cristiana [Secoli III-VII], Florenz 1986).

[22] Johnson (1997), S. 37-59. Anlaß für Mark Johnsons Artikel ist eine von ihm vermutete Mischbelegung der *Via Latina*-Katakombe, die der seiner Meinung nach verbreiteten Ansicht widerspricht, „pagans and Christians would not have shared the same tomb in the fourth century" (Anm. 2, S. 38). Johnson argumentiert u. a. für eine Neubewertung der künstlerischen Ausstattung dieser Katakombe aus dem 4. Jahrhundert, in der pagane Ikonographie an mehreren Stellen deutlich hervortritt (u. a. gegen Fink, der etwa eine Heraklesdarstellung als Christusbild interpretiert wissen möchte; vgl. Fink, Herakles als Christusbild an der Via Latina, in: RivAc 56 [1980], S. 133-146). Vgl. noch Aldo Nestori, Repertorio topografico delle pitture delle catacombe romane, 2. Aufl. Vatikanstadt 1993, S. 74-85. S. dazu auch Peter Lampe, Die stadtrömischen Christen in den ersten beiden Jahrhunderten. Untersuchungen zur Sozialgeschichte, WUNT 2/18, 2. Aufl. Tübingen 1989, S. 20. Zu Lampes sozialgeschichtlichen Folgerungen äußert sich kritisch Georg Schöllgen, Probleme der frühchristlichen Sozialgeschichte. Einwände gegen Peter Lampes Buch über 'Die stadtrömischen Christen in den ersten beiden Jahrhunderten', in: JAC 32 (1989), S. 23-40.

Gräber ausgehen. „Offizielle" Anordnungen oder Vorschriften für eine solche Trennung gibt es nicht, weder von kirchlicher noch von nicht-christlicher Seite[23]. Exklusiv christliche Bestattungsorte gab es offenbar vor allem dann, wenn ein wohlhabender Besitzer einer größeren Grabstätte seine nach römischem Recht garantierten Besitzrechte in dieser Weise geltend machte[24]. Auch soziale und ethnische Kriterien, wie sie in der Antike zur Trennung einzelner Gräber führten, mögen sich manchmal mit der Zugehörigkeit bestimmter Personen zum Christentum überschnitten und getrennte Grabstätten zur Folge gehabt haben. Dies war aber offenbar nicht das Ergebnis einer generellen christlichen Ablehnung der gemeinsamen Bestattung mit Nichtchristen.

Insbesondere in den ersten beiden Jahrhunderten des Christentums müssen wir deshalb von christlichen Erdbestattungen ausgehen, die sich äußerlich nicht wesentlich von paganen Inhumationen unterschieden. Christliche Kremationen wurden noch nicht nachgewiesen[25]. Christen hielten sich an die paganen Konventionen und auch an die Vorschriften, die das römische Grabrecht vorsah[26].

Im 3. Jahrhundert werden vereinzelt christliche Grabstätten für die Archäologen als solche deutlicher erkennbar, am markantesten in Form der ersten mit christlicher Kunst ausgestatteten Katakomben[27]. Dieses Phänomen

---

[23] Zum Fehlen entsprechender Konzilsbeschlüsse oder Rechtsvorschriften s. die (negative) Prüfung der in Frage kommenden Quellen bei Johnson (1997), S. 38-49.

[24] S. die folgenden Ausführungen über den Ursprung der römischen Katakomben.

[25] Josef Fink (Fink/Asamer [1997], S. 5) geht wegen der Nähe zu den paganen Konventionen sogar von der Existenz christlicher Kremationen aus, ohne dafür jedoch Beispiele anführen zu können. Vgl. dazu Kap. 3.3.3 und William H.C. Frend, The archaeology of early Christianity. A history, London 1996, S. 370. In ähnlicher Weise nimmt David Noy an, daß es höchstwahrscheinlich jüdische Kremationen in Rom gegeben hat, weil sich die meisten jüdischen Diasporabestattungen bis ins 3. Jahrhundert nicht von paganen unterscheiden lassen. S. Noy (1998), S. 84f.

[26] Das römische Recht hatte auch in Fragen der „Kasualien" in den christlichen Gemeinden des Römischen Reiches eine hohe Akzeptanz. In Fragen des Ehe- und Familienrechts blieb es z.B. bis ins hohe Mittelalter maßgeblich. Zu Hochzeit und Eheschließung Philip Lyndon Reynolds, Marriage in the Western Church. The Christianization of marriage during the patristic and early medieval periods, SVigChr 24, Leiden/Boston/Köln 1994, insb. S. 3-65.

[27] Styger (1933), S. 38-45, ging von einer Entstehung der ersten Katakombenteile in der Mitte des 2. Jahrhunderts aus, während etwa de Rossi teilweise sogar bis ins 1. Jahrhundert datierte. Inzwischen scheint Konsens darüber zu bestehen, daß eine Datierung der ältesten stadtrömischen Katakomben, jüdischen wie christlichen, um das Jahr 200 realistisch ist. Vgl. dazu zum Beispiel Pasquale Testini, Le catacombe e gli antichi cimiteri in Roma, Bologna 1966, S. 47-82; Luciano de Bruyne, L'importanza degli scavi lateranensi per la cronologia delle prime pitture, in: RivAC 44 (1968), S. 102f (datiert einzelne Malereien unter Vorbehalt auf die 190er Jahre); Lampe (1989), S. 14; Leonard V. Rutgers, Überlegungen zu den jüdischen Katakomben Roms, in: JAC 33 (1990), S. 140-157; Frend (1996), S. 369f; zuletzt Philippe Pergola/Palmira Maria Barbini, Le catacombe romane. Storia e topografia, Argomenti 8, Rom 1997 (dort noch weitere Lit.; Forschungsüberblick auf den S. 33-47), sowie Vincenzo Fiocchi Nicolai/Fabrizio

hat seinen Schwerpunkt in der Stadt Rom[28], auch wenn es außerhalb Roms
eine Anzahl christlicher (und jüdischer) Katakomben und Hypogäen gibt, so
zum Beispiel in Nordafrika[29], Sizilien[30], Palästina, Anatolien und auf Melos[31]. Es war keineswegs eine Mehrheit der im römischen Reich lebenden
Christen, die Zugang zu einer Katakombenbestattung hatte, dazu fehlten die
geologischen Voraussetzungen in den meisten Gebieten. Dennoch handelt es
sich hier um ein entscheidendes Datum für die Entwicklung spezifisch
christlicher Bestattungen, dessen Bedeutung nach den aufsehenerregenden
Entdeckungen de Rossis, Marucchis, Wilperts und anderer weltweit anerkannt worden ist[32].

Als Voraussetzung für die Notwendigkeit der Errichtung von Katakomben
wird häufig die zunehmende Zahl an Erdbestattungen genannt. Tatsächlich
enthalten die großen Katakomben Roms mehrere zehntausend Gräber. Den
Grund für einen erhöhten Platzbedarf sehen viele in einer (erneuten) Hinwendung zur Erdbestattung, obgleich das Abnehmen der Feuerbestattung die
großen Zahlenzuwächse gegenüber früheren Jahrhunderten nicht ganz erklä-

---

Bisconti/Danilo Mazzoleni, Le catacombe cristiane di Roma. Origini, sviluppo, apparati decorativi, documentazione epigrafica, Regensburg 1998; dt.: Roms christliche Katakomben. Geschichte—Bilderwelt—Inschriften, Regensburg 1998.
[28]   Es gibt außerdem in Rom selbst auch jüdische Katakomben, z. B. die unter der Villa
Torlonia. S. dazu Hermann W. Beyer/Hans Lietzmann, Die jüdische Katakombe der Villa Torlonia in Rom, Studien zur spätantiken Kunstgeschichte 4, Berlin 1930; Umberto Maria Fasola,
Le due catacombe ebraiche di Villa Torlonia, in: RivAC 52 (1976), S. 7-62; Cinzia Vismara, I
cimiteri ebraici di Roma, in: *Società romana e impero tardantico* 2 (1986), S. 351-503; Rutgers
(1990); Tessa Rajak, Reading the Jewish catacombs of Rome, in: Jan Willem van Henten/Pieter
Willem van der Horst (Hg.), Studies in early Jewish epigraphy, AGJU 21, Leiden/New York
1994, S. 226-241; Pergola/Barnini (1997), S. 83-88 (mit aktueller Literatur).
[29]   Vgl. dazu zum Beispiel Arnold F. Leynaud, Les catacombes Africaines, Sala Bolognese 1979 (Nachdr. der Ausg. 1910); Henri Leclercq, Art. Arch-Zara (catacombe d'), in: DACL 1,
1907, Sp. 2771-2774. Die Bezeichnung *catacombes* in der Lit. ist nach heutigem Verständnis
nicht immer ganz korrekt. So ließe sich die „Katakombe" von Theveste (so etwa Sérée de Roch,
Tébessa, antique Théveste, Algier 1952, S. 41f) richtiger als Hypogäum bezeichnen. Vgl. dazu
Jürgen Christern, Das frühchristliche Pilgerheiligtum von Tebessa, Wiesbaden 1976, insbes.
S. 105f.
[30]   Dazu Joseph Führer/Victor Schultze, Altchristliche Grabstätten Siziliens, JdI.E 7, Berlin 1907. Zu Katakomben auf Malta s. Erich Becker, Malta sotterranea, Straßburg 1913 (mit
weiterer Lit.).
[31]   Eine nach wie vor gute Übersicht mit Verweisen auf die Grabungsberichte—allerdings
ohne die neuesten Funde—findet sich in dem ausführlichen Art. Catacombes von Henri Leclercq, in: DACL 2, 1910, Sp. 2376-2450.
[32]   Dokumentiert (u.a.) in: Giovanni Battista de Rossi, Roma Sotterranea, 3 Bde. Rom
1861-1877; Joseph Wilpert, Die Malereien der Katakomben Roms, Freiburg 1903; Orazio Marucchi, Handbuch der christlichen Archäologie, Einsiedeln/Waldshut/Köln 1912. Eine umfangreiche Neudokumentation initiierte Johannes Georg Deckers in den 1980er Jahren (Johannes
Georg Deckers/Hans Reinhard Seeliger/Gabriele Mietke, Die Katakombe „Santi Marcellino e
Pietro", 2 Bde., Münster 1987; Johannes Georg Deckers/Gabriele Mietke/Albrecht Weiland, Die
Katakombe „Anonima di Via Anapo", 3 Bde. Rom 1991). Einen lesenswerten Abriß der Ent-
deckungsgeschichte geben Nikolaus Müller, Art. Koimeterien, in: RE³ 10, 1901, S. 794-877,
sowie Pergola/Barbini (1997), S. 33-46.

ren kann. Eine Rolle mußte auch die zahlenmäßige Zunahme von richtigge-
henden Bestattungen mit einer angemessenen Grabstelle überhaupt gespielt
haben sowie die Organisation zusammenhängender Grabbezirke beziehungsweise Friedhöfe. Die frühere Forschung hat sich auf die erste Beobachtung, die Änderung in der Bestattungsart, konzentriert und dem Christentum dabei teilweise eine führende Rolle zugewiesen[33]. Ich halte den
zweiten Punkt für den entscheidenderen. Der vermehrte Platzbedarf im
3. Jahrhundert kann nicht allein auf das Aufgeben der Kremation zurückzu-
führen sein. Wie wir heute wissen, war zur Zeit der Republik die Feuerbestattung vor allem eine Angelegenheit der privilegierten römischen Schichten; die Masse der Toten, niedere *plebs*, Fremde und Sklaven wurden nicht
verbrannt, sondern mitunter auf eine Weise „entsorgt", die wenig Platz benö-
tigte[34]. Dies änderte sich, wie wir gesehen haben, in der Kaiserzeit: Immer
mehr Menschen traten Bestattungsvereinen bei, die für eine rituelle Bestattung mit Kremation und Aufbewahrung der Urne sorgten[35]. Der Wunsch danach scheint seit dem 1. Jahrhundert stets größer geworden zu sein. Mit dem
Wechsel des Ideals zur Erdbestattung kam die Expansion der relativ großen
Kapazitäten der Columbarien zu einem Stillstand, neue Lösungen mußten gefunden werden. Die Katakomben waren eine sehr effektive Alternative.

Daß die meisten uns bekannten unterirdischen Grabanlagen Roms christlich sind, mag auf den ersten Blick als ein historisch zufälliges Zusammentreffen dieser Entwicklung mit der Ausbreitung des Christentums erscheinen.
Ganz zufällig war dieser Zusammenhang aber vielleicht nicht, denn die Christen behaupteten, eine besondere Beziehung zur Durchführung von Bestattungen zu haben. Henry Chadwick hat einmal den Erfolg des Christentums
auf das christliche Liebesgebot und seine Folgen in der Praxis zurückgeführt[36]. In diesem Sinne erheben vor allem spätere christliche Autoren den
Anspruch einer karitativen Führungsrolle (nicht eines Monopols), wie zahlreiche Bemerkungen bei Augustin, Basilius, Chrysostomus, Gregor von Na-

---

[33] S. Kap. 3.3.3.
[34] S. Kap. 2.5.
[35] Zu den Bestattungsvereinen und Columbarien s. ebenfalls Kap. 2.5.
[36] Chadwick (1972), S. 58. In ähnlicher Weise äußert sich Alexander Demandt, Die Spätantike. Römische Geschichte von Diocletian bis Justinian 284-565 n. Chr., HAW 3.6, München
1989, S. 452f. Auch in der Antike gab es bereits Vertreter dieser Ansicht, etwa Julianus: Juln.,
Ep. 22.

zianz und anderen einflußreichen Predigern belegen[37]. Bereits Origenes (ca. 185-253) spricht in seiner Verteidigung gegen Kelsos von einer spezifisch christlichen Einstellung zur Bestattung:

> Nach unserer Lehre wird nämlich allein die vernünftige Seele geehrt, während ihre (leiblichen) Organe nach den bestehenden Gebräuchen[38] ehrenvoll dem Grab übergeben werden. Denn es würde sich nicht geziemen, die Behausung der vernünftigen Seele ähnlich wie die der unvernünftigen Tiere auf den ersten besten Ort schimpflich hinzuwerfen, besonders, wenn nach dem Glauben [der Christen] die Ehre (τιμή), welche man dem Körper erweist, in dem eine vernünftige Seele gewohnt hat, auf die Person zurückfällt, die eine Seele in sich aufgenommen hat, welche vermittelst eines solchen (leiblichen) Organs einen schönen Kampf durchführen konnte[39].

Eine solche in der notwendigen Ehrung der menschlichen Geschöpfe begründete „Liebespflicht" zur Bestattung der Toten findet sich ähnlich zum Beispiel im babylonischen Talmud[40], wobei eine direkte Verbindung nicht sicher auszumachen ist. Während Origenes theoretisch die christliche Verpflichtung zur ehrenvollen Bestattung der Toten zum Ausdruck bringt, spricht der christliche Apologet Aristides von der praktischen Konsequenz für christliche Gemeinden des 2. Jahrhunderts. Wann immer ein unbemittelter Christ starb, so Aristides, kümmerten sich die übrigen Gemeindemitglieder nach Maßgabe ihrer eigenen Mittel um Grab und Bestattung[41].

---

[37]   Zahlreiche Belege bei Henry Chadwick, Art. Humanität, in: RAC 17, 1996, Sp. 663-711; vgl. außerdem Stefan Rebenich, Viri nobiles, viri diserti, viri locupletes, in: Angelika Dörfler-Dierken/Wolfram Kinzig/Markus Vinzent (Hg.), Christen und Nichtchristen in der Spätantike, Neuzeit und Gegenwart. Beginn und Ende des Konstantinischen Zeitalters. Akten des Internationalen Forschungskolloquiums zum 65. Geburtstag von Adolf Martin Ritter, TASHT 6, Cambridge/Mandelbachtal 2001, S. 61-80; Jens-Uwe Krause, Witwen und Waisen im Römischen Reich 4. Witwen und Waisen im frühen Christentum, HABES 19, Stuttgart 1995, S. 5-51; Demetrios J. Constantelos, Byzantine philanthropy and social welfare, 2. Aufl. New Rochelle 1991; Friedrich Vittinghoff, Der Staat beim Tode Konstantins, Genf 1989, S. 17, Evelyn Patlagean, Pauvreté économique et pauvreté sociale à Byzance. 4ᵉ-7ᵉ siècles, Den Haag 1977; Wilhelm Schwer, Art. Armenpflege, in: RAC 1, 1950, Sp. 689-698.

[38]   Zu der geprägten Terminologie κατὰ τὰ νενομισμένα vgl. Kap. 2.4.

[39]   ψυχὴν γὰρ λογικὴν τιμᾶν μόνην ἡμεῖς ἴσμεν καὶ τὰ ταύτης ὄργανα μετὰ τιμῆς παραδιδόναι κατὰ τὰ νενομισμένα ταφῇ· ἄξιον γὰρ τὸ τῆς λογικῆς ψυχῆς οἰκητήριον μὴ παραρριπτεῖν ἀτίμως καὶ ὡς ἔτυχεν ὁμοίως τῷ τῶν ἀλόγων, καὶ μάλιστα ὅτε οἱ [Χριστιανοὶ] τὴν τιμὴν τοῦ σώματος, ἔνθα λογικὴ ψυχὴ ᾤκησε, πεπιστεύκασι καὶ ἐπ᾽ αὐτὸν φθάσαι δεξάμενον καλῶς ἀγωνισαμένην διὰ τοιούτου ὀργάνου ψυχήν. περὶ δὲ τοῦ πῶς οἱ νεκροὶ ἐγείρονται, καὶ ποίῳ σώματι ἔρχονται, ἐν τοῖς ἀνωτέρω δι᾽ ὀλίγων, ὡς ἀπῄτει ἡ γραφή, παρεστήσαμεν. Or. Cels. 8,30 (SC 132, S. 238,27-240,37; Übers. Paul Koetschau, BKV 53, S. 334).

[40]   Danach ist die Bestattung eines „Pflichttoten" wichtiger als das Lesen der Esterrolle, „wegen der Ehre des Menschen": bTMeg 1,1.

[41]   „Appena poi qualcuno dei poveri passa da questo mondo, e lo vede alcuno di loro, secondo la propria forza, cura la sua sepoltura". Arist., Apol. 15,6, zit. nach der (älteren) syrischen Version dieses Textes, die wohl aus dem 4. Jahrhundert stammt (ital. Übers. von Costantino Vona, L'Apologia di Aristide. Introduzione, Versione dal Siriaco e Commento, Lat.NS 16/1-4, Rom 1950, S. 108). Der Passus fehlt in der erhaltenen griechischen Fassung, die sich in der frühbyzantinischen Erzählung „Barlaam und Josaphat" findet und wohl aus der Zeit des Johannes von Damaskus datiert (um 680-750—vielleicht ist sie von seiner Hand).

Die Sorge um Bereitstellung und Verwaltung von Gräbern und geordneten Bestattungen war Teil des sozialen Engagements christlicher Gemeinden[42]. Eusebius berichtet in seiner Kirchengeschichte, daß der römische Bischof Cornelius um die Mitte des 3. Jahrhunderts 1500 Bedürftige unterhielt[43]; ein Jahrhundert später zählt Chrysostomus 3000 Arme, die von der Kirche in Antiochia unterstützt wurden[44]. Seit dem 3. Jahrhundert gibt es Indizien dafür, daß Gemeinden „eigene" Grabplätze unterhielten, auch wenn wir zu Art und Umfang dieser Unternehmen aus dieser Zeit zwar etliche Hinweise[45], aber wenig genaue Nachrichten haben[46]. So berichtet die Notiz Hippol., *Haer.* 9,12,14, daß der römische Bischof Zephyrinus Calixtus damit beauftragt habe, den christlichen Friedhof zu verwalten:

> Nach Viktors Heimgang nahm Zephyrinus den Kallistus als Mitarbeiter bei der Organisation des Klerus und zeichnete ihn zu seinem eigenen Schaden aus. Er ließ ihn von Antium kommen und berief ihn in das Coemeterium[47].

Glaubt man einer Pilgertradition aus dem 6./7. Jahrhundert, so hatte Zephyrinus sich ein Grundstück als eigenen Grabplatz gekauft und es der christlichen Gemeinde zur Verfügung gestellt, damit sie dort ärmere Gemeindeglieder bestatten konnte. Nach dieser Tradition ist der Leichnam des Zephyrinus selbst später auf diesem Grundstück oberirdisch (*sursum*) bestattet worden[48]. Der Ort wird seit den Ausgrabungen de Rossis im allgemeinen mit jener Begräbnisstätte identifiziert, die wir als Calixtus-Katakombe kennen[49]. Die—textkritisch unumstrittene—Wendung εἰς τὸ κοιμητήριον κατέστησεν (vielleicht am besten zu übersetzen mit „er stellte ihn für das *coemeterium* an") läßt vermuten, daß es nur einen Friedhof gab, der von der römischen Gemeinde „betrieben" wurde. Noch Cyprian kennt nur „das *coemeterium*" in Rom[50]. Peter Lampe ist mit guten Gründen der Ansicht, daß dieses *coemeterium* einfach deswegen von einem kirchlichen διάκονος (Calixtus)

---

[42] S. dazu (mit weiteren Quellen): Yvette Duval, Auprès des saints corps et âme. L'inhumation 'ad sanctos' dans la chrétienté d'Orient et d'Occident du IIIe au VIIe siécle, Paris 1988, S. 171-223; Hugo Brandenburg, Überlegungen zu Ursprung und Entstehung der Katakomben Roms, in: Vivarium. FS Theodor Klauser, JAC.E 11, Münster 1984, S. 47-49.

[43] Eus., *H.e.* 6,43,11. S. dazu Chadwick (1996), Sp. 694.

[44] Chrys., *Hom. 66 in Matth.* 3. Diese Zahlenangaben sind, wie üblich, nicht unbedingt wörtlich zu verstehen, sie zeigen jedoch den Anspruch, den die Kirche auf diesem Gebiet erhob. Vgl. dazu auch den erwähnten Brief Julians: Juln. *Ep.* 22.

[45] Zum Beispiel außer den bereits zit. noch *Acta Carpi, Papyli et Agathonicae* 46.

[46] Vgl. dazu auch Wilken (1984), S. 31-47.

[47] μεθ' οὗ κοίμησιν Ζεφυρῖνος, συναράμενον αὐτὸν σχὼν πρὸς τὴν κατάστασιν τοῦ κλήρου, ἐτίμησε τῷ ἰδίῳ κακῷ, καὶ τοῦτον μεταγαγὼν ἀπὸ τοῦ Ἀνθείου εἰς τὸ κοιμητήριον κατέστησεν (Hipp., *Haer.* 9,12,14; GCS 26, S. 248,11-13; Übers. [der GCS-Ausgabe Wendlands folgend] Konrad Graf Preysing, BKV 40, S. 248). Vgl. zu dieser Stelle noch Stuart George Hall, Art. Calixtus I., in: TRE 7, 1981, S. 560; Testini (1966), S. 66.

[48] Salzburger Itinerar/*Notitia ecclesiarum*, s. Testini (1966), S. 65.

[49] Vgl. zur Entdeckung Testini (1966), S. 15-38; zum Befund Nestori (1993), S. 102-115.

[50] Cyprian berichtet im Jahre 258 von dem Tod des Bischofs Sixtus „im *coemeterium*": Cyp., *Ep.* 80,1. Genauere Angaben macht Cyprian freilich nicht, entweder, weil es nur dieses eine christliche *coemeterium* gab oder weil er keine genaueren Informationen besaß.

verwaltet wurde, weil der Stifter der Immobilie—nach Lampe Zephyrinus—zugleich Bischof gewesen war[51]. Die Entwicklung der DomitillaKatakombe wird man sich ähnlich vorzustellen haben, wobei die ersten christlichen Benutzer—vermutlich die Familie der *Ampliati*—möglicherweise *liberti* der ursprünglichen paganen Besitzer gewesen waren[52]. Einige Katakomben sind vielleicht nie wirklich unter kirchliche Kontrolle gekommen, so zum Beispiel die Katakombe an der Via Anapo[53].

Zu den Besonderheiten von Grabstätten wie diesen Katakomben gehört auch, daß wohlhabende Christen offenbar immer öfter an einem Ort zusammen mit weniger begüterten Christen bestattet wurden. Daß es trotzdem Unterschiede gab, versteht sich von selbst. So bot die Ausstattung mit Fresken und die Bestattung *ad sanctos* (s.u.) durchaus Raum für eine Markierung von Klassenunterschieden. Auch in den Katakomben gab es vornehmere und einfachere Orte. Man sollte sich dabei in Erinnerung rufen, daß die künstlerisch ausgeschmückten Gräber in den christlichen Katakomben eher die Ausnahme als die Regel sind. So gibt es in der Priscilla-Katakombe etwa 40 solcher Stellen, aber ca. 40 000 Gräber![54]

Auch wenn die Entstehung der ersten christlichen Grabplätze ein von verschiedenen Zufällen begünstigtes historisches Ereignis gewesen sein mag und die Christen nicht notwendigerweise das Katakombensystem erfunden haben, kamen die Eigenheiten und Kapazitäten der Katakombenbestattungen dem Christentum des späten 2., des 3. und des 4. Jahrhunderts entgegen.

> Hugo Brandenburg meint deswegen sogar, daß den römischen Katakomben mit
> ihren spezifischen organisatorischen Eigenheiten in „Karthago, Alexandria und
> Antiochia ähnliche oberirdische christliche Anlagen entsprochen haben müssen,
> wie wir aus den Quellen erschließen" können[55]. Brandenburg bezieht sich dabei
> freilich vor allem auf die erwähnten Aussagen Tertullians; aus dem Osten er
> wähnt er lediglich den Gebrauch des Begriffes *coemeterium* bei Origenes und
> Eusebius (vgl. dazu Kap. 3.2.4). Hinter Brandenburgs Aussage steht eine be
> wußte Opposition zur These Eric Rebillards, der meinte, von *coemeteria*/κοιμητήρια im Sinne regelrechter „Friedhöfe" könne man angesichts der
> fehlenden frühen Inschriften mit dieser Bedeutung erst ab dem 6. Jahrhundert
> sprechen, und die Existenz des Begriffes beweise nicht die Existenz christlicher

---

[51] Lampe (1989), S. 15-17. Zur Entstehung und rasanten Entwicklung dieser Katakombe s. Jean Guyon, Le cimetière aux deux lauriers. Recherches sur les catacombes Romaines, RSCr 7, Rom 1987, S. 7-102.
[52] S. dazu ausführlich Pasquale Testini, Nuove osservazioni sul cubicolo di Ampliato in Domitilla, in: ICCA 9,1 (1978), S. 141-157.
[53] Eine hilfreiche Zusammenfassung über weitere frühe christliche Grabplätze in Rom findet sich bei Lampe (1989), S. 13-26.
[54] Vgl. Fink (1997), S. 69. Zu den Statussymbolen christlicher Bestattungen urteilt etwa Morris (1992), S. 171: „Augustine's writings show how he was caught between his ideal of the unity of the Catholic social structure and the desire of its elite to recreate in death rituals their prominence, which cannot be separated into 'social' and 'religious' categories. By the middle of the 5th century burial in a basilica, preferably one with important relics, was by far the most important status symbol in funerals in North Africa and Italy".
[55] Brandenburg (1994), S. 226.

Friedhöfe[56]. In diesem Sinne läßt sich Rebillards Beitrag trotz Brandenburgs Kritik nach wie vor als eine Mahnung zur Vorsicht bei der Verwendung des Begriffes verstehen, wie sie sich angesichts der bei diesem Thema immer wieder deutlich werdenden Vielfalt der antiken christlichen Gemeinden und ihrem Umgang mit den Toten von selbst verstehen sollte.

Eine begründete Aussage darüber, inwieweit es kirchlich verwaltete christliche Friedhöfe und Grabbezirke gab, bleibt demnach schwierig. Auf jeden Fall haben christliche wie nichtchristliche Zeitgenossen wahrgenommen, daß Christen sich bewußt um die Bestattung ihrer Mitchristen kümmerten. Ein Jahrhundert nach Cyprian wirft der Kaiser Julianus den Christen vor[57]:

> Ihr habt alles aufgefüllt mit Gräbern und Monumenten, obgleich bei euch nirgendwie gesagt wird, daß man sich bei den Gräbern aufhalten soll und sie verehrt werden sollen[58].

Der theologisch gebildete Julianus macht aus der christlichen Sorge um Gräber und Bestattungen also einen—vielleicht nicht unberechtigten—Vorwurf: Indem die Christen vielen Menschen zu einer angemessenen Grabstätte verhelfen, förderten sie mit ihren Bemühungen einen unaufgeklärten Grabeskult, der sich mit monotheistischer Theologie nur schwer vereinbaren lasse. Enthalten ist darin sicher auch eine implizite Kritik an der noch an anderer Stelle angegriffenen christlichen Ignoranz der Unreinheit der Gräber, die dazu geführt habe, daß Menschen sich öfter und länger als nötig an den Grabstätten aufhielten. Dies mußte dem in paganen (Reinheits-)Kategorien denkenden Julianus zutiefst unangemessen erscheinen (s. dazu Kap. 4.2)[59]. Tatsächlich finden sich in christlichen Quellen öfters Hinweise auf ein Verschwinden der Scheu vor den unreinen Grabräumen: In der Lebensbeschreibung des Ägypters Antonius sind die Gräber der selbstgewählte Ort seiner Meditation und Gottes- beziehungsweise Dämonenerfahrung[60]. Und Johannes Chrysostomus berichtet:

---

[56] Eric Rebillard, KOIMHTHPION et COEMETERIUM. Tombe, tombe sainte, nécropole, in: MEFRA 105 (1993), S. 975-1001.
[57] S. dazu und zur ausführlichen Diskussion dieses Vorwurfs Kap. 4.2.
[58] πάντα ἐπληρώσατε τάφων καὶ μνημάτων, καίτοι οὐκ εἴρηται παρ' ὑμῖν οὐδαμοῦ τοῖς τάφοις προσκαλινδεῖσθαι καὶ περιέπειν αὐτούς. Juln., *Contra Galilaeos* Frg. 81 (ed. Emanuela Masaracchia, Rom 1990, S. 175,6f; vgl. Cyr., *Juln.* 10,335 [PG 76,1016C]). Vgl. dazu auch den aufschlußreichen Brief Julians: *Ep.* 48,1,1,144.
[59] Auch Christen kannten freilich die Vorstellung von der Existenz „unreiner Orte". So spricht Gregor von Nazianz davon, daß seine Mutter niemals ein „unreines Haus" (μιαρὸς οἶκος) betreten oder angeschaut habe (Gr. Naz., *Or.* 18,10). Was damit gemeint ist, bleibt an dieser Stelle jedoch offen—vielleicht ein Haus, in dem gerade jemand gestorben ist, ein Haus, das Schauplatz ethischer Verfehlungen war, ein paganer Tempel? S. zu diesen möglichen „Ebenen" von Unreinheit ebenfalls Kap.4.2.
[60] *V. Antonii* 8-10.

Ich aber kenne viele nach dem Verlust von sehr Lieben: Die einen gehen auf
das Land und lassen das Leben der Stadt und deren Annehmlichkeiten hinter
sich; die anderen errichten sich bei den Grabmälern der Verstorbenen Häuser
und beenden dort das Leben"[61].

Auch hier ist also davon die Rede, daß einzelne Menschen in dieser Zeit die
Nähe zu den Grabbauten suchten und manche sogar die meiste Zeit bei den
Gräbern verbrachten[62]. In den *Canones Basilii* wird ebenfalls erwähnt, daß
sich Christen (?) Häuser an den Grabstätten errichten:

> Wer aber an den Orten, wo die Leichen sind, Wohnungen baut, glaubst du, daß
> er das zum Vorteil tut? Vielmehr tut er es gegen das Gesetz der Kirche. Wer so
> etwas tut, möge mir doch sagen, warum sie das tun. Damit der Herr sie erhöre,
> wenn sie für die Toten rufen und beten? Aber sie trotzen damit der katholischen
> Kirche, indem sie Gott für die Toten und Lebenden dort anrufen. Wenn aber
> nicht, wozu bauen wir dann noch Stätten an den Orten, wo die Leichen ruhen?
> Meinst Du, daß wir das tun, damit wir das Wort lehren und sie an den Mysteri-
> en kommunizieren? Die Weisen wissen: Wenn die Seele vom Körper scheidet,
> wird der Körper zu Staub, und die Seele empfängt nach ihren Taten, welche sie
> vor der Trennung tat. Wer unter ihnen rein ist, beschimpft beide. Aber nach der
> Trennung hört man die Schriften nicht mehr und nimmt nicht mehr am Sakra-
> mente teil. Wollen wir jedoch jenen, welche das tun, die Wahrheit sagen, so tun
> sie es um des Verdienstes willen, aus Liebe zu schamlosem Gewinne. Wehe
> uns, wenn wir jetzt Gewinn machen; er kann uns am Tage des Gerichts nichts
> nützen ... Was aber soll der ungelehrte Mensch tun, wenn die Priester den Weg
> des Herrn und die Gesetze Mosis nicht kennen? Die Kirche ist eine, katholi-
> sche, für welche der Herr sein Blut vergoß. Was aber die Frevler anbetrifft, so
> verleugnen sie in jeder Weise die katholische Kirche und bauen sich Häuser[63]
> an den Begräbnisstätten, um von denen, die hineingehen und für ihre Toten
> weinen, schimpflichen Gewinn zu verdienen. Ich weiß wohl, daß wir diesen
> Brauch von den Bewohnern Ägyptens übernommen haben[64].

Nach diesem Text soll es also einen kommerziellen Grund für dieses Verhalten geben: Die an den Gräbern Wohnenden profitierten offenbar finanziell
von den Trauernden. Es wird nicht ganz klar, ob sich diese Menschen von
den an den Gräbern zurückgelassenen Totenspenden ernährten, eine Art „il-
legalen Eintritt" verlangten oder auf Almosen von den Grabbesuchern hoff-
ten, vielleicht als Gegenleistung für (rituelle?) Grabpflege o.ä.—die erwähn-

---

[61]   Πολλοὺς δὲ ἔγωγε οἶδα, μετὰ τὴν τῶν φιλτάτων ἀποβολήν, τοὺς μὲν τὴν ἐν
ἀγροῖς δίαιταν τῆς πόλεως ἐναλλαξαμένους καὶ τῶν ἐν ταύτῃ καλῶν, τοὺς δὲ παρὰ τὰ
μνήματα τῶν ἀπελθόντων τὰς οἰκίας δειμαμένους καὶ τὸν βίον ἐκεῖ καταλύσαντας.
Chrys., *Ad Demetrium de compunctione* 1,9 (PG 47, Sp. 409).
[62]   Freilich geht es Chrysostomus an dieser Stelle um eine andere Fragestellung, nämlich
um unterschiedliche Weisen des emotionalen Umgangs mit Tod und Trauer.
[63]   Riedel ist sich nicht sicher, wie das arabische Wort an dieser Stelle zu übersetzen ist,
und schlägt entweder „Gebäude" oder „Töpfe" vor (im verlorenen griechischen Original könnte
οἶκος gestanden haben).
[64]   Übers.—nach dem arabischen Text—von Riedel (1900/1968), S. 248f.

ten Gebete „für die Toten und Lebenden" und das „an den Mysterien Kommunizieren" lassen geradezu an einen auf Honorarbasis arbeitenden *clerus
minor* denken (zu allen Möglichkeiten s. Kap. 3.3.5). Voraussetzung für den
offenbar häufigeren Aufenthalt an und in den Grabstätten mag eine Veränderung im Verständnis des „Grab-Raumes" gewesen sein. So ließe sich erklären, daß Julian an einem solchermaßen veränderten Verständnis Anstoß
nimmt, weil der längere Aufenthalt an dem unreinen Grab-Raum zu vermei-
den war[65]. Darüber hinaus scheint es nach den *Canones Basilii* (und vielleicht
auch nach der *Vita Antonii*) in dieser Frage eine Verbindung nach Ägypten zu
geben, wo die überlieferten Vorstellungen tatsächlich von den graeco-
römischen Traditionen unterschieden waren, wie wir gesehen haben.

Das Entstehen christlicher Grabstätten unter zumindest punktueller Beteiligung der kirchlichen Organisation, wie es vor allem in Rom zu beobachten
ist, ist noch in anderer Hinsicht bemerkenswert: Wie ich eingangs zu zeigen
versucht habe, war in Rom wie in Griechenland ursprünglich die Bestattung
Aufgabe der Familie, nicht jedoch staatlicher oder gar sakraler Institutionen.
Im Römischen Recht zum Beispiel kommt dies klar in der juristischen Abgrenzung zwischen den *res sacrae, res sanctae* und *res religiosae* zum Ausdruck. Ähnliches gilt für die meisten Kulturen des römischen Reiches zu Beginn der Ausbreitung des Christentums—mit der Ausnahme der ägyptischen
Traditionen, in denen mit dieser Trennlinie zur Verwunderung mancher Zeitgenossen auf ganz andere Weise umgegangen wurde (s. Kap. 2.2). Wenn sich
christliche Gemeinden auf dem Gebiet der Bestattung engagierten und eigene
areae und Katakomben unterhielten, übernahmen sie deshalb einen Aufgabenbereich, der eigentlich der Familie des Verstorbenen vorbehalten war.
Armen wurde so eine angemessene und rituell begleitete Bestattung zuteil,
mit der sie sonst nicht hätten rechnen können. Eine solche—bei den Christen
vermutlich karitativ motivierte—„Einmischung" hatte es vorher nur dann gegeben, wenn sich zum Beispiel ein römischer *patronus* um die Bestattung
von Klienten kümmerte; auch bei den römischen *collegia* hat sich eine solche
Aufgabenübernahme beobachten lassen. Für eine religiöse Bewegung war
dies jedoch, soweit wir das wissen, etwas Neues.

Drei weitere miteinander zusammenhängende „räumliche" Phänomene
sind seit dem 4. Jahrhundert zu beobachten: Eine zunehmende Nichtbeach-

---

[65] S. dazu Kap. 2.4, 2.5 und (ausführlich) 4.2.

tung der im Römischen Recht verbotenen Bestattung *intra urbem*, Beerdigungen *ad sanctos* und solche in unmittelbarer Nähe von Kirchenbauten (bzw. das Errichten von Kirchen in unmittelbarer Nähe von Gräbern).

Im 2. und 3. Jahrhundert hielten sich etwa die stadtrömischen Christen noch strikt an das Bestattungsverbot *intra urbem*[66], wie ein Blick auf die Lokalisierung der uns bekannten christlichen Gräber aus dieser Zeit zeigt:

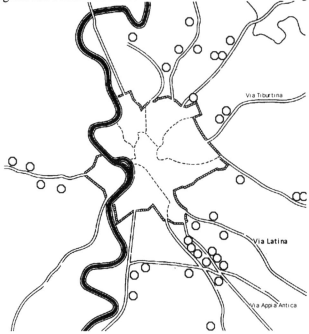

Abb. 11: Antike christliche Grabstätten Roms

Im 4. Jahrhundert (hier wohl 381) bedurfte es immerhin noch einer besonderen Genehmigung des Kaisers, den Leichnam eines als besonders würdig erachteten Bischofs *intra urbem* (ἐντὸς τειχῶν) zu bringen[67]. Zur etwa gleichen Zeit läßt Ambrosius die Gebeine der Märtyrer Protasius und Gervasius in seine neue Mailänder Kirche überführen; er verteidigt sein Beispiel, das viele Nachahmer finden sollte, mit einem Hinweis auf die reinigende Kraft

---

[66] Vgl. die Wiedergabe des Zwölftafelgesetzes bei Cic., *Leg.* 2,58. S. dazu Kap. 2.5.

[67] „Man sagt, daß [die Leiche des Bischofs Meletius] auf dem ganzen Weg gemäß einer Anordnung des Kaisers innerhalb der Mauern in den Städten empfangen wurde im Gegensatz zu dem, was bei den Römern gestattet war" (Λέγεται δὲ διὰ πάσης τῆς λεωφόρου κατὰ βασιλέως πρόσταγμα ἐντὸς τειχῶν εἰς τὰς πόλεις εἰσδεχθῆναι παρὰ τὸ νενομισμένον Ῥωμαίοις. Soz., *H.e.* 7,10,5; GCS 50, S. 313,26-28). S. zu dieser Stelle auch Kap. 3.2.3.

der sterblichen Überreste der Märtyrer:

> Völlig zu Recht nämlich nennen dies die meisten die Auferstehung der Zeugen. Ich will dennoch untersuchen, ob hier die Märtyrer für uns sicher auferstanden sind. Ihr wißt, ja, ihr habt selbst gesehen, daß viele von den Dämonen gereinigt wurden, daß sehr viele auch, wo sie das Gewand der Heiligen mit ihren Händen berührten, von den Gebrechlichkeiten, unter denen sie litten, befreit wurden[68].

Die Mailänder Kirche ist zum Zeitpunkt der Überführungsaktion gerade noch außerhalb der Stadtmauern; der zunehmende Kirchenbau innerhalb antiker Stadtgrenzen führte jedoch bald zu zahlreichen Märtyrerbestattungen *intra urbem*[69]. In der Lebensbeschreibung des Bischofs Porphyrius, der um 400 lebte, führt die Überführung eines für tot gehaltenen Christen in eine Stadt zu Ausschreitungen des aufgebrachten Volkes, das Angst vor einer möglichen Verunreinigung hatte[70]. Vermutlich aus den Jahren 381 oder 386 stammt eine offizielle Verordnung, die noch einmal das alte Bestattungsverbot *intra urbem* zu bekräftigen sucht, das also in dieser Zeit tatsächlich unter Druck geriet[71]. Hugo Brandenburg sucht die Gründe dafür unter anderem in einer Gefährdung der außerhalb der Stadt gelegenen Begräbnisplätze, wie sie die Verwüstung der in der Campagna gelegenen Grabstätten in den Gotenkriegen demonstriert[72]. Mit praktischen Erwägungen allein läßt sich jedoch weder das Verbot noch seine Aufhebung ganz zufriedenstellend erklären[73]. Die ambrosianische Verteidigung der Anwesenheit der Leichen von Märtyrern *intra urbem* weist auf eine andere Spur: Seine Verwendung des Verbes *purgare* läßt an einen Zusammenhang mit den bereits diskutierten Unreinheitsvorstellun-

---

[68] *Non immerito autem plerique hanc martyrum resurrectionem appellant, videro tamen utrum ibi nobis certi martyres resurrexerint. Cognovistis immo vidistis ipsi multos a daemoniis purgatos, plurimos etiam ubi vestem sanctorum manibus contigerunt his quibus laborabant debilitatibus absolutos.* Ambr., *Ep.* 77,9 (CSEL 82, S. 131,81-132,86).

[69] Vgl. Pierre Jounel, Die Heiligenverehrung, in: HLW(M) 2, 1965, S. 303-323.

[70] Marc. Diac., *v. Porph.* 22f. Die uns überlieferte Fassung des Berichtes des Marcus stammt allerdings wohl erst aus späterer Zeit (6./7. Jh.?). Interessanterweise existieren in Manuskripten aus dem 10. und 11. Jh. unterschiedliche Emendationen des Verbes μιαίνειν ("verunreinigen", Marc. Diac., *v. Porph.* 23, ed. H. Grégoire/M.-A. Kugener, CBy, Brüssel 1930, S. 20,16) an einer Stelle; offenbar konnten die mittelalterlichen Abschreiber mit den antiken Unreinheitsvorstellungen bereits nichts mehr anfangen.

[71] Cod. Thds. 9,17,6f. S. zu dieser Stelle John Osborne, The Roman catacombs in the Middle Ages, in: BSR 53 (1985), S. 283f; Johnson (1997), S. 40.

[72] Brandenburg (1994), S. 231.

[73] Bereits in der Antike scheint dieses Verbot rechtstheoretisch Schwierigkeiten bereitet zu haben. Cicero versuchte beispielsweise, den fundamentalen Gründen nachzugehen, und kam zu keinem befriedigenden Ergebnis. Letztendlich vermutet er einfache Feuerschutzmaßnahmen aus alter Zeit hinter dieser Regel ("ich glaube wohl wegen der Feuergefahr" [*credo vel propter ignis periculum*] Cic., *Leg.* 23,58, Ziegler/Görler [1988], S. 290,5). Mit dem Verschwinden der Brandbestattung wäre diese Begründung dann tatsächlich weggefallen. Die Formulierung des Zwölftafelgesetzes schließt jedoch nicht nur Kremationen *in urbe* aus, sondern ausdrücklich auch Erdbestattungen (*in urbe ne sepelito neve urito*. Cic., *Leg.* 23,58 [Ziegler/Görler (1988), S. 290,5]).

gen denken. Diese Vokabel bezieht sich an der zitierten Stelle auf die sehr alte—nicht erst neutestamentliche—Vorstellung unreiner Dämonen. Die Leichen, von denen er spricht, seien in der Lage, „Reinigungswunder" zu vollbringen. Dazu wären sie nicht gut fähig, wenn sie selbst unrein wären, im Gegenteil: Es handelt sich geradezu um einen Gegenentwurf, der die überkommenen Reinheitsvorstellungen auf den Kopf stellt. Hinter Ambrosius' Argumentation steht damit ein verändertes Verständnis der Unreinheit von toten Körpern, auch wenn es sich hier um spezielle Tote handelt. Fällt jedoch erst einmal die Vorstellung von der Unreinheit bestimmter Leichen und setzt sich damit die Akzeptanz der Beisetzung von Leichen innerhalb der Mauern der Stadt durch, so ist der erste Schritt zu einer grundsätzlichen Aufweichung des Bestattungsverbotes *intra urbem* bereits vollzogen[74]. Ambrosius hatte in diesem Sinne schon seine eigene Bestattung im Kirchengebäude geplant, weil es angemessen sei, daß ein Priester an der Stätte seiner Opfertätigkeit bestattet werde[75].

In dieser Zeit tauchen auch die ersten—vereinzelten—Beispiele für eine „Ostung" christlicher Gräber auf. Die vielleicht ältesten Funde stammen aus Karthago, wo es offenbar schon im ersten oder zweiten Jahrhundert solche Ostungen gegeben hat. In den römischen Katakomben spielt sie dagegen keine Rolle[76]. Im 4. und 5. Jahrhundert lassen sich Ostungen auch in Gallien, Germanien und Britannien nachweisen. Auch in dieser Frage gibt es eine Diskussion darüber, welche Rolle das Christentum für die Situation, die diesen Funden zugrundeliegt, gespielt hat. Eine umfassende und methodisch kontrollierte Auswertung steht trotz entsprechender Ansätze bei Henri Leclercq und Franz Joseph Dölger bis heute aus[77]. Überzeugende Argumente für die These eines allgemeinen Bestrebens zur Ostung von Gräbern hat sich in der altkirchlichen Literatur bisher nicht gefunden[78]. Die häufig dafür ins

---

[74] Paul Binski sieht in seiner Untersuchung über den mittelalterlichen Umgang mit den Toten in den von der antiken Volksfrömmigkeit verehrten Märtyrerstätten das Vorbild für *das* mittelalterliche Grab: „It was these sites which established the model for the later development of the medieval tomb"; Binski (1996), S. 13. Vgl. dazu (römische Städte als ein „network of Christian sacred sites") noch Robert A. Markus, The end of ancient Christianity, Cambridge 1990, S. 141-151.

[75] Ambr., *Ep.* 77,13.

[76] Vgl. dazu nur z.B. die zahlreichen Lagepläne bei Fiocchi Nicolai (1998), S. 14-39.47.49 u.ö.

[77] Henri Leclercq, Art. Cimetière, in: DACL 3.2, 1913, Sp. 1625-1665, und Franz Joseph Dölger, Sol salutis. Gebet und Gesang im christlichen Altertum mit besonderer Rücksicht auf die Ostung in Gebet und Liturgie, LQF 16/17, Münster 3. Aufl. 1972, S. 261-264. Vgl. außerdem zuletzt Wallraff (2001), S. 78f; Wacher (1987), S. 197f; Kötting (1983), S. 389-391. Eine aktuelle systematische Zusammenstellung des Materials fehlt leider bisher.

[78] (Schwache) Anhaltspunkte dafür etwa bei Tert., *Adv. Valent.* 3 und Eus., *V.C.* 3,36,1. Weitere Quellen bei Dölger (1972), S. 261-264.

Feld geführten Textstellen ließen sich meist auch mit einer allgemeinen Wertschätzung des Ostens in der Alten Kirche erklären, wie sie insbesondere im 3. und 4. Jh. auch in der nichtchristlichen Bevölkerung im ganzen römischen Reich zu beobachten ist[79]. Dies kann dann wiederum in Einzelfällen auch zur Ostung von Gräbern geführt haben, ohne daß man daraus gleich auf eine allgemein verbindliche christliche Praxis schließen sollte[80].

Neu und offenbar exklusiv christlich ist die bereits angesprochene Bestattung *ad sanctos* oder *retro sanctos*[81]. Dieses Phänomen findet sich seit dem 4. Jahrhundert an vielen Stellen des Römischen Reiches. Neben mancherlei Erwähnungen in der altchristlichen Literatur[82] sind vor allem die archäologischen Quellen dafür überaus zahlreich[83]. Der vielleicht älteste Beleg ist die Bestattung des christlichen „Kriegsdienstverweigerers" Maximilian, der für seine Weigerung, den römischen Soldateneid abzulegen, in Theveste hingerichtet worden war. Eine wohlhabende Christin namens Pompeiana soll nach dem Bericht der *Acta Maximiliani* bei den Behörden die Erlaubnis für die Überführung der Leiche nach Karthago erhalten und Maximilian neben dem Grab Cyprians bestattet haben[84]. Ein berühmtes und besonders eindrucksvolles archäologisches Beispiel ist der große christliche Friedhof in Ephesus (Ayasolouk), dessen Gräber sich um eine im 5. Jahrhundert mit einer Kirche umbauten Höhle gruppieren. In dieser Höhle sollen der Legende nach sieben Märtyrer der Decischen Verfolgung bestattet worden sein, die angeblich zur Zeit des Kaisers Theodosius II. wiederauferstanden waren, die sogenannten „sieben Schläfer". Der christliche Archäologe Josef Keil, der diesen Friedhof 1926 erschloß, konnte Hunderte von Gräbern dokumentieren,

---

[79] Zu erinnern ist in diesem Zusammenhang an die Popularität des Sonnenkultes (s. dazu ausführlich die Arbeit von Wallraff [2001]).

[80] So tut es z. B. noch E. O. James, Christian myth and ritual, London 1933, S. 188f. Martin Wallraff (2001), S. 79, sieht die Ostung in Gebet und Liturgie als ursächlich für die beobachteten Grabostungen: „Zweifellos ist die Sitte abgeleitet von der allgemein üblichen Ostung beim Gebet, insbesondere natürlich beim Gebet des Sterbenden".

[81] Diese beiden Begriffe (EST AD SANCTOS etc.) und ähnliche andere Wendungen (AD SANCTORUM LOCUM etc.) finden sich häufig in Inschriften; zahlreiche Beispiele bei Henri Leclercq, Art. Ad sanctos, in: DACL 1, 1907, Sp. 479-505; Saxer (1980), S. 108; Duval (1988), S. 52-65.134-136.140-142.

[82] So spricht zum Beispiel Sozomenus (*H.e.* 7,10) von der besonderen Ehre, die die Bestattung des Meletius in der Nähe des Grabes des Märtyrers Babylas bedeutete, zit. ist die Stelle in Kap. 3.2.1.

[83] S. dazu neben dem erwähnten DACL-Artikel von Henri Leclercq (1907), Sp. 479-509, vor allem die ausführliche Studie von Yvette Duval (1988). Im Gegensatz zu Leclercq, der sich vor allem auf Inschriften und andere archäologische Zeugnisse konzentriert, versucht Duval von Augustins Traktat *De cura pro mortuis gerenda* ausgehend eine umfassende theologische Deutung; dabei arbeitet sie pronociert Unterschiede zwischen der „Sicht des Theologen" (S. 3-47.204-212) und der *opinion populaire* heraus (S. 51-201.212-223).

[84] *Acta Maximiliani* (Text bei Herbert A. Musurillo, The acts of the Christian martyrs, OECT, Oxford 1972, S. 168-175).

die teilweise bis ins Spätmittelalter hinein zu datieren sind[85].

Abb. 12: Nekropole der Sieben Schläfer, Ephesos

Auch wenn sich in einigen Fällen das gemeinsame Auftreten von einfachen
Gräbern und denen von Märtyrern auch ohne eine Verbindung erklären ließe,
handelt es sich bei der Bestattung *ad sanctos* um ein bemerkenwertes Phänomen[86], das auch noch in anderen Quellen belegt ist. So weist etwa eine
verlorengegangene römische Inschrift auf eine Regelung zur Belegung eines
christlichen Friedhofes hin, die sich auf eine solche Bestattung *ad sanctos*
bezog:

> Was viele begehren und wenige empfangen[87].

Offensichtlich wurde hier der Verstorbenen, die an dieser Stelle begraben
liegt, auf Grund ihrer Verdienste um die Gemeinde ein Grab in der Nähe eines Märtyrergrabes gewährt, was den *multi* verwehrt bleiben mußte[88].

---

[85]   Josef Keil, Vorläufiger Bericht über Ausgrabungen in Ephesos, in: JÖAI 24 (1929),
Beiblatt S. 10-20 und 51ff.
[86]   So Paul-Albert Février, Kult und Geselligkeit. Überlegungen zum Totenmahl, in: Jochen Martin/Barbara Quint (Hg.), Christentum und Antike Gesellschaft, Darmstadt 1990,
S. 383.
[87]   QUOD MULTI CUPIUN(T) ET RARI ACCIPIUN(T). ILCV 1,2148.
[88]   Diese Interpretation der Quelle findet sich auch bei Gessel (1987), S. 545.

Augustin sieht sich durch das Phänomen der Bestattung *ad sanctos* zu einer eigenen Schrift veranlaßt (*De cura pro mortuis gerenda*)[89]. Sein Hauptproblem besteht zunächst darin, daß es für die Bestattungen *ad sanctos* keine benennbare theologische Grundlage gab. Aus der Schrift oder der kirchlichen Tradition ließ sich dieses Verhalten vieler Christen nicht zufriedenstellend begründen. Auch in der Frage angemessener Bestattungen überhaupt und des Nutzens von Fürbitten für Verstorbene bleiben Schrift und Tradition stumm. Letztendlich gelingt es ihm nicht, dieses „theologische Defizit", wenn man es so nennen möchte, zu beheben, und er rät schließlich, aus seelsorgerlichen Gründen dem Wunsch dieser Menschen zu entsprechen, selbst wenn diese Bestattungen seiner Ansicht nach „weder schaden noch nützen"[90].

Warum war eine Bestattung *ad sanctos* so attraktiv? Wilhelm Gessel unternimmt einen Erklärungsversuch anhand einer religionsgeschichtlichen Parallele aus Ägypten, wo eine Bestattung *ad caput Osiris* überliefert ist[91]. Die räumliche Nähe zum Totengott Osiris sollte den Verstorbenen im Jenseits vorteilhaft sein; in Analogie dazu stellt Gessel sich nach dieser Interpretation die Märtyrer als Fürsprecher im Jenseits der in ihrer Nähe begrabenen Christen vor—ein möglicher Nexus, der jedoch eine Reihe von Hypothesen über die altkirchliche Frömmigkeit enthält, die sich mit Hilfe der uns bekannten Quellen nur schwer zweifelsfrei bestätigen lassen, auch wenn die Möglichkeit einer solchen Konstruktion nicht auszuschließen ist. Immerhin beweist Augustins Schrift, daß bei den antiken Christen grundsätzlich mit einem solchen Verlangen gerechnet werden konnte. Führt man sich das besondere Verhältnis des antiken Menschen zu seinem Grab vor Augen, wie ich es in den letzten Kapiteln darzustellen versucht habe, liegt u. U. noch eine konkretere Begründung nahe: Wenn es um die Planung seiner Grabstätte ging, war dem antiken Menschen ein rituelles Gedenken überaus wichtig. Der Aufwand, der in Griechenland insbesondere für die Grabmäler kinderlos Verstorbener betrieben wurde[92], und die römischen und nordafrikanischen Grab-

---

[89] S. zu diesem Text ausführlich Kap. 3.3.5.

[90] *Melius enim supererunt ista eis quibus nec obsunt nec prosunt, quam eis deerunt quibus prosunt.* Aug., *Cura mort.* 4 (CSEL 41, S. 658,15f).

[91] Dies wurde als Erklärung für die Popularität von Abydos als Begräbnisplatz vorgeschlagen. Viele Ägypter ließen sich dort zumindest einen Kenotaph oder ein Bild aufstellen. Vgl. dazu Gessel (1987), S. 545; Kötting (1983), Sp. 370; Erman (1934), S. 269.271; ders./H. Ranke, Ägypten und äyptisches Leben im Altertum, 1923, S. 358.363. Kötting, Sp. 383, möchte die Ausgrabungen des Gräberfeldes von Beth She'arim (vgl. Kap. 2.3) ebenfalls als eine Parallele der Bestattung *ad sanctos* deuten: Die dort Bestatteten hätten den Wunsch nach einer Beisetzung in der Nähe des Grabes des Rabbi Jehuda han-Nasi gehabt. Ein Beweis für eine solche Annahme fehlt freilich bisher.

[92] S. Kap. 2.4.

stätten, deren Anlage die Aufforderung zu rituellem Gedenken aufwendig architektonisch umsetzten, sind nur zwei Beispiele dafür[93]. Von Tertullian[94],
Augustin[95], Ambrosius[96] und Zeno von Verona[97] wissen wir darüber hinaus,
welche Rolle die Gedenkfeiern an den Gräbern der Märtyrer für die Christen
des 3. und 4. Jahrhunderts hatten[98]. Julianus macht aus der Beobachtung dieser Feiern einen Vorwurf, indem er die Christen beschuldigt, über den Gräbern Gott anzurufen, wodurch der *locus religiosus* zum Ort des sakralen Ritus wird:

> Und ihr bringt es bis zu diesem Punkt der Schlechtigkeit, daß ihr glaubt, daß
> man, was dies angeht, nicht einmal auf die Worte des Jesus von Nazareth hören
> muß. Hört nun, was jener sagt über die Gräber: ‚Weh ihr, heuchlerische Schrift
> gelehrte und Pharisäer, daß ihr gleicht den weißgetünchten Gräbern! Außen
> scheint das Grab frisch, innen aber ist es voll von toten Gebeinen und voller
> Unreinheit' (ἀκαθαρσία)[99]. Wenn nun Jesus sagt, daß die Gräber voller Un
> reinheit sind, wie könnt ihr über diesen dann Gott anrufen?[100]

Anlaß für Julians Kritik ist also die Nähe zwischen sakralen Handlungen, die
nach antiker Auffassung ein Umfeld höchster Reinheit erforderten, und der
ἀκαθαρσία der mit Leichen gefüllten Gräber.

Tatsächlich schreibt etwa Ambrosius von der Bestattung der Leichen
zweier Märtyrer unterhalb des Altars und der Anrufung Gottes—ja, der Opferung Christi—über ihren Gebeinen:

> Die triumphalen Opfer mögen zu dem Platz herantreten, wo Christus das Op
> fertier ist. Jedoch dieser, der für alle gelitten hat, ist auf dem Altar, die, die
> durch sein Leiden erlöst wurden, sind unter dem Altar … Wir wollen also die
> heiligen Überreste verwahren und sie zur würdigen Stelle hineinbringen und
> mit gläubiger Anbetung den ganzen Tag lang feiern[101].

---

[93]   Auch die Popularität der Bestattung im ägyptischen Abydos könnte in diesem Sinne
interpretiert werden, s.o.
[94]   Tert, *De corona militis* 3.
[95]   Vgl. die Diskussion in Aug., *Cura mort.*
[96]   Ambr., *Ep.* 77.
[97]   Zeno von Verona, *Tract.* 1.2 (*De resurrectione*),6.
[98]   S. dazu Kap. 3.3.5.
[99]   Mt 23,27.
[100]   εἰς τοῦτο δὲ προεληλύθατε μοχθηρίας, ὥστε οἴεσθαι δεῖν ὑπὲρ τούτου μηδὲ τῶν
γε Ἰησοῦ τοῦ Ναζωραίου ῥημάτων ἀκούειν. ἀκούετε οὖν ἅ φησιν ἐκεῖνος περὶ τῶν
μνημάτων· „οὐαὶ ὑμῖν, γραμματεῖς καὶ Φαρισαῖοι ὑποκριταί, ὅτι παρομοιάζετε τάφοις
κεκονιαμένοις· ἔξωθεν ὁ τάφος φαίνεται ὡραῖος, ἔσωθεν δὲ γέμει ὀστέων νεκρῶν καὶ
πάσης ἀκαθαρσίας“. εἰ τοίνυν ἀκαθαρσίας ἔφη Ἰησοῦς εἶναι πλήρεις τοὺς τάφους, πῶς
ὑμεῖς ἐπ' αὐτῶν ἐπικαλεῖσθε τὸν θεόν; Juln., *Contra Galilaeos* Frg. 81 (ed. Emanuela Masaracchia, Rom 1990, S. 175,8-14; vgl. Cyr., *Juln.* 10,335 [PG 76,1016C]). Vgl. dazu Kap. 4.2. Es
folgt ein Vorwurf der unreinen Zauberei: Die Christen schliefen angeblich bei den Gräbern, um
Visionen zu erfahren (339E-340A).
[101]   *Succedant victimae triumphales in locum ubi Christus est hostia. Sed ille super altare
qui pro omnibus passus est, isti sub altari qui illius redempti sunt passione … Condamus ergo
reliquias sacrosanctas et dignis sedibus invehamus totumque diem fida devotione celebremus.*

Eine Bestattung *ad sanctos* bedeutete also eine Nähe zu regelmäßigen rituellen Feiern. Wenn am und in der Nähe des eigenen Grabes *fida devotione* gefeiert wurde, war damit sichergestellt, daß der Grabort nicht in „rituelle Vergessenheit" fallen konnte. Nicht nur ein konkret gedachtes eschatologisches Interesse hat in diesem Fall eine Rolle gespielt, sondern auch ein—davon noch zu trennendes—Interesse an der Teilhabe der letzten Ruhestätte am Ritual. Dessen Kontinuität schien nicht zuletzt durch eine fortdauernde „Wundertätigkeit" der verstorbenen Heiligen und eine entsprechende Anziehungskraft für Pilger und damit Ritualteilnehmer gesichert.

Abgesehen von dieser Frage ist überhaupt die Nähe von Gottesdienstraum und Grab in der Alten Kirche ein bemerkenswertes Phänomen. Dabei gab es nicht nur die Transferierung von Leichenresten in bestehende Gotteshäuser, wie sie von Ambrosius beschrieben wird, sondern schon im 4. Jahrhundert etliche Coemeterialkirchen, die über bestehenden Gräbern errichtet wurden, so zum Beispiel S. Salsa in Tipasa und die Coemeterialbasiliken von Salona und der Menasstadt[102]. Christliche Kirchen, Mausoleen und Baptisterien sind in dieser Zeit darüber hinaus häufig sehr ähnlich architektonisch gestaltet, ohne daß man daraus allein allerdings bereits auf eine Nähe im rituellen Sinn schließen dürfte; sie wurden jedoch offenbar auch nicht als unvereinbare Gegensätze empfunden[103].

Ambr., *Ep.* 77 (CSEL 82, S. 134,133-135,141). Dieser Text zeigt gleichzeitig, daß das populäre Verständnis von Tempel und Kirche keineswegs immer so radikal unterschiedlich war, wie häufig unterstellt wird und wie es auch christliche Theologen der Alten Kirche verlangten. Auch wenn die Nutzung unterschiedlich akzentuiert war: Kirchen waren nicht nur Versammlungsraum für den Gottesdienst und Tempel nicht nur Opfer- und Wohnstätte für die Gottheit. In der Volksfrömmigkeit vermischten sich diese Funktionen vielmehr durchaus: Man versammelte sich beim Tempel zum paganen Opfer, auch wenn die Versammlung nicht entscheidend für das Gelingen des Opfers war. Man „opferte" in Kirchen, auch wenn die gemeinsame Versammlung das Grundlegende war. Die neue christliche Möglichkeit der Aufbewahrung von menschlichen Überresten am sakralen Ort kann durch diese Unterscheidung jedenfalls nicht erklärt werden.

[102] Die Geschichte des Grabes der Salsa, die während der Diokletianischen Verfolgung den Märtyrertod starb, zeigt das ganze Spektrum dieses Sachverhaltes: Sie wurde vermutlich in einem paganen Familienmausoleum beigesetzt. Neben diesem Grab errichtete man eine Coemeterialkirche (Ende des 4. Jahrhunderts?). Wohl im 5./6. Jahrhundert brachte man Salsas Überreste in das Innere der Kirche, um den Sarkophag später erneut zu verlegen und ihn auf einem hohen Podest aufzustellen. Vgl. die Abb. 296-299b bei Brenk (1977), hinter S. 102. S. dazu noch den Bericht von Jürgen Christern, Basilika und Memorie der Heiligen Salsa in Tipasa, in: Bulletin d'archéologique algérienne 3 (1968), S. 193-258 (dort noch weitere Lit.).

[103] Vor einer Überinterpretation gegenseitiger architektonischer Zitate bei Kirchen, Mausoleen und Baptisterien ist dabei jedoch zu warnen, denn auch in der paganen Grabkunst der Kaiserzeit sind zahlreiche architektonische Zitate aus dem—schlicht bewunderten und als eindrucksvoll erfahrenen—paganen Tempelbau häufig, ohne daß solcherart Deutungen Anlaß gäbe (Peter Poscharsky versucht etwa eine paulinisch-theologische Deutung architekturgeschichtlich zu verallgemeinern: „Die Bauform [des Baptisteriums] leitet sich ab vom profanen quadratischen Baderaum oder vom Mausoleum, je nach der Deutung der Taufe als Abwaschung der Sünde oder als Mitsterben und Auferstehen mit Christus [Röm 6]". Peter Poscharsky, Art. Baptisterium, in: RGG⁴ 1, 1999, Sp. 1102f).

Wie ich im Kapitel über das römische Recht ausgeführt habe, gehörte zum antiken Verständnis des Grabes eine spezielle Art der Wahrnehmung des Grabraumes. Die römische Rechtsauffassung vom Grab als *res religiosa* ist eine Reflexion dieser Wahrnehmung. Auch in späterer Zeit genoß der *locus religiosus* besonderen Schutz, Grabschändungen wurden mitunter hart bestraft, was in der Kaiserzeit noch einmal durch eine ganze Reihe von kaiserlichen Erlassen verschärft wurde[104]. In der älteren Zeit hatte nur ein Teil der römischen Bevölkerung das Privileg, in derartig geschützten Gräbern bestattet zu werden[105]. Durch die Zunahme angemessener Bestattungen seit dem 2. und 3. Jahrhundert nahm auch die Zahl der Grabstätten mit diesem besonderen Status zu, zu dem nach paganer Auffassung auch ein bestimmter Grad von ritueller Unreinheit gehörte.

Ein verbreiter Ausdruck der Abgrenzung des *locus religiosus* von den *res sacrae* war die Widmung von Gräbern an die *Dii Manes*, wie sie auf hunderten paganer Grabinschriften bezeugt ist[106]. Als christliche Umformung dieser Sitte mag man die Katakombenwidmung an christliche Engel verstehen, die über den christlichen *locus religiosus* wachen sollten[107]. Der Unterschied: Mit den Engeln war die Vorstellung kultischer Unreinheit, wie er in den paganen Feierlichkeiten der *parentalia* für die *manes* der verstorbenen Eltern deutlich wird, nicht mehr verbunden.

Das in den monumentalen Zeugen sichtbar werdende Überschreiten der Grenzen zwischen Reinheit und Unreinheit wäre vielleicht weniger bemerkenswert, wenn die Christen der Alten Kirche einfach das Verständnis der kultischen Reinheit von Sakralräumen verloren hätten—was für sich allerdings höchst interessant wäre. Daß dies jedoch nicht der Fall war, belegen archäologische wie literarische Zeugen. Die *loci sacri*, zu denen nach der Zeit Kaiser Konstantins ganz selbstverständlich die christlichen Baptisterien und Kirchen zählten, konnten im Gegenteil als Orte kultischer Reinheit verstanden werden. So ist zum Beispiel folgende Inschrift im Vorhof eines frühen Kirchbaus in Bieda erhalten geblieben[108]:

---

[104]   Belege bei Klingenberg (1983), Sp. 596.
[105]   S. Kap. 2.5.
[106]   Diese Widmung hatte freilich v.a. juristische Konsequenzen, vgl. Düll (1951), S. 196.
[107]   Zum Beispiel die Katakombeninschrift von Melos, in: DACL I.2, Sp. 2143f.
[108]   Zu den Ausgrabungen in Bieda noch Hugo Koch/Eugen von Mercklin/Carl Weickert, Bieda, in: MDAI.R 30 (1915), S. 161-314.

XRIA NE

LABAMA NVS ET ORA

VT REMITTANT[109].

Die Inschrift findet sich auf einer Säule, die vielleicht einmal einen Kantharos unterstützt hat, der dann zur rituellen Reinigung vor oder während des Gottesdienstes benutzt wurde. Solche Gefäße sind jedenfalls wiederholt gefunden worden, in der Regel in nachkonstantinischen Bauten wie der Kirche von Bieda sowie in Rom (St. Caecilia und St. Peter) oder Syrakus[110]. Aus der vorkonstantinischen Zeit, aus der überhaupt kaum Gottesdienststätten erhalten sind, fehlen solche eindeutigen Funde meines Wissens. Allerdings spricht Clemens von Alexandrien davon, daß es (früher?) üblich war, sich vor dem Gottesdienst und den Gebeten zu waschen, auch wenn Clemens selbst ausdrücklich wahre Buße und Reue als „ausreichende Reinigung" (ἁγνεία τελεία) ansieht[111]. Die faktische Nichtexistenz archäologischer Hinweise aus der früheren Zeit mag entweder einfach an der generellen Spärlichkeit des archäologischen Materials liegen, könnte aber auch darauf hinweisen, daß erst nach Konstantin die alte römische Kultreinheit Einzug in den christlichen Gottesdienst hielt. Werden aus dieser späteren Zeit Gräber in oder sehr nahe bei gottesdienstlichen, das heißt „reinen" Räumen gefunden, so ließe sich dies dann nur als Zeichen eines veränderten Verständnisses des verunreinigenden Effektes des Todes erklären—unter Beibehaltung der Auffassung von der kultischen Reinheit sakraler Räume.

Zusammenfassend ist folgendes festzuhalten: Der christliche Umgang mit den Orten von Bestattung (und Totengedenken, dazu ausführlich aber erst 3.3.5) hat sich zunächst äußerlich nicht wesentlich von denen der Nichtchristen unterschieden. Trotz mehrfach geäußerter Abgrenzungswünsche war eine getrennte Bestattung noch im 4. Jahrhundert keineswegs so selbstverständlich wie manchmal angenommen wird. Die Unterschiede, die seit der

---

[109] Zit. nach Henri Leclercq, Art. Canthare, in: DACL 2, Sp. 1955-1969. Leclercq möchte diese Inschrift zu *Christiane lava manus et ora ut remittant (tibi peccata)* ergänzen. Statt *peccata* wäre natürlich auch etwa *impuritates* o. ä. denkbar, auch wenn *in remissionem peccatorum* zu dieser Zeit bereits eine feststehende Formel darstellte, was Leclercqs Vorschlag durchaus plausibel macht. Zum Verhältnis der beiden Begriffe *peccatum* und *impuritas* vgl. zuletzt Jean Laporte, From impure blood to original sin, in: StPatr 31 (1997), S. 438-444.

[110] Vgl. dazu auch die Kirchenbeschreibungen des Paulinus von Nola, insbes. *Ep.* 13,13, aber auch *Ep.* 32, *Carmen* 27 und *Carmen* 28. Dazu und mit einer ausführlichen Zusammenstellung des archäologischen Materials jetzt Annewies van den Hoek/John J. Herrmann, Paulinus of Nola, courtyards, and canthari, in: HThR 93 (2000), S. 173-219. Vgl. noch Davies (1952), S. 98-101. Ältere Quellen stellen lediglich Texte wie TA 20f (zit. in Kap. 3.3.1.2) und Cypr., *De lapsis* 24 (zit. in Kap. 3.3.1.1) dar—zu deren Problemen s. die angegebenen Kap.

[111] Clem. Al., *Str.* 4,22,142,4. Vgl. das Zitat aus dem gleichen Abschnitt in Kap. 4.2.

konstantinischen Zeit erkennbar werden, sind in den meisten Fällen mit zwei
Besonderheiten christlichen Denkens zu erklären: mit dem christlichen Liebesgebot beziehungsweise dem karitativen Engagement christlicher Gemeinden und der zum Teil expliziten Neubewertung der Unreinheit von Leichen.

3.2.2 Die Farben

Farben können in rituellen Aktionen entscheidende Aufgaben übernehmen.
So sind sie etwa in der Lage, eine rituell auszugestaltende „Aus-Zeit" beziehungsweise eine „Zeit der Liminalität"[112] zu visualisieren, indem sie die
räumliche Umgebung durch ein einheitliches und nicht-alltägliches Farb-
schema für alle Teilnehmer sichtbar verändern. Die antiken Quellen lassen
erkennen, daß im gesamten Altertum bestimmte Farben in diesem Sinne verwendet und häufig sogar explizite Deutungen versucht wurden. Für unser
Thema möchte ich dem Einsatz folgender drei Farben nachgehen, auf die die
Quellen immer wieder zu sprechen kommen: Weiß, Rot und Schwarz.

Wenn christliche Autoren eine besondere Bedeutung der Farbe Weiß für
Rituale in Anspruch nahmen, so konnten sie sich auf alttestamentliche Texte
beziehen. Franz Delitzsch hat einmal „Weiß mit gänzlichem Ausschluß des
Schwarz[113] ... [als] liturgische Grundfarbe" des Alten Testaments bezeichnet[114]. So tragen selbstverständlich die Priester in Ezechiels Visions-Tempel
(Ez 40-48) leinenweiße Kleider, die als Vorsichtsmaßnahme gegen eine
Kontamination des Kultes nicht außerhalb des inneren Tempelbereiches gelangen dürfen[115]. Auch die Priester graeco-römischer Tempel und der altägyptischen Religion tragen in der Regel weiße Kleider, die kultische Reinheit visualisieren[116]. Der christliche Klemensbrief (an die Korinther) zitiert
Jesaja, der die Rottöne Purpur und Scharlach mit ethischen Verfehlungen in
Verbindung bringt, Weiß dagegen als Zeichen eines gottgemäßen Lebens-
wandels und zugleich als Zeichen von „Reinheit" erwähnt (Jes 1):

Und an anderer Stelle sagt er so: Wascht euch, und werdet rein, entfernt die

---

[112]   Der Begriff der rituellen *liminality* wurde von Victor Turner geprägt, vgl. Turner
(1969); zur rituellen „Aus-Zeit" vgl. z.B. Heimbrock (1993), S. 67f.
[113]   Ernst Hofhansl, Art. Farben/Farbensymbolik, in: TRE 11, 1983, S. 26, kommentiert:
„Da Schwarz als Negation aller Farben Zeichen der Finsternis und alles Widergöttlichen darstellt, kann es im Kult keine Verwendung finden".
[114]   Franz Delitzsch, Art. Farben in der Bibel, in: RE³ 5, 1898, S. 759; s. ders., Iris. Farbenstudien und Blumenstücke, Leipzig 1888.
[115]   בְּנֵד פִּשְׁתִּים Ez 44,17.
[116]   S. Pl., *Leg.* 12,956A; Lucian, *Nigr.* 14; u.ö.; Ägypten: Hdt. 2,81 u.ö. Zahlreiche weitere
Belege bei Wächter (1910), S. 15-24.

Bosheiten von euren Seelen vor meinen Augen! Laßt ab von euren Bosheiten, lernt Gutes tun, trachtet nach Gerechtigkeit, rettet den Unterdrückten, schafft Recht dem Waisen und Gerechtigkeit der Witwe, und [dann] kommt und laßt uns miteinander rechten, spricht der Herr; und wenn eure Sünden wie Purpur sind, ich werde sie weiß machen wie Schnee, wenn sie wie Scharlach sind, ich werde sie weiß machen wie Wolle; und wenn ihr willig seid und auf mich hört, werdet ihr die Güter der Erde genießen; wenn ihr aber nicht willig seid und nicht auf mich hört, wird das Schwert euch verzehren; denn der Mund des Herrn hat dies gesprochen. Da er also seine Geliebten der Buße teilhaftig machen will, bestärkte er sie durch seinen allmächtigen Willen[117].

Die Verwendung des Jesajazitates als solches erlaubt nicht allzu weitreichende Schlüsse—etwa im Sinne eines Rückschlusses auf die tatsächliche regelmäßige liturgische Verwendung dieser Farben. Dennoch muß der alttestamentliche Hintergrund im Auge behalten werden, wenn man die Verwendung von Farben in der frühen Christenheit diskutiert. Weiß wird dementsprechend neutestamentlich im Zusammenhang mit der Gegenwart Gottes häufiger erwähnt (Mk 9,3par; Apk 1 u.ö.), auch im Sinne eines angenommenen Dualismus von Licht und Finsternis (vgl. Joh).

Auch wenn man von „liturgischen Farben" erst in der mittelalterlichen Kirche reden kann, so spielt das weiße Gewand in Berichten frühchristlicher Taufrituale eine Rolle[118]. Insbesondere in Texten des 4. Jahrhunderts taucht das „weiße Gewand der Keuschheit" (Kyrill von Jerusalem)[119] als ein zentrales Element des christlichen Taufrituals auf, wobei für „weiß" die Vokabeln λευκός, φαιδρός und λαμπρός—nicht selten in Steigerungsformen—verwendet werden[120]. In seiner Lebensbeschreibung des Kaisers Konstantin berichtet Eusebius z.B. davon, daß sich dieser unmittelbar nach seiner Taufe bewußt mit helleuchtenden Gewändern auf ein weißes Bett (λευκο-

---

[117] καὶ ἐν ἑτέρῳ τόπῳ λέγει οὕτως· Λούσασθε καὶ καθαροὶ γένεσθε, ἀφέλεσθε τὰς πονηρίας ἀπὸ τῶν ψυχῶν ὑμῶν ἀπέναντι τῶν ὀφθαλμῶν μου· παύσασθε ἀπὸ τῶν πονηριῶν ὑμῶν, μάθετε καλὸν ποιεῖν, ἐκζητήσατε κρίσιν, ῥύσασθε ἀδικούμενον, κρίνατε ὀρφανῷ καὶ δικαιώσατε χήρᾳ, καὶ δεῦτε καὶ διελεγχθῶμεν, λέγει κύριος· καὶ ἐὰν ὦσιν αἱ ἁμαρτίαι ὑμῶν ὡς φοινικοῦν, ὡς χιόνα λευκανῶ, ἐὰν δὲ ὦσιν ὡς κόκκινον, ὡς ἔριον λευκανῶ, καὶ ἐὰν θέλητε καὶ εἰσακούσητέ μου, τὰ ἀγαθὰ τῆς γῆς φάγεσθε· ἐὰν δὲ μὴ θέλητε μηδὲ εἰσακούσητέ μου, μάχαιρα ὑμᾶς κατέδεται· τὸ γὰρ στόμα κυρίου ἐλάλησεν ταῦτα. πάντας οὖν τοὺς ἀγαπητοὺς αὐτοῦ βουλόμενος μετανοίας μετασχεῖν ἐστήριξεν τῷ παντοκρατορικῷ βουλήματι αὐτοῦ (IClem 8,4; Text und Übersetzung nach Joseph A. Fischer [Hg.], Die Apostolischen Väter, SUC 16, 9. Aufl. 1986, S. 88f).
[118] Vgl. dazu Vicenzo Pavan, La veste bianca battesimale, indicium escatologico nella Chiesa dei primi secoli, in: Aug. 18 (1978), S. 257-271 (mit weiterer Lit.).
[119] Cyr. Hier., *Procatech.* 4.
[120] Vgl. neben Kyrill von Jerusalem (ebd.; *Catech.* 22,8; in *Catech.* 19,10 spricht er vom „Kleid der Erlösung" im ausdrücklichen Gegensatz zur Trauerkleidung; u.ö.) z.B. Ambr., *De myst.* 7,34-37, Gr. Naz., *Or.* 40,4, Aug., *Ep.* 20,2.

τάτη στρωμνή) legte[121]:

> Als er aber das Notwendige erfüllt hatte, warf er sich helleuchtende (λαμπρός)
> und königliche Gewänder um, die wie das Licht strahlten, und er ruhte auf ei-
> nem ganz weißen Bett, weil er keinen Purpur mehr berühren wollte[122].

Die Farbe Weiß wird in diesem Text ähnlich verortet wie bei IClem, der Purpur ist dagegen der kaiserliche Purpur, der Konstantins Herrscherposition
verdeutlicht[123]. Nach Konstantins Tod wird sein Sarg nach der Darstellung
Eusebs wieder mit kaiserlichem Purpur bedeckt[124].

Bei Tod und Bestattung spielten in der Antike die auch aus anderen Kulturen
überlieferten Farben Rot und Schwarz eine Rolle. Der gängige griechische
Begriff für Trauerkleidung ist denn auch einfach μέλαν ἱμάτιον—μέλας
(„schwarz") bezeichnet oft alles, was mit Trauer und Trauerprozeß zu tun
hat[125]. Schwarz ist auch noch im Mitteleuropa des 20./21. Jahrhunderts die
gängige Trauerfarbe[126], deshalb hat vor allem der Nachweis rot ausgemalter
Sarkophage und Gräber aus der Spätantike die Altertumswissenschaftler beschäftigt. Auch in der Malerei der römischen Katakomben ist Rot die am
meisten benutzte Farbe[127]. Antike Gräber liefern zahlreiche weitere Beispiele,
darunter auch die Bemalung von Leichen (bei der Primärbestattung) und
Gebeinen (bei einer Sekundärbestattung) mit roter Farbe[128].

---

[121]   Das hier wichtige Urteil über die Wahrnehmung bestimmter Farben bei den Christen
der Alten Kirche ist unabhängig von der Historizität dieses Berichtes—die intendierte Aussage
Eusebs ist an dieser Stelle entscheidend.
[122]   Ὡς δ' ἐηπληροῦντο τὰ δέοντα, λαμπροῖς καὶ βασιλικοῖς ἀμφιάσμασι φωτὸς
ἐκλάμπουσι τρόπον περιεβάλλετο ἐπὶ λευκοτάτῃ τε στρωμνῇ διανεπαύετο, οὐκέθ' ἀλουρ-
γίδος ἐπιφαῦσαι θελήσας. Eus., V.C. 62,5 (GCS 58, S. 146,15-17).
[123]   Zum Purpur (ἀλουργίς/purpura) als Herrscherfarbe vgl. noch Tert., Idol. 18,1-3 (dazu
Waszink/van Winden/van der Nat [1987], S. 257-259).
[124]   Eus., V.C. 66,1.
[125]   Zahlreiche Belege bei Homer, Lysias, Sophokles, Euripides, Horaz, Tacitus, Seneca,
Sueton und anderen; s. Rush (1941), S. 208-220, und Gertrud Herzog-Hauser, Art. Trauerkleidung, in: PRE 2/6, 1937, Sp. 2225-2231 (mit weiterer Lit.).
[126]   Zum religionsgeschichtlichen Hintergrund der Trauerfarbe Schwarz s. Alfred C. Rush,
The colors of black and red in the liturgy of the dead, in: Patrick Granfield/Josef A. Jungmann
(Hg.), Kyriakon: FS Johannes Quasten, Münster 1970, S. 698-708.
[127]   S. zum Beispiel die zahlreichen Beispiel bei Ferrua (1991), S. 15-162
[128]   Friedrich von Duhn versuchte 1902 folgende—romantisierende und sicher nicht zufrie-
denstellende—Erklärung: „Was rot ist, muß schwarz und tot werden, und was schwarz und tot
ist, behält das Sehnen, wieder rot zu werden. In diesen Zügen des primitiven Denkens liegt in
nuce der Schlüssel zum ganzen Totenritual" (von Duhn [1906], S. 1). Ziel der Ausmalung ist es
nach Duhn, dem Toten den Übergang in die neue Welt möglichst wenig schmerzlich zu gestalten und damit seine Rückkehr zu verhindern, nicht jedoch emotionale Sentimentali-
tät—vergleichbar den schweren Steinen auf dem Grab, der in manchen Kulturen anzutreffenden
Zerstückelung und Verbrennung des Leichnams, der Totenopfer etc. Duhn erwähnt zahlreiche
andere Beispiele zur Verwendung der Farbe Rot (neuseeländische Häuptlinge, Iphigenie, Flo-
rentiner Renaissance-Bürgertum, rote Schminke in attischen Gräbern, rotes Pulver in Glasfläschchen der Katakomben, Bemalung von Stuckköpfen in Mykene, rote Bemalung von Leichen im Rußland und Rotfärbung der Knochen nach Entfleischung im Australien der Jahrhun-

Im frühen Christentum hat es eine „Rotmalung von Leichen" (Duhn) oder von Gebeinen bei der Sekundärbestattung offenbar nicht gegeben, zumindest fehlen bisher eindeutige Nachweise für christliche Sekundärbestattungen außerhalb Palästinas in diesem Sinne.

Ambrosius spricht von der Farbe Rot in seinem Bericht der Überführung zweier Märtyrerleichen in seine Mailänder Kirche, aus dem oben bereits zitiert wurde. Bei der Exhumierung der Überreste der in der Diokletianischen Verfolgung (303-305) getöteten Protasius und Gervasius sei man auf ein rotes Grab bzw. rote Gebeine gestoßen. Auch wenn der tatsächliche historische Hintergrund nicht mehr aufzuhellen ist, so ist doch Ambrosius' Interpretation interessant: „Das Grab trieft vor Blut, die Zeichen für den Triumph des Kreuzes sind sichtbar"[129]. Auch Augustin berichtet von diesem Ereignis[130]. William Frend interpretiert die Rotfärbung damit, daß es sich hier gar nicht um die wirklichen Überreste von Protasius und Gervasius gehandelt habe, sondern um einen paläolithischen Fund[131]. Denkbar wäre jedoch sicher auch eine bei der Sekundärbestattung erfolgte Bemalung der Knochen, ein Ritus, der jedoch zur Zeit des Ambrosius in Mailand nicht mehr anzutreffen gewesen ist. Überraschend wäre ein solcher Fund angesichts der Vielzahl an Parallelen in anderen Kulturen, auf die schon Duhn hingewiesen hat, keineswegs, ebensowenig wie eine Beschränkung auf besonders würdige Tote wie die genannten Märtyrer. Funktional betrachtet ist die Rotmalung eine Ergänzung zur Sekundärbestattung, vergleichbar etwa der rituellen Reinigung der Knochen in der oben erwähnten taiwanesischen Sepulkralkultur[132]. Ein Beleg für diese Spekulation ist der Ambrosiustext jedoch nicht, und weitere, unabhängige Hinweise fehlen.

Als gängiger Ritus hat sich jedenfalls im antiken Christentum die Rotmalung ebensowenig wie die Sekundärbestattung nach palästinischem Vorbild etabliert.

Im Gegensatz zum Trauerrot gehört die Trauerfarbe Schwarz zum bis heute bestehenden antiken Erbe der Todesrituale. Daß es ihr gelungen ist, jahrtausendelang trotz sich verändernder Todesvorstellungen konstant zu überleben, macht deutlich, daß die Beziehung zwischen einem bestimmten Jenseitsglauben und diesem visuellen Ritualelement komplizierter ist, als es die ältere Forschung manchmal angenommen hat[133].

---

dertwende) und beschließt: „Eine doch nur rituell zu erklärende Rotmalung der Leichen ist in der europäischen Frühzeit als ziemlich verbreitete Sitte anzunehmen". Ebd., S. 13.

[129] *Sanguine tumulus madet, apparent cruoris triumphalis notae.* Ambr., *Ep.* 22 (nach CSEL-Zählung: *Ep.* 77), CSEL 82, S. 134,124f.

[130] Aug., *Ciu.* 22,8,2 und *Conf.* 9,7,16.

[131] Frend (1996), S. 7.

[132] S. Kap. 2.3. Vgl. dazu Ahern (1973), S. 165f.

[133] So z.B. noch Rush (1970), S. 698-708, der den paganen Tod mit Dunkelheit und „misery" assoziiert und deshalb von einer Abschaffung der schwarzen Trauerkleidung in der antiken Christenheit ausgeht, die den Tod nur als „a birth to the life of glory and life everlasting" interpretierte.

Die Gängigkeit des Ausdrucks μέλαν ἱμάτιον zeigt die weite Verbreitung
schwarzer (bzw. dunkler) Trauerkleidung in der Antike (auch: εἵματα ἐρ-
ρυπωμένα beziehungsweise *lugubres uestes/uestes sordidae*, häufig einfach
sordes). Zuweilen wird die Wahl der Farbe Schwarz mit den rituellen Abläufen der Totenklage erklärt, auch wenn sich der Ursprung dieser Tradition
nicht sicher klären läßt. Gertrud Herzog-Hauser schreibt:

> Aus unschwer verständlichen Gründen hatte seit je der trauernde Mensch das
> Bedürfnis, dem Schmerze um nahestehende Verstorbene auch sichtbaren Aus-
> druck zu verleihen ... Die trauernden Frauen waren natürlicherweise verschlei-
> ert[134]. Allgemein verständlich und verbindlich erscheint auch die im allgemei-
> nen übliche düstere Farbe bzw. das Fehlen der hellen oder doch der bunten Far-
> ben an der Trauerkleidung ... In homerischer Zeit war offenbar noch keine
> Trauerkleidung üblich, sondern nur Beschmutzung mit Staub, Asche u. dgl.
> (vgl. Hom. Il. XVIII 22ff. XXIII 40ff.). Das Sichwälzen im Schmutz oder Kot,
> wie es König Priamos aus Schmerz um seinen gefallenen Sohn Hektor übt
> (Hom. Il. XXIV 640), ist wohl orientalischer Sitte angepaßt, wie sie ähnlich in
> Ägypten bestand (vgl. Diod. I 91). Die mit der ‚schwarzen Asche‘ beschmutz-
> ten Gewänder ... entsprachen einerseits den bis in späte Zeit üblichen εἵματα
> ἐρρυπωμένα (lat. vestes sordidae), andererseits lassen sie sich auch als Vorläu-
> fer der eigentlichen schwarzen Trauerkleidung betrachten[135].

Über mögliche „Deutungen" dieser Art ist viel spekuliert worden: Die griechische Tragödie spricht vom Schwarz als der Farbe des Königreiches des
Todes[136], weswegen Alfred Rush, der ebenfalls die Wahl der Farbe Schwarz
mit der Selbstbeschmutzung bei der Totenklage erklären will, etwas ratlos
von der „intimate connection between black and death in pagan antiquity"
spricht[137]. Angesichts der in der Antike weitverbreiteten Verwendung von
Licht-Dunkelheit-Metaphern (zum Beispiel im Platonismus/Neuplatonismus)
dürfen Gegenüberstellungen von Gegensatzpaaren wie „helleuchtendes Leben" und „dunkler Tod " nicht überraschen[138]. Bilder dieser Art können die
Attraktivität der Verbreitung der dunklen Trauerkleidung erklären, nicht jedoch ihre Funktion innerhalb der rituellen Abläufe. Deshalb ist es angebracht,
sich einer anderen möglichen Ebene der Interpretation zuzuwenden.

---

[134]   Selbstverständlich war eine wohlgeordnete Trauerverschleierung in der Antike keineswegs. Wensinck (1917), S. 50-77, sieht „neglect of appearance" als Konstante der äußeren Erscheinung weiblicher Trauernder im antiken Osten (inkl. Judentum), zu der offene Haare und
entblößte Körperteile gehörten; Büchler (1901), S. 81-92, geht sogar von Nacktheit als der ursprünglichen äußerlichen Form öffentlicher Trauer aus, die von einer nur teilweisen Entblößung
abgelöst wurde.
[135]   Herzog-Hauser (1937), Sp. 2225-2231.
[136]   So zum Beispiel Euripides im Alkestis. Weitere Belege bei Albin Lesky, Art. Thanatos,
in: PRE 5, Sp. 1252.
[137]   Rush (1941), S. 210.
[138]   S. einige der folgenden Zitate.

Berücksichtigt man die bereits mehrfach erwähnten Ergebnisse etwa der Kulturanthropologie, so lassen sich die antiken *sordes*—„funktional"—als deutliche Markierung des besonderen Status des Trauerzustandes verstehen: Die Trauerzeit wird als eine spezielle Zeit betrachtet und deshalb gesondert markiert[139]. Nimmt man außerdem die Perspektive des religiösen Kultes in den Blick (pagan/jüdisch), so findet sich fast überall eine Verbindung zwischen dieser speziellen Zeit und der Markierung von kultischer Unreinheit. Die Unreinheit des Todes war, wie wir gesehen haben, inkompatibel mit als „rein" empfundenen sakralen Vollzügen und deshalb etwa mit der Anwesenheit eines paganen oder jüdischen Priesters[140].

Die Opposition einiger Kirchenväter gegen Trauerkleidung und Klageweiber wird damit zuweilen automatisch auch ein Kampf gegen pagane Unreinheitsund Tabuvorstellungen. So behauptet Gregor von Nazianz in der *oratio* für seinen verstorbenen Bruder Kaisarios ganz ausdrücklich, daß seine Eltern ihre Hände nicht verunreinigten, als sie dessen Körper für die Bestattung vorbereiteten. Statt dessen werden die Hände als χεῖρες ὅσιαί bezeichnet:

> Für uns ist jetzt der große Kaisarios als kostbarer Staub bewahrt worden, als ruhmreicher Toter. Unter wiederholten Hymnen wird ihm das Geleit gegeben, an der Stätte der Märtyrer wird er beigesetzt, mit frommen/reinen (ὅσιαι) Händen ehren ihn seine Eltern, seine Mutter trägt helleuchtende Kleider und beweist damit Frömmigkeit (εὐσέβεια) anstelle von Trauer, sie hält mit Weisheitsliebe ihre Tränen zurück und unterdrückt die Totenklagen mit Psalmen. Die neugeschaffene Seele, die der Geist durch die Taufe verwandelt hatte, erntet die Ehren, die ihrer würdig sind[141].

Erwin Rohde hat nachzuweisen versucht, daß in Fällen wie dem vorliegenden Text die Grundbedeutung „rein" für ὅσιος maßgeblich ist[142]. Insbesondere

---

[139]   Vgl. dazu die Tab. in Kap. 2.1.
[140]   Vgl. zur Markierung der Unreinheit des Trauerstatus in der griechischen Antike ausführlich vor allem Parker (1996), S. 32-73. Klageweiber, die mit dem Verstorbenen nicht verwandt sind, nehmen u.U. diesen Unreinheitsstatus permanent an und markieren ihn mit entsprechender Kleidung; umgekehrt ist auch beobachtet worden (im heutigen Griechenland), daß diese Markierung bei den Klageweibern wegfallen kann, da ihre Wehklage für sie selbst keine „Auszeit" markiert, sondern sozusagen zum Dauerzustand wird. S. Danforth/Tsiaras (1982), insbes. den Kommentar zu Tafel 23.
[141]   Καὶ νῦν ἡμῖν ὁ πολὺς καισάριος ἀποσέσωσται, κόνις τιμία, νεκρὸς ἐπαινούμενος, ὕμνοις ἐξ ὕμνων παραπεμπόμενος, μαρτύρων βήμασι πομπευόμενος, γονέων χερσὶν ὁσίαις τιμώμενος, μητρὸς λαμπροφορίᾳ τῷ πάθει τὴν εὐσέβειαν ἀντεισαγούσης, δάκρυσιν ἡττωμένοις φιλοσοφίᾳ, ψαλμῳδίαις κοιμιζούσαις τοὺς θρήνους, καὶ τῆς νεοκτίστου ψυχῆς, ἣν τὸ Πνεῦμα δι' ὕδατος ἀνεμόρφωσεν, ἄξια τὰ γέρα καρπούμενος. Gr. Naz., *Or.* 7,15 (SC 405, S. 218,31-38).
[142]   Tatsächlich wird ὅσιος in der paganen Literatur oft im ganz strikten Sinne kultischer Reinigung gebraucht, so etwa bei Eur., *Or.* 515; Aeschylus, *Ch.* 378. S. Rohde (1925), Bd. 1, S. 288, dort noch weitere Belege. Vgl. dazu noch J. Bolkestein, Ὅσιος en εὐσέβής, Diss.

im Falle der häufig vorkommenden Formel χεῖρες ὁσιαί stehe „ὅσιος hier
in seinem ursprünglichen Sinne = 'rein'"[143]. Versteht man „rein" im Sinne
von, „im Einklang mit der göttlichen Ordnung stehend", wie es die moderne
Kulturanthropologie zuweilen tut[144], so ist eine solche Übersetzung durchaus
möglich[145]. In der Septuaginta, mit deren Sprachgebrauch Gregor vertraut
war, bezeichnet ὅσιος häufig genau das[146]. Zu unterscheiden ist ὅσιος jedoch
von dem Adjektiv καθαρός, mit dem die körperlich(-kultisch) verstandene
Reinheit in der Regel benannt wird. Die Bedeutungsebene des ὅσιος bei
Gregor befindet sich demzufolge in der Mitte zwischen dem ausschließlich
die kultische Reinheit bezeichnenden καθαρός und dem von dieser Ebene
ganz abstrahierenden δίκαιος. Für eine mit dem Status der Unreinheit behaf-
tete Handlung ist Gregors Wortwahl angesichts der möglichen Verwendung
des Begriffes im Sinne kultischer Reinigung in der Literatur zumindest bemerkenswert[147].

Gregor lobt seine eigene Mutter außerdem ausdrücklich, weil sie sich
beim Tod ihres Sohnes Kaisarios weigerte, die üblichen schwarzen Trauer-
kleider anzuziehen. Statt dessen entschied sie sich für „helleuchtende Kleider", also für ein Auftreten in leuchtenden Farben (λαμπροφορία), eine Ausdrucksweise, die uns aus dem oben zitierten Bericht von der Taufe Konstantins bekannt ist[148]. Indem sie das für die Taufe und andere Rituale höchster
Reinheitsstufe reservierte helle Gewand anzieht[149], demonstriert sie eine persönliche Neubewertung der rituellen Situation des Todes. Die Rituale des
Todes sind für sie nicht mehr Ausdruck kultischer Unreinheit, sondern von
Reinheit.

Es kam jedoch auch vor, daß eine christliche Autorität die pagane Tradition unterstützte und eine pietätvolle äußere Markierung der Trauerzeit einfor-

---

Utrecht 1936; Wilhelmus Johannes Terstegen, Εὐσεβής en ὅσιος in het grieksch taalgebruik na
de IVe eeuw, Utrecht 1941 (non vidi).

[143]   Rohde (1925),Bd. 1, S. 288, Anm. 1.

[144]   Vgl. nur Bernhard Maier, Art. Reinheit I, in: TRE 28, 1997, S. 473-477.

[145]   Vgl. in diesem Sinne die Untersuchung des antiken Sprachgebrauches von ὅσιος bei
Louis Moulinier, Le pur et l'impur dans la pensée des Grecs d'Homére à Aristote, EeC 12, Paris
1952, S. 65f.115f.286-294.327-335.384-395.

[146]   In der LXX ist ὅσιος häufige Übersetzung von חֶסֶד (wörtl. „Bundesverpflichtungen
[חֶסֶד] nachkommend"). S. dazu Friedrich Hauck, Art. ὅσιος, ὁσίως, ἀνόσιος, ὁσιότης, in:
ThWNT 5, 1954, S. 488-492.

[147]   Vgl. dazu auch Parker (1996), S. 323 und 330.

[148]   Bei Clemens von Alexandrien begegnet der Ausdruck καθαρὸς καὶ λαμπρός als Voraussetzung für die Teilnahme am Gottesdienst (Clem. Al., Str. 4,22,141,4), vgl. dazu das ganze
Zitat im Kap. 4.2.

[149]   Die Erwähnung der weißen Gewänder in den zitierten Quellen, wie sie zur frühen
christlichen Taufe angelegt wurden, macht im folgenden Abschnitt (3.3.1.2) einige Überlegungen zur Bedeutung von Reinheitsvorstellungen in den Taufritualen notwendig.

derte. In diesem Sinne berichtet Synesios von Kyrene in einem Brief an seinen Bruder Euoptios von einer Verwandten, die sich nach dem Tod eines Onkels nicht an die Konventionen dunkler Trauerkleidung hielt:

> Es war der dritte Tag (τρίτη) für den verstorbenen Aischines[150] ... Aber auch dann kam sie im Purpurkleide und mit leuchtendem Kopftuch und hatte Goldschmuck und Edelsteine hervorgeholt und angelegt ... Kaum hatte sie den siebten Tag abgewartet, an dem wir das Totenmahl hielten[151], da setzte sie sich auch schon—auf dem vollen Markt mit ihrer geschwätzigen alten Amme, mit allem Schmuck angetan—auf den Maultierwagen und fuhr sofort nach Teucheria ab; sie will nämlich am nächsten Siebten[152] mit Bändern behangen und mit einer Turmfrisur wie eine Kybele paradieren[153].

In diesem Bericht geht es also nicht um eine theologisch motivierte Neubewertung der Trauersituation, sondern die von dem Todesfall Betroffene weigert sich, offen Trauer zu tragen. Die Farbe Purpur (φοινικίς bzw. φοῖνιξ, s.o. Jes 1 LXX) ist einerseits das „Gegenteil" der von der Tradition geforderten dunklen Trauerfarben, und andererseits—zusammen mit Schmuck und Juwelen—Merkmal exzessiven Luxus', der dem christlichen Erzähler mißfällt. Im Gegensatz dazu besteht etwa Makrina, Asketin und Schwester des Gregor von Nyssa, darauf, in einem einfachen dunklen Gewand beigesetzt zu werden, was offenbar als Zeichen ihrer Askese gedeutet werden sollte[154].

---

[150] Gemeint ist der dritte Tag nach dem Tod, an dem des Verstorbenen nach graecorömischer Tradition rituell gedacht wurde, s. dazu Kap. 2.4 und 2.5 (u.a. zur Vokabel τρίτα) und 3.3.5.

[151] Eigentlich wären hier ἔν(ν)ατα, also „der Neunte" zu erwarten, der als Totengedenktag mit Totenmahl zahlreich belegt ist (s. Kap. 2.4 und 3.3.5). Vielleicht wurde an dem erwähnten Ort tatsächlich der siebte Tag gefeiert, wofür es noch andere Beispiele gäbe (dies berichtet z.B. Hieronymus vom Totengedenken für Paula, Hier., *Ep.* 108,29; auch für die armenischen Christen ist diese Tradition belegt, vgl. Freistedt [1928], S. 10-15). Vielleicht fällt der Tag der Abreise aber auch auf die δεκάται (3+7 = 10, vgl. Freistedt [1928], S. 125), mit denen die Zeit der Totenklage beendet wurde, was die Abreise durchaus rechtfertigen würde; die Aussage, daß man noch beim Totenmahl zusammensaß, wäre dann eine Übertreibung, um das pietätlose Verhalten anzuprangern—in diesem Fall könnte man den Text geradezu frei übertragen mit „die Leiche war noch warm, da ...". Schließlich kann ἡ ἑβδομάς häufig einfach den Sabbat/Sonntag bezeichnen, was aber im Zusammenhang mit dem τρίτη im vorhergehenden Satz nicht wahrscheinlich ist.

[152] Dabei handelt es sich um den Tag ihrer bevorstehenden Hochzeit. Die Übers. von ἡ ἑβδομάς hängt von den Überlegungen der vorangegangenen Anm. ab. Auch hier könnte der folgende Sabbat/Sonntag gemeint sein; will man ἑβδομάς jedoch auf die beiden vorangegangenen Begriffe ἑβδομάς und τρίτα beziehen, bietet sich vielleicht am einfachsten eine Übertragung mit „nächste Woche" an.

[153] τρίτη μὲν ἦν Αἰσχίνη κειμένῳ·...ἀλλ᾿ ἐν φοινικίδι καὶ τότε, καὶ διαφανὴς ὁ κεκρύφαλος, καὶ χρυσία, καὶ λίθους ἐξήρτητό τε καὶ περιέκειτο ... Μόλις δ᾿ οὖν περιμείνασα τὴν ἑβδόμην, καθ᾿ ἣν ἡμεῖς εἰστιάκειμεν ἐπὶ τὸ δεῖπνον τὸ ἐπιτάφιον, αὐτή τε καὶ τὴν φλήναφον γραῦν τὴν τιτθίδα, ἐπὶ τὸ ζεῦγος ἀναβιβασαμένη τὸ ὀρικὸν, πληθούσης ἀγορᾶς, ἅπασι τοῖς παρασήμοις ἐπόμπευεν εὐθὺ Τευχείρων ἐλαύνουσα. Μέλλει γὰρ καὶ εἰς τὴν ἐπιοῦσαν ἑβδόμην ταινιώσεσθαί τε, καὶ πυργοφόρος καθάπερ ἡ Κυβέλη περιελεύσεσθαι. Synes., *Ep.* 3; PG 66,1324B-1325A.

[154] Dabei geht es laut Gregor darum zu verhindern, daß sie im Aufzug einer Braut (νυμφικῶς) bestattet würde, vgl. dazu den eben zit. Brief des Synesios. Gr. Nyss., *V. Macr.* 992C.

Hinter der Kritik des Synesios steht jedoch nicht nur christlich-asketisches
Denken, das von der Trauersituation unabhängig wäre, sondern eine implizite
Aufforderung, sich auch als Christ nach der (paganen) Traueretikette zu
richten.

Eine andere Wendung nimmt die Bewertung der Farben bei Cyprian in
seinem Traktat *De mortalitate*:

> Wie oft ist es uns selbst, den Kleinsten und Letzten, offenbart worden, wie häu-
> fig und manifest ist es durch Gottes Ehre eingeschärft worden, beharrlich Zeug-
> nis abzulegen, öffentlich zu verkünden, daß unsere Brüder nicht zu betrauern
> sind, wenn sie durch das Herantreten des Herrn aus der Welt befreit worden
> sind, denn wir wissen, daß sie nicht verloren, sondern vorausgeschickt sind, daß
> die, die zurückkehren, vorausgehen, so daß, wie man es bei Aufbrechenden, bei
> Schiffsreisenden gewohnt ist, man sich nach ihnen sehnen, sie aber nicht bekla-
> gen[155] sollte, daß hier keine dunklen Kleider zu tragen sind, wenn jene dort
> schon weiße Kleidung angetan haben[156].

Die Verstorbenen werden in diesem Text mit *nauigantes* verglichen, das
diesseitige Dasein mit dunklen Kleidern, das jenseitige mit weißen assoziiert.
Ähnliche Metaphern finden sich auch in späteren Quellen aus dem Osten. So
kennt Johannes Chrysostomus das Bild vom Schiffsreisenden, der „in einen
ruhigen Hafen segelt", und auch bei Gregor von Nazianz gibt es eine ähnliche
Stelle[157].

---

[155] Eigtl. „schlagen"; bei Cyprian wird *plangere* noch öfter im Sinne von „Totenklage"
(*planctus*, klass. *plangor*) gebraucht, z.B. Cypr., *Quir.* 3,34.

[156] *Nobis quoque ipsis minimis et extremis quotiens reuelatum est, quam frequenter adque
manifeste de Dei dignatione praeceptum est, ut contestarer adsidue, ut publice praedicarem
fratres nostros non esse lugendos accersitione dominica de saeculo liberatos, cum sciamus non
amitti sed praemitti, recedentes praecedere, ut proficiscentes, ut nauigantes solent, desiderari
eos debere, non plangi nec accipiendas esse hic atras uestes, quando illi ibi indumenta alba iam
sumpserint.* Cyprian, *De mortalitate* 20 (CChr.SL 3A, S. 27,334-28,341).

[157] „Wenn er aber völlig aufgelöst und in nichts verwandelt wäre, dann wäre es richtig zu
klagen und betrübt zu sein (die Begriffe θορυβεῖν, ἀλγεῖν und πενθεῖν sollen offenbar nicht nur
die öffentlich geäußerte Trauer [und damit die Konvention, so tendenziell bei Cyprian], sondern
auch das emotional schmerzhafte Betrauern bezeichnen). Wenn er aber nur in einen ruhigen Hafen segelte und zu seinem wahren Königreich fortgefahren ist, dann soll man darüber nicht
jammern (πενθεῖν), sondern sich freuen. Denn dieser Tod ist kein Tod, sondern eine Reise und
eine Überfahrt vom Schlechteren zum Besseren, von der Erde in den Himmel, von den Menschen zu den Engeln und Erzengeln und zum Herrn der Engel und Erzengel" (Ἀλλ εἰ μὲν διε-
λύετο παντελῶς, καὶ εἰς τὸ μηδὲν ἔλεγεν, ἔδει θορυβεῖσθαι καὶ ἀλγεῖν· εἰ δὲ εἰς τὸν
εὔδιον κατέπλευσε λιμένα, καὶ πρὸς τὸν ὄντως αὐτοῦ βασιλεία ἀποδεδήμηκεν, οὐ πενθεῖν ὑπὲρ τούτων, ἀλλὰ καὶ χαίρειν δεῖ. Οὐ γὰρ θάνατος ὁ θάνατος οὗτος, ἀλλ᾽ ἀποδη-
μία καὶ μετάστασις τις ἀπὸ τῶν χειρόνων ἐπὶ τὰ βελτίω, ἀπὸ τῆς γῆς πρὸς τὸν οὐρα-
νόν, ἀπὸ τῶν ἀνθρώπων πρὸς ἀγγέλους καὶ ἀρχαγγέλους καὶ τὸν τῶν ἀγγέλων καὶ ἀρ-
χαγγέλων Δεσπότην. Chrys., *Vid.* 3; PG 48, Sp. 602). In einer Leichenrede des Gregor von
Nazianz heißt es in ähnlicher Weise: „Die, welche vor uns hingegangen sind, werden uns nicht
so sehr Schmerz als Freude bereiten, wenn dein Wort uns von dieser Welt ablenkt und in den
Himmel versetzt, wenn es die freudlose Gegenwart durch den Gedanken an die Zukunft verhüllt
und wenn es uns überzeugt, daß auch wir zu einem guten Herrn eilen, daß es besser ist, in der
Heimat als fern von ihr zu weilen, daß der Übergang ins Jenseits für die Kämpfer dieser Erde
dasselbe ist, wie für die Seefahrer die Landung in einem ruhigen Hafen" (Οὕτω γὰρ ἂν ἧττον
ἀνιῷεν ἡμᾶς οἱ προεκδημήσαντες· ἀλλὰ καὶ ἥδοιεν, εἰ ἐνθένδε ἀπάγων ἡμᾶς ὁ λόγος,

Alfred Rush möchte nachweisen, daß das weiße Trauerkleid im wesentlichen Illustration der Lehre eines ganz bestimmten Jenseitsglaubens ist, und versucht, Belege für die Existenz eines „garment of immortality" in der Vorstellungswelt der frühen Christen zu finden[158]. Allerdings hat sich „weiße Trauerkleidung" in der Alten Kirche nicht durchgesetzt; noch Hieronymus erwähnt in einem auf das Jahr 406 datierten Kondolenzbrief an einen gewissen Julianus *en passant* Trauerkleidung, die offenbar selbstverständlich schwarz beziehungsweise dunkel war:

> Und es mögen dich andere loben und deine Siege über den Teufel mit Panegyriken begleiten, weil du mit frohem Antlitz den Tod deiner Töchter ertragen hast, weil du am vierzigsten Tag ihres Entschlafens das Trauergewand ausgetauscht hast und die Weihe (*dedicatio*) der Gebeine der Märtyrer dir weiße Kleider zurückgegeben hat[159].

Julianus nahm also die *dedicatio* von Märtyrergebeinen zum Anlaß, die Zeit der öffentlichen Markierung seiner Trauer zu beenden und sich statt dessen an einer kirchlichen Feier zu beteiligen. Hieronymus lobt dieses Verhalten, ohne jedoch die dunkle Trauerkleidung grundsätzlich in Frage zu stellen. Der gelegentliche Verstoß gegen die herkömmliche dunkle Trauerbekleidung, wie er von Gregor von Nazianz geschildert wird, beschränkte sich auch keineswegs auf Christen. So berichtet Chrysostomus von paganen „Griechen", die beim Tod ihrer Kinder[160] in weißen Kleidern erschienen sind, und dies, obwohl sie von der Auferstehung nichts wußten:

> Viele zum Beispiel bei den Griechen, obwohl sie natürlich nichts von der Unsterblichkeit wissen, bekränzen sich selbst, wenn ihre Kinder sterben, und zeigen sich weißbekleidet, um sich an der gegenwärtigen Herrlichkeit (δόξα) zu erfreuen. Du aber hörst nicht einmal für das Zukünftige auf und benimmst dich statt dessen weibisch und wehklagst[161].

ἄνω τιθείη, καὶ τὸ παρὸν ἀηδὲς ἐναποκρύπτοι τῷ μέλλοντι, καὶ πείθοι, ὅτι καὶ αὐτοὶ παρὰ Δεσπότην ἀγαθὸν ἐπειγόμεθα, καὶ βελτίων ἡ κατοικία τῆς παροικίας· καὶ ὅπερ ἐστὶ τοῖς πλέουσι λιμὴν εὔδιος, τοῦτο τοῖς ἐνταῦθα χειμαζομένοις ἡ ἐκεῖσε μετάστασίς καὶ μετάθεσις· Gr. Naz., *Or.* 18,3; PG 35, Sp. 988CD.

[158]   Rush (1941), S. 216-219.

[159]   *Laudent te alii tuasque contra diabolum uictorias panegyricis prosequantur, quod laeto uultu mortes tuleris filiarum, quod in quadragesima die dormitionis earum lugubrem uestem mutaueris et dedicatio ossuum martyris candida tibi uestimenta reddiderit.* Hier., *Ep.* 108,29; CSEL 55, S. 438,21-439,2.

[160]   Ein frühzeitiger Tod der Erben (κληρονόμοι), um den es an dieser Stelle geht, gehörte zum Schlimmsten, was einem antiken Menschen widerfahren konnte, vgl. dazu den Abschnitt zu den Thesen Himmelmanns in Kap. 2.4.

[161]   Πολλοὶ γοῦν παρ' Ἕλλησι, καίτοιγε οὐδὲν περὶ ἀθανασίας εἰδότες, ἐστεφανώθησαν (ἐστεφανώσαντο αὐτοῖς/αὑτῶν), τῶν παίδων αὐτοῖς ἀπελθόντων, καὶ λευχειμονοῦντες ἐφαίνοντο, ἵνα τὴν παροῦσαν καρπώσωνται δόξαν· σὺ δὲ οὐδὲ διὰ τὴν μέλλουσαν παύῃ γυναικιζόμενος καὶ κοπτόμενος. Chrys., *Hom. 31 in Mt.* 4 (PG 57, Sp. 377).

Die Tatsache, daß Aktionen wie die der Mutter Gregors auch von Nichtchristen überliefert sind, schmälert nicht ihre provokative Kraft. Die Aufforderung Cyprians und der Protest der Mutter des Gregor sind damit zwei Beispiele eines Protestes gegen traditionelle Formen der Trauer, der sich nicht
auf die Christen alleine beschränkte.

Bei den vorgestellten Quellen zu den Farben Weiß, Rot und Schwarz finden
sich zusammengefaßt mindestens drei Ebenen möglicher Interpretation:
1. Eine sozialgeschichtliche Ebene: Makrina besteht auf einer Beisetzung in
einfachem dunklen Gewand als Zeichen ihrer Askese, Konstantin legt zum
Sterben den herrschaftlichen Purpur ab, Synesios kritisiert das Tragen von
Purpur und Schmuck in der Trauerzeit.
2. Eine Ebene von Reinheit und Unreinheit: Konstantin trägt *nach* seiner
Taufe ein weißes = reines Gewand, die Mutter des Kaisarios ehrt ihn mit reinen Händen, ein weißes Gewand tragend. Priester paganen wie jüdischen
Kultes tragen weiße Kleider, die vor ritueller Kontamination geschützt werden müssen.
3. Darüber hinaus gehend findet sich in den Texten eine im weitesten Sinne
eschatologisch-theologische Deutung: Jes und IClem assoziieren die Farbe
Weiß mit Sündenfreiheit, was sicher auch in der Tradition des christlichen
Taufgewandes reflektiert wird. Cyprian vermutet, daß die Auferstandenen im
Jenseits weiße Kleider tragen, und Chrysostomus bringt weiße Gewänder mit
der christlichen Auferstehungshoffnung in Verbindung, eine Verknüpfung,
die evtl. auch bei der Aktion der Mutter des Gregor eine Rolle gespielt hat.

3.2.3 Musik in christlichen Ritualen

Der Kontext der Rituale wird nicht nur durch visuell wahrnehmbare Umgebung geprägt—und, wie wir gesehen haben, durch die Rituale auch gestaltet—, sondern auch akustisch Wahrnehmbares gibt es zu beachten. Neben
sprachlichen Äußerungen, auf die noch einzugehen sein wird, spielte *Musik*
bei paganen wie christlichen Ritualen eine Rolle. Dabei sind die folgenden
beiden Musikarten sorgfältig zu unterscheiden:
1. Zunächst wird man bei „Musik" an *Instrumentalmusik* denken, wie wir sie
bei den Bestattungen in Ägypten, Palästina und in der graeco-römischen Welt
beobachtet haben. Insbesondere die Flötenmusik spielte bei paganen Bestattungen ja eine große Rolle (s. Kap. 2.4 und 2.5).

2. Daneben hat es den Quellen zufolge *Vokalmusik* gegeben, wozu die in christlichen Texten so häufig erwähnten ψάλμοι und ὕμνοι gehören.

Instrumentalmusik

Instrumentalmusik fand unter antiken christlichen Autoren grundsätzlich wenige Fürsprecher. Es sind vor allem ethische Fragen[162] und die enge Verbindung mit paganen Vorstellungen[163], die die Kirchenväter zu massiver Kritik an der Instrumentalmusik veranlassen[164]. Auch ihr Einsatz im paganen Opferkult machte sie zur Zielscheibe der Kritik[165]. Tertullian etwa begründet seine Angriffe mit ihrer häufigen Verbindung mit den paganen Größen etwa Minervas und der Musen[166]. Ähnliche Aussagen finden sich in dem pseudocyprianischen, möglicherweise von Novatian verfaßten Brieftraktat *De spectaculis*[167]; darin wird der Teufel (*diabolus*) bezichtigt, Musik und andere „heilige Dinge" (*sancta*) in ungesetzliches Handeln (*illicita*) umgewandelt

---

[162] James McKinnon, The meaning of the patristic polemic against musical instruments, in: ders., The temple, the Church Fathers and early Western chant, CStS 606, Aldershot/Brookfield/Singapore/Sydney 1990, S. 69-82, vertritt gegen Quasten (1973) die These von der ausschließlich ethischen Stoßrichtung der Kirchenväterpolemik. Seine Trennung von Ethik und Religion läßt sich jedoch m. E. für die antiken christlichen Autoren keineswegs so strikt vertreten, wie bereits aus dem im folgenden zit. Text Tertullians deutlich wird.

[163] So durchgängig Quasten (1973).

[164] Die ältesten entsprechenden Aussagen finden sich bei Tat. *Orat.* 1; 22; 33, und in den *Orac. Sib.* 8,113-121; 8,487-500. Vgl. dazu und zum folgenden die entsprechenden Quellenangaben bei James McKinnon, Music in Early Christian Literature, Cambridge 1987.

[165] Vgl. zum Beispiel die Darstellung des Aulosspielers beim Stieropfer auf dem Louvre-Relief (wohl aus der Zeit Hadrians) bei Strong (1961), Taf. 82.

[166] Tert., *De spectaculis* 10,8f: „Es besteht in der Tat ein Patronat des Bacchus und der Venus auch bei den szenischen Künsten. Denn was der Schaubühne eigentümlich und zugehörig ist, die Weichlichkeit in Gebärde und sinnlicher Haltung des Körpers, das opfert man der Venus und dem Bacchus, die beide auch, die eine durch ihr Geschlecht, der andere durch den Schwelgerei, ganz kraft- und energielos sind. Was sich hingegen durch Stimme, Melodie, Instrumente und Schrift vollzieht, das hat zu Vorständen Apollo, die Musen, Minerva und Merkur. O Christ, verabscheust du nun die Dinge, deren Urheber zu verabscheuen du nicht umhin kannst?" (*Et est plane in artibus quoque scaenicis Liberi et Veneris patrocinium. Quae priuata et propria sunt scaenae de gestu et corporis flexu mollitam Veneri et Liberio immolant, illi per sexum, illi per fluxum dissolutis. Quae uero uoce et modis et organis et litteris transiguntur, Apollines et Musas et Mineruas et Mercurios mancipes habent. Oderis, Christiane, quorum auctores non potes non odisse.* CChr.SL 1,1, S. 237,29-36; Übers. Heinrich Kellner, BKV 7). Weitere Aussagen Tertullians über die Musik bei McKinnon (1987), S. 42-45. Auch eine Stelle aus *De corona milit.* wurde in diesem Sinne interpretiert: „Denn durch die Tuba der (Militär-)Kapelle (*aeneatores*) wird der Gestorbene beunruhigt, der darauf wartet, von der Tuba des Engels aufgeweckt zu werden" (*Mortuus enim tuba inquietabitur aeneatoris qui excitari a tuba angeli expectat.* Tert., *cor.* 11,3; CChr.SL 2,2, S. 1056,21f). Darüber hinaus ist diese Passage für Rush (1941), S. 193, Beweis dafür, daß es keine Musiker bei christlichen Bestattungen gegeben hat (in ähnlichem Sinne auch Quasten [1973], S. 225), was sich auf Grund des Kontextes allein aus dem pejorativen Gebrauch des (militärischen) Begriffes der *aeneatores* jedoch nur schwer rechtfertigen läßt. *Aeneatores* werden freilich bei christlichen Autoren im Zusammenhang mit Bestattungsritualen tatsächlich nicht erwähnt, das gleiche gilt für die spezifischeren Bezeichnungen *tubicines, cornicines* und *bucinatores* (zum Wortgebrauch vgl. Suet., *Caes.* 32, und die Erwähnung einer Kohorte CIL 13,6503).

[167] Pseudo-Cypr., *De spectaculis* 3-5.

zu haben[168]. Clemens von Alexandrien verbindet diese Art von Musik direkt mit sittlich ausschweifendem Verhalten, wenn er schreibt:

> Durch Aulosflöten und Psalter und Chorgesang und Reigentänze und ägypti-
> sche Klappern und derartige vergnügungssüchtige ungeordnete Albernheiten
> werden sie ganz gewiß unanständig und ungebildet, dabei machen sie Geräu-
> sche mit Zymbeln und Tympana und erzeugen mit den Instrumenten der Täu-
> schung Klänge. Wie mir scheint, ist ein solches Festmahl ganz einfach ein
> Theater der Trunksucht[169].

Für Clemens ist es wichtig, daß die Musik—wie andere Dinge auch—nur im Rahmen des für den christlichen Glauben Nützlichen eingesetzt wird. Zur Ehre Gottes und um körperliche Bedürfnisse zu lindern, wird Musik geduldet:

> Man soll sich mit Musik zur Ordnung der Sitten und zum Anstand be-
> schäftigen ... Aber überflüssige Musik, die die Seele lähmt und in die Vielfalt
> mündet—mal wehklagend, mal ausschweifend und wohlbehaglich, mal in bac-
> chische Begeisterung versetzend und rasend—ist verabscheuenswürdig[170].

Diese ethische Kritik an der Instrumentalmusik ist in der älteren Forschung gegenüber den Vorbehalten wegen ihrer kultischen Nutzung (Musik als Zeichen von Götzendienst) zum Teil vernachlässigt worden[171]. Die stärksten Angriffe auf die Instrumentalmusik kamen aus dem Osten des 4. Jahrhunderts: Insbesondere bei Gregor von Nazianz[172] und Johannes Chrysostomus[173] sind Instrumentalmusik und Vokalmusik zwei sich diametral gegenüberste-

---

[168] Ebd., 3: *Nam quod Helias auriga est Israelis non patronicatur spectandis circensibus; in nullo enim circo cucurrit. Et quod Dauid in conspectu Dei choros egit nihil adiuuat in theatro sedentes christianos fideles; nulla enim obsceni motibus membra distorquens desaltauit Graecae libidinis fabulam. Nabla, cinyrae, tibiae, tympana et citharae Deum cecinerunt, non idolum. Non igitur praescribitur ut spectentur illicita. Diabolo artifice ex sanctis illicita mutata sunt* („Denn damit, daß Elias der Wagenlenker der Israeliten ist, kann nicht das Zuschauen im Circus verteidigt werden; denn er rannte nicht in einem Circus. Und daß David im Angesicht Gottes den Reigen anführte, unterstützt keineswegs das Sitzen gläubiger Christen im Theater; denn David verrenkte seine Glieder nicht mit obszönen Bewegungen und stellte damit auch nicht die Geschichte griechischer Lüsternheit dar. Nablas, Hörner, Flöten, Tympani und Zithern haben deswegen Gott gespielt, also wird damit nicht vorgeschrieben, daß als unrechtmäßige Dinge angesehen werden. Durch die Kunstfertigkeit des Teufels sind aus heiligen Dingen unrechtmäßige gemacht worden", CChr.SL 4, S. 169,3-170,13).

[169] οἱ δὲ ἐν αὐλοῖς καὶ ψαλτηρίοις καὶ χοροῖς καὶ ὀρχήμασιν καὶ κροτάλοις Αἰγυπτίων καὶ τοιαύταις ῥαθυμίαις σάλοι ἄτακτοι καὶ ἀπρεπεῖς καὶ ἀπαίδευτοι κομιδῇ γίγνοιντο ἄν κυμβάλοις καὶ τυμπάνοις ἐξηχούμενοι καὶ τοῖς τῆς ἀπάτης ὀργάνοις περιφοφούμενοι· ἀτεχνῶς γάρ, ὡς ἐμοὶ δοκεῖ, θέατρον μέθης τὸ τοιοῦτον γίνεται συμπόσιον. Clem. Al., *Paed.* 2,4 (GCS 12,181,21-182,1). Weitere Bemerkungen zu dieser Haltung zur Musik finden sich im *Paed.* 3,11, und in den *Str.*, 5,4,19; 6,11,88; 7,7,35; 7,7,49; 7,16,102.

[170] Ἀπτέον ἄρα μουσικῆς εἰς κατακόσμησιν ἤθους καὶ καταστολήν...περιττὴ δὲ μουσικὴ ἀποπτυστέα ἡ κατακλῶσα τὰς ψυχὰς καὶ εἰς ποικιλίαν ἐμβάλλουσα τοτὲ μὲν θρηνώδη, τοτὲ δὲ ἀκόλαστον καὶ ἡδυπαθῆ, τοτὲ δὲ ἐκβακχευομένην καὶ μανικήν. Clem. Al., *Str.* 6,11,90 (GCS 3, S. 476,27-477,7).

[171] So v.a. noch Quasten (1973).

[172] Gregor wendet sich beispielsweise gegen die pagane Aulos-Musik (Gr. Naz., *Contra Julianum* 1,70) und gegen Instrumentalmusik mit Klatschen (κρότος), τύμπανα und αὐλοί (ebd. 2,35).

[173] Chrys., *Hom. 56 in caput XXIX Gen* und *Hom. 42 in Acta Apostolorum* 3 sprechen sich ebenfalls gegen Musik mit αὐλός und κύμβαλον aus.

hende Größen[174], deren Gegensatz zum Gegenstand rhetorischer Antagonismen wird[175].

In einigen Texten werden Instrumentalmusiker von der Taufe ausgeschlossen[176], sogar die Exkommunikation wird angedroht, falls ein Kantor etwa das Kithara-Spielen lernen zu sollen meint[177].

James McKinnon kommentiert die Aussagen der patristischen Texte folgendermaßen:

> It is significant ... that no Church Father ever complained of the church being turned into a theater. If it had ever occurred to Christian communities of the third and fourth centuries to add instruments to their singing, indignation over this would have resounded throughout patristic literature and ecclesiastical legislation ... [This] is the strongest possible evidence that they were simply not used in the early church[178].

Vor diesem Hintergrund darf man annehmen, daß sich die Instrumentalmusik auch nicht dauerhaft als Bestandteil der Todesrituale bei den Christen etablieren konnte[179]. Tatsächlich wird Instrumentalmusik in diesem Zusammenhang meines Wissen in keiner christlichen Quelle erwähnt. Ein Leichenzug mit Flöten-, Horn- und Tubabläsern, wie er auf dem bereits mehrfach erwähnten Amiternum-Relief dargestellt ist, wurde zumindest von den erwähnten Autoritäten nicht sanktioniert. Je größer der Einfluß der zitierten Gedanken und der erwähnten Kirchenväter in einer Gemeinde war, desto weniger wird Instrumentalmusik bei Bestattungen und anderen Todesritualen eine Rolle gespielt haben[180].

---

[174] S. dazu ausführlich McKinnon (1990), S. 69-82.

[175] Chrysostomus wendet sich ausdrücklich gegen das Spielen von Auloi und Zymbeln als Totenklage, und zwar in einem sarkastischen Ton: Καλά γε τῶν ἀρχισυναγώγων τὰ τεκμήρια, ἐν τῷ ἀποθανεῖν αὐλοὶ καὶ κύμβαλα θρῆνον ἐγείροντες. Τί οὖν ὁ Χριστός; Τοὺς μὲν ἄλλους ἅπαντας ἐξέβαλε ... („Ein schönes Zeichen der Synagogenvorsteher, wenn im Sterben Auloi und Zimbeln die Totenklage anstimmen. Was tat nun Christus? Er warf alle anderen [= alle außer den Eltern des verstorbenen Kindes] hinaus ...“) Chrys., *Hom. 31 in Mt* 2 (PG 57, Sp. 373,11-14).

[176] So etwa in den *Const. App.* 8,31.

[177] *Canones Basilii* 74.

[178] McKinnon (1990), S. 77f. McKinnons Schluß *e silentio* stellt hier sicherlich nicht die stärkste Argumentation dar, sie stimmt aber überein mit dem übrigen Befund und mag für unsere Fragestellung genügen.

[179] Basilius von Cäsarea allerdings kennt noch die Rolle, die Instrumentalmusik in der Totenklage spielte, obgleich er die generelle Verurteilung der Instrumente mit den anderen Kirchenvätern teilt: Εἶτα πόρρω προϊόντος τοῦ πότου, αὐλοὶ καὶ κιθάραι καὶ τύμπανα, κατὰ μὲν τὴν ἀλήθειαν ἀποθρηνοῦνται τοὺς ἀπολλυμένους κατὰ δὲ τὴν ἐπιτήδευσιν τῶν μεθυόντων, ὥστε αὐτοῖς πάσας τῆς ψυχῆς τὰς ἡδονὰς τῇ μελωδίᾳ διεγερθῆναι · („Wenn ferner dann das Trinkgelage fortgeschritten ist, kommen Auloi, Kitharai und Tympana; in Wahrheit werden damit die Verlorenen beklagt, bei der Beschäftigung der Betrunkenen aber sind sie dazu da, daß mit ihnen alle Seelen der Genußsucht mit der Melodie erweckt werden“), Bas., *In Isaiam prophetam* 5,155 (PG 30, Sp. 373A, 3-7).

[180] Zu weiteren Quellen, die diese Ansicht unterstützen, s. Quasten (1973), S. 103-110.

Vokalmusik

Anders sieht es jedoch mit der *Vokalmusik* in den Ritualen der antiken christlichen Gemeinden aus. Hier geht es um ein großes und kontrovers diskutiertes Gebiet. Ohne die einzelnen Diskussionen hier ausführlich berücksichtigen zu können, läßt sich doch zumindest sagen, daß spätestens im dritten Jahrhundert liturgische Gesänge in den meisten Gemeinden zum täglichen Leben gehörten. Sie tauchen jedenfalls in den Quellen sehr regelmäßig auf, wobei der genaue Verlauf der Entwicklung nach wie vor umstritten ist[181].

Während in den altkirchlichen Quellen Vokalmusik mit den Begriffen *psalmus, hymnus, canticum* und *carmen* beziehungsweise ψαλμός, ὕμνος und ῷδή bezeichnet wird[182], begegnen in den die Bestattungen betreffenden Texten nur *psalmus* und *hymnus* beziehungsweise ψαλμός und ὕμνος. Dieses Begriffspaar[183] wird von Klaus Thraede als „stehende Junktur" antiker christlicher Texte bezeichnet:

> In vielen dieser Texte darf man die Wendung *hymnum dicere (canere)* gewiß so verstehen, daß wirklich, wie Augustin wollte, ein gesungener Hymnus (Text des Psalters) gemeint ist. Trotz des Wortpaars *hymni et psalmi* gilt das für *psalmus* schwerlich ... [Auch] kann aus Wendungen wie *hymni canere* keineswegs auf gesungene Formen geschlossen werden, spricht doch auch Apuleius vom Vortrag seiner in griechischer wie lateinischer Prosa verfaßten Hymnen ... als von *hymnum canere* ... Die christliche Rezitation von *psalmi et hymni* wird man sich demgemäß wohl als Sprechgesang vorzustellen haben; die Abgrenzung zum Lied ist, sooft ein Reden im *accentus* vorausgesetzt zu sein scheint, nicht leicht[184].

Eine genaue definitorische Abgrenzung zwischen „Psalmen" und „Hymnen" ist in vielen Fällen nicht einfach. So ist der Unterschied etwa bei Basilius von Caesarea, Gregor von Nyssa und Gregor von Nazianz weitgehend nivel-

---

[181] Vgl. die unterschiedlichen Darstellungen bei Josef Kroll, Die Hymnendichtung des frühen Christentums, in: Antike 2 (1926), S. 257f, sowie ders., Die christliche Hymnodik bis zu Klemens von Alexandrien, 2. Aufl. Darmstadt 1968; dagegen Patrick Gerard Walsh, Art. Hymnen I., TRE 15, 1986, S. 756-762; Christian Hannick, Art. Hymnen II., TRE 15, 1986, S. 762-770; Klaus Thraede, Art. Hymnus I, in: RAC 16, 1994, Sp. 915-946. Die Einführung des Gesanges von *psalmi et hymni* „nach orientalischem Ritus" in Mailand wird von Augustin in den *Confessiones* anschaulich beschrieben; von dort habe sich diese Sitte, gemeint ist vermutlich vor allem der mehrstimmige Gesang, in der ganzen westlichen Welt ausgebreitet (Aug., *Conf.* 9,7). Die große Zahl an Hymnen, die unter dem Namen des Ambrosius verbreitet wurden, bezeugt den nachhaltigen Erfolg seiner Musik.
[182] S. dazu den Überblick bei Thraede (1994), Sp. 915-946. ῷδή wird in den lat. Texten in der Regel zu *canticum*. Vgl. dazu Lattke (1991), S. 229.
[183] S. schon Kol 3,16 und Eph 5,19.
[184] Thraede (1994), Sp. 921. Vgl. dazu die obige Bemerkung zum *Hymnus circa exsequias defuncti* des Prudentius.

liert[185]. Der Psalmengesang läßt an einen jüdischen Einfluß bei dieser Praxis denken, allerdings wissen wir weder genau, seit wann die Psalmodie fester Bestandteil der Bestattungen des Judentum waren (vgl. Kap. 2.3), noch inwieweit sich die Christen zur jeweiligen Zeit an jüdischen Kasualriten orientierten. Es hätte ohnehin nahe gelegen, den Psalter als Teil der Heiligen Schrift und vor allem der täglichen Gebetspraxis in die Gemeinderituale einzubeziehen, ohne daß man dies als direkte Abhängigkeit von der rituellen Praxis des zeitgenössischen Judentums werten muß.

Die Anlässe für christliche Vokalmusik waren bis ins 4. Jahrhundert nicht allzusehr beschränkt[186]. Cyprian etwa empfiehlt generell, auch im täglichen Familienleben *psalmi* zu „singen", wenn sich die Gelegenheit dazu ergibt, etwa beim gemeinsamen Mahl[187], eine Empfehlung, die auch Johannes Chrysostomus später nachdrücklich wiederholt[188]. Im Gottesdienst (und, falls die Bemühungen Cyprians und Chrysostomus' gefruchtet haben, auch im Leben der *familia*) hatte die christliche Vokalmusik also ihren Platz. Aus diesem Grund ist es nicht überraschend, daß wir auch im Zusammenhang mit Bestattungen und anderen Todesritualen auf Quellen treffen, die von solcher Musik Zeugnis geben.

Rekonstruierbare Musik im engeren Sinn mit Notation o.ä., wie wir sie etwa bei den paganen Hymnen des Mesomedes haben[189], fehlt bisher. Die Aussagen der christlichen Autoren gestatten jedoch eine ungefähre Vorstellung davon, welche Rolle die *psalmi et hymni* bei Beerdigungen spielen konnten. Die ältesten schriftlichen Zeugnisse für Musik am Grab stammen aus dem 4. Jahrhundert. Eine Inschrift im Coemeterium Cyriakas an der Via Tiburtina lautet etwa:

Mit Hymnen ist sie von uns zur Ruhe des Friedens überführt worden[190].

In einer zweiten, aus Umbrien und wohl aus dem Jahr 373 stammenden, heißt es:

---

[185]   Vgl. auch Lattke (1991), S. 286-290.
[186]   Zur Rolle der Vokalmusik im aufkommenden Mönchtum vgl. die Zitate von Athanasius, Pachomius, Evagrius Ponticus und Palladius, zusammengestellt bei McKinnon (1987), S. 55-60. Auch in der *Vita Macrinae* des Gregor von Nyssa wird ein mönchisches Ideal vom Umgang mit dem Psalter deutlich (Gr. Nyss., *V.Macr.* 992D).
[187]   Cyp., *Ad Donatum* 16.
[188]   Chrys., *Hom. in Ps 41,2.*
[189]   Von dem Griechen Mesomedes, Lyriker am Hofe Hadrians, sind seit 1906 elf Hymnen bekannt, zu dreien davon ist auch die diatonische Musiknotation überliefert worden. Text bei Ernst Heitsch, Die griechischen Dichterfragmente der römischen Kaiserzeit I, AGWG.PH 3. Ser. 49, Göttingen 1963, S. 24-32. Vgl. dazu Egert Pöhlmann, Denkmäler altgriechischer Musik, in: Erlanger Beiträge zur Sprach- und Kunstwissenschaft 31 (1971), S. 14-21.
[190]   HYMNIS EST A NOBIS AD QUIETEM PACIS TRANSLATA, ILCV 2,4711.

Wir singen dir Psalmen, Aurelia Yguia, die gelebt hat 39 Jahre[191].

Aurelius Augustinus erwähnt das Singen von Psalmen bei der Beerdigung seiner Mutter Monnica in den *Confessiones*:

> Nachdem wir also den Knaben beruhigt hatten, ergriff Evodius das Psalmenbuch und fing an, einen Psalm zu singen. Das ganze Haus antwortete ihm: „Deine Barmherzigkeit und dein Gericht will ich rühmen, Herr"[192]. Auf die Nachricht von ihrem Tode kamen viele Brüder und fromme Frauen, und während jene, deren Amt es war, dem Herkommen gemäß das Begräbnis besorgten, zog ich mich zurück und besprach dort, wo ich dies schicklich tun konnte, mich mit denen, die mich in meinem Schmerze nicht verlassen zu dürfen glaubten[193].

Auch sein Freund Evodius, Bischof von Uzala, erwähnt die Vokalmusik im Zusammenhang mit der Bestattung eines jungen Christen, des Sohnes des Presbyters Armenus von Melonita. In einem an Augustin gerichteten Brief redet er von *hymni*, die direkt am Grab gesungen werden:

> Wir begingen seine Bestattung mit angemessenen Ehren und wie es einer so großen Seele würdig war; über seinem Grab lobten wir nämlich drei Tage lang den Herrn mit Hymnen, und wir brachten die Sakramente (*sacramenta*) der Erlösung am dritten Tag dar[194].

In beiden Texten, dem Brief und den „Bekenntnissen", erfüllt die Erwähnung des Psalmen- beziehungsweise Hymnengesanges zunächst eine Funktion innerhalb der Argumentation in einer ganz anderen Frage. Thema des *Confessiones*-Abschnittes ist die Überwindung der unüberwindbar scheinenden Trauer Augustins um seine Mutter: Der Versuch, dies durch heiße Bäder zu erreichen, mißlingt[195]; nur durch den praktizierten christlichen Glauben kann der Schmerz überwunden werden. Der Psalmengesang *omnis domus*, des „ganzen Hauses", repräsentiert innerhalb dieses Textes mithin die Stärke und den familialen Charakter der christlichen Gemeinschaft. Die Erwähnung der Musik hat also nicht zum Ziel, das, was unter Christen damals üblich war, hi-

---

[191] ... SALMOS.TIBIQVE.DICAMVS
AVRELIA.YGVIA.QVE VIXIT ANNIS.XXXVIIII..., CIL 11,4629. Vgl. dazu Henri Leclercq, Art. Funérailles, in: DACL 5.2, S. 2714, und Quasten (1973), S. 231.

[192] Ps 100,1.

[193] *Cohibito ergo a fletu illo puero psalterium arripuit Euodius et cantare coepit psalmum. Cui respondebamus omnis domus: Misericordiam et iudicium cantabo tibi, domine. Audito autem, quid ageretur, conuenerunt multi fratres ac religiosae feminae, et de more illis, quorum officium erat, funus curantibus ego in parte, ubi decenter poteram, cum eis, qui me non deserendum esse censebant.* Aug., *Conf.* 9,12 (CChr.SL 27, S. 150,25-151,31; Übers. Alfred Hoffmann, BKV 18, S. 210).

[194] *Exequias praebuimus satis honorabiles et dignas tantae animae; nam per triduum hymnis dominum conlaudauimus super sepulcrum ipsius et redemptionis sacramenta tertio die obtulimus.* Aug. *Ep.* 158,2 (CSEL 44, S. 490,8-11).

[195] Aug. zit. in *Conf.* 9,12, das griechische Wort βαλανεῖον (Bad), weil die Griechen sagten, daß das Bad die Trauer verscheuche (dahinter steht wohl die Ähnlichkeit zu βάλλειν [ἀνίαν] = „die Trauer verjagen"; vgl. den Kommentar Alfred Hoffmanns, BKV 18, S. 211).

storisch korrekt zu berichten—gleichwohl ist dies damit auch nicht ausge-schlossen. Im Brief des Evodius dient der Bericht von der Bestattung des Sohnes des Armenus dazu zu zeigen, wie sehr der fromme Jüngling, eine *tanta anima*, in der Gemeinde geschätzt wurde. Die Betonung liegt auf dem *triduum*, den drei Tagen, die sich die Begleiter am Grab aufhielten, um für ihn zu beten. Neben der bemerkenswerten Selbstverständlichkeit, mit der die Eucharistie am dritten Tag erwähnt wird[196], ist der dreitägige Lobgesang also eher eine Ausnahme angesichts des Todes eines herausragenden Christen.

In einer Bemerkung des Hieronymus werden Psalmen aus „christlicher Tradition" (*ex Christiana traditione*—wie das bei Christen üblich ist) gesun-gen, während eine Leiche zum Grab getragen wird:

> Als also die Leiche eingehüllt und vor die Tür gebracht war und Psalmen aus christlicher Tradition gesungen worden waren, wurde Antonius betrübt, weil er keine Hacke hatte, mit der er die Erde ausgraben konnte[197].

Auch hier handelt es sich wieder nicht um eine gewöhnliche Bestattung, son-dern um ein Ritual im Rahmen der sich in dieser Zeit entwickelnden monasti-schen Tradition, die in liturgischen Dingen im 4. Jahrhundert über die Mönchsgemeinschaften hinaus einflußreich wurde[198].

Auch bei der Bestattung der in Rom gestorbenen Fabiola sollen nach Hie-ronymus Psalmen gesungen worden sein, auch wenn er hier sicher ebenfalls seine Beschreibung des Psalmengesanges idealisiert:

> Schon versammelte die fliegende Kunde, Botin so großer Trauer[199], das Volk der ganzen Stadt zu ihrer Beerdigung. Psalmen ertönten, und die vergoldeten Dächer der Tempel bebten vom widerhallenden Halleluja in der Höhe[200].

In der *Ep. 108* liefert Hieronymus schließlich eine dazugehörige Erklärung. Zumindest bei den Mönchen ersetzt danach der christliche Psalmengesang

---

[196] S. dazu Kap. 3.3.1.1 und 3.3.5.

[197] *Igitur obuoluto et prolato foras corpore, psalmis quoque ex Christiana traditione can-tatis, contristabatur Antonius, quod sacrulum, quo terram foderet, non haberet* (Text nach MS. Veronens., PL 23, Sp. 27C, 39—28A, 1). Migne druckt die Edition des Domenico Vallarsi, die folgende Überlieferung vorzieht: *Igitur obuoluto et prolato foras corpore, hymnos quoque et psalmos de Christiana traditione decantans, contristabatur Antonius, quod sacrulum, quo ter-ram foderet, non haberet.* Hier., *V. S. Pauli* 16 (PL 23, Sp. 27C, 39—28A, 1). Für die Fassung der Veroner Handschrift spricht die Logik der Partizipialform und die Tatsache, daß mit *hymnos quoque et psalmos* das vermutlich ursprüngliche *psalmis* zur verbreiteten Formel *hymnos quo-que et psalmos* erweitert wurde—womit zugleich eindrücklich die Konventionalität des Begrif-fes *psalmos et hymnos* belegt wird.

[198] S. dazu Kap. 3.3. Vgl. zu dieser These Paul F. Bradshaw: Daily prayer in the early Church. A study of the origin and early development of the divine office, London 1981.

[199] Verg., *Aen.* 11,139.

[200] *Iam fama uolans, tanti praenuntia luctus, totius urbis populos exsequias congregabat. Sonabant psalmi et aurata templorum tecta reboans in sublime alleluia quatiebat.* Hier., *Ep. 77,11* (CSEL 77, S. 48,11f).

die laute Wehklage (*ululatus et planctus*) der „Menschen der Welt":

> Danach gab es keine Klage und kein lautes Trauern, wie es bei den Menschen
> der Welt üblich ist, sondern Chöre von Mönchen stimmten Psalmen in ver-
> schiedenen Sprachen an[201].

Hinweise auf die Bedeutung der Vokalmusik bei christlichen Bestattungen
gibt auch die *literarische Hymnodik*.

> Zwei solche erhaltenen Texte thematisieren ganz explizit den Tod des Christen.
> Der erste Text, der *hymnus circa exsequias defuncti*, ist unter dem Namen des
> Prudentius (geb. 348) überliefert, der zweite das in unterschiedlichen Quellen
> tradierte und vermutlich aus der Zeit um 500 stammende *Carmen de resurrec-
> tione mortuorum et de iudicio Domini*, unter dem Pseudonym Cyprians[202]. Zu
> den philologischen Problemen beider Texte gibt es inzwischen neuere Beiträ-
> ge[203].
>
> Beide Texte erörtern eschatologisch-theologische Themen in einer Form,
> die auf die existierende Hymnodik anspielt, jedoch eher in der Tradition ande-
> rer, zur Veröffentlichung bestimmter literarischer Texte steht (Panegyrik etc.).
> Wenn sie deshalb auch keine direkten Rückschlüsse auf musikalische Formen
> als Teil der Rituale erlauben, so würde diese Anspielung doch keinen Sinn ha-
> ben, wenn zur Entstehungszeit nicht—freilich literarisch weit weniger komple-
> xe—*hymni circa exsequias defuncti* bereits einen Platz in den gemeindlichen
> Ritualen gehabt hätten.

Auch aus dem Osten gibt es aus dem vierten Jahrhundert eine ganze Reihe
von Berichten, die ψαλμοί und ὕμνοι bei Bestattungen und beim Totengedenken erwähnen.

> Dies ist ganz evident bei den neuen monastischen Bewegungen des 4. Jahrhun-
> derts. So gehen die Vorschriften des Pachomius wie selbstverständlich davon
> aus, daß bei der Bestattung eines toten Mönches die Brüder Psalmen singen
> (ψάλλειν)[204]. In seiner *Vita* wird dies explizit als „Brauch von Mönchen" be-
> zeichnet[205].
>
> In der *Vita Macrinae* beschreibt Gregor von Nyssa die Beerdigung seiner
> Schwester Makrina. Dabei habe es nicht nur den üblichen vermischten
> Psalmengesang der trauernden Gemeinde gegeben, sondern auf Gregors Initia-
> tive hin wurden Frauen und Männer so geteilt, daß der Psalmengesang in koor-

---

[201] *Exhinc non ululatus et planctus ut inter saeculi homines fieri solet, sed psalmos mona-
chorum diuersis linguis examina concrepabant.* Hier., *Ep.* 108,29 (CSEL 55,348,1-3).
[202] Der Titel *Carmen de resurrectione mortuorum et de iudicio Domini* ist eine Konstruktion des Herausgebers der ersten kritischen Ausgabe, Jan Hendrik Waszink, der die beiden zu-
sammengehörenden, aber getrennt überlieferten Gedichte *De resurrectione mortuorum* und *De
iudicio Domini* in seiner Edition kombinierte (s. Jan Hendrik Waszink, *Carmen de resurrectione
mortuorum et de iudicio Domini*, FlorPatr.S 1, Bonn 1937).
[203] S. vor allem Jan Hendrik Waszink, Einige Bemerkungen über den Text des *Carmen de
resurrectione mortuorum et de iudicio Domini*, in: Theodor Klauser u.a. (Hg.), Jenseitsvorstellungen in Antike und Christentum. Gedenkschrift für Alfred Stuiber, JAC.E 9, 2. Aufl. Münster
1988, S. 79-85; Klaus Thraede, „Auferstehung der Toten" im Hymnus ante cibum des Prudentius (cath. 3,186/205), ebd., S. 68-78.
[204] Pach., *Praecepta* 127f.
[205] *Vita Graeca prima* 103.

dinierter und wohlklingender Form erfolgen konnte:

„Als wir aber bei diesen Dingen waren und die Psalmengesänge (ψαλμῳδίαι) der Jungfrauen, mit der Totenklage (θρῆνος) vermischt, den Ort erfüllten, da strömten auf das Gerücht hin, das sich, ich weiß nicht wie, ringsum überall zugleich verbreitet hatte, alle Umwohner zu dem Ereignis zusammen, so daß der Vorplatz nicht ausreichte, die Zusammenströmenden aufzunehmen. Als nun die Nachtfeier (παννυχίς) mit Hymnen für sie—wie bei einem Fest der Märtyrer—beendet war und der Morgen anbrach, störte die Menge der aus der ganzen Umgebung zusammengekommenen Männer und auch Frauen mit ihrem Jammergeschrei (οἰμωγή) den Psalmengesang; ich aber suchte, auch wenn die Seele wegen des Unglücks schlecht gestimmt war, soweit es den Umständen nach möglich war, nichts von dem zu unterlassen, was für eine solche Bestattung angemessen war. Ja, ich teilte das zusammenströmende Volk nach Geschlecht ein, vermischte die Menge der Frauen mit der Schar der Jungfrauen, das Volk der Männer aber mit der Schar der Mönche und sorgte wie bei einem Chor für einen einheitlichen, wechselseitig geordneten und harmonischen Psalmengesang, in dem die Stimmen aller passend vereinigt waren"[206].

Der Kirchenhistoriker Sozomenus berichtet in ähnlicher Weise von antiphonem Psalmengesang bei der Überführung und Bestattung des vermutlich 381 in Konstantinopel gestorbenen Bischofs Meletius:

„Die Überreste wurden zu dieser Zeit nach Antiochia überführt und bei dem Grab des Märtyrers Babylas bestattet. Man sagt, daß sie auf dem ganzen Weg gemäß einer Anordnung des Kaisers innerhalb der Mauern in den Städten empfangen wurden im Gegensatz zu dem, was bei den Römern gestattet war; sie wurden dabei abwechselnd mit Psalmengesängen von Ort zu Ort geehrt, bis sie nach Antiochia gebracht wurden"[207].

Auch die im Osten anzutreffende Tradition, derzufolge Engel das Sterben und die Bestattung ausgezeichneter Menschen mit Gesängen begleiten und sogar das Begräbnis ganz übernehmen, ist vielleicht ein Hinweis auf die Verbreitung christlicher Vokalmusik bei der Bestattung[208].

---

[206] ὡς δὲ ἡμεῖς ἐν τούτοις ἦμεν, καὶ αἱ ψαλμῳδίαι τῶν παρθένων τοῖς θρήνοις καταμιχθεῖσαι περιήχουν τὸν τόπον, οὐκ οἶδ' ὅπως ἐν κύκλῳ πανταχόθεν ἀθρόως τῆς φωνῆς διαχεθείσης, πάντες οἱ περιοικοῦντες ἐπὶ τὸ πάθος συνέρρεον, ὡς μηκέτι τὸ προαύλιον ἱκανὸν εἶναι χωρεῖν τοὺς συντρέχοντας. τῆς οὖν παννυχίδος, περὶ αὐτὴν ἐν ὑμνῳδίαις, καθάπερ ἐπὶ μαρτύρων πανηγύρεως, τελεσθείσης, ἐπειδὴ ὄρθρος ἐγένετο, τὸ μὲν πλῆθος τῶν ἐκ πάσης τῆς περιοικίδος συρρυέντων ἀνδρῶν ἅμα καὶ γυναικῶν, ἐπεθορύβει ταῖς οἰμωγαῖς τὴν ψαλμῳδίαν· ἐγὼ δέ, καίτοι γε κακῶς τὴν ψυχὴν ὑπὸ τῆς συμφορᾶς διακείμενος, ὅμως ἐκ τῶν ἐνόντων ἐπενόουν, ὡς ἦν δυνατόν, μηδὲν τῶν ἐπὶ τοιαύτῃ κηδείᾳ πρεπόντων παραλειφθῆναι. ἀλλὰ διαστήσας κατὰ γένος τὸν συρρυέντα λαόν, καὶ τὸ ἐν γυναιξὶ πλῆθος τῷ τῶν παρθένων συγκαταμίξας χορῷ, τὸν δὲ τῶν ἀνδρῶν δῆμον τῷ τῶν μοναζόντων τάγματι· μίαν ἐξ ἑκατέρων εὔρυθμόν τε καὶ ἐναρμόνιον, καθάπερ ἐν χοροστασίᾳ, τὴν ψαλμῳδίαν γενέσθαι παρεσκεύασα, διὰ τῆς κοινῆς πάντων συνῳδίας εὐκόσμως συγκεκραμένην· Gr. Nyss., V.Macr. 992D (GNO 8,1, S. 406,22-407,13). S. dazu auch Kap. 3.3.2.3.

[207] περὶ δὲ τὸν αὐτὸν τοῦτον χρόνον καὶ τὸ Μελετίου λείψανον διεκομίσθη εἰς Ἀντιόχειαν καὶ παρὰ τὴν θήκην Βαβύλα τοῦ μάρτυρος ἐτάφη. Λέγεται δὲ διὰ πάσης τῆς λεωφόρου κατὰ βασιλέως πρόσταγμα ἐντὸς τειχῶν εἰς τὰς πόλεις εἰσδεχθῆναι παρὰ τὸ νενομισμένον Ῥωμαίοις, ἀμοιβάδον τε ὑπὸ ψαλμῳδίαις ταῖς κατὰ τόπον τιμώμενον ἕως Ἀντιοχείας διακομισθῆναι. Soz., H.e. 7,10,5 (GCS.NF 4, S. 313,24-29). Zu dieser noch in anderer Hinsicht bemerkenswerten Stelle s. Kap. 3.2.1.

[208] In diesem Sinne dazu J. Michl, Art. Engel IV (christlich), in: RAC 5, 1962, Sp. 169 (mit Quellenhinweisen).

In den Apostolischen Konstitutionen spielt das Singen (ψάλλειν) ebenfalls eine Rolle. Sowohl beim Totengedenken und in der Märtyrerverehrung als auch bei der Beerdigung von Gemeindegliedern wird zum Psalmensingen als eigener ritueller Form aufgefordert[209].

Insbesondere Johannes Chrysostomus hat den Psalmengesang bei christlichen Bestattungen in direktem Gegensatz zur Totenklage gesehen[210], wie dies auch bei Gregor von Nyssa bereits angeklungen ist. Chrysostomus erwähnt dabei die beiden Begriffe ψαλμῳδίαι und ὕμνοι:

> Sag mir, was wollen die brennenden Fackeln? Ist es nicht so, daß wir sie (die Toten) vor uns herschicken wie Läufer? Was aber ist der Grund für die Hymnen? Loben wir nicht Gott und danken wir ihm nicht, weil er den Davongegangenen gekrönt hat und vom Leiden befreit, und weil Gott den Verstorbenen, befreit von Furcht, bei sich selbst hat? Ist dies nicht der Grund für die Hymnen? Ist dies nicht der Grund für die Psalmen? Alles dies ist Ausdruck derer, die sich freuen. *Freut sich einer, heißt es, er soll singen*[211].[212]

An einer anderen Stelle, in seiner Schrift über die Heiligen Bernice und Prosdoce, behauptet er, die Psalmen und Hymnen hätten die Trauer und die Wehklage am Grab vollständig ersetzt:

> Am Anfang gab es etwas Trauer und Wehklagen über den Toten, jetzt aber Psalmen und Hymnen ... damals war der Tod Tod: jetzt aber ist das nicht mehr so, sondern die Hymnen, Gebete und Psalmen, sie alle machen deutlich, daß die Sache eine freudige Seite hat. Die Psalmen sind nämlich Zeichen der Freude. *Freut sich einer bei euch? Er soll singen*[213]. Weil wir voller Freude sind, deswegen singen wir über den Toten Psalmen, die über das Ende triumphieren lassen[214].

---

[209] *Const. App.* 6,30,2—s. das vollständige Zitat in Kap. 3.3.5. Vgl. dazu die ganz ähnliche Stelle in den sog. *Canones Athanasii* 100 aus der Theologischen Enzyklopädie des Sams alRiasah Abu 'lBarakat Ibn Kibr, zit. bei Wilhelm Riedel, Die Kirchenrechtsquellen des Patriarchats Alexandrien, Nachdr. Aalen 1968, S. 58.

[210] Diesen Quellen folgend ordnet Quasten die Totenklage als eine Form der musikalischen Betätigung in seine Arbeit über die antike Musik ein: „Wenn wir nun die verschiedenen Stadien der heidnischen Totentrauer durchgehen, so zeigt sich deutlich, wie die Musik im Mittelpunkt des ganzen Trauerritus stand. Ist der Tod eingetreten, so beginnt nach erfolgter Aufbahrung die Totenklage angesichts der ausgestellten Leiche", Quasten (1973), S. 195. Auch wenn eine Definition des Begriffes „Musik" immer einer gewissen Bandbreite unterworfen ist, wie der Begriff ψάλλειν deutlich gemacht hat, so halte ich doch die Totenklage für ein von der Musik zu unterscheidendes Phänomen, so daß sie hier in einem besonderen Kapitel (3.3.2.3) behandelt wird.

[211] Jak 5,13.

[212] εἰπὲ γάρ μοι, τί βούλονται αἱ λαμπάδες αἱ φαιδραί; οὐχ ὡς ἀθλητὰς αὐτοὺς προπέμπομεν; τί δὲ οἱ ὕμνοι; οὐχὶ τὸν θεὸν δοξάζομεν καὶ εὐχαριστοῦμεν ὅτι λοιπὸν ἐστεφάνωσε τὸν ἀπελθόντα, ὅτι τῶν πόνων ἀπήλλαξεν, ὅτι τῆς δειλίας ἐκβαλὼν ἔχει παρ᾽ ἑαυτῷ; οὐ διὰ τοῦτο ὕμνοι; οὐ διὰ τοῦτο ψαλμῳδίαι; ταῦτα πάντα χαιρόντων ἐστίν. Εὐθυμεῖ γάρ, φησί, τίς; ψαλλέτω. Chrys., *Hom. 4 in Hebr.* 5 (PG 63, Sp. 43,4-11).

[213] Vgl. Jak 5,13.

[214] διὰ τοῦτο παρὰ μὲν ἀρχὴν ἐπὶ τοῖς νεκροῖς κοπετοί τινες ἐγίγνοντο καὶ θρῆνοι, νῦν δὲ ψαλμοὶ καὶ ὑμνῳδίαι...ἐπειδὴ θάνατος τότε ὁ θάνατος ἦν· νυνὶ δὲ οὐχ οὕτως, ἀλλὰ ὑμνῳδίαι καὶ εὐχαὶ καὶ ψαλμοί, δηλούντων ἁπάντων, ὅτι ἡδονὴν ἔχει τὸ πρᾶγμα· οἱ γὰρ ψαλμοὶ εὐθυμίας σύμβολον· εὐθυμεῖ γάρ τις, φησίν, ἐν ὑμῖν; ψαλλέτω.

Chrysostomus' Worte sind eher als Aufforderung denn als Beschreibung all-täglicher Beerdigungspraxis zu verstehen. Seine zahlreichen und unablässig wiederholten Attacken auf die so hartnäckig bekämpfte Totenklage zeigen, daß ihm letztendlich mit diesen Appellen kein voller Erfolg beschieden war[215].

Zusammenfassend läßt sich dreierlei festhalten:

1. *Instrumentalmusik* ist den untersuchten Quellen praktisch unbekannt. Auch wenn es in früher Zeit auch bei Christen Begräbnisse mit Instru-mentalmusik gegeben haben mag, so hat sich diese Tradition in christli-chen Kreisen offenbar nicht halten können. Neben der dezidiert negativen Einstellung der Kirchenväter, die von christlicher Ethik und dem Bestre-ben nach Abgrenzung von mit paganem Kult assoziierten Gewohnheiten motiviert war, mag hier in der früheren Zeit der Wunsch nach unauffälli-gen Bestattungen (*tranquillitate* laut Minucius Felix[216]) eine Rolle ge-spielt haben, wie er uns noch an anderer Stelle begegnet[217]. Wenn zudem die Instrumentalmusik im Gottesdienst der Alten Kirche keinen festen Platz hatte, so muß man dies auch bei den Ritualen um Tod und Bestat-tung um so mehr annehmen, je mehr sich diese gottesdienstlichen Formen annäherten.

2. *Vokalmusik* dagegen begegnet in den Quellen häufig; ihre Erwähnung dient meist dazu, etwa die Frömmigkeit oder Exzeptionalität der Betei-ligten und der Umstände besonders zu betonen, und muß deshalb zu-nächst als etwas Besonderes—wenn auch Bekanntes und durchaus Ver-breitetes—betrachtet werden. Die Texte rufen dezidiert zur Nachahmung auf, insofern hat diese Art der Funeralmusik Vorbildcharakter. Insbeson-dere bei Chrysostomus und in den Apostolischen Konstitutionen wird die Sanktionierung von Musik in den Todesritualen geradezu Teil eines „Pro-gramms". Mit einer tatsächlichen Nachahmung des in den Texten be-schriebenen (und idealisierten) Psalmen- und Hymnengesangs im funera-

---

Ἐπεὶ οὖν εὐθυμίας ἐσμὲν πεπληρωμένοι, διὰ τοῦτο ψάλλομεν ἐπὶ τοῖς νεκροῖς ψαλμοὺς θαρρεῖν ὑπὲρ τῆς τελευτῆς παρακελευομένους (Chrys., *Bern. et Prosd.*, PG 50, Sp. 634,15-26). Vgl. zu dieser Stelle Quasten (1973), S. 219: „An die Stelle der wechselseitig vorgetrage-nen Wehklagen und Trauerlieder trat bei den Christen der antiphonische Gesang der Psalmen". In diesem Sinne auch Rush (1941), S. 172.

[215] S. dazu insbes. Kap. 3.3.2.3.
[216] Min. Fel., *Oct.* 38,4.
[217] S. dazu Kap. 3.2.1 und 3.3.3.

len Kontext anderer Gemeinden ist durchaus zu rechnen, wie zum Beispiel die Wirkungsgeschichte der Heiligenviten zeigt[218]. Die Quellen erwähnen den Psalmen- und Hymnengesang so häufig, daß man annehmen
darf, daß es tatsächlich Bestattungen und Totengedenkfeiern mit gespro-
chenen oder gesungenen christlichen Texten gab. Je mehr diese Formen
im Rahmen regelrechter Gottesdienste eine Rolle spielten—was sich spätestens seit der Zeit Konstantins zeigen läßt—, um so mehr mußten sie
auch in diesen speziellen rituellen Abläufen von Bedeutung sein, wenn
diese gottesdienstlichen Charakter bekamen.

3. Ein besonderes Problem stellt der von einigen Autoren postulierte Antagonismus zwischen ritueller Totenklage und christlichen ψαλμοὶ καὶ
ὕμνοι dar[219], wie er ausdrücklich von Johannes Chrysostomus formuliert
wird. Vor einem abschließenden Urteil in diesem Punkt ist es jedoch unbedingt notwendig, die christlichen Positionen zu der aus den paganen
Quellen bekannten rituellen Totenklage genauer zu betrachten, was in einem der folgenden Kapitel (3.3.2.3) geschieht.

3.2.4 Die Sprache

Die hohe Bedeutung der nicht-sprachlichen Kommunikationsmittel gehört
zum Wesen der Rituale. Auch die Rituale bedienen sich jedoch sprachlicher
Mittel: Gebete, Gesang, Schriftlesung, die Beschriftung von Grabsteinen und
nicht zuletzt die Benennung ritueller Aktionen oder für die Rituale wichtiger
Dinge oder Sachverhalte, zu all dem gehört der Gebrauch von Sprache. Umgekehrt können bestimmte Formen sprachlicher Äußerung auch unter rituellen Gesichtspunkten von Interesse sein[220]: So stellt die Leichenrede selbst eine eigene Gattung innerhalb des rituellen Ablaufes dar, in dessen Rahmen sie
deshalb an der entsprechenden Stelle unten behandelt werden wird (Kap.
3.3.4)[221]. Im vorliegenden Kapitel sind einige Bemerkungen über die Sprache
im Kontext der Rituale angebracht, auch wenn für eine umfassende Behand-

---

[218] Vgl. insbes. die Wirkungsgeschichte der *V. Antonii*, aber auch schon der *V. Polycarpi*,
V. Cypriani et al. Augustins Autorität in rituellen Fragen—Voraussetzung für eine tatsächliche
Umsetzung der in seinen Schriften zur Sprache kommenden rituellen Idealvorstellungen—wird
beispielsweise in den Reformen des Totengedenkens in Hippo erkennbar, s. dazu Kap. 3.3.5.1.
[219] Vgl. zum Beispiel wieder Rush (1941), S. 170-174 und 231-235; Quasten (1973),
S. 222f.
[220] Diese Überlegung ist z.B. zum Anlaß der einflußreichen Sprechakttheorie John L. Au-
stins geworden, vgl. dazu Kap. 3.3.4.
[221] Vgl. zu diesem Punkt auch den Kommentar zur Tab. in Kap. 2.1.

lung aller lexikographischen, semiotischen und sprachgeschichtlichen Aspekte etc. in dieser Untersuchung der Platz nicht ausreicht. Ebenso muß ich auf die präzise, aber auf Grund der Quellensituation schwierige—wenn nicht unmögliche—Verhältnisbestimmung verbaler und non-verbaler Elemente in den rituellen Abläufen verzichten und mich mit einigen Andeutungen begnügen.

Naheliegend ist zunächst die Frage, welche Sprache (Griechisch, Latein etc.) bei gemeindlichen Feiern im Zusammenhang mit Bestattung und Totengedenken benutzt wurde und ob sich in den Quellen Hinweise auf eine spezifische „Liturgiesprache" finden lassen. In einem nächsten Schritt ist zu fragen, ob sich Begriffe einer christlichen „Sondersprache" im Zusammenhang mit den Ritualen des Todes identifizieren lassen, wie das in Teilen der Forschung für andere Gebiete der Alten Kirche versucht worden ist. Von der Beantwortung beider Fragen sind weitere Hinweise auf eine tatsächliche oder geforderte Trennung zwischen christlichen und paganen Ritualen und Bestattungen in der untersuchten Zeit zu erwarten.

Liturgiesprache

Während weitgehender Konsens darüber besteht, welche Liturgiesprachen im Osten des römischen Reiches Verwendung fanden (je nach Gebiet und Zeit vor allem Griechisch, Syrisch und Koptisch[222]), ist eine letzte Sicherheit in der Frage der Liturgiesprache des Westens offenbar immer noch nicht zu finden[223]. Die Quellen aus früherer Zeit lassen zumindest für Rom Griechisch als die Normsprache in Gottesdienst und Gemeinde erkennen. Auch tragen christliche Gräber, Grabplatten und Sarkophage im Westen griechische Aufschriften. Bis weit in das 2. Jahrhundert hinein waren vermutlich viele, wenn nicht die meisten der Christen im Westen des Reiches tatsächlich Griechen oder stammten aus dem griechischsprachigen Osten. Zuverlässige statistische Analysen sind jedoch mit Hilfe der Quellen nicht zu erreichen. Den erhaltenen schriftlichen Texten zufolge scheint in Nordafrika das Latein am frühesten stärkere Bedeutung erlangt zu haben, wie zum Beispiel die Texte Tertullians zeigen. Dort finden sich zu seiner Zeit auch die ersten lateinischen Bi-

---

[222] Vgl. dazu die einschlägigen liturgischen Quellen aus dem Osten, z.B. Didache, Kyrill von Jerusalem und die *peregrinatio Aetheriae*, Theodor von Mopsuestia, das εὐχολόγιον des Serapion von Thmuis etc.

[223] Über die im folgenden zit. Lit. hinausgehende allg. Beiträge finden sich in der Einleitung zu Kap. 3.3.

belübersetzungen[224]. In Rom ist Latein dagegen erst seit der Mitte des 3.
Jahrhunderts öfter in christlichen Quellen anzutreffen[225]. Im Westen gab es
zahlreiche pagane beziehungsweise nicht eindeutig als christlich zu identifi-
zierende Gräber mit griechischen Aufschriften und das Griechische war in
gebildeten Kreisen eine weit verbreitete Fremdsprache. Die Verwendung
griechischer Inschriften auf ihren Gräbern scheint insbesondere für Christen
normal gewesen zu sein[226]. Diese Beobachtung, die man mit einem oberflächlichen Blick durch die großen Inschrifteneditionen verifzieren kann, ist
schon aus einem ganz einfachen Grund plausibel: Beim Christentum handelte
es sich um eine neue Religion aus dem griechischsprachigen Osten. Die Prä-
senz griechischer Evangelientexte und vor allem der griechischen Septuaginta im Gottesdienst trug dazu bei, daß das Griechische im altkirchlichen
Christentum auch im Westen eine besondere Rolle spielte, selbst wenn Griechisch nicht die Muttersprache aller Beteiligten gewesen sein sollte.

Theodor Klauser hat bereits 1946 versucht nachzuweisen, daß der Übergang
von der griechischen zur lateinischen Liturgiesprache zwischen 374 und 382 in
Rom offiziell vollzogen (d.h. vom römischen Bischof sanktioniert) wurde[227]. In
diese Zeit fällt die Abfassung der *Quaestiones Veteris et Noui Testamenti* des
üblicherweise als Ambrosiaster bezeichneten Autors[228], in denen offenbar aus
einem lateinischen Meßkanon zitiert wird. Noch 360 haben wir dagegen von
dem in Rom lebenden C. Marius Victorinus Zitate aus einer griechischen
Abendmahlsliturgie, weswegen Klauser vermutet, daß es zur Zeit des einflußreichen römischen Bischofs Damasus (366-384) einen Wechsel in der Liturgiesprache gegeben haben muß[229]. Während Klausers grundsätzliche Thesen von

---

[224]   S. Eva Schulz-Flügel, Art. Bibelübersetzungen 2, in: RGG⁴ 1, 1998, Sp. 1491-1494.
[225]   Seit der Mitte des 2. Jahrhunderts lassen sich auch in Rom vielleicht bereits Spuren der
Verwendung lateinischer Sprache im Gottesdienst ausmachen. S. dazu etwa Christine Mohrmann, Les origines de la latinité chrétienne à Rome, in: VigChr 3 (1949), S. 67-106.163-183;
dies., Die Rolle des Lateins in der Kirche des Westens, in: ThR 52 (1956), S. 1-18.
[226]   Eine wirklich umfassende Untersuchung des Koine-Gebrauches im Westen wäre inzwischen nur als (lohnendes) Gemeinschaftsprojekt verschiedener Spezialisten durchführbar.
Zum Problem allgemein vgl. bereits Albert Thumb, Die griechische Sprache im Zeitalter des
Hellenismus, Berlin 1974; Gustave Bardy, La question des langues dans l'Eglise ancienne, Etudes de théologique historique, Paris 1948, S. 1-18; Franz Altheim, Die Weltgeltung der griechischen Sprache, in: Neue Beiträge zur Geschichte der Alten Welt, 1 (1964), S. 315-332 (zur Vorherrschaft des Griechischen im Osten); Lattke (1991). S. auch G. Mussies, Greek in Palestine
and the Diaspora, in: Shmuel Safrai/M. Stern (Hg.), The Jewish people in the first century. Historical geography, political history, social, cultural and religious life and institutions, CRI.Sect.
1, Bd. 2, Amsterdam 1976, S. 1040-1064.
[227]   Theodor Klauser, Der Übergang der römischen Kirche von der griechischen zur lateinischen Liturgiesprache, in: Miscellanea Giovanni Mercati 1, StT 121, Vatikanstadt 1946, S. 467-
482/Neudr. in: ders., GA zur Liturgiegeschichte, Kirchengeschichte und christlichen Archäologie, JAC.E 3, Münster 1974, S. 184-194.
[228]   CSEL 1, ed. A. Souter.
[229]   Hinter dieser Datierung steht auch ein spezifisches Bild von den liturgischen Zuständen
in der nachkonstantinischen Kirche, um nicht zu sagen vom Charakter der „konstantinischen
Wende": „Als ... im vierten Jahrhundert die bisher heidnischen Massen christlich wurden und
die neuen riesigen Gotteshäuser füllten, mußte die Beibehaltung einer fremden Liturgiesprache ... als problematisch empfunden werden ... Zudem galt es, die Massen, lebhafte Südländer,

mehreren Seiten positiv rezipiert wurden[230], ist sein Versuch einer genau-en—und für manche zu späten—Datierung des Wechsels auf Kritik gestoßen[231]. Tatsächlich wird man annehmen müssen, daß sich Latein eher allmählich durchgesetzt hat, nämlich als immer mehr ausschließlich lateinischsprachige Christen die römischen Kirchen besuchten. Wie man sich diesen Vorgang ge-nau vorzustellen hat, hängt auch davon ab, inwieweit man mit Klauser an-nimmt, der römische Bischof sei im 4. Jahrhundert tatsächlich bereits die „maßgebende Instanz" für die abendländische Liturgie gewesen. Selbst in Roms angeblich über 40 Kirchen hat es zu dieser Zeit mit Sicherheit noch eine gewis-se liturgische Pluralität gegeben[232].

Die lateinischen Quellen bedienen sich im Zusammenhang mit Tod und Be-stattung in den meisten Fällen des gängigen lateinischen, nicht spezifisch christlichen Vokabulars (*exsequiae, sepulcrum, sepultura* etc.). Ein griechi-sches Lehnwort, dessen Gebrauch die Bedeutung des Griechischen in der äl-teren römischen Kirche noch einmal bestätigt, findet sich jedoch häufig auch in lateinischen Texten: *coemeterium*.

Coemeterium: *christliche Sondersprache?*

Als Bezeichnung für die Begräbnisstätte spielen in den konsultierten Quellen seit der Wende zum 3. Jahrhundert die Begriffe κοιμητήριον beziehungswei-se κοιμετήριον, κυμετέριον, im Lateinischen *coemeterium, cimiterium, ci-meterium, cymiterium, coemiterium* und *coementarium* eine besondere Rol-le[233]. κοιμητήριον ist von dem Verbum κοιμάειν abgeleitet und meint „Schlafstätte"; in diesem Sinne wird es auch von paganen Autoren verwen-det[234]. Für christliche Denker war die übertragene Bedeutung „Bestattungs-

---

so zu beschäftigen, daß es ihnen nicht allzu schwer fiel, zwei oder drei Stunden lang eine der Heiligkeit der Handlung angemessene disziplinierte Haltung zu bewahren". Klauser (1946), S. 187.

[230] So z.B. von Christine Mohrmann (1949), S. 67-106.163-183, insb. S. 69, u.ö.

[231] S. z.B. Joseph Andreas Jungmann, Missarum Sollemnia. Eine genetische Erklärung der römischen Messe, 2 Bde., 5. Aufl. Wien 1962, S. 65; Klaus Gamber, Missa Romensis. Beiträge zur frühen römischen Liturgie und zu den Anfängen des Missale Romanum, SPLi 3, Regens-burg 1970. S. 19; zuletzt Wolfram Kinzig, *„natum et passum"* etc." Zur Geschichte der Tauffra-gen in der lateinischen Kirche bis zu Luther, in: ders./Christoph Markschies/Markus Vinzent, Tauffragen und Bekenntnis. Studien zur sogenannten „Traditio Apostolica", zu den „Interroga-tiones fide" und zum „Römischen Glaubensbekenntnis", Berlin/New York 1999, S. 91f, Anm. 321 (mit weiterer Lit.).

[232] Vgl. Optat. 2,39,4.

[233] Dazu allgemein: Brandenburg (1994); Rebillard (1993); Richard Krautheimer, Men-sa—coemeterium—martyrium, in: CAr 11 (1960), S. 15-40; Johannes Kollwitz, Art. Coeme-rium, in: RAC 3, 1957, Sp. 231-235; Müller (1901), S. 794-877.

[234] In einem Fragment des kretischen Historikers Dosiades aus dem 4. oder 3. Jahrhundert v.Chr. meint κοιμητήριον z.B. ein „Gästezimmer" (Dosiad. *Hist.* 4,143C). Die Vorstellung vom Tod als einem „Schlafen" ist auch bei paganen Autoren belegt, so zum Beispiel bei Cic., *Tusc. disp.* 1,38, Ov., *Amor.* 2,9,41 und Hor., *Od.* 1,24,5 (vgl. dazu die zu einseitige Beurteilung der paganen Quellen bei Rush [1941], S. 1-17). Auf paganen Inschriften finden sich zuweilen For-

stätte" zweifellos attraktiv, weil dieser Euphemismus als Ausdruck christlichen Auferstehungsglaubens gedeutet werden konnte[235]. Nicht diese inhaltliche Ebene soll jedoch an dieser Stelle in erster Linie interessieren, sondern die Konsequenzen des Sprachgebrauches für den rituellen Kontext.

Selbst wenn κοιμητήριον, wie gesagt, auch in einigen wenigen nichtchristlichen Texten nachzuweisen ist[236], so findet er sich doch vor allem bei christlichen Autoren wie Origenes, Hippolyt oder Tertullian sowie in christlichen Inschriften; in der Bedeutung eines zusammenhängenden geschlossenen Friedhofsbezirkes meines Wissens sogar ausschließlich dort[237]. Dies ist der Grund, weshalb ihm in der Sekundärliteratur große Aufmerksamkeit zuteil geworden ist. Hugo Brandenburg hat das Wort *coemeterium* sogar mit einem „Zeichen des Kulturumbruchs der Spätantike" assoziiert und ihn so in einen Zusammenhang mit durchgreifenden Veränderungen der antiken rituellen Tradition gestellt[238].

In der Kirchengeschichte des Eusebius spricht ein paganer römischer Präfekt ausdrücklich von den κοιμητήρια καλούμενα, also den (von den Christen) „so genannten Koimeterien"[239]. Der übliche, von den paganen Mitmenschen für „Grab" gebrauchte Begriff τάφος findet sich dagegen vor allem bei frühen christlichen Autoren relativ selten. μνημεῖον schließlich ist bei christlichen wie paganen Autoren ganz gebräuchlich[240], bezeichnet jedoch den größeren Grabbau oder das Familiengrab (ursprünglich natürlich das Gedächtnismal)[241].

---

mulierungen wie *somnum aeternale* (ICUR 1,3978; 3,9290). Zu Quellen und Etymologie s. noch Henri Leclercq, Art. cimetière, in: DACL 3.2, 1914, Sp. 1625-1665; Rebillard (1993), S. 975f.

[235] S. den u. zit. Text des Johannes Chrysostomus, *Coemet.*

[236] Im Osten gibt es sogar vereinzelte Belege für einen Gebrauch von κοιμητήριον im Sinne von „Begräbnisplatz", die vielleicht schon aus vorchristlicher Zeit stammen, s. zum Beispiel die Inschrift IG 3,3545.

[237] Zum Beispiel Tert., *Anim.* 51,7; Or., *Hom. in Jer.* 4,3,16; Hipp., *Haer.* 9,12,14; *TA* 40; Eus., *H.e.* 7,11,10.7,13,2; *Const. App.* 6,30,2 (vgl. latD 61,19); Optat. 6,7; Hier., *Vir. ill.* 16; Rufin, *Hist.* 9,2; Aug., *Ep.* 22,6. Rebillard (1993) ist dagegen der Meinung, in den frühen Texten bezeichne *coemeterium* ausschließlich ein Einzelgrab; im Sinne eines geschlossenen Grabbezirkes tauche es erst sehr viel später (6. Jh.) auf. Tatsächlich ist eine solche Übersetzung in den meisten Fällen möglich, z.T. scheint mir jedoch die verbreitetere Übertragung zwangloser, so z.B. im Falle von Hippol., *Haer.* und Eus., *H.e.* Auf jeden Fall ist der Begriff in christlichen Texten gängig, in paganen Texten jedoch nur sehr selten anzutreffen (s. den Befund von ThLL und ThLG). Rebillards Kritik enthält jedoch eine berechtigte Warnung vor einer vorschnellen anachronistischen Übertragung kirchlicher Zustände des frühen Mittelalters auf die vorkonstantinische Zeit, wie sie in der Sekundärliteratur noch sehr häufig anzutreffen ist. Vgl. dazu u.a. noch Kap. 3.2.1 und 3.3.3.

[238] Brandenburg (1994), S. 206-232.

[239] Eus., *H.e.* 7,11,10. Der gleiche Ausdruck findet sich in Eusebs Version des Gallienus-Reskriptes, *H.e.* 7,13,2.

[240] Vgl. zum Beispiel die in dieser Arbeit zitierten Passagen bei Gregor von Nyssa, Julianus, Kyrill, den Johannisakten etc.

[241] Etwa in Thu. 1,138,5. S. dazu Testini (1966), S. 83-85, sowie Kötting (1983), S. 386.

Der Ausdruck *coemeterium* hat sich im lateinischsprechenden Westen als Lehnwort eingebürgert. Die vermutlich älteste Erwähnung des Begriffes stammt von dem für die Entwicklung des christlichen Lateins (des „theologischen" Lateins) so wichtigen Autor Tertullian:

> Es wird auch jene Geschichte bei den Unsrigen [den Christen] erzählt, in einem *coemeterium* habe eine Leiche für eine andere, die neben sie gelegt werden mußte, Platz für die Beisetzung gemacht[242].

Auffallend ist die Verwendung eines griechischen Ausdrucks für etwas so Alltägliches wie eine Grabanlage allemal—immerhin handelte es sich nicht um einen komplizierten philosophischen Begriff oder eine technische Erfindung aus dem Osten, für die die Übernahme eines östlichen Lehnwortes näher gelegen hätte. Auch in Inschriften findet sich *coemeterium* in Varianten häufig, so in Sizilien, Lykonien, Kappadokien, Kylikien, Syrien, Griechenland (insbes. Attika und Makedonien)[243].

Es gibt einen kurzen Text aus dem späten 4. oder frühen 5. Jahrhundert von Johannes Chrysostomus, der sich ausdrücklich mit dem Begriff κοιμητήριον beschäftigt. Der Verfasser versucht darin eine etymologische Deutung dieses Begriffes, der inzwischen schon geraume Zeit im Umlauf war[244]:

> Deswegen wird auch dieser Ort Coemeterium genannt, damit du lernst, daß die, die vollendet sind und darin liegen, nicht gestorben sind, sondern schlafen und ruhen[245].

Chrysostomus liefert damit ein Beispiel für die ganz gängigen „ätiologischen" Argumentationsschemata der antiken Kirchenschriftsteller. Einerseits betont er in seinen Ausführungen die Besonderheit dieses Begriffes als einer Versinnbildlichung des spezifisch christlichen Auferstehungsglaubens. Andererseits zeigt er damit, daß es sich zu seiner Zeit bereits um eine inzwischen verselbständigte sprachliche Konvention handelte, deren wörtliche Bedeu-

---

[242] *Est et illa relatio apud nostros, in coemeterio corpus corpori iuxta collocando spatium accessui communicasse* (Tert., *Anim.* 51,7; CChr.SL 2, S. 858,38-40—diesem Text folgt auch Waszink [1947], S. 533). Zur „Sondersprache" Tertullians vgl. nur Stephan W. Teeuwen, Sprachlicher Bedeutungswandel bei Tertullian. Ein Beitrag zum Studium der christlichen Sondersprache, SGKA 14.1, Paderborn 1926; Braun (1977).

[243] S. dazu ausführlich L. Robert, Les inscriptions de Thessalonique, RPh 100 (1974), S. 180-246. Zahlreiche Beispiele finden sich v.a. in IG 3,2.

[244] Vgl. ILCV 3,328, vgl. Franz Joseph Dölger, ΙΧΘΥΣ 5, Münster 1943, S. 710-714; N. A. Bees, Corpus der griechisch-christlichen Inschriften von Hellas 1.1. Isthmos-Korinthos, Athen 1941, S. 68-72; Kollwitz (1957), Sp. 231-235.

[245] διὰ τοῦτο καὶ αὐτὸς ὁ τόπος κοιμητήριον ὠνόμασται, ἵνα μάθῃς ὅτι οἱ τετελευτηκότες καὶ ἐνταῦθα κείμενοι οὐ τεθνήκασιν ἀλλὰ κοιμῶνται καὶ καθεύδουσι. Chrys., *Coemet.* 1.

tung—„Schlafstätte"—es in Erinnerung zu rufen lohnte.

Inwieweit ist es nun berechtigt, diesem Begriff eine über Fragen von Konvention und Etymologie hinausgehende historische Bedeutung beizumessen, ihn als „Zeichen eines Kulturumbruches" zu interpretieren? Eine ganze Reihe von ähnlichen als spezifisch christlich angesehenen Ausdrücken und Wendungen sind in diesem Sinne ausführlich „lexikographisch" beleuchtet worden mit dem Ziel, Anhaltspunkte für die Entwicklung einer christlichen „Gruppen-" oder „Sondersprache" zu finden[246]. Neben dem philosophischen Vokabular, für das im Laufe der Entwicklung und Ausdifferenzierung der neuen christlichen Lehre zwangsläufig auch neue Begriffe benötigt wurden[247], sind dabei auch Wörter des täglichen Gemeindelebens unter die Lupe genommen worden, wie zum Beispiel die frühe christliche Amtsterminolo-

---

[246] Viele dieser Untersuchungen gehen auf die ältere, aber weiterhin umstrittene These Christine Mohrmanns zurück, das christliche Griechisch und das christliche Latein habe sich zunächst als besondere Gruppen- oder Sondersprache entwickelt. S. neben den bereits erwähnten Beiträgen z.B. Christine Mohrmann, Das Sprachproblem in der frühchristlichen Mission, in: ZMR 38 (1954), S. 103-111; dies., Liturgical Latin. Its Origins and Character, Washington D.C. 1957/London 1959, sowie die zahlreichen Schriften ihrer Schüler. Vgl. Terstegen (1941); G.J.M. Bartelink, Lexicologisch-semantische studie over de taal van de Apostolische Vaders, Utrecht 1952; ders., Quelques observations sur parresia dans la littérature paléo-chrétienne, Graecitas et Latinitas Christianorum Primaeva Suppl. 3.1, Nijmegen 1970; Vermeulen, A.J., The semantic development of Gloria in early-Christian Latin, LCP 12, Nijmegen 1956, Joseph Ysebaert, Greek baptismal terminology. Its origins and early development, GCP 1, Nijmegen 1962; Arpad P. Orbán, Les dénominations du monde chez les premiers auteurs chrétiens, GCP 4, Nijmegen 1970; A. Hilhorst, Sêmitismes et latinismes dans le Pasteur d'Hermas, GCP 5, Nijmegen 1976. S. außerdem zu ähnlichen Fragestellungen René Braun, Deus Christianorum. Recherches sur le vocabulaire doctrinal de Tertullien, 2. Aufl. Paris 1977; Reinhold Reck, Kommunikation und Gemeindeaufbau. Eine Studie zu Entstehung, Leben und Wachstum paulinischer Gemeinden in den Kommunikationsstrukturen der Antike, Stuttgart 1991. Ein Überblick über weitere Literatur findet sich, nach Begriffen geordnet, bei Hermann Josef Sieben, Voces. Eine Bibliographie zu Wörtern und Begriffen aus der Patristik (1918-1978), BPatr.S 1, Berlin/New York 1980. Vgl. zur Frage im Rahmen der Rhetorik der griechischen Autoren Kinzig (1997), insbes. S. 650.

Über die im engeren Sinne lexikographischen Fragestellungen hinaus ist in diesem Zusammenhang das Modell der „In-Group-Language" von Bedeutung. Seit Beginn des 20. Jahrhunderts gibt es soziologische und linguistische Untersuchungen spezifischer Verständigungsnormen innerhalb bestimmter Gruppen, die bereits 1906 William Graham Sumner den Begriff der In-Group-Language prägen ließen (William Graham Sumner, Folkways. A study of the sociological importance of usage, manners, customs, mores and morals, Perennial works in sociology, New York 1979 [Erstausgabe New York 1906], S. 12f). Dabei geht es um jede Art von Sprachcodes, die nur von Mitgliedern einer definierten (sozialen) Gruppe gebraucht und verstanden werden (z.B. Sprachcodes von Sportlern wie zum Beispiel Golfspielern („*Birdie*"/„*Eagle*"/„*Bogey*"/„*Putten*"/„*Driven*") ebenso wie die von Karnevalisten („*Kampagne*"/„*Helau*"/„*Aktiver*") oder Jazzmusikern („*Gig*"/„*Groove*"/„*Session*"/„*Jammen*"). Die Funktion dieser Codes ist häufig eine dreifache: Einerseits geht es darum, eine gemeinsame Verständigungsnorm zu finden und ein Gefühl von Gemeinschaft und Identität aufzubauen und zu stabilisieren, andererseits aber auch darum, „Gruppenfremde zu exkludieren" (Reck [1991], S. 79). Reinhold Recks Studie zur Sprache der paulinischen Schriften kommt mit Hilfe dieses Modells z.B. zur Bestimmung einer paulinisch-christlichen Sondersprache, die sich aus den Sprachcodes der Septuaginta herausgebildet hat: ein frühchristlicher „In-Code".

[247] S. dazu Samuel Laeuchli, The language of faith. An introduction to the semantic dilemma of the Early Church, London 1965.

gie[248]. In diesem Zusammenhang hat Christine Mohrmann eine Reihe von Thesen zu semasiologischen Vorlieben der antiken christlichen Autoren vertreten. So beschließt sie zum Beispiel eine Untersuchung der Begriffe δόξα, ἔθνος und εἰρήνη:

> Solche tiefgreifende Bedeutungsänderungen sind nur möglich, wenn sie hervorgerufen und gestützt werden durch ein sehr starkes Gruppenbewußtsein; sie vollziehen sich aber am leichtesten und normalsten an alltagssprachlichen nichttechnischen Wörtern, welche die Bedeutung leichter absorbieren als ausgesprochene termini technici. Besonders termini technici der heidnischen Religionen sind im allgemeinen von dieser Neubildung ausgeschlossen[249].

Ist es nun berechtigt, auch die patristische Verwendung von *coemeterium*/κοιμητήριον in diesem Sinne zu interpretieren? In der Tat ist *coemeterium*/κοιμητήριον kein ausgesprochener *terminus technicus* und ist von einem geläufigen Verbum abgeleitet (κοιμάειν). *Coemeterium* ist auch weit genug von der Bedeutung des Verbum entfernt, um eine besondere Distanz zur Alltagssprache einzunehmen; das aus dem Griechischen abgeleitete und in ein Nomen verwandelte Wort der „Schlafstätte" war keineswegs ein gängiges Substantiv, wie sein extrem seltenes Autauchen in der paganen Literatur bezeugt (s.o.). Schließlich hat *coemeterium* auch keine Vorgeschichte als religiöser Begriff, weder pagan noch jüdisch. Folgte man also diesem Gedankengang, so ließe sich der Begriff *coemeterium* tatsächlich als Teil einer christlichen „Sondersprache" oder, wenn man William G. Sumners oben angesprochene Terminologie benutzen möchte, als Teil des „In-Codes" früher Christen bezeichnen. In diesem Sinne käme dieser Vokabel eine hohe Bedeutung als sprachliche Grenze, um nicht zu sagen Abgrenzung zwischen *in-group* und *out-group* zu, wie ihn Chrysostomus' häufiger Gebrauch der 1. Person Plural in seinem kurzen Text nahelegen könnte.

Allerdings ergeben sich sogleich folgende Probleme: Während das lateinische *coemeterium* tatsächlich ein ganz neues Substantiv der literarischen Christenheit ist, so findet sich das griechische κοιμητήριον im Sinne eines „Bestattungsortes" durchaus schon in paganen Texten. Aus der frühesten Zeit, auf die sich die meisten der lexikographischen Untersuchungen der erwähnten sogenannten „Nijmegen-Schule" konzentrierten, fehlen christliche

---

[248] Joseph Ysebaert, Die Amtsterminologie im Neuen Testament und in der Alten Kirche. Eine lexikographische Untersuchung, Breda 1994.
[249] Ebd., S. 106f. Dementsprechend bevorzugt nach Mohrmann die frühe christliche Sprache ἅγιος vor ἱερός, παρουσία vor ἐπιφάνεια und προσευχή vor ἱκεσία: „So hat das Neuheitserlebnis, das so charakteristisch ist für das westliche Christentum, den Gebrauch von Lehnwörtern zweifelsohne gefördert". Ebd., S. 109.

Zeugnisse für diesen Ausdruck; erst seit Tertullian bzw. Origenes taucht er
häufiger auf, und wirklich gängig scheint er erst in nach-konstantinischer Zeit
geworden zu sein (Eusebius, Chrysostomus, Apostolische Konstitutionen,
Hieronymus, Augustinus etc.). Viele der soziologischen Prämissen der „In-
Codes" bzw. „Gruppensprache" verlieren in dieser Zeit bereits an Bedeutung,
in der kirchliche Amtsträger in staatstragende Positionen aufrücken und sich
die Kirche der Öffentlichkeit auf breiter Front öffnet.

Auch wenn man deshalb *coemeterium* weder als „Zeichen des Kulturumbruches" noch als „frühchristliche Sondersprache" verstehen möchte, so ist
doch festhalten, daß manche christlichen Autoren den Ausdruck bewußt zur
Abgrenzung von paganen Bestattungen und Totengedenkfeiern benutzen
(zum Beispiel noch Eusebius). Johannes Chrysostomus deutet ihn sogar ganz
dezidiert als Ausdruck eines spezifisch christlichen Todesverständnisses, das
den örtlichen und sprachlichen Kontext christlicher Bestattungen von dem
paganer Beerdigungen unterscheidet. Über die tatsächlichen Unterschiede in
der Praxis ist damit noch nichts ausgesagt, genausowenig wie die Forderung
der Trennung christlicher und paganer Gräber ein Jahrhundert früher sofort
zu einer generellen solchen Trennung geführt hat (s. Kap. 3.2.1). In diesem
Sinne korrespondiert das punktuell im Begriff des *coemeterium* zu Tage tre-
tende sprachliche Umfeld der Bestattungsrituale recht genau mit dem, was
sich bereits über deren räumlichen Kontext hat sagen lassen, der auf ein Nebeneinander von Abgrenzungsforderungen und faktischer Gemeinschaft von
Christen und Nichtchristen hinwies.

3.3 Ritualelemente des Prozesses Sterben—Tod—Bestattung—Totengedenken

Es ist unbestritten—und Voraussetzung für diese Arbeit—, daß die Christen
der Alten Kirche ebenso wie ihre paganen Zeitgenossen Sterben und Tod mit
Ritualen zu bewältigen versuchten. Wie ich eingangs betont habe, gehört zur
religiösen Praxis nicht nur das Ritual, sondern auch das Wort[250]. Dennoch
konzentriert sich die vorliegende Untersuchung aus den eingangs genannten
Gründen auf die erste Hälfte dieses Zusammenhangs, die Rituale, genauer:

---

[250]   Das Wort bzw., wie man es heute häufig auszudrücken pflegt, der im Wort formulierte
„Mythos": Ritus und Mythos gehören zusammen, wenn der Ritus als „Symbolträger" (Victor
Turner) fungieren und über sich selbst hinausweisen soll. Sonst handelte es sich—um es mit
Tom Driver sagen—um bloße „Ritualisierung", also um gewohnheitsmäßiges, repetitives All-
tagsverhalten. S. Tom F. Driver, The magic of ritual. Our need for liberation rites that transform
our lives and communities, San Francisco 1991; vgl. dazu auch Sundermeier (1998), S. 260.

die Aussagen der antiken Quellen über die Form der Rituale. Der weniger bestimmte Begriff „Ritual" beziehungsweise „rituell" ist dabei dem Terminus „Liturgie"/„liturgisch" vorzuziehen, solange man noch nicht von liturgischen Formen reden kann, die bereits eine überregionale Einheitlichkeit und Tradition repräsentieren. Die Voraussetzungen für eine solche Einheitlichkeit waren erst nach der Zeit Konstantins gegeben, wie wir noch sehen werden. Der Osterfeststreit zeigt zwar, daß es bereits Ende des 2. Jahrhunderts Bestrebungen zu liturgischen Vereinheitlichungen gab, gleichzeitig jedoch auch, wie wenig einheitlich die Praxis der christlichen Gemeinden tatsächlich war—zu einer wirklichen Einigung in der Osterfrage kam es immerhin erst im 6. Jahrhundert[251].

Diese beiden Überlegungen müssen im Auge behalten werden, wenn im folgenden Abschnitt versucht wird, die Aussagen der vorhandenen Quellen zu den Formen der Rituale im Zusammenhang mit Sterben und Tod zusammenzufassen. Um trotz der genannten Pluralität der historischen Formen und der bereits deutlich gewordenen breiten und unsystematischen Streuung des Quellenmaterials eine verwertbare Darstellung zu erreichen, richtet sich die Gliederung nach dem in Kap. 2.1 vorgestellten und in der anthropologischen Forschung üblichen rituellen Ablaufschema, ist also sozusagen biographischbeziehungsweise „thanatographisch"-chronologisch angeordnet (Sterben—Tod—Bestattung—Totengedenken). Die zeitliche und geographische Differenzierung der verschiedenen rituellen Formen geschieht innerhalb dieser chronologischen Ordnung, soweit die Quellen Aussagen darüber zulassen.

3.3.1 Sterben

In verschiedenen Texten der frühen Kirche wird der Tod besonders ausgezeichneter Christen beschrieben. Weil der Todeszeitpunkt eines Menschen gewöhnlich nicht willkürlich festgelegt wird, ist das Sterben selbst nicht immer Gegenstand eines rituellen Umganges mit dem Tod. Das europäische Mittelalter hat hier einen ganz besonderen Akzent gesetzt: Damals galt der plötzliche, nicht von Sterbesakramenten begleitete Tod als äußerst unwill-

---

[251] S. dazu die ausführliche Bibliographie bei Giuseppe Visonà, Art. Ostern/Osterfest/Osterpredigt I., in: TRE 25, 1995, S. 517-530. Zur liturgischen und rituellen Pluralität s. zum Beispiel auch Drobner (1982), S. 10-13.

kommen[252]. In vielen anderen Kulturen setzen die Rituale jedoch erst nach dem Tod ein. So folgt zum Beispiel auf den Eintritt des Todes in Griechenland oft unmittelbar die Totenklage. Weil sie oft sehr plötzlich beginnt, kann dies heute für westliche Beobachter nach wie vor irritierend sein. Aus dem antiken Rom hatte ich neben der Totenklage die *conclamatio* im engeren Sinn erwähnt, das Ausrufen des Namens des Verstorbenen unmittelbar, nachdem das Leben aus ihm gewichen ist[253]. Bereits in der Antike wird von Christen—und Nichtchristen[254]—in unmittelbarer Todesnähe berichtet, denen eine bewußte und von rituellen Aktionen begleitete Vorbereitung auf diesen Moment wichtig war. Ein ausführliches Beispiel einer solchen Schilderung aus dem Osten ist der schon erwähnte Bericht des Gregor von Nyssa vom Tod seiner Schwester Makrina. Gregors Darstellung zeichnet das Bild eines idealen Abschiedes vom Leben, an dessen Ende ein für einen frommen Christen übliches (Gebets-)ritual steht. Im Falle seiner Schwester ist es das Abendgebet, mit dem sie ihr Leben beschlossen haben soll:

> Als inzwischen der Abend herangekommen war und man ein Licht hereingereicht hatte, schlug sie plötzlich ihre Augen auf, schaute zum Glanz hin und gab zu erkennen, daß sie auch das abendliche Dankgebet sprechen wolle; weil aber die Stimme versagte, führte sie im Herzen und durch Bewegung ihrer Hände den Vorsatz aus; und ihre Lippen bewegten sich dem inneren Drang gemäß. Als sie aber das Gebet vollendet hatte und die Hand zur Bekreuzung ans Gesicht führte, um damit das Ende des Gebets anzuzeigen, beschloß sie, ganz schwer und tief aufatmend, zugleich mit dem Gebet ihr Leben[255].

Aus dem Westen gibt es einen ähnlich „idealen" Bericht von der Todesvorbereitung eines jungen Christen, von dem Evodius in einem Brief an Augustin erzählt:

> Auch wünschte er, „aufgelöst" und mit Christus zu sein, was ihm erfüllt wurde. Denn er war 16 Tage lang krank bei seinen Eltern, und aus seinem Gedächtnis zitierte er fast die ganze Krankheitszeit lang aus den Schriften. Aber als das Lebensende unmittelbar bevorstand, sang er, für alle zu hören: „Meine Seele ver-

---

[252] S. dazu ausführlich etwa Paxton (1990), Ohler (1990) und Binski (1996), dort noch zahlreiche weitere Lit. zur mittelalterlichen *ars moriendi*.

[253] Vgl. Kap. 2.5.

[254] Vgl. die im folgenden angeführten Beispiele aus der paganen Lit.

[255] Καὶ ἐν τούτοις τῆς ἑσπέρας ἐπιλαβούσης καὶ φωτὸς εἰσκομισθέντος ἀθρόον τὸν ὀμμάτων διαστείλασα κύκλον καὶ πρὸς τὴν αὐγὴν ἀπιδοῦσα ἔκδηλος μὲν ἦν καὶ φθέγξασθαι τὴν ἐπιλύχνιον εὐχαριστίαν προθυμουμένη· τῆς δὲ φωνῆς ἐπιλειπούσης διὰ τῆς καρδίας καὶ διὰ τῆς τῶν χειρῶν κινήσεως ἐπλήρου τὴν πρόθεσιν καὶ τὰ χείλη πρὸς τὴν ἔνδοθεν ὁρμὴν συνεκινεῖτο· ὡς δὲ ἐπλήρωσε τὴν εὐχαριστίαν καὶ ἡ χεὶρ ἐπαχθεῖσα διὰ τῆς σφραγῖδος τῷ προσώπῳ τὸ πέρας τῆς εὐχῆς διεσήμανε, μέγα τι καὶ βύθιον ἀναπνεύσασα τῇ προσευχῇ τὴν ζωὴν συγκατέληξεν. Gr. Nyss., *V.Macr.* 985B (GNO 8.1, S. 398,23-399,9; Übers. Karl Weiß, BKV 56, S. 358).

langt und sehnt sich nach den Vorhöfen Gottes"[256]; danach sang er wiederum: „Du hast mein Haupt mit Öl gesalbt, und wie herrlich ist Dein Kelch, der trunken macht![257]" Damit war er beschäftigt, dieser Tröstung erfreute er sich. Als das Ende sich daraufhin näherte, fing er an, sich auf der Stirn zu bekreuzigen (*signare*); so sank die Hand zum Mund, weil er sich den zu bekreuzigen wünschte, als bereits der innere Mensch (und der Tag für Tag völlig wiederhergestellte) die Heimstatt aus Lehm verlassen hatte[258].

Eine ebenfalls ähnliche, aber offenbar weniger idealisierte Beschreibung überliefert vom Tode Augustins sein Biograph Possidius:

Gewiß, jener Heilige, Göttliche hat in seinem reichen Leben, das für das Wohl und das Glück der heiligen katholischen Kirche aufgeopfert wurde, 76 Jahre gelebt, als Kleriker oder als Bischof ungefähr 40 Jahre. Er pflegte uns im vertrauten Gespräch zu sagen, daß nach dem Empfang der Taufe auch vortreffliche Christen und Priester nicht ohne würdige und angemessene Buße den Körper verlassen dürfen. Was das anbetrifft, so übte er sie selbst, mit ihr verschied er in seiner letzten Krankheit. Denn er hatte angeordnet, die davidischen Psalmen, von denen nur sehr wenige von der Buße handeln, aufzuschreiben; in den Tagen seiner Krankheit betrachtete er im Bett liegend gegen die Wand gelehnt die Schreibbögen (*quaterniones*[259]), las sie, und weinte unablässig und reichlich, und damit seine Absicht von niemandem beeinträchtigt würde, bat er uns Anwesende ungefähr zehn Tage, bevor er seinen Körper verließ, daß nicht einer zu ihm hereintrete, außer zu der Zeit, wenn die Ärzte zur Untersuchung hereinkämen, oder wenn ihm Stärkung hereingebracht würde[260].

In allen drei Fällen—es gibt noch weitere ganz ähnliche Texte[261]—sind es al-

---

[256] Vgl. Ps 84,3.

[257] Vgl. Ps 23,5.

[258] *Optabat quoque, quod ei praestitium est, dissolui et esse cum Christo. nam aegrotauit sedecim diebus apud parentes suos et memor sui de scripturis paene tota aegritudine loquebatur. sed ut ad finem uitae proximus esse coepit, psallebat audientibus omnibus: Desiderat et properat anima mea ad atria dei post hoc iterum psallebat: Inpinguasti in oleo caput meum et poculum tuum inebrians quam praeclarum est! ibi fuit occupatus, hac se oblectabat consolatione. deinde cum solui coepisset, signare se coepit in fronte, ita ut sic descenderet manus ad os. quod sibi cupiebat signare, cum iam interior homo et bene renouatus de die in diem domum luteam dimisisset.* Aug., *Ep.* 158,2; CSEL 44, S. 489,16-27.

[259] Der buchtechnische Ausdruck *quaternio* bezeichnet vier einfach gefaltete und ineinandergelegte Blätter (= 16 Buchseiten), aus denen in Antike und Mittelalter *codices* gefertigt wurden. Es gab auch *quiniones, seniones, septeniones* etc.

[260] *Sane ille sanctus in sua prolixa pro utilitate ac felicitate sanctae Ecclesiae catholicae divinitus condonata, vixit annis septuaginta et sex, in clericatu autem vel episcopatu annis ferme quadraginta. Dicere autem nobis inter familiaria colloquia consueverat, post perceptum baptismum, etiam laudatos Christianos et sacerdotes absque digna et competenti poenitentia exire de corpore non debere. Quod et ipse fecit, ultima qua defunctus est aegritudine: nam sibi iusserat Psalmos Davidicos, qui sunt paucissimi de poenitentia, scribi, ipsosque quaterniones jacens in lecto contra parietem positus diebus suae infirmatis intuebatur, et legebat, et iugiter ac ubertim flebat: et ne intentio eius a quoquam impediretur, ante dies ferme decem quam exiret de corpore, a nobis postulavit praesentibus, ne quis ad eum ingrederetur, nisi iis tantum horis, quibus medici ad inspiciendum intrarent, vel cum ei refectio inferretur.* Possidius, *V. Aug.* 31, PL 32, Sp. 63f.

[261] So z.B. die Schilderung des Todes Martins von Tours (gest. 397) bei Sulpicius Severus (gest. 430), *Ep.* 3,6-21. Auch in diesem Bericht spielt neben anhaltenden Gebeten der Verzicht auf materielle Annehmlichkeiten in den letzten Stunden eine große Rolle („Ein Christ soll auf Asche sterben!"). Die Lebensbeschreibung des Martin durch Sulpicius Severus wurde zur „Mu-

so die Rituale des christlichen Alltags, die auch im Zentrum der Todesvorbereitung stehen: Gebete, (Buß-)Psalmen, Bekreuzigung (σφραγίζειν beziehungsweise *signare*[262]).

Diese drei Textbeispiele mögen an dieser Stelle genügen. Es wäre ein für weitere Untersuchungen lohnendes Gebiet, die Sterbedarstellungen der reichen Vitenliteratur der christlichen Spätantike genauer zu beleuchten und in einem Vergleich mit paganer Literatur Gründe für bestimmte Darstellungsmuster, Unterschiede und Gemeinsamkeiten herauszuarbeiten (Vergleich mit stoischen Traditionen, gemeinsamen populären Jenseitsvorstellungen[263], die Rolle biblischer Texte[264] etc.). Bekannte pagane Todesbeschreibungen haben etwa Platon[265], Tacitus[266], Libanios oder Ammianus Marcellinus[267] hinterlassen.

Für unser Thema ist ein anderer Aspekt der christlichen Sterbevorbereitung jedoch bedeutender. Neben den erwähnten Gebeten und Psalmen, die sicher nicht nur beim Tode Augustins und Makrinas wichtig waren, spielen nämlich zwei weitere Rituale in den christlichen Quellen eine Rolle: Taufe und Abendmahl.

3.3.1.1 Taufe

Die Taufrituale der antiken Christen sind im hier beleuchteten Zusammenhang aus mindestens zwei Gründen von Bedeutung: Zum einen konnte die Taufe Teil der mit dem Tod eines Christen in Verbindung stehenden Rituale

---

sterbiographie" mittelalterlicher Hagiographie und fand noch zahlreiche spätere Nachfolger (s. Arno Borst, Lebensformen im Mittelalter, Farnkfurt/Berlin 1973, S. 123; vgl. David Hugh Farmer, Art. Hagiographie I., in: TRE 14, 1985, S. 360-364).

[262] Dieser Sprachgebrauch ist seit dem 2./3. Jh. zu finden (Barn 9,8; Tert., *Coron.* 3,4-4,1; Cypr., *Testim.* 2,22; Cyr. H., *Catech.* 13,3 (zur Diskussion um die Verfasserschaft dieses Textes s. die Einleitung Georg Röwekamps zu seiner Ausgabe FC 7, S. 8-15); Chrys., *Hom. 54 in Mat.* 4). Das Kreuzeszeichen selbst geht vielleicht sogar ins 1. Jh. zurück. Vgl. v.a. Erich Dinkler, Signum Crucis, Tübingen 1967, S. 26-54; s. außerdem Oded Irshai, Cyril of Jerusalem. The apparition of the cross and the Jews, in: Ora Limor/Guy G. Stroumsa (Hg.), Contra Iudaeos. Ancient and medieval polemics between Christians and Jews, Tübingen 1996, S. 85-104; Franz Joseph Dölger, Beiträge zur Geschichte des Kreuzzeichens, JAC 1, Münster 1958, S. 5-19; Ernest Beresford-Cooke, The sign of the cross in the Western liturgies, New York 1907, Victor Schultze, Art. Kreuzeszeichen, in: RE³ 11, 1902, S. 93-96. Weitere Lit. findet sich bei Heinz-Wolfgang Kuhn, Art. Kreuz II., in: TRE 19, 1990, S. 713-725, und Sister Charles Murray, Art. Kreuz III., in: ebd., S. 726-732.

[263] Vgl. dazu zum Beispiel Lact., *Inst.* 7,12,22. Zu dieser Stelle und zu weiteren populären Anschauungen s. Rush (1941), S. 91f.

[264] Insbes. die Abschiedsreden des AT und NT (etwa Joh 13-17).

[265] Tod des Sokrates: Pl., *Phd.* 63-67.

[266] Tod des Stoikers Paetus Thraesa: Tac., *Ann.* 16,34.

[267] Bericht des Todes Julians: Amm. Marc. 25,3; Lib., *Or.* 18.

werden, wenn er sie auf dem Sterbebett empfing. Diese sogenannte Klinikertaufe scheint zu bestimmten Zeiten eine große Popularität in der Alten Kirche besessen zu haben, vielleicht als Konsequenz des Wunsches nach einem größtmöglichen Taufaufschub, möglicherweise auch als „Nottaufe" auf dem Krankenbett. Zweitens geben die Formen der antiken Taufriten einen Einblick in Grundlagen und Voraussetzungen der Rituale der Alten Kirche und insbesondere ihr Verhältnis zu—für die Todesrituale bedeutsamen—Fragen kultischer Reinheit. Bei Totengedenken und Bestattung spielt die Taufe—im Gegensatz zu eucharistischen Feiern—keine Rolle.

Bereits Tertullian bekämpft die Tendenz, Buße und Taufe aus Furcht vor dem hohen Anspruch des danach geforderten „sündenfreien" christlichen Lebens so lange wie möglich aufzuschieben[268]. Er wendet sich dabei vor allem an Nichtchristen, die vor den Konsequenzen des Übertritts zum Christentum noch zurückscheuen—von regelmäßigen Taufen auf dem Sterbebett ist bei Tertullian noch nicht die Rede. Seit der Zeit Konstantins findet sich jedoch eine große Zahl an Texten, die einen solchen extremen Taufaufschub bezeugen; häufig handelt es sich nun um „Christen"—u.a. Familienangehörige von Bischöfen[269]—, deren Lebensführung sich nicht von denen der getauften Gemeindeglieder unterschied. Das berühmteste Beispiel für eine späte Taufe ist vielleicht die von Eusebius überlieferte Taufe Konstantins kurz vor seinem Tod[270]. Mitte des 4. Jahrhunderts scheint dies ganz gängige Praxis geworden zu sein, zumindest häuft sich jetzt die Kritik an diesem Vorgehen. Joachim Jeremias spricht deswegen gar von der „Krise der Kindertaufe" in den Jahren ab 330, die erst im Verlauf der pelagianischen Streitigkeiten (um 420) überwunden wurde[271]. Die folgende Bemerkung des Gregor von Nazianz hier nur als ein Beispiel für die zahlreichen Texte aus dieser Zeit, die die Taufe auf dem Sterbebett bekämpfen:

> Laßt uns nun getauft werden ..., solange die Stimme noch nicht stammelt beziehungsweise ausgedörrt ist oder —um nicht mehr zu sagen—die Fähigkeit zu den Worten der Initiation verloren gegangen ist; solange man noch zu einem Gläubigen gemacht werden kann, nicht stammelnd, sondern bekennend, nicht

---

[268] Tert., *Paenit.* 6,3-24.
[269] So wuchsen z.B. die drei Kinder des Bischofs Gregor d.Ä., Vater des Gregor von Nazianz, ungetauft auf.
[270] Eus., *V.C.* 4,66.
[271] Joachim Jeremias, Die Kindertaufe in den ersten vier Jahrhunderten, Göttingen 1958, S. 102-114.

Mitleid, sondern Segen empfangend; solange dir das Geschenk noch deutlich und nicht zweifelhaft ist; solange die Gnade noch die Tiefe [der Seele] erreicht und nicht, bis der Leib zum Begräbnis gewaschen wird[272].

Häufig nahm die späte Taufe den Charakter einer „Nottaufe" an, wobei sich das Motiv eines möglichst langen Taufaufschubs zuweilen geradezu mit dem eines christlichen Sterberituals vermischt. In den 360er Jahren wäre der junge Augustinus (geb. 354) beinahe während einer schweren Krankheit getauft worden; als sich sein Gesundheitszustand jedoch verbesserte, ließ seine Mutter die Taufe wieder verschieben[273]. Ähnliche Beispiele gibt es aus Kappadokien, Gallien, Syrien, Dalmatien, ohne daß man das Phänomen geographisch genauer eingrenzen könnte[274]. Johannes Chrysostomos spricht von den φωτισθέντες, die entweder als Kind mit ungewissen Überlebenschancen oder während einer schweren Krankheit getauft wurden, die sie unerwarteterweise überlebten[275]. Auch Gregor von Nazianz kämpft in dem zitierten Text gegen diese Art von „Verlegenheitschristen", die sich erst taufen lassen wollen, wenn der Tod nahe ist, und damit die Taufe eher einem bestimmten Fieber (πυρετός) oder der Expertise eines Arztes verdanken als der Gnade Gottes[276]. Spätestens seit der Zeit Konstantins kann man also von der Taufe auf dem Sterbebett als einem Teil des festen Ritualbestandes der Kirche sprechen. Georg Kretschmar urteilt:

> Es ist damit zu rechnen, daß vielerorts nun die Zahl der Katechumenen die der getauften Christen weit übertraf ... Die Bedenken gegenüber der Klinikertaufe wurzeln im vierten Jahrhundert ... nicht nur darin, daß sie unter Umständen gespendet worden sein könnten, die ihre Gültigkeit zweifelhaft scheinen lassen mochten, sondern daß sie nun, zum Sterbesakrament entartet, die dann doch Überlebenden zu Verlegenheitschristen stempelte ... [D]ie Taufe drohte nun tatsächlich individualisiert und zum rein eschatologischen Sakrament zu werden, das zwar die Tür zum Himmel aufschließen kann, aber für das Leben auf Erden überwiegend Last oder gar Gefährdung ist[277].

Trotz der Opposition von Autoritäten wie Basilius oder Chrysostomos scheint das Ritual der Klinikertaufe weit verbreitet gewesen zu sein, wodurch

---

[272] Βαπτισθῶμεν οὖν ... ἕως οὐ παράφορος ἡ γλῶσσα οὐδὲ κατεψυγμένη οὐδὲ ζημιοῦται, ἵνα μὴ πλεῖόν τι λέγω, τὰ τῆς μυσταγωγίας ῥήματα· ἕως δύνασαι γενέσθαι πιστός, οὐκ εἰκαζόμενος ἀλλ' ὁμολογούμενος, οὐκ ἐλεούμενος ἀλλὰ μακαριζόμενος· ἕως δῆλόν σοι τὸ δῶρον, ἀλλ' οὐκ ἀμφίβολον, καὶ τοῦ βάθους ἡ χάρις ἅπτεται, ἀλλ' οὐ τὸ σῶμα ἐπιτάφια λούεται· Gr. Naz. Or. 40,11 (SC 358, S. 218,1 und 220,17-23).
[273] Aug., Conf. 1,11.
[274] S. dazu die einzelnen Quellen bei Jeremias (1958), S. 102-114.
[275] Chrys., Hom. 23 in Act. 4.
[276] Gr. Naz. Or. 40,11 und 12.
[277] Kretschmar (1970), S. 147f.

sich „die zentrale gottesdienstliche Handlung"[278] der Alten Kirche zumindest im 4. und 5. Jahrhundert in der täglichen Praxis häufig in der Nähe des Sterbens und des Todes befand.

Was dies für die rituelle Begleitung des christlichen Sterbens bedeutet, wird erst klar, wenn man sich dem Charakter der Taufrituale in der Alten Kirche näher zuwendet. Zahlreiche antike Quellen geben Einblick in die altkirchlichen Taufrituale, spätestens seit dem 3. Jahrhundert auch mit genaueren Angabe über den liturgischen Ablauf in einzelnen Gemeinden (Tertullian, Origenes, Cyprian u.a.[279]). Eines dieser Dokumente enthält einen Katalog, der Voraussetzungen für die Zulassung von Katechumenen zur Taufe beschreibt. Er gehört zu dem Textkorpus, das heute allgemein mit dem Begriff *Traditio Apostolica* bezeichnet wird. Lokalisierung und Datierung des Textes scheinen bis heute „kaum lösbare" Fragen zu sein (Christoph Markschies[280]). Sicher ist jedoch, daß es sich um einen altkirchlichen Text handelt, der spätestens im frühen 5. Jahrhundert abgeschlossen worden sein muß; Teile desselben stammen aber offenbar aus dem (frühen) 3. Jahrhundert[281]. Die Schlüsselkategorie für eine Zulassung zur Taufe ist in dieser Quelle die kultische „Reinheit" des Katechumenen (adj. καθαρός beziehungsweise *purus*):

> Vom Zeitpunkt ihrer Absonderung an lege man ihnen jeden Tag zum Exorzismus die Hand auf. Wenn der Tauftag näherrückt, vollziehe der Bischof selbst den Exorzismus an einem jeden von ihnen, um sich zu überzeugen, ob er rein (καθαρός/*purus*[282]) ist. Wenn jemand nicht gut oder nicht rein ist, soll man ihn wegschicken, weil er das Wort nicht gläubig gehört hat. Denn es ist unmöglich, daß ein Fremder (sc. Dämon) sich auf Dauer verbirgt. Man soll die Täuflinge anweisen, sich am Donnerstag zu baden und zu waschen. Wenn eine Frau menstruiert, soll man sie zurückstellen, und sie soll die Taufe an einem anderen Tag empfangen. Die Täuflinge sollen am Freitag fasten. Am Sabbath sollen sich

---

[278] So Kretschmar (1970), S. 5.

[279] Zu den frühen (vorkonstantinischen) Quellen gehören neben den ntl. Zeugen v.a. Plin., *Ep.* 10,96; Arist., *Apol.* 15,11; Iust., *Apol.* 1,15,6; *MartPol.* 9,3; Iren., *Adv. haer.* 2,22,4; Clem. Al., *Paed.* 3,59,2; Tert., *Bapt.* 18,3-6 und *Anim.* 39,4; Or., *Hom. 14 in Lc.* 2,2, *Comm. 15 in Mt.* 20,1-16, sowie *Hom. in Iesum nave* 9,4; Cypr., *Laps.* 9 und *Ep.* 64,2-6. Einen guten Überblick über die vor- und nachkonstantinischen Quellen (inkl. epigraphischem Material) gibt Joachim Jeremias (1958), insbes. S. 11-22.

[280] Christoph Markschies, Wer schrieb die sogenannte Traditio Apostolica? Neue Beobachtungen und Hypothesen zu einer kaum lösbaren Frage aus der altkirchlichen Literaturgeschichte, in: Kinzig/Markschies/Vinzent (1999), S. 1-74.

[281] Wenn es einen Konsens zur Datierung gibt, dann geht er dahin, daß eine Grundschrift aus dem 3. Jahrhundert noch eine oder mehrere Bearbeitungen im 3. und/oder 4. Jahrhundert erfahren hat. Vgl. dazu zuletzt Markschies (1999), S. 1-74, s. insbes. S. 44ff. Joachim Jeremias u.a. sehen dagegen in dem Text „die Taufpraxis Roms in der zweiten Hälfte des 2. Jh.s" wiedergegeben, Jeremias (1958), S. 86. Zur Interpretation des hippolytischen Taufritus vgl. auch den erhellenden Ansatz von Rudi Fleischer, Verständnisbedingungen religiöser Symbole am Beispiel von Taufritualen. Ein semiotischer Versuch, Mainz 1984, S. 15-283.

[282] In der sahidischen Variante steht hier *sanctus* statt *purus*.

nach Anweisung des Bischofs die Täuflinge an einem Ort versammeln. Dann fordert er sie alle auf, zu beten und die Knie zu beugen. Unter Handauflegung beschwört der Bischof alle fremden Geister, sie zu verlassen und nicht mehr in sie zurückzukehren. Wenn er den Exorzismus vollzogen hat, soll er ihr Gesicht anhauchen, und nach Bekreuzigung von Stirn, Ohren und Nasen läßt er sie aufstehen. Sie sollen die ganze Nacht wachend verbringen; man soll ihnen vorlesen und sie unterweisen. Die Täuflinge sollen nichts mitbringen außer dem, was ein jeder für die Eucharistie mitbringt ... Zur Zeit des Hahnenschreis soll man zunächst über das Wasser beten. Es soll Wasser sein, daß aus einer Quelle fließt oder von oben herabfließt. So soll man es halten, wenn es die Verhältnisse nicht anders erzwingen ... Niemand soll einen fremden Gegenstand mit ins Wasser nehmen[283].

Dieser Text vermittelt einen Eindruck davon, wie rituelle Unreinheit in einer (römischen?) christlichen Gemeinde des dritten (oder vierten) Jahrhunderts wahrgenommen werden konnte. Reinigungsauflagen im Zusammenhang mit Körperausscheidungen (Menstruation[284]), die mitunter als Gefahr für den rituellen Ablauf aufgefaßt werden, sind für den Anthropologen geradezu klassische Beispiele für den Umgang mit kultischer Unreinheit. Solche Auflagen wurden in vielen Kulturen in diesem Sinne beobachtet, und auch aus der christlichen Antike gibt es dafür noch eine Reihe weiterer Belege[285]. Der

---

[283]   *A tempore quo separati sunt, imponatur manus super eos quotidie dum exorcizantur* (ἐξορκίζειν). *Cum appropinquat dies quo baptizabuntur, episcopus exorcizet* (ἐξορκίζειν) *unumquemque eorum ut sciat an purus sit. Si quis autem non est bonus* (καλός) *aut non est purus* (καθαρός), *ponatur seorsum, quia non audivit verbum in fide* (πίστις), *quia impossibile est ut alienus se abscondat semper. Doceantur qui baptizandi sunt ut faciant* [et se faciant liberos] *et se lavent die quinta hebdomadae* (σάββατον). *Si autem mulier est in regulis mulierum, ponatur seorsum et accipiat baptismum alia die. Ieiunent* (νηστεύειν) *qui accipient baptismum, inparasceve* (παρασκευή) *sabbati* (σάββατον); *et sabbato* (σάββατον), *qui accipient baptismum congregabuntur in locum unum in voluntate* (γνώμη) *episcopi. Iubeatur illis omnibus ut orent et flectent genua. Et imponens manum suam super eos, exorcizet* (ἐξορκίζειν) *omnes spiritus alienos ut fugiant ex eis et non revertantur iam in eos. Et cum cessaverit exorcizare* (ἐξορκίζειν), *exsufflet in faciem eorum et cum signaverit* (σφραγίζειν) *frontem, aures et nares eorum, suscitabit eos. Et agent totam noctem vigilantes, et legetur eis et instruentur* (κατηχεῖσθαι). *Baptizandi ne adducant secum ullam rem, nisi solum quod unusquisque adducit propter eucharistiam* (εὐχαριστία) ... *Tempore quo gallus* (ἀλέκτωρ) *cantat, oretur primum super aquam. Sit aqua fluens in fonte* (κολυμβήθρα) *vel fluens de alto. Fiat autem hoc modo, nisi sit aliqua necessitas* (ἀνάγκη) ... *et nemo sumat rem* (εἶδος) *alienam* (ἀλλότριος) *deorsum in aqua* (TA 20f; vgl. noch TA 14 und 18-23). Text ed. Bernard Botte, Hippolyte de Rome. La tradition apostolique d'après les anciennes versions, LWQF 39, 4. Aufl. Münster 1972, S. 42,6-46,3; Übers. Georg Schöllgen, FC 1², S. 253-257.

[284]   Vgl. zum Beispiel Mary Douglas (1981), S. 99ff und 149f; dies., Purity and danger. An analysis of concepts of pollution and taboo, London 1966, S. 151 und S. 176 (dt. Reinheit und Gefährdung. Eine Studie zu Vorstellung von Verunreinigung und Tabu, Frankfurt 1988); van Gennep (1999).

[285]   Vgl. zum Beispiel den Canon 17 der *canones Basilii*, der diese Art kultischer Verunreinigung genauer definiert (bei Riedel [1900/1968], S. 242). In ihrem Buch „Purity and Danger" von 1966 weist Mary Douglas einen beinahe universellen Zusammenhang zwischen der Kontrolle solcher Körperfunktionen durch die den Ritus gemeinsam begehende Gruppe und der beabsichtigten Würde der rituellen Situation nach. S. dazu neben Douglas (1981) und Douglas (1966) auch van Gennep (1999), S. 32, und Parker (1996), S. 100-103.354.

Text läßt jedoch vor allem eine Nähe zu alttestamentlichen beziehungsweise jüdischen Reinheitsvorstellungen erkennen: Menstruation ist nach Lev 15,19 und für die rabbinische Literatur immer eng mit Unreinheit verknüpft[286]. Die Anweisung *Sit aqua fluens in fonte vel fluens de alto. Fiat autem hoc modo, nisi sit aliqua necessitas* könnte auch aus einer jüdischen Reinigungs-vorschrift (etwa Miqwaot) beziehungsweise aus der nachexilischen Literatur stammen[287]. In den traditionellen graeco-römischen Kulten spielt Unreinheit durch Menstruation dagegen kaum eine Rolle, auch wenn sie vereinzelt er-wähnt wird[288]. Die Verwendung „lebenden Wassers" wird auch in der Dida-che vorgeschrieben und weist wohl auch dort auf die jüdischen Reinigungs-traditionen[289]. Die besondere Bedeutung und die reinigende Wirkung fließen-den Wassers ist jedoch auch aus der paganen griechischen Antike überliefert und deutet meist auf einen Zusammenhang mit kultisch-ritueller verstandener (nicht ethischer!) Unreinheit hin[290].

Auch die in Kap. 3.2.1 zitierte Inschrift *Christiane lava manus et ora ut remittant* macht körperliche Reinheit zur Voraussetzung für die Teilnahme am gemeinsamen Ritual in der Alten Kirche. Die weiße Farbe des Taufgewandes (vgl. Eusebius' Beschreibung der Taufe Konstantins[291]) läßt sich gleichfalls als Zeichen kultischer Reinheit deuten, wie ich im Kapitel über die Verwendung der Farben bereits zu zeigen versucht habe. Gregor von Nazi-anz' *Oratio* über die Taufe geht ebenfalls von einem Nexus zwischen ritueller Reinheit und der Taufe aus, der an die eben zitierte Taufbeschreibung erin-nert:

> Laßt uns nun getauft werden, so daß wir siegen: laßt uns Anteil am reinigenden Wasser haben, schmutzentfernender als Ysop, reiner als das gesetzliche Blut,

---

[286] MNidda 3,1.

[287] Ezechiel, deuteronomisch-deuteronomistische und mit der sogenannten „Priester-schrift" in Verbindung gebrachte Texte; vgl. Lev 11-15, Num 19, Dtn 14 etc.

[288] Vgl. u.a. Porph., *Abst.* 2,50 und Plin., *Hist. nat.* 11,44 und 17,266; außerdem findet sich dieser Gedanke auf Inschriften in Sunion und Ägypten, die Wächter (1910), S. 36, kommentiert: „In allen diesen Fällen ist außergriechischer Einfluß denkbar, und es ist möglich, daß im öffent-lichen Kult der klassischen Zeit besondere ἀγνεία von den Menstruierenden nicht zu beobach-ten waren". Vgl. Parker (1996), S. 100-103, und Wächter (1910), S. 36-39 (mit weiteren Quel-len).

[289] S. zu all diesen z. B. Jacob Neusner, A history of the Mishnaic laws of purities 21. The redaction and formulation of the order of purities in Mishna and Tosefta, Leiden 1977; vgl. au-ßerdem Theodor Klauser, Taufet in lebendigem Wasser! Zum religions- und kulturgeschichtli-chen Verständnis von Didache 7,1/3, in: ders., Gesammelte Arbeiten zur Liturgiegeschichte, Kirchengeschichte und christlichen Archäologie, JAC.E 3, Münster 1974, S. 177-183.

[290] Vgl. dazu Kap. 2.4

[291] S. Kap. 3.2.2.

heiliger als die Asche der Färse, die die Verunreinigte reinigt, und eine zeitliche
Reinigung des Körpers vermag, nicht eine vollkommene Wegnahme der Sünden. Was aber bedürfen sie der Reinigung, nachdem sie ganz gereinigt worden
sind?[292]

Auch hier wieder fallen die alttestamentlichen Anklänge auf (Ysop: vgl. Ex
12,22 [Ysop und Blut!], Num 19,18; Ps 51,9). Die Reinigungskategorie hatte
offenbar im Zusammenhang mit der Taufe eine große Bedeutung für die
christlichen Gemeinden in Gregors Umgebung: Neben καθαρός fallen auch
Worte wie ῥυπτικός, καθάρσιος beziehungsweise als Verbum ῥαντίζειν
und καθαρίζειν[293]. Gregor entwertet jedoch dieses Denken, indem er die alttestamentlichen Vorschriften als nur der „zeitlichen Reinigung des Körpers"
fähig (πρόσκαιρον ἐχούσης σώματος κάθαρσιν), nicht jedoch zur Wegnahme der Sünde tauglich qualifiziert: Er gesteht damit die Möglichkeit einer
rituellen äußeren Verunreinigung zu (nicht im hygienischen Sinne), sagt aber:
die Reinigung von der Sünde ist das eigentlich Wichtige, ein Gedankengang,
der sich auch schon in alttestamentlichen Texten, vor allem in der sogenannten Weisheitsliteratur, findet[294]. Es geht Gregor also um eine „Ethisierung"
von Reinheitsvorschriften, wie sie im christlich(-jüdisch)en Denken noch
häufiger begegnet und für die weiteren Überlegungen im Auge behalten werden muß.

3.3.1.2 Abendmahl

Eine Überlegung zum Abendmahl in der Alten Kirche ist ebenfalls aus zwei
Gründen unverzichtbar: Zum einen erwähnen spätestens seit Anfang des
4. Jahrhunderts verschiedene Quellen das sogenannte *viaticum*, eine auf dem

---

[292] Βαπτισθῶμεν οὖν, ἵνα νικήσωμεν· μετάσχωμεν καθαρσίων ὑδάτων, ὑσσώπου ῥυπ-
τικωτέρων, αἵματος νομικοῦ καθαρωτέρων, σποδοῦ δαμάλεως ἱερωτέρων, ῥαντιζούσης
τοὺς κεκοινωμένους, καὶ πρόσκαιρον ἐχούσης σώματος κάθαρσιν, οὐ παντελῆ τῆς ἁμαρ-
τίας ἀναίρεσιν. Τί γὰρ ἔδει καθαίρεσθαι τοὺς ἅπαξ κεκαθαρμένους; Gr. Naz., *Or.* 40,11
(SC 358, S. 218,1-220,6).
[293] Ähnliches auch in der Grabrede auf seinen Vater: „Er kam mit heißem Verlangen und
helleuchtender Hoffnung zur Taufe, nachdem er sich mit aller Kraft selbst zuvor gereinigt (προ-
καθαίρειν) und sich an Seele und Körper noch gründlicher gesäubert (καθαγνίζειν) hatte, als
die, die von Moses die Tafeln erhalten sollten. Denn bei ihnen war es nur die Reinigung der
Kleider, das Halten einer kleinen Diät und Enthaltsamkeit für kurze Zeit" (καὶ πρόσεισι μετὰ
θερμῆς τῆς ἐπιθυμίας καὶ λαμπρᾶς τῆς ἐλπίδος τῷ λουτρῷ προκαθάρας ἑαυτὸν εἰς δύναμιν, καὶ ψυχῇ καὶ σώματι καθαγνίσας πολλῷ μᾶλλον, ἢ οἱ τὰς πλάκας παρὰ Μωϋσέως
δέξασθαι μέλλοντες. Τοῖς μὲν γὰρ μέχρις ἐσθῆτος ὁ ἁγισμός, καὶ γαστρὸς μικρὰ
στένωσις, καὶ σωφροσύνη τις σχέδιος·), Gr. Naz., *Or.* 18,13; PG 35, Sp. 1001A.
[294] Hi 4,17 und Prov 20,9 kennen z.B. „rein" als Parallelbegriff zu „gerecht", allerdings in
pessimistischer Wendung.

Sterbebett gereichte Eucharistie (was jedoch nicht aus allen Quellen eindeutig zu erschließen ist, s.u.). Zum anderen ist im Zusammenhang mit Totengedenken und Märtyrerverehrung von Abendmahlsfeiern die Rede, worauf ich an entsprechender Stelle (Kapitel 3.3.5) genauer eingehen werde.

Es darf als einigermaßen gesichert gelten, daß zumindest nach der Zeit Konstantins das Abendmahl auf dem Sterbebett ein praktiziertes Ritual in der Alten Kirche gewesen ist, auch wenn es nicht überall verbreitet war und offenbar auch auf Opposition traf[295]. Einer der ersten konkreten Belege für das häufig ἐφόδιον beziehungsweise *viaticum* genannte Ritual stammt aus den Akten des Konzils von Nicaea. Der Konzilsbeschluß appelliert an die Teilnehmer, „die letzte und allernotwendigste Wegzehrung" den Toten nicht vorzuenthalten. Der Brauch, das Abendmahl an Menschen in Todesgefahr zu verabreichen, stamme aus alter Zeit[296]. Auch ein Kanon der Synode von Elvira, die vermutlich zwischen 300 und 312 abgehalten wurde, erwähnt die Eucharistie bei lebensbedrohender Krankheit (*necessitas infirmitatis*)[297].

> ἐφόδιον (meist *pl.* ἐφόδια) meint in der paganen Literatur zunächst einmal die auf einer Reise oder Expedition benötigte Verpflegung, häufig im militärischen Zusammenhang[298]. Allgemeiner kann damit auch der „Unterhalt" oder eine „Förderung" bezeichnet werden[299]. Ganz synonym wird in lateinischen Texten *viaticum* verwendet[300], häufig meint es (das für eine Reise benötigte) Geld[301]. Auch in den altkirchlichen Texten werden die beiden Begriffe zuweilen in all-

---

[295] Einschlägig für dieses Problem nach wie vor: Dölger (1922), S. 515-535; Gregory Grabka, Christian Viaticum. A study of its cultural background, in: Tr 9 (1953), S. 1-43; Alfred C. Rush, The Eucharist. The sacrament of dying in Christian antiquity, in: Jurist 34 (1974), S. 10-35. Vgl. auch ders. (1941), S. 99-101. Grabkas sorgfältige Studie orientiert sich methodisch an Rushs Dissertation von 1941. Problematisch bei allen drei Arbeiten ist das Bild einer einheitlichen rituellen Praxis in der Alten Kirche, wobei geographische und zeitliche Differenzierungen wenig Berücksichtigung finden (am ehesten geschieht dies noch bei Franz Joseph Dölger). Nicht alle von den genannten Autoren aufgeführten Quellen lassen sich im übrigen guten Gewissens als Nachweis der Praxis anführen. S. auch (ohne zusätzliche Erkenntnisse): Lambert Beauduin, Le viatique, in: MD 15 (1948), S. 117-129.

[296] Can. 13 des Konzils von Nicaea (COD, S. 12). Reiner Kaczynski (1984), S. 210, folgert aus dieser Quelle, daß „bereits um die Mitte des 2. Jahrhunderts" die Voraussetzungen für diesen Ritus gegeben waren. Er verweist auf Justin (*Apol.* 1,65 und 1,67), die Diakone erwähnt, die die Eucharistie denen brachten, die nicht an der gemeinsamen Feier teilnehmen konnten. Vgl. dazu Rush (1941), S. 92-101. Die Wendung kann jedoch auch einfach konventionell gebraucht sein, ohne Aufschluß über das tatsächliche Alter dieser Praxis zu geben. Vielleicht reagiert das Konzil hier auf den in der folgenden Anm. genannten Beschluß von Elvira, der die Eucharistie für Unwürdige nur in der Notlage einer lebensbedrohenden Krankheit zuläßt.

[297] Can. 9 der Synode von Elvira (PL 84, Sp. 303).

[298] Z.B. Hdt. 4,203; 6,70; D. *Or.* 3,20. Bei Ar., *Ach.* 66 erscheint es als staatlicher Reisekostenzuschuß für Gesandte der Volksversammlung oder Boule.

[299] Z.B. Ar., *Pl.* 1024; Aeschin. 1,172; Hyp., *Epit.* 27; Plu., *Alex.* 8.

[300] In den Bacchides des Plautus wird etwa ein gemeinsames Essen vor der Abreise eines der Teilnehmer als *viaticum* bezeichnet (Plaut., *Bacch.* 1,94).

[301] So bei Hor., *Ep.* 1,17,54.

gemeinem Sinne verwendet, und sie beziehen sich keineswegs immer auf eine Sterbeeucharistie. So benutzt der sogenannte Clemensbrief τὰ ἐφόδια τοῦ Χριστοῦ als allgemeinen Ausdruck für die christliche Lehre und die Mittel und Wege, die zur Erlösung führen[302]. Auch bei Eusebius[303], Kyrill von Jerusalem[304] und Basilius von Caesarea[305] findet sich ein solch allgemeiner Gebrauch, wobei auch speziell die Taufe—nicht unbedingt auf dem Sterbebett—als ἐφόδιον gelten kann[306]. Im Westen spricht Hilarius von Poitiers von guten Werken und dem Befolgen der Gebote als einem *viaticum aeternitatis*[307].

Es gibt vielleicht noch ältere Zeugen dafür, daß die Eucharistie auf dem Sterbebett gereicht werden konnte. So ordnet zum Beispiel Cyprian in einem seiner Briefe ausdrücklich an, den nicht bereuenden *lapsi* das Abendmahl beim nahenden Tod zu verweigern[308]:

> Deswegen haben wir beschlossen, daß denjenigen, die nicht bereuen und auch nicht ihre Vergehen mit ganzem Herzen bedauern und es mit ihrem manifesten Bekenntnis ihrer Trauer bezeugen, die Hoffnung des Kommunizierens und Betens/des Friedenskusses (*communicatio et pax*[309]) verwehrt werden soll, wenn sie in Krankheit und Lebensgefahr angefangen haben, danach zu verlangen; denn jene fragen nicht, weil sie ihre Vergehen bereuen, sondern weil die Mahnung des unmittelbar bevorstehenden Todes sie nötigt[310].

Offenbar haben also zu Cyprians Zeit nordafrikanische *lapsi* auf dem Sterbebett den Wunsch nach einer letzten Teilnahme an einer eucharistischen Feier geäußert, ein Wunsch, dem in vielen Fällen wohl auch entsprochen wurde. Die Sterbeeucharistie begegnet in der Folgezeit in den Quellen noch häufiger, insbesondere im Zusammenhang mit der Frage des Umgangs mit den *lapsi*. Ausführlich beschrieben wird sie etwa bei Eusebius[311], in der *vita Ambrosii* des Paulinus von Mailand und der *vita Melaniae*. In seiner Kirchengeschichte erzählt Eusebius von den letzten Minuten im Leben des Serapion, einem der

---

[302]   IIClem 10.
[303]   Eus., *H.e.* 8,10,2.
[304]   Cyr. H., *Catech.* 6,12.
[305]   Bas., *Spir.* 27,66; *Hom.* 13,5; *Ep.* 249.
[306]   So bei Gr. Naz., *Or.* 40,11.
[307]   Hil., *In psalm.* 14,17.
[308]   Vgl. auch die Briefe Cyp., *Ep.* 18,1; 19,2; 20,3; 57,1 (Zählung nach Hartel, CSEL 3.2). In ähnlicher Weise entscheidet im frühen 4. Jahrhundert auch das Konzil von Elvira (*Can.* 1.2.3.7.8.17.63.64, Mansi 2.6ff).
[309]   Zur Terminologie *communicatio et pax* vgl. Grabka (1953), S. 31, Anm. 172 (dazu auch Cyp. *Ep.* 57,1.4 und 55,17). Dölger, AuC 5 (1936), S. 120f, plädiert an einer ähnlichen Stelle bei Tertullian, *Anim.* 51,6, dafür, *pax* mit „Friedenskuss" zu übersetzen; beides scheint im vorliegenden Fall möglich zu sein.
[310]   *Paenitentiam non agentes nec dolorem delictorum suorum toto corde et manifesta lamentationis suae professione testantes prohibendos omnino censuimus a spe communicationis et pacis, si in infirmitate atque in periculo coeperint deprecari, quia rogare illos non delicti paenitentia sed mortis urgentis admonitio conpellit.* Cyp., *Ep.* 55,23,4 (CChr.SL 3B.3,1, S. 284,409-285,415).
[311]   Eus., *H.e.* 6,44.

sogenannten *lapsi* der decischen Verfolgung. Der Bischof Dionysius von Alexandria beauftragte nach dieser Schilderung ein Kind damit, dem Serapion das Abendmahl zu geben, nach dessen Erhalt dieser sofort verstarb:

> Er [*sc.* der Bischof] gab dem Kind ein wenig von der Eucharistie und forderte es auf, sie zu benetzen und dem Alten in den Mund zu träufeln ... Das Kind benetzte sie und führte sie in seinen Mund, und jener schluckte etwas, und sogleich gab er seinen Geist auf[312].

Paulinus schildert den Tod des Ambrosius von Mailand in ganz ähnlicher Weise:

> Er (*sc.* Honoratus, Bischof von Vercelli) stieg herab und brachte dem Heiligen (*sc.* Ambrosius) den Leib des Herrn. Der empfing ihn, und sowie er ihn geschluckt hatte, gab er seinen Geist auf, eine gute Wegzehrung (*viaticum*) mit sich führend, damit seine Seele—durch die Kraft der Speise erfrischt—sich der Gemeinschaft mit den Engeln, deren Leben er auf der Erde lebte, und der Gesellschaft Elias erfreute[313].

In der Lebensbeschreibung der Melania (gestorben wohl 439) wird vom Verhalten der Melania beim Tod ihres Onkels folgendes berichtet:

> Sie ließ ihn zum dritten Mal teilnehmen an den heiligen Mysterien bei Tagesanbruch (es war das Fest der heiligen Theophanien), und voller Freude ließ sie ihn in Frieden hingehen zum Herrn[314].

Von ihrem eigenen Tod heißt es in der lateinischen Fassung desselben Textes:

> Auch ist es Brauch ... bei den Römern, daß, wenn sich die Seelen entfernen, die Kommunion des Herrn im Mund sei, ... und sie empfing sie zu derselben Stunde aus der Hand des Bischofs und antwortete nach vollendetem Gebet: Amen[315].

---

[312] βραχὺ τῆς εὐχαριστίας ἔδωκεν τῷ παιδαρίῳ ἀποβρέξαι κελεύσας καὶ τῷ πρεσβύτῃ κατὰ τοῦ στόματος ἐπιστάξαι ... ἀπέβρεξεν ὁ παῖς καὶ ἅμα τε ἐνέχεεν τῷ στόματι καὶ μικρὸν ἐκεῖνος καταβροχθίσας εὐθέως ἀπέδωκε τὸ πνεῦμα. Eus., *H.e.* 6,44,4f (SC 41, S. 160,9-17).

[313] *Qui descendens, obtulit sancto domini corpus: quo accepto ubi glutivit, emisit spiritum bonum viaticum secum ferens, ut in virtute escae anima refectior angelorum nunc consortio, quorum vita vixit in terris, et Heliae societate laetetur.* Paul. Med., *V. Ambr.* 47 (ed. Michele Pellegrino, Vsen.NS 1, Rom 1961, S. 118,11-120,14).

[314] Die Textgestalt ist mit zahlreichen Unsicherheiten behaftet. Welche von den beiden erhaltenen Fassungen—eine lateinische und eine griechische—die ursprünglichere ist, ist nach wie vor nicht ganz sicher. Vgl. zum Problem Mariano Rampolla del Tindaro, Santa Melania. Giuniore senatrice Romana. Documenti contemporanei e note, Rom 1905, nach welchem auch der vorliegende Text zit. ist (dort S. 74,5-7): Καὶ ποιήσασα αὐτὸν μεταλαβεῖν τρίτον τῶν ἁγίων μυστηρίων, τῇ ἕωθεν, τῆς ἑορτῆς οὔσης τῶν ἁγίων θεοφανίων, χαίρουσα προέπεμψεν αὐτὸν ἐν εἰρήνῃ πρὸς τὸν Κύριον.

[315] *Consuetudo autem est ... Romanis ut cum animae egrediuntur, communio Domini in ore sit ... acceptique eadem hora de manu episcopi, et completa oratione respondit Amen.* V. *Melaniae* 68 (ebd., S. 39).

Weitere ähnliche Berichte finden sich in den Beschreibungen des Todes des
Johannes Chrysostomus, des Basilius von Caesarea und anderer[316].

Spätere Konzilien sind—wohl mit mäßigem Erfolg—gegen die Darrei-
chung des Abendmahls an bereits Verstorbene zu Felde gezogen, was also offenbar tatsächlich verbreitet war[317]. Auch Johannes Chrysostomus schließt
sich diesen Verurteilungen an; das Problem war also zu seiner Zeit keineswegs alleine eine Sache Nordafrikas[318]. Dabei mag es sich vielleicht um einzelne „Unfälle" gehandelt haben—der Betreffende war beim Eintreffen der
Eucharistie in diesen Fällen vielleicht einfach schon verstorben. Vielleicht
legte man aber auch ganz bewußt den Toten die Eucharistie in den Mund, wie
Gregory Grabka vermutet, der eine enge Beziehung zum seit hellenistischer
Zeit verbreiteten Charonslohn annimmt. Die Eucharistie ersetzte nach Grabka
die Münze, die dem paganen Mythos folgend als Lohn für den Fährmann in
der Unterwelt gedacht war[319].

Die Dimension der „Reinheit " spielt auch für die eucharistischen Feiern
der Alten Kirche eine Rolle. Die erwähnte Inschrift *Christiane lava manus et
ora* meint vermutlich vor allem die Vorbereitung zur Abendmahlsfeier, und
zahlreiche Texte christlicher Autoren machen „Reinheit" zur Voraussetzung
der Teilnahme. Häufig ist diese Reinheit synonym mit dem Getauftsein: Un-
getaufte Gottesdienstteilnehmer dürfen nicht kommunizieren und müssen bei
der Eucharistie sogar den Raum verlassen[320], mitunter gibt es deswegen auch
eine feste bauliche Trennung innerhalb des Gottesdienstraumes[321]. Im Zusammenhang mit den in den Taufauflagen der *Traditio Apostolica* und in der
Aufforderung der genannten Inschrift reflektierten kultischen Reinheitsregeln
meint Reinheit im eucharistischen Kontext vor allem auch die übertragene

---

[316] Pall., *V. Chrys.* 11; *V. Bas.;* aus späterer Zeit etwa Gr. Mag., *Dial.* 2,24 und 37 (Bericht
über den Tod des Benedikt); Zusammenstellung von weiteren (meist späten) Texten bei Rampolla (1905), S. 255f. S. auch Dölger (1922), S. 515-535.
[317] Konzil von Hippo (393), Can. 5; Konzil von Karthago (397), Can. 6 (wiederholt vom
Konzil von Karthago von 525), Konzil von Auxerre (578), Can. 12; Trullanische Synode (Konstantinopel 691/692), Can. 83. Vgl. dazu noch Eberhard Friedrich Bruck, Totenteil und Seelgerät im griechischen Recht. Eine entwicklungsgeschichtliche Untersuchung zum Verhältnis von
Recht und Religion mit Beiträgen zur Geschichte des Eigentums und des Erbrechts, MBPF 9,
München 1926, S. 287; Kotila (1992), S. 50; Kaczynski (1984), S. 210.
[318] Chrys., *Homilia 40 in Corinthos* 1.
[319] Grabka (1953).
[320] Iust., *Apol.* 66,1; *TA* 18; *Did.* 9.
[321] Chrysostomus berichtet etwa von einer strikten räumlichen Grenze zwischen den zur
Eucharistie zugelassenen Gläubigen einerseits und anderen (Büßern, Katechumenen, Schaulu-
stigen) andererseits, markiert durch das Schließen von Türen zwischen beiden Gruppen unmittelbar vor dem Abendmahl: Chrys., *Hom. in Mt.* 23,3.

Reinheit des „sündenfreien" christlichen Lebens. Auch die Freiheit von Einflüssen der Götzen und Dämonen kann dabei gemeint sein (etwa bei Cyprian[322]), eine Form von „Reinheit", die polemisch manchen Häretikern abgesprochen wird[323]. Nicht genannt werden jedoch meines Wissens Verunreinigungen mit in der Antike üblicherweise als kultisch unrein verstandenen Dingen oder Vorgängen (Körperausscheidungen[324], verbotene sexuelle Aktivität[325], Leichen[326]). Es gibt auch keine Vorschriften, nach denen Sterbende

---

[322] Eine Teilnahme am Abendmahl trotz einer solchen Verunreinigung konte nach Cyprian fatale Konsequenzen haben: „Zwei Eltern, die sich gerade flüchteten und in ihrer Angst die nötige Vorsicht vergaßen, ließen unter der Pflege einer Amme ihr kleines Töchterchen zurück. Die Amme aber brachte das zurückgelassene Kind zu den Behörden (*magistratus*). Hier gab man ihm vor einem Götzenbilde, bei dem das Volk zusammenkommen pflegte, ein Stück Brot, in Wein getaucht (weil es in seinem Alter noch kein Fleisch essen konnte), das jedoch seinerseits vom Opfer der Verlorenen noch übrig war. Später nahm die Mutter ihre Tochter wieder zu sich. Das Mädchen konnte den begangenen Frevel ebensowenig erzählen und mitteilen, als es ihn seinerzeit hätte verstehen und verhindern können. Aus Unwissenheit also geschah es unvermerkt, daß die Mutter ihr Kind zu unserem Opfer brachte. Als nun aber das Mädchen inmitten der Gemeinschaft von Heiligen (*sancti*) sich fand, da vermochte es unsere Bitten und Gebete nicht zu ertragen, sondern brach bald in lautes Weinen aus, bald warf es sich, von innerer Unruhe ergriffen, stürmisch hin und her. Wie unter dem Zwang der Folter gab die noch in den Jahren kindlicher Einfalt stehende unwissende Seele die Beteiligung an der Tat durch alle möglichen Anzeichen zu erkennen. Nach der Beendigung dieses Feierteils begann der Diakon damit, den Anwesenden den Kelch zu reichen, und, als die anderen ihn empfingen, kam die Reihe auch an die Kleine; da wandte sie auf Eingebung der göttlichen Majestät ihr Gesicht ab, preßte den Mund und die Lippen fest zusammen und wies den Kelch zurück. Dennoch gab der Diakon nicht nach und flößte ihr, auch wenn sie sich sträubte, etwas von dem Kelch mit dem Sakrament (*sacramentum*) hinein. Nun folgte heftiges Schlucken und Erbrechen: In dem geschändeten (*violatus*) Körper und Mund konnte die Eucharistie nicht bleiben und den im Blute des Herrn geheiligten (*sanctificatus*) Trank mußten die verunreinigten (*pollutus*) Eingeweide wieder von sich geben" (*Parentes forte fugientes, dum trepidi minus consulunt, sub nutricis alimento paruulam filiam reliquerunt. Relictam nutrix detulit ad magistratus. Illi ei aput idolum quo populus confluebat, quod carnem necdum posset edere per aetatem, panem mero mixtum, quod tamen et ipsum de immolatione pereuntium supererat, tradiderunt. Recepit filiam postmodum mater. Sed facinus puella commissum tam loqui et indicare non potuit quam nec intellegere prius potuit nec arcere. Ignoratione igitur obreptum est ut sacrificantibus nobis eam secum mater inferret. Sed enim puella mixta cum sanctis, precis nostrae et orationis impatiens, nunc ploratu concuti, nunc mentis aestu fluctuabunda iactari, uelut tortore cogente quibus poterat indiciis conscientiam facti in simplicibus adhuc annis rudis anima fatebatur. Vbi uero sollemnibus adimpletis calicem diaconus offerre praesentibus coepit, et accipientibus ceteris locus eius aduenit, faciem suam paruula instinctu diuinae maiestatis auertere os labiis obdurantibus premere calicem recusare. Perstitit tamen diaconus et reluctanti licet de sacramento calicis infudit. Tunc sequitur singultus et uomitus: in corpore adque ore uiolato eucharistia permanere non potuit, sanctificatus in Domini sanguine potus de pollutis uisceribus erupit.* Cypr., De lapsis 25; CChr.SL 3, S. 234,474-235,496).

[323] In diesem Sinne können *haeretici* wie *ethnici* als *inmundus* diffamiert werden: Cyp, *Ep.* 70,1; Novatian, *Cib. Iud.* 3. *Inmundus* bezeichnet ursprünglich wohl physikalische Unreinheit von Menschen (zum Beispiel Ov., *Ars* 3,756), Tieren (Hor., *Ep.* 1,2,26) und Sachen (Tert., *Patient.* 14,22; Arnob., *Nat.* 7,45), aber auch moralische Unsittlichkeit (Tert., *Apol.* 7,5) und schließlich vor allem allgemein die Unreinheit bei Juden (Tert., *Adv. Marc.* 2,18) und paganen Zeitgenossen (Lact., *Inst.* 2,14,5).

[324] Vgl. dazu die antiken Beispiele bei Parker (1996), S. 100-103.162.221.293.354. Außerdem Dtn 23,11-15.

[325] Dies spielt zum Beispiel bei den Vestalinnen eine Rolle, die den Kult der Vesta durch sexuelle Aktivität gefährdeten und deshalb nach Cato (*Or.* Frg. 68 Malc.) und Plut. (*Mor.* 286f beziehungsweise *Num.* 10) in einem solchen Fall an einem besonderen Ort (getrennt vom Tempelbezirk) hingerichtet werden mußten. Vgl. dazu etwa Käthe Schwarz, Der Vestakult und seine Herkunft, Heidelberg 1941.

den üblichen Anforderungen an „Reinheit" grundsätzlich nicht genügen konnten. Offenbar galten solche Einschränkungen auch nicht grundsätzlich für die Toten, denn auch ihnen wurde vermutlich oft und an vielen Orten noch das *viaticum* gegeben, wie die erwähnten Konzilsverbote belegen[327].

Auch wenn es sich bei den genannten Stellen, die von ἐφόδιον beziehungsweise *viaticum* sprechen, nicht immer um eine regelrechte eucharistische Feier gehandelt hat, so zeigen die genannten Beispiele doch, daß es vermutlich spätestens seit der Zeit Cyprians eine Verbindung zwischen dem zentralen kirchlichen Ritus des Abendmahls und Sterben und Tod der antiken Christen gegeben hat.

3.3.2 Tod

Der Zeitraum zwischen Tod und Bestattung war auch in der Antike vor allem von den notwendigen Vorbereitungen des Leichnams für die Grablegung gekennzeichnet. Neben der Totenwaschung (dazu s.u.) werden in den Quellen weitere ritualisierte Aktionen beschrieben, an denen sich die Entwicklung hin zu christlichen Ritualen verfolgen läßt. Einen Eindruck, wie diese Phase in einer christlichen Gemeinde des 4. Jahrhunderts aussehen konnte, gibt Dionysius Alexandrinus in einem Brief über eine Pestseuche in Ägypten wieder (überliefert von Eusebius in seiner Kirchengeschichte):

> Und sie nahmen die Körper der Heiligen (ἅγιοι[328]) mit offenen Händen und in
> innigster Gemeinschaft und schlossen ihnen Augen und Mund; und sie trugen
> sie auf ihren Schultern weg und bahrten sie auf, sie hielten sich zu ihnen, sie
> umarmten sie, sie bereiteten sie vor mit Waschungen und Kleidung; nach kurzer
> Zeit waren sie selbst in der gleichen Situation, denn die Überlebenden folgten

---

[326]   S. Kap. 4.2; weitere antike Beispiele bei Parker (1996), S. 32-37.
[327]   Siehe oben (Konzil von Hippo [393], Can. 5; Konzil von Karthago [397], Can. 6; Konzil von Auxerre [578], Can. 12; Trullanische Synode [691], Can. 83). Die Verbote werden in diesen Texten häufig mit exegetischen Belegen untermauert. So zitiert etwa der Beschluß des dritten Konzils von Karthago (Can. 5) die Einsetzungsworte des Abendmahles („nehmet und esset"), denen ein Leichnam schwerlich entsprechen konnte. Chrysostomus wendet sich in *Hom. 40 in Corinthos* 1 ebenfalls gegen die Verabreichung der Taufe und des Abendmahles an Leichen, weil Christus in den Einsetzungsworten zu den Lebenden und nicht zu den Toten gesprochen hatte. Vgl. dazu Rush (1941), S. 100, und Kotila (1992), S. 50.
[328]   Die Vokabel wird—ebenso wie das Wort *sancti*—in der patristischen Lit. häufig einfach im Sinne von „Verstorbene" gebraucht. Im antiken Judentum findet sich dieser Gebrauch sehr selten. So werden die Entschlafenen auf einem Grabstein aus Beth She'arim (dazu Kap. 2.3) קְדוֹשִׁים genannt, s. Nahman Avigad, Excavations at Beth She'arim 1955, in: IEJ 7 (1957), S. 241f; vgl. Göran Larsson, Heilige/Heiligenverehrung II., in: TRE 14, 1985, S. 644-646.

immer bald denen, die vor ihnen weggegangen waren[329].

Neben der Waschung (s. 3.3.2.2) werden hier also Aufbahrung (διάθεσις oder πρόθεσις, 3.3.2.3), die Bekleidung (3.3.3) und das Schließen von Augen und Mund (3.3.2.1) als notwendige Handlungen an den verstorbenen Mitchristen erwähnt.

3.3.2.1 Kußritual—conclamatio—Schließen der Augen

Im Kapitel über den Tod in der römischen Antike habe ich zwei rituelle Aktionen erwähnt, die speziell in den römischen Traditionen einen festen Platz hatten: das Kußritual und die *conclamatio* im engeren Sinne (*conclamatio* konnte auch allgemein einfach „Totenklage" bedeuten, s.o.). In der Deutung paganer Autoren (etwa Ovids) stand hinter dem Kußritual die Vorstellung, der nächste Verwandte habe den letzten Atemzug „einzufangen", dann seine Augen zu schließen, und zusammen mit den übrigen anwesenden Verwandten den Namen des Toten „auszurufen"[330]. Das Schließen der Augen wurde vermutlich im gesamten Mittelmeerraum als Pflicht des nächsten anwesenden Verwandten aufgefaßt, auch bei den frühen Christen. Der Mischnahtraktat zum Sabbath (MSchab 23,5) verbietet diese Handlung am Sabbat oder wenn der Betreffende noch nicht tot ist, und bezeugt damit die Praxis im Judentum. Gregor von Nyssa berichtet in seiner *vita Macrinae* sogar davon, daß er nach Makrinas Tod ihre Augen berührte, obwohl sie bereits geschlossen waren, nur um nicht den Anschein zu erwecken, als ob er dieser Pflicht nicht nachkommen wolle[331].

---

[329] καὶ τὰ σώματα δὲ τῶν ἁγίων ὑπτίαις χερσὶ καὶ κόλποις ὑπολαμβάνοντες καθαιροῦντές τε ὀφθαλμοὺς καὶ στόματα συγκλείοντες ὠμοφοροῦντές τε καὶ διατιθέντες, προσκολλώμενοι, συμπλεκόμενοι, λουτροῖς τε καὶ περιστολαῖς κατακοσμοῦντες, μετὰ μικρὸν ἐτύγχανον τῶν ἴσων, ἀεὶ τῶν ὑπολειπομένων ἐφεπομένων τοῖς πρὸ αὐτῶν. Eus., *H.e.* 7,22,9 (SC 41, S. 198,8-14).

[330] Serv., *Aen.* 6,218; Ov. *Trist.* 3,3,43. Weitere Belege bei Latte (1992), S. 101.

[331] ἐπήγαγον τῷ ἁγίῳ προσώπῳ νεναρκηκυῖαν ἐκ τοῦ πάθους τὴν χεῖρα, ὅσον μὴ δόξαι τῆς ἐντολῆς ἀμελεῖν· οὐδὲν γὰρ τῶν ἐπορθούντων οἱ ὀφθαλμοὶ προσεδέοντο, καθάπερ ἐπὶ τοῦ κατὰ φύσιν γίνεται ὕπνου, τοῖς βλεφάροις εὐκόσμως διειλημμένοι· τά τε χείλη προσφυῶς μεμυκότα καὶ αἱ χεῖρες εὐπρεπῶς ἐπανακλιθεῖσαι τῷ στήθει πάσά τε ἡ τοῦ σώματος θέσις αὐτομάτως κατὰ τὸ εὔσχημον ἁρμοσθεῖσα οὐδὲν τῆς τῶν κοσμούντων χειρὸς ἐπεδέετο („Ich berührte mit der durch das Leid geschwächten Hand das heilige Antlitz, um nicht den Anschein zu erwecken, als ob ich ihren Auftrag [sich um ihre Bestattung zu kümmern] versäumte. Denn um ihre Augen brauchte man sich nicht zu sorgen, da sie, wie beim natürlichen Schlaf, von den Lidern natürlicherweise bedeckt waren. Ebenso waren ihre Lippen natürlich geschlossen, die Hände lagen entsprechend auf der Brust und die ganze Körperhaltung war von sich aus anmutig, passend gefügt, und keineswegs bedurfte es einer ordnenden Hand." Gr. Nyss., *V.Macr.* 985, GNO 8,1, S. 399,16-22).

Das römische Kußritual taucht in den meisten christlichen Quellen nicht auf. Eine Ausnahme ist ein Text des Ambrosius, der sich ausdrücklich mit römischer Praxis in christlichem Kontext beschäftigt, wenn er in der Leichenrede für seinen Bruder dieses Ritual erwähnt:

> Es nutzte mir nicht, deinen letzten Atem eingesogen zu haben, noch dem Sterbenden meinen Hauch eingegeben zu haben. Ich glaubte nämlich, daß ich entweder deinen Tod selbst auf mich nehmen sollte oder mein Leben auf dich übertragen sollte. Oh jenes unglückliche, aber doch süße, letzte Unterpfand der Küsse! Oh bittere Umarmungen, zwischen denen der leblose Körper erstarrte, der letzte Hauch verflog! Ich drückte die Arme zusammen, jedoch ich hatte den schon verloren, den ich hielt, und fing den letzten Atem mit dem Mund auf, damit ich mit dir Gemeinschaft im Tod empfände. Doch ich weiß nicht, irgendwie wurde mir jener Atemzug lebendig, und er duftete im Tod selbst nach größerer Gnade[332].

In den Augen des Christen Ambrosius bekommt das Ritual also eine christliche Wendung: Das überlieferte pagane Kußritual wird zum Punkt des Kontaktes mit der *gratia maior* der christlichen Gottheit.

Vielleicht war das Kußritual im 6. Jahrhundert noch anzutreffen, denn ein Beschluß der Synode von Auxerre (578) verbietet ausdrücklich, den Toten den letzten Kuß zu geben (*mortuis osculum tradere*)[333]. Alfred Rush nimmt an, das altrömische Kußritual sei von der Alten Kirche in den Ritus („formal liturgical rite") des christlichen Friedenskusses für die Toten umgewandelt worden[334]. Tatsächlich geben die Bestattungsteilnehmer bei Pseudo-Dionysius Areopagita der Leiche den Friedenskuß[335], und vielleicht besteht hier eine Verbindung[336]. Es bleibt jedoch zu fragen, warum dieser „liturgi-

---

[332] *Nihil mihi profuit ultimos hausisse anhelitus, nihil flatus meos inspirasse morienti; putabam enim, quod aut tuam mortem ipse susciperem, aut meam vitam in te transfunderem. O infelicia illa, sed tamen dulcia suprema osculorum pignora! O amplexus miseri, inter quos exanimum corpus obriguit, halitus supremus evanuit! Stringebam quidem brachia, sed iam perdideram, quem tenebam, et extremum spiritum ore relegebam, ut consortium mortis haurirem. Sed nescio quomodo vitalis ille mihi halitus factus est et maiorem gratiam in ipsa morte redolebat.* Ambr., *Obit. Sat.* 1,19 (CSEL 73, S. 219,1-220,10).
Das *redolere* des letzten Satzes heißt „duften", kann sich aber in klassischem Latein auch übertragen auf Gottheiten beziehen, deren Nähe zu „riechen" ist, z. B. *redolent ipsae Athenae* usw.
[333] S. Canon 12 der Synode von Auxerre (Mansi 9,913).
[334] Rush (1941), S. 104.
[335] Dion. Ar., *E.h.* 556. Zu dem Text ausführlich Kap. 3.3.3.
[336] Auch die heutigen Liturgien der orthodoxen Kirchen kennen einen „letzten Kuß". In der *Vita Macrinae* erzählt Gregor von Nyssa, wie er nach der Beerdigung am Grab niedersinkt und „den Staub küßt" (Gr. Nyss., *V.Macr.* 996), was Pierre Maraval als „Entsprechung" dieses liturgischen Elements in den orthodoxen Ordnungen interpretieren möchte (Grégoire de Nysse, Vie de Sainte Macrine, ed. Pierre Maraval, SC 178, S. 88). Allerdings wäre beides auch mit der allgemeinen Auffassung des Kusses als Zeichen des Respektes und der Wertschätzung in den Kulturen des östlichen Mittelmeerraumes zu erklären, ohne daß es zwingend eine Abhängigkeit geben muß.

sche Ritus" alleine in dieser Quelle aus dem Osten auftaucht, war doch das pagane Kußritual eine geradezu exklusiv westliche römisch-pagane Tradition. Für ein eindeutiges Urteil im Sinne Rushs müßten deshalb weitere christliche Quellen aus der Zeit vor dem 6. Jahrhundert vorhanden sein, die bisher meines Wissens jedoch fehlen[337].

Die *conclamatio im engeren Sinne* kommt in den christlichen Quellen nicht vor; Gründe sind dafür nicht erkennbar. Vielleicht wurde sie nicht als problematisch empfunden; womöglich hatte sie in christlicher Zeit auch ihre eigene rituelle Form und Rolle verloren, wie sie bei Ovid noch erkennbar ist, und war zusammen mit *lessus* und *nenia* unterschiedslos in der Totenklage aufgegangen, die tatsächlich von christlichen Autoritäten—allerdings vor allem im Osten—bekämpft wurde. Im Osten ist der eigentliche *conclamatio*-Ritus, wenn er von der Totenklage zu unterscheiden ist, vermutlich nie verbreitet gewesen.

3.3.2.2 Leichenwaschung

Die Reinigung der Toten vor der Bestattung war in der Antike ein üblicher Vorgang, zumindest, wenn die finanziellen Mittel dafür vorhanden waren[338]. Eine solche Totenwaschung war offenbar auch unter Christen verbreitet, wie neben dem zitierten Bericht des Dionysios noch andere Hinweise in den christlichen Quellen belegen.

> Bereits in der Apostelgeschichte (Act 9,37) wird eine Totenwaschung erwähnt, bei der es sich offenbar um einen normalen und gängigen Vorgang gehandelt hat. Auch das Petrusevangelium (6,24) und die Petrusakten (3,40) erwähnen sie. Tertullian spielt an einer Stelle auf seine eigene Totenwaschung an, die er offenbar ganz selbstverständlich erwartete[339].

Den nichtchristlichen Quellen zufolge wurden bei diesem Vorgang in der Antike häufig Seifen und wohlriechende Öle etc. verwendet[340]. Vielleicht läßt

---

[337] Tatsächlich findet sich die Vokabel *pax* in einigen Quellen in einem ähnlichen Zusammenhang (Tert., *Anim.* 51,6; Cyp. *Ep.* 57,1.4 und 55,17). Ob es sich dabei jedoch um einen regelrechten Friedenskußritus handelt, ist unsicher, vgl. dazu die Diskussion der Stellen in Kap. 3.3.1.2 und 3.3.3, dort auch weitere Lit.

[338] Ausführliche Belege (Homer, Vergil, Ovid, Lucian und andere) bei Rush (1941), S. 112-116. Insbesondere bei der Bestattung von mittellosen Römern in Massengräbern wird dies vermutlich anders ausgesehen haben, siehe oben Kap. 2.5. Rush versucht eine Verbindung zwischen Totenwaschung, Libationsritualen und der Verwendung von Milch und Honig in der paganen Familienreligion zu konstruieren, die aus Mangel an einschlägigen Quellen nicht überzeugen kann.

[339] Tert., *Apol.* 42,2. In diesem Sinn läßt sich auch die o. zit. Stelle bei Gr. Naz. *Or.* 40,11, verstehen.

[340] Dazu Rush, S. 114, Anm. 13.

sich eine Entdeckung der Katakombenforscher Wilpert und de Rossi in diesem Sinn verstehen: Sie berichteten von deutlich wahrnehmbarem par-
fümierten Gerüchen, die ihnen bei der Öffnung verschlossener Katakomben-
gräber regelmäßig entgegenkamen[341].

Einige Christen scheinen dieser Waschung eine besondere Bedeutung bei-
gemessen zu haben. So erwähnt der bei Eusebius wiedergegebene Bericht
über die Pestseuche in Ägypten[342] Christen, die trotz akuter Infektionsgefahr
und unter schwierigen Umständen die Leichenwaschung an den verstorbenen
Kranken durchführten. Dieses Verhalten illustriert noch einmal die im Kapitel über den „Raum" der Bestattung dargestellte christliche Einstellung zur
Verpflichtung gegenüber verstorbenen Gemeindegliedern (Kap. 3.2.1). Auch
der Brief des Dionysios formuliert einen Anspruch beziehungsweise eine entsprechende Forderung an vorbildliche Christen, der in der Antike nicht ein-
zigartig, aber doch außergewöhnlich war.

3.3.2.3 Prothesis—Totenklage—Totenwache

In den antiken Quellen, christlichen wie paganen, ist häufig davon die Rede,
daß Tote nicht sofort nach ihrem Tod bestattet wurden, sondern daß zwischen
Vorbereitung und Waschung des Leichnams und eigentlicher Grablegung
oder Kremation ein gewisser Zeitraum lag. Quellen aus Palästina, Syrien und
Nordafrika sprechen eher von einer Bestattung am Tag des Todes[343]—wohl
nicht zuletzt aus klimatischen Gründen. Eine verzögerte Bestattung gibt es
insbesondere für außergewöhnliche Verstorbene: Herrscher oder andere als
verehrungswürdig erachtete Personen der Zeit (im Judentum etwa für einen
Rabbi wie Jehuda Ha-Nasi, s. u.). In einem solchen Fall konnte der Tote aufgebahrt werden, und es gab Gelegenheit für Verwandte, sich von ihm zu ver-
abschieden[344].

Insbesondere im Griechenland klassischer Zeit scheint diese πρόθεσις eine besondere Rolle gespielt zu haben, wie die zahlreichen bildlichen Darstellungen zeigen; aber auch in Rom war dies offenbar zu bestimmten Zeiten

---

[341] Vgl. Bruno Nardini in seiner Einleitung zu Ferrua (1991), S. 23. Die Gerüche ließen
sich freilich auch durch eine Verwendung von Parfüm o. ä. ohne eine damit zusammenhängende
Waschung erklären.
[342] Eus., *H.e.* 7,22,9.
[343] Z. B. zu erschließen aus: Mt 27,57-60par.; ActJoh 65-72; Aug., *Ep.* 158,2; *V. Fulgentii*
65.
[344] Vgl. bereits Act 9,37-40.

eine zentrale Stelle der Bestattungsfeierlichkeiten[345]. Die Totenklage hat hier ihren Ort. Die Länge der Zeitspanne variiert in den Quellen von weniger als 24 Stunden[346] bis zu sieben Tagen[347], auch längere Aufbahrungen kamen vielleicht vor, ohne daß sich in dieser Frage dezidierte Unterschiede zwischen christlichen und paganen Berichten fetstellen lassen. Einen Eindruck einer besonders herausgehobenen Prothesis gibt der Bericht des Eusebius vom Tod Konstantins:

> Es hoben die Soldaten die Leiche auf und legten sie in einen goldenen Sarg; diesen bedeckten sie mit kaiserlichem Purpur und brachten ihn in die nach dem Kaiser benannte Stadt; dann stellten sie ihn mitten in dem herrlichsten Saale des kaiserlichen Palastes auf eine hohe Bahre; sie zündeten ringsum Lichter auf goldenen Leuchtern an, und so hatten alle, die das erblickten, ein solch wunderbares Schauspiel, wie es noch nie bei einem Toten unter der Sonne seit Beginn der Zeiten auf Erden gesehen worden ist: Den in goldenem Sarge hochaufgebahrten Leichnam des Kaisers, der mit kaiserlichem Schmuck, mit dem Purpur und dem Diadem geschmückt war, umstanden drinnen, im mittleren Saale des Palastes, zahlreiche Wächter, die Tag und Nacht schlaflos ausharrten[348].

Die christlichen Quellen vor Konstantin berichten von der Prothesis beziehungsweise *collocatio* christlicher Gemeindeglieder so gut wie nichts. Geht man von der Prämisse stiller und „ruhiger" Bestattungen aus, wie sie uns bei Minucius Felix begegnet[349], so darf man sich vielleicht einfache Aufbahrungen vorstellen, nicht jedoch eine repräsentative Aktion wie die bei Eusebius geschilderte Prothesis Konstantins. In Verfolgungszeiten dürften die christlichen Gruppen sowieso kein Interesse an einem besonders großen Aufsehen gehabt haben, was auch die Spärlichkeit der Quellen aus dieser Zeit erklären kann.

Was den Ort der Aufbahrung angeht, so setzt eine bemerkenswerte Entwicklung vermutlich im 4. Jahrhundert ein. Noch Konstantin wird in seinem Palast aufgebahrt, bei Privatleuten war das eigene Haus der gängige Ort für

---

[345] S. Kap. 2.4 und 2.5, außerdem die Beispiele bei Quasten (1973), 195-203.
[346] So offenbar bei der Bestattung der Drusiana in den *Acta Ioannis* (ActJoh 65-72).
[347] Im Vergilkommentar des Servius etwa sind es sieben Tage: Serv., *Aen.* 5,64.
[348] Ἄραντες δ' οἱ στρατιωτικοὶ τὸ σκῆνος χρυσῇ κατετίθεντο λάρνακι, ταύτην θ' ἁλουργίδι βασιλικῇ περιέβαλλον ἐκόμιζόν τ' εἰς τὴν βασιλέως ἐπώνυμον πόλιν, κἄπειτα ἐν αὐτῷ τοῦ παντὸς προφέροντι τῶν βασιλείων οἴκων βάθρον ἐφ' ὑψηλὸν κατετίθεντο, φῶτά τ' ἐξάψαντες κύκλῳ ἐπὶ σκευῶν χρυσῶν θαυμαστὸν θέαμα τοῖς ὁρῶσι παρεῖχον, οἷον ἐπ' οὐδενὸς πώποτ' ὑφ' ἡλίου αὐγαῖς ἐκ πρώτης αἰῶνος συστάσεως ἐπὶ γῆς ὤφθη. ἔνδον γάρ τοι ἐν αὐτῷ παλατίῳ κατὰ τὸ μεσαίτατον τῶν βασιλείων ἐφ' ὑψηλῆς κείμενον χρυσῆς λάρνακος τὸ βασιλέως σκῆνος, βασιλικοῖς τε κόσμοις πορφύρᾳ τε καὶ διαδήματι τετιμημένον, πλεῖστοι περιστοιχισάμενοι ἐπαγρύπνως δι' ἡμέρας καὶ νυκτὸς ἐφρούρουν. Eus., *V.C.* 66 (GCS 58, S. 147,21-148,4; Übers. Joannes Maria Pfättisch, BKV 9).
[349] Min. Fel., *Oct.* 38,4. S. dazu Kap. 3.3.3.

die Prothesis[350]; jetzt erwähnen die Quellen jedoch auch eine Aufbahrung in Kirchen, so zum Beispiel im Fall des verstorbenen Ambrosius, Bischof von Mailand:

> Und darauf, zu derselben Stunde vor Tagesanbruch, in der er verstorben ist, wurde sein Leichnam in die größere Kirche gebracht. Es war in der Nacht, in der wir die Nachtwache (*uigilia*) am Pascha[351] abhielten[352].

Anschließend wurde Ambrosius in seiner (in Kapitel 3.2.1 erwähnten) Basilika bestattet (nicht in der genannten *ecclesia maior*)[353]. Bei Ambrosius handelte es sich um einen besonderen Toten: Er war einer der berühmtesten und einflußreichsten Bischöfe seiner Zeit; auch hatte er keine Familie. Deshalb konnte das Kirchenbgebäude vielleicht geradezu als „sein Haus" betrachtet werden. Andere Quellen dieser Zeit wissen jedoch ebenfalls von solchen Fällen. Nach der *Vita Antonii* brachte man Antonius einmal zur Aufbahrung in die nächste Dorfkirche, weil man ihn tot glaubte[354]. Und Hieronymus schreibt über die *collocatio* der Paula:

> So wurde sie in der Mitte der Kirche der Grotte des Erlösers aufgebahrt ... In griechischer, lateinischer und syrischer Sprache ertönten der Reihe nach Psalmen, nicht nur bis zum dritten Tag, an dem sie unter der Kirche und neben der Grotte des Erlösers beigesetzt wurde, sondern die ganze Woche hindurch[355].

Die Prothesis des Kaisers Konstantin unterschied sich in der Form nicht wesentlich von der seiner paganen Vorgänger[356], auch wenn Eusebius bemüht ist, die besondere Würde der Situation und die Schönheit des Arrangements herauszustellen. Die Form einer christlichen Feier hat dieses Ritual offenbar erst im 4. Jahrhundert in einigen Fällen wie dem eben zitierten bekommen. So spricht auch Gregor von Nyssa in seiner *Vita Macrinae* von einer παννυ-

---

[350] Plato spricht sogar von gesetzlichen Regelungen, die die Prothesis außerhalb des Hauses verboten—vielleicht, um eine Kontaminierung des öffentlichen und religiösen Lebens durch den Toten zu verhindern (Pl., *Leg.* 12,959). S. dazu ausführlich Kap. 2.4. Vgl. Toynbee (1996), S. 44f.

[351] Vgl. zu dieser Art der nächtlichen Feier Tert., *Ad uxorem* 2,4,2. S. dazu Hugo Koch, Pascha in der ältesten Kirche, in: ZWTh 20 (1914), S. 289-313; Anton Baumstark, Nocturna Laus. Typen frühchristlicher Vigilienfeier und ihr Fortleben vor allem im römischen und monastischen Ritus. Aus dem Nachlaß herausgegeben von Odilo Heiming, LQF 32, 2. Aufl. Münster 1967, insbes. S. 26-61.

[352] *Atque inde ad ecclesiam maiorem antelucana hora, qua defunctus est, corpus ipsius portatum est ibique eadem fuit nocte, qua vigilavimus in pascha.* Paul. Med., *V. Ambr.* 10,48 (ed. Michele Pellegrino, Vsen.NS 1, Rom 1961, S. 120,1-3).

[353] Ambrosius hatte sich seine Bestattung im Kirchengebäude ausdrücklich gewünscht, s. dazu Kap. 3.2.1.

[354] *V. Antonii* 8.

[355] *In media ecclesia speluncae saluatoris est posita ... Graeco, Latino Syroque sermone psalmi in ordine personabant, non solum triduo et donec subter ecclesiam et iuxta specum domini conderetur, sed per omnem ebdomadem.* Hier., *Ep.* 108,29 (CSEL 55, S. 348,5-17).

[356] Quellen bei Toynbee (1996), S. 288- 290, Anm. 127-136.

χίς, einer nächtlichen Feier mit Psalmen und Hymnen:

> Als nun die nächtliche Feier mit den frommen Liedern (ὑμνῳδίαι), wie bei einem Märtyrerfest, vorüber war und der Morgen anbrach, störte die Menge der aus der ganzen Umgebung zusammengekommenen Männer und Frauen mit ihren Wehklagen den Psalmengesang[357].

Über die Historizität dieses sicher idealisierten Berichtes mag es unterschiedliche Ansichten geben. Er zeigt jedoch das Bestreben, unter anderem mit Psalmen und Hymnen der Prothesis ein christliches Profil zu geben, und sei es auch nur in der literarischen Darstellung. Im zeitgenössischen Judentum gibt es unter Umständen eine parallele Entwicklung, deren Datierung allerdings schwierig ist. In dem vielleicht erst aus dem 8. Jahrhundert stammenden aggadischen Midrasch-Kohelet Rabba zu Koh 7,12 und 9,5 wird von der Überführung des Rabbi Jehuda Ha-Nasi berichtet, der vermutlich im Jahre 217 starb. Er gilt als Hauptredaktor der Mischna und stand zweifelsohne in den jüdischen Gemeinden seiner Zeit in höchstem Ansehen. Auf dem Weg von seinem Sterbeort Sepphoris zu seinem Wohnort Beth She'arim wurde nach dieser Stelle seine Leiche in 18 Synagogen aufgebahrt[358]. Älter ist eine Diskussion im babylonischen Talmud (bTMeg 4,3), die sich an das Mischnaverbot der Totenklage in einem zerstörten Bethaus anschließt. Die Stelle besteht eindeutig darauf, daß man sich in einer—zerstörten oder intakten—Synagoge nicht leichtfertig benimmt. In einer Synagoge, in der jedoch entgegen dieser Regel „Rechnungen kalkuliert werden", könne man auch einen Toten übernachten lassen, was also offenbar ebenfalls von der hier zur Sprache kommenden Autorität nicht goutiert wurde. Eine Totenklage beziehungsweise eine Trauerfeier dagegen darf danach in der Synagoge stattfinden (s. Kap. 2.3). Vielleicht hat es also zunächst (vor dem 5. Jahrhundert, als die Endredaktion des babylonischen Talmuds stattfand) solche Trauerfeiern in Synagogen gegeben, erst später jedoch wirkliche Aufbahrungen wie in dem Bericht aus dem Midrasch-Rabba—auch wenn die Quellen zu dürftig sind, um fundierte Rückschlüsse auf die historische Situation zuzulassen.

Der Bericht von der Bestattung Makrinas reflektiert die Bedeutung der Totenklage (οἰμωγή) bei der Prothesis, die von Gregor hier als störend und eben

---

[357] τῆς οὖν παννυχίδος περὶ αὐτὴν ἐν ὑμνῳδίαις, καθάπερ ἐπὶ μαρτύρων πανηγύρεως, τελεσθείσης, ἐπειδὴ ὄρθρος ἐγένετο, τὸ μὲν πλῆθος τῶν ἐκ πάσης τῆς περιοικίδος συρρυέντων ἀνδρῶν ἄμα καὶ γυναικῶν ἐπεθορύβει ταῖς οἰμωγαῖς τὴν ψαλμῳδίαν· Gr. Nyss., *V.Macr.* 992, GNO 8,1, S. 406,27-407,4; Übers. Karl Weiß, BKV 56, S. 363.
[358] Vgl. zur Prothesis im späteren Judentum noch Brocke (1980), S. 740.

nicht-christlich porträtiert wird. Vor allem im Osten des Römischen Reiches spielte die Totenklage, wie wir gesehen haben, eine große Rolle. Hier findet deshalb auch hauptsächlich der Kampf von kirchlichen Autoritäten wie Gregor von Nyssa[359] oder Basilius von Caesarea[360] gegen die Totenklage statt. Die mit Abstand umfangreichste Kritik ist von Johannes Chrysostomus überliefert[361]. Chrysostomus ruft in seinen Homilien immer wieder dazu auf, die Totenklage bei Bestattungen und im Totengedenken einzuschränken. Seine Argumentation verläuft dabei jedesmal in ähnlichen Bahnen, weshalb ich mich hier auf zwei Beispiele aus seinem großen Predigtnachlaß beschränke. Einige einschlägige Stellen zu diesem Thema habe ich oben bereits zitiert[362]. In einer seiner Predigten sagt er etwa:

> Aber an dieser Stelle muß ich tief seufzen, wenn ich sehe, zu welchen Höhen Christus uns hinaufgeführt hat und wie weit wir uns selbst hinabgesenkt haben. Denn wenn ich das Wehklagen (κοπετός) in der Öffentlichkeit sehe, das Geheule (οἰμωγή) über die, die aus dem Leben gegangen sind, das Gejammere (ὀλολυγή) und andere unziemliche Praktiken, dann schäme ich mich vor den Heiden, Juden und Häretikern, die es sehen, und überhaupt vor all jenen, die uns deswegen verlachen[363].

Wenn Chrysostomus in einem anderen Text Eltern ermahnt, sie sollten den Tod eines Kindes ohne Wehklage ertragen, so ist das eine massive Steigerung der sonstigen Aufforderung zu mäßiger Trauer, insbesondere, wenn es sich bei dem Kind um den prospektiven Erben handelte[364]. Neben der bereits zitierten Stelle aus der *Hom. 31 in Mt.* 4[365] fordert er dazu etwa in seiner *Hom. 21 in Acta Apostolorum* auf:

---

[359]   S. noch Gr. Nyss., *Pulch.* 868A.

[360]   Basilius äußert sich grundsätzlich: Οὔτε οὖν γυναιξίν, οὔτε ἀνδράσιν ἐπιτέτραπται τὸ φιλοπενθὲς καὶ πολύδρακυ, ἀλλ' ὅσον ἐπιστυγνάσαι τοῖς λυπηροῖς, καὶ μικρόν τι δάκρυον ἀποστάξαι, καὶ τοῦτο ἡσυχῇ, μὴ ἀναβρυχώμενον μηδὲ ὀλολύξοντα, μηδὲ καταρρηγνύντα χιτῶνα, ἢ κόνιν καταχεόμενον, μηδ' ἄλλο τι τοιοῦτον ἀσχημονοῦντα τῶν ἐπιτηδευομένων παρὰ τῶν ἀπαιδεύτως ἐχόντων πρὸς τὰ οὐράνια („Nun sollte weder den Frauen noch den Männern das übermäßige Trauern und Heulen erlaubt werden, sondern sie sollen mit angemessener Betrübnis trauern, nur einige Tränen vergießen und dies ruhig, ohne lautes Klagegeschrei, ohne Gejammer, ohne die Kleider zu zerreißen oder sich mit Staub zu bewerfen, noch sollen sie andere dergleichen Unschicklichkeiten tun, wie sie bei denen betrieben werden, die in den himmlischen Dingen nicht unterrichtet sind"). Bas., *Hom. de gratiarum actione* (PG 31, Sp. 229C).

[361]   Ausführlich zur Polemik Chrysostomus' gegen die Totenklage: Alexiou (1974), S. 24-35.

[362]   Insbes. Chrys., *Hom. 31 in Mt.* 4 und *Bern. et Prosd.* 3; *Hom. 31 in Mt* 2 (s. Kap. 3.2.3).

[363]   Ἀλλὰ γὰρ ἐπῆλθέ μοι στενάξαι πικρόν, ποῦ μὲν ὁ Χριστὸς ἡμᾶς ἀνήγαγε, ποῦ δὲ ἑαυτοὺς κατηγάγομεν. Ὅταν γὰρ ἴδω τοὺς κοπετοὺς τοὺς κατὰ τὴν ἀγοράν, τὰς οἰμωγάς, ἃς ἐπὶ τοῖς ἐξερχομένοις ποιοῦνται τοῦ βίου, τὰς ὀλολυγάς, τὰς ἀσχημοσύνας τὰς ἄλλας, πιστεύσατε, αἰσχύνομαι καὶ Ἕλληνας καὶ Ἰουδαίους καὶ αἱρετικοὺς τοὺς ὁρῶντας, καὶ πάντας ἁπλῶς τοὺς διὰ τοῦτο καταγελῶντας ἡμῶν. Chrys., *Hom. 4 in Heb.* 5 (PG 63, Sp. 42,44-51).

[364]   S. dazu Kap. 2.4.

[365]   S. Kap. 3.2.6.

Deshalb sollst du das auch nicht tun [*sc.* klagen] bei der Geburt eines Kindes: denn diese Geburt [*sc.* der Tod] ist besser als jene. Denn sie gehen voraus zu einem anderen Licht[366].

Aus dem Westen fließen die kritischen Quellen zur Totenklage spärlicher, vermutlich, weil sie dort, wie bereits gesagt, eine geringere Rolle spielte. Eine Inschrift aus Rom überliefert etwa eine distanzierte Einstellung in der Art des Chrysostomus' auch aus weniger prominenten Kreisen[367]. Augustin[368] und Hieronymus[369] äußern sich ebenfalls kritisch zur Totenklage.

Johannes Quasten gelangt in seiner Arbeit über die Entwicklung der frühen christlichen Musik zu dem Schluß: „An die Stelle der wechselseitig vorgetragenen Wehklagen und Trauerlieder trat bei den Christen der antiphonische Gesang der Psalmen"[370]. Die Tatsache, daß sich Chrysostomus so stark

---

[366] Οὐκοῦν καὶ τικτομένου τοῦ παιδίου τοῦτο ποιεῖν ἐχρῆν· καὶ γὰρ τοῦτο τόκος ἐστὶν ἐκείνου βελτίων. πρόεισι γὰρ ἐφ' ἕτερον φῶς Chrys., *Hom. 21 in Acta Apostolorum* 4 (PG 60, Sp. 168;).

[367] Im *Bolletino di archeologia cristiana* aus dem Jahre 1882 wird die Inschrift *NE PECTORA TVNDITE VESTRA O PATER ET MATER* („schlagt nicht eure Brüste, Vater und Mutter") veröffentlicht, BArC 4,1 (1882), S. 95. Zit. auch bei Quasten (1973), S. 219.

[368] In dem bereits zit. Abschnitt der Confessiones versucht Augustin, nach dem Tod der Mutter einen *planctus* zu verhindern: „Denn jene Bestattung mit tränenreichen Klagen und Seufzen zu feiern, war nach unserer Meinung nicht angemessen, weil man damit ein Unglück der Sterbenden oder gleichsam ihre völlige Auslöschung zu bejammern pflegt" (*Neque enim decere arbitrabamur funus illud questibus lacrimosis gemitibusque celebrare, quia his plerumque solet deplorari quaedam miseria morientium aut quasi omnimoda extinctio.* Aug., *Conf.* 9,12,29; Chr.SL 27, S. 150,8-11).

[369] Hier., *Ep.* 39,4. In diesem (Kondolenz-)Brief an Paula mahnt Hier., nicht zu trauern (*lugere*), er wendet sich aber auch gegen die rituelle Totenklage (*planctus*), auch wenn sie in AT (Moses und Aaron) und NT (Act) durchaus vorkommt. Dort schildere sie jedoch Zustände *vor* der Zeit des Evangeliums.

[370] Quasten (1973), S. 219. In diesem Sinne auch Kaczynski (1984), S. 207f: „Die christliche Auffassung vermochte sich in nichts anderem überzeugender zu äußern als im Psalmengesang, der das Wehgeschrei und die wilden Schmerzausbrüche der vor- und außerchristlichen Totenklage ersetzte: Psalmen zu singen, ist nach Jak 5,13 Ausdruck der Freude; werden Psalmen bei der Aufbahrung des Toten, beim Leichenzug und beim Begräbnis gesungen, wird somit der Freude darüber Raum gegeben, daß der Tod nicht das Ende des Lebens, sondern Geburt zu neuem Leben, der Todestag 'dies natalis' ist ... [Mit der] kirchlichen Sterbe- und Begräbnisliturgie war von Anfang an auch das Anliegen verbunden, durch die Verkündigung der Botschaft von der Auferstehung die vom Sterben eines Menschen besonders schmerzlich Betroffenen vor unchristlicher Trauer und Verzweiflung zu bewahren" (Der *dies natalis* wird häufig—zunächst bei Märtyrern—im Sinne des Todestages verstanden, so in *MartPol* 18,3 oder ILCV 1,2114a und ILCV 1,2116. Tatsächlich scheint der Tag der Geburt den antiken [und noch mehr den mittelalterlichen] Christen weniger wichtig gewesen zu sein als ihren paganen Zeitgenossen, die dem Stern, in dessen Zeichen ein Mensch geboren wurde, mitunter hohe Bedeutung für den weiteren Lebensweg zumaßen. Vgl. dazu Ohler [1990], S. 13f). Kaczynski kontrastiert die hoffnungsvollen christlichen Begräbnisfeiern der Spätantike nicht nur mit den paganen Totenfeiern, sondern vor allem mit dem pessimistischeren *Rituale Romanum* von 1614: „Infolge der dogmengeschichtlichen Entwicklung der Lehre vom Fegfeuer kann der Tod nicht mehr so sehr als Übergang in eine neue Lebensphase und als Heimkehr zum Herrn, sondern muß vielmehr als Hintreten vor sein Gericht und als Beginn einer harten jenseitigen Läuterungszeit verstanden werden". Ebd. S. 216.

Alfred Rush formulierte 1941: „Over against this gloomy, hopeless and melancholy [pagan] outlook on death, there stands out in glowing contrast the Christian concept of death, a concept full of hope because of the future resurrection and full of consolation because death, while being a sleep, is only a temporary rest" (Rush [1941], S. 12). Und später: „An essentially different concept of death, therefore, was the reason Christianity had to endeavor to draw her

gegen die Totenklage wenden muß, spricht gegen ein solch vereinfachendes
Bild. Wenn die Totenklage bisweilen erfolgreich unterdrückt werden konnte,
war dies wohl eher eine erwähnenswerte Ausnahme als die Regel, wie auch
die westlichen Quellen belegen[371]. Noch aus dem 7. und 8. Jahrhundert gibt
es Belege dafür, daß die Totenklage sich in Griechenland, Syrien und Ägypten zum Mißfallen der christlichen Kirchenführer gehalten hatte[372].

Ein weiteres Beispiel für die Totenklage—und den Umgang damit—in
christlichen Kreisen liefert Gregor von Nazianz, der auch zeigt, daß mit der
Totenklage (θρῆνος/οἰμωγή) nicht immer nur der gerade Verstorbene beklagt
(θρηνέειν) wurde, sondern auch andere Tote mit in die Klage einbezogen
werden konnten—was sich interessanterweise mit Ergebnissen der modernen
kulturanthropologischen Forschung deckt[373]:

> Zum Teil habt ihr euch angeschickt, mit mir zu trauern (συνθρηνέειν) und zu
> weinen, in meinem Leid euer eigenes, sofern ihr solches erlitten habt, zu bekla-
> gen und im Schmerz des Freundes das Leid zu ergründen[374].

Gregor stellt neben die gemeinsame Totenklage (θρηνέειν/πενθεῖν) also das
Motiv des gemeinsamen „Leidens" (πάσχειν) und weist ihr dadurch eine geradezu philosophisch-heuristische Aufgabe zu, nämlich die Besinnung auf
das Geheimnis der leidenden diesseitigen Existenz. Die zitierte Stelle gehört
zur Einleitung von Gregors Rede: Die überlieferte Totenklage wird in dem
Text zum Anknüpfungspunkt einer christlich-homiletischen Ausführung über
christliches Leben und christlichen Trost (παραμυθία[375]). Das eigentliche
Thema der παραμυθία ist das Leiden und seine Kontrolle, womit Gregor
freilich in guter platonischer Tradition steht, die die Kontrolle des νοῦς über

---

adherents away from all pagan manifestation of mourning. Hence it is that *planctus* and *nenia*
characteristic of pagan funerals were supplanted in Christianity by antiphonal singing of psalms
and hymns. From the very beginning of Christianity the singing of psalms was a sign of joy. The
singing of psalms and hymns at the Christian funerals was an evident sign of their joyful concept of death" (Ebd., S. 170).
    [371] Dies muß auch Quasten schließlich einräumen: „Freilich, der heidnische Totenkult
steckte auch manchen Christen aus ihrer heidnischen Vergangenheit her noch viel zu sehr im
Blute, als daß die christliche Psalmodie ohne weiteres die heidnische Trauermusik hätte ver-
drängen können". Quasten (1973), S. 221.
    [372] So in Canon 4 der nestorianischen Synode von 576 (Jean Baptiste Chabot, Synodicon
orientale ou recueil de synodes nestoriens, Paris 1902, S. 376), im Canon 17 des Mar Georg
(7. Jh.; Oscar Braun, Das Buch der Synhados, Stuttgart 1900, S. 346) und in den Canones des
Kyriakos von Antiochien (François Nau, Les canons et les résolutions canoniques. Canons du
Patriarche Cyriaque 190, Paris 1906, S. 104), vgl. Quasten (1973), S. 223f.
    [373] S. Alexiou (1974), S. 102-104.171-177.
    [374] Καὶ οἱ μὲν ὡς συμπενθήσοντες καὶ συνθρηνήσοντες παρεσκεύασθε, ἵν' ἐν τῷ
ἐμῷ πάθει τὰ οἰκεῖα δακρύσητε, ὅσοις τι τοιοῦτόν ἐστι, καὶ σοφίσησθε τὸ ἀλγοῦν ἐν
φιλικοῖς πάθεσιν. Gr. Naz., Or. 7,1 (SCA 405, S. 180-182; Übers. Philipp Haeuser, BKV 59,
S. 210).
    [375] Vgl. den weiteren Verlauf der Rede, insbes. die zentrale Stelle Gr. Naz., Or. 7,18-24.

das πάθος forderte[376].

Der Kampf der Kirchenväter gegen die Totenklage blieb nicht ohne Erfolg. Im Gegensatz zu paganen Gräbern, auf denen die rituelle Totenklage häufig bildlich dargestellt wird, taucht auf Grabinschriften und in der Sepulkralkunst die rituelle Totenklage meines Wissens nicht zusammen mit christlicher Symbolik auf[377]. Damit wird freilich nicht das Verschwinden der Totenklage bewiesen, doch scheint sie von den lokalen christlichen Autoritäten nach der Zeit Konstantins so weit mißbilligt worden zu sein, daß sich ihre Darstellung in der christlichen Kunst nicht durchsetzen konnte.

Bei den Motiven im Kampf gegen die Totenklage muß man drei unterschiedliche Ebenen unterscheiden:

1. Auf der einen Seite galt die Totenklage als Ausdruck der Unbeherrschtheit, der unpassenden Nicht-Kontrolle von Gefühlsregungen. Dieses Verständnis ist bei Chrysostomus evident. Dabei hat es sich nicht um eine spezifisch christliche Position gehandelt. Die von Chrysostomus angemahnte Selbstbeherrschung steht in einer langen Tradition antiken (stoischen) Tugendverständnisses, das die Totenklage als Ausdruck eines verweichlichten, „weibischen" Charakters[378] positioniert. Auf einer anderen Ebene, wie sie vor allem bei Gregor von Nazianz begegnet, geht es generell um die Kontrolle des νούς über das πάθος, eine Forderung, die speziell in der platonischen Tradition wiederzufinden ist[379].

2. Das Motiv für den Feldzug gegen die Totenklage wird andererseits von

---

[376] „Da wir die Übel kennen, von denen Kaisarios befreit worden ist, wollen wir ihn nicht beklagen (πενθεῖν)" (Μὴ τοίνυν πενθῶμεν Καισάριον, οἵων ἀπηλλάγη κακῶν εἰδότες. Gr. Naz., *Or.* 7,21; SCA 405, S. 228,1f).

[377] Ein solches Argument *e silentio* läßt freilich nicht mehr als ein Urteil über eine Tendenz zu. Weniger vorsichtig noch Otto Pelka, Altchristliche Ehedenkmäler, Zur Kunstgeschichte des Auslands 5, Straßburg 1901, S. 40.

[378] S. bei Chrysostomus den Begriff γυναικιζόμενος—vgl. zum Beispiel die oben zit. Stelle Chrys., *Hom. 31 in Mt.* 4. Chrysostomus scheint dem weiblichen Geschlecht *per se* eine größere emotionale Betroffenheit im Trauerfall zuzuschreiben, wenn er sagt: Μάλιστα πρὸς γυναῖκας ἡμῖν οὗτος ὁ λόγος ἁρμόζει, ἐπειδὴ συμπαθέστερόν πως τὸ γένος τοῦτο καὶ πρὸς ἀθυμίαν εὐέμπτωτόν ἐστιν („Diese Rede ist am besten für unsere Frauen geeignet, weil dieses Geschlecht mitfühlender ist und eher der Niedergeschlagenheit zuneigt", Chrys., *Coemet.* 1; PG 49, Sp. 394). Deswegen wird sein Kampf gegen die Totenklage einerseits zum Kampf gegen das Engagement der Frauen in den Trauerritualen, andererseits gegen seiner Ansicht nach „weibliches" Benehmen der Männer im Trauerfall. Ganz Ähnliches klingt zum Beispiel an bei Cic., *Leg.* 2,23,59.

[379] Vgl. dazu nur die akt. Lit. bei Egil A. Wyller, Art. Plato/Platonismus II., in: TRE 26, 1996, S. 693-702; zusätzlich dazu u.a. Henry Chadwick, Early Christian thought and the classical tradition. Studies in Justin, Clement, and Origen, Oxford 1966 (Neudr. 1985).

modernen Autoren[380] häufig in optimistischen Jenseitsvorstellungen gesehen, die bei der Bestattung von Gemeindegliedern eher in einer Freu-
denskundgebung mit Hilfe des Psalmengesanges zum Ausdruck gebracht
werden sollte als in klagenden rituellen Formen. Diese Argumentations-
struktur hat es bei christlichen Autoren tatsächlich gegeben, wie die zitierten Beispiele gezeigt haben. Inwieweit die historische Entwicklung der
Bestattungen eine solche Sichtweise reflektieren, ist aus den Quellen jedoch nur schwer zu belegen. Eine nur die christliche Auferstehungshoffnung illustrierende Funktion ist der Natur dieser Rituale mit ihrer grundsätzlichen Mehrdeutigkeit nicht ganz angemessen. Darüber hinaus verbieten es die antiken Zeugen, pauschal von einem „heidnischen Pessi-
mismus" angesichts der Realität des Todes zu sprechen[381]. Und auch den
Christen ist der Abschied von einem nahestehenden Verstorbenen nicht
immer leichtgefallen, wie die eindrückliche Schilderung Augustins im
9. Buch der *Confessiones* beweist[382].

3. Noch etwas Drittes mag hier eine Rolle gespielt haben. Die Kirchenväter
    waren keineswegs unisono in ihrer Opposition gegen die Traditionen ihrer
    paganen Umwelt. Augustin spricht an einer Stelle sogar davon, daß der
    Evangelist Johannes in der Passionsgeschichte dazu aufgerufen habe,
    „den Brauch eines jeden Volkes zu wahren" (*morem cuiusque gentis esse
    servandum*)[383]. Zum Konflikt kam es immer erst dann, wenn diese Tradi-
    tionen als unvereinbar mit dem christlichen Glauben oder dem rituellen
    Handeln der kirchlichen Funktionsträger empfunden wurden. Um einen
    solchen Konflikt könnte es sich auch hier gehandelt haben, wenn man
    unterschiedliche Interpetationen der kultischen Unreinheit der Toten und
    des Todes und die Rolle der Klageweiber berücksichtigt. Wie ich oben
    dargelegt habe[384], war die ritualisierte Totenklage eng mit Vorstellungen
    über die kultische Unreinheit des Todes, der Toten und vor allem der pro-
    fessionellen Klageweiber verbunden. Die Abneigung gegen die institutio-
    nalisierte Totenklage hat deshalb unter anderem sicher auch in einer Dif-
    ferenz in dieser Frage ihre Wurzeln. Nach dem, was über die Grenzen

---

[380] So etwa Rush (1941); Quasten (1973), S. 219-224; Kaczynski (1984), S. 207f.
[381] Jocelyn Toynbee gibt zum Beispiel zahlreiche Hinweise auf „optimistische" Jenseits-
hoffnungen in römischen paganen Anschauungen und folgert: „Views on the nature of the life
that awaited the soul beyond the grave were, in the main, optimistic", Toynbee (1996), S. 38.
Vgl. dazu Kotila (1992), S. 30; Friedländer (1964), S. 301-330.
[382] Ein weiteres Beispiel dieser Art findet sich bei Gessel (1987), S. 535-537.
[383] Aug., *In Ioannem tractatum* 120,4.
[384] S. Kap. 2.4.

zwischen Reinheit und Unreinheit sowie zwischen Familie und Öffentlichkeit in der paganen religiösen Welt der Antike gesagt wurde, mußte es
überall dort zum Konflikt kommen, wo das Christentum diese Abgren-
zungen überschritt. Die Polemik paganer Zeitgenossen gegen die Gültigkeit des christlichen Kultes angesichts seiner Verunreinigung durch die
Anwesenheit von Leichen beschreibt eine Seite dieser grundsätzlichen
Differenz[385]. Bei der Polemik christlicher Autoren gegen die auf der Seite
der Unreinheit, des Todes, der Klage und der „Familienreligion" stehenden Klageweiber handelt es sich, so könnte man sagen, um das korres-
pondierende Gegenstück.

3.3.3 Die Bestattung

Antike Christen fühlten sich nach eigenem Zeugnis schon sehr früh für die
Durchführung von Bestattungen ihrer Mitchristen verantwortlich, wie insbesondere die Überlegungen zum „Raum" gezeigt haben[386]. Diese Feststellung
bekommt ein besonderes Gewicht, wenn man die christlichen Gemeinden mit
denen anderer Religionsgemeinschaften der römischen Kaiserzeit vergleicht,
von denen sich Gleiches nicht mit Bestimmtheit sagen läßt, etwa dem Mi-
thras- oder Isiskult. Wie der oben behandelte archäologische Befund gezeigt
hat, kam in der Kaiserzeit keineswegs jeder Bewohner des römischen Reiches
zu einer angemessenen und geordneten Bestattung. Christliche Denker haben
es jedoch spätestens seit der Wende zum 3. Jahrhundert für notwendig erachtet, eine Bestattung μετὰ τιμῆς (Origenes) sicherzustellen und dafür zu
sorgen, daß die Leichen der Gläubigen nicht „wie unvernünftige Tiere"[387]
entsorgt werden. In den Berichten vom Tode einzelner Märtyrer wird regelmäßig erwähnt, daß sich andere Christen für die Bestattung des Hingerichteten verantwortlich fühlten[388]. Minucius Felix sieht es als selbstverständlich
an, daß Christen die Erdbestattung favorisieren[389], die Bestattungsart also zu
einem der Kennzeichen der *Christiani* gehörte. Dies setzt Bestattungen unter
Gemeindegliedern voraus, wie sie mit den römischen Katakomben seit dem
späten 2. Jahrhundert tatsächlich archäologisch greifbar werden (s. die Diskussion in Kap. 3.2.1).

---

[385] S. dazu Kap. 3.2.1 und 4.2.
[386] S. Kap. 3.2.1.
[387] Or., *Cels.* 8,30.
[388] So berichtet etwa Euseb von dem römischen Senator Asterius, der die Leiche des Märtyrers Marinus auf „seinen eigenen Schultern" zum Grab getragen haben soll (Eus., *H.e.* 7,26).
[389] Min. Fel., *Oct.* 34,10 (s. den folgenden Abschnitt über die Bestattungsart).

Die Frage der Bestattungsart

Die Vorliebe antiker Zeitgenossen für eine bestimmte Bestattungsart—Leichenverbrennung oder Erdbestattung—war über die Jahrhunderte
hinweg einem gewissen Wechsel unterworfen (s. Kap. 2.4 und 2.5). Betrachtet man den Mittelmeerraum als Ganzes, so muß man bis in die frühe Kaiserzeit von einem ständigen Nebeneinander beider Formen in diesem Gebiet
ausgehen[390]. Was sich änderte, war das jeweils vorherrschende Ideal einer
Zeit. Für die homerischen Epen und alle klassischen Tragödien ist das grundsätzlich die Kremation. Zumindest in späterer hellenistischer Zeit war jedoch
nach Lage der archäologischen Quellen im Osten, vor allem in Kleinasien,
tatsächlich die Erdbestattung vorherrschend. Im Westen setzte sich bei den
wohlhabenden Familien der Republik die Feuerbestattung weitgehend
durch[391], also bei der Gruppe der Bevölkerung, die literarische und andere
Dokumente (Grabmonumente etc.) hinterlassen haben. Oft wird deshalb die
Kremation als *die* Bestattungsart der Römischen Republik und frühen Kaiserzeit angesehen. Zur gleichen Zeit, in der sich christliche Gemeinden in allen Teilen des römischen Reiches bildeten (im Verlauf des 2. und 3. Jahrhunderts), änderte sich die Vorliebe der Eliten des Westens drastisch und plötzlich: Die Erdbestattung wurde zur Regel und blieb dies bis hinein in das
Mittelalter, ja bis ins 19. Jahrhundert[392].

Der Wechsel von der Kremation zur Erdbestattung ist alles in allem keineswegs unbedeutend. Von besonderem Interesse sind nach wie vor die
Gründe für diesen Wechsel und—für unser Thema—die Konsequenzen für
die christliche Entscheidung zugunsten der Erdbestattung. Die Gründe des
allgemeinen Wandels sind noch immer umstritten[393]. Das vorhandene Mate-

---

[390]   Anderer Meinung Jocelyn M.C. Toynbee, The art of the Romans, London 1965, S. 89
(diese Ansicht ist in Toynbee [1996] revidiert); Rush (1941), S. 236-253.
[391]   In etruskischer Zeit war die Wahl zwischen Erdbestattung und Kremation wohl eine
Frage der Familientradition, ohne daß sich generelle Vorlieben für das eine oder das andere
ausmachen ließen. Vgl. Toynbee (1996), S. 15.
[392]   Ian Morris spricht in einem Kapitel mit dem Titel *'Mos Romanus': cremation and inhumation in the Roman empire* (Morris [1992], S. 31-69) vom „biggest single event in ancient
burial, the change in 'the Roman custom' from cremation to inhumation ... This involved tens
of millions of people across the whole western part of the empire" (Ebd., S. 31).
[393]   Amable Audin, Inhumation et incinération, in: Latomus 19 (1960), S. 312-22 und 518-
32, gibt genauere Angaben über die archäologisch greifbare zahlenmäßige Entwicklung von
Kremation und Erdbestattung in Rom und den Provinzen. Er führt den Boom der Erdbestattung
auf den „triomphe des religions orientales" (ebd., S. 529) zurück—zu denen auch das Judentum
und das Christentum gehören. Toynbee (1996), S. 41, meint, der Wechsel „seem to reflect a si-
gnificant strengthening of emphasis on the individual's enjoyment of a blissful hereafter". Überzeugende Quellen für diese Aufassungen gibt es jedoch keine. Weiteres Material dazu findet
sich bei Cumont (1949), S. 387-390; Robert Turcan, Origines et sens de l'inhumation à l'époque

rial stammt fast ausschließlich aus archäologischen Funden, die zur Frage nach den Motiven schweigen[394]; nicht zuletzt deshalb bleibt dies eine der am heftigsten debattierten Fragen der spätantiken Bestattung. Sie ist deshalb von besonderer Brisanz, weil bis heute keine eindeutig christlichen Feuerbestattungen im Westen des Römischen Reiches nachgewiesen sind, der Wechsel in der Bestattungsart also mit der Ausbreitung des Christentums zusammenfiel[395].

Noch Alfred Rush kann ein Kapitel seiner Arbeit „Pagan cremation and Christian burial"[396] nennen und damit diese Entwicklung auf den Einfluß des Christentums zurückführen, das mit dem heidnischen Brauch der Verbrennung angeblich Schluß machte:

> In some respects there was the greatest similarity between Christian and pagan burial rites. In others there was the greatest opposition. It is especially in the manner in which the Christians buried their dead that this opposition is most manifest. From the beginning the Christians rejected the practice of cremating the body[397].

Bei Minucius Felix findet sich die Textstelle, die in diesem Zusammenhang am häufigsten zitiert wird: In seinem Dialog *Octavius* bezieht der Heide Caecilius eindeutig Position für die Verbrennung, der Christ Octavius dagegen für die *vetus et melior consuetudo* der Erdbestattung[398]. Tertullian erklärt die Praxis der Inhumation folgendermaßen:

> Und dennoch gibt es einige mit dieser Meinung; deswegen sagen sie, daß er nicht mit Feuer verbrannt werden soll, um das, was übrig ist—nämlich die

---

imṕriale, in: REA 60 (1958), S. 323-47; Fernand de Visscher, Le droit des tombeaux romains, Mailand 1963; André van Doorselaer, Les nécropoles d'époque romaine en Gaule septentrionale, Dissertationes archaeologicae Gandenses 10, Brugge 1967; Henning Wrede, Die Ausstattung stadtrömischer Grabtempel und der Übergang zur Körperbestattung, in: MDAI.R 85 (1978), S. 411-433 (mit reichem archäologischem Material, aber ebenfalls ohne abschließende Antwort); R. F. J. Jones, Cremation and inhumation. Change in the third century, in: Anthony King/Martin Henig (Hg.), The Roman West in the third century. Contributions from archeology and history 1, British Archeological Reports, International Series 109, Oxford 1981, S. 15-19 (mit Material aus den Provinzen).

[394] Zahlreiche Quellen sind zusammengestellt bei Arthur Darby Nock, Cremation and burial in the Roman Empire, in: HThR 25 (1932), S. 321-359, und Guntram Koch/Hellmut Sichtermann, Römische Sarkophage, München 1982, S. 27-33.

[395] Wie bereits erwähnt, vertrat zwar Josef Fink die These von der Existenz christlicher Kremationen, konnte jedoch dafür keine archäologischen Belege anführen: Fink/Asamer (1997), S. 5. Auf dem großen Gräberfeld in Syrakus finden sich christliche Erdbestattungen neben und zwischen Urnengräbern und anderen, nicht eindeutig christlichen Inhumationen. Für die Annahme christlicher Kremationen reicht dieser Befund sicher nicht aus, vgl. dazu Victor Schultze, Die Stellung der Alten Kirche zur Leichenverbrennung, in: AELKZ 13 (1912), Sp. 300; Johnson (1997), S. 37-59.

[396] Rush (1941), S. 236-253.

[397] Ebd., S. 236.

[398] Min. Fel., *Oct.* 34,10. Vgl. dazu *Oct.* 11,4. Auch bei Cicero (*Leg.* 2,22,56) und Plinius (*Hist.nat.* 7,187: *ipsum cremare, apud Romanos non fuit veteris instituti: terra condebantur*) wird die Erdbestattung als der ältere Brauch bezeichnet, vgl. Toynbee (1996), S. 39.

Seele—zu schonen. Es gibt aber einen anderen Grund für diese fromme Praxis, nicht Schmeichelei für die Überbleibsel der Seele, sondern auch Ablehnung von Grausamkeit gegenüber der Leiche. Denn sie ist selbst menschlich, deshalb verdient sie es nicht, eine solche Strafe auferlegt zu bekommen[399].

Eine ähnliche Argumentation, in der zu Respekt gegenüber dem Leichnam aufgerufen wird, findet sich bei Laktanz:

> Wir werden nicht erlauben, daß die Gestalt und das Produkt der Kunstfertigkeit Gottes hingeworfen wird als Beute für die wilden Tiere und Vögel, sondern wir werden der Erde zurückgeben, was aus ihr entstanden ist"[400].

Diese Bemerkung enthält einen schöpfungstheologischen Kommentar; er richtet sich in erster Linie gegen die weitverbreitete unangemessene „Entsorgung" menschlicher Leichen, läßt damit aber gleichzeitig eine deutliche Sympathie für die Erdbestattung erkennen. Auch Athanasius plädiert für die Erdbestattung:

> Die Ägypter pflegen die Körper der geehrten Verstorbenen—und am meisten die der heiligen Märtyrer—mit Bestattungsriten zu ehren und sie in Leinen einzurollen, sie nicht unter der Erde zu verbergen, sondern sie auf Liegen zu legen und sie bei sich im Haus zu behüten; sie denken, damit die Verstorbenen zu ehren. Antonius hielt es häufig für richtig, daß die Bischöfe den Leuten in dieser Sache Anweisungen gaben. Und er lehrte die Laien und wies die Frauen zurecht, indem er sagte, daß dies weder dem Gesetz noch ganz den heiligen Dingen entspreche. Denn die Körper der Patriarchen und der Propheten sind in Gräbern bewahrt. Und der Leib des Herrn selbst wurde in ein Grab gelegt und ein daraufgelegter Stein verbarg ihn, bis er am dritten Tag auferstand. Und indem er das sagte, zeigte er, daß der ungesetzlich handelt, der die Körper der Verstorbenen nach dem Tod nicht verbirgt, auch wenn es sich um die von Heiligen handelte. Denn was ist größer oder heiliger als der Leib des Herrn? Viele nun, die das hörten, verbargen den Überrest unter der Erde und dankten dem Herrn, weil sie gut unterrichtet worden waren[401].

---

[399] Tert., *Anim.* 51,4: *Et hoc enim in opinione quorundam est; propterea nec ignibus funerandum aiunt, parcentes superfluo animae. Alia est autem ratio pietatis istius, non reliquis animae adulatrix, sed crudelitatis etiam corporis nomine aversatrix, quod et ipsum homo non utique mereatur poenali exitu impendi.* CChr.SL 2,2, S. 857,21-26. In *Anim.* 33,5, bezeichnet Tert. die Kremation in ähnlicher Weise als „gnadenlose Strafe" für den Körper, denn auch Hingerichteten verweigere man eine Erdbestattung. Zu beiden Stellen vgl. Waszink (1947), S. 397 und 531.

[400] *Non ergo patiemur figuram et figmentum dei feris ac uolucribus in praedam iacere, sed reddemus id terrae unde ortum est.* Lact., *Inst.* 6,12,30 (CSEL 19, S. 530,5-7). In ähnlicher Weise ruft auch Augustin dazu auf, die christlichen Toten angemessen zu begraben, weil ihre Körper Gefäße guter Werke gewesen waren, s. Aug., *Cura mort.* 3, vgl. dazu auch Aug., *Ciu.* 1,13.

[401] Οἱ Αἰγύπτιοι τὰ τῶν τελευτώντων σπουδαίων σώματα, καὶ μάλιστα τῶν ἁγίων μαρτύρων, φιλοῦσι θάπτειν μὲν καὶ περιελίσσειν ὀθονίοις, μὴ κρύπτειν δὲ ὑπὸ γῆν, ἀλλ' ἐπὶ σκιμποδίων τιθέναι καὶ φυλάττειν ἔνδον παρ' ἑαυτοῖς, νομίζοντες ἐν τούτῳ τιμᾶν τοὺς ἀπελθόντας. Ὁ δὲ Ἀντώνιος πολλάκις περὶ τούτου καὶ ἐπισκόπους ἠξίου παραγγέλλειν τοῖς λαοῖς. Καὶ λαϊκοὺς ἐνέτρεπε καὶ γυναιξὶν ἐπέπληττεν, λέγων μήτε νόμιμον μήτε ὅλως ὅσιον εἶναι τοῦτο. Καὶ γὰρ τὰ τῶν πατριαρχῶν καὶ τῶν προφητῶν μέχρι νῦν σώζεται μνήματα. Καὶ τὸ αὐτοῦ δὲ τοῦ Κυρίου σῶμα εἰς μνημεῖον ἐτέθη, λίθος τε ἐπιτεθεὶς ἔκρυψεν αὐτό, ἕως ἀνέστη τριήμερον. Καὶ ταῦτα λέγων, ἐδείκνυε παρανομεῖν

Die Kritik des Antonius richtete sich also in erster Linie gegen die Aufbewahrung von Leichen zu Hause. Seine Beschreibung des ägyptischen Vorgehens deckt sich teilweise mit den in Kap. 2.2 beschriebenen Vorgängen: „In Leinen einrollen", und „mit Bestattungsriten zu ehren" meint vielleicht die ägyptische Mumifizierung mit ihrem abschließenden Mundöffnungsritual—was ein Außenstehender zu sehen bekam, war vermutlich nur das Endprodukt, der in Leinen eingewickelte Körper, zusammen mit den für Nichtägypter unverständlichen altägyptischen Todesritualen. Deswegen hat sich vielleicht auch die Kritik des Antonius nicht nur gegen die Nichtbeerdigung, sondern auch gegen die Einbalsamierung und die entsprechende altägyptische rituelle Begleitung gerichtet. Vielleicht war beides in christlichen Kreisen durchaus bekannt, und es wäre nicht erstaunlich, wenn diese Überlieferung bei außergewöhnlichen Toten oder ihren Reliquien zur Anwendung gekommen wäre, auch wenn weitere Hinweise fehlen.

Der archäologische Befund[402] weist ebenfalls darauf hin, daß die Christen der Erdbestattung den Vorzug gaben. Dabei mag, glaubt man dem eben zitierten Athanasius, neben den bei Laktanz beobachteten schöpfungstheologischen Überlegungen auch das Vorbild Jesu (beziehungsweise der ersten Christen im Osten) eine Rolle gespielt haben, vielleicht auch ein naturalistisches Verständnis von der leiblichen Auferstehung.

> IThess 4,13-18 und IKor 15,12-32 konnten sicherlich bereits in diesem Sinne verstanden werden. Ausdrücklich wird ein solcher Gedankengang in einer allerdings späten Grabmulte (5./6. Jh.) thematisiert, in der verlangt wird, „daß dieses Grab zu keiner Zeit verletzt, sondern bis zum Ende der Welt erhalten werde, damit ich ohne Behinderung ins Leben zurückkehren kann, wenn der kommt, der zu richten bestimmt ist über die Lebenden und die Toten"[403].

Das Verständnis, die Auferstehung hänge von der Unversehrtheit des Körpers

---

τὸν μετὰ θάνατον μὴ κρύπτοντα τὰ σώματα τῶν τελευτώντων, κᾂν ἅγια τυγχάνῃ. Τί γὰρ μεῖζον ἢ ἁγιώτερον τοῦ Κυριακοῦ σώματος; Πολλοὶ μὲν οὖν, ἀκούσαντες, ἔκρυψαν λοιπὸν ὑπὸ γῆν καὶ ηὐχαρίστουν τῷ Κυρίῳ, καλῶς διδαχθέντες. Ath., V. Antonii 90 (SC 400, S. 364,1-366,21).

[402] Bisher sind, wie gesagt, noch keine eindeutig als „christlich" zu identifizierenden Urnen oder andere Überreste von Kremationen gefunden worden. Insbesondere in den Columbarien mit ihren z.T. durch Inschriften und traditioneller Sepulkralkunst verzierten Urnennischen hätte es Gelegenheit für das Anbringen christlicher Symbolik gegeben. Solchermaßen gekennzeichnete christliche Erdbestattungen sind dagegen seit dem 2. Jahrhundert sicher nachzuweisen. Vgl. zum Beispiel den Überblick bei Carl Maria Kaufmann, Handbuch der christlichen Archäologie, Einführung in die Denkmälerwelt und Kunst des Urchristentums, 3. Aufl. Paderborn 1922, S. 113-153.

[403] Ut hunc sepulcrum nunquam ullo tempore violetur, sed conservet(ur) usque ad finem mundi, ut posim sine impedimento in vita redire, cum venerit, qui judicaturus est vivos et mortuos (CIL 5,5415). Vgl. dazu Schultze (1912), Sp. 301; ders., Grundriß der christlichen Archäologie, 2. Aufl. Gütersloh 1934, S. 87.

ab, wird jedoch von Autoren wie Minucius Felix[404] und Augustin ausdrücklich zurückgewiesen:

> Aber, so sage ich, in einem so großen Leichenhaufen konnten sie nicht einmal
> bestattet werden? Frommer Glauben ist nicht einmal sonderlich von so etwas
> eingeschüchtert, indem er sich an das Verheißene hält, nämlich daß verzehrende
> Bestien nicht die zukünftige Auferstehung der Körper verhindern werden, von
> denen nicht ein Haar des Hauptes vergehen wird. Auch würde die Wahrheit in
> keiner Weise sagen, „Fürchtet jene nicht, die den Körper töten, die Seele jedoch
> nicht zugrunde richten können"[405].

Umgekehrt bestätigt diese Kritik eine gewisse Popularität dieses Gedanken-
ganges zur Zeit des Minucius Felix und Augustins.

Abb. 13: Christliche Gräber bei Ephesos (4. Jh. und jünger)

Geoffrey Rowell spricht durchgängig vom „jüdischen Erbe" der Erdbestattung[406]. Auch wenn es hier eine Kontinuität gibt, so ist ein Zusammenhang zwischen jüdischer und christlicher Praxis in den Quellen nicht explizit
gemacht[407]. Ebenso wichtig mag gewesen sein, daß sie unauffälliger durchzuführen sind als Kremationen, deren erweiterte rituelle Möglichkeiten in dieser
Zeit ich bereits angedeutet habe[408]. Diese Unauffälligkeit kam vielleicht ei-

---

[404]   Min. Fel., *Oct.* 34,10.

[405]   *At enim in tanta, inquam, strage cadauerum nec sepeliri potuerunt? Neque istud pia fides nimium reformidat, tenens praedictum nec absumentes bestias resurrecturis corporibus ob-
futuras, quorum capillus capitis non peribit. Nullo modo diceret ueritas: nolite timere eos, qui
corpus occidunt, animam autem non possunt occidere* (Aug., *Cura mort.* 4; CSEL 41, S. 625,5-
10).

[406]   Rowell (1977), S. 1.2 u.ö.

[407]   Die jüdische Ablehnung der Feuerbestattung scheint bereits in der Antike rigoros gewesen zu sein. Vgl. dazu Puckle (1926), S. 224f. Carl Andresen kommentiert: „[Das Christen-
tum] war darin [*sc.* in der Ablehnung der Kremation] aber nicht von theologischen Erwägungen
bestimmt, sondern folgte dem jüdisch-synagogalen Brauch, der mit dem im Judentum lange umstrittenen Dogma von der Auferstehung der Toten nichts zu tun hat. Pietät und Tradition erweisen sich gegenüber theologischen Konzeptionen und ihren Versuchen, sepulkrales Brauchtum
zu reformieren, als sehr resistent". Carl Andresen, Bestattung als liturgisches Gestaltungsproblem in der Alten Kirche, in: MPTh 49 (1960), S. 86-91.

[408]   S. Kap. 2.3.

nerseits den asketischen Tendenzen der frühen „Theologien" entgegen, andererseits mag sie in Verfolgungszeiten auch praktische Vorteile gehabt haben.

Der sehr viel weitergehende Schluß, das Christentum hätte dem Römischen Reich die Erdbestattung (zurück-)gebracht, läßt sich jedoch nicht rechtfertigen. Die Erdbestattung wurde zu früh von zu vielen Nichtchristen praktiziert, als daß die im 2. Jahrhundert noch wenig einflußreiche neue Religion hier bestimmend hätte sein können[409]. Dennoch gibt es bereits in der Antike Vertreter dieser Meinung[410].

Man hat nicht nur das Christentum, sondern auch andere religiöse Gruppen für diesen Wandel verantwortlich gemacht, etwa Dionysius- oder Isiskulte[411]. Auch wurde ein genereller Mentalitätswandel (Unsterblichkeitsdrang, Jenseitsglauben, „an emphasis on the individual's enjoyment of a blissful hereafter"[412]) vermutet[413]. Eine exponierte Gegenposition dazu bezog zum ersten Mal 1932 Arthur Darby Nock:

> It seems clear ... that the change at Rome in the second century cannot be explained as due to eastern mystery religions, nor again to the older Dionysiac rites, nor to Pythagoreanism, and it is almost certain that it is not due to any general alteration in ideas on the afterlife; there is no indication of such an alteration. It might be suggested that the change is due to an increasing cost of fuel ... But we must again emphasize that the change began with the richer elements in society and not with the poorer ... It remains that it was a change of fashion. For that we have seen no lack of parallels ... By fashion we mean the habits of the rich, which gradually permeated the classes below them. Burial seems to have made its appeal to them because it presented itself in the form of the use of the sarcophagus. This was expensive and gratified the instinct for ostentation[414].

Der Wert dieser zu Nocks Zeit provokativen These liegt in der methodischen Abkoppelung der Wahl einer bestimmten Bestattungsart von spezifischen Jenseitsvorstellungen. Die meisten Theorien sehen—oft unbewußt—den

---

[409] Ebenso Fernand de Visscher, Le droit des tombeaux romains, Mailand 1963, S. 17-42.

[410] So Athanasius in der *V. Antonii* 90.

[411] So etwa Kenneth Schefold, Art. Sarkophag, in: LAW, Sp. 2703. Allgemeiner führen das Vordringen von Mysterienkulten an: Albrecht Dieterich, Mutter Erde. Ein Versuch über Volksreligion, Nachdr. d. 3. Aufl. (Leipzig/Berlin 1925) Stuttgart 1967, S. 66, und Hans Lehner, Orientalische Mysterienkulte im römischen Rheinland, Bonner Jahrbücher 129 (1924), S. 64.

[412] Toynbee (1996), S. 40.

[413] Zum Beispiel Kenneth Schefold, Pompejanische Malerei, 1952, S. 115f; ders., Römische Kunst als religiöses Phänomen, 1964, S. 62; Toynbee (1965), S. 98; B. Andreae, Römische Kunst, 1973, S. 227. Weitere Positionen bei Guntram Koch/Hellmut Sichtermann, Römische Sarkophage, München 1982, S. 27-33.

[414] Nock (1932), S. 357f. Diese Position wird jüngst auch von John Wacher (1987), S. 197, vertreten. Jocelyn M.C. Toynbee (1996) meint dazu: „The view that mere fashion or a purely ostentatious taste for elaborate and expensively decorated coffins should have brought about a change in burial rite so widespread and lasting is not convincing", S. 40.

Grund in dem historischen Wechsel in einer Veränderung der populären Eschatologie. Parallelen aus anderen Zeiten und Kulturen müssen uns ermahnen, daß diese Verbindung keineswegs immer so selbstverständlich ist, wie oft angenommen wird. So wurde die Einführung öffentlicher Krematorien gegen Ende des 19. Jahrhunderts in einigen europäischen Ländern, unter anderem in Deutschland und Großbritannien, nicht durch veränderte Jenseitsvorstellungen, sondern durch praktische Erfordernisse und durch die Hygienekultur der Zeit ausgelöst, auch wenn es zur gleichen Zeit eine entsprechende akademische Diskussion gab[415]. Der Einfluß auf die populäre Wahrnehmung des Lebens nach dem Tod ist damals gering geblieben. In anderen Kulturen läßt sich beobachten, wie verschiedene Bestattungsarten nebeneinander gebraucht werden, unabhängig von postmortaler Eschatologie. So entscheidet im heutigen Tibet ein Priester oft erst nach dem Eintreten des Todes, auf welche Art und Weise der Leichnam bestattet werden wird[416].

Noch etwas anderes kommt hinzu: Kremation war immer eine Sache der Römer. Tacitus nennt sie den *Romanus mos*[417]. Der Osten hatte zwar, wie erwähnt, Anteil am Brauch der Feuerbestattung, seit hellenistischer Zeit sind die anzunehmenden Zahlen jedoch gering. Im Westen dagegen deutete sowohl der archäologische als auch der literarische Befund für einen großen Zeitraum auf eine relative Vorherrschaft der Kremation. Ich habe im Kapitel über die römischen Bestattungen bereits auf Schriftsteller wie Polybios hingewiesen, der öffentliche Kremationen als etwas typisch Römisches beschreibt. Die zahlreichen gefundenen Columbarien tragen ebenfalls zu diesem Eindruck bei. Dennoch sind diese Funde nicht unbedingt numerisch repräsentativ. Sie stammen in der Regel aus großen Städten wie Rom und sind selbst dort kaum die Hinterlassenschaften des Großteils der Bevölkerung. Statt dessen gehörten aufwendig ausgestattete Urnengräber zur städtischen Elite und Columbarien zu einer urbanen Mittelschicht. Kremation war verhältnismäßig aufwendig, nicht zuletzt, weil sie nach ausführlicherer ritueller

---

[415] Im Zusammenhang mit diesen Diskussionen wurden interessanterweise auch die Bestattungstraditionen in der Alten Kirche thematisiert. So äußerte sich in der Allgemeinen Evangelisch-Lutherischen Kirchenzeitung zum Beispiel Victor Schultze mit einem Aufsatz über „Die Stellung der Alten Kirche zur Leichenverbrennung" (Schultze [1912], Sp. 300-302).

[416] Vgl. zur Bestattung in Tibet A. Tom Grunfeld, The making of modern Tibet, New York/London 1996, S. 28f; Sherry B. Ortner, Sherpas through their rituals, Cambridge 1993, S. 106-109 (mit einer ausführlichen Analyse der mit den Toten verbundenen Unreinheit); Giuseppe Tucci, Die Religionen Tibets, in: ders./Walther Haussig, Die Religionen Tibets und der Mongolei, RM 20, Stuttgart 1970, S. 170-248; Sarat Chandra, Journey to Lhasa and central Tibet, London 1904, S. 327-333.

[417] Tac., *Ann.* 16,6.

Handlung verlangte[418]. Sie bot die Möglichkeit, Wohlstand und Lebensleistungen in der Öffentlichkeit darzustellen. Wir können deswegen davon ausgehen, daß selbst in Blütezeiten der Kremation nicht alle Personenkreise ein solches Ritual erwarten konnten: kaum Kinder, relativ wenige Frauen und selten Arme[419]. Rechnet man noch die geographisch ungleichmäßige Verteilung des Kremationsbefundes mit ein, so war die Feuerbestattung unter Umständen zahlenmäßig im Mittelmeerraum immer in der Minderheit geblieben. Galt sie jedoch in früheren Zeiten für viele Römer als begehrenswert und attraktiv—war sie also mit Nocks Worten „in fashion"—, so verlor sie diese Attraktivität in der Spätantike. Bei den Christen hatte sie diese Attraktivität offenbar nie wirklich besessen.

Für die Totenrituale christlicher Gruppen ergeben sich aus diesen Überlegungen folgende Konsequenzen:
1. Die Ablehnung der Kremation, die sich bei frühen christlichen Autoren findet, traf mit einer sich mehr und mehr verbreitenden Akzeptanz der Erdbestattung zusammen. Die ideale Begräbnisform christlicher Gruppen entsprach äußerlich mindestens seit dem 3. Jahrhundert dem Trend der Zeit.
2. Die Christen entschieden sich für die billigere Bestattungsart. Die christliche Erdbestattung schränkte den repräsentativen wie den rituellen Aufwand ein, der bei einer solchen Feierlichkeit regelmäßig betrieben wurde. Unauffälligkeit und Bescheidenheit kamen den asketischen Tendenzen früher „Theologien" entgegen[420]. Eine ganze Reihe christlicher Autoren wandte sich scharf gegen kostspielige Bestattungen. Am bekanntesten ist die Kritik des Johannes Chrysostomus[421], aber dies war auch ein Thema westlicher Denker wie Hieronymus'[422], Ambrosius'[423] und Augustins[424], die alle die Ansicht vertraten, daß Almosengeben christlicher sei als kostenträchtige Ausgaben für Bestattungen und aufwendige Todesrituale. Unauffällige Bestattungen vermieden Anstößigkeit, sie konnten aber auch zu Verdächtigungen hinsichtlich des geheimnisvollen und subversiven Charakters der christlichen Zu-

---

[418] Dies nicht immer in finanzieller Hinsicht—natürlich war Kremation u.U. sehr viel teurer, wenn sie die Opferung von duftenden Gewürzen und anderen wertvollen Beigaben einschloß, wie das die Berichte stadtrömischer *funera publica* zeigen (vgl. nur die Kremation des Julius Caesar bei Appian, *De bell. civ.* 2,147; Suetonius, *Iul.* 84; Dio Cassius 56,35-51).
[419] S. Hopkins (1983), S. 207-211.
[420] Vgl. zum Beispiel die ethischen Äußerungen Tertullians.
[421] Chrys., *Hom. 21 in Acta Apostolorum* 4; *Hom. 85 in Ioannem* 5, u.ö.
[422] Hier., *Ep.* 26.
[423] Ambr., *Obit. Sat.* I,80; *Obit. Valentin.* 78; *Ep.* 39,4.
[424] Aug., *Ciu.* 1,13.

sammenkünfte führen[425]. Die erwähnte Pliniusnotiz[426] läßt sich vielleicht dahingehend deuten, daß die Bestattungen in der frühen Zeit manchmal die von der heidnischen Umwelt zuerst wahrgenommenen Charakteristika des Christentums darstellten[427].

3. Diese eindeutige Position mag eine der Ursachen dafür sein, warum die Möglichkeit einer Sekundärbestattung, die sich ansatzweise in den paganen Traditionen des Westens bei den Kremationen findet, im Fundus frühchristlicher Rituale ganz fehlte. Die eingangs vorgestellte palästinische Form der Sekundärbestattung entwickelte sich offenbar auch zu spät, um noch als Vorbild von den Christen wahrgenommen werden zu können. Bei beiden Formen der „Sekundärbestattung"[428] schließt das Ritual eine Form der Purifikation des Leichnams ein, durch Feuer beziehungsweise durch den natürlichen Verwesungsprozeß. Diese Dimension war für die christlichen Kirchenführer entweder nicht von Bedeutung, oder sie lehnten diese Vorstellung sogar explizit ab[429].

Mit dieser Entscheidung beraubte sich das Christentum allerdings ritueller Ausgestaltungschancen, die die emotionale Bewältigung des Todes innerhalb des Trauerprozesses unterstützen können. Wie die erwähnte psychologische Erforschung der menschlichen Trauerphasen gezeigt hat, können sowohl eine rituell kompetent ausgestaltete Primär- und Sekundärbestattung als auch eine Feuerbestattung mit einer zeitlich von der Kremation getrennten Urnenbeisetzung wichtige Stützen im Trauerprozeß bieten, wenn sie eine parallel zu den emotionalen Trauerphasen verlaufende rituellen Begleitung darstellen[430]. Diesen Formen gegenüber muß ein mögliches „Defizit" der von den Christen gewählten einfachen Inhumation vor allem bei funktionalen Überlegungen berücksichtigt werden.

4. Die Entscheidung gegen Kremation und Urnen- beziehungsweise Sekundärbestattung ersparte den Christen die Übernahme eines paganen Rituals und vermied damit die Entstehung zusätzlichen Konfliktpotentials. Anders verlief die Entwicklung beim Totenmahl, das tatsächlich von den frühen Christen in einigen Gegenden weitergeführt wurde. Der Streit um dieses Ritual[431], auf den ich noch eingehen werde, zeigt, welche Schwierigkeiten in

[425]   Vgl. dazu die von Origenes überlieferten Vorwürfe des Kelsos, Or., *Cels.* 1,1.
[426]   Plin., *Ep.* 10,96,8, s. Kap. 2.5.
[427]   S. dazu Wilken (1984), dort S. 31-47: Christianity as a burial society.
[428]   Ich zähle hier einmal die von der Kremation getrennte Beisetzung der Asche dazu.
[429]   S. Kap. 4.2.
[430]   Vgl. dazu insbes. Kap. 2.5 (sowie 2.1 und 2.3).
[431]   S. Kap. 3.3.5.1.

der Frage der Art und Weise der Leichenbeisetzung von vornherein vermieden wurden.

5. Obwohl Erdbestattungen weniger kostspielig waren als Kremationen, so benötigten sie doch mehr Raum, wenn sie angemessen durchgeführt wurden. Viele weniger privilegierte Zeitgenossen freilich wurden, wie ich oben gezeigt habe, auf eine platzsparende Art und Weise zusammen mit Tierkadavern und Abfall „beseitigt". In der Kaiserzeit stieg die Nachfrage nach angemessenen Friedhöfen. Wie wir gesehen haben, begannen Christen spätestens im 3. Jahrhundert, Kontrolle über einzelne Bestattungsplätze für Inhumationen zu gewinnen. Augustin erwähnt das Management solcher *areae* als christliche Liebespflicht, und wir wissen von römischen Katakomben und nordafrikanischen *areae*, daß sie der christlichen Kirche gehörten und von Christen, die mit der Kirche in Verbindung standen, betrieben wurden[432]. Schließlich bot die Erdbestattung bessere Voraussetzungen für die Bestattung *ad sanctos* (s.o.).

Teilnehmer

Die antike Bestattung war, wie ich gezeigt habe, eine Angelegenheit der Familie, aus deren Kreis die Teilnehmer des Rituals stammten[433]. Eine Teilnahme von paganen Priestern, geschweige denn eine Leitung der Bestattungsrituale durch sie, war nicht üblich. Im Gegenteil, sie verbot sich wegen der antiken Unreinheitsvorstellungen, die die Gefahr einer Kontaminierung des Tempeldienstes durch den Kontakt mit einer Leiche befürchten lassen mußten. Was die Teilnahme christlicher Presbyter und Bischöfe angeht, so lassen die Quellen keine solchen Befürchtungen erkennen, und die Verwaltung von Taufe und Abendmahl wurde offenbar nicht gefährdet, wenn christliche „Priester" gelegentlich mit der Sphäre des Todes in Berührung kamen.

Der früheste Beleg für diese Tatsache findet sich in Tertullians Traktat *De anima*, in dem er von der Bestattung einer Frau erzählt, bei der ein Presbyter nicht nur anwesend war, sondern offenbar ein Gebet sprach:

Ich weiß um eine Frau, die von ihrer Geburt an der Kirche angehörte[434]. Noch

---

[432] S. dazu ausführlich Kap. 3.2.1.
[433] Kap. 2.4. und 2.5
[434] Die Übersetzung von *uernacula ecclesiae* ist nicht unwichtig für die Interpretation dieser Stelle. *Uernaculus* nennt man ursprünglich jeden im Hause Wohnenden/Geborenen (wohl von √*ues* wohnen, vgl. *Vesta*), klass. heißt es dann einfach „einheimisch/inländisch". *Uerna* ist häufig der Hausklave bzw. die Hausklavin (in der Form *uernacula* so bei Ambr., *Abr.* 1,4 und 7,65; Mart. Cap. 8,804). Für die Form *uernacula ecclesiae* an dieser Stelle sind verschiedene Vorschläge gemacht worden: S. Thelwall (ANF 3 S. 228) versteht unter einer *uernacula eccle-*

blühend im Aussehen und Alter entschlief sie nach einer einzigen und kurzen
Ehe in Frieden. Da die Beerdigung sich noch verzögerte, wurde sie vorläufig
unter dem Gebet (*oratio*) eines Priesters (*presbyterus*) aufgebahrt. Beim ersten
Ton des Gebetes (*oratio*) nahm sie ihre Hände von ihren Seiten, legte sie in die
Gebetshaltung und brachte sie nach Vollendung des Gebets/Friedenskusses
(*pax*[435]) wieder in ihre alte Lage zurück[436].

Diese Wundergeschichte hat man als Beleg für die Existenz einer richtigge-
henden christlichen Bestattungsliturgie gegen Ende des 2. Jahrhundert verstanden[437]. Auch wenn es ein solches Formular bereits gegeben haben kann:
Diese Quelle ist als Beweis dafür nicht geeignet. Der Text nennt nur die Begriffe *oratio* und *pax*. Er ist deshalb nicht ohne Aussagekraft, im Gegenteil.
Die Beteiligung des *presbyterus* im Vorfeld der Bestattung ist bereits eine
bemerkenswerte Tatsache, wie der Vergleich mit den Priestern der graeco-
römischen Kulte zeigt, die sich eben von Bestattungen und Toten fernhielten
(das gleiche gilt für die alten priesterlichen Familien des Judentums, s. insbes. Kap. 2.5 und 2.3). Auch wenn das pagane Priestertum nicht direkt mit
den christlichen „Funktionsträgern"[438] der Alten Kirche gleichzusetzen ist, so
waren die Presbyter und Bischöfe doch die Repräsentanten der neuen Religion, was, denke ich, einen Vergleich rechtfertigt. In die Zeit um/nach Tertullian fällt auch in etwa—vereinfacht ausgedrückt—die Entwicklung christlicher
Ämter mit einigermaßen klar umrissenen Aufgaben und Dotierungen[439]. In
einer jüdischen Synagoge wäre zumindest in späterer Zeit eine Situation wie
die aus *De anima* mit einem nichtpriesterlichen synagogalen Funktionsträger
denkbar gewesen, je nachdem, wie man die in Kap. 2.3 und 3.3.2.3 zitierten
rabbinischen Texte datiert und interpretiert.

---

siae ausdrücklich die „Tochter christlicher Eltern" während Gessel (1987, S. 537) auf dem Begriff „Kirchensklavin" besteht, um die seiner Meinung nach höchst ungewöhnliche Anwesenheit
eines Presbyters bei einer Bestattung durch seine Funktion als „Arbeitgeber" zu erklären—sprachlich zwingend ist diese Interpretation jedoch nicht. Vgl. zu der Stelle
noch—allerdings ohne Meinung zu diesem Problem—Waszink (1947), S. 531.
[435] Die Übersetzung von *Pax* steht hier vor dem gleichen Problem wie an der in Kap.
3.3.1.2 zit. Stelle Cyp., *Ep.* 55,23 (vgl. Cyp. *Ep.* 57,1.4 und 55,17). H. Hoppe, Tertullian. De
anima, in: Gn. 11 (1935), S. 254, plädiert für eine Übertragung mit „Gebet", Grabka (1953), S.
31, Anm. 172, schlägt das Gleiche für die Cyprianstelle vor. Jan H. Waszink, Tertullian. Über
die Seele, Werke des Q. Septimius Florens Tertullianus 1, Zürich/München 1980, Anm. 366,
folgt diesem Vorschlag. Dölger, AuC 5 (1936), S. 120f, hatte dagegen vorgeschlagen, *pax* mit
„Friedenskuß" zu übersetzen, worin ihm Waszink (1947), S. 532, gefolgt war. Für die vorliegende Untersuchung soll es reichen, dieses Übersetzungsproblem angedeutet zu haben.
[436] *Scio feminam quandam uernaculam ecclesiae, forma et aetate integra functam, post
unicum et breue matrimonium cum in pace dormisset et morante adhuc sepultura interim oratione presbyteri componeretur, ad primum halitum orationis manus a lateribus dimotas in ha-
bitum supplicem conformasse rursumque condita pace situi suo reddidisse.* Tert., *Anim.* 51,6
(CChr.SL 2, S. 857,32-858,38).
[437] So Ruland (1901), S. 47-50. S. dazu Gessel (1987), S. 537, Anm. 7.
[438] Vgl. zu diesem Hilfsbegriff Kap. 2.1.
[439] Vgl. etwa Cyp., *Ep.* 1; 39; 65. Dazu Schöllgen (1998), S. 51-68, der die „Professionalisierung des Klerus" auf die erste Hälfte des 3. Jh's. datiert.

Nach der Zeit Konstantins finden sich häufiger Belege für eine Teilnahme von Bischöfen und Presbytern bei Bestattungen. Davon berichtet etwa ein Brief des Hieronymus, aus dem ich bereits zitiert habe (geschrieben um das Jahr 406):

> Sie [die Leiche der hl. Paula] wurde mit den Händen der Bischöfe (*episcopi*) hinweggetragen—mit den Händen luden die Bischöfe nämlich die Bahre auf ihre Schultern—dabei gingen andere Bischöfe (*pontifices*) mit Fackeln und Kerzen voraus, während wieder andere die Chöre der Psalmensänger anführten. So wurde sie in der Mitte der Kirche der Grotte des Erlösers aufgestellt. Zu ihrer Bestattung kam eine sehr große Menschenmenge aus den Städten Palästinas zusammen[440].

Die besondere Betonung des Umstandes, daß die Bischöfe die Bahre der Toten mit den *eigenen Händen* berührten, deutet vielleicht darauf hin, daß Hieronymus die Besonderheit dieses Umstandes im antiken Kontext bewußt war, wozu auch die Verwendung des aus der paganen Religion stammenden Begriffes *pontifex* passen würde[441]. Einem anderen Text aus etwa der gleichen Zeit zufolge scheint diese Teilnahme von christlichen Funktionsträgern an Bestattungen damals bereits gängig gewesen zu sein. Darin schreibt Gregor, Bischof von Nyssa:

> „Zugleich mit diesen Worten forderte er [der Bischof Araxios] alle Mitgenossen der priesterlichen Würde (ἱερωσύνη) auf, dem Leib das Geleite zu geben. Als dies angeordnet war und man mit Eifer sich daran machte, trat ich unter die Bahre und rief jenen auf die andere Seite, während zwei andere angesehene Kleriker unter den hinteren Teil der Bahre traten, und brach auf, wobei wir schrittweise, wie es sich gehörte, und langsam uns bewegten"[442].
>
> Nach einem achtstündigen Trauermarsch wurde die Verstorbene schließlich zum „Haus der heiligen Zeugen, wo die Körper der Eltern lagen"[443], gebracht. Dort sprach zunächst ein Presbyter ein Gebet, bevor die Leiche Makrinas in das Grab der Eltern gelegt wurde[444].

---

[440] *Translataque episcoporum manibus—et ceruicem feretro subicientibus—, cum alii pontifices lampadas cereosque praeferrent, alii choros psallentium ducerent, in media ecclesia speluncae saluatoris est posita. tota ad funus eius Palaestinarum urbium turba conuenit.* Hier., *Ep.* 108,29 (CSEL 55, S. 348,3-7).

[441] Zur Benutzung religiöser paganer *termini technici* durch christliche Autoren vgl. Mohrmann (1954), S. 103-111.

[442] Καὶ ἅμα ταῦτα λέγων προσεκαλεῖτο πάντας τοὺς τῆς ἱερωσύνης αὐτῷ συμμετέχοντας, ὡς ἂν δι' ἐκείνων κομισθείη τὸ σκήνωμα. Ἐπεὶ δὲ τοῦτο ἐδέδοκτο καὶ ἐν χερσὶν ἦν ἡ σπουδή, ὑποβὰς τὴν κλίνην ἐγὼ κἀκεῖνον ἐπὶ τὸ ἕτερον μέρος προσκαλεσάμενος, ἄλλων τε δύο τῶν ἐν τῷ κλήρῳ τετιμημένων τὸ ὀπίσθιον τῆς κλίνης ὑπολαβόντων, ἤειν τοῦ πρόσω ἐχόμενος βάδην, ὡς εἰκός, καὶ κατ' ὀλίγον ἡμῖν γινομένης τῆς κινήσεως. Gr. Nyss., *V.Macr.* 993, GNO 8,1, S. 407,21-408,3; Übers. Karl Weiß, BKV 56, S. 364.

[443] Ἐπὶ τὸν τῶν ἁγίων μαρτύρων οἶκον, ἐν ᾧ καὶ τὰ τῶν γονέων ἀπέκειτο σώματα. Gr. Nyss., *V.Macr.* 995, GNO 8,1, S. 408,13f. Karl Weiß vermutet hier die Kirche der vierzig Märtyrer von Sebaste, in der vielleicht auch Gregor selbst gepredigt hat (in: BKV 56, S. 364).

[444] Gr. Nyss., *V.Macr.* 995.

Gregor betrachtet die Teilnahme von Funktionsträgern der christlichen Kirche nicht als etwas Außergewöhnliches. Außergewöhnlich und erwähnens-
wert ist lediglich die Zahl und Würde der teilnehmenden Kleriker, auf die er
den Begriff ἱερωσύνη bezieht, der im paganen Tempelkult die pagane Prie-
sterwürde bezeichnete. Dieser Text steht deshalb bereits am Ende einer Entwicklung, die in Fragen des Umganges mit dem Tod die christliche Religion—und letztendlich auch das zeitgenössische Synagogenjudentum—der
(späten) Antike von den Tempelreligionen der früheren Zeit trennte: Eine Bestattung in einem paganen Tempel, gar angeführt von paganen Priestern, wäre in der Antike genauso undenkbar gewesen wie etwa eine von Priestern
geleitete Grablegung im Tempel von Jerusalem vor seiner Zerstörung[445].

Grabbeigaben

Zur Zeit der Ausbreitung des Christentums waren, wie wir gesehen haben,
Grabbeigaben bei paganen Bestattungen in den hier untersuchten Gebieten
nicht unüblich, sie wurden aber offenbar nicht als essentiell betrachtet. In der
Welt der Religion der olympischen Götter wurden Grabbeigaben keineswegs
gefordert—anders als in der altägyptischen Tradition. In den paganen Quellen wird meist lediglich von ihrer Existenz berichtet. Über die Funktionen der
griechisch-römischen Grabbeigaben hat man viel spekuliert: Soziale Repräsentation, emotionale Hilfe im Trauerprozeß, Demonstration des nicht nur
auf das Erben fixierten materiellen Interesses der Trauernden, Ausdruck der
„Gefolgschaft" beziehungsweise Verbundenheit mit dem Verstorbenen etc.
(s. Kap. 2.4 und 2.5). Die meisten dieser möglichen Funktionen können theoretisch auch christlichen Ritualen offen stehen. Aus diesem Grund hat sich,
so läßt sich vermuten, etwa die Prothesis, für die ähnliche Überlegungen
gelten, in christlichen Kreisen halten können. Sie wurde jedenfalls von den
christlichen Autoritäten nicht angegriffen, nur die Totenklage bei der Prothesis wurde bekämpft. Auch die genannten möglichen Funktionen der Grabbeigaben sind nicht grundsätzlich mit dem christlichen Glauben inkompatibel.
Das völlige Fehlen von Grabbeigaben in christlichen Gräbern wäre deswegen
außerordentlich bemerkenswert. Für John Wacher gilt ein solches Fehlen
dennoch als *das* Identifizierungsmerkmal christlicher Gräber[446]. Tatsächlich

---

[445] S. dazu Kap. 2, Kap. 3.2.1 und Kap. 4.2. Zu den Veränderungen in den rituellen Vorstellungen des Judentums nach 70 vgl. Gedaliah Alon, The Jews in their land in the Talmudic
age 70-640 C.E., Bd. 1, Jerusalem 1980, S. 253-272.
[446] John Wacher (1987), S. 198: „A more certain way of identifying Christian tombs, apart
from their orientation, is the general lack of grave goods, which were deemed unnecessary".

finden sich überaus selten Grabbeigaben in Gräbern, die antiken Christen zu-geordnet werden können. Dennoch ist Wachers apodiktische Feststellung et-was voreilig, denn es gibt immer wieder Fälle, in denen—in der Regel be-scheidene—Beigaben in solchen Gräbern auftauchen. Dazu gehören etwa die in den römischen Katakomben gefundenen Gliederpuppen und Miniatur-skulpturen, die sich insbesondere in und auf Kindergräbern finden:

Abb. 14: Gliederpuppe auf Grabverschluß[447]

Auch kleine Glasfläschchen, zum Teil mit Spuren einer roten Flüssigkeit, wurden in einigen Katakombengräbern gefunden—ihre Rolle ist nicht mehr eindeutig zu klären. Vielleicht handelte es sich um Abendmahlswein, der den Toten mitgegeben wurde[448].

> Auch in den römischen Provinzen finden sich—spärliche—Beispiele für christ-liche Grabbeigaben. Jüngst wurde im Maastal ein Rest der Bestattung eines of-fenbar christlichen Offiziers ausgegraben[449]. Gefunden wurde ein Paradehelm mit Spuren eines Helmbusches, der von Jelle Prins auf die Jahre 350-400 datiert wurde. Vergleichbare Exemplare existieren bereits mehrfach. Als Besonderheit weist dieser Helm jedoch ein Christogramm auf dem Helmbusch auf, das den Träger eindeutig als Christen ausweist. Dieser Helm wurde offensichtlich mit

---

[447] Ähnliche Puppen finden sich auch im Kalkmörtel zweier Grabverschlüsse in der Pamphilus-Katakombe und im *Coemeterium Jordanorum ad S. Alexandrum.*—Abbildungen im Bildarchiv der *Pontificia Commissione di Archeologia Sacra.* Auch Perlenketten und Miniatur-skulpturen sind in den Katakomben gefunden worden. Alle geschilderten Objekte wurden bei der Bestattung in den noch feuchten Kalkmörtel des Grabverschlusses gedrückt. Vgl. Fink (1997), S. 14 (Abb. 15-17).

[448] Alfred Rush bezeichnet sie als Parfümflacons, die den Geruch der Gräber verbessern sollte, was jedoch verschlossene Fläschchen nicht vermocht hätten (Rush [1941], S. 125).

[449] S. dazu Christoph Markschies, Fund eines spätantiken Helmes mit Christogramm, in: ZAC 2 (1998), S. 161.

dem Leichnam des Soldaten zusammen bestattet und markierte so nicht nur den
sozialen und militärischen Status des Verstorbenen, sondern auch die Zugehörigkeit zur religiösen Gruppe der Christen. Für Christoph Markschies repräsentiert diese Bestattung „eine interessante Mischung von christlicher Symbolik
und paganer Praxis"[450]. Es fehlt freilich ein Zusammenhang mit paganen
eschatologischen Vorstellungen, wie sie etwa im Fall des Charonslohnes zu erkennen wären.

Der materielle Wert dieser Gegenstände zum Zeitpunkt ihrer rituellen Verwendung spielt in der Regel keine Rolle im Vergleich zu ihrem „symbolischen" Wert. Diesen Wert könnte man beispielsweise für die am Ritual
Beteiligten folgendermaßen beschreiben: Das christliche Symbol des Helmes,
das für den Soldaten zu Lebzeiten eine Schutzfunktion hatte, ergänzt einen
Gegenstand, der wie kein anderer Status, Rang und Profession des Bestatteten ausweist. Mit den Spielzeugen auf und in Kindergräbern wird eher die
emotionale Beziehung der Trauernden zu den jungen Toten visualisiert, als
daß tatsächlich unterstellt wird, daß sie diese ins Jenseits „mitnähmen": Sonst
hätte man das Grab mit benutzbaren Spielsachen angefüllt und nicht eine vereinzelte Puppe—von außen sichtbar—in den Mörtel gedrückt. Die Beigabe
eines Fläschchens mit Abendmahlswein—falls es sich darum in den genannten Fällen gehandelt hat—könnte eine Zugehörigkeit zur christlichen Gemeinschaft zum Ausdruck bringen, deren Mitgliedschaft durch Taufe und
Eucharistie symbolisiert wird[451]. All dies sind keine endgültigen und eindeutigen Zuweisungen, die sich durch die Mehrdimensionalität einer jeden symbolischen und rituellen Äußerung von selbst verbieten. Dennoch lassen sich
doch die meisten christlichen Grabgüter als Produkt dessen verstehen, was
ich oben „rituelle Konzentration" genannt habe (Kap. 2.4).

Eine üppige Ausstattung mit materiell wertvollen Beigaben findet sich in
spätantiken christlichen Gräbern jedenfalls in der Regel nicht. Dies deckt sich
mit den Aussagen der christlichen Autoren, die an Bestattungen in bescheide-
nem Rahmen denken lassen[452]. Neben den bestehenden Grabbeigaben betrifft dies auch schnell vergängliche Beigaben wie die im Kapitel über die
römischen Bestattungen erwähnten Blumen[453], Weihrauch, Myrrhe etc. Die

---

[450] Ebd.
[451] Man könnte hierin freilich auch ganz konkret eine Variante des *Viaticums* sehen, vgl.
dazu Kap. 3.3.1.2.
[452] Min. Fel., *Oct.* 38,3f; Ambr., *Obit. Valentin.* 78; Chrys., *Hom. 21 in Acta Apostolorum*
4; Bas., *Hom. Div.* 9,304.
[453] Zur Verwendung von Blumen im Totenkult s. Klauser (1954), Sp. 451f.

christlichen Quellen belegen, daß diese Dinge auch noch in christlicher Zeit verbreitet waren[454], jedoch versuchten die Kirchenväter, ihren Gebrauch einzudämmen[455]. Hinter dieser Kritik standen wohl vor allem asketische Motive. So ist Minucius Felix davon überzeugt, daß dem stillen Leben der Christen auch wenig aufwendige Bestattungen zu entsprechen haben und deshalb für Christen die üblichen Blumenkränze nicht nötig sind:

> Wir dagegen begehen die Bestattungen ebenso still, wie wir leben. Wir flechten keinen bald verdorrenden Kranz, sondern erhoffen von Gott den bleibenden Kranz von unvergänglichen Blumen. Ruhig, bescheiden, sorglos durch die Güte unseres Gottes, werden wir gestärkt durch die Hoffnung auf eine zukünftige Glückseligkeit und durch den Glauben an Gottes gegenwärtige Herrlichkeit. Selig erleben wir unsere Auferstehung, selig leben wir schon jetzt in der Betrachtung des Zukünftigen[456].

Clemens Alexandrinus erwähnt nach einem längeren Exkurs über die Verpflichtung der Christen zur (asketischen) Bescheidenheit, der zu einer Ablehnung der Verwendung von Blumen generell führt, auch die Assoziation von Blumenarten mit bestimmten paganen Gottheiten, so der Rosen mit den Musen, der Lilie mit Hera, der Mistel mit Artemis. Die bei Bestattungen benutzten Blumen bringt er schließlich mit paganen δαίμονες und bacchantischen Orgien in Verbindung:

> Der Blumenkranz ist Zeichen sorgloser Ruhe. Deswegen bekränzen sie die Toten und in diesem Sinne auch die Standbilder, damit bezeugen sie ihr Totsein. Denn die Bacchanten feiern ihre Orgien nicht ohne Kränze. Und wenn sie mit Blüten umgeben sind, werden sie zum Schluß feurig-rasend. Wir dürfen keinesfalls mit Dämonen Gemeinschaft haben, aber auch nicht das lebendige Bild Gottes bekränzen nach Art und Weise der toten Standbilder[457].

---

[454] So etwa Clem. Al., *Paed.* 2,8 (s. a. u.).

[455] Vgl. dazu auch die Quellen bei Müller (1978), Sp. 761-764.

[456] *At enim nos exsequias adornamus eadem tranquillitate qua vivimus, nec adnectimus arescentem coronam, sed a deo aeternis floribus vividam sustinemus, quieti modesti, dei nostri liberalitate securi, spe futurae felicitatis, fide praesentis eius maiestatis animamur. sic et beati resurgimus et futuri contemplatione iam vivimus.* Min. Fel., *Oct.* 38,4 (Text und Übers. nach Bernhard Kytzler, BSGRT 14, Stuttgart 1992, S. 36,18-22 (Text) beziehungsweise M. Minucius Felix. Octavius, hg. u. übers. v. Bernhard Kytzler, 3. Aufl. Stuttgart 1993, S. 133). In *Oct.* 12,6 (BSGRT 14, S. 10,16-19) hatte der Heide Caecilius dem Octavius vorgeworfen, die Christen trügen keine Blumenkränze und bekränzten auch nicht die Gräber der Toten: *Non floribus caput nectitis, non corpus odoribus honestatis; reservatis unguenta funeribus, coronas etiam sepulcris denegatis, pallidi trepidi, misericordia digni, sed nostrorum deorum. Ita nec resurgitis miseri nec interim vivitis* ("Nicht mit Blumen schmückt ihr euren Kopf, nicht ehrt ihr euren Körper mit Wohlgerüchen; Spezereien sind für die Bestattungen reserviert, und Kränze habt ihr nicht einmal für eure Gräber übrig, ihr bläßlichen verschreckten Gestalten, ihr seid nur des Mitleids würdig, aber des Mitleids unserer Götter. So könnt ihr weder auferstehen, ihr Armseligen, noch inzwischen das Leben erleben", Übers. Kytzler [1993], S. 37). Die zit. Antwort des Octavius (38,4) bestätigt dieses Urteil.

[457] ἀσχήτου δὲ ἀμεριμνίας ὁ στέφανος σύμβολον· ταύτῃ καὶ τοὺς νεκροὺς καταστεφανοῦσιν, ᾧ λόγῳ καὶ τὰ εἴδωλα, ἔργῳ προσμαρτυροῦντες αὐτοῖς τὸ εἶναι νεκροῖς.

Weihrauch hat es offenbar auch bei christlichen Bestattungen zumindest im Westen gegeben[458]. Die meisten christlichen Autoren sind trotz der Assoziation mit dem paganen Opferkult nicht grundsätzlich gegen die Verwendung von Weihrauch, bezeichnen ihn jedoch als überflüssig, weil das Christentum keine Opfer mehr brauche[459]. Der in Kap. 2.2 und 2.5 besprochene reinigende Charakter von Blumen und Weihrauch ist in diesen Texten kein Thema[460]. Eine durch ihre Ablehnung erreichte Abgrenzung von den paganen Bestattungen konnte jedoch willkommen sein; in diesem Sinne spricht Ambrosius von Mailand in einer seiner *orationes* ausdrücklich von einer christlichen Lebenseinstellung, die diese Funeralbeigaben nicht nötig hat:

> Ich werde sein Grab nicht mit Blumen bestreuen, sondern seinen Geist mit dem Duft Christi parfümieren. Mögen andere auch Lilien aus vollen Körben streuen, Christus ist unsere Lilie. Dies werde ich seinen Resten widmen, ich werde dies seiner Gnade anvertrauen[461].

Die Bekränzung soll also für Christen unnötig sein—auch dies läßt sich mithin als Versuch werten, eine Unterscheidung zwischen „christlichen" und „heidnischen" Bestattungen zu definieren.

οἱ μὲν γὰρ βακχεύοντες οὐδὲ ἄνευ στεφάνων ὀργιάζουσιν· ἐπὰν δὲ ἀμφιθῶνται τὰ ἄνθη, πρὸς τὴν τελετὴν ὑπερκάονται. οὐ δὴ κοινωνητέον οὐδ᾽ ὁπωστιοῦν δαίμοσιν, ἀλλ᾽ οὐδὲ τὴν εἰκόνα τοῦ θεοῦ τὴν ζῶσαν δίκην εἰδώλων τῶν νεκρῶν καταστεπτέον. Clem. Al., *Paed.* 2,8,73,1 (GCS 12,201f).

[458] Nach Tert., *Idol.* 11,2, wird Weihrauch von Christen zu medizinischen Zwecken und bei Bestattungen eingesetzt (vgl. den Kommentar zu dieser Stelle in der Ausg. von Jan H. Waszink/J.C.M. van Winden/P.G. van der Nat, SVigChr 1, S. 204f). Tert., *Apol.* 42,7, gibt zu erkennen, daß man arabische Spezereien wohl bei christlichen Beerdigungen benutzte, auch wenn Tertullian darauf besteht, daß es sich nicht um wirklichen Götteropferweihrauch handelte, sondern lediglich um verwandte Substanzen.

[459] Tert., *Idol.* 9,4; *Apol.* 30,6; Or., *Hom. in Luc* 52,1-3; Arnob., *Nat.* 4,30 und 7,28; Eus., *D.e.* 7,3,26; Prud. 10,362f; Aug., *En. ps.* 49,21. Vgl. dazu Edward G. Atchley, A history of the use of incense in divine worship, ACC 13, London/New York 1909, S. 81-96.

[460] Vgl. dazu auch Kap. 4.2.

[461] *Non ego floribus tumulum eius aspergam, sed spiritum eius Christi odore perfundam. Spargant alii plenis lilia calathis, nobis Christus est lilium. Hoc reliquias eius sacrabo, hoc eius commendabo gratiam.* Ambr., *Obit. Valentin.* 56 (CSEL 73, S. 356,5-9). Zur Vorstellung von der besonderen reinigenden Wirkung von Lilien s. Kap. 2.5. Hieronymus qualifiziert in einem Brief an einen ehemaligen Senator, der nach dem Tod seiner Frau offenbar als christlicher Asket lebt, den Verzicht auf Blumen als tugendhaft im Sinne der angestrebten Askese, hat aber auch Sinn für die emotionale „konsolatorische" Funktion der Blumengaben: *ceteri mariti super tumolos coniugum spargunt uiolas, rosas, lilia floresque purpureos et dolorem pectoris his officiis consolantur* („Die übrigen Ehemänner verstreuen über dem Grab ihrer Ehefrauen Veilchen, Rosen, Lilien und purpurne Blumen, und sie trösten den Schmerz ihrer Herzen mit dieser Pflicht"), Hier., *Ep.* 66,5 (CSEL 54, S. 653).

[462] *Audito autem, quid ageretur, conuenerunt multi fratres ac religiosae feminae, et de more illis, quorum officium erat, funus curantibus ... Cum ecce corpus elatum est, imus, redimus sine lacrimis. Nam neque in eis precibus, quas tibi fudimus, cum offerretur pro ea sacrificium pretii nostri iam iuxta sepulchrum posito cadauere, priusquam deponeretur, sicut illic fieri solet, nec in eis ergo precibus fleui.* Aug., *Conf.* 9,12,31f (CChr.SL 27, S. 150,27-151,46).

Ablauf der Bestattung

Die bisher insbesondere im Kapitel über die Musik und die Prothesis beziehungsweise Totenklage zitierten Quellen haben bereits das Wichtigste angesprochen, was wir sicher über den Ablauf der eigentlichen Bestattungen wissen und sagen können. Einen *einheitlichen* christliches Bestattungs*ritus*, geleitet von christlichen Liturgen und mit einem genau festgelegten Ablauf, hat es vielleicht zu den Zeiten Augustins, Hieronymus' und der großen Kappadokier noch nicht gegeben; zumindest haben wir dafür noch keine überlieferten Texte. Die erste solche Beschreibung ist vermutlich ein Jahrhundert jünger. Sie findet sich in der Schrift *De ecclesiastica hierarchia* des heute als Pseudo-Dionysius Areopagita bezeichneten Autors, entstanden wohl erst gegen Ende des 5. Jahrhunderts. Im Westen finden sich die ersten erhaltenen liturgischen Begräbnisordnungen erst einige Zeit nach Gregor dem Großen (s.u.). Dennoch beginnt die Entwicklung, die die Voraussetzungen für solche gottesdienstlichen Formen schafft, wie wir gesehen haben, bereits in der Zeit Tertullians. Im 4. Jahrhundert treten christliche Elemente bei Bestattungsfeiern bereits deutlich in Erscheinung, so daß wir spätestens gegen Ende dieses Jahrhunderts tatsächlich von „christlichen" Bestattungsfeiern sprechen können, auch wenn dies vielleicht noch nicht alle Bestattungen von Christen betraf, sondern nur diejenigen außergewöhnlicher Gemeindeglieder, von deren Beerdigung deshalb ein Bericht überliefert ist—Paula, Makrina und Monnica, um die wichtigsten Texte dieser Zeit zu nennen. Es sind die folgenden Elemente, die diesen Quellen zufolge zu einer Unterscheidung von Bestattungen von Christen der Alten Kirche von denen paganer Familien führen: Psalmen und christliche Hymnen werden erwähnt, auch kam es offenbar vor, daß Presbyter oder sogar Bischöfe Gebete sprachen und bei Aufbahrung und Leichenzug im wörtlichen Sinne selbst mit Hand anlegten. Auf andere rituelle Aktionen, die mit paganen Traditionen assoziiert wurden, wird verzichtet, glaubt man diesen Berichten. Von Riten und Ritualen wie dem, was Festus als *suffitio* bezeichnet, oder einer separaten Bestattung des *os resectum* beziehungsweise des ἀπόνιμμα sind in christlichen Quellen jedenfalls keine Spuren zu finden. Es findet sich allerdings auch keine ausgeprägte Polemik gegen diese Traditionen—mit der wichtigen Ausnahme der bereits dargestellten Kritik an Totenklage und übermäßiger Trauer. Statt dessen sanktionieren christliche Autoren durchaus das, was „üblich ist", beziehungsweise berichten von dem, was *de more* angemessen ist, ohne dies genauer zu spezifizieren. Augustin berichtet vom Ablauf der Bestattung seiner Mutter folgendes:

Als man hörte, was geschehen war, kamen viele Brüder und religiöse Frauen
(*religiosae feminae*), und während jene, deren Amt es war, sich überlieferungs-
gemäß (*de more*) um die Bestattung kümmerten, [zog ich mich zurück]... Als
ihr Körper hinausgetragen wurde, gingen wir ohne Tränen hin und kamen ohne
Tränen zurück. Denn weder weinte ich bei den Gebeten, welche wir zu dir em-
porsandten, als das Opfer (*sacrificium*) unserer Erlösung für sie dargebracht
wurde, während ihre Leiche—wie es dort üblich war—schon neben dem Grab
stand, bevor sie beigesetzt wurde; deshalb weinte ich bei ihren Gebeten auch
nicht[462].

Der Text erwähnt Gebete und eine regelrechte eucharistische Feier. Bemer-

kenswerterweise beschreibt Augustin noch eine Besonderheit, nämlich die in

Ostia offenbar übliche Tradition, die Leiche neben dem Grab aufzubahren,

während man die Bestattung mit einer Abendmahlsfeier beging. Vermutlich

fand diese Feier in einer Kirche statt, was die Bemerkung erklären würde. In

Hippo beziehungsweise in Nordafrika hat es dann offenbar eine andere Tra-

dition gegeben, die Augustin als dem Leser bekannt voraussetzt. Möglich wä-

re auch, daß die eucharistische Feier in Augustins afrikanischer Gemeinde

erst nach der Bestattung und in einem gewissen zeitlichen Abstand stattfand

(vgl. dazu die afrikanischen Quellen in Kap. 3.3.5).

Die Schrift *De ecclesiastica hierarchia* des Pseudo-Dionysius Areopagita

bietet schließlich ausführliche Vorschriften für den Ablauf einer vom christli-

chen Klerus geleiteten Bestattungsfeier[463]. Der Rückschluß auf tatsächliche

historische Praxis oder ältere Traditionen ist wie bei den Apostolischen Kon-

stitutionen nicht unproblematisch, die Probleme sind dabei zum Teil ver-

gleichbar[464]. Von großem Wert ist dieser Text dennoch, denn zum ersten Mal

---

[463] Die Diskussion um Autorschaft und Datierung beziehungsweise Lokalisierung (vielleicht Syrien) ist noch nicht zum Abschluß gekommen. Die gängigen Datierungen reichen von
417 bis in das beginnende 6. Jahrhundert. Auf Grund der Abhängigkeit vom späteren Neupla-
tonismus datieren die meisten Autoren frühestens in die zweite Hälfte des 5. Jahrhunderts, während die nachweisbare Rezeption des Corpus Dionysiacum im zweiten Jahrzehnt des 6. Jahrhunderts einsetzt. Spätere Datierungen erscheinen deshalb nicht möglich. S. dazu die Gesamt-
einleitung (mit Bibl.) von Adolf Martin Ritter zur BGrL-Ausgabe in: Pseudo-Dionysius Areopagita, Über die mystische Theologie und Briefe, eingel. und übers. von Adolf Martin Ritter,
BGrL 40, Stuttgart 1994, S. I-XIII; Gerard O'Daly, Art. Dionysius Areopagita, in: TRE 8, 1981,
S. 772-780 (beide mit weiterer Lit.).
[464] S. o. Die Schrift *De ecclesiastica hierarchia* ist außerdem im Zusammenhang mit der
vielleicht bekannteren *De caelesti hierarchia* zu sehen. Was die liturgischen und praktischen
Anweisungen der „kirchlichen Hierarchie" angeht, so darf man sie mit Recht als eine Art nach-
gelieferte Deutung der Funktionen der kirchlichen Ämter und Stände sowie der Sakramente im
Hinblick auf die in *De caelesti hierarchia* vorkommenden göttlichen Attribute verstehen. Es
geht also um ein Werk hoher theologischer Reflexion und nicht primär nur um Anweisungen
oder gar Wiedergabe kirchlicher Praxis. Dennoch darf man auch hier einen Anhaltspunkt im hi-

finden sich hier genaue liturgische Anweisungen, die auch schon eine stark ausdifferenzierte innerkirchliche Unterscheidung zwischen Laien, Priestern und Mönchen zeigen[465]: Unmittelbar nach dem Tod ist es nach diesem Text Aufgabe der Anwesenden beziehungsweise der Familie („im Sinne göttlicher Verwandtschaft und gleicher Verhaltensweise"[466]), im Gebet Dank zu sagen und den Verstorbenen anschließend in die Kirche zu bringen:

> Der göttliche Hierarch (= der Bischof) versammelt den geheiligten Chor (= die Priester[467]). Wenn der Entschlafene dem Priesterstand angehörte, läßt er ihn vor dem göttlichen Altar niederlegen und stimmt das Gebet zu Gott und die Danksagung an. Wenn der Tote dem unbefleckten Stand der Mönche oder dem geheiligten Volk angehörte, läßt er ihn außerhalb des Altarraums vor dem Priestereingang niederlegen. Dann verrichtet der Hierarch das Dankgebet an Gott. Darauf lesen die Liturgen (= Diakone) die in den geheiligten Worten enthaltenen untrüglichen Verheißungen über unsere Auferstehung. Dann singen sie nach geheiligtem Brauch die Lieder aus den Psalmen, die das Gleiche sagen und bedeuten. Dann entläßt der erste der Liturgen die Katechumenen und verliest die Namen der bereits verstorbenen Heiligen, in deren Verlesung er gleichwertig den eben Vollendeten einbezieht, und fordert alle auf, um die glückselige Vollendung in Christus zu bitten. Dann tritt der Hierarch heran, verrichtet ein heiliges Gebet über ihm. Nach dem Gebet gibt der Hierarch dem Entschlafenen selbst den Friedenskuß und nach ihm alle Anwesenden. Danach gießt der Hierarch das Öl über den Entschlafenen, verrichtet das geheiligte Fürbittengebet für alle und birgt den Leichnam in einem ehrwürdigen Haus zusammen mit anderen geheiligten Leibern desselben Standes[468].

---

storischen alltäglichen kirchlichen Leben vermuten, nicht zuletzt, weil ein scharfer Gegensatz zur realen Situation der Überlieferung des Textes entgegengestanden und sicher Spuren hinterlassen hätte.

[465] Der zit. Text ist der zweite von drei Teilen des siebten und letzten Kap. der *ecclesiastica hierarchia*, die sich mit dem christlichen Bestattungsritual auseinandersetzt. Der einleitende Teil (PG 3,553-556B), dessen Echtheit von Bernhard Brons (Sekundäre Textpartien im Corpus Pseudo-Dionysianum, in: NAWG.PH 5 [1975], S. 101-110) bestritten wird, befaßt sich mit der Notwendigkeit eines geheiligten Lebens, dessen Lohn in Tod und Bestattung sichtbar wird. Der zweite Teil (556C-D) wird hier vollständig zitiert. Der dritte Teil (557A-565C) deutet die einzelnen Rituselemente ausführlich theologisch in einer Art und Weise, die vermuten läßt, daß der Autor den geschilderten Ablauf bereits als Praxis einer bestimmten Gemeinde vorgefunden hat. Das siebte Kap. schließt mit Bemerkungen zu Arkandisziplin und Kindertaufe (565C-569A). S. zum Ganzen Hermann Ühlein, Mysterion und der heilige Entschlafenen. Das Begräbnisritual bei Dionysius Areopagita, in: Hansjakob Becker/Bernhard Einig/Peter-Otto Ullrich, Im Angesicht des Todes. Ein interdisziplinäres Kompendium II, PiLi 4, St. Ottilien 1987, S. 1043-1086.

[466] Dion. Ar., *E.h.*7,1.

[467] S. dazu Günter Heil, Pseudo-Dionysius Areopagita. Über die himmlische Hierarchie. Über die kirchliche Hierarchie, BGrL 22, Stuttgart 1986, S. 179, Anm. 12.

[468] Συναγαγὼν ὁ θεῖος ἱεράρχης <τὸν> ἱερὸν χορόν, εἰ μὲν ἱερατικῆς ἐγεγόνει τάξεως ὁ κεκοιμημένος, ἐπίπροσθεν τοῦ θείου θυσιαστηρίου κατακλίνας αὐτόν, ἀπάρχεται τῆς πρὸς θεὸν εὐχῆς καὶ εὐχαριστίας· εἰ δὲ τοῖς εὐαγέσι μοναχοῖς ἢ τῷ ἱερῷ λαῷ κατετέτακτο, παρὰ τὸ τίμιον ἱερατεῖον αὐτὸν κατακλίνει πρὸ τῆς ἱερατικῆς εἰσελεύσεως, εἶτα τελεῖ τὴν πρὸς θεὸν εὐχαριστήριον εὐχὴν ὁ ἱεράρχης. Ἑξῆς δὲ οἱ λειτουργοὶ τὰς ἐν τοῖς θείοις λογίοις ἐμφερομένας ἀψευδεῖς ἐπαγγελίας περὶ τῆς ἱερᾶς ἡμῶν ἀναστάσεως ἀναγνόντες ἱερῶς ᾄδουσι τὰς ὁμολόγους καὶ ταὐτοδυνάμους τῶν ψαλμικῶν λογίων

Es werden also folgende Elemente der liturgischen Feier genannt: mehrere,
nicht genauer festgelegte Schriftlesungen, gefolgt von Psalmen. Analog der
pseudo-dionysischen Eucharistiefeier[469] verlassen die Katechumenen die Feier, bevor die Namen bereits Verstorbener verlesen werden. Dann spricht der
„Hierarch" ein Gebet, gibt als erster den Friedenskuß, gefolgt von den übrigen Teilnehmern, der Salbung durch den Hierarchen, einem nicht näher beschriebenen Fürbitten- oder Segensgebet und der Grablegung.

Dieser Text repräsentiert tatsächlich etwas Neues, einen regelrechten, von
den Repräsentanten der Kirche durchgeführten Bestattungsritus. Er markiert
damit einen ersten Höhepunkt in der allmählichen kirchlichen Übernahme der
ursprünglich der Familie des Verstorbenen vorbehaltenen Bestattungsrituale.
Die genannten Elemente der pseudo-dionysischen Begräbnisliturgie finden
sich in den meisten erhaltenen Bestattungsordnungen der byzantinischen, armenischen und persischen Kirchen aus dem 9. bis 15. Jahrhundert, mit Ausnahme der eigentümlichen Stellung des Psalmensingens *nach* den Lesungen
und der—durch die Parallelität zur dionysischen Abendmahlsfeier zu erklä-
renden—Entlassung der Katechumenen[470].

Im Westen ist aus dieser Zeit noch keine Bestattungsliturgie erhalten[471].
Die ersten entsprechenden *ordines* finden sich erst nach der Zeit Gregors des
Großen und lassen deshalb keine wirklichen Rückschlüsse auf spätantike
Feierformen zu. Die Arbeiten Michel Andrieus, Hieronymus Franks und
Damien Sicards haben eine Datierung der ältesten westlichen Bestattungslitu-
rigen in das frühe 8. Jahrhundert wahrscheinlich gemacht; die darin verwen-
deten Gebete und Orationen stammen diesen Untersuchungen zufolge zum

---

ᾠδάς· Εἶτα τῶν λειτουργῶν ὁ πρῶτος ἀπολύει τοὺς κατηχουμένους καὶ ἀνακηρύττει
τοὺς ἤδη κεκοιμημένους ἁγίους, μεθ' ὧν ἀξιοῖ τὸν ἄρτι τελειωθέντα τῆς ὁμοταγοῦς
ἀναρρήσεως καὶ προτρέπεται πάντας αἰτῆσαι τὴν ἐν Χριστῷ μακαρίαν τελείωσιν. Εἶτα
προσελθὼν ὁ θεῖος ἱεράρχης εὐχὴν ἱερωτάτην ἐπ' αὐτῷ ποιεῖται καὶ μετὰ τὴν εὐχὴν
αὐτός τε ὁ ἱεράρχης ἀσπάζεται τὸν κεκοιμημένον καὶ μετ' αὐτὸν οἱ παρόντες ἅπαντες.
Ἀσπασαμένων δὲ πάντων ἐπιχέει τῷ κεκοιμημένῳ τὸ ἔλαιον ὁ ἱεράρχης καὶ τὴν ὑπὲρ
πάντων εὐχὴν ἱερὰν ποιησάμενος ἀποτίθησιν ἐν οἴκῳ τιμίῳ τὸ σῶμα μεθ' ἑτέρων ὁμο-
ταγῶν ἱερῶν σωμάτων. Dion. Ar., *E.h.* 556C/D (Pseudo-Dionysius Areopagita, De ecclesiastica hierarchia, ed. G. Heil/A. M. Ritter, PTS 36, Berlin/New York 1991, S. 122,23-123,15;
Übers. Günter Heil, BGrL 22, S. 148,27-49).

[469]   Dion. Ar., *E.h.* 425C und 437B/D.
[470]   Ein ausführlicher Vergleich mit den späteren Liturgien des Ostens findet sich bei Hermann Ühlein, (1987), S. 1043-1086, weshalb ich mich in dieser Hinsicht auf wenige Bemerkungen beschränken kann.
[471]   Selbst bei Isidor von Sevilla, der in seinem Werk *De ecclesiasticis officiis* detailliert die
einzelnen Elemente der frühmittelalterlichen Liturgie beschreibt und den unterschiedlichen
Gottesdienstformen, den kirchlichen Festtagen, den Stundengebeten, und vor allem Taufe und
Abendmahl eigene Kapitel widmet, fehlt eine eigene Bestattungsliturgie.

Teil aus dem 7. Jahrhundert[472]. Der älteste dieser *ordines* ist vermutlich der sogenannte *Ordo qualiter agetur in obsequium defunctorum* oder OR 49[473]. Die Beteiligung eines Priesters setzt nach dem OR 49 bereits während der Sterbevorbereitung ein. Nicht nur das in Kapitel 3.3.1.2 behandelte *viaticum* taucht darin auf, sondern auch eine priesterliche Oration und Psalmen während des Sterbens, der Waschung und Aufbahrung der Leiche, sowie der Prozession und Totenwache in der Kirche. Es folgt ein Gebetsgottesdienst mit anschließender Grablegung, zu der ein priesterliches Gebet und wiederum Psalmen gehören. Außer dem OR 49 sollen an dieser Stelle noch kurz drei weitere frühmittelalterliche Ordnungen erwähnt werden: So enthält der Anhang der *Caesarii Arelatensis episcopi regula sanctarum virginium* sechs Gebete mit dem Titel *Incipiunt orationes super defunctae corpus*[474]. Dieser Anhang ist vermutlich ein bis zwei Jahrhunderte jünger als die Texte des Caesarius von Arles (gest. 542), womit die erhaltenen Gebete die Existenz einer etablierten Totenliturgie zur Zeit des OR 49 untermauern[475]. Zweitens enthalten die sogenannten gelasianischen Sakramentare eine Reihe von dem OR 49 ähnlichen Ordnungen[476]. Insbesondere das laut Frank ältere Material enthaltende Sakramentar von Rheinau[477] (wahrscheinlich um 800) ist dabei von Interesse, weil es als vielleicht erste westliche Ordnung die Bestattungsliturgie mit einer ausführlichen Meßfeier verbindet[478]. Für das weitere Mittelalter am bedeutendsten schließlich ist die wohl im wesentlichen aus dem

---

[472] Damien Sicard, La mort du chrétiens, in: Aimee Georges Martimort (Hg.), L'eglise en prière 3. Les sacraments, Tournai 1984, S. 238-258; ders., La liturgie de la mort dans l'église latine des origines à la réforme carolingienne, LQF 63, Münster 1978; Hieronymus Frank, Der älteste erhaltene *ordo defunctorum* der römischen Liturgie und sein Fortleben in Totenagenden des frühen Mittelalters, in: ALW 7/2 (1962), S. 360-415; ders., Römische Herkunft der karolingischen Beerdigungsantiphonen, in: Mélanges en l'honneur de Monseigneur Michel Andrieu, RevSR Sonderband, Straßburg 1956, S. 161-171; Michel Andrieu, Les *ordines Romani* du haut moyen âge, SSL 11.23.24.28.29, 5 Bde., Löwen 1931-61 (Nachdr. Löwen 1965). Die Positionen Sicards werden scharf kritisiert in der Rezension von Bernard Moreton in: JThS.NS 31 (1980), S. 231-237. Vgl. zu dieser Frage auch Paxton (1990), S. 37-44. S. zum folgenden noch Arnold Angenendt, Geschichte der Religiosität im Mittelalter, Darmstadt 1997, S. 326-329.351-359.659-751; Bruno Bürki, Die Feier des Todes in den Liturgien des Westens. Beispiele aus dem 7. und 20. Jahrhundert, in: Hansjakob Becker/Bernhard Einig/Peter-Otto Ullrich, Im Angesicht des Todes. Ein interdisziplinäres Kompendium II, PiLi 4, St. Ottilien 1987, S. 1135-1164; G. Haenni, Un 'ordo defunctorum' du dixième siècle, in: EL 73 (1959), S. 431-434.
[473] Einleitung und Text bei Andrieu (1965), Bd. 4, S. 523-530. Vgl. Cyrille Vogel, Medieval liturgy. An introduction to the sources, Washington D.C. 1986, S. 187.
[474] S. Caesarii Arelatensis Episcopi Regula sanctarum Virginium, ed. Germain Morin, FlorPatr 34, Bonn 1933, S. 30f.
[475] S. dazu im einzelnen G. Morin, Problèmes relatifs à la règle de S. Césaire d'Arles pour les moniales, in: RBen 44 (1932), S. 5-20; Bürki (1987), S. 1144f.
[476] Vgl. Bernard Moreton, The eighth-century Gelasian sacramentary. A study in tradition, OTM, Oxford 1976.; Vogel (1986), S. 187 und 223, Anm. 203.
[477] Anton Hänggi/Alfons Schönherr, Sacramentarium Rhenaugiense. Handschrift Rh 30 der Zentralbibliothek Zürich, SpicFri 15, Freiburg 1970, S. 272-276. Vgl. Vogel (1986), S. 72.
[478] Frank (1962), S. 365.

9. Jahrhundert stammende karolingische *Agenda mortuorum* im Sakramentar von Saint-Denis[479], die eine ausführliche liturgische Begleitung von Sterben (mit Bußpsalmen, Gebeten und Orationen), Tod, Leichenwaschung und Prozession vorsieht, gefolgt von einer genau geregelten eucharistischen Feier mit anschließender erneuter Prozession zum Grab, einer erneuten gottesdienstlichen Feier am Grab und zahlreichen Orationen *post sepultum corpus*[480]. Die Form dieser Agende ist das gesamte Mittelalter hindurch von entscheidendem Einfluß geblieben.

3.3.4 Leichenreden

Eine ganze Reihe der bisher in dieser Arbeit erwähnten literarischen Zeugnisse stammt aus antiken christlichen Grab- und Totenreden, die spätestens seit dem 3. Jahrhundert nachzuweisen sind[481]. Eine ausführliche inhaltliche Analyse dieser überlieferten Reden würde den Rahmen dieser Arbeit sprengen. Ich verweise hier auf die entsprechende Literatur zu den christlichen Leichenreden, die insbesondere für die philologische Interpretation dieser Texte ergiebige Ergebnisse erbracht hat[482]. Wünschenswert wären über das bisher Geleistete hinaus genauere Situationsanalysen der einzelnen Reden, soweit solche möglich sind[483], auch wenn die Reden in der Form, in der sie überliefert wurden, literarische Produkte sind und nicht im genauen Wortlaut gehalten worden sein dürften. Die veröffentlichten und erhaltenen Reden haben

---

[479] Text bei E. Martène, *De antiquis ecclesiae ritibus* II,3,15 (*ordo* III), ed. Bassani 1788, Bd. 2 des Neudr. Hildesheim 1967, S. 1078-1080.

[480] Vgl. Bürki (1987), S. 1147-1149; Frank (1956b), S. 161-171; ders., Die Geschichte des Trierer Beerdigungsritus, in: ALW 4 (1956), S. 279-315; L. Gougaud, Etude sur les Ordines commendationis animae, in: EL 49 (1935), S. 3-27.

[481] Der älteste Hinweis für christliche Grabreden ist wohl mit der (legendarischen) Rede des Johannes am Grabe der Drusiana in den *ActJoh* 67-69 erhalten geblieben. S. zu diesem Text und seiner Datierung Kap. 3.3.5.

[482] Eine Auswahl: Johannes Bauer, Die Trostreden des Gregorios von Nyssa in ihrem Verhältnis zur antiken Rhetorik, Marburg 1892; Xaver Hürth, De Gregorii Nazianzeni orationibus funebribus, DPAS 12.1, Straßburg 1907; Franz Rozynski, Die Leichenreden des Heiligen Ambrosius, Breslau 1910; Aarno Malin, Οἱ ἐπιτάφιοι λόγοι Γρηγορίου τοῦ Ναζιανζηνοῦ ἐν σχέσει πρὸς τὴν ἐθνικὴν ῥητορείαν, Athen 1929; Andreas Spira, Rhetorik und Theologie in den Grabreden Gregors von Nyssa, StPatr 9, TU 94, Berlin 1966, S. 106-114; L. P. McCauley, Funeral orations by Saint Gregory Nazianzen and Saint Ambrose, Washington D. C. 1968; M. Alexandre, Le 'De mortuis' de Grégoire de Nysse, in: StPatr 10 (1970), S. 35-43; Yvette Duval, Oraisons funèbres de Saint Ambroise, in: M. Fuhrmann (Hg.), Christianisme et formes litteraires, EnAc 23, Genf 1977, S. 260-274.286-291; Gerard H. Ettlinger, The orations of Gregory Nazianzus. A study in rhetoric and personality, in: D. G. Hunter (Hg.), Preaching in the patristic age. Studies in honour of Walter J. Burghardt, New York 1989, S. 101-118; Ochs (1993); Martin Biermann, Die Leichenreden des Ambrosius von Mailand. Rhetorik, Predigt, Politik, Hermes.E 70, Stuttgart 1995; Ulrike Gantz, Gregor von Nyssa. Oratio consolatoria in Pulcheriam, Chrêsis 6, Basel 1999 (mit akt. Lit.).

[483] Ausführlich wird dies für die attischen Epitaphien klassischer Zeit durchgeführt von Prinz (1997).

immerhin eines gemeinsam: Sie sind Texte, die ursprünglich für einen speziellen Anlaß verfaßt wurden, einen Kasus im besten Sinne. Sie halten sich auch inhaltlich an Regeln und Grundmuster, die von Situation und Überlieferung vorgegeben sind. Dies macht sie—auf der funktionalen Ebene—mit anderen Ritualen vergleichbar.

Vor diesem Hintergrund seien anhand der von Ambrosius, Gregor von Nazianz und Gregor von Nyssa überlieferten Reden des 4. Jahrhunderts zu zwei Punkten einige für die Entwicklung christlicher Rituale im Zusammenhang mit Bestattung und Totengedenken wichtige Aspekte herausgegriffen: zum Text der Rede und zur Person des Redners.

Zunächst zum *Text* der Rede. Die Disposition einer situationsbezogenen Rede wie einer Leichenrede war keineswegs Sache von Geschmack oder Beliebigkeit des Redners. Die antiken rhetorischen Lehrbücher enthalten auch für diese Gattung Vorgaben, die sich in einem großen Teil der Literatur in bemerkenswerter Uniformität wiederfinden. Aus der Kaiserzeit sind zwei Texte überliefert, die spezielle Empfehlungen für die Grabreden geben, einmal unter dem Namen des Dionysios von Halikarnassos (τέχνη ῥητορική) und einmal unter dem des Rhetors Menander (περὶ μονῳδίας, περὶ παραμυθητικοῦ, περὶ ἐπιτάφιου)[484].

Die pseudodionysische τέχνη ῥητορική erwähnt folgende Themen als notwendig für eine Leichenrede: 1. Lob des Toten, 2. Aufforderung an die Zuhörer, den Toten nachzueifern, 3. Trost der Hinterbliebenen[485]. Er lehnt—vielleicht in stoischer Tradition—die Thematisierung der Klage um den Verlust des Toten ab und fordert statt dessen eine profilierte Herausarbeitung von dessen ἀρετή, wie wir dies schon bei den Epitaphien klassischer Zeit beobachtet haben.

Dem widersprechen die Schriften unter dem Namen Menanders zur epideiktischen Beredsamkeit zum Teil. Sie behandeln drei Typen von Grabreden, die reine Klagerede μονῳδία, die Trostrede λόγος παραμυθητικός und den ἐπιτάφιος. In allen drei Formen wird der Klage über den erlittenen Verlust ein herausragender Platz eingeräumt. So soll die μονῳδία im wesentlichen die Klage thematisieren, die durch den Hinweis auf die ἀρετή des Verstorbenen noch verstärkt wird:

„Was will nun die Monodie? Klagen und jammern, und zwar, wenn der Verstorbene kein Verwandter ist, soll der Redner nur den Verstorbenen selbst beklagen, indem er die Enkomientopoi mit den Klagen mischt; so soll er ohne Unterbrechung die Klage vorbringen, damit es ja kein reines Enkomion wird,

---

[484] Zu Autorschaft und Datierung vgl. Joachim Soffel, Die Regeln Menanders für die Leichenrede in ihrer Tradition dargestellt, herausgegeben, übersetzt und kommentiert, BKP 57, Meisenheim 1974, S. 56-60 und 90-92; Wilhelm Kierdorf, Laudatio Funebris. Interpretationen und Untersuchungen zur Entwicklung der römischen Leichenrede, BKP 106, Meisenheim 1980, S. 54-56; Donald A. Russell/Nigel Guy Wilson (Hg.), Menander Rhetor, Oxford 1981, S. XXXIV-XL und 362.

[485] D. H., *Rh.* 6,4f.

sondern damit das Lob Anlaß für die Klage ist"[486].

Diese Art der Grabrede ist insbesondere für junge Menschen gedacht, deren Tod als besonderer Verlust empfunden wird[487]. Dagegen folgt im παραμυθητικός auf die Klage der Trost, der sich etwa aus Euripides- und Herodotzitaten[488] speist. Auch hier spielen die Verdienste des Verstorbenen eine Rolle.

Schließlich soll nach Menander auch der Epitaphios[489] nicht frei von der Klage sein, im Gegenteil, das ἐγκώμιον soll sich beständig mit der Klage um den Verlust mischen[490].

Daß die antiken Leichenreden auch und vor allem menschliche Trauer thematisierten, beschreibt auch Hieronymus:

> Es war einst Brauch, daß die Kinder über den Leichen der Verstorbenen vorne auf der Rednerbühne (*rostra*[491]) eine Lobrede (*laudes*) hielten und wie mit Trauerliedern die Zuhörerschaft zu Tränen und Seufzen des Herzens rührten[492].

Dieser Topos wird auch von Ambrosius aufgegriffen, etwa in der ersten Leichenrede für seinen Bruder Satyrus. Ambrosius ist jedoch vor allem bemüht, dem traditionellen Thema römischer *laudes* einen christlichen Topos gegenüberzustellen, der die Dimension der Trauer überbietet und überholt. Eines der Hauptmittel zu diesem Zweck ist eine starke Betonung der „Tugend" des Verstorbenen, insbesondere in der zweiten, wohl eine Woche nach der ersten gehaltenen Rede[493]. Damit folgt Ambrosius der Tradition der attischen Epita-

---

[486] Τί τοίνυν ἡ μονῳδία βούλεται; θρηνεῖν καὶ κατοικτίζεσθαι· κἂν μὲν μὴ προσήκων ᾖ ὁ τεθνεώς, αὐτὸν μόνον θρηνεῖν τοῦ ἀπελθόντα, παραμιγνύντα τὰ ἐγκώμια τοῖς θρήνοις, καὶ συνεχῶς τὸν θρῆνον ἐμφανίζειν, ἵνα μὴ ἀπολύτως ἐγκώμιον ᾖ, ἀλλ' ἵνα πρόφασις τοῦ θρήνου ᾖ τὸ ἐγκώμιον· Men. Rh. 434,18-23 (Text und Übers. nach Soffel, S. 128f).

[487] Εὔδηλον δὲ ὡς αἱ μονῳδίαι εἰώθασιν ἐπὶ νεωτέροις λέγεσθαι, ἀλλ' οὐκ ἐπὶ γεγηρακόσι· τοὺς γὰρ πρεσβύτας ὡς νέους ἐν μονῳδίᾳ θρηνεῖν, πῶς οὐ περιττὸν ὄντως καὶ μάταιον; („Es ist selbstverständlich, daß Monodien gewöhnlich auf jüngere Menschen gehalten werden, nicht aber auf Hochbetagte; denn Greise wie junge Menschen in einer Monodie zu beklagen—wie wäre das nicht in der Tat übertrieben und unnütz?" Men. Rh. 435,21-24. Text und Übers. nach Soffel, S. 132-135.) S. dazu den Beitrag Himmelmanns über die Bedeutung des Todes junger Menschen in Griechenland, referiert in Kap. 2.4.

[488] Speziell die bei Menander vorgeschlagene Kleobis-Biton-Geschichte aus Hdt. 1,31, s.o.

[489] Men. Rh. 418,5-422,4.

[490] Διαρεθήσεται δὲ ὁ ἐπιτάφιος λόγος, ὁ παθητικός, ὁ ἐπὶ προσφάτῳ τῷ τεθνεῶτι λεγόμενος τοῖς ἐγκωμιαστικοῖς κεφαλαίοις, πανταχοῦ ἐφεξῆς ἑκάστῳ τῶν κεφαλαίων παραμιγνυμένου τοῦ πάθους ἐκ μεταχειρίσεως οὕτω πως· („Die Gliederung des Epitaphios, und zwar die des pathetischen, der auf den jüngst Verstorbenen gehalten wird, richtet sich nach den Enkomientopoi; dabei muß aber überall der Schmerz der Reihe nach mit jedem der Enkomientopoi, sobald man sie angesprochen hat, etwa folgendermaßen gemischt werden". Men. Rh. 419,11-15; Text bei Soffel [1974], S. 144-146).

[491] Vgl. zu diesem Begriff den in Kap. 2.5 zit. und komm. Passus bei Plb.

[492] *Moris quondam fuit, ut super cadavera defunctorum in contione pro rostris laudes liberi dicerent et instar lugubrium carminum ad fletus et gemitus audientium pectora concitarent.* Hier., Ep. 60,1 (CSEL 54, S. 549).

[493] Vgl. dazu und auch zum Verhältnis des Ambrosius zur antiken Rhetorik Biermann (1995), insbes. S. 21-44.

phien[494], in denen die Thematisierung der Trauer durch den Begriff der ἀρετή substitutiert wird—nur ersetzt er die ἀρετή durch christliche Kardinaltugenden. Die sich in der Literatur niederschlagenden christlichen Positionen zur Totenklage[495] demonstrierten tatsächlich, daß es in der Alten Kirche eine starke Strömung gab, die die Zurschaustellung menschlicher Trauer als unchristlich betrachtete. Auch die Leichenreden des Gregor von Nazianz thematisieren die Klage um den Verstorbenen ausdrücklich nicht:

> In der Rede auf seinen verstorbenen Vater (Or. 18) hält sich Gregor sehr eng an Regeln, wie wir sie von der pseudodionysischen τέχνη ῥητορική kennen. Im Vordergrund steht das Lob des Toten; ausführliche Schilderungen seiner—christlichen—Tugenden wechseln sich ab mit der Aufforderung, ihnen nachzueifern. In den letzten beiden Kapiteln wendet er sich ausdrücklich an seine Mutter, der er Trost zuspricht[496].
>
> In der Trauerrede auf seinen Bruder Kaisarios geht Gregor ganz explizit auf die Regeln der Rhetorik ein, die seiner Meinung nach dem biblischen Glauben nicht widersprechen: „Aber mit Weinen und Bewundern dem Gesetz in dieser Frage ausreichend Genüge tun—dies ist keineswegs gegen unsere [christliche] Philosophie"[497]. Gemeint ist hier sowohl die rhetorische Tradition der Leichenrede als auch die jüdische Tradition nach Prov 10,7 und Sir 38,16: „Wir verweisen sodann auf die Schwäche der menschlichen Natur, erinnern an die Würde der Seele, trösten, wie es sich gebührt, die Trauernden und lenken den Schmerz vom Fleischlichen und Vergänglichen auf das Geistige und Ewige"[498].
>
> Die Rede für seine Schwester Gorgonia beginnt Gregor mit einer ausführlichen Reflexion über rhetorische Gesetze (νόμοι) und darüber, inwieweit man sich daran zu halten habe. Seine eigene Rede bezeichnet er dabei als ἐγκώμιον, wobei er die üblichen Stilmittel des Enkomions—γλαφυρὰ καὶ κομψὰ λέξις—zugunsten christlicher Bescheidenheit ausdrücklich ablehnt.

Beide Autoren überliefern also Leichenreden, die fest in der Tradition paganer Grabreden stehen, jedoch auf ihre Weise inhaltlich „christliche Akzente" setzen möchten. Anstelle der ἀρετή wird beispielsweise die εὐσέβεια[499] der Verstorbenen ausführlich mit Beispielen geschildert, und statt der in antiken

---

[494] S. Kap. 2.4.

[495] S. Kap. 3.3.2.3.

[496] Gr. Naz., Or. 18,43f.

[497] Ἀλλ' ὅσον ἀφοσιώσασθαι τὸν περὶ ταῦτα νόμον καὶ δακρύσαντες καὶ θαυμάσαντες οὐδὲ γὰρ τοῦτο ἔξω τῆς καθ' ἡμᾶς φιλοσοφίας· Gr. Naz. Or. 7,1; SC 405, S. 182,23-25.

[498] Τὸ μετὰ τοῦτο ἤδη τῆς τε ἀνθρωπίνης φύσεως τὴν ἀσθένειαν ἐπιδείξομεν, καὶ τοῦ τῆς ψυχῆς ἀξιώματος ὑπομνήσομεν, καὶ τὴν ὀφειλομένην τοῖς ἀλγοῦσι παράκλησιν ἐπιθήσομεν, καὶ μεταθήσομεν τὴν λύπην ἀπὸ τῆς σαρκὸς καὶ τῶν προσκαίρων ἐπὶ τὰ πνευματικὰ καὶ ἀίδια. Gr. Naz. Or. 7,1; SC 405, S. 182,28-33 (Übers. Philipp Haeuser, BKV 59).

[499] Explizit zum Beispiel in Gr. Naz., Or. 8,6.

Rhetorikanweisungen vorgeschlagenen Verwendung von Herodotzitaten[500]
sprühen die erwähnten Reden von biblischen, insbesondere alttestamentlichen Textstellen[501].

Noch ein zweiter Aspekt ist für unsere Untersuchung von Bedeutung. Die
Personen, die in der Antike Leichenreden hielten, wurden nicht zufällig für
diese Aufgabe ausgewählt. Aus der Einleitung der Rede des Gregor von Nazianz für seine Schwester geht hervor, daß es Pflicht für nahestehende Verwandte war, eine solche Rede zu halten. Ja, es wird getadelt (λοιδορεῖν), wer
den eigenen Verwandten (οἱ ἴδιοι) eine solche Ehrung vorenthält[502]. Die Leichenreden bestätigen also die These, daß Bestattung und Totengedenken in
den Bereich der Familie beziehungsweise der Familienreligion gehörten. Bei
den Verfassern der Reden des 4. Jahrhunderts—Ambrosius, Gregor von Nazianz, Gregor von Nyssa—handelte es sich jedoch auch um Personen des öffentlichen kirchlichen Lebens, ausnahmslos Bischöfe in einflußreichen Positionen. Und tatsächlich haben sie nicht nur nahestehende Verwandte mit solchen Reden bedacht, auch Leichenreden für Kaiser (Valentinian, Theodosius)
und Mitglieder der kaiserlichen Familien sind erhalten geblieben[503], was in
der Zeit vor Konstantin nicht denkbar gewesen wäre. Offenbar spiegelt sich
auch hier eine Vermischung der Einflußbereiche der Funktionsträger der
neuen Religion und denen des öffentlichen Lebens. Bemerkenswert ist dabei,
daß Ambrosius und Gregor nicht zufällig gleichzeitig christliche Priester und
Leichenredner waren (auch in früheren Zeiten bekleideten aristokratische
Römer im Laufe ihres Lebens priesterliche wie politische Ämter); sie wurden
vielmehr, wie dies vor allem bei Ambrosius evident ist, offenbar gerade wegen ihrer kirchlichen Funktionen als Leichenredner ausgewählt. Die christliche Predigt war eines der Spezifika des christlich-religiösen Alltags. Jetzt erreicht sie einen vorher ungekannten Grad von Öffentlichkeit, wie man etwa
im umfangreichen Predigtwerk des Johannes Chrysostomus sehen kann.
Wenn es jedoch *usus* wurde, daß christliche Bischöfe und sicher auch Presbyter Grab- und Leichenreden hielten, dann war damit ein Schritt in diejenige
Richtung getan, die vermutlich ein Jahrhundert später zu liturgisch geregelten

---

[500] Wie zum Beispiel die Erwähnung der Kleobis-Biton-Geschichte aus Hdt. 1,31 (s.o.).
[501] Allein in der verhältnismäßig kurzen Rede für Kaisarios finden sich mindestens 14 alttestamentliche und 11 neutestamentliche Zitate.
[502] Gr. Naz., *Or.* 8,2.
[503] Ambr., *Obit. Theod.*; Gr. Nyss., *Pulch.* (für die Tochter des Kaisers Theodosius); Gr.
Nyss., *Placill.* (für die Kaiserin Flacilla). Gr. Nyss. hielt auch eine Rede für den verstorbenen
Bischof Meletius.

Bestattungsritualen unter der Leitung kirchlicher Autoritäten führte, wie sie in der zitierten *ecclesiastica hierarchia* dokumentiert sind. Die Leichenreden waren dafür vielleicht so etwas wie ein „Einfallstor" im 4. Jahrhundert. Hochrangige christliche Autoritäten (Bischöfe) konnten ihr Predigtamt mit der überlieferten rituellen Tradition der *orationes* für Verstorbene verbinden, die zwar Konvention war, jedoch wenig mit den gefährlichen Mehrdeutig-keiten eines „heidnischen Rituals" belastet war—wer dezidiert über christ-liche (Bibel-)Texte sprach, setzte sich kaum der Gefahr einer „paganen" In-terpretation aus.

Betrachtet man die Leichenreden als „Rituale" im eingangs besprochenen Sinne, fällt dabei noch etwas anderes auf: Die Christianisierung ritueller pa-ganer Traditionen wie etwa der paganen Reinigungsrituale scheint mitunter schwierig beziehungsweise unmöglich gewesen zu sein, was bisweilen zur Aufgabe dieser Rituale führen mußte. Grund dafür war sicher vor allem das Fehlen eines Anknüpfungspunktes in christlicher Überlieferung. Bei den Lei-chenreden war die Situation jedoch anders. Inhaltlich konnte im Anschluß an die vorhandene ἀρετή-Tradition die christliche εὐσέβεια thematisiert wer-den; so wurden zentrale Inhalte des christlichen Lebens mit dem paganen „Ritual" der Grab- oder Bestattungsrede verbunden. Auch zur Verkündigung von Inhalten der biblischen Schriften waren diese Texte geeignet, wie wir ge-sehen haben. Als Protagonisten dieser Aktionen kamen deshalb ganz selbst-verständlich kirchliche F˟ ˟tionsträger, Bischöfe und Presbyter in Frage, die in ihrem kirchlichen Amt tagtäglich mit christlicher öffentlicher Rede zu tun hatten, nämlich mit Homilien und Predigten. Über dieses Predigtamt wurden diese Funktionsträger geradezu automatisch zu Protagonisten der Rituale, was in einigen der Reden ganz augenfällig ist[504]. Deshalb ist es nicht weiter verwunderlich, wenn christliche Autoritäten, nachdem sie durch ihre rhetori-schen Fähigkeiten und Funktionen in die Position des Leichenredners auch außerhalb des familialen Kontextes gekommen waren, in der folgenden Ent-wicklung auch bei den non-verbalen Ritualen eine Führungsrolle einzuneh-men begannen. Voraussetzung war freilich stets, daß eine christliche Prägung dieser Rituale möglich war oder bereits vorhandene christliche Riten, wie et-wa die Abendmahlsfeier, zu diesem Zweck eingesetzt werden konnten.

---

[504] Zum Beispiel in Gr. Naz., *Or.* 7,16f, oder in Ambr., *Obit. Theod.* 3.

3.3.5 Rituelles Totengedenken

Unter dem Stichwort „rituelles Totengedenken" läßt sich eine Vielzahl unterschiedlicher Aktionen in der Antike zusammenfassen. Ihnen allen gemein ist eine gewisse zeitliche beziehungsweise räumliche Distanz zu den Ritualen der eigentlichen Bestattung; insofern ließen sich auch manche der Leichenreden zu diesem Komplex zählen.

Die Quellen berichten von der Form dieser Rituale relativ wenig. Offenbar war es sehr wichtig, *daß* sie stattfanden, und auch das genaue Ausmaß des zeitlichen Abstands zu Tod oder Bestattung spielte eine besondere Rolle und wird deshalb sehr häufig erwähnt. Die paganen Quellen haben gezeigt, daß manche dieser Feiern aus diesem Grund mit Zahlwörtern benannt wurden, so—neben den τρίτα—die ἔννατα und τριηκόστια beziehungsweise τριακάδες[505]. Im Westen findet sich zum Beispiel die Bezeichnung *quadragesima*. Wie die rituellen Abläufe dabei genau aussahen, läßt sich nur indirekt erschließen—genaue Protokolle oder „liturgische" Vorschriften existieren nicht. Ein zentraler Bestandteil war das Essen, dessen Rolle für die Rituale sich in den Quellen gut verfolgen läßt und das eine wichtige Verbindungslinie zwischen paganen Ritualen und der Entwicklung erster eigenständiger christlicher Formen bildet. Zunächst deshalb ein Wort zur Rolle des Essens im Totengedenken.

Essen

Es scheint einen unauflöslichen Zusammenhang zwischen Essen und Trauern zu geben. Kaum eine Kultur der Menschheit hat je auf das Essen verzichtet, wenn es darum ging, von einem Toten Abschied zu nehmen. Wie ich einleitend gezeigt habe, ist auch aus der Antike das Trost- und Trauermahl für die Hinterbliebenen, wie wir es bis heute kennen, überliefert. Das antike Judentum kannte diesen Leichenschmaus als feste Größe[506]; aus den paganen Vollzügen ist uns neben dieser Feier noch eine weiter ausdifferenzierte Speisekultur bekannt: Totenmähler in einem gewissen zeitlichen Abstand zum Tod sind in verschiedenen Formen aus dem antiken Griechenland und Kleinasien, aus Syrien, aus Rom und vor allem aus Nordafrika überliefert[507]. Selbst einfache alltägliche Libationsrituale konnten mitunter im Gedenken an Verstor-

---

[505]   Vgl. dazu Kap. 2.4 (s. z.B. IG 12[5],593,20).
[506]   S. Kap. 2.3.
[507]   S. Kap. 2.4 und 2.5. Ein kurzer Überblick über die Quellen aus christlicher Zeit findet sich auch bei Klauser (1974), S. 114-120.

bene durchgeführt werden[508]. Vor allem aber gab es Gedenkmähler an fest-
stehenden Daten, entweder in einem bestimmten Abstand zu Tod oder Geburtstag des Verstorbenen oder an bestimmten Festtagen. In Rom ragen zwei
Feste besonders heraus, die *parentalia* und die *lemuria*; aus Griechenland
sind mindestens ein Dutzend verschiedener Namen von Festen überliefert, an
denen der Toten gedacht wurde. Einerseits haben wir es also mit einer Pluralität von verschiedenen Formen, Anlässen und Daten zu tun, andererseits läßt
diese Vielfalt eine breite Verankerung in der (paganen) Volksfrömmigkeit
vermuten. Beides ist für die Bewertung der christlichen Quellen zu diesem
Thema von Bedeutung.

1. Die Übernahme des einfachen *Leichenschmauses* scheint sich für die Christen einigermaßen unkompliziert gestaltet zu haben. Hinweise auf größere
Konflikte gibt es nicht, allerdings fühlten sich die Kirchenväter immer wieder
berufen, allgemeine ethische—zuweilen asketisch-rigoristisch formulierte—Verhaltensweisen von ihren Mitchristen zu fordern, wann immer es um
gemeinsame Mahlfeiern ging.

> Die Position des Clemens von Alexandrien, wie er sie zu Beginn des zweiten
> Buches seines Παιδαγωγός darlegt, kann hier als repräsentativ für die Einstel-
> lung vieler Kirchenväter des 3. und 4. Jahrhunderts gelten: Neben einer allge-
> meinen Ermahnung zur Mäßigung und Bescheidenheit ruft er dazu auf, sich
> diesen gesellschaftlichen Verpflichtungen nicht zu entziehen, aber auf die
> „Fallstricke der Tradition" zu achten und sie als notwendiges Übel zu betrach-
> ten. Bei der Beteiligung an gemeinsamen Essen mit Nichtchristen sollen sich
> die Gläubigen durch besondere Tugendhaftigkeit auszeichnen[509].
> Das περίδειπνον im Sinne eines Trost- und Trauermahles nach der Bestat-
> tung wird ausdrücklich von Johannes Chrysostomus erwähnt, der auch seine
> tröstende Funktion konzediert. Er ruft jedoch dazu auf, die Trauer lieber durch
> geistliche Übungen (μελετᾶν τὴν τελευτήν) und die Lehre von der Auferste-
> hung (οἱ περὶ τῆς ἀναστάσεως λόγοι) zu verarbeiten[510].
> Im lateinischen Westen spricht Tertullian bei einem Angriff auf die paga-
> nen Sakralopfer *en passant* vom *silicernium*, dem römischen Äquivalent zum
> περίδειπνον[511]: „Was tut ihr alles, die Götter zu ehren, was ihr nicht auch für

---

[508] Quellen und Lit. bei Dietrich Wachsmuth, Art. Totenkult, in: KP 5, 1975, Sp. 922f. Einen guten Einblick in die antike Speisekultur—und die christliche Auseinandersetzung mit
ihr—bietet zuletzt Andrew McGowan, Ascetic Eucharists. Food and drink in early Christian ritual meals, Oxford 1999 (leider geht McGowan auf die Totenmahlproblematik erstaunlicherwei-
se nicht näher ein).
[509] Clem. Al., *Paed.* 2,1.
[510] Chrys., *Oppugn.* 2,8 (PG 47, Sp. 343).
[511] Eindeutige Angaben zu Zeitpunkt und Form des *silicernium* gibt es in den Quellen
nicht. Die entsprechende Definition bei Festus (295) und eine Bemerkung bei Nonius Marcellus
(*De compendiosa doctrina* 68), der es ausdrücklich mit dem Begriff περίδειπνον gleichsetzt,
legen diesen Schluß jedoch nahe.

eure Toten verwendet? Tempel hier wie dort, Altäre hier wie dort. Die gleiche Kleidung und Zeichen auf den Statuen; wie das Alter, wie die Kunst, wie das Geschäft des Toten war, so ist der Gott. Wie unterscheidet sich das *silicernium* von einem Festschmaus des Jupiter, ... der Leichenreiniger vom *haruspex*? Denn auch der *haruspex* kümmert sich um Tote"[512]. Auch Tertullian gibt jedoch keinen Anlaß für die Vermutung, daß von christlicher Seite Einwände gegen eine Teilnahme an (christlichen) *silicernia* verbreitet gewesen wären.

2. Komplizierter ist die Situation, betrachtet man die Überlieferung im Hinblick auf die zahlreichen *Totengedenkmähler*. Vielleicht schon seit dem dritten, spätestens jedoch seit der Mitte des vierten Jahrhunderts gibt es eine Fülle von Berichten aus Nordafrika, Italien und Syrien, die darauf hindeuten, daß sich in diesen Gebieten eine eigene christliche Totenmahlkultur entwikkelt hatte. Augustin sagt an einer Stelle ausdrücklich, daß Totenmähler nicht in allen Ländern gleichermaßen verbreitet seien[513]. Dies bezeugen auch die archäologischen Überreste dieser Rituale aus derselben Zeit. Insbesondere in nordafrikanischen Grabbezirken haben sich zahlreiche Speisetische und andere Reste von Totenmählern erhalten. Die Vorliebe für Mahlszenen in der Sepulkralkunst, die auch Vertreter bei den Urhebern paganer Gräber und Sarkophage der Kaiserzeit hat, muß ebenfalls in diesem Zusammenhang gesehen werden, wie Paul-Albert Février überzeugend nachgewiesen hat[514]. Bei den Totenmählern hat es vermutlich zunächst eine Kontinuität der paganen Traditionen in christlichen Kreisen gegeben, die im 4. Jahrhundert zu Konflikten

---

[512]   *Quid omnino ad honorandos eos [= deos] facitis, quod non etiam mortuis uestris conferatis? Aedes proinde, aras proinde. Idem habitus et insignia in statuis; ut aetas, ut ars, ut negotium mortui fuit, ita deus est. Quo differt ab epulo Jouis silicernium ... ab haruspice pollinctor? Nam et haruspex mortuis apparet.* Tert., *Apol.* 13,7 (CChr.SL 1, S. 111,27-32). Die Schärfe dieser Argumentation wird besonders deutlich, wenn man sich vor Augen hält, welch deutliche Grenze nach paganer Auffassung zwischen *res sacrae* und *res religiosae*, zwischen den Dingen öffentlichen Kultes und privaten Todes bestand. Es bestand in diesem Sinne auch ein großes gesellschaftliches Gefälle zwischen offiziellen Sehern (*haruspices*), die häufig aus angesehenen Familien kamen, und *pollinctores*, die sich aus Sklaven oder Freigelassenen rekrutierten (vgl. *dig. Iust.* 14,3,5,8). Der Vergleich der rituellen Eingeweideschau der *haruspices* mit den Tätigkeiten eines gewöhnlichen Totengräbers ist deshalb hochgradig polemisch. S. dazu Werner Eisenhut, Art. Haruspices, in: KP 2, 1975, Sp. 945-947; Latte (1992), S. 396f (allg. zu den *haruspices* auch Christa Frateantonio, Art. Haruspices II. A/B, in: DNP 2, 1998, Sp. 167f).
[513]   Aug., *Ciu.* 8,27.
[514]   Paul-Albert Février, (1990), S. 358-390. Vgl. auch Paul-Albert Février, Le culte des morts dans les communautes chrétiennes durant le iiiéme siècle, in: Atti del IX congresso internazionale di archeologia christiana 1, Rom 1978, S. 211-274. Kritisch zur Position Févriers Gessel (1987), S. 560. In Févriers Sinne äußert sich auch Alfred Stuiber (1957), S. 120-136, der etliche bisher als Eucharistieszenen oder „Seligenspeisungen" gedeutete Mahlszenen als Darstellungen des Totenmahles verstanden wissen will. Die Ergebnisse Févriers dürfen freilich nicht dazu verleiten, auf allen frühen christlichen Bildern dargestellten Mahlszenen gleich als Totenmahl zu interpretieren—genausowenig wie etwa die christologische Deutung (ἰχθύς) von Fischmahldarstellungen inzwischen als überholt anzusehen ist (s. dazu Salome Zajadacz-Hastenrath/Matthias Exner, Art. Fisch I., in: RDK 9, 1987f, Sp. 18-88). Das Mahl war eine der entscheidenden sozialen Aktionen des antiken Menschen und spielte zwangsläufig auch in der Kunst eine große Rolle, die deshalb nicht auf eine Funktion festgelegt werden darf. Vgl. dazu noch die ganz unterschiedlichen Beispiele bei Engemann (1988), S. 239-250.

und Zerwürfnissen in einigen Gemeinden geführt hat—und nicht zuletzt deshalb auch Teil der literarischen Überlieferung geworden ist, die uns als Quelle zur Verfügung steht[515].

Abb. 15: Mahlszene (Fresko, Petrus und Marcellinus Katakombe,

4. Jahrhundert)[516]

Zunächst jedoch zu den *archäologischen* Quellen. Wer römische Hypogäen oder die weitläufigen christlichen Katakomben besucht, den erwarten mitunter Orte, die für gesellige Mahlzeiten geeignet scheinen[517]. Die ältesten Teile

---

[515]   Die eindeutig christlichen Quellen vorkonstantinischer Zeit sind nicht besonders zahlreich (s. die folgenden Anm.). Offenbar ist es erst im 4. Jh. zu einer Auseinandersetzung gekommen, die eine literarische Diskussion entfachte. Keinesfalls läßt sich aus der relativen Spärlichkeit kritischer Stimmen auf ein generelles Verbot von Totenmählern schließen, wie es Heikki Kotila tut: „The traditional cult of the dead was strictly forbidden to Christians in the days of Cyprian, and for this reason was apparently exceptional and rare" (Kotila [1992], S. 62). Antike Quellen für diese These kann Kotila nicht benennen, und er selbst gibt an anderer Stelle zu, „for centuries, this ... custom had been part of popular piety. People had no intention at all of giving it up" (ebd., S. 65).

[516]   Dargestellt ist vermutlich ein Totengedenkmahl, u.U. auch—transzendenter gedacht—die Teilnahme des Verstorbenen an einem Totenmahl. Viele solcher Mahldarstellungen in der römischen Katakombenmalerei werden populärerweise immer wieder als Darstellungen des letzten Abendmahles gedeutet, eine Interpretation, gegen die bei diesem Beispiel bereits die Anzahl der Beteiligten spricht.

[517]   So zum Beispiel der Eingang zur sog. *spelunca magna* in der Praetextuskatakombe (Grundriß bei Jastrzebowska [1981], S. 270, Abb. 19) oder das Hypogäum der Flavier in der Domitillakatakombe. Jastrzebowska lehnt die häufig vertretene Interpretation verschiedener unterirdischer Räume (*capella greca*, die Grabkrypta der Acilierregion in der Priscillakatakombe und das Kammergrab „Ah" der *spelunca magna* in der Praetextuskatakombe) als Totenmahlräume aus praktischen Erwägungen ab (mangelnde Belüftung, Größe). Anders Francesco Tolotti, Il cimitero di Priscilla, Amici delle catacombe 26, Vatikanstadt 1971, S. 154-161 und 258-275.

dieser Art stammen vermutlich aus dem frühen vierten Jahrhundert[518]. Ähnliches gilt für manche überirdische Anlagen insbesondere in Nordafrika, die auch von Christen benutzt wurden. In diesen Grabstätten, christlichen wie paganen (die Unterscheidung ist nicht immer einfach), finden sich Einrichtungen für ausgedehnte gemeinsame Mahlzeiten mit Speisebänken, Tischen, Waschbecken und Kochgelegenheiten.

Ein besonders eindrucksvolles Beispiel ist von Mounir Bouchenaki mit der *area* von Tipasa Anfang der siebziger Jahre erschlossen worden. Hier ein Beispiel aus dem Grabungsbericht[519]:

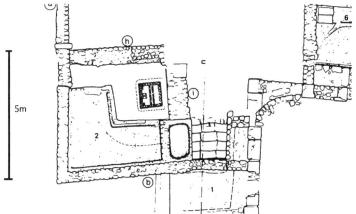

Abb. 16: Grundriß der area *von Tipasa: 1: Grabkammer; 2: Speiselager und Tisch (mit Becken)*

Weitere Beispiele finden sich auf Malta[520] und in Italien, insbesondere in Rom[521]. Die 1915 gemachte Entdeckung eines Trikliakomplexes unter der heutigen Kirche S. Sebastiano in Rom war der Anlaß für die erste wissenschaftliche Diskussion der christlichen Totenmähler, wie sie sich übersichtlich in den Arbeiten Theodor Klausers widerspiegelt. Neu aufgegriffen wurde diese Diskussion wieder von Elisabeth Jastrzebowska (1981), die diese Anlage mit ähnlichen Ausgrabungen in Ostia und Rom vergleicht.

Auch im Osten hat es offenbar Grabanlagen gegeben, die ausreichend Raum für solche Mahlfeiern boten und in denen sich (trauernde) Menschen ein-

---

[518]   So mit guten Gründen Klauser (1974), S. 116, u. a. gegen Paul Styger (1918), S. 58-60. Die Wandmalereien stellen häufig Mahlszenen dar, wobei die Deutungen dieser Mahlszenen in der Lit. auseinandergehen. Neben tatsächlichen Totenmahldarstellungen, um die es sich zweifellos bei einigen Bildern handelt, wurde zuweilen sicher auch das letzte Abendmahl wiedergegeben. Vgl. dazu Kap. 3.3.1.2 und 3.3.5.1; Jastrzebowska (1981), S. 194-204.

[519]   Abb.: Mounir Bouchenaki, Fouilles de la nécropole occidentale de Tipasa (1968-1972), Algier 1975, Fig. 6. Vgl. auch ders., Nouvelle inscription de Tipasa (Maurétanie césarienne), in: MDAIR 81 (1974), S. 301-311.

[520]   Erich Becker, Malta sotteranea, Straßburg 1913, S. 112-121. Dort auch ein Überblick über weitere Grabstätten mit ähnlichen Einrichtungen.

[521]   S. dazu neben Klauser (1971) Ejnar Dyggve, Probleme des altchristlichen Kultbaus. Einige archäologisch begründete Gesichtspunkte zu Grabkult und Kirchenbau, in: ZKG 59 (1940), S. 106; Orazio Marucchi, Il simbolismo della cattedra, in: RivAC 6 (1929), S. 359-367.

zelnen Berichten zufolge sogar über längere Zeiträume aufhielten[522].

Bei einigen Gräbern der römischen Katakomben finden sich Vorrichtungen zur Aufnahme von—in der Regel wohl flüssigen—Speisen: Teller, schalenähnliche Vertiefungen bis hin zu Libationsröhren, die ein Eingießen von Flüssigkeiten in das Grab beziehungsweise den Sarkophag erlaubten[523].

Eine weitere Besonderheit sind die oben bereits erwähnten steinernen und marmornen Stühle beziehungsweise Sessel, die sogenannten καθέδραι. Einen guten Überblick über diese monumentalen Zeugen gibt nach wie vor Theodor Klausers Monographie „Die Cathedra im Totenkult der heidnischen und christlichen Antike" von 1927 (eine ergänzte 2. Aufl. erschien 1971, danach im folgenden zitiert). Neben den zahlreichen erhalten gebliebenen καθέδραι erfaßt Klauser auch deren bildliche Darstellungen auf Vasen und Lekythen.

Abb. 17: Coemeterium Maius, Via Nomentana, Rom, mit Kathedra[524]

---

[522] *Canones Basilii* 31; Juln., *Contra Galilaeos* Frg. 81 (ed. Emanuela Masaracchia, Rom 1990, S. 175,6f); Chrys., *Ad Demetrium de compunctione* 1,9. Vgl. Kap. 3.2.1.
[523] Detaillierte Beschreibungen (mit einem Katalog der „Totenspeisetische" der römischen Katakomben) bei von Schneider (1927), S. 287-301; vgl. auch R. E. M. Wheeler (1929), S. 1-7; ein besonders aufwendiges Beispiel (Libationsröhre und Sarkophag mit eingefaßtem Metallsieb über dem Mund des Toten) findet sich in der römischen Militärkolonie Timgad, einer Hochburg der Donatisten. Besprochen bei Marrou (1949), S. 193-203.
[524] Abb. aus: Frederick van der Meer/Christine Mohrmann (Hg.), Bildatlas der frühchristlichen Welt, Gütersloh 1959, S. 49.

Die Vielfalt der neuzeitlichen Deutungen dieser archäologischen Zeugen[525]
ist ein deutliches Indiz für die Unsicherheiten, die der monumentale Befund
zwangsläufig hinterläßt. Sicher scheint danach zumindest, daß es sich hier
um Hinterlassenschaften von Feiern an den Gräbern handelt, bei denen Speisen eine Rolle spielten. Die bildlichen Darstellungen weisen ebenfalls auf
gemeinschaftliche Mahlfeiern hin.

Ablauf und Inhalt dieser Feiern werden durch eine Verknüpfung mit den
Aussagen der *literarischen Quellen* transparenter, zu denen zunächst eine
Vorbemerkung angebracht ist[526]. Bei den Ritualen, die in den im folgenden
angeführten Texten erwähnt werden, geht es um Trauerfeiern, um Totenge-
dächtnismähler, um Märtyrerverehrung, um Totenopfer und um Familienfeiern. Diese sehr verschiedenen Aspekte sind nicht immer genau zu trennen,
teilweise vermischten sie sich in den Ritualen, teilweise handelt es sich um
Verschiebungen zu verschiedenen Zeiten. Vieles weist etwa darauf hin, daß
die Märtyrerverehrung ihren Ursprung in gewöhnlichen Totengedenkfeiern
hatte[527]. Es ist deshalb sinnvoll, diese Aktionen gemeinsam zu betrachten.

Der vielleicht älteste Text, in dem von einer christlichen Gedenkfeier am
Grab eines Verstorbenen berichtet wird, ist in den apokryphen Johannesakten
erhalten geblieben[528]. Dabei wird auch von einem Mahl berichtet:

---

[525]   Vgl. dazu den Überblick bei Stuiber (1957), S. 120-136.
[526]   Einen ausführlichen Versuch einer parallelen Auswertung archäologischer und literarischer Quellen hat Victor Saxer vorgelegt. Es geht ihm dabei vor allem darum, seine auch in anderen Publikationen überzeugend vertretene Entstehung des Märtyrerkultes aus dem Toten-
denken nachzuweisen: Victor Saxer, Morts martyrs reliques en Afrique Chrétienne aux premiers
siècles. Les témoignages de Tertullien, Cyprien et Augustin à la lumière de l'archéologie africaine, Paris 1980.
[527]   Zu dieser These noch Victor Saxer, Mort et culte des morts à partir de l'archeologie et
de la liturgie d'Afrique dans l'œuvre de saint Augustin, in: Aug. 18 (1978), S. 219-228; ders.,
Culto dei morti, in: DPAC 2 (1984), S. 2303-2306; ders., Die Ursprünge des Märtyrerkultes in
Africa, in: RQ 79 (1984), S. 1-11. Vgl. außerdem schon etwa Joseph A. Jungmann, The early
liturgy to the time of Gregory the Great, LiSt 12, Notre Dame 1959/London 1960, S. 184-187.
Einen guten Überblick über die Entwicklung der nordafrikanischen Märtyrerkultes bietet zudem
William H.C. Frend, The North African cult of martyrs, From apocalyptic to hero-worship, in:
Theodor Klauser u.a. (Hg.), Jenseitsvorstellungen in Antike und Christentum. Gedenkschrift für
Alfred Stuiber, JAC.E 9, 2. Aufl. Münster 1988, S. 154-167.
[528]   Datierung und Lokalisierung dieses Textes sind nach wie vor schwierig. Freistedt ging
noch davon aus, daß er mit diesem Text „einen Beleg dafür [in der Hand hatte], daß man um
150-180 n. Chr. in Kleinasien die Sitte kannte, am dritten Tage nach einem Todesfalle, der zugleich der dritte Tag nach der Bestattung war, am Grabe des Gestorbenen zusammenzukommen,
um 'das Brot zu brechen'." Freistedt (1928), S. 2. Die äußere Bezeugung gibt für diese Feststellung keine sicheren Hinweise. Knut Schäferdiek (NTApo[4] II, S. 143) nimmt deshalb erst das
3. Jahrhundert als Abfassungszeit an; allerdings sind die Johannesakten mit großer Wahrschein-
lichkeit älter als die Thomasakten, die heute ebenfalls sicher nicht vor das dritte Jahrhundert datiert werden können. Für eine präzisere Lokalisierung (Kleinasien/Syrien?) scheint es nach wie
vor keine restlos überzeugenden Anhaltspunkte zu geben (vgl. zur Diskussion Robert McLachlan Wilson, Art. Apokryphen II, in: TRE 3, 1978, S. 343-348, dort weitere Lit.).

> Am folgenden Tag ging Johannes mit Andronikos und den Brüdern bei Tages-
> anbruch zum Grab—darin war Drusiana den dritten Tag—damit wir dort das
> Brot brächen[529].

Der Inhalt der Feier wird mit ἄρτον κλάειν beschrieben, was zunächst einfach „das Brot brechen" heißt[530]. Diese Formel wurde als „the earliest reference to the commemoration of the departed in the eucharist" verstanden[531].
In den Johannesakten wird später tatsächlich eine εὐχαριστία an demselben
Grab ausdrücklich erwähnt[532], allerdings nicht als Feier des „dritten Tages",
die in der Erzählung nämlich gar nicht stattfindet: Statt dessen wird die Leiche der erwähnten Drusiana wieder zum Leben erweckt. Anschließend gibt es
eine Feier zum Dank für die erfolgreiche Totenauferweckung an jenem Ort.
Diese Dankesfeier wird mit einer Abendmahlsfeier verbunden, mit Brotbre-
chen und eucharistischem Gebet—ein regelrechtes Totengedenkmahl in antikem Sinne ist dies jedoch nicht, und der Schluß auf eine regelmäßige rituelle
Praxis ist an dieser Stelle alles andere als zwingend. Dennoch ist die Nähe
zwischen der Gedenkfeier am dritten Tag und der Feier mit eucharistischem
Gebet am Grab bemerkenswert. Offensichtlich war der Ort des Todes—für
viele antike Menschen, wie wir gesehen haben, Ort kultischer Unreinheit[533]—kein Hindernis für den Erzähler, die Feier eines Abendmahles dort
stattfinden zu lassen.

Ein weiterer Text ähnlichen Alters ist der Bericht des Martyriums Poly-
karps, der vermutlich kurz nach seinem Tod (zwischen 155 und 177) verfaßt
wurde. Hier wird ein jährliches Totengedenken erwähnt, ohne daß über Form
und Inhalt dieser Feier Näheres mitgeteilt wird:

> So bekamen wir später seine Gebeine, die edler als Edelsteine und kostbarer als
> Gold sind, und bestatteten sie, wo es angemessen war. Dort wird uns der Herr
> gestatten, nach Möglichkeit in Jubel und Freude zusammenzukommen und den
> Tag seines Martyriums zu feiern, als Erinnerung an diejenigen, die bereits ge-

---

[529] Τῇ δὲ ἑξῆς ἡμέρᾳ ὁ Ἰωάννης ἅμα τῷ Ἀνδρονίκῳ καὶ τοῖς ἀδελφοῖς ἐξ ἑωθινῆς
παραγίνεται εἰς τὸ μνῆμα – τρίτην ἡμέραν ἐχούσης τῆς Δρουσιανῆς - ὅπως ἄρτον
κλάσωμεν ἐκεῖ. ActJoh 72 (CChr.SA 1, S. 267,1-3).
[530] Vgl. Mt 14,19par; 26,26parr; Lk 24,30.35; Act 2,42.46; 20,7.11; 27,35; IKor 10,16;
22,24. Dieser Begriff findet sich als Bezeichnung für die Abendmahlsfeier auch etwa in den
ActThom (29, griech. 121) und in ActJoh 109.
[531] So Kotila (1992), S. 46; vgl. Freistedt (1928), S. 1 und Johannes Quasten, Patrology 1:
the beginnings of patristic literature, 2. Aufl. Westminster 1988, S. 136.
[532] Καὶ ταῦτα εἰπὼν ὁ Ἰωάννης ἐπευξάμενος καὶ λαβὼν ἄρτον ἐκόμισεν εἰς τὸ
μνῆμα κλάσαι καὶ εἶπε· ... καὶ εὐξάμενος οὕτως καὶ δοξάσας ἐξῄει τοῦ μνήματος,
κοινωνήσας τοῖς ἀδελφοῖς πᾶσι τῆς τοῦ κυρίου εὐχαριστίας ·(„Als er dies sagte, betete Johannes, nahm ein Brot und brachte es zum Grab, um es zu brechen, und sprach ... Als er so gebetet und [Gott] gepriesen hatte, verließ er das Grab und ließ alle Brüder an der Eucharistie des
Herrn teilnehmen", ActJoh 85f; CChr.SA 1, S. 291,1-293,1f).
[533] S. Kap. 3.2.1.

kämpft haben, und als Übung und Zurüstung für diejenigen, denen es bevor-
steht[534].

Anschließend folgt eine genaue Angabe der Todesstunde (23. Februar, achte
Stunde), zu der die jährliche Feier offenbar abzuhalten sein sollte (21,1).
Ein lebendigeres Bild vermittelt ein Abschnitt aus Augustins *Confessiones*, in
dem seine Mutter Speisen zu den Gräbern der *sancti* tragen möchte, um dort
an einem Totenmahl teilzunehmen:

> Als sie, wie es in Afrika üblich war, zu den Grabstätten der Heiligen (*sancti*[535])
> Mehlbrei, Brot und unvermischten Wein tragen wollte, aber vom Türhüter zu-
> rückgewiesen wurde, hieß sie, als sie erfuhr, der Bischof habe dies verboten,
> dieses Gebot so fromm und gehorsam willkommen, so daß ich mich selbst
> wunderte … Als sie daher erfuhr, von dem hochberühmten Prediger und Prie-
> ster der Frömmigkeit sei vorgeschrieben worden, es nicht zu tun, für alle, auch
> für die, die es sonst nüchtern machten, damit den Unmäßigen keine Gelegenheit
> gegeben werde, sich zu berauschen, aber auch aus der Erwägung, daß derartige
> Feiern ganz ähnlich den *parentalia* des Aberglaubens der Heiden seien, so ent-
> hielt sie sich mit größter Selbstverständlichkeit[536].

Bemerkenswert ist der Vergleich zu den paganen *parentalia*, die ich oben bereits erwähnt habe[537]. Dieser Hinweis läßt Form und Gestalt dieser Feiern erahnen; man wird sie sich laut Augustin tatsächlich sehr ähnlich vorstellen
dürfen.

Für Gregor von Nazianz ist das jährliche Totengedenken mit „Geschen-
ken" für den Verstorbenen gängige Praxis; er kommentiert die offenbar

---

[534] Οὕτως τε ἡμεῖς ὕστερον ἀνελόμενοι τὰ τιμιώτερα λίθων πολυτελῶν καὶ δοκιμώ-
τερα ὑπὲρ χρυσίον ὀστᾶ αὐτοῦ ἀπεθέμεθα, ὅπου καὶ ἀκόλουθὸν ἦν. ἔνθα ὡς δυνατὸν
ἡμῖν συναγομένοις ἐν ἀγγαλιάσει καὶ χαρᾷ παρέξει ὁ κύριος ἐπιτελεῖν τὴν τοῦ μαρτυ-
ρίου αὐτοῦ ἡμέραν γενέθλιον, εἴς τε τὴν τῶν προηθληκότων μνήμην καὶ τῶν μελλόντων
ἄσκησίν τε καὶ ἑτοιμασίαν. *MartPol.* 18,2f (Text zit. nach Andreas Lindemann/Henning
Paulsen, Die Apostolischen Väter auf der Grundlage der Ausgaben von Franz Xaver Funk/Karl
Bihlmeyer und Molly Whitaker, Tübingen 1992, S. 280,4-10).

[535] Die Vokabel *sancti* hat in der Rezeption dieses Abschnittes nicht immer zur Klarheit
beigetragen. Dieser Plural begegnet bei Augustin nicht häufig genug, um ihn mit Bestimmtheit
als *terminus technicus* für „Märtyrer" interpretieren zu dürfen, auch wenn dies zweifellos eine
mögliche Lesart ist. Insbesondere bei den griechischen Kirchenvätern meint das griechische
Äquivalent ἅγιοι sehr häufig einfach „zur Gemeinschaft der Gläubigen/Reinen Gehörende"
(Zahlreiche Beispiele etwa bei Dölger [1922], S. 180-183). Zur Zeit Augustins begegnet auch
immer mehr eine Verwendung des Begriffes im Sinne von „verstorbene Christen" (so technisch
zum Beispiel bei Kyrill von Alexandria). Es muß deshalb offen bleiben, ob es sich bei der Feier,
an der Monnica teilnehmen wollte, um ein „Märtyrerfest" oder um ein Totenmahl für einen—vielleicht besonders ausgezeichneten—Christen gehandelt hat. Zur Ähnlichkeit beider
Feiern s. die o.g. Schriften Victor Saxers.

[536] *Itaque cum ad memorias sanctorum, sicut in Africa solebat, pultes et panem et merum
attulisset atque ab ostiario prohiberetur; ubi hoc episcopum vetuisse cognovit, tam pie atque
obedienter amplexa est, ut ipse mirarer … Itaque ubi comperit a praeclaro praedicatore atque
antistite pietatis praeceptum esse ista non fieri nec ab eis qui sobrie facerent, ne ulla occasio se
ingurgitandi daretur ebriosis, et quia illa quasi parentalia superstitioni gentilium essent simil-
lima, abstinuit se libentissime* (Aug., *Conf.* 6,2; Chr.SL 27, S. 74,1-21; Übers. nach Alfred
Hoffmann, BKV 18, S. 106f).

[537] S. Kap. 2.5.

selbstverständlichen Speise- und Trankopfer in der Grabrede auf seinen Bruder Kaisarios folgendermaßen:

> Nicht brauche ich all die Trankopfer und Spenden, die Kränze und frischen Blumen, durch welche man die Verstorbenen ehrte, nicht der Vernunft, sondern vielmehr vererbter Sitte und unverständiger Trauer folgend. Mein Geschenk ist das Wort, welches vielleicht auch in der Zukunft sich erhält, sich ständig fortpflanzend und den Hingeschiedenen nicht völlig verabschiedend, und welches dafür sorgt, daß der Name des Gelehrten immer im Gehör und im Gedächtnis bleibt und das Bild des Ersehnten lebhafter zeichnet, als es Gemälde tun können. Darin besteht unser Geschenk. Ist es auch klein und würde dir noch mehr gebühren, so ist doch das, was wir unseren Kräften entsprechend bieten, Gott wohlgefällig. Zu dem Geschenk, das wir geben, fügen wir aber später noch andere, denn jährlich wollen wir Hinterbliebenen dich ehren und deiner gedenken[538].

Gregor fordert also eine Modifikation der—in seinem Umfeld offenbar gängigen—überlieferten Formen des Totengedenkens mit Blumen und Totenspeisungen durch das „Geschenk" des λόγος; dabei billigt er jedoch das regelmäßige Zusammenkommen zu Totengedenkfeiern durchaus. Dies zeigt auch, daß es zumindest bei Gregor noch keine festen gottesdienstlichen Formen im engeren Sinne gegeben hat, die die traditionellen Privatfeiern bereits ganz ersetzt hätten. Eine solche Entwicklung hat, wie wir gesehen haben, vermutlich nicht wesentlich vor der Zeit Augustins eingesetzt, was man bei der Analyse älterer Quellen unbedingt im Auge behalten muß[539]. Interessant ist in diesem Zusammenhang eine weitere liturgiegeschichtliche bedeutsame Quelle, deren Überlieferung jedoch wieder einmal mit zahlreichen Schwierigkeiten belastet ist: die sogenannten *Canones Hippolyti* (erhalten ist ein arabischer Text, der offenbar aus einer koptischen Vorlage übersetzt wurde, die wiederum auf ein griechisches Original zurückgehen dürfte. Hier ein Ausschnitt aus der Übersetzung Wilhelm Riedels, die eine Überarbeitung der älteren Übersetzungen Hanebergs und Vielhabers ist[540]):

---

[538] Καὶ ὅσα διὰ χοῶν τε καὶ ἀπαργμάτων ἢ στεμμάτων τε καὶ ἀνθέων νεοδρέπτων ἀφοσιοῦνται τοὺς ἀπελθόντας ἀνθρώπους, νόμῳ πατρίῳ μᾶλλον καὶ ἀλογίᾳ πάθους ἢ λόγῳ δουλεύοντες. Τὸ δὲ ἐμὸν δῶρον λόγος, ὃ τάχα καὶ ὁ μέλλων ὑπολήψεται χρόνος ἀεὶ κινόμενον καὶ οὐκ ἐῶν εἰς τὸ παντελὲς ἀπελθεῖν τὸν ἐνθένδε μεταχωρήσαντα, φυλάσσον δὲ ἀεὶ καὶ ἀκοαῖς καὶ ψυχαῖς τὸν τιμώμενον, καὶ πινάκων ἐναργεστέραν προτιθεὶς τὴν εἰκόνα τοῦ ποθουμένου. Τὰ μὲν οὖν παρ' ἡμῶν τοιαῦτα· εἰ δὲ μικρὰ καὶ τῆς ἀξίας ἐλάττω, καὶ Θεῷ φίλον τὸ κατὰ δύναμιν. Καὶ τὰ μὲν ἀποδεδώκαμεν, τὰ δὲ δώσωμεν, τὰ δι' ἔτους προσφέροντες τιμάς τε καὶ μνήμας, οἵ γε τῷ βίῳ περιλειπόμενοι. Gr. Naz., *Or.* 7,16 und 7,17 (SCA 405, S. 220; Übers. Philipp Haeuser, BKV 59, S. 224).

[539] So steht zu Beginn der erwähnten Untersuchung Emil Freistedts (1928) die Vorstellung einer gottesdienstlichen Feier, wie sie aus den mittelalterlichen Totengedächtnismessen bekannt ist; dieses anfängliche Bild korrigiert er zwar dort, wo die Quellen es geboten erscheinen lassen, ohne daß das Interesse an seiner eigentlichen Fragestellung—der Beziehung zur Entwicklung von Jenseitsglauben und Eschatologie—jedoch Raum für eine gründlichere Untersuchung läßt.

[540] In: TU 6, Heft 4, Leipzig 1891.

> Wenn eine ἀνάλημψις stattfindet, welche man für die Gestorbenen veran-
> staltet, so sollen sie erst an den Mysterien kommunizieren, ehe sie sich set-
> zen; aber nicht am Sonntage. Nach dem Opfer soll man ihnen Brot geben,
> welches ... gebrochen ist, bevor sie sich setzen. Kein Katechumen soll bei
> den κυριακός-Mählern bei ihnen sitzen. Sie sollen sich satt essen und trin-
> ken, aber nicht zur Trunkenheit, sondern in Ruhe, unter Lobpreisung Got-
> tes[541].

Hans Lietzmann hat in seiner einflußreichen Arbeit über „Messe und Herrenmahl" auf der Grundlage dieses Textes die These von der „Analogie" zwischen Agapefeier und Totenmahl vetreten[542]. Der zitierte Abschnitt ist offenbar bemüht, den Totengedenkmählern einen dezidiert christlichen Charakter
zu geben, indem eine eucharistische Feier mit diesem Anlaß verbunden wird.
Schon in der oben zitierte Passage aus den *Confessiones* will Augustin die
christlichen Gedenkfeiern denen der Nichtchristen nurmehr als „äußerst ähnlich" (*simillimus*) sehen. Auch der Bischof von Salamis, Epiphanius (gestorben wohl 403), ist um eine deutliche Unterscheidung bemüht:

> Die Heiden andererseits, die die Auferstehung als solche ganz und gar leugnen,
> widerlegen sich selbst, wenn sie Essen und Trinken an den sogenannten öffent-
> lichen Tagen zu den Gräbern der Toten bringen. Sie machen aus den Speisen
> ein Brandopfer und gießen den Wein als Trankopfer aus, wodurch sie doch si-
> cher den Toten nichts nützen, sich selbst aber vielmehr schaden. Jedoch eben
> durch diese Gewohnheit werden sie gezwungen, die Auferstehung der Toten zu
> bekennen[543].

Epiphanius möchte die Gedenkfeiern an den Gräbern mit Speise- und Trank-
opfern also bereits als eine ganz pagane „Angewohnheit" (συνήθεια) betrachten, die die Überlegenheit des christlichen Auferstehungsglaubens verdeutlicht—in einer Zeit, als diese Feiern in vielen christlichen Gemeinden,
zumindest im Westen, noch ganz alltäglich waren.

---

[541] Riedel (1900/1968), S. 221f. Auch in der *Didascalia apostolorum* 26 wird eine solche Gedenkfeier mit „Gebeten und Opfern" erwähnt.

[542] „Die Canones Hippolyti, die im wesentlichen ein Auszug aus der Kirchenordnung Hippolyts sind, bringen die Anordnungen für die Agape in erheblich anderer Form. Es wird unterschieden zwischen der Agape, welche als κυριακὸν δεῖπνον begangen wird, und dem Erinnerungsmahl für Verstorbene ... Bei Beginn der Agape wird den Teilnehmern die Eucharistie gereicht. Der Bischof betet für die Gäste wie für den Gastgeber. Der Feier schließt mit Psalmengesang. Ganz analog verläuft das Gedächtnismahl für Verstorbene: nur daß solche nicht an Sonntagen abgehalten werden dürfen. Zu Beginn empfangen die Teilnehmer stehend die Eucharistie und zwar offenbar in beiderlei Gestalt (‚die Mysterien'). Danach wird das ‚Exorcismusbrot' gesegnet und gebrochen und unter sie verteilt; sie nehmen nun Platz, und die Mahlzeit beginnt und wird in guter Ordnung zu Ende geführt werden". Hans Lietzmann, Messe und Herrenmahl. Eine Studie zur Geschichte der Liturgie, 3. Aufl. Berlin 1955 (Nachdr. Berlin 1967), S. 199f.

[543] Ἕλληνες δὲ πάλιν ἐλέγχονται <οἳ> τὸ πᾶν τῆς ἀναστάσεως ἀρνούμενοι ἀποφέροντες <γὰρ> εἰς τὰ μνήματα βρώματά τε καὶ πόματα ἐν ταῖς πανδήμοις καλουμέναις ἡμέραις ὁλοκαυτοῦσι μὲν τὰ ἐδέσματα σπένδουσι δὲ τοὺς οἴνους, μηδὲν μὲν τοὺς νεκροὺς ὠφελοῦντες ἑαυτοὺς δὲ μᾶλλον βλάπτοντες. πλὴν ἀναγκάζονται ἀπὸ τῆς συνηθείας ὁμολογεῖν τὴν τῶν νεκρῶν ἀνάστασιν. Epiph., *Anc.* 86,4f (GCS 25, S. 106,17-23).

Die Daten des Totengedenkens

Die genauen Daten des Totengedenkens sind nicht zuletzt angesichts der oben beschriebenen neueren individualpsychologischen und kulturanthropologischen Erkenntnisse von besonderem Interesse. Die in den paganen Traditionen beobachteten Daten korrespondieren, wie wir gesehen haben, grob mit den in diesen Forschungen behandelten Trauerphasen[544]. Deshalb lohnt es sich, kurz zu bedenken, welche Daten des Totengedenkens in den christlichen antiken Texten genannt werden.

Emil Freistedt hat sich in seiner Arbeit über die christlichen Totengedenktage in Antike und frühem Mittelalter sehr ausführlich mit der Festlegung des Zeitpunktes der Gedenkrituale beschäftigt[545]. Er weist Totengedenkfeiern am 3., 7., 8., 9., 12., 14., 30., 40. und am Jahrestag des Todes nach[546] und versucht, lokale Unterschiede zu systematisieren.

> Mit einer doch erheblichen Unsicherheit, die die Quellen nicht beseitigen können, läßt sich aus Freistedts Arbeit folgendes Ergebnis wiedergeben: Am ehesten trifft sein Bild wohl im 5. bis 8. Jahrhundert zu. Danach weisen die Quellen aus dem Bereich der griechischen und der griechisch-syrischen Kirche auf Gedenkfeiern am 3., am 9., am 40. und am Jahrestag des Todes hin. In der palästinischen und der armenischen Kirche wurde vielleicht der siebte statt des neunten Tages gefeiert. Aus Ägypten sind „zwei Reihen von Totengedächtnistagen"[547] überliefert, einmal mit Feiern am 3., am 9. und am 40. Tag und einmal am 3., am 9., und am 30. Tag, auch vom 12. und 14. Tag ist die Rede[548]. Auch in Syrien ist nach Freistedt der 30. Tag bekannt. Im Westen trifft Freistedt auf Feiern am 3., 7. und/oder 9. und am 30. (Rom), am 3., am 7., am 30. (Gallien), am 3., am 7. und am 9., am 30. (Britannien), am 7. und am 40. (Mailand) und am 3. und am 7. (Nordafrika)[549].

Freistedts Analyse setzt ein Bild der Alten Kirche voraus, nach dem es einheitliche liturgische Regelungen gab, die für die jeweilige Kirche eines „Landes" allgemeine Verbindlichkeit besaßen. Dies ist die Grundlage für die Annahme von „den Totengedenktagen in Gallien" etc. Tatsächlich haben wir nur isolierte Aussagen einzelner Quellen, deren Datierung und Lokalisierung häufig unsicherer ist, als Freistedt annimmt. Darüber hinaus ist gerade bei den angegebenen Zahlen noch mit sekundären Veränderungen zu rechnen,

---

[544] Vgl. Kap. 2.1, 2.3, 2.4 und 2.5, insbesondere die Erkenntnisse Sundermeiers und Spiegels.

[545] Freistedt (1928).

[546] Die früher gängige Auffassung von der Berechnung ab dem Bestattungszeitpunkt hat Freistedt für zahlreiche Quellen überzeugend widerlegen können. S. dazu auch Kap. 2.4.

[547] Ebd., S. 21. Freistedt lokalisiert die erste Reihe in Ober-, die zweite in Unterägypten.

[548] *Canones Basilii* 31, zit. bei Riedel (1900/1968), S. 248.

[549] Freistedt (1928), S. 27-52.

mit denen der Text an die Situation der Gemeinde angeglichen wurde, in der er überliefert, abgeschrieben oder übersetzt wurde. Ein Beispiel mag dies verdeutlichen:

> Die Datierung der Totengedenktage in den überlieferten Handschriften der Apostolischen Konstitutionen ist nicht einheitlich. Gefeiert werden soll der 3., der 9. und der 30., nach anderer Lesart der 40. Tag[550]. Vor allem in der Frage des 30. beziehungsweise des 40. Tages sind die Zeugen uneinig (τριακο-στά/τεσσαρακοστά[551]). Angesichts der Erwähnung des 30. Tages in Num 20,29 und Dtn 34,8, auf die der Text anspricht, läge die Konjektur eines exegetisch bewanderten Abschreibers nahe[552]. Vermutlich dokumentieren diese Differenzen jedoch auch Unterschiede in der gemeindlichen Praxis, wie sie von anderen Quellen bestätigt werden.

In der Begründung der Daten des Totengedenkens zeigen manche Quellen übereinstimmende Argumentationen:

> Ambrosius hielt eine *oratio* für Kaiser Theodosius am 40. Tag nach dessen Tod, in der er auf diese Datierung ausführlich zu sprechen kommt. In seinen Ausführungen wird ein Konflikt zwischen Befürwortern von Gedenkfeiern am 3. und 30. und Vertretern von Feiern am 7. und 40. Tag deutlich. Die Pluralität der Trauerzeiten im Alten Testament liefert ihm die Begründung für eine Vertretbarkeit beider Ansichten:
>
> „Nun feiern wir den 40. (Tag) mit dem am heiligen Altar stehenden Princeps Honorius. Denn wie der heilige Joseph für seinen Vater Jakob vierzig Tage lang die Bestattung(sriten) dargebracht hat, so hat er auch hier dem Vater Theodosius das Angemessene erwiesen. Wenn nun die einen den dritten und 30. Tag, andere den siebten und 40. Tag zu beachten pflegen, so wollen wir betrachten, was die Schrift lehrt. 'Nach dem Tode Jakobs befahl Joseph', so heißt es, 'den Bestattungsdienern, ihn zu bestatten. Und die Bestatter bestatteten Israel. Und volle 40 Tage vergingen darüber; denn so viele Tage zählt die Bestattung. Und Ägypten betrauerte ihn 70 Tage[553]. Diese Feier ist nun zu beobachten, wie sie die Schrift vorschreibt. Doch steht auch geschrieben im Buch Deuteronomium: 'Die Söhne Israels beweinten Moses 30 Tage, und die Tage der Trauer wurden damit beendet'[554]. Aus beidem folglich läßt sich für die Beach-

---

[550] Die von Tattam herausgegebene koptische Fassung des achten Kapitels enthält die Reihe 3., 7. und 30. Tag. Text bei: H. Tattam (Hg.), The apostolical constitutions or canons of the Apostles in coptic with an English translation, London 1848, S. 146f (die Ausgabe enthält neben einer überarbeiteten und gekürzten koptischen Fassung von Kap. 8 der *Const. app.* die sog. *canones apostolorum* und eine Version [die sog. „Ägyptische Kirchenordnung"] des seit Eduard Schwartz und Richard Hugh Connolly allgemein als *traditio apostolica* bezeichneten Textes). Vgl. dazu vgl. Eduard Schwartz, Über die pseudoapostolischen Kirchenordnungen, Schriften der wissenschaftlichen Gesellschaft in Straßburg 6, Straßburg 1910 = in: ders., GS 5, Berlin 1963, S. 192-273; Richard Hugh Connolly, The so-called Egyptian church order, 1916.

[551] Nach Marcel Metzger (SC 336, S. 260) bezeugen die wichtigen Handschriften *Vat. gr. 1506* und *Vat. gr. 2089* τριακοστά ebenso wie verschiedene Epitomen (auch das *fragmentum Veronese* bezeugt *tricensima*), die der Gruppe H und M bezeugen dagegen τεσσαρακοστά. Metzger entscheidet sich vor diesem Hintergrund in seiner Ausgabe für τριακοστά als ursprünglichere Fassung.

[552] Für den siebten Tag fällt eine Erklärung schwieriger, vielleicht wird hier Bezug auf die Schöpfungsordnung (vgl. Gen 1) genommen.

[553] Gen 50,2f.

[554] Dtn 34,8.

tung eine Begründung ableiten, durch die die notwendige Pflicht der Pietät
(*pietas*[555]) erfüllt wird"[556].

Auch wenn ein nichtchristlicher Ursprung von Totengedenkfeiern nicht zu
bezweifeln ist und dies auch für die zeitliche Festlegung in einigen Fällen angenommen werden darf[557], so sind also die Kirchenväter doch bemüht, sie als
theologisch beziehungsweise exegetisch begründete Teile der christlichen
Tradition darzustellen.

Form des Totengedenkens
Insbesondere in den westlichen Quellen steht im Zentrum der Totengedenkfeiern das gemeinsame Mahl, von dem auch die archäologischen Überreste
am ehesten Zeugnis ablegen können. Tertullian gibt in seiner Schrift *De testimonio animae* einen Eindruck von dem von antiken Konventionen geprägten Charakter dieser Mahlfeiern, *conuiuia* genannt. An die „Seele" (*anima*) gerichtet sagt er:

> Ein anderes Mal sagst Du von den Toten, sie seien sorgenfrei (*securi*). Damit
> gestehst du die Unbequemlichkeit des Lebens und die Wohltat des Todes ein.
> Du nennst sie ferner sorgenfrei, wenn du vor dem Tor mit Fischmahlzeiten und
> Leckereien vielmehr dir selbst ein Totenopfer bringst (*parentare*) und dich zu
> den Gräbern zurückziehst oder von den Gräbern etwas angetrunken zurück-
> kommst. Ich prüfe aber deine nüchterne Meinung. Du nennst die Toten elend
> (*miselli*), wenn du von dir sprichst, wo du weit weg von ihnen bist. Denn bei ei-
> nem Gelage (*conuiuium*) für sie, wenn sie quasi anwesend sind und mit am
> Tisch liegen, kannst du ihnen ihr Schicksal nicht vorwerfen. Du mußt denen
> schmeicheln, deretwegen du so üppig lebst[558].

---

[555] *Pietas* läßt sich kaum vernünftig mit einem Wort übersetzen. Für Richard P. Saller
(1994), S. 105, ist *pietas* „at the core of the Romans' ideal of family relations", eine Bedeutung,
die durch die zahlreichen *exempla pietatis* bei Valerius Maximus und Plinius d.Ä. demonstriert
wird (s. ebd., S. 102-114, dort noch weitere Lit.). Auch wenn *pietas* zuweilen reziproker Natur
ist (z.B. im Sinne der Verantwortlichkeit des *pater familias* für seine Kinder), so ist doch die
Pflicht zur Bestattung der Eltern vermutlich das erste Beispiel für fromme *pietas*, das ein Römer
klassischer Zeit nennen würde.

[556] *Nunc quadragesimam celebramus, adsistente sacris altaribus Honorio principe, quia,
sicut sanctus Ioseph patri suo Iacob quadraginta diebus humationis officia detulit, ita et hic
Theodosio patri iusta persoluit. Et quia alii tertium diem et tricesimum, alii septimum et qua-
dragesimum observare consuerunt, quid doceat lectio, consideremus. Defuncto, inquit, Iacob
praecepit Ioseph pueris sepultoribus, ut sepelirent eum. Et sepelierunt sepultores Israhel. Et re-
pleti sunt ei quadraginta dies; sic enim dinumerantur dies sepulturae. Et luxit eum Aegyptus
septuaginta diebus. Haec ergo sequenda sollemnitas, quam praescribit lectio. Sed etiam in
Deuteronomio scriptum est, quia planxerunt filii Israhel Moysen diebus triginta, et consummati
sunt dies luctus. Utraque ergo observatio habet auctoritatem, qua necessarium pietatis inpletur
officium.* Ambr., *Obit. Theod.* 3 (CSEL 73, S. 372,2-16).

[557] Vgl. dazu Kap. 2.4 und 2.5.

[558] *Ceterum alias securos uocas defunctos. Profiteris et uitae incommodum et mortis be-
neficium. Vocas porro securos, si quando extra portam cum obsonniis et matteis tibi potius pa-
rentans ad busta recedis aut a bustis dilutior redis. At ego sobriam tuam sententiam exigo. Mi-*

Tertullian zeichnet hier ein Bild relativ luxuriöser Totenmähler[559]. Sie finden
extra portam statt, also an den Gräbern außerhalb der Stadt, und es gibt *ob-
sonnium* (Fisch oder auch Fleisch, vermutlich mit Brot), *mattei* (Leckerei-
en)—und alkoholische Getränke. Eine Qualifizierung als pagan oder unchristlich findet sich bei Tertullian noch nicht, auch wenn zwischen den Zeilen vielleicht eine humorvoll-kritische Distanz herauszuhören ist, über deren
Hintergrund sich nur spekulieren läßt und die noch nicht Teil einer grundsätzlich reflektierten Kritik ist.

Bei den erwähnten Ausgrabungen der Nekropole in Tipasa fand sich ein
Mosaik mit folgender Inschrift, die sich vermutlich auf solche gemeinsamen
Essen bezieht:

Abb. 18: Mosaik aus Tipasa[560].

Hier taucht also der Begriff *conuiuium* auf, wie wir ihn bereits bei Tertullian
kennengelernt haben. Es ist verlockend, sich in Analogie zu den bisher zi-

---

*sellos uocas mortuos, cum de tuo, loqueris, cum ab eis longe es. Nam in conuiuio eorum quasi
praesentibus et conrecumbentibus sortem suam exprobrare non possis. Debes adulari propter
quos lautius uiuis.* Tert., *De testimonio animae* 4 (CChr.SL 1, S. 179,18-26).
    [559] Insbesondere, wenn man sie etwa mit den taiwanesischen Totenmählern aus Kap. 2.3
vergleicht, bei denen ungekochte, getrocknete Speisen an die Gräber gestellt werden, vgl. Ahern
(1973), S. 159.
    [560] „In Gott: Friede und Eintracht sei mit unserem *convivium*", Abb. aus Bouchenaki
(1975), Fig. 37; vgl. dazu ders. (1974), S. 83-99.

tierten Quellen immer, wenn die Texte ein „Totengedenken" erwähnen, solche Mahlfeiern vorzustellen. Dafür gibt es jedoch nicht in jedem Fall ausreichend Anlaß. Die meisten Texte bleiben hinsichtlich der Ausgestaltung dieser Feiern neutral, sie sprechen etwa von *celebrare* beziehungsweise προσφέρειν oder von den „überlieferten Dingen" (νομιζόμενα), ein Begriff, dem wir schon mehrfach begegnet sind[561]. In einer Passage, die den oben erwähnten Terminus καθέδρα zu erklären versucht, berichtet der Patriarch von Konstantinopel Photius (ca. 820-893/94) von den antiken Ritualen[562]:

> καθέδρα: Am ersten Tage des Verstorbenen kamen die Verwandten zusammen und speisten gemeinschaftlich zu Ehren des Verstorbenen; man nannte das aber καθέδρα, weil man sitzend speiste und die überlieferten Dinge (νομιζόμενα) erfüllte[563].

Weitere spezifisch christliche Rituselemente, die in christlichen Gemeinden spätestens seit dem späten 2. beziehungsweise frühen 3. Jahrhundert nachzuweisen sind, lassen sich darüber hinaus benennen: Gebete, Psalmen, Hymnen, Lesungen aus den biblischen Büchern und Predigten kirchlicher Autoritäten. So schreiben etwa die *Didascalia Apostolorum* und die Apostolischen Konstitutionen, wie wir gesehen haben, einzelne Elemente christlicher Totengedenkfeiern am Grab genau vor:

> Versammelt euch in den Koimeterien ohne Rücksicht [*sc.* auf νομίζοντες und Unreinheit[564]] und lest die heiligen Bücher und singt für die entschlafenen Zeugen und alle Heiligen seit Beginn der Zeit und für eure Brüder, die im Herrn entschlafen sind, und feiert das Abendmahl, das das Abbild des königlichen Leibes Christi darstellt, in euren Kirchen und in den Koimeterien[565].

An einer anderen Stelle heißt es:

> Laßt uns den Dritten der Entschlafenen feiern mit Psalmen und Gebeten nach dem Vorbild dessen, der nach drei Tagen auferstanden ist; und laßt uns den Neunten feiern in Erinnerung an die Lebenden und die Entschlafenen und den

---

[561] S. v.a. Kap. 2.4.

[562] Photius hat hier vermutlich (spät-)antike Rituale im Auge. S. dazu Franz Tinnefeld, Art. Photius, in: TRE 26, 1996, S. 588.

[563] Καθέδρα· τῇ πρώτῃ ἡμέρᾳ τοῦ τελευτήσαντος οἱ προσήκοντες συνελθόντες ἐδείπνουν ἐπὶ τῷ τελευτήσαντι κοινῇ· ἐκαλεῖτο δὲ καθέδρα, ὅτι καθεζόμενοι ἐδείπνουν καὶ τὰ νομιζόμενα ἐπλήρουν. Phot., Κ 24 (ed. Christos Theodoridis, Bd. 2 (Ε-Μ), Berlin/NY 1998, S. 345,11-13). Zu den καθέδρα vgl. insbesondere Klauser (1971)—zu dieser Stelle S. 14 und 53, Anm. 35.

[564] Im Vorangehenden (*Const. App.* 6,30,1) geht es um die νομίζοντες und die Dinge, die verunreinigen (μολύνειν), zit. ist die Stelle in Kap. 4.2.

[565] Ἀπαρατηρήτως δὲ συναθροίζεσθε ἐν τοῖς κοιμητηρίοις, τὴν ἀνάγνωσιν τῶν ἱερῶν βιβλίων ποιούμενοι καὶ ψάλλοντες ὑπὲρ τῶν κεκοιμημένων μαρτύρων καὶ πάντων τῶν ἀπ' αἰῶνος ἁγίων καὶ τῶν ἀδελφῶν ὑμῶν τῶν ἐν Κυρίῳ κεκοιμημένων, καὶ τὴν ἀντίτυπον τοῦ βασιλικοῦ σώματος Χριστοῦ δεκτὴν εὐχαριστίαν προσφέρετε ἔν τε ταῖς ἐκκλησίαις ὑμῶν καὶ ἐν τοῖς κοιμητηρίοις. *Const. App.* 6,30,2 (SC 329, S. 388,4-390,10). Vgl. die Versionen latD 60 und syD 26. S. dazu noch Kap. 4.2.

Dreißigsten/Vierzigsten[566] nach dem alten Typus. Denn so betrauerte das Volk Mose; und laßt uns den Jahrestag in Erinnerung an ihn begehen. Und laßt uns in Erinnerung an ihn von seinen Gütern für die Bedürftigen geben[567].

Einige Handschriften haben neben ἐν ψαλμοῖς καὶ προσευχαῖς („Psalmen und Gebeten") noch καὶ ἀναγνώσμασιν bzw. ἀναγνώσεσιν, also „Schriftlesungen"—diese Varianten sind textkritisch vermutlich sekundär, spiegeln jedoch vielleicht gemeindliche Praxis späterer Zeit wider, sofern man diese Ergänzung nicht nur als Angleichung an den eben zitierten Text *Const. App.* 6,30 verstehen will[568].

Auch in den Konstitutionen findet sich also mit dem Hinweis auf Dtn 34,8 eine exegetische Begründung für die Datierung der Gedenkfeiern—verbunden mit einer Vorschrift zur Armenfürsorge anläßlich dieser Feiern im „Gedenken an Mose"[569].

Am Rande einer Argumentation gegen eine zweite Ehe nach dem Tod des ersten Ehepartners beschreibt Tertullian eine Schwierigkeit, in die das in den nordafrikanischen Gemeinden offenbar übliche Totengedenken einen wiederverheirateten Witwer bringen kann:

> Du bittest für ihre Seele, für sie bringst du *oblationes* am Jahrestag dar. Du wirst also mit so vielen Ehefrauen vor dem Herrn stehen, an wie viele du im Gebet gedenkst, und du wirst für zwei opfern und jene beiden durch den Priester empfehlen lassen[570].

Oratio und *oblationes* werden hier als Bestandteil des Totengedenkens genannt – und diese beiden Elemente tauchen in den christlichen Quellen immer wieder auf, wenn es um das Totengedenken geht. Cyprian schreibt in seinen Briefen von *sacrificia* und *oblationes*:

---

[566]   Zu den beiden Lesungen τριακοστά/τεσσαρακοστά s. o. den Abschnitt über die Daten des Totengedenkens.

[567]   Ἐπιτελείσθω δὲ τρίτα τῶν κεκοιμημένων ἐν ψαλμοῖς καὶ προσευχαῖς διὰ τὸν διὰ τριῶν ἡμερῶν ἐγερθέντα, καὶ ἔνατα εἰς ὑπόμνησιν τῶν περιόντων καὶ τῶν κεκοιμημένων καὶ τριακοστά/τεσσαρακοστὰ κατὰ τὸν παλαιὸν τύπον· Μωϋσῆν γὰρ οὕτως ὁ λαὸς ἐπένθησεν, καὶ ἐνιαύσια ὑπὲρ μνείας αὐτοῦ. Καὶ διδόσθω ἐκ τῶν ὑπαρχόντων αὐτοῦ πένησιν εἰς ἀνάμνησιν αὐτοῦ. *Const. App.* 8,42 (SC 336, S. 258,1-260,7). Im folgenden (8,44) werden auch (pagane, säkulare?) Mahlfeiern im Andenken an die Verstorbenen erwähnt, an denen die Christen teilnehmen dürfen, wobei sie sich aber gesittet benehmen sollen, vgl. dazu Kap. 3.3.5.1. Der Text fehlt in der Didaskalie.

[568]   S. dazu SC 336, S. 258.

[569]   Johannes Chrysostomus erwähnt ebenfalls eine 40-tägige Trauer um Mose, entweder, weil der von ihm benutzte Bibeltext diese Zahl enthält, oder—wie Freistedt (1928), S. 6f, vermutet—, weil ihm eine 40-tägige Trauer seiner Zeitgenossen vor Augen stand. S. Chrys., *Pan. Bern. 3.*

[570]   *Pro cuius spiritu postulas, pro qua oblationes annuas reddis. Stabis ergo ad dominum cum tot uxoribus, quot in oratione commemores, et offeres pro duabus, et commendabis illas duas per sacerdotem.* Tert., *De exhortatione castitis* 11 (SC 319, S. 106,5-8; vgl. dazu CChr.SL 2, S. 1031,7-11).

> Die Bischöfe ... haben sich dafür ausgesprochen, daß kein Bruder, wenn er aus dem Leben scheidet, zur Vormundschaft oder Testamentsvollstreckung einen Kleriker nominiert, und wenn er dies tut, so soll ihm kein Opfer für seinen Schlaf (*sacrificium pro dormitione eius*) gefeiert werden ... so liegt für euch kein Grund vor, eine Darbietung für seinen Schlaf (*oblatio pro dormitione eius*) zu machen oder irgendwie eine Fürbitte (*deprecatio*) für seinen Namen in der Kirche zu feiern[571].

In zwei weiteren Briefen spricht er von Totengedenkfeiern für Christen, die den Märtyrertod erlitten haben:

> Schließlich notiert den Tag, an dem diese sterben, damit wir Gedenken (*conmemorationes*) in Erinnerung an ihr Martyrium feiern können ... und laßt uns hier durch uns Darbietungen (*oblationes*) und Opfer (*sacrificia*) feiern hinsichtlich ihres Gedenkens (*conmemorationes*), die ich hoffe, unter dem Schutz des Herrn bald mit Euch feiern zu können[572].

Ähnlich ist in Cyprians *Ep.* 39,3, von *sacrificia* die Rede:

> Wir bringen immer Opfer (*sacrificia*) dar für sie, wie du dich erinnerst, sooft wir die Leiden der Märtyrer auch am Jahrestag als Gedenken (*conmemoratio*) feiern[573].

Bei Cyprian haben gottesdienstliche Feiern—vielleicht unter der Leitung von Bischöfen und Priestern—im Andenken an Verstorbenen bereits einen festen Platz in der gängigen liturgischen Praxis. Die Quellen lassen allerdings nicht immer genau erkennen, ob sich *conmemorationes, oblationes* und *sacrificia* – die Begriffe, die die Rituale beschreiben – nur auf den Märtyrerkult beziehen oder auch Teil des Gedenkens an gewöhnliche Tote waren. Victor Saxer geht in seinen Studien über die Ursprünge des nordafrikanischen Märtyrerkultes von einem zur Zeit Cyprians schon fest installierten Kalender mit Märtyrerfesten aus, an denen bereits weitgehend formalisierte rituelle Abläufe mit eucharistischen Feiern, der Verlesung von Märtyrerakten und Lobliedern in den Kirchen Nordafrikas stattfanden. Diese Formen der Märtyrerverehrung in Nordafrika spielen auch bei den Differenzen zwischen Katholiken und anderen christlichen Gruppen in Nordafrika eine Rolle. Insbesondere bei den Montanisten scheint der Märtyrerkult auch nach der Zeit Konstantins

---

[571] *Episcopi ... censuerunt ne quis frater excedens ad tutelam vel curam clericum nominaret, ac si quis hoc fecisset, non offeretur pro eo nec sacrificium pro dormitione eius celebraretur ... non est quod pro dormitiones eius apud uos fiat oblatio, aut deprecatio aliqua nomine eius in ecclesia frequentetur.* Cyp., *Ep.* 1,2 (CChr.SL 3B, 67-70).
[572] *Denique et dies eorum quibus excedunt adnotate, ut conmemorationes eorum inter memorias martyrum celebrare possimus ... et celebrentur hic a nobis oblationes et sacrificia ob conmemorationes eorum, quae cito uobiscum domino protegente celebrabimus.* Cyp., *Ep.* 12,2,1 (CChr.SL 3B, 69,31-70,40).
[573] *Sacrificia pro eis semper ut meministis, offerimus, quotiens martyrum passiones et dies anniuersaria conmemoratione celebramus.* Cyp., *Ep.* 39,3,1 (CChr.SL 3B, S. 189,49-51).

identitätsstiftende Funktionen übernommen zu haben[574]. In jedem Fall haben
Märtyrerverehrung und der Umgang mit gewöhnlichen Toten gegenseitig
Spuren hinterlassen. So berichtet Optatus von Mileve aus dem Karthago der
Jahrhundertwende 300[575] von einer gewissen Lucilla, die grundsätzlich vor
dem Abendmahl die Knochen eines Toten küßte, den sie offenbar eines besonderen Gedenkens für würdig erachtete. Da es sich nach Meinung des Erz-
diakones Caecilian hierbei jedoch nicht um einen von der Kirche anerkannten Märtyrer handelte, verweigerte er ihr die Teilnahme an der Eucharistie[576].
Dieser Konflikt spielte nicht nur eine mutmaßliche Rolle in der Entstehung
des donatistischen Schismas von 311/312[577], er zeigt auch einmal mehr, welche fundamentale Neuentwicklungen es in der Volksfrömmigkeit beim Übergang zum Christentum gegeben hat: Das Küssen von toten Gebeinen unmittelbar vor der Teilnahme an einem paganen Opfer wäre angesichts des pagan-
antiken Reinheitsverständnisses undenkbar gewesen; im vorliegenden inner-
christlichen Konflikt spielt diese Frage jedoch keine Rolle, sondern es geht,
folgt man der Darstellung des Optatus, nur noch um die Autorität und Au-
thentizität des Verstorbenen.

Im 4. Jahrhundert begegnen im Westen speziell die Gebete für die Verstorbenen als gängige Praxis, so etwa bei Ambrosius und Augustin[578]. Arnobius
von Sicca (gestorben 330) schildert christliche *conuenticula*, in denen der
Verstorbenen wie der Lebenden gedacht wird:

> Warum auf unmenschliche Weise die Versammlungen zersprengen? In ihnen
> wird der höchste Gott angebetet, Frieden und Vergebung wird erbeten für alle
> in Verantwortung, für Soldaten, Könige, Freunde, Feinde, für die, die noch ein
> Leben führen, und für die, die von der Fessel des Körpers bereits befreit sind[579].

Die vielleicht ältesten Belege für solche Fürbitten sind in der Form von
Grabinschriften erhalten, die zu Gebeten für die Toten auffordern[580].

---

[574] S. dazu zuletzt: William Tabbernee, 'Our trophies are better than your trophies'. The
appeal to tombs and reliquaries in Montanist-orthodox relations, in: StPatr 31 (1997), S. 207-
217.
[575] Zur Datierung des Textes vgl. Bernhard Kriegbaum, Art. Optatus von Mileve, in: TRE
25, 1995, S. 300-302.
[576] Optat. 1,16.
[577] Saxer (1980), S. 108, und Frend (1988), S. 159.
[578] So etwa bei Ambr., *Obit. Sat.* 1,80; *Obit. Valentin.* 78; *Ep.* 39,4. Augustin spricht von
Opfern (*sacrificia*) für die Verstorbenen auf dem Altar, von Gebeten und von Almosen: Aug.,
Cura mort. 22.
[579] *Cur immaniter conuenticula dirui? in quibus summus oratur deus, pax cunctis et uenia
postulatur magistratibus exercitibus regibus familiaribus inimicis, adhuc uitam degentibus et
resolutis corporum uinctione.* Arnob., *Nat.* 4,36 (CSEL 4, S. 171,11-14).
[580] Nur zwei Beispiele von vielen, diese hier vermutlich aus dem 3. bzw. 4. Jahrhundert:
dulcis anima pete et roga pro fratres et sodales tuos („bete und bitte liebliche Seele für deine

Im Osten gibt es spätestens seit dem 4. Jahrhundert eindeutige Belege dafür, daß für Verstorbene an ihren Gräbern gebetet wurde, wie der zitierte Abschnitt aus den Apostolischen Konstitutionen, der sich kürzer auch in der *Didascalia Apostolorum* wiederfindet, bezeugt hat[581]. Bei Kyrill von Jerusalem (gestorben 386) findet sich bereits der Versuch einer exegetischen Verteidigung dieser Praxis. Während die *Catecheses mystagogicae* eine Aufzählung der alltäglichen gottesdienstlichen Fürbitten für die Verstorbenen enthalten und ihren Nutzen betonen[582], begründet Kyrill diese Praxis in einer anderen Katechese mit der neutestamentlichen Auferweckung des Lazarus, für den auch seine Schwestern hätten bitten müssen, damit Christus ihn wieder zum Leben erweckt[583]. Auch Epiphanius von Salamis (gestorben 403) verteidigt diese Fürbitten vehement gegen seinen Gegner Aërius[584]; in ähnlicher Weise erwähnen die bereits zitierten Apostolischen Konstitutionen Fürbitten für die Verstorbenen. Bei Johannes Chrysostomus finden sich ebenfalls Bemerkungen, die auf eine mancherorts bereits etablierte Praxis hindeuten[585].

Wer betete nun so für die Verstorbenen? Das Totengedenken war, wie bereits mehrfach deutlich geworden ist, zunächst eine Angelegenheit der Angehörigen und der Familien, was auch mit den Aussagen der zitierten Texte übereinstimmt. Allerdings hat das Kapitel über den Umgang mit den Toten in der römischen Gesellschaft gezeigt, daß die römische „Familie" eine sehr komplexe Größe sein konnte, deren Umfang unter Umständen weit über den einer modernen Kleinfamilie hinausging. Im Falle mächtiger und wohlhabender römischer Geschlechter konnten sich den Familienoberhäuptern als *patroni* eine große Anzahl an „Klienten" unterstellen. Unter solchen Verhältnissen war es ganz natürlich, daß sich ein *patronus* der Fürbittendienste seiner Klienten für die Zeit nach seinem Tod versicherte. So werden für Paulinus von Nola die von der römischen Elite (zu der er selbst zählte) unterhaltenen *pauperes* nach dem Tod zu *patroni animarum nostrarum*[586]. Diesen Zu-

---

Brüder und Gefährten", ICR 93); *Vincentia in Christo, petas pro Phoebe et pro uirginio eius* („Vincentia in Christus, du betest für Phoebe und für ihre Jungfräulichkeit", ICLV 1,2336). Vgl. zu dieser Art von Grabinschrift Swete (1907), S. 500-502; Cumont (1911), S. 240; Kotila (1992), S. 39f.

[581] syD 26; vgl. latD 60.
[582] Darin werden Gebete für Patriarchen, Propheten, Apostel, Märtyrer, für die bereits entschlafenen heiligen Väter und Bischöfe und überhaupt für alle Verstorbenen erwähnt und ihr großer Nutzen betont. Auch im Falle einer für Teile der *Catecheses mystagogicae* anzunehmenden Überarbeitung unter seinem Nachfolger wird man hier eine liturgische Praxis des 4. Jahrhunderts unterstellen dürfen. Cyr. H., *Catecheses mystagogicae* 5,9.
[583] Cyr. H., *Catech.* 5,9.
[584] Epiph., *Haer.* 75,3 und 75,8.
[585] Chrys., *Hom. in Act.* 21,4; *Hom. in Mt.* 25,3; *Hom. in Phil.* 3,4.
[586] Paul. Nol., *Ep.* 13,11; CSEL 29,92.

sammenhang hat jüngst Stefan Rebenich in einem Beitrag über die Entwicklung eines christlichen Patronagesystems im römischen Westen des 4. Jahrhunderts überzeugend herausgearbeitet[587]. Man darf hierin einen Vorläufer
der mittelalterlichen Bürgertestamente sehen, mit denen durch testamenta-
risch verfügte Armenspeisungen und Meßstiftungen eine möglichst umfassende Fürbittevorsorge getroffen werden sollte[588].

Andererseits lassen die Texte erkennen, daß es Fürbitten in der Form got-
tesdienstlicher Feiern gegeben hat, für die man eine Beteiligung von Bischöfen und Priestern annehmen darf, auch wenn sie nicht überall und zu allen
Zeiten notwendig war.

Dieser Abschnitt hat gezeigt, daß die ergiebigsten Quellen zum rituellen
Totengedenken aus Nordafrika stammen. Dort spielte das rituelle Totengedenken offenbar nicht nur eine zentrale Rolle, hier kam es auch zum handfe-
sten Konflikt mit den kirchlichen Autoritäten.

3.3.5.1 Exkurs: Der Konflikt um das Totengedenken in Hippo und Mailand

Den gut dokumentierten Konflikt um die Totenspeisungen am Ende des
4. Jahrhunderts in den Gemeinden von Hippo und Mailand habe ich bereits
mehrfach erwähnt. In Nordafrika sind die eben beschriebenen Totenmähler
spätestens seit den Zeiten Tertullians und Cyprians offenbar besonders populär gewesen[589], aber auch in Mailand hat es diese Mahlzeiten gegeben[590].
Die beiden einflußreichsten Kirchenväter des Westens im 4. Jahrhundert,
Augustin und Ambrosius, führten einen Kampf gegen diese rituelle Tradition,
die tatsächlich nicht bis ins Mittelalter überlebte. Über Augustins Vorgehen
in Hippo wissen wir sehr gut Bescheid, Ambrosius hat vermutlich weitgehend ähnlich gehandelt[591]. Die veröffentlichte Korrespondenz Augustins aus

---

[587] Rebenich (2001), S. 61-80.
[588] S. dazu ausführlich Norbert Ohler, Sterben, Tod und Grablege nach ausgewählten mittelalterlichen Quellen, in: Hansjakob Becker/Bernhard Einig/Peter-Otto Ullrich, Im Angesicht
des Todes. Ein interdisziplinäres Kompendium I, PiLi 3, St. Ottilien 1987, S. 569-591.
[589] Neben den bereits erwähnten Quellen hier noch ein weiteres Beispiel von Tertullian,
das vermutlich auf die Verbreitung von Totenopfern unter Christen hindeutet: Tert., De corona
militis 3,3: Oblationes pro defunctis, pro nataliciis, annua die facimus („Wir bringen Opfer für
die Verstorbenen anstatt an [ihren] Geburtstagen an den Tagen des Todes"; CChr.SL 2,
S. 1043,22f).
[590] S. dazu die oben zit. Abschnitte aus den Confessiones Augustins und aus der oratio für
Theodosius von Ambrosius.
[591] Vgl. dazu insbesondere die einschlägige Arbeit von Heikki Kotila (1992), der diesen
Konflikt eingehend bearbeitet hat, weshalb ich mich hier auf einige Bemerkungen beschränken
kann. Vgl. außerdem Bruck (1926); Wilhelm Gessel, Reform von Märtyrerkult und Totengedächtnis. Die Bemühungen des Presbyters Augustin gegen die 'laetitia' und 'parentalia', in:
Remigius Bäumer (Hg.), Reformatio ecclesiae. Beiträge zu kirchlichen Reformbemühungen von

den Jahren 392-395 vermittelt ein gutes Bild seiner Attacken gegen die Feiern in Nordafrika. In seinen Briefen bittet er um Unterstützung und beschreibt sein Vorgehen. Der wohl erst 20 Jahre später entstandene Traktat *De cura pro mortuis gerenda* geht darüber hinaus eingehend auf den christlichen Umgang mit den Toten ein[592].

> Die kurze Schrift konzentriert sich vor allem auf die Frage nach dem Nutzen der oben behandelten Bestattung *ad sanctos*[593], befaßt sich aber auch mit dem Nutzen angemessener Bestattungen, dem Nutzen von Fürbitten für Verstorbene und der richtigen Form des Totengedenkens[594]. Grundsätzlich kommt Augustin zu der Ansicht: „Daher sind alle diese Dinge, das heißt die Sorge um das Begräbnis, die Möglichkeit der Bestattung und die Prozession zur Bestattung (*pompa exequiarum*) mehr zum Trost für die Lebenden als zum Beistand für die Gestorbenen"[595]. Dennoch ist für ihn vor allem die Sorge um eine angemessene Bestattung eine Pflicht der Menschlichkeit (*humanitatis officium*). Die Sorge um das Totengedenken kommentiert er diplomatisch folgendermaßen: „Denn diese Dinge werden besser überflüssigerweise für die getan, denen sie weder schaden noch nützen, als denen vorenthalten, denen sie nützen"[596].

Diese im Rückblick geschriebenen Bemerkungen geben einen guten Eindruck von der von seelsorgerlichen Gesichtspunkten geprägten Vorgehensweise in diesem Konflikt. Trotz Augustins eindeutig ablehnender Haltung zu den afrikanischen Toten- und Märtyrergedenkfeiern konnte er die Rituale nicht einfach verbieten. Er erlaubte deshalb den Menschen, Speisen zu den Gräbern zu bringen, verbot jedoch den tatsächlichen Konsum des Essens. Statt dessen sollten die Christen von Hippo es an den Gräbern an Arme verteilen, damit die es mitnähmen und anderswo äßen.

Die Forderung nach einer Umwandlung der Kosten für Todesrituale in Almosen ist eine auch aus anderen Schriften der Kirchenväter bekannte Argumentation. Dieses Motiv findet sich etwa bei Ambrosius, der meint, man soll, statt um die Toten zu trauern, lieber mit Almosen Gutes tun[597]. Auch im

---

der Alten Kirche bis zur Neuzeit, FS Erwin Iserloh, Paderborn/München/Wien/Zürich 1980, S. 63-73. Zu Ambrosius s. noch Frederick Homes Dudden, The life and times of St. Ambrose, Oxford 1935, S. 54, und Angelo Paredi, St. Ambrose. His life and times, Notre Dame 1964, S. 286-288.

[592] Vermutlich schrieb Augustin diesen Text, der in der Form einer Antwort auf eine Anfrage des Bischofs Paulinus verfaßt ist, erst nach seinem *Enchiridion ad Laurentium*. Er wäre damit nach gängiger Chronologie um das Jahr 421 zu datieren.

[593] S. Kap. 3.2.1.

[594] Zu diesem Traktat vor allem Duval (1988), S. 3-47; dies., Flora était-elle africaine? Augustin, De cura pro mortuis gerenda 1.1, in: REA 34 (1988), S. 70-77; sowie Kotila (1992).

[595] *Proinde ista omnia, id est curatio funeris, conditio sepulturae, pompa exequiarum, magis sunt uiuorum solatia quam subsidia mortuorum.* Aug., *Cura mort.* 4 (CSEL 41, S. 626,13-16).

[596] *Melius enim supererunt ista eis quibus nec obsunt nec prosunt, quam eis deerunt quibus prosunt.* Aug., *Cura mort.* 4 (CSEL 41, S. 658,15f), vgl. dazu Kap. 3.2.1.

[597] Ambr., *Obit. Valentin.* 78.

Osten stößt man auf diesen Gedankengang, etwa bei Johannes Chrysostomus[598]. Die oben zitierte Stelle aus den Apostolischen Konstitutionen
schließlich schreibt eine Armenzuwendung im Rahmen von Totengedenkfeiern ausdrücklich vor[599].

Tatsächlich beschloß die Synode von Hippo 393 ein offizielles Verbot der
Totenspeisungen[600], was allerdings zunächst nur von begrenztem Erfolg war.
Offenbar galten vor allem die privaten Totenmähler an den Gräbern verstorbener Angehöriger nach wie vor als eine Angelegenheit der Familie, auf die
die kirchlichen Autoritäten wenig Einfluß hatten. Ein Einschreiten schien in
dieser Situation am ehesten bei den Feiern für die in Verfolgungszeiten gestorbenen Christen möglich, deren Grabstätten teilweise von der katholischen
Kirche unterhalten wurden oder sich, wie im Falle des Märtyrers Leontius
von Hippo, in einer christlichen Kirche befanden. Im Jahre 395 wandte sich
Augustin im Vorfeld des Gedenktages für Leontius in mehreren Predigten
gegen die traditionelle Form des Gedenkens und verhinderte eine solche Feier. Statt dessen fand ein Gottesdienst statt, in dem mit Psalmen und Lesungen
des Leontius' gedacht wurde. Nach eigener Aussage hatte diese „Reform"
tatsächlich anhaltenden Erfolg, allerdings nur dort, wo er und seine Wegge-
fährten einen entsprechenden Einfluß ausübten: In der konkurrierenden Basilika der Donatisten (in haereticorum basilica) fanden die Feiern im alten
Rahmen statt[601]; noch 397/398 muß Augustin die nordafrikanischen Christen
gegen Vorwürfe, die Christen feierten heidnische Totenmahle, verteidigen[602],
und in den Jahren 397-536 wiederholen die nordafrikanischen Synoden noch
mehrmals das Verbot von 393[603].

Was waren die Motive für diesen Kampf gegen die Totenspeisungen? Augustin bezeichnet diese Feiern als unmäßige und sittenlose Feste mit Trun-
kenheit und Ausschreitungen. Insbesondere die Alkoholproblematik (ebrio-

---

[598] Zum Beispiel breit ausgeführt in seiner *Hom. 21 in Acta Apostolorum* 4; *Hom. 85 in Ioannem* 5, u.ö.

[599] *Const. App.* 8,42.

[600] Überliefert im *Breuiarium Hipponense* 29, CChr.SL 149, S. 41: „Es sei bekräftigt, daß von Bischöfen oder Klerikern keine *conuiuia* in einer Kirche gefeiert werden sollen—ausgenommen, sie kommen zufällig vorbei und die Obligation der Gastfreundschaft ge-
bietet dort eine Erfrischung; auch dem Volk soll derartiges bei den *conuiuia* verboten werden,
insoweit das machbar ist" (*Vt nulli episcopi uel clerici in ecclesia conuiuentur, nisi forte tran-
seuntes hospitiorum necessitate illic reficiant; populi etiam ab huiusmodi conuiuiis, quantum
potest fieri, prohibeantur*). Vgl. auch Aug., *Ep.* 22,3.

[601] Aug., *Ep.* 29,11.

[602] Aug., *C. Faust.* 20,21.

[603] Siehe die einzelnen afrikanischen Synodenbeschlüsse in CChr.SL 149, S. 185,111;
190,252; 196,492; 294,88; 297,114; 302,182. Z.T. mag es sich dabei allerdings um eine einfache
konventionelle Übernahme des alten Beschlusses handeln, worauf die teilweise wörtlich übereinstimmende Formulierung hinweisen könnte.

sitas) steht bei ihm im Vordergrund, worin ihm moderne Autoren häufig folgen[604]. Vorsicht ist hier jedoch angebracht, benutzt Augustin doch den Vorwurf der Trunksucht zum Beispiel auch einigermaßen pauschal gegen die Donatisten, ohne daß man darin tatsächlich den Grund für seine Opposition gegen diese Gruppe wird suchen wollen[605]. Von Tertullian und Cyprian gibt es keine kritischen Äußerungen dieser Art[606]. Gerade Tertullian war sehr sensibel, wenn es um angemessenes Verhalten ging, was zwei Möglichkeiten offenläßt. Entweder hat es nach der Zeit Konstantins einen Verfall des Benehmens der Teilnehmer gegeben, was bei einem zahlenmäßigen Anstieg der Kirchenmitglieder nach diesem Datum durchaus möglich wäre[607]. Doch wären von den Kirchenvätern weitere Aussagen zu erwarten gewesen, wenn es eine solche Entwicklung tatsächlich gegeben hätte[608]. Dagegen spricht auch, daß Augustins Vorbild bei diesem Kampf, Ambrosius von Mailand, dieses Problem selbst nicht erwähnt. Er bezeichnet die *parentalia* als eine Feier heidnischer *superstitio* und lehnt sie deshalb ab. Zwei ausführliche Erklärungsversuche sind von Peter Brown und Heikki Kotila entwickelt worden.

Peter Brown hat ein Erklärungsmodell dazu vorgelegt, das einen politischen Machtkampf innerhalb der nordafrikanischen Gemeinden als Kern des Problems sieht[609]. Er rekonstruiert eine Auseinandersetzung zweier Parteien, einer

---

[604] Für Wilhelm Gessel (1980, S. 70f) sind die Totenmahlfeiern voller Ausschweifungen ein Zeichen für den allgemeinen Verfall des sittlichen Verhaltens der einfachen Christen Nordafrikas. Seiner Meinung nach wirft die Inschrift einer Bodenplatte auf dem Forum von Tamugadi „ein bezeichnendes Licht auf die Denkungsart der einfachen Schichten Nordafrikas: VENARI—LAVARI—LUDERE—RIDERE—HOC—EST—VIVERE. Hier wird also Jagd, Badevergnügen, Spiel und Spott als Lebensinhalt ausgegeben. Dies ist zudem bezeichnend für die Masse einer primitiv werdenden Gesellschaft, die in der provinzialrömischen Spätantike einer unaufhaltsamen Dekadenz zusteuert, die durch ausschweifendes Trinkvergnügen ihrem Dasein ein wenig gefälligen Reiz abgewinnen möchte, bis sie dann in ihrer Kraftlosigkeit von den Vandalen Geiserichs ab 429 überrollt werden wird".

[605] So wirft er beispielsweise in Aug., *Serm. Guelf.* 28,5 den Donatisten vor, sie träfen sich an den Gräbern von donatistischen Selbstmördern, um sich zu betrinken. Die Art der Formulierung läßt in allen Fällen eher einen eingeschliffenen Topos der Polemik vermuten als eine enge Identifizierung der Trunksucht mit einer bestimmten theologischen oder religiösen Strömung.

[606] Tert. erwähnt (vielleicht) Alkoholgenuß, ohne ihn jedoch zu tadeln, vgl. die o.zit. Stelle Tert., *De testimonio animae* 4. In *Apol.* 13,7, begründet er seine Ablehnung der Totenmähler lediglich mit ihren Anklängen an pagane Kultfeiern (beide Stellen zit. in Kap. 3.3.5). Cypr., *Ep.* 67,6 (zit. in Kap. 3.2.1) tadelt die Mahlgemeinschaft mit Nichtchristen, aber nicht ein unangemessenes Benehmen oder das Betrinken der Teilnehmer.

[607] Tatsächlich fordert *Const. App.* 8,44, die christlichen πρεσβύτεροι und διάκονοι zur Disziplin (εὐταξία) auf, wenn es um das Andenken (μνεία) an die Verstorbenen geht. Die Konstitutionen stellen an die Lebensführung v.a. dieser Amtsträger besonders hohe Anforderungen (vgl. alleine die zahlreichen Vorschriften des 2. Buches!), weshalb eine solche Ermahnung im Zusammenhang mit Mahlfeiern ganz selbstverständlich ist. Aus dieser Stelle des vermutlich in Syrien entstandenen Textes lassen sich die historischen Zustände in Nordafrika zur Zeit Augustins jedoch keineswegs rekonstruieren.

[608] Der zit. Beschluß der Synode von Hippo läßt sich kaum als unabhängige Quelle verwenden—in diesen Zeilen spricht in erster Linie Augustin selbst zu uns, man vergleiche nur Aug., *Ep.* 22,3 mit der Formulierung des Synodentextes!

[609] Brown kommt in seinen Publikationen mehrfach auf dieses Problem zu sprechen. S. Peter Brown, The making of late antiquity, Cambridge Mass./London 1978, S. 7-11; ders., The

„Klerikerpartei" mit Presbytern und Bischöfen, die an bescheidenen Feiern im Rahmen der Kirche interessiert waren, und einer Gruppe wohlhabender Laien, die sich exzessive Feiern an den Gräbern leisten konnten. Die Reform des Presbyters Augustin wertet er als einen Versuch, die erste Partei zu stärken. Browns Modell hat das Verdienst, auf den sozialen Kontext der kirchenpolitischen Situation in Hippo aufmerksam zu machen. Seine Rekonstruktion findet in den Quellen jedoch keinen expliziten Rückhalt und muß deshalb Hypothese bleiben. Die beiden Briefe Augustins (*Ep.* 22 und 29), die Grundlage für seine Überlegungen sind, erwähnen die beiden Gruppen nicht.

Heikki Kotila versucht demgegenüber, Augustins Reform von der augustinischen Theologie, insbesondere seinem Prädestinationsverständnis her zu verstehen.

Kotila widmet sich in seiner Untersuchung zunächst der seelsorgerlichen Seite des Vorgehens Augustins, der den Nutzen von Ritualen für die sozialen Realitäten des Gemeindelebens in Hippo scharf erkannt hatte. Im zweiten Teil seiner Arbeit versucht er, insbesondere zwei Aspekte der theologischen Lehre Augustins mit der Reform in Zusammenhang zu bringen: erstens die Frage nach Form und Bedeutung von Kult und Liturgie im Rahmen von Augustins Semiotik und zweitens die nach der Lehre eines Lebens nach dem Tod, zu der u.a. bestimmte Aspekte der augustinischen Prädestinationslehre gehören. Der Raum für eine detaillierte Auseinandersetzung mit Kotilas Thesen fehlt hier, nur soviel sei erwähnt: Kotila arbeitet zahlreiche Spannungen im augustinischen Denken heraus, das sich nur schwer als geradliniges Erklärungsmodell für die Reformbemühungen heranziehen läßt. Ein Beispiel soll an dieser Stelle genügen: Einerseits muß Augustin die Fürbitte für die Verstorbenen als zwecklos ablehnen, wenn er tatsächlich von einer Prädestination ausgeht, auf die die Fürbitten keinen Einfluß haben können. Andererseits ist ihm in der Reform von Hippo sehr daran gelegen, eine angemessene Form der Fürbitte für die Verstorbenen im Gebet zu finden, ohne daß das von der Prädestinationslehre gestellte Problem in seinen Briefen aus der Zeit der Reform überhaupt eine signifikante Rolle spielt. Letztendlich zeigt Kotilas Untersuchung die Notwendigkeit einer umfassenden Bearbeitung des Problems des Todes in den augustinischen Schriften, die bis heute leider fehlt.

Unbeschadet dieser Überlegungen zu den Motiven Augustins läßt sich folgendes festhalten: Die Versuche zur Beseitigung der traditionellen Formen des Totengedenkens und der Märtyrerverehrung durch Feiern am Grab zeugen davon, daß es nicht gelang, diese Rituale in eine angemessene „christliche" Form zu bringen, die von den Führern der Kirche theologisch und seelsorgerlich begleitet und überwacht werden konnte. Mit den *conuiuia* gab es ein Ritual, auf das die kirchlichen Funktionsträger wenig Einfluß hatten. Der Grund lag, wie der Konflikt von Hippo gezeigt hat, insbesondere im familiä-

---

cult of saints. Its rise and function in Latin Christianity, London 1981, S. 28-36; ders., Society and the holy in late antiquity, London 1982, S. 8-13.107f.265-275.

ren Charakter dieser Feiern, die in vorchristlichen Zeiten nichts mit der offiziellen und öffentlichen Religion zu tun hatten. Durch die Gedenkfeiern für
prominente Märtyrer, die besonders in Nordafrika sehr populär waren, wurden diese Rituale jedoch in dem Moment in die Kirchen hineingetragen, in
dem Märtyrergebeine in Kirchen verbracht beziehungsweise Basiliken auf
den Gräbern von christlichen Märtyrern errichtet wurden. Die rituellen Formen der kirchlichen Gottesdienstfeiern und die des traditionellen Märtyrer-
und Totenkult traten jetzt automatisch in Konkurrenz zueinander. Kompli-
ziert wurde diese Situation durch die übrigen Faktoren, die in diesem Kapitel
genannt worden sind und deren jeweilige Bedeutung für die historischen
Vollzüge nach wie vor Thema weiterer Diskussionen zu sein hat: Bemühungen um Abgrenzung von nichtchristlichen oder „heidnischen" Überlieferungen, theologische Unsicherheiten hinsichtlich des Sinns von Fürbitten für die
Toten, die Eigenheiten des römischen Patronagesystems, evtl. Machtkämpfe
innerhalb der relativ jungen Strukturen christlicher Gemeinden und nicht zuletzt die Diskussion über ethisch und sittlich angemessenes Verhalten bei sozialen Zusammenkünften.

KAPITEL VIER

FAMILIE UND UNREINHEIT: DIE RITUALE IM SPANNUNGSFELD
„CHRISTLICHER" UND „PAGANER" PRAXIS

Das Verhältnis zwischen der vorhandenen paganen und derjenigen Praxis, die
in den Quellen als „christlich" verstanden wird, hat sich als die kritische
Größe in der bisher betrachteten christlichen Ritualentwicklung erwiesen.
Ältere Untersuchungen wie die von Rush oder Quasten gehen häufig grundsätzlich von einem Antagonismus zwischen christlichen und „heidnischen
Bräuchen" aus, wobei sie regelmäßig „heidnische Überreste" in den Ritualen
der Christen eingestehen müssen[1]. Der Umgang mit den nichtchristlichen
Ritualtraditionen war jedoch, wie wir gesehen haben, komplizierter, als es ein
solch pauschal-antagonistisches Modell suggeriert.

Neben den christlichen Angriffen auf die Totenklage finden sich Aussagen wie diejenige Augustins, man habe „beim Dienst, den man den Toten
erweist, den Brauch eines jeden Volkes zu wahren"[2]. Schon aus methodischen Erwägungen heraus ist das Bild der älteren Forschung nicht aufrecht-
zuerhalten. Die breite Streuung des Materials läßt nur punktuelle Rückschlüsse auf die rituellen Entwicklungen zu, die für ein so weitgehendes Modell
nicht ausreichen. Man darf nicht von vornherein von einer einheitlichen
„Christianisierung" der Todesrituale schon in früher Zeit ausgehen, die es al-
lenfalls erlaubt hätte, „Reste" paganen Brauchtums in den Ritualen „mitzu-
schleppen". Statt dessen beginnt sich eine stärker differenzierende Betrach-
tungsweise heute auch in anderen Fragestellungen durchzusetzen, wenn
Gründe und Formen der Gegensätze zwischen Christen und Nichtchristen in
der Spätantike diskutiert werden, die ja tatsächlich vorhanden waren.

In seiner Untersuchung des „heidnischen Ägypten im 5. Jahrhundert" analysiert
Markus Vinzent beispielsweise vier soziokulturelle Komponenten, die grundlegend für die Definition der Grenze zwischen Christen und „Heiden" geworden
waren. Im 3. bis 5. Jahrhundert kamen danach ethnische, sprachliche, religiös-
kultische und soziale Komponenten zusammen, die in unterschiedlicher Weise

---

[1]   In diesem Sinne heißt es bei Quasten (1973), S. 247, etwa: „So ist der Kampf der Kirche gegen die heidnischen Pervigilien und Totengedächtnisfeiern zugleich die schärfste Auseinandersetzung mit heidnischer Musik, heidnischen Liedern, heidnischem Tanz und Frauengesang
gewesen".
[2]   *In huiusmodi officiis quae mortuis exhibentur, morem cuiusque gentis esse seruandum.*
Aug., *In Ioannem tractatum* 120,4 (CChr.SL 36, S. 662,20f).

alle auch in der christlichen Polemik gegen pagane Totenrituale eine Rolle ge-spielt haben[3].

Die christlichen Angriffe auf pagane Traditionen können also ganz verschie-dene Gründe gehabt haben. Noch im 2. und 3. Jahrhundert sind die Aussagen der christlichen Autoren als Äußerungen der Führer einer jungen Religion zu sehen, die erst im Begriff ist, ihren Platz innerhalb einer überwiegend nicht-christlichen Gesellschaft zu finden. Ein verändertes Selbstbewußtsein spie-gelt sich dagegen in den für diese Untersuchung so wichtigen Texten des 4. Jahrhunderts wieder: Jetzt geht es mehr und mehr darum, christliche Standpunkte öffentlich zu machen und auch in allgemein wahrzunehmenden rituellen Formen christliches Profil zu zeigen, nicht nur in ethischen und theologischen Konfliktfällen. Mehr noch: Die politischen Veränderungen führen dazu, daß das Christentum und seine Führungsgestalten in die Rolle römisch-öffentlicher Repräsentation hineinwachsen muß.

Die christliche Sepulkralkunst überliefert ein schönes Beispiel, das die kompli-zierte Balance zwischen überkommenen nichtchristlichen Formen und dem neuen christlichen Selbstbewußtsein demonstriert: dem Grabmal des Präfekten Petronius Probus. Probus (ca. 330-390) stand in enger persönlicher Beziehung zu Ambrosius von Mailand und wurde vielleicht auch von ihm in späten Le-bensjahren getauft. Gleichzeitig galt Probus „als Haupt der römischen Aristo-kratie"[4]. Seine Frau ließ ihm ein Grabmonument errichten, das seiner Herkunft und seiner Bedeutung für diese Schicht entsprach. Ebensolcher Tradition fol-gend wurde an die Frontseite am Epistyl des Baus[5] ein Grabepigramm gemei-ßelt, das ganz und gar den Konventionen paganer Epigraphik entsprach[6]. Im In-nern des säulenumstandenen Vorbaus wurde ein zweites Gedicht angebracht, das jüngst von Manfred G. Schmidt Ambrosius zugeordnet wurde[7]. Dieses zweite *carmen* hatte offensichtlich zum Ziel, die christliche Identität des Probus deutlich zu machen, auf die im übrigen Grabbau nichts weiter hindeutet[8]. Dem

---

[3]   Vinzent (1998), S. 32-65. Vgl. zu diesem Definitionsproblem zuletzt auch ders., Halbe Heiden—Doppelte Christen. Die Festbriefe Kyrills von Alexandrien und die Datierung seines Werkes Contra Julianum, in: Angelika Dörfler-Dierken/Wolfram Kinzig/Markus Vinzent (Hg.), Christen und Nichtchristen in der Spätantike, Neuzeit und Gegenwart. Beginn und Ende des Konstantinischen Zeitalters. Internationalen Forschungskolloquiums zum 65. Ge-burtstag von Adolf Martin Ritter, TASHT 6, Cambridge/Mandelbachtal 2001, S. 41-60.

[4]   Karl-Heinz Schwarte, Art. S. Petronius Probus, in: LAW, Sp. 2439.

[5]   Diese Anordnung wurde rekonstruiert von Giovanni Battista de Rossi, in: ICUR 2,1, S. 348. Der Bau wurde bei der Errichtung des Petersdoms zerstört.

[6]   S. Silvani, ICUR.NS 2,4219a. Text zuletzt abgedruckt (mit weiteren krit. Anmerkun-gen) bei Manfred G. Schmidt, Ambrosii carmen de obitu Probi. Ein Gedicht des Mailänder Bi-schofs in epigraphischer Überlieferung, in: Hermes 127 (1999), S. 103f.

[7]   Schmidt (1999), S. 99-116. Diese Zuordnung, die von einem Vergleich des Gedichtes mit den Leichenreden des Ambrosius ausgeht, hat freilich trotz guter (vor allem stilistischer) Gründe für eine Autorschaft des Bischofs hypothetischen Charakter, weil ein expliziter Hinweis fehlt.

[8]   John Frederick Matthews (Western aristocracies and imperial court A. D. 365-425, Ox-ford 1975, S.195) hatte angenommen, daß *carmen* A und *carmen* B aus einer Hand stammen

„Glücklich, ach, überaus glücklich, wenn nur das Leben andauerte"[9] der ersten Inschrift setzt die zweite entgegen: „Oh, niemals sollst du von den Deinen beweint sein! Als das Leben des Körpers andauerte und der eingeengte Geist sie lenkte, warst du der erste und standest keinem der Väter an Tugend nach; jetzt bist du erneuert und hast ewige Ruhe"[10].

Dieses Beispiel demonstriert das Spannungsfeld aus sozialen, politischen und religiösen Loyalitäten, in dem sich eine christliche Todes- und Sepulkralkultur in der späten Antike entwickelte. Die Beziehung zwischen den überkommenen paganen Traditionen und den sich in christlichen Gemeinden neu entwickelnden Formen wird am deutlichsten,wenn man zwei grundlegende Kategorien betrachtet, die, wie die bisherige Untersuchung gezeigt hat, in der Ritualentwicklung von besonderer Bedeutung sind: das Verhältnis zwischen „öffentlicher Religion" und „Familienreligion", und das zwischen kultischer Reinheit und Unreinheit. Erst vor dem Hintergrund der eingangs beschriebenen paganen Traditionen in diesen beiden Fragen wird sichtbar, inwieweit in der (Spät-)Antike die Voraussetzungen geschaffen wurden, die zur Entwicklung christlicher Kasualriten notwendig waren.

4.1 Öffentliche Religion und religio familiae

Autoritäten wie Augustin gelang es, wie wir gesehen haben, spätestens seit dem späten 4. beziehungsweise frühen 5. Jahrhundert, eine gewisse kirchliche Leitung in Fragen der Rituale des Todes in ihren Gemeinden zu erreichen. Dieser Vorgang war jedoch selbst im 5. Jahrhundert noch nicht abgeschlossen. Noch später setzte er bei anderen Ritualen aus dem Bereich der alten Familienreligion ein. Insbesondere die Hochzeit blieb in der Spätantike vermutlich eine reine Familienangelegenheit, wenn man die weitgehende Abwesenheit entprechender Quellen in diesem Sinne deuten darf: Trotz ausführlicher theologischer Diskussion von Ehe und Heirat durch Denker wie Tertullian und ersten rituellen Formen in nachkonstantinischer Zeit werden

---

und zusammengehören, was Schmidt (1999, S. 105f) mit überzeugenden Gründen zurückgewiesen hat.

[9] *Felix, heu, nimium felix, dum vita maneret* (ICUR.NS 2,4219a; Schmidt [1999], S. 104,17f).

[10] *O, numquam deflende tuis! Cum vita maneret corporis atque artus spiritus hos regeret, primus eras nullique patrum virtute secundus; nunc renovatus habes perpetuam requiem.* ICUR.NS 2,4219b; Schmidt (1999), S. 104,15-18.

„kirchliche" Trauungsrituale auf breiter Front erst ab dem 6. Jahrhundert wirklich greifbar[11].

Die Situation wäre vielleicht einfacher gewesen, wenn die Todesrituale bereits Sache der paganen Kulte gewesen wären. In dem Moment, in dem Christen ihr persönliches Opfer im Tempel durch die Teilnahme am christlichen Gottesdienst ersetzten, hätten die Rituale im Zusammenhang mit Sterben, Tod und Totengedenken womöglich wie selbstverständlich von den Bischöfen und Presbytern übernommen werden können. Dies war jedoch, wie wir gesehen haben, nicht der Fall; vielmehr ging es hier um den Bereich der Familien- beziehungsweise Privatreligion, in dem der direkte Einfluß der paganen Priester traditionell gering war—was sich mit dem allmählichen Rückgang des Einflusses dieser Kulte insbesondere im Laufe des 3. Jahrhunderts nicht änderte (s.v.a. Kap. 2.5). Unbeschadet der tatsächlichen „Machtverhältnisse" innerhalb einer graeco-römischen Familie stand es in der Verantwortlichkeit des *pater familias* (im Falle seines eigenen Todes in der seines Erben), für die Bestattungen aller Familienmitglieder zu sorgen[12]. Eine Verantwortlichkeit der öffentlichen Hand oder der öffentlichen Kulte der olympischen Götter gab es nicht. Im 2. Jahrhundert schreibt Festus über den Unterschied zwischen öffentlichen Angelegenheiten und Familienreligion:

[Es gibt einerseits] die öffentlichen heiligen Dinge, die auf Kosten der öffentlichen Hand für das Volk betrieben werden, gleichviel ob für einzelne Gebirge (*montes*), Distrikte (*pagi*), Kurien (*curiae*) oder kleine Heiligtümer (*sacella*): im Gegensatz dazu stehen die privaten heiligen Dinge, die für einzelne Menschen, Familien (*familiae*) und Geschlechter (*gentes*) gemacht werden[13].

In der Spätantike darf man davon ausgehen, daß zumindest die zweite—uns interessierende—Hälfte dieses Bildes für den Großteil des römischen Reiches zutraf: Von einer Einmischung staatlicher Autoritäten und offizieller paganer Kulte in diese Angelegenheiten der Familie ist in den Quellen nichts zu lesen[14].

Ein zweiter Faktor kommt hinzu: Alles, was mit dem Tod eines Individuums zu tun hatte, war, wie wir gesehen haben, in der Antike Sache eines

---

[11] Z.B. bei Isidor von Sevilla, *Eccl. off.* 2,20,5. Der meines Wissens erste Beleg einer gottesdienstlichen *benedictio* in der Kirche findet sich bei Ambrosiaster, *Quaest.* 127,3. Vgl. dazu Reynolds (1994), S. 362-385.

[12] Vgl. dazu noch Paul Veyne, L'Empire romain, in: Philippe Ariès/Georges Duby (Hg.), Histoire de la vie privée 1. De l'empire romain à l'an mil, Paris 1985, insbes. S. 30-159.

[13] *Publica sacra, quae publico sumptu pro populo fiunt, quaeque pro montibus, pagis, curis, sacellis: at privata, quae pro singulis hominibus, familiis, gentibus fiunt* (ed. W.-M. Lindsay: J. W. Pirie/W.-M. Lindsay (Hg.), Placidus, Festus, Glossaria Latina Iussu Academiae Britannicae Edita 4, Hildesheim 1965, S. 284,18-21).

[14] Vgl. z.B. Reichardt (1978), S. 21.

überlieferten Netzes lokaler Bräuche und „professioneller"[15] Ortsansässiger wie der Klageweiber oder der *fossores*, die mit paganen Tempeln und *publica sacra* in keiner Verbindung standen. Ursache dafür war in erster Linie die enge Verbindung der mit den Toten befaßten Tätigkeiten zu kultischer Unreinheit, die zu allen „öffentlichen" paganen Kulten inkompatibel war (s. Kap. 2.5 und 4.2).

Wie konnte das Christentum den Bereich der „Familienreligion" letztendlich so für sich beanspruchen, daß diese Dichotomie innerhalb der paganen religiösen Welt im antiken Christentum keine Fortsetzung fand? Zeichen dieser Neuorientierung sind vielleicht in jenen Quellen zu erkennen, die die Familienmetapher seit frühester Zeit als Grundbestandteil christlicher Theologie kennen und dabei verbal und explizit den Graben zwischen Familienreligion und allgemeiner Religion überschreiten. In den neutestamentlichen Schriften findet sich neben dem sehr häufigen Begriff ἐκκλησία τοῦ θεοῦ die Wendung οἰκεῖοι τοῦ θεοῦ und damit eine Bezeichnung der familialen Sphäre, die den prinzipiellen Gegensatz des öffentlichen und des familialen Bereiches noch gut erkennen läßt, jedoch beide als Ort christlichen Bekenntnisses markiert[16]. Bereits im Markusevangelium (Mk 3,34f) bezeichnet Jesus seine Jünger als Mitglieder einer neuen Familie, womit eine Aufforderung zur Aufgabe bisheriger familiärer Pflichten und Bindungen zugunsten der neuen Gemeinschaft verbunden ist. Im Epheserbrief ist die Kirche zugleich *familia Dei* (οἰκεῖοι τοῦ θεοῦ Eph 2,19) und πολιτεία (2,12)—von einer Dichotomie ist hier nichts zu spüren. Für die Pastoralbriefe ist die Rede von der Familie „die zentrale ekklesiologische Metapher"[17]—hier geht es um eine explizite Forderung der Übernahme bisher von der Familie geleisteter Funktionen durch christliche Gemeinden (ITim 3, auch 5 und 6; Tit 1 und 2). Etymologisch wird diese Verbindung sicher auch durch die alte Doppeldeutig-

---

[15]   „Professionell" hier natürlich in dem in den Kap. 2.3-2.5 diskutierten Sinne.
[16]   Vgl. noch Röm 2,11; 6; 8,14;14,8; IKor 3,11; 7,23/31; Gal 3,28; Eph 4,15f; IPetr 2,1. Ἐκκλησία konnotiert dabei immer einen Öffentlichkeitscharakter. Das Wort bezeichnete ursprünglich die aus stimmberechtigten freien Männern bestehende Volksversammlung, dann jedoch jede öffentliche Versammlung—in diesem Sinne wird es noch in Act 19,39 gebraucht. S. dazu Jürgen Roloff, Die Kirche im Neuen Testament, GNT 10, Göttingen 1993, S. 83. Dem Begriff der ἐκκλησία τοῦ θεοῦ ist in der neutestamentlichen Diskussion breite Aufmerksamkeit zugekommen, und seine Übersetzung hat oft weitreichende theologische Konsequenzen, auf die hier nicht im einzelnen eingegangen werden kann. Vgl. dazu etwa den entsprechenden Artikel von K.L. Schmidt im ThWNT III, 1938, S. 502-539 (Lit. bis 1979 in ThWNT 10/2, 1979, S. 1127-1131); außerdem: Wolfgang Schrage, Ekklesia und Synagoge, in: ZThK 60 (1963), S. 178-202. Zur Entwicklungsgeschichte des theologischen Konzeptes der *ecclesia* vgl. nur (mit weiterer Lit.) Klaus Berger, Volksversammlung und Gemeinde Gottes, in: ZThK 73 (1976), S. 167-207.
[17]   Roloff (1993), S. 254.

keit des „Hauses" (בית/οἶκος) im Semitischen erleichtert, durch die die Kirche gleichzeitig als Haus Gottes wie Haushalt des Menschen erscheinen mußte[18].

Dieser Zusammenhang wird zusätzlich illustriert durch die Anweisungen christlicher Autoren für das tägliche Familienleben, die weit über das hinausgingen, was die paganen Kulte für diesen Bereich an Vorgaben machten. Bereits die paulinische Paränese dringt mit ihren detaillierten ethischen Ratschlägen für antike Verhältnisse sehr weit. Zur Entscheidungsfrage wird das Verhalten von Christen im Rahmen alltäglicher Rituale bei Clemens Alexandrinus, der auch zum Beispiel die Alltagsrituale gemeinschaftlichen Speisens im familären Kontext in seine „Theologie" mit einbezieht[19].

Dieser christliche Ansatz traf zeitlich mit Veränderungen bei den traditionellen Formen und Aufgaben der antiken Familie zusammen.

Max Kaser analysiert in seinem rechtsgeschichtlichen Überblick über das römische Privatrecht tiefgreifende Veränderungen in der Funktionsweise und Aufgabenzuteilung innerhalb der römischen Familien in christlicher Zeit. Bereits seit dem 3. Jahrhundert werden diese Veränderungen auch im römischen Recht reflektiert. Insbesondere die Stellung des *pater familias* scheint in dieser Zeit mehr und mehr an Boden verloren zu haben. So wurden zum Beispiel den Frauen innerhalb der Familie größere Rechte und Freiheiten eingeräumt, und von einer alleinigen Verantwortlichkeit des *pater familias* in Fragen der Familienreligion ist nicht mehr die Rede. Nach Kaser spiegeln die rechtlichen Veränderungen nur einen bereits vorher eingetretenen Wandel wider[20].

Auch auf dem Feld der Bestattungen, das in klassischer Zeit ganz unter der Leitung des *pater familias* gestanden hatte, müssen diese Veränderungen Konsequenzen gehabt haben: Je mehr die traditionellen Aufgabenzuweisungen in der Familienreligion in Bewegung gerieten, desto größer waren die

---

[18] Vgl. dazu Kretschmar (1970), S. 83.

[19] Vgl. die zahlreichen ethischen und sittlichen Anweisungen im *Paedagogus*, deren Befolgung als unabdingbar für den Weg zu einem wahrhaft christlichen Leben angesehen wird. Bei Clemens werden diese Anweisungen sogar zur Voraussetzung für die sinnvolle Beschäftigung mit den theologischen und philosophischen Kernproblemen, wie er sie dann in den *Stromateis* diskutiert (einzelne Zit. daraus in Kap. 3.2.3). Ähnliche Gedankengänge finden sich auch etwa bei Tertullian (vgl. zum Beispiel einen Traktat wie Tert., *Cult. fem.*).

[20] Max Kaser, Das Römische Privatrecht 2. Die nachklassischen Entwicklungen, HAW 10.3.3.2, 2. Aufl. München 1975, S. 108-112 (vgl. das entsprechende Kap. in ders., Römische Rechtsgeschichte, Jurisprudenz in Einzeldarstellungen 2, 2. Aufl. Göttingen 1967). Diese Sichtweise, die auf der Grundlage von Aussagen über die *familia* soziale Zustände rekonstruiert, ist zuletzt verschiedentlich unter Beschuß geraten (s. dazu v.a. Gardner [1998] und die neuere Lit. zur römischen Familie in Kap. 2.5, insbes. Dixon [1992]; van de Wiel [1992], S. 327-358; Rawson [1991]; Treggiari [1991]). Kritisiert wird dabei jedoch v.a. der idealisierende und häufig unpräzise Rückblick auf die Familienstruktur der republikanischen Zeit (vgl. in diesem Sinne zuletzt den aufschlußreichen, die Existenz eines *ius vitae necisque* widerlegenden Aufsatz von Brent D. Shaw, Raising and killing children. Two Roman myths, Mn. 54 [2001], S. 31-77; Kasers Bild der spätantiken Verhältnisse scheint z.Zt. jedoch nach wie vor Akzeptanz zu finden.

Möglichkeiten christlicher Gemeinden, hier selbst Aufgaben zu übernehmen[21].

In der Spätantike kam es immer häufiger dazu, daß eine Gemeinde auch
Erbin (*heres*) mancher Gemeindemitglieder wurde, was Salvian von Marseille sogar als generelle Regel fordert[22]. Augustin bezeugt diese Tatsache
ebenfalls, auch wenn er sich kritischer äußert[23]. Wichtig ist dabei, daß sich
nach antikem Verständnis die *hereditas* keineswegs auf eine Transaktion von
Besitz beschränkte, sondern für den *heres* einen neuen Status bedeutete, der
sich auf viele Bereiche seines Lebens auswirken konnte. In einer—ähnlich
der Definition des *locus religiosus*—dem heutigen Menschen mitunter fremden Weise reflektiert das römische Recht in seinen umfangreichen Erbrege-
lungen die grundsätzliche Bedeutung dieser Kategorien. Sie sind auch der
Grund, weshalb nach römischem Verständnis etwa Frauen in vielen Fällen
der Status als *heres* nicht zugänglich war, auch wenn ihnen das materielle Erbe des Verstorbenen nach unserem Verständnis zugestanden hätte[24]. Wenn
christliche Gemeinden nun Erben und damit „Nachfolger" des Erblassers
wurden (*succedere in locum defuncti*), dann übernahmen sie nach antikem
Verständnis über die materielle Erbschaft hinaus Funktionen der engeren
Familie.

Die von Kaser beobachteten Veränderungen in den Familienstrukturen der
(griechisch-)römischen Gesellschaft wurden deshalb offenbar seit dem
3. Jahrhundert zu einer der Voraussetzungen dafür, daß christliche Gemeinden sich auch bei (den Ritualen von) Bestattung und Totengedenken engagierten. Der Kreis der von diesem Engagement Betroffenen entsprach natürlicherweise den Gegebenheiten römischer Familien. Dementsprechend
konnte er auch diejenigen einschließen, die sich in der Art von „Klienten"
christlichen Gemeinden angeschlossen hatten, wie sich das besonders im römischen Nordafrika nach der Zeit Konstantins beobachten läßt[25].

Diese Überlegung zeigt auch noch einmal die Bedeutung, die die in Kap.
3.2.1 beobachtete „kirchliche" Organisation erster Grabanlagen im 3. Jahr-

---

[21]   Zur Übernahme der Familienaufgaben durch christliche Gemeinden in der Bestattung
vgl. v.a. die in Kap. 3.2.1 angegebene Lit. (z.B. Brandenburg [1994], insbesondere S. 224).
[22]   Insbes. Salvian, *Eccl.* 4,2-5. Vgl. dazu auch etwa den Canon 86 der *canones Basilii*, der
genaue Regelungen für die Annahme von Erbschaften durch die Kirche vorsieht.
[23]   Aug., *Serm.* 355.
[24]   Vgl. dazu Max Kaser, Römisches Privatrecht, 12. Aufl. München 1981, S. 264-309.
[25]   S. Kap. 2.5 und 3.3.5 sowie Rebenich (2001).

hundert für die Ritualentwicklung hatte[26]. Zu der Verantwortung für die materielle Seite von Bestattungen gehörte in der antiken Welt auch die für die rituelle Seite, denn beides hatte gemeinsam zum Aufgabenbereich der Familie gehört. Die Schaffung eigener ritueller Formen, die sowohl die bereits vorhandenen christlichen Rituale als auch christliches Kerygma und christlichen „Mythos" thematisierten, erscheint in diesem Licht beinahe nur mehr als eine Frage von Zeit und Ressourcen.

4.2 Die Unreinheit des Todes

Paul Ricœur hat einmal die Kategorien von Reinheit und Unreinheit als das erste, die archaischen Kulturen prägende Deutungsmuster bezeichnet[27]. Diese These—die sich freilich historisch nie wird belegen lassen—bringt die fundamentale Bedeutung zum Ausdruck, die Reinheitsvorstellungen in vielen Kulturen besaßen und immer noch besitzen. Dazu gehören, wie wir gesehen haben und wie das inzwischen in der Forschung anerkannt ist[28], auch die antiken Kulturen des Mittelmeerraumes. Problematisch wird die Verwendung von Begriffen wie „rein" und „unrein", wenn diese unreflektiert als Teil einer globalen Kultur- oder Religionstheorie verwendet werden, die nicht zwischen verschiedenen Symbolsystemen unterschiedlicher Kulturen unterscheidet. Diesen Fehler hat die ältere Religionswissenschaft und Kulturanthropologie im Gefolge von Edward B. Tylors ungemein einflußreichem Buch „Primitive culture" von 1871[29] zuweilen begangen und damit dem Diskurs über Reinheitsvorstellungen erheblich geschadet, was sicher einer der Gründe für das Abflauen der entsprechenden Diskussion nach 1945 gewesen ist[30].

---

[26]   S. in diesem Sinne auch Eric Rebillard, L'eglise de Rome et le developpement des catacombes. A propos de l'origine des cimetieres chretiens, MEFRA 109.2 (1997), besonders S. 763.
[27]   Paul Ricœur, Finitude et culpabilité. II. Symbolique du mal, Paris 1960 (dt.: Phänomenologie der Schuld. II. Symbolik des Bösen, Freiburg/München 1971).
[28]   S. neben Parker (1996) und Neumann (1992) noch die Lit. bei Goldenberg (1997), S. 487; Christian Dietzfelbinger, Art. Reinheit IV, in: TRE 28, 1997, S. 493.
[29]   Dt.: Edward B. Tylor, Die Anfänge der Cultur. Untersuchungen über die Entwicklung der Mythologie, Philosophie, Religion, Kunst und Sitte, Leipzig 1873.
[30]   S. noch in diesem Sinne: W. Robertson Smith, Lectures on the religion of Semites, 3. Aufl. London 1927 (dt.: Die Religion der Semiten, Freiburg 1899, S. 112-119—mit großem Einfluß auf die bereits mehrfach zu Wort gekommene Durkheim-Schule); C. P. Tiele/N. Söderblom, Kompendium der Religionsgeschichte, 6. Aufl. Berlin 1931, S. 25f; Alfred Bertholet, Wörterbuch der Religionen, 4. Aufl. Stuttgart 1985, S. 502f. Den Grund für das einigermaßen abrupte Ende dieser Diskussion nach 1945 wird man zweifellos in einer in jener Zeit gängigen Abwendung vom „Rituellen" zu suchen haben: In den Jahren 1933-45 hatte man Rituale als ein-

Vor dem Hintergrund dieser beiden Überlegungen möchte ich noch einmal die wesentlichen Aspekte zusammenfassend betrachten, denen diese Untersuchung im Zusammenhang mit der Unreinheit des Todes begegnet ist. Es ist deutlich geworden, daß diese Frage in vielen Quellen von Bedeutung ist, und auch, daß es im Laufe der christlichen Ritualentwicklung zu einem Aufeinandertreffen unterschiedlicher Vorstellungen und zu Veränderungen in der Wahrnehmung und Definition von Reinheit und Unreinheit gekommen ist. Die Diskussion des letzten Kapitels hat unterstrichen, daß einerseits geklärt werden muß, wie diese Veränderungen genau aussahen; andererseits muß bei dieser Gelegenheit präzise überlegt werden, um welche unterschiedlichen Ebenen von „Reinheit" es jeweils ging.

Versucht man heute eine allgemeine Definition von „Reinheit", dann kann es sich im Sinne der neueren Ethnologie und Religionswissenschaft nur um eine Begriffsfindung handeln, die die Stellung dessen, was „rein" beziehungsweise „unrein" ist, innerhalb eines Symbolsystems beschreibt. In der Regel wird man etwa das als rein bezeichnet finden, was mit Ritualen zur Wiederherstellung oder Befestigung einer positiven göttlichen Ordnung in Verbindung steht. Das Unreine widerspricht entweder dieser göttlichen Ordnung oder stellt zumindest eine potentielle Gefährdung für solche rituellen Vollzüge dar[31]. In diesem Sinne wurde in den im Kap. 2 besprochenen paganen Kulten „Unreinheit" in der Regel als Gegensatz zu der für die ordnungsgemäße Durchführung von Sakralhandlungen notwendigen Reinheit definiert. In den im Kap. 3 behandelten Quellen sind im wesentlichen folgende drei Ebenen in Erscheinung getreten: 1. Körperliche Unreinheit im engeren Sinne (Menstruation) wird zum Beispiel in der *TA* als Taufhindernis verstanden. Ähnliches hatten wir in den alttestamentlichen und jüdischen Quellen beobachtet[32]. In den paganen Kulten ist in der Regel diese Art der Unreinheit gemeint, wenn es um Gebets- und Opferhindernisse geht, zu denen die Verunreinigung durch Kontakt mit einer Leiche oder auch die Teilnahme an ei-

---

seitig manipulativ erfahren, wodurch auch die Ritualforschung in gewisser Weise diskreditiert wurde. Vgl. dazu Kap. 1.

[31]   Vgl. die unterschiedlichen Ebenen bei Bernhard Maier, Art. Reinheit I, in: TRE 28, 1997, S. 473-477; Thomas Podella, Art. Reinheit II, in: TRE 28, 1997, S. 477-483; Goldenberg (1997), S. 483-487; Christian Dietzfelbinger, Art. Reinheit IV, in: TRE 28, 1997, S. 487-493; Gert Hartmann, Art. Reinheit V, in: TRE 28, 1997, S. 493-497.

[32]   S. Kap. 2.3, 3.3.1.1 u.ö.

ner Entbindung zählte[33]. 2. Auch Götzen oder Dämonen können Unreinheit verursachen, was etwa einer Teilnahme am christlichen Abendmahl im Wege stehen kann (Cyprian[34]). Umgekehrt war auch von der Reinigung von Dämonen durch die reinigende Kraft von Reliquien die Rede[35]. 3. Schließlich wird Unreinheit als Zeichen sittlicher oder ethischer Verfehlungen gegen die göttliche Ordnung erwähnt, so im IIClem und bei Gregor von Nazianz[36]. Im Alten Testament findet sich eine solche Unreinheitsauffassung etwa bei Jesaja; in der graeco-römischen Welt läßt sich vielleicht eine frühe Parallele im Konzept der „Blutschuld" erkennen[37]. Häufig stößt man auch auf eine Um-Interpretation des Reinheitsbegriffs der ersten oder zweiten Ebene in eine abstraktere Sünde/Schuld-Begrifflichkeit, die man als „Ethisierung" beziehungsweise „Theologisierung" von Reinheit bezeichnen könnte[38]. Das verwendete Vokabular ist nicht immer eine Hilfe bei der Unterscheidung dieser drei Ebenen: So sind zwar etwa καθαρός und ἁγνεία besonders häufig im körperlich-kultischen Kontext anzutreffen, während sich zum Beispiel ὅσιος nur selten auf körperliche Reinheit bezieht; umgekehrt tauchen die ersten beiden Begriffe bereits in der paganen Philosophie im ethischen Sinne auf[39], während ὅσιος in Kombination mit anderen Vokabeln auch auf kultische Reinheit hinweisen kann[40].

Die Auseinandersetzung christlicher Denker mit jüdischen Reinheitsvorschriften ist bereits in neutestamentlicher Zeit in aller Heftigkeit ausgetragen und mit dem Erfolg der sogenannten Heidenmission schon sehr früh im wesentlichen entschieden worden, auch wenn es noch im 4. Jahrhundert offenbar christliche Gruppen gab, die jüdischen beziehungsweise alttestamentlichen Kultvorschriften Gültigkeit verschaffen wollten[41]. Bereits die neutesta-

---

[33]   Vgl. dazu Kap. 2.4 und 2.5; Parker (1996); Wächter (1910); Eugen Fehrle, Die kultische Keuschheit im Altertum, RVV 6, Gießen 1910.
[34]   Cypr., *De lapsis* 25, vgl. Kap. 3.3.1.2. Vgl. dazu auch die lange Tradition des rituellen Exorzismus (Mt 10,1; Mk 1,23-26; Lk 4,33-35 u.ö., *TA* 21; *Const. App.* 8,26 etc.). Quellen und Lit. bei Otto Böcher, Art. Exorzismus I. Neues Testament, in: TRE 10, 1982, S. 747-750; William Nagel, Art. Exorzismus II. Liturgiegeschichtlich, in: TRE 10, 1982, S. 750-756.
[35]   Ambr., *Ep.* 77,9; vgl. Kap. 3.2.1.
[36]   Gr. Naz., *Or.* 40,11; vgl. Kap. 3.3.1.1.
[37]   S. dazu Parker (1996), S. 104-143.366-392.
[38]   Vgl. z.B. auch die Beispiele in Kap. 3.2.2. Zum Problem der „Ethisierung" von Reinheitskategorien in der Antike allg. vgl. Neumann (1992), S. 71-75 (mit weiterer Lit.).
[39]   Vgl. Pl., *R.* 6,496d.
[40]   Vgl. zum Reinheitsvokabular mit ausführlichen Quellen Wächter (1910); s. dazu Kap. 3.2.2.
[41]   Kinzig (1991), S. 27-53, nennt eine solche—in Antiochia populäre—Gruppe „Judaizing Christians", vgl. dazu Kap. 2.3. Auch hinter syD 23 mögen Konflikte mit einer solchen Gruppe gestanden haben.

mentlichen Debatten über die Verbindlichkeit jüdischer Reinheitsgebote en-
den häufig mit einer Ethisierung beziehungsweise Theologisierung der Reinheitskategorien, oder, anders ausgedrückt, mit einem Appell zur Substitution
der Unreinheit der ersten Kategorie mit solcher der dritten (etwa in Heb 13,1-
15). Bereits in der paganen[42] und der alttestamentlichen Literatur[43] hatte es
ähnliche Gedankengänge gegeben, wie wir gesehen haben. Während jedoch
die Frage der Beschneidung oder der jüdischen Speisegebote so zentral für
das gemeinschaftliche Zusammenleben und für die Aufnahme neuer Mitglieder in christliche Gemeinden war, daß sie „in der ersten Stunde" entschieden
werden mußte, hat eine Auseinandersetzung über die Unreinheit von Tod und
Bestattung offenbar erst später stattgefunden. Etwas anderes ist auch nicht zu
erwarten, galt doch die Bestattung, wie wir gesehen haben, als Aufgabe der
Familie und hatte deswegen zunächst mit den Fragen der Gemeindedisziplin
nicht unmittelbar zu tun. Spätestens in dem Moment, in dem christliche Gemeinden jedoch zu ersten gemeinsamen rituellen Formen im Zusammenhang
mit Tod und Totengedenken fanden, mußte das Thema diskutiert werden. In
vorkonstantinischer Zeit sind solche Diskussionen über die Bedeutung der
Unreinheit von Leichen und Gräbern noch sehr selten. Zwischen Christen
und Nichtchristen wird das Problem in dieser Zeit meines Wissens überhaupt
nicht diskutiert, was sich auch als Indiz für die noch kaum in nennenswerten
Zahlen ausgebildete Sorge der christlichen Gemeinden für Tod und Bestattung werten läßt. Solange die Christen in der Bevölkerung eine—oft stil-
le—Minderheit waren, gab es keinen Grund für Nichtchristen, an diesen
Tendenzen Anstoß zu nehmen, zumal eine solche Einstellung sicher nicht
von allen Christen von Beginn an konsequent vertreten wurde. Diese Situation änderte sich jedoch im 4. Jahrhundert, und tatsächlich gibt es aus dieser
Zeit Quellen, die Konflikte sowohl zwischen Christen und Nichtchristen als
auch zwischen Christen untereinander dokumentieren, weil sie hinsichtlich
der Gültigkeit jüdischer oder paganer Reinheitsvorstellungen uneinig waren.

Ein solcher Konflikt um eine körperlich-kultische Auffassung von Reinheit
steht vermutlich hinter den Anweisungen der Didaskalie und den Apostolischen Konstitutionen zu Tod und Totengedenken, aus denen ich bereits

---

[42] Vgl. z.B. Pl., *R.* 6,496d; X., *Cyr.* 8,7,23.
[43] Vgl. z.B. die atl. Weisheitsliteratur: Hi 4,17; Prov 20,9; Ps 51,4-12; auch Jes 1.

mehrfach zitiert habe[44]. Der vorliegende Text der Konstitutionen stammt wohl aus Syrien, vielleicht Antiochia, und ist vermutlich um 380 entstanden, die folgende Passage geht größtenteils auf einen kürzeren Abschnitt in der *Didascalia Apostolorum* zurück, die noch aus vorkonstantinischer Zeit ist[45]. Er bezieht Stellung vor allem zu den jüdischen Reinheitsgeboten, deren Beachtung offensichtlich von manchen Christen gefordert wurde:

> Richtet euch nun nicht nach den rechtlichen und natürlichen Dingen, glaubt nicht, daß ihr durch solche Dinge verunreinigt werdet, und fordert auch nicht jüdische Abgrenzungen oder fortlaufende Waschungen oder (kultische) Reinigungen wegen einer Berührung eines Toten[46].

Diese Aufforderung wird dem Appell zu regelmäßigen Treffen an den Gräbern vorangestellt, den ich oben bereits zitiert habe[47]. Man muß diesen Text nicht notwendigerweise wie eine Kirchenordnung mit weitreichender historischer Gültigkeit behandeln[48], um seine Bedeutung zu erfassen. Selbst wenn es sich bei diesem Absatz nur um die theologische Meinung eines unbekannten Verfassers handelte, so wird hier doch eine Position deutlich, die bei paganen und jüdischen Zeitgenossen Anstoß erregen mußte (s.u.): Für den Autor sind tote Menschenkörper nicht mehr kultisch-körperlich unrein, und er fordert alle Christen auf, von traditionellen Reinheitsvorstellungen Abstand zu nehmen, die eine Reinigung nach dem Kontakt mit einem Toten forderten[49]. Begründet wird dies im folgenden mit der Würde (τιμή) des menschlichen Körpers, ein Argument, das bereits bei Origenes in Erscheinung getreten war[50]:

> Also sind die Überreste derjenigen, die bei Gott leben, keineswegs ohne Würde (ἄτιμος). Denn selbst der Prophet Elisa weckte, nachdem er selbst entschlafen war, einen Toten auf, der von den Piraten Syriens ermordet worden war. Dessen

---

[44]   S. Kap. 3.2.1, 3.2.3 und 3.3.5.

[45]   Zur Datierung vgl. Kap. 3.2.1. Inwieweit hier ältere, zur Entstehungszeit des Textes bereits allgemein verbreitete Traditionen wiedergegeben werden oder eine Wunschvorstellung eines unbekannten Autors, läßt sich nicht mit Sicherheit sagen. Der Einfluß der beiden Schriften war jedoch nicht unerheblich, was die breite Überlieferung in mehreren Sprachen dokumentiert. Soweit sich die Angaben dieses Textes mit dem decken, was wir aus anderen Quellen wissen, bewegen wir uns damit zumindest für den syrischen Raum des 4./5. Jahrhunderts auf einigermaßen sicherem Grund, auch wenn sich weitergehende Schlußfolgerungen verbieten.

[46]   Μὴ παρατηρεῖσθε οὖν τὰ ἔννομα καὶ φυσικά, νομίζοντες μολύνεσθαι δι᾽ αὐτῶν, μηδὲ ἐπιζητεῖτε ἰουδαϊκοὺς ἀφορισμοὺς ἢ συνεχῆ βαπτίσματα ἢ καθαρισμοὺς ἐπὶ θίξει νεκροῦ. *Const. App.* 6,30,1 (SC 329, S. 388,1-4). Vgl. syD 26 und latD 61,6-9.

[47]   Kap. 3.3.5.

[48]   S. dazu etwa die Bewertung bei Steimer (1992), S. 114-133.

[49]   Der Text schließt nicht jede Art von Reinigung aus: Kritisiert werden einmal „fortlaufenden Waschungen" (συνεχὲς βάπτισμα) und „Reinigungen" (καθαρισμοί) nach der Berührung mit einem Toten. Die offenbar durchaus als Reinigung zu verstehende „einmalige Waschung" (βάπτισμα)—d. h. die christliche Taufe—ist von seiner Kritik ausgeschlossen.

[50]   Or., *Cels.* 8,30; zit. in Kap. 3.2.1; vgl. auch die unten zit. Stelle Or., *Cels.* 4,59.

Körper berührte nämlich die Gebeine des Elisa, und er stand auf und lebte[51].
Dieses wäre aber nicht passiert, wenn der Körper des Elisa nicht heilig (ἄγιος)
gewesen wäre[52].

Neben die Würde (τιμή) tritt hier also der Begriff ἄγιος—ganz ähnlich hatte
Ambrosius von den „Heiligen" gesprochen, deren Gebeine die Körper der
Märtyrerverehrer von Dämonen und Krankheiten reinigten[53]. Nach weiterer
Beispielen—Josef umarmt die Leiche des Jakob[54], und Mose und Josua tra-
gen die Gebeine des Josef[55] ohne Angst vor Verunreinigung (μολυσ-
μός)—appelliert der Text:

> Nun auch ihr, Bischöfe[56] und übrige, die ihr ohne Rücksicht [sc. auf νομίζον-
> τες und Unreinheit[57]] die Entschlafenen berührt, meint nicht, daß ihr verunrei-
> nigt seid, noch daß ihr ihre Überreste fürchten müßt, sondern meidet solche
> Rücksichten, denn sie sind töricht[58].

Trotz der Parallele zum Brief des Ambrosius tauchen Dämonen und unreine
Geister an dieser Stelle nicht auf, auch wenn sie sonst in den Apostolischen
Konstitutionen durchaus erwähnt werden[59]. In erster Linie geht es also um
körperlich-kultische Verunreinigung im Sinne der jüdischen Vorschriften,
auch wenn die Dimension der zweiten Ebene (Unreinheit durch Dämonen)
vielleicht mitschwingt. Die Bischöfe werden ausdrücklich angesprochen,
vermutlich, weil sie aus Sicht des Verfassers für die Festlegung der Bedeutung von Reinheit in ihren Gemeinden die Verantwortung trugen.

Die Texte der Apostolischen Konstitutionen und der Didaskalie lassen
vermuten, daß es Christen gegeben hat, für die die erste körperlich-kultische
Reinheitsebene nach wie vor von Bedeutung war. In ähnlicher Weise
greift—wahrscheinlich etwa ein halbes Jahrhundert nach der Abfassung der

---

[51] IIKön 13,20f.
[52] Οὔκουν τῶν παρὰ Θεῷ ζώντων οὐδὲ τὰ λείψανα ἄτιμα. Καὶ γὰρ Ἐλισσαῖος ὁ
προφήτης μετὰ τὸ κοιμηθῆναι αὐτὸν νεκρὸν ἤγειρε πεφονευμένον ὑπὸ πειρατῶν Συρίας·
ἔψαυσεν γὰρ τὸ σῶμα αὐτοῦ τῶν Ἐλισσαίου ὀστέων, καὶ ἀναστὰς ἔζησεν· οὐκ ἂν δὲ
ἐγεγόνει τοῦτο, εἰ μὴ ἦν τὸ σῶμα Ἐλισσαίου ἅγιον. Const. App. 6,30,5-7 (SC 329,
S. 390,22-27). Vgl. latD 61,32-34.
[53] Ambr., Ep. 77,9, zitiert in Kap. 3.2.1.
[54] Gen 50,1.
[55] Ex 13,19 und Jos 24,32.
[56] Die Bischöfe werden in der Didaskalie (latD 60-62) nicht erwähnt, stattdessen wendet
sich der Text nur an fratres (und dilectissimi).
[57] Im Vorangehenden (Const. App. 6,30,1) geht es um die νομίζοντες und die Dinge, die
verunreinigen (μολύνειν), s.o. παρατήρησις meint in den Const. App. auch allgemein (wohl v.a.
jüdische) Speise- und Reinheitsgebote.
[58] Ὅθεν καὶ ὑμεῖς, ὦ ἐπίσκοποι καὶ οἱ λοιποί, ἀπαρατηρήτως ἁπτόμενοι τῶν κεκοιμημένων μὴ νομίσητε μιαίνεσθαι, μηδὲ βδελύσσεσθε τὰ τούτων λείψανα, πε-
ριϊστάμενοι τὰς τοιαύτας παρατηρήσεις μωρὰς οὔσας· Const. App. 6,30,5-7 (SC 329,
S. 390,30-392,34). Vgl. latD 60,1-12/syD 26.
[59] Vgl. Const. App. 8,26 u.ö. In der Didaskalie ist ihre Rolle geringer, vgl. aber syD 26
und latD 56.

Konstitutionen[60]—der Bischof von Kyrrhos, Theodoret, diejenigen an, die
gegen die Bestattung in Kirchenräumen kämpfen, weil ihre Unreinheit den
christlichen Gottesdienst gefährde:

> Warum glaubt ihr, daß derjenige, der sich den Gräbern der Toten nähert, an ei-
> ner Verunreinigung (μολυσμός) teilhat? Diese Dinge sind nichts als Unverstand
> und äußerste Unwissenheit. Denn bei den Athenern, so schreibt Antiochos im
> 9. Buch seiner *Historia*, befindet sich das Grab des Kekrops auf der Akropolis
> neben der stadtbeschützenden Athene. Und auch im thessalischen Larissa soll
> im Tempel der Athene der Akrisios begraben sein. Leandros hat erzählt, daß in
> Milet der Kleomachos im Didymos-Tempel liegt. Lykophrone ist im Heiligtum
> der Artemis in Magnesia bestattet, so berichtet es Zenon Myndios. Man erzählt,
> daß in Telmissos der Altar des Appollon das Grabmal des Sehers von Telmissos
> ist. Aber so wie man nicht denjenigen, die zu jener Zeit diese Bestattungen
> durchführten, vorwarf, die Altäre zu verunreinigen (μιαίνειν), so meinte man
> auch nicht, daß diejenigen, die später dort heilige Opfer vollzogen, Anteil an
> der Unreinheit hätten[61].

Die von Theodoret bemühten Mythen gehören zu den exotischeren Überlieferungen paganer Volkserzählungen, die alles andere als gängige Kultpraxis
widerspiegeln. Auf der Grundlage dieser Legenden läßt sich nicht auf eine
laxe Handhabung der Bestattungsverbote in den Tempelbezirken historischer
Zeit schließen. Im Gegenteil, die Tatsache, daß er gezwungen ist, seine Beispiele aus der mythischen Götterwelt zu beziehen, untermauert die Historizität dieser Verbote für gewöhnliche Sterbliche. Vor allem aber zeigt dieser
Passus, daß es zu Theodorets Zeit zahlreiche Christen gegeben hat, die in der
Anwesenheit von Leichen in Gottesdiensträumen eine Gefährdung der Sakramente und eine Verunreinigung der christlichen Altäre sahen[62].

---

[60]   Zur Datierung dieses Textes vgl. P. Canivet in SC 57, S. 28ff.

[61]   Ἀνθ' ὅτου δὲ μολυσμοῦ τινος μεταλαμβάνειν νομίζετε τὸν ταῖς θήκαις τῶν
τεθνεώτων πελάζοντα; ἀνοίας γὰρ ταῦτα καὶ ἀμαθίας ἐσχάτης. καὶ γὰρ Ἀθήνησιν, ὡς
Ἀντίοχος ἐν τῇ ἐνάτῃ γέγραφεν ἱστορίᾳ, ἄνω γε ἐν τῇ ἀκροπόλει Κέκροπός ἐστι τάφος παρὰ τὴν Πολιοῦχον αὐτήν· καὶ ἐν Λαρίσσῃ τῇ γε Θετταλικῇ πάλιν ἐν τῷ ναῷ τῆς
Ἀθηνᾶς τὸν Ἀκρίσιον τεθάφθαι φησίν· ἐν δὲ Μιλήτῳ τὸν Κλεόμαχον ἐν τῷ Διδύμῳ
κεῖσθαι εἴρηκε Λέανδρος· τὴν δὲ Λυκοφρόνην ἐν τῷ ἱερῷ τῆς Ἀρτέμιδος ἐν Μαγνησίᾳ
ταφῆναι Ζήνων ὁ Μύνδιος ἔφη. Τὸν ἐν Τελμισσῷ δὲ βωμὸν τοῦ Ἀπόλλωνος μνῆμα εἶναι
Τελμισσέως τοῦ μάντεως ἱστοροῦσιν. Ἀλλ' ὅμως οὔτε οἱ τηνικάδε θάψαντες μιαίνειν
ὑπέλαβον τοὺς βωμούς, οὔτε οἱ ὕστερον θύοντες ἄγους ἐκεῖθεν μεταλαγχάνειν ἐνόμιζον.
Thdt., *Affect.* 8,29f (SC 57, S. 317,21-319,12). Vgl. dazu Kap. 2.4. Vgl. zu dieser Schrift noch
Albrecht Dihle, Theodorets Verteidigung des Kults der Märtyrer, in: Chartulae. FS Wolfgang
Speyer, JAC.E 28, Münster 1998, S. 104-108.

[62]   Hinter zwei Abschnitten in den *Canones Basilii*, aus denen ich bereits zitiert habe, steht
vielleicht eine Gruppe, die der von Theodoret attackierten ähnlich ist. Im *Can.* 33 wird nämlich
verboten, die Leichen von Märtyrern in Kirchenräume zu bringen, und im *Can.* 31 findet sich
ein Verbot, über den Gebeinen von Märtyrern Gebete zu sprechen oder Abendmahl bzw. Taufe
zu feiern, allerdings ohne ausdrücklich Reinheitsbedenken als Begründung anzuführen (vgl.
Kap. 3.2.1). Stattdessen wird darauf gedrängt, daß „die Märtyrerstätten unter der Macht der katholischen Kirche stehen" (*Can.* 33), bzw. eingewendet, daß die Leichen sowieso „die Schrift
nicht mehr" hören und „nicht mehr am Sakramente teilhaben" (*Can.* 31).

Einen ähnlichen Konflikt, allerdings zwischen Christen und Nichtchristen, scheint es bereits in den 360er Jahren in Antiochia gegeben zu haben. In einem juristischen Dokument aus dieser Zeit, das vermutlich aus der Umgebung des Kaisers Julianus stammt, der oben bereits zu Wort gekommen ist (Kap. 3.2.1), wird eine möglichst strikte Trennung des sakralen Bereiches von dem des Todes gefordert. Julianus war mit seinen Truppen im Sommer 362 nach Antiochia gekommen, wo es bald darauf zu heftigen Konflikten zwischen der bereits stark christianisierten Stadt[63] und dem Kaiser kam, der eine Restauration paganer Werte durchzusetzen versuchte. Julianus ließ die christliche Hauptkirche schließen und betrieb eine Politik zugunsten der paganen Tempel. Hertlein fand den folgenden Text in einer Handschrift der Marcusbibliothek[64], kürzere lateinische Versionen finden sich im Codex Theodosianus[65] und im Codex Iustinianus[66]:

> Nun ist der Tod Ruhe, für die Ruhe aber eignet sich die Nacht. Daher ist es angemessen, meine ich, in ihr die Bestattungen der Verstorbenen vorzunehmen, da so etwas bei Tage zu tun aus vielen Gründen zu vermeiden ist. Denn jeder wendet sich in der Stadt einer anderen Beschäftigung zu, und alles ist voll von Leuten, die zu Gericht sitzen, auf den Markt hinein oder hinaus gehen, bei der Arbeit sitzen oder in die Tempel gehen, um ihre schönen Hoffnungen von den Göttern sichern zu lassen. Da legen nun irgendwelche Leute einen Toten auf eine Bahre und drängen sich mitten durch die so Beschäftigten. Das ist auf keine Weise zu dulden. Denn die, denen das begegnet, werden häufig mit Widerwillen angefüllt, teils weil sie es für eine böse Vorbedeutung halten, teils weil die, die in die Tempel gehen, nicht herantreten dürfen, ohne sich vorher zu reinigen[67].

---

[63]   Um das Jahr 390 herum spricht Johannes Chrysostomus von 100 000 antiochenischen Christen (Chrys., *Hom in Mat.* 85,4). S. zu dieser Stelle Kinzig (1991), S. 36. Zur Situation in Antiochia vgl. (mit weiterer Lit.): Frans van de Paverd, Zur Geschichte der Meßliturgie in Antiocheia und Konstantinopel gegen Ende des vierten Jahrhunderts. Analyse der Quellen bei Johannes Chrysostomus, OrChrA 187, Rom 1970, S. 3-9; Adolf Martin Ritter, Erwägungen zum Antisemitismus in der Alten Kirche. Joannes Chrysostomus, „Acht Reden wider die Juden", in: Bernd Moeller/Gerhard Ruhbach (Hg.), Bleibendes im Wandel der Kirchengeschichte. Kirchenhistorische Studien, Tübingen 1973, S. 71-91; Robert Louis Wilken, John Chrysostom and the Jews. Rhetoric and reality in the late 4th century. The transformation of the classical heritage 4, Berkeley 1983, S. 12.
[64]   F.K. Hertlein, Ein Edict des Kaisers Julianus, in: Hermes 8 (1873), S. 1167-172, hat versucht nachzuweisen, daß der griechische Text aus der Hand Julians stammt. Tatsächlich spricht Vokabular, Form und Ausdrucksweise für eine Autorschaft aus der Nähe des Kaisers. Hertlein möchte darüber hinaus die Autorschaft Julians bewiesen wissen—für unsere Untersuchung reicht es jedoch, eine Nähe zu Julians Denken festzustellen, wie sie auch von den unten diskutierten Fragmenten aus *Contra Galilaeos* nahegelegt wird. Ich zitiere die längere und für unser Thema aufschlußreichere griechische Fassung.
[65]   Cod. Thds. 9,17,5.
[66]   Cod. Iust. 9,19,5. Die lateinische Version vermerkt Ort (Antiochia) und Datum (12.2.363).
[67]   Οὐκοῦν ἡσυχία μὲν ὁ θάνατός ἐστιν, ἡσυχία δὲ ἡ νὺξ ἁρμόττει. διόπερ οἶμαι πρέπειν ἐν αὐτῇ τὰ περὶ τὰς ταφὰς πραγματεύεσθαι τῶν τελευτησάντων, ἐπεὶ τό γε ἐν ἡμέρᾳ πράττειν τι τοιοῦτο πολλῶν ἕνεκα παραιτητέον. ἄλλος ἐπ' ἄλλῃ πράξει στρέφε-

Auf den ersten Blick handelt es sich hier um eine einfache Rechtsanweisung mit dem Ziel, das öffentliche Leben und die Benutzung öffentlichen Raumes zu organisieren. Unterschiedlichen Aktivitäten (geschäftlichen Transaktionen, Tempelopfern, Bestattungen) werden unterschiedliche Tageszeiten zugewiesen, um die öffentliche Ordnung aufrecht zu erhalten. Aus der abschließenden Bemerkung dieser Passage wird jedoch deutlich, daß sich dahinter ein sehr viel grundlegenderer Konflikt verbirgt: Ein Grund für das Verbot von Tagesbestattungen liegt in der Unreinheit von Leichen und dem kontaminierenden Effekt von Beerdigungen. Wenn Bestattungen und Leichenzüge tagsüber stattfinden, dann besteht die Gefahr, daß andere Menschen auf dem Weg zum Tempel den Körpern der Verstorbenen begegnen und so „kontaminiert" werden, daß sie den Tempel nicht mehr betreten können, ohne sich nochmals vorher zu waschen. Die Bestattungen stören den täglichen Betrieb der Tempel durch ihre—weder ethisch noch durch Dämonen verursachte—„körperliche" Unreinheit. Der Text zeigt damit nachdrücklich das Konfliktpotential zwischen der „öffentlichen" und institutionalisierten paganen Religion und den Todesritualen.

Von einem ganz ähnlichen Gedankengang Julians aus dem Jahr 363 berichtet Ammianus Marcellinus: Im Rahmen seines Bemühens um zuverlässige Orakel angesichts des bevorstehenden Perserfeldzuges ließ der Kaiser die Castalia-Quelle bei Antiochia wiedereröffnen[68]. Um dies tun zu können, mußten zunächst christliche (Märtyrer-)Gräber beseitigt werden, die vorher in der Nähe der Quelle angelegt worden waren und so nach paganer Auffassung die heilige Stätte kontaminiert hatten[69]. Ammianus Marcellinus verweist darauf ausdrücklich auf die in Kap. 2.4 erwähnten Reinigungsrituale bei der Entfernung der als unrein angesehenen Gebeine aus dem heiligen Bezirk von Delos, die Julianus bei seiner Maßnahme als Vorbild gedient hatten.

ται κατὰ τὴν πόλιν, καὶ μεστὰ πάντα ἐστὶ τῶν μὲν εἰς δικαστήρια πορευομένων τῶν δὲ εἰς ἀγορὰν καὶ ἐξ ἀγορᾶς, τῶν δὲ [ἐπὶ] ταῖς τέχναις προσκαθημένων, τῶν δὲ ἐπὶ τὰ ἱερὰ φοιτώντων, ὅπως τὰς ἀγαθὰς ἐλπίδας παρὰ τῶν θεῶν βεβαιώσαιντο· εἶτα οὐκ οἶδα οἵτινες ἀναθέντες ἐν κλίνῃ νεκρὸν διὰ μέσων ὠθοῦνται τῶν ταῦτα σπουδαζόντων. καὶ τὸ πρᾶγμά ἐστι πάντα τρόπον οὐκ ἀνεκτόν. ἀναπίμπλανται γὰρ οἱ προστυχόντες πολλάκις ἀηδίας, οἱ μὲν οἰόμενοι πονηρὸν τὸ οἰώνισμα, τοῖς δὲ εἰς ἱερὰ βαδίζουσιν οὐ θέμις προσελθεῖν ἐστι πρὶν ἀπολούσασθαι. Text zit. nach Hertlein (1873), S. 168.

[68]   Bei Daphne—nicht zu verwechseln mit der gleichnamigen Quelle bei Delphi.

[69]   Amm. Marc. 22,12,8. Die Tatsache, daß es sich bei den fraglichen Leichen evtl. z.T. um Märtyrerleichen gehandelt hat, was Ammianus Marcellinus nicht erwähnt, ist nicht ganz unwichtig angesichts der Polemik, mit der Johannes Chrysostomus in seinem Traktat auf diese Tatsache hinweist (Ioh. Chrys., *De s. Babyla contra Iulianum et gentiles* 80-91). Dennoch scheint mir hier die Frage der Unreinheit angesichts der von Ammianus Marcellinus erwähnten *Reinigungs*riten (*purgare*) zentral zu sein. Vgl. dazu den Komm. bei Jan den Boeft/Jan Willem Drijvers/Daniël den Hengst/Hans Carel Teitler, Philological and Historical Commentary on Ammianus Marcellinus XXII, Groningen 1995, S. 225f.

In der Schrift des Kyrill von Alexandria gegen Julianus werden einzelne Fragmente aus dessen Werk *Contra Galilaeos* zitiert, die sich ausdrücklich gegen die christliche Vermischung von heiligem Gottesdienst und unreinem Tod wenden. Julianus, der eine christliche Erziehung erhalten hatte, zitiert—darin der Tradition altkirchlicher Exegese folgend—ein Herrenwort, um seinem Verständnis der Unreinheit der Grabstätten Nachdruck zu verleihen (zitiert im Kap. 3.2.1)[70]. Julianus verweigert im letzten Satz des Zitates dem christlichen Gottesdienst seine Anerkennung als ernstzunehmende Kultfeier, weil dieser mitunter an Orten gefeiert werde, die mit Gräbern in Verbindung stünden. Gemeint sind vermutlich vor allem die Gräber der Märtyrer und die sie umgebenden Bestattungen *ad sanctos*[71]. Wegen ihrer Nähe zum Tod seien die Kultorte der Christen unrein (ἀκάθαρτος), eine Aussage, die er vom Johanneszitat autorisieren läßt. Wie in der antiochenischen Rechtsverordnung geht es dabei um eine kultische oder „körperliche" Unreinheit der ersten Ebene.

Die umfangreiche Stellungnahme Kyrills zu diesen Vorwürfen ist nicht weniger aufschlußreich. Kyrill argumentiert dabei in drei Schritten. Zunächst gibt er klar zu erkennen, daß die Kategorie körperlich-kultischer Unreinheit für die Christen nach wie vor eine Bedeutung hatte:

> Nun sagen wir nicht, daß die Gräber der Toten frei sind von Unreinheit[72].

Gleich darauf stellt er jedoch der Reinheitskategorie eine dieser überlegene, uns gut bekannte „sittliche" beziehungsweise ethische Kategorie gegenüber, die der ἀρετή:

> Indes—aus diesem Grund [der ἀκαθαρσία] wäre es nicht recht, die Tugend (ἀρετή) der Toten zu vergessen[73].

Die ἀρετή-Tradition der athenischen ἐπιτάφιοι λόγοι, die auch im oben zitierten Bericht des Polybios durchscheint[74], war Kyrill offensichtlich ganz geläufig. Wegen ihrer ἀρετή sind die Toten zu ehren. Dies illustriert er im folgenden mit einem Homerzitat[75] und mit der Erwähnung der Ehrungen von

---

[70] Vgl. zu dieser Stelle noch Emanuela Masaracchia (Hg.), Contra Galilaeos. Giuliano Imperatore. Introduzione, testo critico e traduzione a cura di Emanuela Masaracchia, Rom 1990, S. 174f; dieses Fragment hat bei Masaracchia die Zählung Fr. 81.

[71] Vgl. auch dazu Kap. 3.2.1.

[72] Τὰς μὲν οὖν τῶν σωμάτων θήκας οὐκ ἀπηλλάχθαι φαμὲν ἀκαθαρσίας. Cyr., *Juln.* 10,335 (PG 76,1017A).

[73] πλὴν οὐχὶ ταύτης ἕνεκα τῆς αἰτίας, ἀμνημονεῖν ἄξιον τῆς τῶν τεθνεώτων ἀρετῆς. Ebd.

[74] S. dazu Kap. 2.5 und 3.3.4.

[75] Hom., *Il.* 10,304f—wobei Kyrill diese Verse recht eigenwillig auf unser Thema bezieht.

in den Perserkriegen gefallenen Athenern, die wie die christlichen Märtyrer
auch mit öffentlichen Feiern an den Gräbern geehrt wurden, ohne Scheu vor
kultischer Befleckung:

> Den redegewandtesten athenischen Schriftstellern schien es also gut—obwohl
> sie doch Götzenverehrer waren—, die, die den glorreichen Tod nicht scheuten,
> unbedingt mit Ehren und Geschenken zu würdigen, und zu den Gräbern selbst
> mit ihren Körpern zu gehen. Für die Überreste der mannhaften Taten selbst er-
> dichteten sie Reden. Weshalb also schreit dann der äußerst mächtige Julianus
> fälschlich gegen die beharrliche Zuwendung der Christen, wenn sie die Ehr-
> furcht und Ehre (τιμή) gegenüber den heiligen Zeugen für wichtig erachten, die
> alle, soviel es waren, gegen das Blut des vergänglichen Lebens eingetauscht
> haben die Festigkeit im Glauben und die stolzen Taten der Frömmigkeit Chri-
> stus gegenüber?[76]

Kyrills ἀρετή-Begriff ist dem der attischen Polis nicht unähnlich: An die
Stelle der der politischen Größe verpflichteten ἀρετή der Epitaphien klassischer Zeit tritt jetzt christliche Frömmigkeit, die im Martyrium ebenso tödli-
che Folgen haben konnte wie der Wehrdienst der jungen Männer Athens.
Wie bei Origenes spielt auch die Ehre beziehungsweise Würde (τιμή) der
menschlichen Überreste eine Rolle. Und noch etwas drittes ist für seine Argumentation wichtig: der Platz der Reden innerhalb der öffentlichen Rituale
(s. dazu Kap. 3.3.4). Es ist nämlich gerade der öffentliche Charakter der Epitaphien, es ist deren räumlicher Ort neben den Särgen der Gefallenen, der für
Kyrill den christlichen Umgang mit Gräbern und Leichen sanktioniert.

In der Frage der Unreinheit der Gräber fährt er weiter fort:

> Aber er (sc. Julianus) sagt, die Gräber seien zu meiden, von denen selbst Chri-
> stus sagt, daß sie voller Unreinheit sind. Er wußte aber folglich, daß das Ge-
> storbene so abscheulich ist, daß er dem Jünger nicht gestattete, den Vater zu
> begraben. Daß er überhaupt den Sinn der Worte des Erlösers nun völlig ver-
> kannt hat, werden wir ohne Anstrengung zeigen. Denn er befahl gewiß nicht,
> die Gräber zu meiden, obwohl er wußte, daß sie voller toter Knochen waren
> und voller Unreinheit. Vielmehr beabsichtigte er, das heuchlerische und dop-
> pelbödige Volk der Pharisäer mit den weißgetünchten Gräbern zu vergleichen,
> und er zeigte damit, daß sie den Anschein an Zuwendung erheischt hatten, und
> äußerst schlecht und voller Unreinheit waren—offenbar im geistigen Sinne—,
> und daß sie ihr Herz voll davon hatten[77].

---

[76] Ὅτε τοίνυν καὶ τοῖς Ἀθήνησιν εὐστομωτάτοις λογάσι, καίπερ οὖσιν εἰδωλολά-
τραις, εὖ ἔχειν ἐδόκει τὸ χρῆναι τιμῆς καὶ γερῶν ἀξιοῦν τοὺς τὸν εὐκλεᾶ μὴ φυγόντας
θάνατον, καὶ ἐπ' αὐτὰς ἰέναι τὰς τῶν σωμάτων θήκας· ἐπ' αὐτοῖς γὰρ τοῖς τῶν ἀν-
δραγαθημάτων λειψάνοις ἐποιοῦντο τοὺς λόγους. ἀνθ' ὅτου λοιπὸν ὁ κράτιστος
Ἰουλιανὸς κατακέκραγεν οὐκ ὀρθῶς τῆς Χριστιανῶν ἐπιεικείας, οἳ περὶ πολλοῦ πεποίην-
ται τὴν εἰς τοὺς ἁγίους μάρτυρας αἰδῶ καὶ τιμήν, οἳ πάντες γεγονότες, δι' αἵματος
τῆς προσκαίρου ζωῆς ἠλλάξαντο τὸ ἱδρυμένον ἐν πίστει, καὶ τῆς εἰς Χριστὸν εὐσεβείας
τὰ αὐχήματα; Cyr., Juln. 10,336 (PG 76,1017D).
[77] Ἀλλὰ γὰρ ναί, φησίν, φευκτέον τοὺς τάφους, οὕς καὶ αὐτὸς ὁ Χριστὸς ἀκαθαρσίας ἔφη μεστούς. Ἤδει δὲ οὕτω τὸν τεθνεῶτα βδελυρόν, ὥστε οὐδὲ ἔφηκε τῷ μαθητῇ

Der körperlichen Reinheitskategorie wird also nicht jede Gültigkeit abgesprochen; sie wird jedoch überboten von einer „ethischen" Kategorie (zu der
Begriffe wie ἀρετή und ἐπιείκεια gehören), die in einem dritten Schritt noch
einmal christlich-theologisch gewendet wird:

> Indem er zu dem Jünger sagte, daß er ihm vielmehr folgen müsse, und ihn an-
> wies, die Eltern von anderen begraben zu lassen, lehrte er, daß es sich begreifli-
> cherweise für uns ziemt, die Liebe in Zukunft auf Gott auszurichten, so daß die
> Ehrfurcht (αἰδώς) gegenüber Gott wichtiger ist als die Ehrfurcht gegenüber den
> Eltern. Denn er ist Urheber und Schöpfer von allem. Er erklärte deutlich, daß
> nicht geglaubt wird, daß die Gräber, ja in der Tat die Toten, den Seelen der
> Menschen eine Verunreinigung beibringen können, und so wird man es für an-
> gemessen halten, wenn sie zu den Verstorbenen und ihren Gräbern gehen[78].

Die Unreinheit der Gräber und der Toten verliert nach Kyrill also ihre Bedeutung nicht nur angesichts der Tugend der Bestatteten, sondern auch angesichts der vom Evangelium gebotenen Hinwendung zu Wichtigerem, namentlich der αἰδώς gegenüber Gott. Wenn sich die ψυχή der Menschen auf
Gott ausrichtet, dann ist die körperlich-kultische Unreinheit der Gräber nur
eine äußere, die die Seele nicht betrifft.

Eine ähnliche Argumentation findet sich bereits im Werk des Origenes
gegen Kelsos. Zunächst geht Origenes ganz selbstverständlich davon aus, daß
Orte des Gottesdienstes rein, Grabstätten, insbesondere von wenig geachteten
Menschen, unrein seien:

> Es wäre ja widersinnig, wenn man gewisse Steine und Gebäude für reiner (κα-
> θαρώτερος) oder unreiner (μιαρώτερος) halten wollte als andere, je nachdem
> sie zur Ehre der Gottheit oder zur Aufnahme ehrloser und verworfener Personen
> bestimmt sind, während man dagegen bei den Körpern einen solchen Unter-
> schied nicht gelten ließe, da doch der eine von einem vernünftigen, der andere
> aber von einem unvernünftigen Wesen bewohnt wird, und da ferner von diesem
> vernünftigen Wesen die einen tugendhafter und andere im höchsten Grade la-
> sterhaft sind. Die Wahrnehmung eines solchen Unterschieds hat ohne Zweifel
> manchen bestimmt, die Leiber ausgezeichneter Männer zu vergöttern, da sie ei-
> ner tugendhaften Seele zur Wohnung gedient hatten, die Leiber der Lasterhaften

---

θάπτειν τὸν πατέρα. Μάλιστα μὲν οὖν ἠγνοηκότα παντελῶς τῶν τοῦ Σωτῆρος ῥημάτων
τὴν δύναμιν, ἀμογητὶ κατοψόμεθα. Οὐ γάρ τοι τάφων ἀποφοιτᾶν προστέταχεν, καίπερ
εἰδὼς αὐτοὺς ὀστέων νεκρῶν μεστοὺς καὶ πάσης ἀκαθαρσίας· τάφοις δὲ μᾶλλον κεκο-
νιαμένοις ἀφομοιοῦν ἐδόκει τὸν εἴρωνα καὶ ὑποκριτὴν τῶν Φαρισαίων δῆμον, ἐπιεικείας
μὲν δόκησιν ἐμφανῆ παρακλέπτοντα, φαυλότητος δὲ καὶ ἁπάσης ἀκαθαρσίας, νοητῆς
δηλονότι, πεπληρωμένην ἔχοντα τὴν καρδίαν. Cyr., Juln. 10,337 (PG 76,1020AB).
[78] Τῷ γε μὴν τῷ μαθητῇ τὸ χρῆναι δὴ μᾶλλον κατακολουθεῖν εἰπεῖν, ἐφεῖναι δὲ
θάπτειν τοὺς τεθνεῶτας ἑτέροις, ἐδίδαξεν ὅτι τῆς εἰς Θεὸν ἀγάπης κατόπιν ἐρρῖφθαι
τὰ καθ' ἡμᾶς πρέποι ἂν εἰκότως, ὅτι καὶ τῆς εἰς γονέας αἰδοῦς τὰ Θεοῦ μείζονα. Γε-
νεσιουργὸς γὰρ καὶ ποιητὴς τῶν ὅλων αὐτός. Ὅτι δὲ τοὺς τάφους, ἤτοι τοὺς νεκρούς,
ταῖς τῶν ἀνθρώπων ψυχαῖς μολυσμὸν οὐδένα δυναμένους ἐμποιεῖν ἠπίστατο, διέξεισιν
ἐναργῶς, ἐπιφοιτᾶν τοῖς τεθνεῶσιν ἀξιῶν, καὶ αὐτοῖς δὲ τοῖς μνήμασιν. Cyr., Juln.
10,337 (PG 76,1020B).

dagegen als Gegenstand des Abscheus zu betrachten oder zu entehren. Ich will hier nicht sagen, daß sie hierin ganz recht gehandelt hätten, sondern nur andeuten, daß ein solches Verfahren von einem gesunden Gedanken ausgegangen sei. Oder würde ein weiser Mann nach dem Tode eines Anytos und Sokrates sich in gleicher Weise um die Bestattung des Körpers des Anytos und Sokrates kümmern und beiden ein gleiches Grab oder ein gleiches Denkmal gewähren wollen?[79]

Origenes erwägt also den Gedanken einer Unterscheidung „reiner" und „unreiner Körper" je nach Verdienst zu Lebzeiten. Sein Exkurs zeigt die Tendenz zu einer christlichen „Ethisierung" von Reinheitskategorien, wie wir sie schon mehrfach beobachtet haben, auch wenn das Verständnis einer örtlich-rituellen (Un-)Reinheit in diesem Text noch ganz präsent ist.

Die bisher angeführten Beispiele gehen von körperlich-kultischer Unreinheit („erster Ordnung" im Sinne der eingangs versuchten Systematisierung) aus; es gibt jedoch auch Beispiele für eine Umwertung der von Dämonen verursachten Unreinheit (der zweiten Ebene). In der erwähnten *Vita Antonii* waren die Gräber der Ort von Dämonenerfahrungen[80]. Bei Ambrosius dagegen begegnete die Feststellung, daß die Knochen von Märtyrern—obwohl ja eigentlich körperlich-kultisch unrein—in der Lage waren, von (unreinen) Dämonen zu reinigen[81]. Auch bei Johannes von Damaskus wird diese Ebene der Unreinheit thematisiert. In seiner *Expositio fidei* greift er wie der Verfasser der Apostolischen Konstitutionen zunächst die jüdischen Unreinheitsvorstellungen auf:

> Im Gesetze galt jeder, der einen Toten berührte, als unrein. Aber diese sind keine Toten. Denn seitdem er, der selbst das Leben, der Grund des Lebens ist, zu den Toten gezählt ward, nennen wir die, die in der Hoffnung auf Auferstehung und im Glauben an ihn entschlafen sind, nicht Tote. Denn wie kann ein toter Körper Wunder wirken? Wie also werden durch sie Dämonen ausgetrieben, Krankheiten verscheucht, Kranke geheilt, Blinde sehend, Aussätzige rein, Versuchungen und Kümmernisse gehoben, wie kommt durch sie jede gute Gabe

---

[79] Καὶ γὰρ ἄτοπον λίθους μὲν λίθων καὶ οἰκοδομήματα οἰκοδομημάτων νομίζεσθαι εἶναι καθαρώτερα ἢ μιαρώτερα παρὰ τὸ εἰς τιμὴν τοῦ θείου κατεσκευάσθαι ἢ εἰς ἀτιμοτάτων σωμάτων καὶ ἐναγῶν ὑποδοχήν, σώματα δὲ σωμάτων μὴ διαφέρειν παρὰ τὸ λογικὰ εἶναι τὰ ἐνοικήσαντα ἢ ἄλογα, καὶ λογικῶν τὰ σπουδαιότερα ἢ τοὺς φαυλοτάτους ἀνθρώπους. Τὸ τοιοῦτόν γε πεποίηκε τολμῆσαί τινας ἀποθεῶσαι μὲν τὰ τῶν διαφερόντων σώματα ὡς δεξάμενα ψυχὴν σπουδαίαν, ἀπορρίψαι δὲ ἢ ἀτιμάσαι τὰ τῶν φαυλοτάτων· οὐχ ὅτι πάντως τὸ τοιοῦτο ὑγιῶς γεγένηται, ἀλλ' ὅτι ἀπό τινος ἐννοίας ὑγιοῦς ἔσχε τὴν ἀρχήν. Ἡ ὁμοίως ὁ σοφὸς μετὰ τὴν τελευτὴν Ἀνύτου καὶ Σωκράτους φροντίσει τῆς ταφῆς τοῦ Σωκράτους σώματος καὶ τῆς Ἀνύτου καὶ τὸ παραπλήσιον ἀμφοτέροις κατασκευάσει ἠρίον ἢ τάφον; Or., *Cels.* 4,59 (SC 136, S. 334; Übers. Paul Koetschau, BKV 53, S. 378).
[80] Ath., *V. Antonii* 8-10, vgl. dazu Kap. 3.2.1.
[81] Ambr., *Ep.* 77,9—zit. in Kap. 3.2.1.

vom Vater der Lichter auf die herab, die in zuversichtlichem Glauben bitten?[82]

Johannes führt das Argument an, das wir schon bei Ambrosius kennengelernt haben: Wenn durch die Berührung von (Märtyrer-)Gebeinen „viele von den Dämonen gereinigt" und von ihren Krankheiten geheilt wurden, dann können diese sterblichen Überreste kaum Quelle von Unreinheit sein. Im Gegensatz zu Kyrill ist für Johannes nicht die ἀρετή der Toten ausschlaggebend, und es geht auch nicht um eine körperlich verstandene Reinigungswirkung der Gebeine, sondern der christliche Auferstehungsglaube definiert das „Totsein" dieser Überreste neu. Damit fallen aber gleichzeitig auch die überkommenen Unreinheitsvorstellungen im Zusammenhang mit gewöhnlichen Toten. Der verwendete Begriff ἀνάστασις (lat. *resurrectio*) ist jetzt Definitionsmerkmal der Christen gegenüber „allen anderen Menschen" (Augustin)—ebenfalls eine Aussage, der wir schon mehrfach begegnet sind[83]. Die theologische Reflexion über diese christliche „Besonderheit" des Auferstehungsglaubens macht die Beschränkung der Neubewertung der Unreinheit auf außergewöhnliche Tote (Märtyrer) endgültig überflüssig. Es ist ganz selbstverständlich, daß von einer Unreinheit im Zusammenhang mit den als unrein definierten Totengeistern der römisch-paganen Tradition (Lemurien) überhaupt keine Rede mehr ist (vgl. Kap. 2.5).

Schließlich gibt es eine dritte Gruppe von Quellen, in denen die körperlich-kultische Unreinheit geradezu nur noch als eine Reminiszenz früherer Zeiten erscheint. In vielen Tauftexten wird in diesem Sinn vom „Waschen" ([ἀπο]λούειν) und der „Reinigung" gesprochen, ohne daß damit eine körperlich-kultische Reinigung gemeint ist, die im verwendeten Vokabular freilich immer noch mitschwingt[84]. Ganz allgemein fordert Clemens von Alexandrien, daß in diesem Sinne die jüdische wie die pagane Reinheit im Christentum durch „reine Gedanken" substituiert sein sollte:

So sagt man, es ist gewiß notwendig, gewaschen (λελουμένος) zu den Gottes-

---

[82] Ἐν τῷ νόμῳ πᾶς ὁ νεκροῦ ἁπτόμενος ἀκάθαρτος ἐχρημάτιζεν, ἀλλ' οὐχ οὗτοι νεκροί.᾽ Ἀφ' οὗ γὰρ ἡ αὐτοζωή, ὁ τῆς ζωῆς αἴτιος, ἐν νεκροῖς ἐλογίσθη, τοὺς ἐπ' ἐλπίδι ἀναστάσεως καὶ τῇ εἰς αὐτόν πίστει κοιμηθέντας οὐ νεκροὺς προσαγορεύομεν. Νεκρὸν γὰρ σῶμα πῶς θαυματουργεῖν δύναται; Πῶς οὖν δι' αὐτῶν δαίμονες ἀπελαύνονται ἀσθενεῖς θεραπεύονται, τυφλοὶ ἀναβλέπουσι, λεπροὶ καθαίρονται, πειρασμοὶ καὶ ἀνίαι λύονται, πᾶσα δόσις ἀγαθὴ ἐκ τοῦ πατρὸς τῶν φώτων δι' αὐτῶν τοῖς ἀδιστάκτῳ πίστει αἰτοῦσι κάτεισι; Io.D., *F.o.* 88,42-49 (PTS 29, S. 204,42-49).
[83] So bei Epiph., *Anc.* 86,4f (zit. in Kap. 3.3.5) oder Chrys., *Hom. 31 in Mt.* 4 (Kap. 3.2.2—bei Chrys. ist es ἀθανασία statt ἀνάστασις), ganz ähnlich schon bei Tert., *Resurr.* 1,1. Augustin sagt explizit: „Allein dieser Glaube ist es, der die Christen von allen (anderen) Menschen unterscheidet und trennt: ... die Auferstehung von den Toten" (*Sola haec fides est quae Christianos ab omnibus hominibus discernit et separat: ... resurrectio mortuorum.* Aug., *Serm.* 215,6; ed. P. Verbraken, RBen 68 [1958], S. 24,131-136).
[84] S. dazu ausführlich Ysebaert (1962), dort insbes. S. 40-88.

diensten und zu den Gebeten zu gehen, rein (καθαρός) und glänzend (λαμ-πρός). Dieses—äußerer Putz und Reinigung—aber geschieht als Zeichen: „Reinheit (ἁγνεία) ist, reine/fromme Dinge (ὅσια) zu denken[85].

Gleichzeitig zeigt der Text, wie sehr in der täglichen Praxis auch zur Zeit des Clemens körperlich-kultische Reinheit selbstverständliche Voraussetzung für die Teilnahme am christlichen Gottesdienst gewesen zu sein scheint[86]. Während die Unreinheit von Leichen an dieser Stelle keine Rolle spielt, unternimmt Gregor von Nyssa in seinem Traktat von der Auferstehung Christi eine ethisierende Umdeutung der früheren körperlich-kultischen Unreinheit von „Totengebein" durch theologische und ethische Größen:

> Laßt uns, Brüder, auch nicht schweigend jenen vornehmen Ratsherrn, Josef von Arimathäa, übergehen, der als Gabe jenen unbefleckten und heiligen Leib nahm, ihn in reines Linnen hüllte und in ein reines Grab (καθαρὸν μνημεῖον[87]) legte. Sie soll uns Gesetz sein, die Tat jenes vornehmen Ratsherrn, daß auch wir gleichermaßen gut beraten sind, wenn wir jene Gabe des Leibes nehmen, sie nicht mit dem befleckten Linnen unseres Gewissens zu empfangen und ihn nicht in das von Totengebein und jeder Unreinheit übelriechende Grab unseres Herzens legen, sondern, wie der Apostel sagt, jeder sich selbst prüfe, damit nicht zum Gericht wird die Gnade für den, der sie unwürdig empfängt[88].

Gregor konzediert also zwar grundsätzlich die Unreinheit von Gräbern und Leichen. Bei der Bestattung Jesu Christi selbst habe es jedoch eine (erste) Ausnahme gegeben, wie er sagt: Jesu toter Körper sei rein, unbefleckt (ἄχραντος) und heilig (ἅγιος) gewesen—gemeint ist keine körperlich-kultische Reinheit, sondern Freiheit von Schuld und Sünde. Diesen reinen Körper habe man in reines Leinen (Mt 27,59: σινδὼν καθαρά) gehüllt und in ein „reines Grab" gelegt. Erzählt wird dies, um zu einem ähnlicher (das heißt vor allem ethischer) Reinheit verpflichteten Lebenswandel aufzurufen.

---

[85] ταύτῃ τοι λελουμένους φασὶ δεῖν ἐπὶ τὰς ἱεροποιίας καὶ τὰς εὐχὰς ἰέναι, κα-θαροὺς καὶ λαμπρούς· καὶ τοῦτο μὲν συμβόλου χάριν γίνεται τὸ ἔξωθεν κεκοσμῆσθαί τε καὶ ἡγνίσθαι, ἁγνεία δέ ἐστι φρονεῖν ὅσια. Clem. Al., Str. 4,22,141,4-142,1 (GCS 17, S. 310,29-311,2).

[86] Vgl. die übereinstimmenden Hinweise, auch aus den archäologischen Quellen, im Kap. 3.2.1.

[87] Das ἐν τῷ μνημείῳ kommt in den Evangelien nicht vor, sondern ist Gregors eigene Interpretation.

[88] μὴ παρασιωπήσωμεν, ἀδελφοί, μηδὲ τὸν εὐσχήμονα βουλευτὴν ἐκεῖνον τὸν ἀπὸ Ἀριμαθαίας Ἰωσήφ, ὃς δῶρον τὸ ἄχραντον καὶ ἅγιον ἐκεῖνο σῶμα λαβὼν καθαρὰν περι-τίθησιν αὐτῷ σινδόνα καὶ καθαρῷ μνημείῳ ἐναποτίθεται. νόμος ἡμῖν ἔστω τὸ τοῦ εὐσχήμονος ἐκείνου βουλευτοῦ ἔργον τοῦ καὶ ἡμᾶς ὁμοίως βουλεύεσθαι, ὅταν λάβωμεν ἐκεῖνο τὸ δῶρον τοῦ σώματος, μὴ ἐρρυπωμένῃ τῇ τῆς συνειδήσεως σινδόνι διαλαμβά-νειν μηδὲ ὀδωδότι ἐξ ὀστέων νεκρῶν καὶ πάσης ἀκαθαρσίας τῷ μνήματι τῆς καρδίας ἐναποτίθεσθαι, ἀλλά, καθώς φησιν ὁ ἀπόστολος, δοκιμάζειν ἕκαστον ἑαυτόν, ἵνα μὴ κρίμα ἡ χάρις γένηται τῷ ἀναξίως δεχομένῳ τὴν χάριν). Gr. Nyss., Tr. Sp. 625 (GNO 9, S. 303,12-304,5; Übers. Hubertus R. Drobner [Hg.], Gregor von Nyssa: Die drei Tage zwischen Tod und Auferstehung unseres Herrn Jesus Christus. Eingeleitet, übersetzt und kommentiert, PP5, Leiden 1982, S. 35).

Bei Asterius dem Homileten (um 400) findet sich ein ähnlicher Angriff auf die jüdischen Vorstellungen, der die religiöse Bedeutung körperlich-kultischer Unreinheit im Licht der Christusüberlieferung uminterpretiert:

> *Sie wurden verabscheut* wie die, die die Knochen von Toten und die Leichen berührt haben. Das Gesetz machte nämlich deshalb den, der einen Toten berührt hatte, verabscheuungswürdig, weil Judas verabscheuenwürdig wurde, der immer nur den toten Christus anfaßte und den lebendigen nicht sah: *Wer wird dir, Israel, zu Hilfe kommen, wenn du zugrunde gehst?* [Hos 13,9][89]

Im Gegensatz etwa zu den Apostolischen Konstitutionen interpretiert Asterius damit die jüdischen Vorschriften bereits im wesentlichen von einer ethisch-theologischen Ebene aus: Das „neue" Verständnis im Christentum gilt für den Verfasser der Psalmenhomilien damit als Zeichen für das Ende der Gültigkeit der jüdischen Überlieferung.

Zusammenfassend ist folgendes festzuhalten: 1. Die Existenz der wiedergegebenen Diskussion zeigt, daß Reinheitsvorstellungen auf der körperlich-kultischen Ebene für einen Teil der antiken Christen insbesondere des 4. und frühen 5. Jahrhunderts durchaus von Bedeutung waren. Manche dieser Christen—und natürlich pagane und jüdische Mitmenschen—brachten Leichen und Gräber mit einer solchen körperlich verstandenen Unreinheit in Verbindung, Gottesdienst und Sakralraum jedoch mit körperlich-kultischer Reinheit. 2. Die zu Wort gekommenen christlichen Autoritäten bekämpften insbesondere das Verständnis der Unreinheit der Toten und der Gräber, in den meisten Fällen mit einer „Ethisierung" beziehungsweise „Theologisierung" der Reinheitsebenen. Mit dieser Neubewertung erweisen sich die angeführten Autoritäten—fast alles christliche Bischöfe—als zuständig in Reinheitsfragen, in den Apostolischen Konstitutitonen wird eine solche Zuständigkeit sogar explizit erwähnt. In den paganen Kulten war es eine der Hauptaufgaben des Priesteramtes, kultische Reinheit und rituelle Kontamination festzustellen; in der jüdischen Tradition hatte bereits die rabbinische Bewegung mit ihren ausführlichen, zum Teil literarisch festgehaltenen, Reinheitsdiskussionen diese Aufgaben übernommen. 3. Die in anderen christlichen Texten, vor allem in den Exorzismustraditionen, so wichtige Unreinheit auf Grund des Einflusses

---

[89] Ἐβδελύχθησαν, ὡς οἱ νεκρῶν ὀστέων καὶ ἀποθανόντων ἁψάμενοι. Διὰ τοῦτο γὰρ ὁ νόμος τὸν ἁψάμενον νεκροῦ βδελυκτὸν ἐποίει, ἐπειδὴ ὁ Ἰουδας, νεκρὸν ἀεὶ τὸν Χριστὸν ψηλαφῶν καὶ ζῶντα οὐ βλέπων, βδελυκτὸς ἐγένετο· Τῇ διαφθορᾷ σου, Ἰσραήλ, τίς βοηθήσει; Ast., *Hom.* 25,19 (ed. M. Richard, SO.S 16, Oslo 1956, S. 196,20-24). Vgl. zu dieser Stelle den Kommentar in der in Kürze erscheinenden kommentierten Übersetzung Wolfram Kinzigs in der BGrL (2001).

von Dämonen, die auch im pagan-römischen Festkalender ihren Niederschlag gefunden hatte[90], spielt in den untersuchten Texten nur im Sinne eines Gegenargumentes eine Rolle: Gebeine, die von Dämonen reinigen, können selbst nicht unrein sein.

---

[90] S. Kap. 2.5.

KAPITEL FÜNF

ZUSAMMENFASSUNG UND AUSBLICK

Die vorliegende Untersuchung hatte zum Ziel, das, was die überlieferten Quellen zur rituellen Bewältigung des Todes in den christlichen Gemeinden der Antike berichten, zusammenzustellen und eine Klärung derjenigen Voraussetzungen für diese Ritualentwicklung zu unternehmen, die nicht unmittelbar mit Eschatologie und Jenseitsvorstellungen in Verbindung stehen. Es ist deutlich geworden, daß sich aus dem vorhandenen Material die rituellen Abläufe von Bestattungen und Totengedenkfeiern des untersuchten Zeitraums nicht historisch lückenlos rekonstruieren lassen. Angesichts der Pluralität ritueller Formen in der Antike, die die Quellen eindeutig belegen[1], wären dazu große Mengen detaillierter Quellen—Agenden, Berichte, Erzählungen—nötig, wie wir sie selbst aus dem 19. und 20. Jahrhundert nicht hätten. Ich habe dennoch versucht, das Bild, das die Quellen von den Ritualen zeichnen, so gut wie möglich wiederzugeben.

1. Die Suche nach diesem Bild stieß zunächst auf eine alles andere als einheitliche rituelle Welt in der geographischen und geistigen Umgebung der sich entwickelnden neuen Religion. Der kulturelle Austausch des Römischen Reiches ließ so unterschiedliche rituelle Traditionen wie die des Alten Ägyptens mit denen des rabbinischen Judentums und der graeco-römischen Lokaltraditionen aufeinandertreffen. Weder Jesus noch Paulus oder die übrigen Apostel hatten das Christentum mit unumstößlichen Vorschriften für Riten im Zusammenhang mit Tod und Bestattung ausgestattet, so daß die junge Religion in diesem keineswegs statischen Spannungsfeld zunächst ohne eine eigene rituelle Überlieferung war. Zunächst folgten die christlichen Familien—denn in der antiken Mittelmeerwelt war es fast überall eine Angelegenheit der Familie—den lokalen Traditionen, seien sie jüdisch, griechisch oder römisch. Dabei blieb es jedoch nicht: Seit dem 2. Jahrhundert lassen sich dezidierte Spuren eigener Formen des Umganges mit diesen Überlieferungen ausmachen; als Konsequenz kam es zu einer Auseinandersetzung und schließlich zu Konflikten in grundlegenden Fragen des Rituals.

2. Eine solch zentrale Frage ist die der rituellen Reinheit und Unreinheit im

---

[1]   S. dazu Kap. 3.3.

Zusammenhang mit Tod und Bestattung. Eine Stellungnahme dazu wurde einmal von den von der israelitischen Religion übernommenen heiligen Texten gefordert, die explizite Verhaltensvorschriften und Definitionen enthielten. Bereits in den neutestamentlichen Schriften, erst recht aber in den zitierten Väterstellen wird diese Frage einigermaßen eindeutig beantwortet (was nicht heißt, daß dies immer in allen Gemeinden die Einheitsmeinung war!): Die „jüdischen" Reinheitsgebote sollten für Christen keine Gültigkeit mehr haben, auch nicht in den Angelegenheiten von Tod und Bestattung. Einer Verbindung von gottesdienstlichen Feiern mit Sterben und Totengedenken schien von dieser Seite nichts im Wege zu stehen. Die Vertreter der jungen Religion koppelten sich damit von den rituellen Traditionen des Ursprungslandes des Christentums ab, eine Tatsache, die auch mit der fehlenden Übernahme der sich in dieser Zeit entwickelnden palästinischen Sekundärbestattungen zusammenpaßt. Damit verhielten sich die christlichen Gemeinden allerdings vermutlich nicht allzu verschieden von den jüdischen Gemeinden, die nach 70 in vielen Bereichen ebenfalls zu neuen rituellen Formen finden mußten[2].

Mit der relativ eindeutigen Stellungnahme gegenüber den jüdischen Traditionen war die christliche Position aber noch nicht endgültig gefunden: Spätestens seit der Zeit Konstantins und der Übernahme öffentlicher Funktionen, die vorher den paganen Kulten zugefallen war, mußte die dort so wichtige Reinheitsfrage wieder aktuell werden. Die dargestellten Konflikte mit Stimmen aus den paganen Überlieferungen sind dafür Beleg. Vielleicht übernahm der christliche Gottesdienst an vielen Orten im Laufe des 4. Jahrhunderts tatsächlich Elemente der alten paganen Kultreinheit—eine These, der im Rahmen einer liturgiegeschichtlichen Arbeit noch einmal nachzugehen wäre und die auch in den archäologischen Quellen sicher noch reichlich Stoff fände. Sie würde zumindest den seit der zweiten Hälfte des 4. Jahrhunderts ausgetragenen Konflikt um die Reinheit von Reliquien in Gotteshäusern erklären. Dieser Konflikt wurde, bleibt man einmal in diesem Schema, nicht im Sinne der Unreinheit oder Neutralität der Kirchengebäude entschieden, sondern die untersuchten Quellen sprechen der Unreinheit von menschlichen Überresten ihre Bedeutung ab, eine Bedeutung, die doch zum Urgestein des jüdischen wie des graeco-römischen Reinheitsdenkens gehört hatte. Die

---

[2] Vgl. zu diesem großen Themenkomplex nur z.B. Stefan C. Reif, Judaism and Hebrew prayer. New perspectives on Jewish liturgical history, Cambridge/New York/Melbourne 1995 (mit aktueller Lit.).

christlichen Autoren bedienten sich vor allem einer Verschiebung der Un-
reinheitsebenen, ohne die Sprache des Reinheitsdenkens ganz aufzugeben
und auch ohne die literarischen graeco-römischen Traditionen ganz hinter
sich zu lassen (wenn zum Beispiel die ἀρετή der Verstorbenen angeführt
wird, die die Reinheitsfrage unbedeutend werden läßt); andererseits führen
sie auch Argumente gegen die Gültigkeit der jüdischen Vorschriften ins Feld,
und drittens spielt eine dezidierte Reliquien- und Auferstehungstheologie eine Rolle (reinigende Wirkung von Reliquien, Nicht-Tot-Sein der Entschlafenen), deren genauere inhaltliche Untersuchung jedoch nicht Gegenstand dieser Arbeit war.

3. Mit der Reinheitsfrage eng verknüpft ist die Festlegung der Einflußsphären
der Alten Kirche: Das Christentum war nicht damit zufrieden, Einzelnen exi-
stentielle Fragen zu beantworten, wie es manche philosophische Schulen taten, und Bestattung und Totengedenken den Familien und bestimmten Be-
rufsgruppen zu überlassen—anders, als dies die Funktionsträger der Religion
der olympischen Götter getan hatten. Die zentralen christlichen Texte—bereits die neutestamentlichen, die den Gedanken an eine Auferstehung
der Toten an zentraler Stelle ihrer Lehre verorteten—verlangten geradezu
nach einer Einmischung in diesem Bereich. Sowohl die Aufgaben der traditionellen „Familienreligion" als auch die des öffentlichen Kultes wurden
deswegen spätestens seit dem 4. Jahrhundert für das Christentum reklamiert,
auch wenn zu dieser Zeit die Kirche noch keineswegs Ressourcen und Personal in mittelalterlichen Dimensionen hatte und kirchliche Bestattungen und
von Priestern zelebrierte Gedächtnismessen erst später allgemeine Praxis
wurden. Tatsächlich sind wir jedoch schon in vorkonstantinischer Zeit im
Zusammenhang mit dem Totengedenken (und vielleicht auch mit der Bestattung) gottesdienstlichen Feiern begegnet, in denen priesterliche Funktionsträger liturgische Aufgaben übernahmen. Diese „Einmischung" in die rituellen Fragen von Tod und Bestattung stellte noch gegen Ende des 4. Jahrhunderts Autoritäten wie Augustin und Johannes Chrysostomus vor schwierige Aufgaben. Die ganze Dimension dieses Unterfangens wird deutlich,
wenn wir uns noch einmal die anfangs erwähnten und im Vergleich mit anderen kulturellen Kontexten illustrierten anthropologischen Koordinaten ins
Gedächtnis rufen, die nicht beliebig verschiebbar waren (zum Beispiel die
Notwendigkeit einer rituellen Trauermöglichkeit oder ein an den individualpsychologischen Trauerphasen orientiertes Totengedenken): Augustins di-
plomatisches Vorgehen hat exemplarisch ein Verständnis für solche mensch-

lichen Bedingungen demonstriert.

4. Jede Betrachtung des rituellen Umgangs mit dem Tod und den Toten in der Antike sieht sich immer wieder vor die Frage gestellt, was denn „christliche" und was „pagane" Praxis bedeutet. Viele der zitierten Quellen zeichnen das Bild eines christlich-„heidnischen" Antagonismus, der jedoch insbesondere in den rituellen Vollzügen nicht zu allen Zeiten so reflektiert wurde, wie es manchem Kirchenvater lieb gewesen wäre. Selbst dort, wo es zum Konflikt oder zu einer Umwandlung der bisher üblichen paganen Praxis kam, ist dies in vielen Fällen in Anknüpfung an ältere pagane Traditionen geschehen: Die *vetus et melior consuetudo*, der alte und bessere Brauch, wird zwar nicht immer so offen thematisiert wie bei Minucius Felix, doch konnten so unterschiedliche Dinge wie die christlichen Appelle gegen aufwendige Bestattungen, die Kritik an der rituellen Totenklage oder die schon genannte Thematisierung der ἀρετή der Verstorbenen auf jahrhundertealte Traditionen zurückgreifen. Damit unterschied sich das Christentum zuweilen wenig von dem in den zitierten rabbinischen Quellen bezeugten Judentum, das sich mit den graeco-römischen Lokaltraditionen arrangierte[3]. Es war jedoch mehr als ein bloßes „Arrangieren": In der Wahl der Trauerfarben, der Musik, der Bezeichnung *coemeterium* für christliche Grabstätten und den biblischen Begründungen für die Daten des Totengedenkens findet sich in den Quellen das Bemühen um Abgrenzung von den Traditionen der nichtchristlichen Zeitgenossen. Auch die Sterbeberichte lassen—trotz Anknüpfung an pagane Vorbilder—eine solche Tendenz zuweilen erkennen. Die Auswirkung solcher Berichte und Appelle auf die tatsächliche rituelle Praxis ist, wie wir gesehen haben, in manchen Fällen begrenzt geblieben; dennoch waren Versuche dieser Art für die Entwicklung christlicher Identität von hoher Bedeutung.

5. Die Christen waren schließlich, glaubt man den hier untersuchten Quellen, (mehr oder weniger zufällig?) in vielen Fragen „auf der Höhe der Zeit": Die seit dem 1.-2. Jahrhundert n.Chr. aussterbende Kremation war für Christen kein Thema, die seit dem 1. Jahrhundert zu individuelleren und bescheideneren Formen findende Grabarchitektur entsprach der grundlegenden Linie christlichen Lebensstils, genauso wie der Trend weg von repräsentativen Grabbeigaben hin zu einem völligen Verzicht beziehungsweise zu der oben „rituelle Konzentration" genannten Beschränkung auf sehr persönliche und in der Regel wenig wertvolle Beigaben. Die dargestellten Begründungen für ei-

---

[3] S. dazu noch einmal die o.g. Arbeit von Noy (1998).

ne solche Praxis entstammten christlichem Denken—Askese, Würde (τιμή)
des menschlichen Körpers, Schöpfungstheologie—, die Sache entsprach
nicht selten dem „Zeitgeist".

Christen und Nichtchristen teilten in der antiken Welt die Erfahrung von
Sterben und Tod. Ihre in dieser Arbeit vorgestellten offenen und versteckten
Unterschiede, Konstanten und Veränderungen im Umgang mit dieser Erfah-
rung sind Zeugnis einer sich auch in den Riten erst allmählich bewußtwer-
denden—und damit zuweilen geförderten—Neuinterpretation von Sterben,
Tod, Begräbnis und Totengedenken.

ENGLISH SUMMARY

This study aims to shed light on the development of Early Christian rituals in
connection with death and burial. It concentrates on the (pre)conditions and
(pre)suppositions for death rituals other than those directly concerned with
eschatology and ideas about the afterlife which have been sufficiently explo-
red elsewhere.
The material examined clearly shows that we cannot achieve a complete hi-
storic reconstruction of what the rituals looked like and which rites were
used in funerals and commemorative rituals in the Christian communities. In
fact, we are faced with a picture of ritual plurality which is also strongly
supported by the evidence from pagan sources. Hence, we would need a lar-
ge number of detailed sources—liturgies, reports, descriptions—larger even
than that available from modern times. Given the scarce research done on the
topic so far—this study represents the first monographic work on the topic
for more than half a century—, it seems at least desirable to describe and
analyse the picture presented by the surviving sources as precisely as possi-
ble. In the light of the complex nature of the subject, recent research in
science and the humanities have also been utilised in order to be able to un-
derstand and interpret the sources.
1. The starting point for this study is the ritual environment of the Mediterra-
nean world in which Early Christianity developed. An examination of the

pagan and Jewish sources from Egypt, Palestine, Greece, and Rome shows anything but an homogenous ritual world. The cultural exchange within the Roman Empire lead to a confrontation of very different ritual traditions such as those found in old Egyptian cults and rabbinic Judaism or various distinct local Graeco-Roman customs. Jesus, St. Paul, and the other Apostles failed to equip the young religion with ritual orders and prescriptions. Consequently, within this dynamic situation Christianity found itself lacking a distinctive ritual tradition. At first, the Christian families—almost everywhere death rituals were a matter of the families—followed the local customs, be they Jewish, Greek, or Roman. Gradually and at a relatively early stage, however, we see the emergence of distinctively Christian modifications of these inherited traditions. This, in turn, inevitably gave rise to disputes and conflicts in ritual matters.

2. One area where this becomes apparent concerns ritual purity and impurity. The holy texts inherited from the Israelite religion contained explicit purity laws, rules and definitions, and thus forced the Christians to develop a clear position. In fact, some New Testament writings and various later authors took a firm view on this issue (which does not mean that all Christian communities agreed): The „Jewish‟ purity laws were regarded as invalid for Christians, as were the laws regarding death and burial. As for the role of purity for Christian worship, the issues were more ambivalent. The fact that the dead were no longer regarded as impure, however, certainly opened up the opportunity for connecting Christian worship with rites such as funerals and commemorative rituals. Thus, the young religion undocked itself from the ritual traditions of its geographic origin, Palestine. This observation is also supported by the fact that secondary burials which developed widely in Palestine at the time were on the whole not practised by Christians. By doing this, however, the Christian communities showed a behaviour not too different from that of Jewish communities of the Diaspora after 70 CE which also had to find to new ritual forms in many fields.

The relatively clear Christian disposition toward the Jewish traditions did not, however, immediately lead to a definitive set of Christian rituals: The question of purity arose again during Constantine's reign when functions formerly fulfilled by pagan cults—where purity was of the utmost importance—were suddenly taken over by Christian rituals. Consequently, it gave rise to conflicts which are portrayed in this study. Perhaps Christian worship now did take over elements of the old pagan cultic purity: a hypothesis which would be worthwhile investigating in more detail in the course of a separate liturgic study. A sufficient number of sources seems to be available. Such a hypothesis could in fact explain the conflict surrounding the question of the purity of relics placed in churches which only really emerged in the second half of the forth century. This conflict was not resolved in favour of churches being impure or ritually neutral, but the Christian authorities denied human remains their impure status, a status that once was at the core of both the Jewish and the Graeco-Roman concept of impurity. First, the Christian authors brought about a „shift" in their understanding of the different levels of impurity without abandoning the language of (im)purity altogether, partly by employing concepts inherited from the Graeco-Roman literary traditions (such as stressing the ἀρετή of the deceased, thereby diminishing the importance of the question of impurity). Secondly, some authors argue against the validity of the Jewish rules and laws with specific arguments. Thirdly, a distinct theology of relics and the resurrection developed. In this context, relics could play a purifying role, as it was denied that the deceased were „dead", etc. Again, the exact structure and contents of this theology would be a rewarding topic of a separate study.

3. The question of purity and impurity directly affects the extent of the emerging spheres of influence of the Early Church: The new religion was not content simply to answer existential questions as some individuals might have done and as some philosophical schools did. The universal and totalising claim that Christianity exercised on the life of the believers was not compatible with leaving death, burial, and the commemoration of the dead simply to the families and professional undertakers. The holy Christian texts demanded intervention in this sphere—given for example the centrality of the resurrection in the New Testament! Both the functions of the traditional „family religion" and those of the public cults were taken over by Christianity, at least from the fourth century onwards, despite not having resources and personnel on a medieval scale (which is why religious funerals, and regular masses for the departed became common practice everywhere only later). Already in the time of Constantine, however, we come across liturgical rites in connection with the commemoration of the dead (and in some cases as part of funerals) in which priestly functionaries fulfilled liturgical tasks. This „intervention" in ritual matters of death and burial led to difficult questions for authorities such as John Chrysostom or Augustine as late as the fourth century. The scale of this undertaking becomes clear when considering the

anthropological coordinates examined in the first part of the present study
(especially striking when looking at cross cultural comparisons) which are
not adjustable at will, such as the necessity of a ritual mourning, or of a
commemorational ritus in accordance with individual-psychological mourning phases: Augustine's course of action in Hippo demonstrates some of the
implications of such an intervention, but also shows his diplomatic skills and
understanding of the human condition.

4. Any study of the rituals of death and the dead in antiquity faces the question of defining and distinguishing between „Christian" and „pagan" practice. Many of the sources examined suggest some sort of Christian-pagan antagonism which is at times not reflected accordingly by the ritual processes,
maybe against the wishes of some of the church fathers who often were in
fact the leading protagonists of such an antagonism. Even in cases of conflicts or cases where we can observe a transformation of the formerly pagan
practices into Christian ones, this often happened in some continuity with older pagan traditions: It is not always with an explicit reference to a vetus et
melior consuetudo, an older and better custom, as Minucius Felix puts it, but
different things such as the Christian appeals against expensive funerals, the
critique of the ritual lament, or the aforementioned theme of the ἀρετή of the
deceased all gave rise to the utilisation of centuries-old traditions. In some
respects, Christian developments were parallel to those within Judaism
which, as the rabbinic sources suggest, came to terms with the local Graeco-
Roman traditions. However, the course of action chosen by the Christians
was sometimes more complex: We·can observe explicit attempts at border-
maintenance against the pagan neighbours when it came to choosing ritual
colours, music, naming Christian burial sites coemeteria, and formulating
exegetical arguments for certain dates of commemoration. This tendency is
also exhibited by the reports of the death of prominent Christians despite the
fact that they often followed pre-existing pagan literary models. In many cases, such attempts only had limited consequences, but they did play a pivotal
role in developing a Christian identity in the ancient world.

5. Finally, the examined sources suggest that the Christians kept pace with
the Zeitgeist (more or less accidentally?): Cremation, going out of fashion
from the first century onwards, had never been to the liking of the Christians.
The more modest trends in memorial architecture corresponded to a major
feature of Christian lifestyle just as the tendency away from ostentatious
grave goods towards the total abandonment thereof, or towards what this

study calls „ritual concentration" on very personal, emotionally or symboli-
cally important, but materially almost worthless goods. Such practices—no
matter why they became popular—could be explicitly supported by aspects
of genuine Christian thinking: for example, asceticism, the concept of a par-
ticular dignity (τιμή) of the human body, creational theology etc.

Christians and Non-Christians shared the experience of dying and death in
antiquity. Their open and hidden differences in practice and thinking, the
continuities and changes in dealing with this experience are witness to a new
interpretation of dying, death, burial, and commemoration of the departed
which only slowly became explicit in—and sometimes were advanced
by—their rituals.

QUELLEN- UND LITERATURVERZEICHNIS

6.1 Abkürzungen

Die Abkürzungen der Sekundärliteratur folgen Siegfried M. Schwertner, Internationales Abkürzungsverzeichnis für Theologie und Grenzgebiete, 2. Aufl. Berlin 1993[1]. Die paganen und christlichen Primärquellen werden, soweit möglich, zitiert nach Henry George Liddell/Robert Scott, Greek-English Lexicon. With a revised supplement, 10. Aufl. Oxford 1996, beziehungsweise nach Geoffrey William Hugo Lampe (Hg.), Patristic Greek lexicon, Oxford 1961. Die Werkangaben der lateinischen Autoren folgen dem LAW, die Abkürzungen der jüdischen Quellen folgen Hermann L. Strack/Günter Stemberger (Hg.), Einleitung in Talmud und Midrasch, 8. Aufl. München 1993. Darüber hinaus werden folgende Abkürzungen verwendet:

DNP = Hubert Cancik (Hg.), Der Neue Pauly. Enzyklopädie der Antike, Stuttgart 1996ff.
Greg. Nyss., *Tr. sp.* = Gregor Nyssenus, *De tridui inter mortem et resurrectionem Domini nostri Iesu Christi spatio.*
HABES = Heidelberger althistorische Beiträge und epigraphische Studien, Heidelberg 1986ff.
JSQ = Jewish Studies Quarterly. Tübingen 1993ff.
latD = Didascalia apostolorum, ed. Erik Tidner, TU 75, Berlin 1963.
Sm = *Ebel Rabbati* bzw. *Semachot*
SmH = *Masseket Semachot*
syD = The Didascalia Apostolorum in Syriac, ed. A.Vööbus, The Didascalia apostolorum in Syriac, CSCO.S, Löwen 1979.
TMEFA = Travaux et mémoires des anciens membres étrangers de l'école française d'Athènes et de divers savants, Paris 1955ff.

6.2 Literarische antike Quellen

Die im Text zitierten Übersetzungen antiker Textpassagen sind, sofern nicht anders angegeben, meine eigenen. Editionen nicht wörtlich zitierter Quellen werden nicht ausdrücklich genannt. Autorennamen in eckigen Klammern weisen auf pseudepigraphische Schriften hin.

Acta Andreae, ed. R.A. Lipsius/M. Bonnet, Acta Apostolorum apocrypha 2.1, Leipzig 1898 (Neudr. Darmstadt 1959), S. 38-45.
Acta Andreae et Matthiae, ebd., S. 65-116.
Acta Maximiliani, ed. H.A. Musurillo, The acts of the Christian martyrs, Oxford 1972 , S. 245-248.
Acta Pauli et Theclae, ed. R.A. Lipsius/M. Bonnet, Acta Apostolorum apocrypha 1, Leipzig 1898 (Neudr. Darmstadt 1959), S. 235-272.
Acta Petri et Andreae, ebd., S. 117-127.
Acta Proconsularia Cypriani, ed. G. Hartel, CSEL 3.3, S. CX-CXIV.
Acta SS. Carpi, Papyli et Agathonicae, ed. R. Knopf/G. Krüger, Ausgewählte Märtyrerakten, SQS.NF 3, 4. Auflage Tübingen 1965, 8-14.
Ambrosiaster, Quaestiones Veteris et Noui Testamenti, ed. Alexander Souter, CSEL 50.
Ambrosius, De Bono Mortis, ed. C. Schenkl, CSEL 32, S. 701-753.
—— De Helia et Ieiunio, ed. C. Schenkl, CSEL 32.2, S. 411-465.

---

[1] Nachdr. TRE. Abkürzungsverzeichnis, 2. Aufl. Berlin/New York 1994, S. 1-488.

—— De obitu Satyri = de excessu fratris, ed. O. Faller, CSEL 73, 207-325.

—— De obitu Theodosii, ed. O. Faller, CSEL 73, S. 371-401.

—— De obitu Valentiniani, ed. O. Faller, CSEL 73, S. 329-367.

—— Epistulae, ed. O. Faller, CSEL 82.1, S. 3-241; ed. O. Faller/M. Zelzer, CSEL 82.2, S. 3-192; ed. M. Zelzer, CSEL 82.3, S. 3-140.

Ammianus Marcellinus, Res Gestae, ed. C.U. Clark, Bd. 1, 2. Aufl. Berlin 1963.

Apostolische Konstitutionen, ed. M. Metzger, SC 320/329/336.

Aristides, Apologia, ed. Costantino Vona, L'Apologia di Aristide. Introduzione, Versione dal Siriaco e Commento, Lat.NS 16/1-4, Rom 1950.

Arnobius von Sicca, Aduersus nationes, ed. A. Refferscheid, CSEL 4, S. 3-285.

Asterius, Commentarium in Psalmos, ed. M. Richard, SO.S 16, Oslo 1956.

Athanasius, Vita S. Antonii, ed. G.J.M. Bartelink, SC 400.

Aurelius Augustinus, Confessiones, ed. L. Verheijen, CChr.SL 27, S. 1-392.

—— De Civitate Dei, ed. B. Dombart/A. Kalb, CChr.SL 47-48.

—— De cura pro mortuis gerenda ad Paulinum episcopum, ed. J. Zycha, CSEL 41, S. 621—660.

—— Enarrationes in Psalmum, ed. D. E. Dekkers/J. Fraipont, CChr.SL 38.

—— Enchiridion ad Laurentium = De fide spe et caritate, ed. E. Evans, CChr.SL 46, S. 49-114.

—— Epistulae, ed. A. Goldbacher, CSEL 341, 34.2, 44, 57; ed. J. Divjak, CSEL 88.

—— Quaestiones in Heptateuchum, ed. J. Fraipont, CChr.SL 33, S. 1-377.

—— Sermo 25, ed. P. Verbraken, in: RBen 68 (1958), S. 18-25.

—— Sermo 28 Guelferb., ed. Germain Morin, MA 1, Rom 1930, S. 535-543.

—— Sermones, PL 38-39.

Ausonius, D. Magnus A., Parentalia, ed. R. Peiper, BSGRT, Stuttgart 1886 (Neudr. Stuttgart 1967, danach zitiert).

Basilius Caesariensis, Comment. in Isaiam Prophetam, PG 30, Sp. 117-668.

—— Epistulae, PG 32, Sp. 219-1112.

—— Homilia de gratiarum actione, PG 31, Sp. 217-238.

—— Homilia in Divites, PG 31, Sp. 277-304.

—— Homilia in Psalmum 115, PG 30, Sp. 103-116.

Canones Basilii, ed. W. Riedel, Die Kirchenrechtsquellen des Patriarchats Alexandrien, Leipzig 1900 (Neudr. Aalen 1968), S. 230-283.

Canones Hippolyti, ebd., S. 220-229.

Cicero, De legibus, ed. K. Ziegler/W. Görler, Ciceros staatstheoretische Schriften, SQAW 31, 4. Aufl. Berlin 1988, S. 212-328.

—— Tusculanae disputationes, ed. M. Pohlenz, BiTeu 44, 1918 (Nachdr. 1968, danach zitiert).

[Clemens], Epistula ad Corinthios, ed. J.A. Fischer, Die Apostolischen Väter, SUC 16, 9. Aufl. 1986, S. 1-107.

Clemens Alexandrinus, Paedagogus, ed. O. Stählin/U. Treu, GCS 12, 3. Aufl. 1972, S. 89-292.

—— Protrepticus, ed. O. Stählin/U. Treu, GCS 12, 3. Aufl. 1972, S. 1-86.

—— Stromata, ed. O. Stählin/L. Früchtel, GCS 15, 3. Aufl. 1985, S. 3-518/GCS 17, 2. Aufl. 1970, S. 3-102.

Commodian, Instructiones, ed. J. Martin, CChr.SL 128, S. 3-70.

Concilia Africae, ed. C. Munier, CChr.SL 149.

[Cyprianus], Carmen de resurrectione mortuorum et de iudicio Domini, ed. J. H. Waszink, Flor-Patr.S 1, Bonn 1937.

Cyprianus, De lapsis, ed. M. Bévenot, CChr.SL 3, S. 217-242.

—— De mortalitate, ed. M. Simonetti, CChr.SL 3A, S. 15-32.

—— Epistulae, ed. G.F. Diercks, CChr.SL 3B.2/CChr.SL 3B.3.

Demosthenes, Orationes, ed. K. Fuhr, ed. maior, Bd. 1-2,1, Leipzig 1914-1937.

Didascalia apostolorum, ed. E. Tidner, TU 75, Berlin 1963 (syr.: ed. A.Voöbus, The Didascalia apostolorum in Syriac, CSCO.S, Löwen 1979).

Diodorus Sicilus, Bibliotheca historica 1, ed. I. Bekker/L. Dindorf/F. Vogel, BiTeu, 3. Aufl. Stuttgart 1964.

Pseudo-Dionysius Areopagita, De ecclesiastica hierarchia, ed. G. Heil/A. M. Ritter, PTS 36, Berlin/New York 1991.

[Dionysios Halikarnassos], Ars rhetorica, ed. H. Usener, BiTeu, Nachdr. Stuttgart 1965.

Egeria (Aetheria), Itinerarium Egeriae, ed. A. Franceschini/R. Weber, CChrSL 175.

Epiphanios, Ancoratus, ed. K. Holl, GCS 25.

[Epiphanios], Homilia 2 in Sabbato magno, PG 43, Sp. 439-461.

Epiphanios, Panarion/Aduersos Haereses, ed. K. Holl, GCS 25; K. Holl/J. Dummer, GCS 59.2, 2. Aufl. 1980; dies., GCS 59.3, 2. Aufl. 1985.

Eusebius Caesariensis, De martyribus Palaestinae, ed. E. Schwartz, GCS 47.

—— De vita Constantini, ed. F. Winckelmann, GCS 58, 2. Aufl. 1991.

—— Historia Ecclesiastica, ed. G. Bardy, SC 31, 41, 55, 73.

Ferrandus, Vita S. Fulgentii, PL 65, Sp. 117-150.

Festus, Sextus Pompeius, De verborum significatu, ed. W.-M. Lindsay, in: J.W. Pirie/W.-M. Lindsay (Hg.), Placidus, Festus, Glossaria Latina Iussu Academiae Britannicae Edita 4, Hildesheim 1965, S. 1-379.

Gaius, Institutiones, ed. E. Seckel/B. Kuebler, BiTeu, 7. Aufl. Stuttgart 1935 (Nachdr. 1968, danach zitiert).

Gaius Plinius Caecilius Secundus, Epistulae, ed. Helmut Kasten, 5. Aufl. München 1984.

[Gerontius], Vita S. Melaniae, ed. M. Rampolla, Rom 1905.

Gregorius Magnus, Dialogi, ed. A. de Vogüé, SC 260/265.

Gregorius Nazianzenus, Ep. 197, PG 37, 324.

—— Oratio 6: De pace I, ed. M.-A. Calvet-Sebasti, SC 405, S. 120-179.

—— Oratio 7: In laudem Caesarii fratris, ebd., S. 180-244.

—— Oratio 8: In laudem sororis suae Gorgoniae, ebd., S. 246-299.

—— Oratio 18: Funebris in Patrem, PG 35, Sp. 985-1044.

—— Oratio 40, ed. C. Moreschini, SC 358, S: 198-310.

—— Oratio 43: In laudem Basilii Magni, ed. J. Bernardi, SC 384, S. 116-307.

Gregorius Nyssenus, De mortuis oratio, ed. G. Heil, GNO 9.1, 1967, S. 28-68.

—— De tridui inter mortem et resurrectionem Domini nostri Iesu Christi spatio, ed. E. Gebhardt, GNO 9.1, 1967, S. 273-306.

—— Epistulae, ed. G. Pasquali, GNO 8.2, 2. Aufl. 1998.

—— Oratio consolatoria in Pulcheriam, ed. A. Spira, GNO 9.1, 1967, S. 460-472.

—— Oratio funebris in Flacillam imperatricem, ed. A. Spira, GNO 9.1, 1967, S. 475-490.

—— Oratio funebris in Meletium episcopum, ed. A. Spira, GNO 9.1, 1967, S. 441-457.

—— Vita Macrinae, ed. P. Maraval, SC 178, S. 136-267.

Herodotus, Historiae, Bd. 1, ed. H. B. Rosén, BSGRT, Leipzig 1987.

Hesiodos, Erga, ed. U. v. Wilamowitz-Moellendorff, Berlin 1962.

Hieronymus, Contra Vigilantium, PL 23, Sp. 353-368.

—— Epistulae, ed. I. Hilberg, CSEL 54; CSEL 55, 2. Aufl. 1996; CSEL 56, 2. Aufl. 1996.

—— Vita S. Hilarionis, PL 23, Sp. 29-54.

—— Vita S. Pauli, PL 23, 17-30.

Hippolytus, Refutatio omnium haeresium, ed. P. Wendland, GCS 26.

[Hippolytus], Traditio apostolica, ed. Bernard Botte, Hippolyte de Rome. La tradition apostolique d'après les anciennes versions, LWQF 39, 4. Aufl. Münster 1972.

Ignatius, Epistula ad Ephesos, ed. J. A. Fischer, Die Apostolischen Väter, SUC 16, 9. Aufl. 1986, S. 109-225.

—— Epistula ad Romanos, ebd., S. 206-217.

—— Epistula ad Smyrnaeos, ebd., S. 224-235.

Ioannes Chrysostomus, Ad Demetrium monachum de compunctione, PG 47, Sp. 393-410.

—— Ad Viduam, PG 48, Sp. 599-610.

—— Adversus oppugnatores vitae monasticae, PG 47, Sp. 319-348.

—— De consolatione mortis, PG 56, Sp. 293-306.

—— De patientia, PG 60, Sp. 723-736.

—— Homilia in I Corinthios, PG 61, Sp. 9-382.

—— Homiliae in Acta Apostolorum, PG 60, Sp. 13-384.

—— Homiliae in Hebraeos, PG 63, Sp. 13-236.

—— Homiliae in Ioannem, PG 59, Sp. 23-482.

—— Homiliae in Matthaeum, PG 57/58.

—— In Coemeterii Appelationem, PG 49, Sp. 393-398.

—— In filium Viduae, PG 61, Sp. 789-794.
—— In SS. Bernice et Prosdoce, PG 50, Sp. 629-640.
Ioannes Damascenus, De iis qui in fide dormierunt, PG 95, Sp. 47-278.
—— Expositio fidei, ed. B. Kotter, Die Schriften des Johannes von Damaskos, Bd. 2, PTS 29, Berlin/New York 1973.
Irenaeus von Lyon, Adversus haereses, PG 7, S. 437-1224.
Isidorus Hispalensis, De ecclesiasticiis officiis, ed. C. M. Lawson, CChr.SL 113.
Iulianus, Contra Galilaeos, ed. Masaracchia, Emanuela, Contra Galilaeos, Rom 1990; vgl. PG 76, 509-1064.
[Iulianus], Edictus, ed. F. K. Hertlein, in: Hermes 8 (1873), S. 167-172.
Iulianus, Epistulae, ed. B.K. Weis, TuscBü, München 1973.
[Iustinianus], Digesta. Institutiones, ed. Th. Mommsen/P. Krüger, CIC 1, Berlin 1954.
Josephus, Antiquitates Iudaicae, ed. B. Niese, 6 Bde. Berlin 1888-1895.
—— De bello Judaico, ed.: O. Michel/O. Bauernfeind, De bello Judaico, 3 Bde., München/Darmstadt 1959-1969.
[Justin], Acta Iustini et sociorum, ed. R. Knopf/G. Krüger, Ausgewählte Märtyrerakten, SQS.NF 3, 4. Auflage Tübingen 1965, S. 15-18.
Justin, Apologia I, ed. E.J. Goodspeed, Die ältesten Apologeten, Göttingen 1914 (Nachdr. Göttingen 1984, danach zitiert), S. 26-77.
Kyrill von Jerusalem, Catecheses mystagogicae (catech. 1-18), ed. A. Piédagnel, SC 126.
Kyrill von Alexandrien, Contra Iulianum, PG 76, 509-1064.
Laktanz, De mortibus persecutorum, ed. J. Moreau, SC 39.
—— Divinae Institutiones, ed. S. Brandt, CSEL 19, S. 1-672.
—— Epitome diuinarum institutionum, ed. E. Heck/A. Wlosok, Stuttgart 1994.
[Leucius], Acta Ioannis, ed. E. Junod/J.-D. Kaestli, CChr.SA 1.
Lukianos, Charon, ed. M. D. MacLeod, Luciani Opera 2, SCBO, Oxford 1974, S. 1-23.
—— De luctu, ed. M. D. MacLeod, Luciani Opera 2, SCBO, Oxford 1974, S. 310-316.
Macrobius, Saturae, ed. F. Eyssenhardt, Leipzig 1893.
Marcus Diaconus, Vita Porphyrii Gazensis, ed. H. Grégoire/M.-A. Kugener, CBy, Brüssel 1930.
Martyrium Andreae 2, ed. R.A. Lipsius/M. Bonnet, Acta Apostolorum apocrypha 2.1, Leipzig 1898 (Neudr. Darmstadt 1959), S. 58-64.
Martyrium Fructuosi, ed. R. Knopf/G. Krüger, Ausgewählte Märtyrerakten, SQS.NF 3, 4. Auflage Tübingen 1965, S. 83-85.
Martyrium Matthei, ed. R.A. Lipsius/M. Bonnet, Acta Apostolorum apocrypha 2.1, Leipzig 1898 (Neudr. Darmstadt 1959), S. 217-262.
Martyrium Polykarpi, ed. J. A. Fischer, Die Apostolischen Väter, 9. Aufl. 1986, S. 244-257.
Menander Rhetor, ed. J. Soffel, Die Regeln Menanders für die Leichenrede in ihrer Tradition dargestellt, herausgegeben, übersetzt und kommentiert, BKP 57, Meisenheim 1974.
Minucius Felix, Octavius, ed. B. Kytzler, BSGRT 14, Stuttgart 1992.
Nonius Marcellus, De compendiose doctrina, ed. W.-M. Lindsay, BSGRT, Leipzig 1903 (Nachdr. Hildesheim 1964, danach zitiert).
Novatian [Cyprian], De spectaculis, ed. G. F. Diercks, CChr.SL 4, 167-179.
Optatus Mileuitanus, Contra Parmenianum Donatistam, ed. C. Ziwsa, CSEL 26.
Origenes, Commentarii in epistulam ad Romanos, PG 14, Sp. 837-1293.
—— Contra Celsum, ed. M. Borret, SC 132, 136, 147, 150, 227.
—— Homiliae in Genesis, ed. H. de Lubac, SC 7.
—— Homiliae in Leviticum, ed. M. Bonet, SC 286/287.
—— Homiliae in Numeros, ed. L. Doutreleau, SC 415.
—— Homiliae in Job, PG 12, Sp. 1032-1048; PG 17, Sp. 57-105.
[Pachomius], Precepta, ed. A. Boon, Pachomiana latina, BRHE 7, Löwen 1932.
Oracula Sibyllina, ed. J. Geffken, Die Oracula Sibyllina, GCS 8, 1902 (Nachdr. 1967 = GCS 147, danach zitiert).
Publius Ovidius Naso, Fasti, ed. F. Bömer, WKLGS, Heidelberg 1957.
Passio Andreae, ed. R.A. Lipsius/M. Bonnet, Acta Apostolorum apocrypha 2.1, Leipzig 1898 (Neudr. Darmstadt 1959), S. 1-37.
Passio SS. Perpetua et Felicitatis, ed. J. Amat, SC 417.

Paulinus von Mailand, Vita S. Ambrosii, ed. M. Pellegrino, Vsen.NS 1, Rom 1961.

Paulinus von Nola, Carmina, ed. W. Hartel, CSEL 30.

—— Epistulae, ed. W. Hartel, CSEL 29.

Petronius Arbiter, Satiricon, ed. K. Müller, München 1961.

Photios, Bibliothek, ed. R. Henry, Photius, CBy, Paris 1959-1977.

Photios, Lexikon, ed. Christos Theodoridis, JÖB 38; 42, Berlin/New York 1982 (A-D); 1998 (E-M).

Polybios, Historiae, ed. W. R. Paton, 6 Bde., Cambridge Mass. 1954.

Possidius, Vita Augustini, PL 32, Sp. 33-66.

Prudentius, Cathemerinon, ed. M.P. Cunningham, CChr.SL 126 (1966), S. 53-59.

Salvianus von Marseille, Ad ecclesiam, ed. F. Pauly, CSEL 8.

Sams al Riasah Abu 'lBarakat Ibn Kibr, Theologische Encyklopädie, ed. W. Riedel, Die Kirchenrechtsquellen des Patriarchats Alexandrien, Leipzig 1900 (Neudr. Aalen 1968), S. 15-80 (mit sog. Canones Athanasii, S. 54-58).

Serapion, Sacramentarium (Euchologium), ed. F. E. Brightman, The sacramentary of Serapion of Thmuis, 1-2, JThS 1, 1899-1900, S. 88-113.247-277.

Sozomenos Salamenes Hermeias, Historia ecclesiastica, ed. J. Bidez/G. C. Hansen, GCS 50.

Synesios von Kyrene, Epistulae, PG 66, Sp. 1321-1558.

Tatian, Oratio ad Graecos, ed. M. Whitaker, Tatian. Oratio ad Graecos, OECT, Oxford 1982.

Tertullian, Ad nationes, ed. J. G. Ph. Borleffs, CChr.SL 1, S. 11-75.

—— Ad Scapulam, ed. E. Dekkers, CChr.SL 2, S.1127-1132.

—— Ad uxorem, ed. A. Kroymann, CChr.SL 1, S. 373-394.

—— Apologeticum, E. Dekkers, CChr.SL 1, S. 85-171.

—— De anima, ed. J. H. Waszink, CChr.SL 2, S. 781-869.

—— De carne Christi, ed. F.Oehler, Opera 2, Leipzig 1854.

—— De corona militis, ed. A. Kroymann, CChr.SL 2, S. 1039-1065.

—— De exhortatione castitis, ed. A. Kroymann, CChr.SL 2, S. 1015-1035.

—— De idololatria, ed. J.H. Waszink/J.C.M. van Winden/P.G. van der Nat, SVigChr 1.

—— De monogamia, ed. E. Dekkers, CChr.SL 2, S. 1229-1253.

—— De oratione, ed. G. F. Diercks, CChr.SL 1, S. 257-274.

—— De patientia, ed. A. Kroymann, CSEL 47, S. 1-24.

—— De resurrectione mortuorum, ed. J. G. Ph. Borleffs, CChr.SL 2, S. 921-1012.

—— De spectaculis, ed. E. Dekkers, CChr.SL 1, S. 227-253.

—— De testimonio animae, ed. R. Willems, CChr.SL 1, S. 175-183.

—— Scorpiace, ed. A. Reifferscheid/G. Wissowa, CChr.SL 2, S. 1069-1097.

Theodoret von Kyrrhos, Graecarum affectionum curatio, ed. P. Canivet, SC 57.

—— Historia Ecclesiastica, ed. L. Parmentier/F. Scheidweiler, GCS 44/Neudr. GCS 192.

—— Historia religiosa, ed. P. Canivet/A. Leroy-Molinghen, SC 234.

—— Vita S. Simeonis, ed. H. Lietzmann, Das Leben des hl. Simeon Stylites, TU 32/4, Berlin 1908 (= h. rel. 26).

Valerius Maximus, Factorum et dictorum memorabilium, ed. C. Kempf, Leipzig 1888.

Victor von Vita, Historia persecutionis Africanae provinciae, ed. M. Petschenig, CSEL 7.

Vita S. Pachomii, Versio Latina: PL 73, Sp. 227-282/versio Graeca: ed. F. Halkin, Sancti Pachomii vitae Graeca, SHG 19, Brüssel 1932.

Vita Porphyrii, ed. H. Grégoire/M.A. Kugener, Paris 1930.

Zeno von Verona, Tractatus I.2. De resurrectione, ed. B. Löfstedt, CChr.SL 22, S. 15-23.

6.3 Sekundärliteratur, archäologische und epigraphische Quellen

Achelis, Hans, Altchristliche Kunst 5. Die Totenmahle, in: ZNW 17 (1916), S. 81-107.

Ahern, Emily M., The cult of the dead in a Chinese village, Stanford 1973.

Ahlberg, Gudrun, Prothesis and ekphora in Greek geometric art, SIMA 32, Göteborg 1971.

Aland, Kurt, Die Säuglingstaufe im Neuen Testament und in der Alten Kirche. Eine Antwort an Joachim Jeremias, TEH.NF 86, 2. Aufl. München 1963.

Albrecht, Michael von, Art. Epitaphios, in: KP 2, 1975, Sp. 330f.

Albright, Frank F., Funerary customs of the Greeks, Baltimore 1940.

Alexandre, M., Le ‚De mortuis' de Grégoire de Nysse, in: StPatr 10 (1970), S. 35-43.

Alexiou, Margaret, The ritual lament in Greek tradition, Cambridge 1974.

Alon, Gedaliah, Hashkava. Studies in Jewish history, Bd. 2, Tel Aviv 1958 (*non vidi*).

—— The Jews in their land in the Talmudic age 70-640 C.E., 2 Bde., Jerusalem 1980/1984.

—— Jews, Judaism, and the classical world, Jerusalem 1977.

Altaner, Berthold/Stuiber, Alfred, Patrologie: Leben, Schriften und Lehre der Kirchenväter, 9. Aufl. Freiburg/Basel/Wien 1980.

Altenmüller, Hartwig, Die Mumie. Ein Körper für die Ewigkeit, in: Renate Germer (Hg.), Das Geheimnis der Mumien. Ewiges Leben am Nil, München/New York 1997, S. 17-46.

Altheim, Franz, Die Weltgeltung der griechischen Sprache, in: Neue Beiträge zur Geschichte der Alten Welt 1 (1964), S. 315-332.

André, Gummel, Art. טָמְאָה טְמֵא 2., in: ThWAT 3, 1982, Sp. 352-366.

Andreae, Bernard, Studien zur römischen Grabkunst, MDAI.RE 9, Heidelberg 1963.

Andreä, Friedrich Christian, Die Todtengebräuche der verschiedenen Völker der Vor- und Jetztzeit, Leipzig 1846.

Andresen, Carl, Bestattung als liturgisches Gestaltungsproblem in der Alten Kirche, in: MPTh 49 (1960), S. 86-91.

—— Die Kirchen der alten Christenheit, RM 29/1 und 2, Stuttgart/Berlin/Köln/Mainz 1971.

Andrieu, Michel, Les *ordines Romani* du haut moyen âge, 5 Bde., SSL 11.23.24.28.29, Löwen 1931-61 (Nachdr. Löwen 1965, danach zitiert).

Angenendt, Arnold, Geschichte der Religiosität im Mittelalter, Darmstadt 1997.

Antwerp, Eugene I. van, St. Augustine: The divination of demons and care for the dead, SST (2nd series) 86, Washington D.C. 1955.

Arbesmann, Rudolf, Einführung, in: Rudolf Arbesmann/Gabriel Schlachter (Hg.), Aurelius Augustinus. Die Sorge für die Toten, Würzburg 1975, S. ix-liii.

Ariès, Philippe, Bilder zur Geschichte des Todes, München/Wien 1984.

—— Geschichte des Todes, 8. Aufl. München 1997 (= L'homme devant la mort, Paris 1977).

—— La mort apprivoisée, in: Essais sur l'histoire de la mort en occident du moyen age a nos Iours, Paris 1975, S. 17-31.

Ders./Duby, Georges (Hg.), Histoire de la vie privée 1. De l'Empire romain à l'an mil, Paris 1985.

Arnauld d'Agnel, G., La mort et les morts d'après saint Augustin, Paris 1916.

Asamer, Beatrix/Fink, Josef, Die römischen Katakomben, Mainz 1997.

Atchley, Edward G., A history of the use of incense in divine worship, ACC 13, London/New York 1909.

Audin, Amable, Inhumation et incinération, in: Latomus 19 (1960), S. 312-22 und 518-32.

Ausbüttel, Frank M., Untersuchungen zu den Vereinen im Westen des römischen Reiches, Frankfurter althistorische Studien 11, Kallmünz 1983.

Austin, John Longshaw, Philosophical papers, 2. Aufl. Oxford 1970.

—— Zur Theorie der Sprechakte, 2. Aufl. Stuttgart 1989.

Avigad, Nahman, Excavations at Beth She'arim 1955, in: IEJ 7 (1957), S. 73-92.239-255.

Bachmann-Medick, Doris, Kulturelle Spielräume, in: dies. (Hg.), Kultur als Text. Die anthropologische Wende in der Literaturwissenschaft, Frankfurt 1996, S. 98-121.

Bagatti, Bellarmino, Alle origini della chiesa. La comunità guideo-cristiane, Storia e attualità 5, Vatikanstadt 1981.

—— Resti Cristiani in Palestine anteriori a Costatino?, in: Vivista di archeologia Cristiana 26 (1950), S. 119-120.

Bagnall, Roger S., Egypt in late antiquity, Princeton 1993.

—— Religious conversion and onomastic change in early Byzantine Egypt, in: BASPap 19 (1982), S. 105-123.

Bar-Adon, Pesach, Another settlement of the Judean desert sect at 'En el-Ghuweir on the Dead Sea, in: BASOR 227 (1977), S. 1-25.

Barclay, John/Sweet, John, Early Christian thought in its Jewish context, Cambridge 1996.

Bardy, Gustave, La question des langues dans l'Eglise ancienne, Etudes de théologique historique, Paris 1948.

Barloewen, Constantin von (Hg.), Der Tod in den Weltkulturen und Weltreligionen, München 1996.

Barnes, Timothy D., Legislation against the Christians, in: JRS 58 (1968), S. 32-50.

Baron, Salo Wittmeyer, A social and religious history of the Jews, 18 Bde., z.T. 2. Aufl. New York 1952-1993.

Bartel, Bradley N., A historical review of ethnological and archeaological analyses of mortuary practice, in: Journal of Anthropological Archeology 1 (1982), S. 32-58.

Bartelink, G.J.M., Lexicologisch-semantische studie over de taal van de Apostolische Vaders, Utrecht 1952.

—— Quelques observations sur parresia dans la littérature paléo-chrétienne, GLCP.Suppl. 3.1, Nijmegen 1970.

Baudy, Dorothea, Römische Umgangsriten. Eine ethologische Untersuchung der Funktion von Wiederholung für religiöses Verhalten, RVV 43, Berlin/New York 1998.

Bauer, Johannes, Die Trostreden des Gregorios von Nyssa in ihrem Verhältnis zur antiken Rhetorik, Marburg 1892.

Baumann, A., Art. אָבַל, in: ThWAT 1, Stuttgart/Berlin/Köln/Mainz 1973, Sp. 46-50.

Baumeister, Theofried, Die Anfänge der Volkskirchlichkeit. Pastorale Weitherzigkeit als Impuls für das Entstehen der Volkskirche, in: FS 61 (1979), S. 124-133.

Baumstark, Anton, Nocturna Laus. Typen frühchristlicher Vigilienfeier und ihr Fortleben vor allem im römischen und monastischen Ritus. Aus dem Nachlaß herausgegeben von Odilo Heiming, LQF 32, 2. Aufl. Münster 1967.

Baus, Karl, Der Kranz in Antike und Christentum, Bonn 1940.

Beauduin, Lambert, Le viatique, in: MD 15 (1948), S. 117-129.

Beck, Henry G., The pastoral care of souls in south-east France during the sixth century, Analecta Gregoriana 51, Rome 1950.

Beck, Roger, Mithraism since Franz Cumont, in: ANRW 2, 17, 4, Berlin 1984, S. 2002-2115.

Becker, Erich, Malta sotteranea, Straßburg 1913.

Beckmann, Joachim, Quellen zur Geschichte des christlichen Gottesdienstes, Gütersloh 1956.

Bees, Nikos A., Corpus der griechisch-christlichen Inschriften von Hellas 1. 1. Isthmos-Korinthos, Athen 1941.

Belier, Wouter W., Arnold van Gennep and the rise of French sociology of religion, in: Numen 41 (1994), S. 141-162.

Bell, H. Idris, Cults and creeds in Graeco-Roman Egypt, Liverpool 1953.

Beresford-Cooke, Ernest, The sign of the cross in the Western liturgies, New York 1907.

Beyer, Hermann W./Lietzmann, Hans, Die jüdische Katakombe der Villa Torlonia in Rom, Studien zur spätantiken Kunstgeschichte 4, Berlin 1930.

Berger, Klaus, Volksversammlung und Gemeinde Gottes, in: ZThK 73 (1976), S. 167-207.

Bertholet, Alfred, Wörterbuch der Religionen, 4. Aufl. Stuttgart 1985.

Beyenka, Mary Melchior, Consolation in St. Augustine, PatSt 83, Washington D.C. 1950.

Bieritz, Karl-Heinz/Kähler, Christoph, Art. Haus III. Altes Testament/Neues Testament/Kirchengeschichtlich/Praktisch-Theologisch, in: TRE 14, 1985, S. 478-492.

Biermann, Martin, Die Leichenreden des Ambrosius von Mailand. Rhetorik, Predigt, Politik, Hermes.E 70, Stuttgart 1995.

Binford, Lewis R., Mortuary practices. Their study and their potential, in: ders., An archeological perspective, New York 1972, S. 208-43.

Binski, Paul, Medieval death. Ritual and representation, London 1996.

Blauner, Robert, Death and social structure, in: Charles O. Jackson (Hg.), Passing. The vision of death in America, London 1977, S. 174-209.

Blech, Michael, Studien zum Kranz bei den Griechen, RVV 38, Berlin/New York 1982.

Bloch, Maurice, From blessing to violence, Cambridge 1986.

—— Placing the dead. Tombs, ancestral villages and kinship organization in Madagascar, London/New York 1971.

—— Prey into hunter. The politics of religious experience, Lewis Henry Morgan Lecture, Cambridge 1992.

Blümner, Hugo, Die römischen Privatalterthümer, 3. Aufl. München 1911.

Boardman, John, Athenian red figure vases. The classical period, London 1989.

Bodel, John, Graveyards and groves. A study of the Lex Lucerina, Cambridge Mass. 1994.

Böcher, Otto, Art. Exorzismus I. Neues Testament, in: TRE 10, 1982, S. 747-750.

Boeft, Jan den/Drijvers, Jan Willem/Hengst, Daniël den/Teitler, Hans Carel, Philological and Historical Commentary on Ammianus Marcellinus XXII, Groningen 1995.

Boehlke, Hans-Kurt, Das Bestattungs- und Friedhofswesen in Europa, Wien 1977.

—— Wie die Alten den Tod gebildet. Wandlungen der Sepulkralkultur 1750-1850, Kasseler Studien zur Sepulkralkultur 1, Mainz 1979.

Bolkestein, J.,"Οσιος en εὐσεβής, Diss. Utrecht 1936 (non vidi).

Bömer, Franz, Ahnenkult und Ahnenglaube im Alten Rom, Leipzig 1943.

Boschung, Dietrich, Antike Grabaltäre aus den Nekropolen Roms, Acta Bernensia, Bern 1987.

Botte, Bernard, La tradition apostolique de saint Hippolyte. Essai de reconstitution, LWQF 39, 2. Aufl. Münster 1963.

—— Les plus anciennes formules de prière pour les morts, in: La maladie et la mort du chrétien dans la liturgie. Conférences Saint-Serge. XXIe semaine d'etudes liturgieques, Paris 1er-4 juillet 1974, BEL.S 1, Rom 1975, S. 83-99.

Bouchenaki, Mounir, Fouilles de la nécropole occidentale de Tipasa (1968-1972), Publications de la Bibliothèque Nationale. Histoire et civilisations 1, Algier 1975.

—— Nouvelle inscription de Tipasa (Maurétanie césarienne), in: MDAIR 81 (1974), S. 301-311.

Boularand, Éphrem, L'eucharistie d'après le Pseudo-Denys l'Aréopagite, in: BLE 58 (1957), S. 193-217.

Bowman, Alan K., Egypt after the Pharaohs. 332 BC—AD 642 from Alexander to the Arab conquest, 2. Aufl. London 1996.

Bradshaw, Paul Frederick, Art. Gottesdienst IV. Alte Kirche, in: TRE 14, S. 39-42.

—— Daily prayer in the early Church. A study of the origin and early development of the divine office, London 1981.

—— Early Christian worship. A basic introduction to ideas and practice, London 1996.

—— Essays in early Eastern initiation, Alcuin/GROW liturgical study 8, Nottingham 1988.

—— Liturgical presidency in the early church, Bramcote 1983.

—— The making of Jewish and Christian worship, Notre Dame 1991.

—— The search for the origins of Christian worship. Sources and methods for the study of early liturgy, London/New York 1992.

Ders./Hoffman, Lawrence A., Life cycle as a religious metaphor, in: dies. (Hg.), Life cycles in Jewish and Christian worship. Two liturgical traditions 4, Notre Dame/London 1996, S. 1-13.

Brandenburg, Hugo, Coemeterium. Der Wandel des Bestattungswesens als Zeichen des Kulturumbruchs der Spätantike, in: Laverna 5 (1994), S. 206-232.

—— Roms frühchristliche Basiliken des 4. Jahrhunderts, München 1979.

—— Überlegungen zu Ursprung und Entstehung der Katakomben Roms, in: Vivarium. FS Theodor Klauser, JAC.E 11, Münster 1984, S. 11-49.

Braun, Oscar, Das Buch der Synhados, Stuttgart 1900.

Braun, René, Deus Christianorum. Recherches sur le vocabulaire doctrinal de Tertullien, 2. Aufl. Paris 1977.

Bredekamp, H., Kunst als Medium sozialer Konflikte. Bilderkämpfe von der Spätantike bis zur Hussitenrevolution, Frankfurt 1975.

Breitsprecher, Ute, Zum Problem der geschlechtsspezifischen Bestattungen in der Römischen Kaiserzeit. Ein Beitrag zu Forschungsgeschichte und Methode, British Archeological Reports, International Series, Oxford 1987.

Brekelmans, Antonius J., Märtyrerkranz: eine symbolgeschichtliche Untersuchung im frühchristlichen Schrifttum, AnGr 150, Rom 1965.

Bremmer, Jan N., Roman myth and mythography, Bulletin Supplement University of London, Institute of Classical Studies 52, London 1987.

—— The early Greek concept of the soul, Princeton 1983.

Ders. (Hg.), The apocryphal Acts of John, Studies on the apocryphal Acts of the Apostles 1, Kampen 1995.

—— Interpretations of Greek mythology, London 1987.

Ders./Roodenburg, Herman (Hg.), A cultural history of gesture. From antiquity to the present day, Cambridge 1991.

Brenk, Beat, Spätantike und frühes Christentum, in: ders. (Hg.), Spätantike und frühes Christentum, PKG 19 (= Suppl. 1), Frankfurt/Berlin/Wien 1977, S. 13-102.

Brent, Allen, The imperial cult and the development of church order. Concepts and images of authority in paganism and early Christianity before the age of Cyprian, SVigChr 45, Leiden/Boston/Köln 1999.

Brizio, E., Pitture e sepolcri scoperti sull'Esquilino, Rom 1876.

Brocke, Michael, Art. Bestattung III. Judentum, in: TRE 5, 1980, S. 738-743.

Broek, Roelof van den, Popular religious practices and ecclesiastical policies in the Early Church, in: Pieter H. Vrijhof/Jack Waardenburg (Hg.), Official and popular religion. An analysis of a theme for religious studies, Den Haag 1979, S. 11-54.

Brons, Bernhard, Sekundäre Textpartien im Corpus Pseudo-Dionysianum, in: NAWG.PH 5 (1975), S. 101-110.

Browe, Peter, Die Sterbekommunion im Altertum und Mittelalter, in: ZKTh 60 (1936), S. 1-54.211-240.

Brown, James A. (Hg.), Approaches to the social dimensions of mortuary practices, Memoirs of the society for American archeology, New York 1971.

Brown, Peter, Authority and the Sacred. Aspects of the Christianisation of the Roman world, Cambridge 1995.

—— Christianity and local culture in late Roman Africa, in: JRS 58 (1968), S. 85-95.

—— Christianity and local culture in late Roman Africa, in: Religion and society in the age of St. Augustine, London 1972, S. 279-338.

—— Die Entstehung des christlichen Europa, München 1996.

—— Relics and social status in the age of Gregory of Tours, Reading 1977.

—— Society and the holy in late Antiquity, London 1982.

—— The cult of Saints. Its rise and function in Latin Christianity, London 1981.

—— The making of late antiquity, Cambridge Mass./London 1978.

—— The world of late antiquity, London 1971.

Bruck, Eberhard Friedrich, Totenteil und Seelgerät im griechischen Recht. Eine entwicklungsgeschichtliche Untersuchung zum Verhältnis von Recht und Religion mit Beiträgen zur Geschichte des Eigentums und des Erbrechts, MBPF 9, München 1926.

Brückner, Alfred, Der Friedhof am Eridanos, Berlin 1909.

Bruit Zaidman, Louise/Schmitt Pantel, Pauline, Religion in the ancient Greek city, hg. v. Paul Cartledge, Cambridge 1992.

—— La religion grecque, Paris 1989.

Bruyne, Luciano de, L'importanza degli scavi lateranensi per la cronologia delle prime pitture, in: RivAC 44 (1968), S. 82-113.

Buchheit, Vinzent, Resurrectio carnis bei Prudentius, in: VigChr 40 (1986), S. 261-285.

Budge, Ernest A. Wallis, The liturgy of funerary offerings. The Egyptian texts with English translations, Books on Egypt and Chaldaea, London 1909.

Büchler, Adolph, Das Entblößen der Schulter und des Armes als Zeichen der Trauer, in: ZAW 21 (1901), S. 81-92.

—— Die Priester und der Cultus im letzten Jahrhundert des Jerusalemischen Tempels, Wien 1895.

Bürki, Bruno, Die Feier des Todes in den Liturgien des Westens. Beispiele aus dem 7. und 20. Jahrhundert, in: Hansjakob Becker/Bernhard Einig/Peter-Otto Ullrich, Im Angesicht des Todes. Ein interdisziplinäres Kompendium II, PiLi 4, St. Ottilien 1987, S. 1135-1164.

Büttner-Wobst, Theodor, Der Tod des Kaiser Julian, in: Philologus 51 (1892), S. 561-580 (Neudr. in: Richard Klein [Hg.], Julian Apostata, Darmstadt 1978, S. 24-47).

Bulard, Marcel, La religion domestique de la colonie italienne de Délos, BEFAR 131, Paris 1926.

Burckhardt, Jakob, Griechische Kulturgeschichte, 5. Aufl. Berlin/Stuttgart o. J.

Burke, Paul F., Roman rites for the dead and Aenid 6, in: CJ 74 (1979), S. 220-228.

Burkert, Walter, Griechische Religion der archaischen und klassischen Epoche, RM 15, Stuttgart 1977.

—— Homo necans. Interpretationen altgriechischer Opferriten und Mythen, RVV 32, Berlin/New York 1972.

Burkitt, Francis C., Pagan philosophy and the Christian church, in: CAH 12 (1939), S. 450-475.

Butterweck, Christel, Martyriumssucht in der Alten Kirche? Studien zur Darstellung und Deutung frühchristlicher Martyrien, Tübingen 1995.

Bynum, Jack, Social status and rites of passage. The social context of death, in: Omega 4 (1973), S. 323-332.

Cabrol, Fernand, Art. Baiser, in: DACL 2, 1910, Sp. 117-130.

Caimi Danelli, Anna, Sul genere letterario delle orazioni funebri di Gregorio di Nissa, in: Aevum 53 (1979), S. 140-161.

Campenhausen, Hans von, Ambrosius als Kirchenpolitiker, AKG 12, Berlin/Leipzig 1929.

Canacakis, Georges, Trauerverarbeitung im Trauerritual und leib-seelisches Befinden. Psychologische Felduntersuchung zur psychohygienischen Wirksamkeit der Totenklagen (Moiroloja) in Mani, Griechenland, Essen o. J.

Carletti, Carlo, Die Katakombe von der Heiligen Christine in Bolsena, Römische und italienische Katakomben 2, Vatikanstadt 1989.

—— Inscriptiones christianae Italiae, Florenz 1985.

—— Iscrizione cristiane di Roma. Testimonianze di vita cristiana (Secoli III-VII), Florenz 1986.

Caspari, Carl Paul, Art. Begräbnis I, in: RE³ 2, S. 526-530.

Cassuto, U./Bernfeld, Simon, Art. Klagelied (קינה), in: Encyclopaedia Judaica. Das Judentum in Geschichte und Gegenwart 10, Berlin 1934, Sp. 33-45.

Chabot, Jean Baptiste, Synodicon orientale ou recueil de synodes nestoriens, Paris 1902.

Chadwick, Henry, Alexandrian Christianity, Philadelphia 1954.

—— Early Christian thought and the classical tradition. Studies in Justin, Clement, and Origen, Oxford 1966 (Neudr. 1985).

—— Art. Humanität, in: RAC 17, 1996, Sp. 663-711.

—— Die Kirche in der antiken Welt, Berlin/New York 1972.

Chaillet, Jan Ludwig, De orationibus, quae Athenis in funeribus publicis habebantur, Halle 1891.

Chandra, Sarat, Journey to Lhasa and central Tibet, London 1904.

Christern, Jürgen, Basilika und Memorie der Heiligen Salsa in Tipasa, in: Bulletin d'archéologique Algérienne 3 (1968), S. 193-258.

Christern, Jürgen, Das frühchristliche Pilgerheiligtum von Tebessa, Wiesbaden 1976.

Clarke, Giles, Popular movements and late Roman cemeteries, in: World Archeology 7 (1975), S. 46-56.

Clauss, Manfred, Mithras. Kult und Mysterien, München 1990.

Cohen, Shaye J. D., Epigraphical Rabbis, in: JQR 72 (1981/82), S. 1-17.

Colpe, Carsten, Mysterienkult und Liturgie, in ders. (Hg.), Spätantike und Christentum, Berlin 1992, S. 203-228.

Colvin, Howard M., Architecture and the after-Life, New Haven/London 1991.

Condrau, Gion, Der Mensch und sein Tod. Certa moriendi condicio, Zürich/Einsiedeln 1984.

Connolly, Richard Hugh, The so-called Egyptian church order and derived documents, TaS 8/4, Cambridge 1916.

Constantelos, Demetrios J., Byzantine philanthropy and social welfare, 2. Aufl. New Rochelle 1991.

Corpus inscriptionum Judaicarum. Corpus of Jewish inscriptions, Vatikanstadt 1936ff.

Cramer, Maria, Die Totenklage bei den Kopten. Mit Hinweisen auf die Totenklage im Orient überhaupt, SÖAW 219.2, Wien 1941.

Cuming, Geoffrey J., 'Thmuis revisited': another look at the prayers of Bishop Serapion, in: TS 41 (1980), S. 569-575.

Cumont, Franz, After life in Roman paganism. Lectures delivered at Yale University on the Silliman Foundation, New Haven 1922 (Neudr. New York 1959).

—— Lux Perpetua, Paris 1949.

—— Die orientalischen Religionen im römischen Heidentum, 5. Aufl. Berlin/Leipzig 1969.

Daley, Brian/Schreiner, Joseph/Lona, Horacio E., Eschatologie in der Schrift und Patristik, HDG 4.7a, Freiburg/Basel/Wien 1986.

Danforth, Loring/Tsiaras, Alexander, The death rituals of rural Greece, Princeton 1982.

Daniélou, Jean, La doctrine de la mort chez les pères de l'église, in: LO 12 (1956), S. 134-156.

Dassmann, Ernst/Schöllgen, Georg, Art. Haus II (Hausgemeinschaft), in: RAC 13, 1986, Sp. 801-905.

Davies, Douglas, Death, ritual and belief. The rhetoric of funerary rites, Herndon Virg. 1997.

Davies, Douglas James/Shaw, Alastair, Reusing old graves. Report on popular British attitudes, Crayford 1995.

Davies, John G., The architectural setting of baptism, London 1962.

—— The early Christian church, London 1965.

—— The origin and development of early Christian church architecture, London 1952.

Davies, Jon, Death, burial, and rebirth in the religions of antiquity, London/New York 1999.

Degrassi, Attilio, Nerva funeraticium plebi urbanae instituit, in: ders., Scritti vari di antichità 1, Rom 1962, S. 697-702.

Deichmann, Friedrich Wilhelm, Einführung in die christliche Archäologie, Darmstadt 1983.

Ders. (Hg.), Repertorium der christlich-antiken Sarkophage. 1: Rom und Ostia, bearb. v. G. Bovini/H. Brandenburg, 2 Bde., Wiesbaden 1967 (s. a. Ulrike Lange).

Ders./Klauser, Theodor, Frühchristliche Sarkophage in Bild und Wort, Antike Kunst Beiheft 3, Olten 1966.

Delattre, Alfred, Deux hypogées de Gamart, in: Revue tunisienne (1904), S. 1-8.

Delehaye, Hippolyte, Les origines du culte des martyrs, 2. Aufl. Brüssel 1933.

Delitzsch, Franz, Art. Farben in der Bibel, in: RE³ 5, 1898, S. 755-762.

—— Iris. Farbenstudien und Blumenstücke, Leipzig 1888.

Delling, Gerhard, SPERANDA FVTVRA. Jüdische Grabinschriften Italiens über das Geschick nach dem Tode, in: ThLZ 76 (1951), Sp. 521-526.

Demandt, Alexander, Die Spätantike. Römische Geschichte von Diocletian bis Justinian 284-565 n.Chr., HAW 3.6, München 1989.

Derda, Tomasz, Necropolis workers in Graeco-Roman Egypt in the light of the Greek papyri, in: JJP 21 (1991), S. 13-36.

Dessau, Hermann (Hg.), Inscriptiones Latinae selectae, Bd. 1-3.2, 3. Aufl. Berlin 1962 (Neudr. Dublin 1974).

Deubner, Ludwig, Attische Feste, Berlin 1956.

Diehl, Ernst (Hg.), Inscriptiones Latinae Christianae veteres, 4 Bde., 2. Aufl. Berlin 1967 (Neudr. Dublin 1970).

Dihle, Albrecht, Theodorets Verteidigung des Kults der Märtyrer, in: Chartulae. FS Wolfgang Speyer, JAC.E 28, Münster 1998, S. 104-108.

Dierkens, Alain/Périn, Patrick, Death and burial in Gaul and Germania. 4th to 8th century, in: Leslie Webster/Michelle Brown (Hg.), The transformation of the Roman world. AD 400-900, London 1997, S. 79-95.

Dieterich, Albrecht, Mutter Erde. Ein Versuch über Volksreligion, 3. Aufl. Leipzig/Berlin 1925 (Nachdr. Darmstadt 1967, danach zitiert).

Dietzfelbinger, Christian, Art. Reinheit IV, in: TRE 28, 1997, S. 487-493.

Dinkler, Erich, Signum Crucis. Aufsätze zum Neuen Testament und zur christlichen Archäologie, Tübingen 1967.

Dix, Gregory, The shape of liturgy, Glasgow 1945.

Dixon, Suzanne, The Roman family, Ancient society and history, Baltimore/London 1992.

Dodds, Eric Robertson, Die Religion des gewöhnlichen Menschen im klassischen Griechenland, in: ders., Der Fortschrittsgedanke in der Antike und andere Aufsätze zu Literatur und Glauben der Griechen, BAW.FD, Zürich/München 1977, S. 168-187.

—— Heiden und Christen in einem Zeitalter der Angst. Aspekte religiöser Erfahrung von Marc Aurel bis Konstantin, Frankfurt 1985.

Dölger, Franz Joseph, Antike und Christentum. Kultur- und religionsgeschichtliche Studien, Bde. 1-6, Münster 1929-1950.

—— Beiträge zur Geschichte des Kreuzzeichens, JAC 1, Münster 1958, S. 5-19.

—— Darstellung einer Totenspende mit Fisch auf einer christlichen Grabverschlußplatte aus der Katakombe Pietro e Marcellino in Rom, in: AuC 2 (1930), S. 81-99.

—— Der Altarkuß, in: AuC 2 (1930), S. 190-222.

—— Die Eucharistie als Reiseschutz. Die Eucharistie in den Händen der Laien, in: AuC 5 (1936), S. 232-247.

—— Die Ostung beim Sterben, in: AuC 3 (1932), S. 77f.

—— IΧΘΥΣ 1. Das Fischsymbol in frühchristlicher Zeit, 2. Aufl. Münster 1928.

—— IΧΘΥΣ 3. Der heilige Fisch in den antiken Religionen und im Christentum, Münster 1922.

—— IΧΘΥΣ 4. Die Fisch-Denkmäler in der frühchristlichen Plastik, Malerei und Kleinkunst, Münster 1927.

—— IΧΘΥΣ 5. Die Fischdenkmäler in der frühchristlichen Plastik, Malerei und Kleinkunst, Münster 1943.

—— Sol salutis. Gebet und Gesang im christlichen Altertum mit besonderer Rücksicht auf die Ostung in Gebet und Liturgie, LQF 16/17, 3. Aufl. Münster 1972.

—— Wein als Totenspende bei Armeniern und Griechen in Anatolien, in: AuC 2 (1930), S. 320.

Doorselaer, André van, Les nécropoles d'époque romaine en Gaule septentrionale, Dissertationes archaeologicae Gandenses 10, Brugge 1967

Dörfler, Peter, Die Anfänge der Heiligenverehrung nach den römischen Inschriften und Bildwerken, VKHSM München 1913.

Dougherty, Carol/Kurke, Leslie, Cultural poetics in archaic Greece. Cult, performance, politics, Cambridge 1993.

Douglas, Mary, In the wilderness. The doctrine of defilement in the book of Numbers, Sheffield 1993.

—— Natural symbols. Explorations in cosmology, London 2. Aufl. 1973.

—— Purity and danger. An analysis of concepts of pollution and taboo, London 1966 (dt.: Reinheit und Gefährdung. Eine Studie zu Vorstellung von Verunreinigung und Tabu, Frankfurt 1988).

Draper, Jonathan A., Ritual process and ritual symbol in Didache 7-10, in: VigChr 54 (2000), S. 121-158.

Dresken-Weiland, Jutta, Repertorium der christlich-antiken Sarkophage. 2: Italien mit einem Nachtrag Rom und Ostia, Dalmatien, Museen der Welt, hg. v. Thilo Ulbert, Mainz 1998.

Driver, Tom F., The magic of ritual. Our need for liberation rites that transform our lives and communities, San Francisco 1991.

Drobner, Hubertus R. (Hg.), Gregor von Nyssa: Die drei Tage zwischen Tod und Auferstehung unseres Herrn Jesus Christus. Eingeleitet, übersetzt und kommentiert, PP5, Leiden 1982.

Dudden, Frederick Homes, The life and times of St. Ambrose, Oxford 1935.

Düll, Rudolf, Studien zum römischen Sepulkralrecht, in: FS Fritz Schulz 1, Weimar 1951, S. 191-208.

Dürig, Walter, Art. Totenliturgie, in: SM(D) 4, 1969, Sp. 946-952.

Duhn, Friedrich von, Bemerkungen zur Orientierung von Kirchen und Gräbern, in: ARW 19 (1918), S. 441-451.

—— Italische Gräberkunde, 1/2, BKAW 2, 1/2, 2, Heidelberg 1924/1939.

—— Rot und Tod, in: ARW 9 (1906), S. 1-24.

Dunant, Christiane/Thomopoulos, Jean, Inscriptions de Céos, in: BCH 78 (1954), S. 316-348.

Durkheim, Émile, Die elementaren Formen des religiösen Lebens, Frankfurt 1994.

Dussaud, René, Les origines cananéennes du sacrifice israélite, 2. Aufl. Paris 1941.

Duval, Noël, La moasïque funéraire dans l'art Paléochrétien, Collana diretta da Raffaella Farioli dell'Università di Bologna 3, Ravenna 1976.

Duval, Yvette, Ambroise des Milan, Paris 1974.

—— Auprès des saints corps et âme. L'inhumation 'ad sanctos' dans la chrétienté d'Orient et d'Occident du IIIe au VIIe siécle, Etude Augustiennes 15, Paris 1988.

—— Flora était-elle africaine? Augustin, De cura pro mortuis gerenda 1.1, in: REA 34 (1988), S. 70-77.

—— Loca sanctorum Africae 1. Recueil des inscriptions martyrologiques d'Afrique, CEFR 58, Rom 1982.

—— Loca sanctorum Africae 2. Le culte des martyrs em Afrique du IVe au VIIe siècle, CEFR 58, Rom 1982.

—— Oraisons funèbres de Saint Ambroise, in: M. Fuhrmann (Hg.), Christiansme et formes litteraires, EnAc 23, Genf 1977, S. 260-274.286-291.

Dies./Picard, Jean-Charles (Hg.), L'inhumation privilegiee du IVe au VIIIe siecle en Occident. Actes du colloque tenu a Creteil les 11-18 mars 1984, Paris 1984.

Dyggve, Ejnar, Probleme des altchristlichen Kultbaus. Einige archäologisch begründete Gesichtspunkte zu Grabkult und Kirchenbau, in: ZKG 59 (1940), S. 103-113.

—— The origin of the urban churchyard, in: CM 13 (1952), S. 147-158.

Dyson, Stephen L., Community and society in Roman Italy, Baltimore 1991.

Eco, Umberto, Das Irrationale Gestern und Heute, in: ders., Im Labyrinth der Vernunft. Texte über Kunst und Zeichen, Leipzig 1990, S. 376-391.

Edsman, Carl-Martin, Art. Trauerbräuche. Religionsgeschichtlich, in: RGG³ 6, 1962, Sp. 998-1000.

Eggebrecht, Arne (Hg.), Das Grab des Nacht. Kunst und Geschichte eines Beamtengrabes der 18. Dynastie in Theben-West, Mainz 1991.

—— Sennefer. Die Grabkammer des Bürgermeisters von Theben, Mainz 1988.

—— Suche nach Unsterblichkeit. Ägypten in Mannheim (Ausstellungskatalog), Hildesheim/Mannheim 1992.

Ehrhardt, Arnold, Jewish and Christian ordination, in: JEH 5 (1954), S. 125-138.

Eine Gesellschaft (Hg.), o.Vf., Von den Gebräuchen bey den Begräbnissen, in: dies. (Hg.), ThPM(L), Linz 1804, S. 165-180.

Eisenhut, Werner, Art. Haruspices, in: KP 2, 1975, Sp. 945-947.

—— Art. Parentalia, in: PRE.Suppl. 12, 1970, Sp. 979-982.

Eisenstein, Judah D., Views and customs concerning death in rabbinic literature, in: JE 4, S. 483-486, New York 1903.

Eitrem, Samson, Hermes und die Toten, Christiania, 1909.

—— Opferritus und Voropfer der Griechen und Römer, Kristiania 1915 (Nachdr. Hildesheim/New York 1977, danach zitiert).

Elliger, Walter, Zur Entstehung und frühen Entwicklung der altchristlichen Bildkunst, SCD 23, Leipzig 1934.

Elliot, J.K. (Hg.), The Apokryphal Jesus. Legends of the early church, Oxford 1996.

Engels, Johannes, Funerum sepulcrorumque magnificentia. Begräbnis- und Grabluxusgesetze in der griechisch-römischen Welt mit einigen Ausblicken auf Einschränkungen des funeralen und sepulkralen Luxus im Mittelalter und in der Neuzeit, Hermes.E 78, Stuttgart 1998.

Engemann, Josef, Begräbnis, Begräbnissitten AI. Frühchristentum, in: LMA I, 1980, Sp. 1804-1805.

—— Deutung und Bedeutung frühchristl. Bildwerke, Darmstadt 1997.

—— Der Ehrenplatz beim antiken Sigmamahl, in: Theodor Klauser u.a. (Hg.), Jenseitsvorstellungen in Antike und Christentum. Gedenkschrift für Alfred Stuiber, JAC.E 9, 2. Aufl. Münster 1988, S. 239-250.

—— Art. Fisch, in: RAC 7, 1969, Sp. 959-1097.

—— Untersuchungen zur Sepulkralsymbolik der späteren römischen Kaiserzeit, JAC.E 2, Münster 1973.

Erman, Adolf, Die Religion der Ägypter, Berlin/Leipzig 1934.

Ders./Ranke, Hermann, Ägypten und äyptisches Leben im Altertum, Tübingen 1923.

Esler, Philip Francis, Community and gospel in Luke-Acts. The social and political motivations of Lucan theology, MSSNTS 57, Cambridge 1987.

—— The first Christians in their social worlds. Social-scientific approaches to New Testament interpretation, London 1994.

Ettlinger, Gerard H., The orations of Gregory Nazianzus. A study in rhetoric and personality, in: D.G. Hunter (Hg.), Preaching in the Patristic age. Studies in honour of Walter J. Burghardt, New York 1989, S. 101-118.

Evans, Arthur J., The palace of Minos. A comparative account of the successive stages of the early Cretan civilization as illustred by the discoveries at Knossos, 4 Bde., London 1921-1935.

Fabricius, Johann Albert, Bibliographia antiquaria sive introductio in notitiam scriptorum, qui antiquitates Hebraicas, Graecas, Romanas et Christianas scriptis illustraverunt, 3. Aufl. Hamburg 1760.

Farmer, David Hugh, Art. Hagiographie I., in: TRE 14, 1985, S. 360-364.

Fasola, Umberto Maria, Le due catacombe ebraiche di Villa Torlonia, in: RivAc 52 (1976), S. 7-62.

Faulkner, Raymond O./Andrews, Carol (Hg.), The ancient Egyptian book of the dead, 4. Aufl. London 1993.

Fausone, Alfonso, Die Taufe in der frühchristlichen Sepulkralkunst. Eine archäologisch-ikonologische Studie zu den Ursprüngen des Bildthemas, SAC 34, Rom 1982.

Fauth, Wolfgang, Bestattung, in: KP 1, 1975, S. 873-876.

Fedak, Janos, Monumental tombs of the Hellenistic age. A study of selected tombs from the pre-classical to the early imperial era, Phoenix Supplementary Volume XXVII, Toronto 1990.

Feder, Frank, Ägypten und frühes Christentum. Die ägyptische (koptische) Version des Alten Testaments in der Form der sogennannten Septuaginta, in: Altertum 42 (1997), S. 195-206.

Fehrle, Eugen, Die kultische Keuschheit im Altertum, RVV 6, Gießen 1910.

Feldman, Emanuel, Biblical and post-biblical defilement and mourning, New York 1977.

Felmy, Karl Christian, Die Verwandlung des Schmerzes. Sterbebegleitung und Totengedächtnis in der östlich-orthodoxen Kirche, in: Hansjakob Becker/Bernhard Einig/Peter-Otto Ullrich, Im Angesicht des Todes. Ein interdisziplinäres Kompendium II, PiLi 4, St. Ottilien 1987, S. 1087-1133.

Fenger, Anne-Lene, Tod und Auferstehung des Menschen nach Ambrosius' ‚De excessus fratris II', in: Theodor Klauser u.a. (Hg.), Jenseitsvorstellungen in Antike und Christentum. Gedenkschrift für Alfred Stuiber, JAC.E 9, 2. Aufl. Münster 1988, S. 47-54.

Ferrua, Antonio, The unknown catacomb. A unique discovery of early Christian art, New Lanark 1991.

Février, Paul-Albert, Kult und Geselligkeit. Überlegungen zum Totenmahl, in: Jochen Martin/Barbara Quint (Hg.), Christentum und Antike Gesellschaft, Darmstadt 1990, S. 358-390.

—— La mort chrétienne, in: SSAM 33 (1987), S. 881-942.

—— Le culte des morts dans les communautés chrétiennes durant le iiieme siècle, in: Atti del IX congresso internazionale di archeologia cristiana 1, Rom 1978, S. 211-274.

Figueras, Pau, Decorated Jewish ossuaries, DMOA 20, Leiden 1983.

—— Jewish ossuaries and secondary burial. Their significance for early Christianity, in: Imm.19 (1984/85), S. 41-57.

Finé, Heinz, Die Terminologie der Jenseitsvorstellungen bei Tertullian, Theoph 12, Bonn 1958.

Fink, Josef/Asamer, Beatrix (Hg.), Die römischen Katakomben, Zaberns Bildbände zur Archäologie/Sonderhefte der AW, Mainz 1997.

Fink, Josef, Herakles als Christusbild an der Via Latina, in: RivAc 56 (1980), S. 133-146.

Finney, Paul Corley, The invisible God. The earliest Christians on art, Oxford 1994.

Fiocchi Nicolai, Vincenzo/Bisconti, Fabrizio/ Mazzoleni, Danilo, Le catacombe cristiane di Roma. Origini, sviluppo, apparati decorativi, documentazione epigrafica, Regensburg 1998; dt.: Roms christliche Katakomben. Geschichte—Bilderwelt—Inschriften, Regensburg 1998.

Fischer, Joseph Anton, Studien zum Todesgedanken in der Alten Kirche. Die Beurteilung des natürlichen Todes in der kirchlichen Literatur der ersten drei Jahrhunderte, München 1954.

Flashar, Hellmut, Der Epitaphios des Perikles, SHAW.PH, Heidelberg 1969.

Fleischer, Rudi, Verständnisbedingungen religiöser Symbole am Beispiel von Taufritualen. Ein semiotischer Versuch, Mainz 1984.

Forcella, Vincenzo, Iscrizioni delle chiese e d'altri edifici di Roma dal s. XI fino ai giorni nostri, Rom 1, 1869-14, 1884.

Forsberg, Juhani, De morte. Bibliographia ad usum theologorum, Annales Societatis Missiologicae et Oecumenicae Fennicae 23, Helsinki 1973.

Forster, Robert/Ranum, Orest (Hg.), Ritual, religion, and the sacred, Baltimore 1982.

Foß, Frank, Die Ausbildung der Jenseitsvorstellung bei den Griechen bis Plato, Kiel 1994.

Frank, Hieronymus, Der älteste erhaltene *ordo defunctorum* der römischen Liturgie und sein Fortleben in Totenagenden des frühen Mittelalters, in: ALW 7/2 (1962), S. 360-415.

—— Die Geschichte des Trierer Beerdigungsritus, in: ALW 4 (1956), S. 279-315 [zitiert als: Frank 1956a].

—— Die römische Herkunft der karolingischen Beerdigungsantiphonen, in: Mélanges en l'honneur de Monseigneur M. Andrieu, RevSR Sonderband, Straßburg 1956, S. 161-171 [zitiert als: Frank 1956b].

Frantz, Anton, Das Gebet für die Todten in seinem Zusammenhange mit Cultus und Lehre, nach den Schriften des heiligen Augustinus, Nordhausen 1857.

Frateantonio, Christa, Art. Haruspices II. A/B, in: DNP 2, 1998, Sp. 167f.

Frazer, James George, The belief in immortality and the worship of the dead, London 1913.

Freistedt, Emil, Altchristliche Totengedächtnistage und ihre Beziehung zum Jenseitsglauben und Totenkultus der Antike, LQF 24, Münster 1928.

Frend, William H.C., Early Christianity and society. A Jewish legacy in the pre-Constantinian Era, in: HThR 76 (1983), S. 53-71.

—— Martyrdom and persecution in the early church. A study of conflict from the Macabees to Donatus, Oxford 1965.

—— Religion popular and unpopular in the early Christian centuries, London 1976.

—— The archaeology of early Christianity. A history, London 1996.

—— The early church, London 1965.

—— The North African cult of martyrs. From apocalyptic to hero-worship, in: Theodor Klauser u.a. (Hg.), Jenseitsvorstellungen in Antike und Christentum. Gedenkschrift für Alfred Stuiber, JAC.E 9, 2. Aufl. Münster 1988, S. 154-167.

—— The rise of Christianity, London 1984.

Friedländer, Ludwig, Darstellungen aus der Sittengeschichte Roms in der Zeit von Augustus bis zum Ausgang der Antonine, 10. von Georg Wissowa bearb. Aufl. Aalen 1964.

—— Roman life and manners under the early Empire, London 1908-1928 (Neudr. 1979).

Führer, Joseph/Schultze, Victor, Die altchristlichen Grabstätten Siziliens, JdI.E 7, Berlin 1907.

Fulton, Robert (Hg.), Death, grief and bereavement. A bibliography 1845-1975, New York 1977.

Gabelmann, Hanns, Tod und Apotheose in der römischen Grabkunst, in: Hans-Joachim Klimkeit (Hg.), Tod und Jenseits im Glauben der Völker, Wiesbaden 1978.

Gafni, Isaiah, Reinterment in the land of Israel. Notes on the development of the custom, in: I. Levine (Hg.), The Jerusalem Cathedra 1, Jerusalem 1981, S. 96-104.

Gamber, Klaus, Das Eucharistiegebet in der frühen nordafrikanischen Liturgie, in: SDM 17 (1969), S. 51-65.

—— Ordo missae Africanae: der nordafrikanische Messritus zur Zeit des heiligen Augustinus, in: RQ 64 (1969), S. 139-153.

Gantz, Ulrike, Gregor von Nyssa. Oratio consolatoria in Pulcheriam, Chrêsis 6, Basel 1999.

Gardner, Jane F., Family and *familia* in Roman law and life, Oxford 1998.

Garland, Robert, The Greek way of death, Ithaca/London 1985.

Gaudemet, Jean, Art. Familie I (Familienrecht), in: RAC 7, 1969, Sp. 286-358.

Geffcken, Johannes, Der Ausgang des griechisch-roemischen Heidentums, Religionswissenschaftliche Bibliothek 6, Heidelberg 1920.

—— Kaiser Julianus, Das Erbe der Alten 8, Leipzig 1914.

—— Zwei Griechische Apologeten, Sammlung wissenschaftlicher Kommentare zu griechischen und römischen Schriftstellern, Leipzig und Berlin 1907.

Gennep, Arnold van, Übergangsriten, Frankfurt/New York 1999 (franz. Erstausgabe Paris 1909).

Gerkan, Armin von, Die christlichen Anlagen unter San Sebastiano, in: Hans Lietzmann, Petrus und Paulus in Rom. Liturgische und archäologische Studien, 2. Aufl. Berlin/New York 1927, S. 248-301.

Gerke, Friedrich, Christus in der spätantiken Plastik, 3. Aufl. 1948.

—— Die christlichen Sarkophage der vorkonstantinischen Zeit, Studien zur spätantiken Kunstgeschichte 11, Berlin 1940.

—— Ideengeschichte der ältesten christlichen Kunst, ZKG 59 (1940), S. 1-102.

—— Spätantike und frühes Christentum, Baden-Baden 1967.

Germer, Renate (Hg.), Das Geheimnis der Mumien. Ewiges Leben am Nil, München/New York 1997.

Gerold, Theodore, Les Pères de l'Église et la musique, Paris 1931.

Gessel, Wilhelm, Bestattung und Todesverständnis in der Alten Kirche. Ein Überblick, in: Hansjakob Becker/Bernhard Einig/Peter-Otto Ullrich (Hg.), Im Angesicht des Todes. Ein interdisziplinäres Kompendium, PiLi 3, St. Ottilien 1987, S. 535-568.
—— Eucharistische Gemeinschaft bei Augustinus, Würzburg 1966.
—— Mythos und Mythologisches im Erscheinungsbild des frühen Christentums, in: Alois Halder/K. Hienzler (Hg.), Mythos und religiöser Glaube heute, Donauwörth 1985, S. 59-78.
—— Reform von Märtyrerkult und Totengedächtnis. Die Bemühungen des Presbyters Augustin gegen die 'laetitia' und 'parentalia', in: Remigius Bäumer (Hg.), Reformatio ecclesiae: Beiträge zu kirchlichen Reformbemühungen von der Alten Kirche bis zur Neuzeit. FS Erwin Iserloh, Paderborn/München/Wien/Zürich 1980, S. 63-73.
Gigon, Olof, Art. Bestattung A (griechisch), in: LAW, 1965, Sp. 457.
—— Art. Totenklage, in: LAW, 1965, Sp. 3104.
—— Art. Totenkult, in: LAW, 1965, Sp. 3104.
—— Die antike Kultur und das Christentum, Gütersloh 1966/Darmstadt 1967.
Girtler, Roland, Kulturanthropologie, München 1979.
Gispen, Willem H., The distinction between clean and unclean, in: OTS 5 (1948), S. 190-196.
Gladigow, Burkhard, Erwerb religiöser Kompetenz. Kult und Öffentlichkeit in den klassischen Religionen, in: Gerhard Binder/Konrad Ehlich (Hg.), Religiöse Kommunikation. Formen und Praxis vor der Neuzeit, BAC 26, Trier 1997, S. 103-118.
Gnilka, Christian, Kultur und Konversion, Chrêsis 2, Basel 1993.
Gnoli, Gherardo/Vernant, Jean Pierre, La mort, les mort, dans les sociétés anciennes, Cambridge 1982.
Goar, Jacques, Euchologion sive Rituale Graecorum, Paris 1647/Venedig 1730 (Nachdr. Graz 1960, danach zitiert).
Goette, Hans Rupprecht, Art. Athenai II, in: DNP 2, 1997, S. 168-186.
Goldenberg, Robert, Art. Reinheit III, in: TRE 28, 1997, S. 483-487.
Goodenough, Erwin Ramsdell, Jewish symbols in the Greco-Roman period, 13 Bde., New York 1953-68.
—— Religious tradition and myth, New Haven 1937.
—— The church in the Roman empire, New York 1970.
Goody, Jack (Hg.), Comparative studies in kinship, London 1969.
—— Kinship, Harmondsworth 1971.
—— The character of kinship, Cambridge 1973.
Goppelt, Leonhard, Jesus, Paul, and Judaism, New York 1964.
Gose, Erich, Katalog der frühchristlichen Inschriften in Trier, TGF 3, Berlin 1958.
Gossmann, Elsa, Quaestiones ad Graecorum orationum funebrium formam pertinentes, Jena 1908.
Gougaud, L., Etude sur les Ordines commendationis animae, in: EL 49 (1935), S. 3-27.
Grabar, André, Die Kunst des frühen Christentums. Von den ersten Zeugnissen christlicher Kunst bis zur Zeit Theodosius' I. , München 1967.
—— Martyrium. Recherches sur le culte des reliques et l'art chrétien antique, 2 Bde., London 1972.
Ders./Gilbert, Stuart/Emmons, James (Hg.), The Beginnings of Christian art 200-395, London 1967.
Grabka, Gregory, Christian Viaticum. A study of its cultural background, in: Tr 9 (1953), S. 1-43.
Graf, Fritz, Gottesnähe und Schadenzauber. Die Magie in der griechisch-römischen Atike, München 1996.
—— Milch, Honig und Wein. Zum Verständnis der Libation im griechischen Ritual, in: Perennitas. FS Angelo Brelich, Rom 1980, S. 209-221.
Grainger, Roger, The Language of the Rite, London 1974.
Grant, Frederick C.,The Hellenistic religions. Age of syncretism, New York 1953.
Grant, Robert M., Early Christianity and society. Seven studies, New York/Hagerstown/San Francisco/London 1977 (deutsch: Christen als Bürger im Römischen Reich, Göttingen 1981).
—— Pliny and the Christians, in: HThR 41 (1948), S. 273-274.

Griessmair, Ewald, Das Motiv der Mors Immatura in den griechischen metrischen Grabinschriften, Innsbruck 1966.

Grieve, Lucia Catherine Graeme, Death and burial in Attic tragedy, Columbia 1898.

Groh, Dennis E., Jews and Christians in late Roman Palestine. Towards a new chronology, in: BA 51 (1988), S. 80-96.

Grossi-Grondi, F., Il Refrigerium celebrato in onore dei Ss. Apostoli Pietro e Paolo nel secolo IV ad Catacumbas, in: RQ 29 (1915), S. 221-249.

—— Il rito funebre del refrigeriumal sepolcro apostolico dell' appia, DPARA 2.14, Rom 1920, S. 263ff.

Gruben, Gottfried, Art. Grab C (Griechenland), in: LAW, 1965, Sp. 1116-1120.

Grüner, Andreas, Zur Topographie des Esquilin in der frühen Kaiserzeit. Das Haus des Properz. Versuch einer Lokalisierung, in: Boreas. Münstersche Beiträge zur Archäologie 16 (1993), S. 39-51.

Grunfeld, A. Tom, The making of modern Tibet, New York/London 1996.

Grupp, Georg, Kulturgeschichte der römischen Kaiserzeit 2. Anfänge der christlichen Kultur, München 1904.

Gundel, Hans Georg, Zodiakos. Tierkreisbilder im Altertum. Kosmische Bezüge und Jenseitsvorstellungen im antiken Alltagsleben, Mainz 1992 (non vidi).

Gundlach, Rolf (und Mitarbeiter), Die Entwicklung der Nekropole von Theben-West, in: Arne Eggebrecht (Hg.), Sennefer. Die Grabkammer des Bürgermeisters von Theben, Mainz 1988, S. 22-26.

Guyon, Jean, La vente des tombes à travers l'épigraphie de la Rome chrétienne (IIIe-VIe siècles). Le rôle des fossores, mansionarii, praepositi et prétres, in: MEFRA 86 (1974), S. 549-596.

—— Le cimetière aux deux lauriers. Recherches sur les catacombes Romaines, RSCr 7, Rom 1987.

Gy, Pierre-Marie, Der Tod des Christen, in: HLW(M) 2, 1965, S. 155-168.

Habenstein, Robert W./Lamers, William M., Funeral customs the world over, Milwaukee 1963.

Habicht, Christian, Athen. Die Geschichte der Stadt in hellenistischer Zeit, München 1995, S. 65

Hachlili, Rachel, A second temple period necropolis in Jericho, in: BA 43 (1980), S. 235-240.

—— Ancient Jewish art and archeology in the land of Israel, HO 7.1.2, Leiden 1988.

—— Art. Bestattung IV, in: RGG⁴ 1, 1998, Sp. 1365f.

—— Burial practices at Qumran, in: RdQ 62 (1993), S. 247-264.

—— The Goliath family in Jericho, in: BASOR 235 (1979), S. 31-66.

Dies./Killebrew, Ann E., Jewish funerary customs during the Second Temple Period, in the light of the excavations at the Jericho necropolis, in: PEQ 115 (1983), S. 109-132.

Hachod, Hans, Gräber in Canosa, in: MDAI.R 29 (1914), S. 260-296

Haenni, G., Un 'ordo defunctorum' du dixième siècle, in: EL 73 (1959), S. 431-34.

Hahn, Alois, Einstellungen zum Tod und ihre soziale Bedingtheit. Eine soziologische Untersuchung, Soziologische Gegenwartsfragen 26, Stuttgart 1968.

—— Kultische und säkulare Riten und Zeremonien in soziologischer Sicht, in: ders. (Hg.), Anthropologie des Kults, Freiburg/Basel/Wien 1977, S. 51-81.

Halder, Alois/Hienzler, K. (Hg.), Mythos und religiöser Glaube heute, Donauwörth 1985.

Hall, Stuart George, Art. Calixtus I., in: TRE 7, 1981, S. 559-563.

Hamm, Berndt, Frömmigkeit als Gegenstand theologiegeschichtlicher Forschung. Methodisch-historische Überlegungen am Beispiel von Spätmittelalter und Reformation, in: ZThK 74 (1977), S. 464-497.

Hänggi, Anton/Schönherr, Alfons, Sacramentarium Rhenaugiense. Handschrift Rh 30 der Zentralbibliothek Zürich, SpicFri 15, Freiburg 1970.

Hanhart, Karel, The intermediate state in the New Testament, Groningen 1966.

Hannan, Mary Louise, Cyprianus De mortalitate. A commentary with an introduction and translation, PatSt 36, Washington DC. 1933.

Hannick, Christian, Art. Hymnen II., TRE 15, 1986, S. 762-770.

Harmon, Daniel P., The family festivals of Rome, in: ANRW 16.2 (1978), S. 1592-1603.

—— The public festivals of Rome, in: ANRW 16.2 (1978), S. 1440-1468.

Harnack, Adolf von, Sokrates und die Alte Kirche, in: ders., Reden und Aufsätze, Bd. 1, hg. v. Ulrich Volp, TASHT 1, Cambridge/Mandelbachtal 2001, S. 51-69.

Harrah, Barbara K./Harrah, David F., Funeral service. A bibliography of literature on its past, present and future, the various means of disposition, and memorialization, Metuchen, New Jersey 1976.

Harrington, Hannah K., The impurity systems of Qumran and the rabbis, Atlanta 1993.

Harris, Jill, Death and the dead in the late Roman West, in: Steven Basset (Hg.), Death in towns. Urban responses to the dying and the dead, Leicester 1992, S. 56-67.

Harrison, Jane E., The religion of ancient Greece, London 1905.

Hartmann, Gert, Art. Reinheit V, in: TRE 28, 1997, S. 493-497.

Hauck, Friedrich, Art. καθαρός, καθαρίζω, καθαίρω, καθαρότης A./B./D., in: ThWNT 3, 1938, S. 416-421.427-430 (Literaturnachtrag dazu in: ThWNT 10/2, 1979, S. 1125).

—— Art. ὅσιος, ὁσίως, ἀνόσιος, ὁσιότης, in: ThWNT 5, 1954, S. 488-492 (Literaturnachtrag dazu in: ThWNT 10/2, 1979, S. 1207).

Heimbrock, Hans-Günter, Gottesdienst. Spielraum des Lebens, Sozial- und kulturwissenschaftliche Analysen zum Ritual in praktisch-theologischem Interesse, Kampen/Weinheim 1993.

Heinisch, Paul, Die Totenklage im Alten Testament, BZfr 13, 9/10, Münster 1931.

—— Die Trauergebräuche bei den Israeliten, BZfr 13, 7/8, Münster 1931.

Heitsch, Ernst, Die griechischen Dichterfragmente der römischen Kaiserzeit I, AGWG.PH 3. Ser. 49, Göttingen 1963.

Herfort-Koch, Marlene, Tod, Totenfürsorge und Jenseitsvorstellungen in der griechischen Antike. Eine Bibliographie, Quellen und Forschungen zur antiken Welt 9, München 1992.

Hertling, Ludwig, Die Zahl der Christen zu Beginn des vierten Jahrhunderts, in: ZKTh 58 (1934), S. 247.

Hertz, Robert, Contribution à une étude sur la réprésentation collective de la mort, in: L'Année sociologique 10 (1907), S. 48-137 (Neudr. in: ders., Sociologie religioeuse et folklore, 1970, S. 1-83).

—— Death and the right hand, Aberdeen 1960 (zuerst ersch. in: ASoc 10 [1907]).

Herz, Peter, Art. Collegium, in: DNP 3, 1997, Sp. 67-69.

—— Bibliographie zum römischen Kaiserkult, in: ANRW 16, 2 (1978), S. 834-910.

Herzog-Hauser, Gertrud, Art. Trauerkleidung, in: PRE 2/6, 1937, Sp. 2225-2231.

Hesberg, Henner von, Das Mausoleum des Augustus. Der Bau und seine Inschriften, München 1994.

—— Die heidnische Nekropole unter St. Peter in Rom. Die Mausoleen A-D, Rom 1986.

—— Neuere Literatur zu römischen Grabbauten, in: Journal of Roman Archeology 2 (1989), S. 207-213.

—— Römische Grabbauten, Darmstadt 1992.

Ders./Zanker, Paul, Römische Gräberstraße, Veröffentlichungen der Kommission zur Erforschung des Antiken Städtewesens, ABAW.PH.NS 96, München 1987.

Heusch, Luc de, Heat, Physiology and cosmogeny. Rites de passage among the Thonga, in: Ivan Karp/Charles S. Bird (Hg.), Explorations in African systems of thought, Bloomington 1980.

Hezser, Catherine, Form, function, and historical significance of the Rabbinic story in Yerushalmi Neziqin, TSAJ 37, Tübingen 1993.

—— Social fragmentation, plurality of opinion, and nonobservance of Halakhah. Rabbis and community in late Roman Palestine, in: JSQ 1 (1993-94), S. 234-251.

—— The social structure of the Rabbinic movement in Roman Palestine, TSAJ 66, Tübingen 1997.

Himmelmann, Nikolaus, Attische Grabreliefs, Nordrhein-westfälische Akademie der Wissenschaften. Vorträge G 357, Opladen/Wiesbaden 1999.

—— Um Totenklage auch Fernstehender bittend. Denkmäler für Kinderlose im archaischen Griechenland, in: Frankfurter Allgemeine Zeitung 191 (19.8.1998), S. N 6.

Hodgen, Margaret T., The doctrine of survivals. A chapter in the history of scientific method in the study of man, Nachdr. Folcroft 1977.

Høeg, Carsten, Les rapports de la musique chrétienne et de la musique de l'antiquité classique, in: Byz. 25 (1955), S. 383-412.

Hoek, Annewies van den/Herrmann, John J., Paulinus of Nola, courtyards, and canthari, in: HThR 93 (2000), S. 173-219.

Hoffman, Lawrence A., Rites of death and mourning in Judaism, in: Paul F. Bradshaw/Lawrence A. Hoffman (Hg.), Life cycles in Jewish and Christian worship. Two liturgical traditions 4, Notre Dame/London 1996, S. 214-239.

Hoffmann, Konrad, Art. Sepulkralkunst, in: TRE 31, 2000, S. 160-165.

Hofhansl, Ernst/Häußling, Angelus A., Art. Farben/Farbensymbolik, in: TRE 11, 1983, S. 25-30.

Hommel, Hildebrecht, Art. Epitaphios, in: LAW, 1965, Sp. 839.

Hopkins, Keith, Death and renewal. Sociological Studies in Roman History 2, Cambridge 1983.

—— Graveyards for historians, in: François Hinard (Hg.), La mort, les morts et l'au-delà dans le monde romain. Actes du Colloque de Caen 20-22 novembre 1985, Caen 1987, S. 113-126.

Hoppe, H., Tertullian. De anima, in: Gn. 11 (1935), S. 250-254.

Hude, Karl, Les oraisons funèbres de Lysias et de Platon, DVSS.HS 1, 4, Kopenhagen 1917.

Hürth, Xaver, De Gregorii Nazianzeni orationibus funebribus, DPAS 12.1, Straßburg 1907.

Humphreys, Sarah C., Anthropology and the Greeks, London 1978.

—— Death and Time, in: Sally C. Humphreys/Helen King, (Hg.), Mortality and immortality. The anthropology and archeology of death, London 1981, S. 261-283.

—— Family tomb and tomb cult in ancient Athens. Tradition or traditionalism?, in: JHS 100 (1980), S. 96-126.

—— The anthropology and archeology of death. Transcience and permanence, London 1982.

—— The family, women and death, London 1983.

Dies./King, Helen (Hg.), Mortality and immortality. The anthropology and archeology of death, London 1981.

Huntington, Richard/ Metcalf, Peter, Celebrations of death. The anthropology of mortuary ritual, Cambridge 1979/2. Aufl. 1992.

Irshai, Oded, Cyril of Jerusalem. The apparition of the cross and the Jews, in: Ora Limor/Guy G. Stroumsa (Hg.), Contra Iudaeos. Ancient and medieval polemics between Christians and Jews, Tübingen 1996, S. 85-104.

Jacoby, Felix, Patrios Nomos. State burial and the public cemetery in the Kerameikos, in: JHS 64 (1944), S. 37-66.

Ders. (Hg.), Die Fragmente der griechischen Historiker, Leiden 1954ff.

Jahnow, Hedwig, Das hebräische Leichenlied im Rahmen der Völkerdichtung, BZAW 36, Berlin 1923.

James, E. O., Christian myth and ritual, London 1933.

Jastrzebowska, Elisabeth, Untersuchungen zum christlichen Totenmahl aufgrund der Monumente des 3. und 4. Jahrhunderts unter der Basilika des Hl. Sebastian in Rom, Frankfurt am Main/Bern/Cirencester 1981.

Jeremias, Joachim, Die Kindertaufe in den ersten vier Jahrhunderten, Göttingen 1958.

—— Jerusalem zur Zeit Jesu Christi, 4. Aufl. Göttingen 1969.

Jetter, Werner, Symbol und Ritual. Anthropologische Elemente im Gottesdienst, Göttingen 1978.

Jevons, Frank B., Greek burial laws, in: CR 9 (1895), S. 247-250.

Johnson, Mark, Pagan-Christian burial practices of the fourth century. Shared tombs, in: Journal of early Christian studies 5 (1997), S. 37-59.

Johrdahn, Bruno, Das kirchliche Begräbnis. Grundlegung und Gestaltung, VEGL 3, Göttingen 1949.

Jones, Arnold H.M., The social background of the struggle between paganism and Christianity, in: Arnaldo Momigliano (Hg.), The conflict between paganism and Christianity in the fourth century, Oxford 1963, S. 17-37.

Jones, R.F.J., Cremation and inhumation. Change in the third century, in: Anthony King/Martin Henig (Hg.), The Roman West in the third century. Contributions from archeology and history 1, British Archeological Reports, International Series 109, Oxford 1981, S. 15-19.

Jounel, Pierre, Die Heiligenverehrung, in: HLW(M) 2, 1965, S. 303-323.

Jülicher, Adolf, Art. Fasti, in: PRE 12, 1909, Sp. 2015-2047.

Jungmann, Joseph Andreas, Die Liturgie der christlichen Frühzeit bis auf Gregor den Grossen, Fribourg 1967.

—— Missarum Sollemnia. Eine genetische Erklärung der römischen Messe, 2 Bde., 5. Aufl. Wien 1962.

—— Oblatio und Sacrificium in der Geschichte des Eucharistieverständnisses, in: ZKTh 92 (1972), S. 342-350.

—— The Mass. An historical, theological survey, Collegeville 1976.

—— The Mass of the Roman rite. Its origins and development, London 1959.

Kaczynski, Reiner, Das Wort Gottes in Liturgie und Alltag der Gemeinden des Johannes Chrysostomus, Freiburg 1974.

—— Die Psalmodie bei der Begräbnisfeier, in: Hansjakob Becker/Reiner Kaczynski, Liturgie und Dichtung. Ein interdisziplinäres Kompendium, PiLi 2, St. Ottilien 1983, S. 795-835.

—— Sterbe- und Begräbnisliturgie, in: H.B. Meyer u.a. (Hg.), Gottesdienst der Kirche. Handbuch der Liturgiewissenschaft 8. Sakramentale Feiern II, Regensburg 1984, S. 191-232.

Kaeser, Bert/Pfisterer-Haas, Susanne/Vierneisel, Klaus (Hg.), Staatliche Antikensammlungen am Königsplatz in München, München 1993.

Kahn, Charles H., Plato's funeral oration. The motive of the Menexenus, in: CP 58 (1963), S. 220-234.

Kaiser-Minn, Helga, Die Entwicklung der frühchristlichen Sarkophagplastik bis zum Ende des 4. Jahrhunderts, in: H. Beck/P.C. Bol (Hg.), Spätantike und frühes Christentum, Frankfurt am Main 1983, S. 318-338.

Kammerer-Grothaus, Helke, Art. Grabbauten III.2. Rom, in: DNP 4, 1998, Sp. 1179-1185.

Kane, J.P., By no means 'The earliest records of Christianity', in: PEQ 103 (1971), S. 103-108.

Kaser, Max, Das Römische Privatrecht 1. Das altrömische, das vorklassische und klassische Recht, HAW 10.3.3.1, 2. Aufl. München 1971.

—— Das Römische Privatrecht 2. Die nachklassischen Entwicklungen, HAW 10.3.3.2, 2. Aufl. München 1975.

—— Römische Rechtsgeschichte, Jurisprudenz in Einzeldarstellungen 2, 2. Aufl. Göttingen 1967 (5. Nachdr. Göttingen 1993, danach zitiert).

—— Römisches Privatrecht. Ein Studienbuch, 17. Aufl. München 1998.

Kashani, Reuben, Burial, in: EJ 4, Jerusalem 1974, S. 1520-1523.

Kaufmann, Carl Maria, Die sepulkralen Jenseitsdenkmäler der Antike und des Urchristentums, Mainz 1900.

—— Handbuch der altchristlichen Epigraphik, Freiburg 1917.

—— Handbuch der christlichen Archäologie. Einführung in die Denkmälerwelt und Kunst des Urchristentums, 3. Aufl. Paderborn 1922.

Kayser, Rudolf, Art. Death, in: EJ 5, 1974, S. 1420-1426.

Kees, Reinhard Jakob, Die Lehre von der Oikonomia Gottes in der *Oratio catechetica* Gregors von Nyssa, Leiden/New York/Köln 1995.

Khaled, Assa'd/Ruprechtsberger, Erwin M., Palmyra in spätantiker, oströmischer (byzantinischer) und frühislamischer Zeit, in: Erwin M. Ruprechtsberger (Hg.), Palmyra. Geschichte, Kunst und Kultur der syrischen Oasenstadt, Linz 1987, S. 137-148.

Kierdorf, Wilhelm, Art. Conclamatio, in: DNP 3, 1997, Sp. 115.

—— Art. Funus publicum, in: DNP 4, 1998, Sp. 711f.

—— Laudatio Funebris. Interpretationen und Untersuchungen zur Entwicklung der römischen Leichenrede, BKP 106, Meisenheim 1980.

—— Totenehrung im republikanischen Rom, in: Gerhard Binder (Hg.), Tod und Jenseits im Altertum, Bochumer altertumswissenschaftliches Colloquium 6, Trier 1991, S. 71-87.

Kingsley, R. G., Kin groups and mortuary practice. Ethnographic implications for archeology, Easat Lansing 1985

Kinzig, Wolfram, 'Non-separation'. Closeness and co-operation between Jews and Christians in the fourth century, in: VigChr 45 (1991), S. 27-53.

—— The Greek Christian writers, in: Stanley E. Porter (Hg.), Handbook of classical rhetoric in the Hellenistic period (300B.C.-A.D. 400), Leiden/New York/Köln 1997, S. 633-670.

—— „*natum et passum* etc." Zur Geschichte der Tauffragen in der lateinischen Kirche bis zu Luther, in: ders./Christoph Markschies/Markus Vinzent, Tauffragen und Bekenntnis. Studien zur sogenannten „Traditio Apostolica", zu den „Interrogationes de fide" und zum „Römischen Glaubensbekenntnis", Berlin/New York 1999, S. 75-183.

Kirsten, Hans, Abrenuntiatio diaboli. Eine Untersuchung zur Bedeutungsgeschichte des altkirchlichen Taufrituals, Heidelberg 1952.

—— Die Taufabsage. Eine Untersuchung zu Gestalt und Geschichte der Taufe nach den altkirchlichen Taufliturgien, Berlin 1960.

Kischkewitz, Hannelore, Ägypten unter römischer Herrschaft, in: Renate Germer (Hg.), Das Geheimnis der Mumien. Ewiges Leben am Nil, München 1997, S. 75-84.

Klauck, Hans-Josef, Hausgemeinde und Hauskirche im frühen Christentum, SBS 103, Stuttgart 1981.

—— Herrenmahl und hellenistischer Kult. Eine religionsgeschichtliche Untersuchung zum ersten Korintherbrief, NTA.NF 15, Münster 1986.

Klauser, Theodor, Das altchristliche Totenmahl nach dem heutigen Stand der Forschung, in: ThGl 20 (1928), S. 599-608 (Neudr. in: GA zur Liturgiegeschichte, Kirchengeschichte und Christlichen Archäologie, JAC.E 3, Münster 1974, S. 114-120).

—— Die Äußerungen der Alten Kirche zur Kunst, in: Atti VI congresso internazionale di archeologica Cristiana 1962, Ravenna 1965, S. 223-238.

—— Art. Blume, in: RAC 2, 1954, Sp. 446-459.

—— Die Cathedra im Totenkult der heidnischen und christlichen Antike, LQF 21, 2. Aufl. Münster 1971.

—— Christlicher Märtyrerkult, heidnischer Heroenkult und spätjüdische Heiligenverehrung: neue Einsichten und neue Probleme, in: Gesammelte Arbeiten zur Liturgiegeschichte, Kirchengeschichte und christlichen Archäologie, JAC.E 3, Münster 1984, S. 221-229.

—— Kleine abendländische Liturgiegeschichte. Bericht und Besinnung, Bonn 1965.

—— Studien zur Entstehungsgeschichte der christlichen Kunst, in: JAC 10 (1967), S. 82-120.

—— Taufet in lebendigem Wasser! Zum religions- und kulturgeschichtlichen Verständnis von Didache 7, 1/3, in: ders., Gesammelte Arbeiten zur Liturgiegeschichte, Kirchengeschichte und christlichen Archäologie, JAC.E 3, Münster 1974, S. 177-183.

—— Der Übergang der römischen Kirche von der griechischen zur lateinischen Liturgiesprache, in: Miscellanea Giovanni Mercati 1, StT 121, Vatikanstadt 1946, S. 467-482 (Neudr. in: ders., GA zur Liturgiegeschichte, Kirchengeschichte und christlichen Archäologie, JAC.E 3, Münster 1974, S. 184-194).

Klein, Samuel, Tod und Begräbnis in Palästina zur Zeit der Tannaiten, Berlin 1908.

Klingenberg, Georg, Art. Grabrecht, in: RAC 12, 1983, Sp. 590-637.

Kneissl, Peter, Die Berufsvereine im römischen Gallien. Eine Interpretation der epigraphischen Zeugnisse, in: Peter Kneissl/Volker Losemann (Hg.), Imperium Romanum. Studien zu Geschichte und Rezeption. FS für Karl Christ zum 75. Geburtstag, Stuttgart 1998, S. 431-449.

Ders./Losemann, Volker (Hg.), Imperium Romanum. Studien zu Geschichte und Rezeption. Festschrift für Karl Christ zum 75. Geburtstag, Stuttgart 1998.

Knigge, Ursula, Der Kerameikos von Athen. Führung durch Ausgrabungen und Geschichte, Athen 1988.

Knott, B.I., The Christian „special language" in the inscriptions, in: VC 10 (1956), S. 56-79.

Koch, Guntram, Frühchristliche Kunst. Eine Einführung, Stuttgart/Berlin/Köln 1995.

Ders./ Sichtermann, Hellmut, Römische Sarkophage, München 1982.

Koch, Hugo, Die altchristliche Bilderfrage, Göttingen 1917.

—— Pascha in der ältesten Kirche, in: ZWTh 20 (1914), S. 289-313.

Ders./Mercklin, Eugen von/Weickert, Carl, Bieda, in: MDAI.R 30 (1915), S. 161-314.

Kock, Theodor (Hg.), Comicorum atticorum fragmenta, Leipzig 1880-1888 (Nachdr. Utrecht 1976, danach zitiert).

Kocks, Dirk, Art. Begräbnis, Begräbnissitten. III. Ikonographische Beispiele, in: LMA 1, 1980, Sp. 1805.

Koep, Leo, Art. Bestattung: nichtchristlich, in: RAC 2, 1954, Sp. 194-219.

—— 'Religio' und 'Ritus' als Problem des frühen Christentums, in: JAC 5 (1962), S. 43-59.

Köpf, Ulrich, Art. Bestattung V.1, in: RGG⁴ 1, 1998, Sp. 1366-1368.

Kötting, Bernhard, Art. Grab, in: RAC 12, 1983, Sp. 366-397.

—— Der frühchristliche Reliquienkult und die Bestattung im Kirchengebäude, VAFLNW.G 123, Köln 1965.

—— Die Tradition der Grabkirche, in: K. Schmid/J. Wollasch (Hg.), Memoria, München 1984.

—— Wohlgeruch der Heiligkeit, in: Theodor Klauser u.a. (Hg.), Jenseitsvorstellungen in Antike und Christentum. Gedenkschrift für Alfred Stuiber, JAC.E 9, 2. Aufl. Münster 1988, S. 168-175.

Kötzsche-Breitenbruch, Lieselotte, Die neue Katakombe an der Via Latina in Rom. Untersuchungen zur Ikonographie der alttestamentlichen Wandmalereien, JAC.E 4, 2. Aufl. Münster 1979.

Kollwitz, Johannes, Art. Bestattung. Christlich, in: RAC 2, 1954, Sp. 208-219.

—— Art. Bild III. Christlich, in: RAC 2, 1954, Sp. 318-341.

—— Art. Coemeterium, in: RAC 3, 1957, Sp. 231-235.

—— Columbarium, in: RAC 3, 1957, Sp. 245-247.

Korte, Alfred, Zu Plinius' Brief über die Christen, in: Hermes 63 (1928), S. 481-484.

Kotila, Heikki, Memoria mortuorum. Commemoration of the departed in Augustine, SEAug 38, Rom 1992.

Kovacsovics, Wilfried K., Römische Grabdenkmäler, Waldsassen 1983.

Kowalczyk, Stanislaw, La mort dans la doctrine de saint Augustin, EstAg 10 (1975), S. 357-372.

Kraeling, Carl H., The Christian building, The excavations at Dura Europos 8/2, New Haven 1967.

Kramer, Joachim, Was bedeutet Koimeterion in den Papyri?, in: ZPE 80 (1990), S. 269-272.

Krause, Clemens, Art. Grab E. Rom, in: LAW, 1965, Sp. 1124-26.

Krause, Günter, Untersuchungen zu den ältesten Nekropolen am Eridanos in Athen, 1975.

Krause, Jens-Uwe, Spätantike Patronatsformen im Westen des römischen Reiches, Vestigia 38, München 1987.

—— Witwen und Waisen im Römischen Reich, 4 Bde., HABES 16-19, Stuttgart 1994f.

Krause, Martin, Art. Aegypten II, in: RAC.Suppl. 1/2 (1985), Sp. 14-53.68-88.

Krautheimer, Richard, Mensa—coemeterium—martyrium, in: CAr 11 (1960), S. 15-40.

Kremer, Jacob, Die Zukunft der Toten. Hoffnung auf persönliche Auferstehung im Wandel der Zeiten, Stuttgart 1988.

Kretschmar, Georg, Die Geschichte des Taufgottesdienstes in der Alten Kirche, in: Karl Ferdinand Müller/Walter Blankenberg (Hg.), Leiturgia V, Kassel 1970, S. 1-348.

—— Die Ordination im frühen Christentum, in: FZPhTh 22 (1975), S. 35-69.

Kriegbaum, Bernhard, Art. Optatus von Mileve, in: TRE 25, 1995, S. 300-302.

Kroll, Josef, Die christliche Hymnodik bis zu Klemens von Alexandrien, 2. Aufl. Darmstadt 1968.

—— Die Hymnendichtung des frühen Christentums, in: Antike 2 (1926), S. 258-281.

Kroll, Wilhelm, Art. Nenia, in: PRE 16, 1935, Sp. 2390-2393.

Krüger, K., Die Lesbarkeit von Bildern, in: Ch. Rittelmeyer/E. Wiersing (Hg.), Bild und Bildung, Wiesbaden 1991, S. 105-131.

Kübler, Karl, Kerameikos. 5. Die Nekropole des 10. bis 8. Jhs., Berlin 1954.

—— Kerameikos 6. Die Nekropole des späten 8. bis frühen 6. Jhs., Berlin 1970.

—— Kerameikos 7. Die Nekropole der Mitte des 6. bis Ende des 5. Jhs., Berlin 1976.

Kübler-Ross, Elisabeth, Interviews mit Sterbenden, 20. Aufl. Stuttgart 1996.

Kuhlmann, Klaus P., Materialien zur Archäologie und Geschichte des Raumes von Achmim, MDAI.KS 11, Mainz 1983.

Kuhnen, Hans-Peter, Art. Bestattung II.2, in: RGG⁴ 1, 1998, Sp. 1364f.

Kurtz, Donna Carol/Boardman, John, Thanatos. Tod und Jenseits bei den Griechen, Kulturgeschichte der Alten Welt 23, Mainz 1985 (Erstausgabe als Greek Burial Customs, London 1971).

Laeuchli, Samuel, The language of faith. An introduction to the semantic dilemma of the Early Church, London 1965.

Lampe, Peter, Die stadtrömischen Christen in den ersten beiden Jahrhunderten: Untersuchungen zur Sozialgeschichte, WUNT 2.18, 2. Aufl. Tübingen 1989.

Lanciani, Rodolfo, Ancient Rome in the light of recent discoveries, Cambridge, Mass./London 1888.

—— Le antichissime sepolture Esquiline, in: BCACR 3 (1875), S. 43ff.

Lane Fox, Robin, Pagans and Christians, London/New York 1986.

Lange, Ulrike, Ikonographisches Register für das Repertorium der christlich-antiken Sarkophage 1: Rom und Ostia, unter Mitwirkung von Birgit Kilian/Michael Poscharsky/Rüdiger Scholz/Inge Sörries/Reiner Sörries/Janette Witt, Dettelbach 1996.

Lapointe, Guy, La célébration des martyrs en Afrique d'après les sermons de saint Augustin, Cahiers des communauté chretiénnes 8, Montreal 1972.

Laporte, Jean, From impure blood to original sin, in: StPatr 31 (1997), S. 438-444.

Larsson, Göran, Heilige/Heiligenverehrung II., in: TRE 14, 1985, S. 644-646.

Latte, Kurt, Römische Religionsgeschichte, HAW 5.4, 2. Nachdr. d. 2. Aufl. München 1992.

Lattimore, Richmond B., Themes in Greek and Latin Epitaphs, Urbana 1962.

Lattke, Michael, Hymnus. Materialien zu einer Geschichte der antiken Hymnologie, NTOA 19, Freiburg, Schweiz/Göttingen 1991.

Lau, Ephrem E., Die Riten um Sterben und Tod in soziologischer Sicht, in: LJ 24 (1974), S. 1-12.

Laum, Bernard, Stiftungen in der griechisch-römischen Antike. Ein Beitrag zur antiken Kulturgeschichte, Leipzig/Berlin 1914.

Le Bonniec, Henri, Art. Parentalia, in: LAW, 1965, Sp. 2221f.

Leach, Edmund, Culture and communication. The logic by which symbols are connected, Cambridge 1976.

—— The structural study of myth and totemism, 3. Aufl. London 1969.

LeBonniec, Henri, Art. Bestattung C (römisch), in: LAW, 1965, Sp. 459.

Leclercq, Henri, Art. Ad sanctos, in: DACL 1.1, 1907, Sp. 479-509.

—— Art. Arch-Zara (catacombe d'), in: DACL 1.2, 1907, Sp. 2771-2774.

—— Art. Arcosolium, in: DACL 1.2, 1907, Sp. 2774-2787.

—— Art. Area, in: DACL 1.2, 1907, Sp. 2787-2802.

—— Art. Canthare, in: DACL 2.2, 1910, Sp. 1955-1969.

—— Art. Catacombes, in: DACL 2.2, 1910, Sp. 2376-2450.

—— Art. Cimetière, in: DACL 3.2, 1913, Sp. 1625-1665.

—— Art. Commémoraison des défunts, in: DACL 4.1, 1920, S. 427-456.

—— Art. Communion des morts, in: DACL 3.2, 1913, S. 2445-2446.

—— Art. Fleurs, in: DACL 5.2, 1923, Sp. 1693-1699.

—— Art. Funérailles, in: DACL 5.2, 1923, Sp. 2705-2715.

—— Art. Obituaire, in: DACL 12.2, 1936, Sp. 1834-1857.

Leipoldt, Johannes, Schenute von Atripe und die Entstehung des national-ägyptischen Christentums, TU 25/1, Leipzig 1903.

Lesky, Albin, Art. Thanatos, in: PRE 2/5, 1934, Sp. 1245-1268.

Lévi-Strauss, Claude, The Structural Study of Myth, in: Structural Anthropology, New York 1963, S. 206-231.

Lévy, Rosemary, The enigma of Arnold van Gennep (1873-1957). Master of French folklore and hermit of Bourg-la-Rein, Helsinki 1988.

Lex, Peter, Das kirchliche Begräbnisrecht, Regensburg/Mainz 1904.

—— Die Fossores in der altchristlichen Kirche. Ihre Geschichte, ihr Amt und ihre Stellung unter den niederen Kirchendienern, in: ThPM 12, (1902), S. 248-253.316-324.

Leynaud, Arnold-F., Les catacombes africaines, Sala Bolognese 1979 (Nachdr. der Ausg. 1910).

Lieberman, Saul, Some aspects of afterlife in early Rabbinic literature, in: Harry Austryn Wolfson Jubilee Volume, Jerusalem 1965, S. 495-532.

Liebeschuetz, John Hugo Wolfgang Gideon, Continuity and change in Roman religion, Oxford 1979.

Liebs, Detlef, Römisches Recht, Göttingen 1975.

Lietzmann, Hans, Geschichte der Alten Kirche, AKG 8, Neudr. d. 4./5. Aufl. Berlin/New York 1999.

—— Messe und Herrenmahl. Eine Studie zur Geschichte der Liturgie, 3. Aufl. Berlin 1955 (Nachdr. Berlin 1967, danach zitiert).

—— Petrus und Paulus in Rom. Liturgische und archaeologische Studien, 2. Aufl. Berlin/New York 1927.

—— Das Motiv der mors immatura, in: Kotinos. FS Erika Simon, Mainz 1992, S. 103-113.

Liversidge, Joan, Everyday life in the Roman Empire, London/New York 1976.

Lofland, Lyn H., Towards a sociology of death and dying, Beverly Hills 1976.
Lohse, Bernhard, Zur Eschatologie des älteren Augustin, in: VC 21 (1967), S. 221-240.
Loisy, Alfred, Essai historique sur le sacrifice, Paris 1920.
Lona, Horacio E., Über die Auferstehung des Fleisches. Studien zur frühchristlichen Eschatologie, BZNW 66, Berlin/ New York 1993.
Loraux, Nicole, Die Trauer der Mütter. Weibliche Leidenschaft und die Gesetze der Politik, Frankfurt 1992.
—— L'invention d'Athènes. Histoire de l'oraison funebre dans la 'cité classique', Paris 1969.
Lortz, Joseph, Tertullian als Apologet, 2 Bde., MBTh 10, Münster 1927/1928.
Louth, Andrew, Denys the Areopagite, Outstanding Christian thinkers, London 1989.
Lowrie, Walter, Art in the Early Church, New York 1947.
Maas, Paul, Art. θρῆνος, in: PRE 2/6, 1937, Sp. 596f.
Macdonald, J.L., Pagan religions and burial practices in Roman Britain, in: Richard Reece (Hg.), Burial in the Roman world, The Council for British Archaeology Research Report 22, London 1977, S. 35-38.
MacMullen, Ramsay, Changes in the Roman Empire. Essays in the ordinary, Princeton 1990.
—— Christianizing the Roman Empire, A.D. 100-400, New Haven 1984.
—— Enemies of the Roman order, Cambridge Mass. 1966.
—— Paganism in the Roman Empire, Cambridge Mass. 1981.
—— Religion and society, in: Historia 30 (1980), S. 440-456.
—— Roman government response to crisis, Cambridge Mass. 1976.
—— „What difference did Christianity make?", in: Historia 35 (1987), S. 322-343.
Maier, Bernhard, Art. Reinheit I, in: TRE 28, 1997, S. 473-477.
Maier, Johann, Geschichte der jüdischen Religion. Von der Zeit Alexanders des Großen bis zur Aufklärung mit einem Ausblick auf das 19./20. Jahrhundert, 2. Aufl. Freiburg 1992.
Malin, Aarno, Οἱ ἐπιτάφιοι λόγοι Γρηγορίου τοῦ Ναζιανζηνοῦ ἐν σχέσει πρὸς τὴν ἐθνικὴν ῥητορείαν, Athen 1929.
Malina, Bruce J., The New Testament world, London 1983.
Malinowski, Bronislaw, Magie, Wissenschaft und Religion, Frankfurt am Main 1973 (Nachdr. Frankfurt am Main 1983, danach zitiert).
Malten, Ludolf, Leichenspiel und Totenkult, in: RM 38/39 (1923/24), S. 300-340.
Mancinelli, Fabrizio, Römische Katakomben und Urchristentum, Florenz 1981.
Mango, Cyril, Constantine's mausoleum and the translation of relics, in: ByZ 83 (1990), S. 51-62.
Mara, Maria Grazia, Riflessioni sulla morte nell' epistolario agostiniano, in: Morte e immortalià nella catechesi dei Padri del III-IV seculo, BSRel 66 (1985), S. 139-149.
Marinatos, Spyridon, Kreta, Thera und das mykenische Hellas, München 1976.
Markschies, Christoph, Art. Abendmahl II.1, in: RGG⁴ 1, 1998, Sp. 15-21.
—— Fund eines spätantiken Helmes mit Christogramm, in: ZAC 2 (1998), S. 161.
—— Zwischen den Welten wandern. Strukturen des antiken Christentums, Frankfurt 1997.
—— Wer schrieb die sogenannte Traditio Apostolica? Neue Beobachtungen und Hypothesen zu einer kaum lösbaren Frage aus der altkirchlichen Literaturgeschichte, in: Wolfram Kinzig/Christoph Markschies/Markus Vinzent, Tauffragen und Bekenntnis. Studien zur sogenannten „Traditio Apostolica", zu den „Interrogationes de fide" und zum „Römischen Glaubensbekenntnis", Berlin/New York 1999, S. 1-74.
Markus, Robert A., The end of ancient Christianity, Cambridge 1990.
Marquardt, Joachim, Das Privatleben der Römer. Erster Theil. Die Familie, Darmstadt 1964 (Nachdr. d. 2. Aufl. 1886).
Marrou, Henri-Irénée, Survivances païennes dans les rites funéraires donatistes, in: Latomus 2 (1949), S. 193-203.
Martino, Ernesto de, Morte e pianto rituale nel mondo antico, Turin 1958 (Neudr. als: Clara Gallini [Hg.], Morte e pianto rituale. Dal lamento funebre antico al pianto di Maria, Turin 2000).
Martyn, James Louis, History and theology in the fourth gospel, New York 1968.
Marucchi, Orazio, Handbuch der christlichen Archäologie, Einsiedeln/Waldshut/Köln 1912.
—— Il simbolismo della cattedra, in: RivAC 6 (1929), S. 359-367.

Matthews, John Frederick, Western aristocracies and imperial court A. D. 365-425, Oxford 1975.

Matz, Friedrich, Geschichte der griechischen Kunst, Frankfurt 1950.

—— Stufen der Sepulkralsymbolik in der Kaiserzeit, in: Wiegartz u.a. (Hg.), Symposion über die antiken Sarkophagreliefs, in: AA (1971), S. 102-116.

Ders./Duhn, Friedrich von, Antike Bildwerke in Rom, Bde. 1-3, Rom 1968.

Mau, Johannes, Art. Bestattung, in: PW 3.1, 1897, S. 331-59.

McCane, Byron R., Bones of contention? Ossuaries and reliquaries in early Judaism and Christianity, in: SecCen 8 (1991), S. 235-246.

—— Jews, Christians and burial in Roman Palestine, Ann Arbour/Duke University 1992.

—— Let the dead bury their own dead. Secondary burial and Mt 8:21-22, in: HThR 83 (1990), S. 31-43.

McGowan, Andrew, Ascetic Eucharists. Food and drink in early Christian ritual meals, Oxford 1999.

McKinnon, James, Christian Antiquity, in: ders. (Hg.), Man and music. Antiquity and the Middle Ages. From ancient Greece to the 15th century, London 1990, S. 68-87.

—— The meaning of the patristic polemic against musical instruments, in: ders., The temple, the Church Fathers and early Western chant, CStS 606, Aldershot/Brookfield/Singapore/Sydney 1990.

Ders. (Hg.), Man and music. Antiquity and the Middle Ages. From ancient Greece to the 15th century, London 1990.

—— Music in early Christian literature. Cambridge readings in the literature of music, Cambridge 1987.

McLachlan Wilson, Robert, Art. Apokryphen II, in: TRE 3, 1978, S. 316-362.

Meeks, Wayne A., The first urban Christians, London 1983.

Meer, Frederick van der, Augustine the bishop. The life and the work of a father of the church, London 1961.

—— Early Christian art, London 1967.

Ders./Mohrmann, Christine, Bildatlas der frühchristlichen Welt, Gütersloh 1959.

Meier, Christian, Zur Funktion der Feste im Athen im 5. Jahrhundert vor Christus, in: Walter Haug/Rainer Warning (Hg.), Das Fest, Poetik und Hermeneutik 16, S. 569-591, München 1989.

Meiggs, Russell, Roman Ostia, 2. Aufl. Oxford 1973.

Mercier, Charles Edmond, Suppliant ritual in Euripidean tragedy, Ann Arbour 1990.

Merkel, Friedemann, Art. Bestattung IV, in: TRE 5, 1980, S. 749-757.

Merkelbach, Reinhold, Mithras. Ein persisch-römischer Mysterienkult, Königstein 1984 (Nachdr. Weinheim 1994).

Merrifield, Ralph, The archeology of ritual and magic, New York/New Amsterdam/London 1987.

Meßner, Reinhard, Die Messreform Martin Luthers und die Eucharistie der Alten Kirche. Ein Beitrag zu einer systematischen Liturgiewissenschaft, IThS 25, Innsbruck/Wien 1989.

Metzger, Henri, Ekphora, convoi funèbre cortège de dignitaires en Grèce et la pèripherie du monde grec, in: RA 69 (1975), S. 209-220.

Metzger, Marcel, Art. Apostolische Konstitutionen, in: RGG⁴ 1, 1998, Sp. 652.

Meuli, Karl, Entstehung und Sinn der Trauersitten, in: Thomas Gelzer (Hg.), Gesammelte Schriften, Bd. 1, Stuttgart 1975, S. 333-351.

Meyer, Rudolf, Art. καθαρός, καθαρίζω, καθαίρω, καθαρότης C., in: ThWNT 3, 1938, S. 416-421 (Literaturnachtrag dazu in: ThWNT 10/2, 1979, S. 1125).

Meyers, Eric M., Jewish Ossuaries. Reburial and Rebirth. Secondary burials in their ancient Near Eastern setting, BibOr 24, Rom 1971.

—— The use of archeology in understanding Rabbinic materials, in: Michael A. Fishbane/Paul R. Flohr (Hg.), Texts and responses. FS Nahum N. Glatzer, Leiden 1975.

Ders./Kraabel, A. Thomas, Archeology, iconography, and nonliterary written remains, in: R. A. Kraft/G. W. E. Nicklesburg (Hg.), Early Judaism and its modern interpreters, Philadelphia 1986.

Ders./Strange, James F., Archeology, the rabbis, and early Christianity, Nashville 1981.

Michel, Otto, Art. μιμνήσκομαι, μνεία, μνήμη, μνῆμα, μνημεῖον, μνημονεύω, in: ThWNT 5, 1942, S. 678-687 (Literaturnachtrag dazu in: ThWNT 10/2, 1979, S. 1178f).

Michl, J., Art. Engel IV (christlich), in: RAC 5, 1962, Sp. 109-200.

Mikhailowski, N. M., Shamanstvo 1, Moskau 1892.

Mitchell, Edwin K., Death and the disposal of the dead, in: ERE 4 (1911), S. 456-458.

Mitchell, L. L., Ambrosian baptismal rites, in: StLi 1 (1962), S. 241-253.

Mohrmann, Christine, Das Sprachproblem in der frühchristlichen Mission, in: ZMR 38 (1954), S. 103-111.

—— Die Rolle des Lateins in der Kirche des Westens, in: ThR 52 (1956), S. 1-18.

—— Les origines de la latinité chrétienne à Rome, in: VigChr 3 (1949), S. 67-106.163-183.

—— Liturgical Latin. Its origins and character, Washington D.C. 1957/London 1959.

Mommsen, August, Feste der Stadt Athen im Altertum, geordnet nach dem attischen Kalender, Leipzig 1898.

Mommsen, Theodor, De collegiis et sodaliciis, Kiel 1843.

Morenz, Siegfried, Fortwirken altägyptischer Elemente in christlicher Zeit, in: Villa Hügel (Hg.), Koptische Kunst. Christentum am Nil, Essen 1963, S. 54-64.

Moreton, Bernard, The eighth-century Gelasian sacramentary. A study in tradition, OTM, Oxford 1976.

Morey, Charles R., The gold-glass collection in the Vatican library, Vatikanstadt 1959.

Morin, Germain, Problèmes relatifs à la règle de s. Césaire d'Arles pour les moniales, in: RBen 44 (1932), S. 5-20.

Morris, Ian, Attitude towards death in archaic Greece, in: ClA 8 (1989), S. 296-320.

—— Burial and ancient society. The rise of the Greek city-state, New Studies in Archeology, Cambridge 1987.

—— Death-ritual and social structure in classical antiquity, Cambridge 1992.

—— Poetics of power. The interpretation of ritual action in archaic Greece, in: Carol Dougherty/Leslie Kurke (Hg.), Cultural poetics in archaic Greece. Cult, performance, politics, Cambridge 1993, S. 15-45.

Moulinier, Louis, Le pur et l'impur dans la pensée des Grecs d'Homère à Aristote, EeC 12, Paris 1952.

Mourant, John A., Saint Augustine on immortality, Villanova 1969.

Müller, Nikolaus, Art. Koimeterien, in: RE³ 10, 1901, S. 794-877.

Müller, Walter W., Art. Weihrauch, in: PRE.S 15, 1978, Sp. 700-773.

Murray, Sister Charles, Rebirth and afterlife. A study of the transmutation of some pagan imagery in early Christian funerary art, British archeological reports 100, Oxford 1983.

Mussies, Gerard, Greek in Palestine and the Diaspora, in: Shmuel Safrai/M. Stern (Hg.), The Jewish People in the First Century. Historical geography, political history, social, cultural and religious life and institutions, CRI.Sect. 1, Bd. 2, Amsterdam 1976, S. 1040-1064.

Muth, Robert, Einführung in die griechische und römische Religion, Darmstadt 1988.

Mylonas, Georgios E., Burial customs, in: J.B. Wace/F.H. Stubbings (Hg.), A companion to Homer, London 1962, S. 478-488.

Nagel, William, Art. Exorzismus II. Liturgiegeschichtlich, in: TRE 10, 1982, S. 750-756.

—— Geschichte des christlichen Gottesdienstes, SG 1202, Berlin 1970.

Nash, Ernest, Pictorial dictionary of ancient Rome, 2 Bde., 2. Aufl. London 1968.

Nau, François, Les canons et les résolutions canoniques, Paris 1906.

Naumann-Steckner, Friederike, Death on the Rhine. Changing burial customs in Cologne, 3rd-7th century, in: Leslie Webster/Michelle Brown (Hg.), The transformation of the Roman world. AD 400-900, London 1997, S. 143-157.

Nehring, Alfons, Seele und Seelenkult bei Griechen, Italikern und Germanen, Breslau 1917.

—— Sprachzeichen und Sprechakte, Heidelberg 1963.

Nestori, Aldo, Repertorio topografico delle pitture delle catacombe romane, 2. Aufl. Vatikanstadt 1993.

Neumann, Günther, Καθαρός „rein" und seine Sippe in den ältesten griechischen Texten. Beobachtungen zu Bedeutung und Etymologie, in: Kotinos. FS Erika Simon, Mainz 1992, S. 71-75.

Neumann, Karl Johannes, Kaiser Julians Bücher gegen die Christen nach ihrer Wiederherstellung übersetzt, Leipzig 1880.

Neusner, Jacob, A history of the Mishnaic laws of purities 21. The redaction and formulation of the order of purities in Mishna and Tosefta, Leiden 1977.

—— The idea of purity in ancient Judaism, Leiden 1973.

Nickelsburg, George W. E., Resurrection, immortality, and eternal life in intertestamental Judaism, HThS 26, Cambridge Mass. 1972.

Nilsson, Martin Persson, Geschichte der griechischen Religion, HAW 1.5.2.1, 2. Neudr. d. 3. Aufl. München 1992.

—— Greek popular religion, New York 1940.

—— History of Greek religion, Oxford 2. Aufl. 1949.

—— The immortality of the soul in Greek religion, in: ders., Opuscula Selecta 3, Lund 1960, S. 40-55.

—— Roman and Greek domestic cults, in: ders., Opuscula Selecta 3, Lund 1960, S. 271-285.

—— Totenklage und Tragödie, in: ARW 9 (1906), S. 286f.

Noailles, Pierre, Les tabous du mariage dans le droit primitif des Romains, in: ASoc.J 2 (1937), S. 6ff

Nock, Arthur Darby, Cremation and burial in the Roman empire, in: HThR 25 (1932), S. 321-359.

—— Tomb violations and pontifical law, in: JBL 60 (1941), S. 88-95.

Noethlichs, Karl Leo, Spätantike Jenseitsvorstellungen im Spiegel des staatlichen Gräberschutzes. Zur Novelle 23 Kaiser Valentinians III, in: Theodor Klauser u.a. (Hg.), Jenseitsvorstellungen in Antike und Christentum. Gedenkschrift für Alfred Stuiber, JAC.E 9, 2. Aufl. Münster 1988, S. 47-54.

North, J.A., Conservatism and change in Roman religion, PBSR 44 (1976), S. 1-12.

—— Religion in Republican Rome, in: F.W. Walbank u.a. (Hg.), Cambridge ancient history, Bd. 7.2, 2. Aufl. 1989, S. 573-624.

Northcode, J., The Epitaphs of the Catacombs, London 1878.

Noy, David, Where were the Jews of the Diaspora buried?, in: Martin Goodman (Hg.), Jews in a Graeco-Roman world, Oxford 1998, S. 75-89.

Ntedika, Konde, L'evocation de l'au-delà dans la prière pour les morts. Études de patristique et de liturgie latines (4e-8e s.), RAfTh 2, Louvain/Paris 1971.

O'Briain, Felim, Art. Bernicé, in: DHGE 8 (1935), Sp. 835-837.

O'Daly, Gerard, Art. Dionysius Areopagita, in: TRE 8, 1981, S. 772-780.

Ochs, Donovan J., Consolatory rhetoric. Grief, symbol, and ritual in the Greco-Roman era, Studies in rhetoric and communication, Columbia 1993.

Oeconomus, Georgius P., De profusionum receptaculis sepulcralibus, Bibliotheca Societas Archeologicae Athenarum 21, Athen 1921.

Ohler, Norbert, Sterben, Tod und Grablege nach ausgewählten mittelalterlichen Quellen, in: Hansjakob Becker/Bernhard Einig/Peter-Otto Ullrich, Im Angesicht des Todes. Ein interdisziplinäres Kompendium I, PiLi 3, St. Ottilien 1987, S. 569-591.

—— Sterben und Tod im Mittelalter, München/Zürich 1990.

Orbán, Arpad P., Les dénominations du monde chez les premiers auteurs chrétiens, GCP 4, Nijmegen 1970.

Ortner, Sherry B., Sherpas through their rituals, Cambridge 1978 (Nachdr. 1993, danach zitiert).

Osborne, John, Death and burial in sixth-century Rome, in: Classical Views 28 (1984), S. 291-299.

—— The Roman catacombs in the Middle Ages, in: BSR 53 (1985), S. 280ff.

Otto, Walter, Priester und Tempel im hellenistischen Ägypten, 2 Bde. Leipzig/Berlin 1905-1908.

Overman, J. Andrew, Matthew's gospel and formative Judaism, Philadelphia 1990.

Palmer, Anne-Marie, Prudentius on the martyrs, Oxford 1989.

Paolucci, Pompillio, Refrigerium, Camerino 1923.

Paredi, Angelo, St. Ambrose. His life and times, Notre Dame 1964.

Parker, Robert C. T., Miasma. Pollution and purification in early Greek religion, 2. Aufl. Oxford 1996.

Parkes, Colin Murray/Laungani, Pittu/Young, Bill (Hg.), Death and bereavement across cultures, London 1996.

Parlasca, Klaus, Bedeutung und Problematik der Mumienporträts und ihr kulturelles Umfeld, in: ders./Helmut Seemann (Hg.), Augenblicke. Mumienporträts und ägyptische Grabkunst aus römischer Zeit, Frankfurt/München 1999, S. 23-48.

Parmeggiani, G., Voghenza. Una necropoli di età romana nel territorio Ferrarese, Ferrara 1985.

Parrot, André, Le „refrigerium" dans l'au-delà, Paris 1937.

Patlagean, Evelyn, Pauvreté économique et pauvreté sociale à Byzance. 4e-7e siècles, Den Haag 1977.

Patterson, John, Patronage, collegia, and burial in Imperial Rome, in: Steven Basset (Hg.), Death in towns. Urban responses to the dying and the dead, Leicester 1992, S. 15-27.

Pauly, F., Scholia Horatiana, Bd. 2, Prag 1861.

Pavan, Vicenzo, La veste bianca battesimale, indicium escatologico nella Chiesa dei primi secoli, in: Aug. 18 (1978), S. 257-271.

Paverd, Frans van de, Zur Geschichte der Meßliturgie in Antiocheia und Konstantinopel gegen Ende des vierten Jahrhunderts. Analyse der Quellen bei Johannes Chrysostomus, OrChrA 187, Rom 1970.

Pawlik, Jacek Jan, Expérience sociale de la mort. Étude des rites funéraires des Bassar du Nord-Togo, SIA 43, Fribourg 1990.

Paxton, Frederick S., Christianizing death. The creation of a ritual process in early medieval Europe, Ithaca/London 1990.

Pearson, Birger A., Earliest Christianity in Egypt. Some observations, in: ders./James E. Goehring (Hg.), The roots of Egyptian Christianity, Studies in antiquity and Christianity, Philadelphia 1986, S. 132-159.

Peeters, Cornelis Adolf, Fas en Nefas. Een semantische studie, Utrecht 1945.

Pekary, Thomas, Mors perpetua est. Zum Jenseitsglauben in Rom, in: Laverna 5 (1994), S. 87-103.

Pelikan, Jaroslav, The shape of death. Life, death, and immortality in the early Fathers, Nashville 1961/London 1962.

Pelka, Otto, Altchristliche Ehedenkmäler, Zur Kunstgeschichte des Auslands 5, Straßburg 1901.

Pergola, Philippe/Barbini, Palmira Maria, Le catacombe romane. Storia e topografia, Argomenti 8, Rom 1997.

Perler, Othmar, Arkandisziplin, in: RAC 1, 1950, Sp. 667-676.

Pfohl, Gerhard, Art. Grabinschrift I (griechische), in: RAC 12, 1983, Sp. 467-514.

Philipps, L. E., The kiss of peace and the opening greeting of the pre-anaphoral dialogue, in: StLi 23 (1993), S. 177-186.

Pietri, Charles, Art. Grabinschrift II. Lateinische, in: RAC 12, 1983, Sp. 514-590.

Podella, Thomas, Art. Reinheit II, in: TRE 28, 1997, S. 477-483.

Pöhlmann, Egert, Denkmäler altgriechischer Musik, in: Erlanger Beiträge zur Sprach- und Kunstwissenschaft 31 (1971), S. 14-21.

Pope, Hugh, Saint Augustine on death, in: Bl.21 (1940), S. 623-631.

Porter, Harry B., The origin of the medieval rite for anointing the sick or dying, in: JThS.NS 7 (1956), S. 211-225.

—— The Rites for the dying in the early middle ages, in: JThS.NS 10 (1959), S. 43-66.299-307.

Poscharsky, Peter, Art. Baptisterium, in: RGG^4 1, 1998, Sp. 1102f.

Prieur, Jean, La mort dans l'antiquité romaine, Rennes 1986.

Prinz, Karl, Epitaphios Logos. Struktur, Funktion und Bedeutung der Bestattungsreden im Athen des 5. und 4. Jahrhunderts, EHS 3/747, Frankfurt/Berlin/Bern/New York/Paris/Wien 1997.

Procter-Smith, Marjorie, Contemporary challenges to Christian life-cycle ritual, in: Paul F. Bradshaw/Lawrence A. Hoffman (Hg.), Life Cycles in Jewish and Christian worship. Two liturgical traditions 4, Notre Dame/London 1996, S. 240-261.

Puckle, Bertram S., Funeral customs. Their origins and development, London 1926/1990.

Quasten, Johannes, Baptismal creed and baptismal act in St. Ambrose's De mysteriis and De sacramentis, in: Mélanges Joseph de Ghellinck 1, ML.H 13, Gembloux 1951, S. 223-234.

—— Die Reform des Märtyrerkultes durch Augustinus, in: ThGl 25 (1933), S. 318-331.

—— Musik und Gesang in den Kulten der heidnischen Antike und christlichen Frühzeit, LWQF 25, 2. Aufl. Münster 1973.

—— 'Vetus superstitio et nova religio'. The problem of refrigerium in the ancient church of North Africa, in: HThR 33 (1940), S. 253-266.

Radke, Gerhard, Art. Puticuli, in: PRE 46, 1959, Sp. 2062.

—— Art. Rosalia, in: KP 4, 1975, Sp. 1457.

Rahmani, Levi Y., Ancient Jerusalem's funerary customs and tombs 1-4, in: BA 44 (1981), S. 171-177(summer).229-235(fall).43-53(winter) und BA 45 (1982), S. 109-119(spring).

—— A catalogue of Jewish ossuaries in the collections of the state of Israel, Jerusalem 1994.

—— Jewish rock-cut tombs in Jerusalem, in: 'Atiqot 3 (1961), S. 93-120.

Rahtz, Philip, Artefacts of Christian death, in: Sally C. Humphries/Helen King (Hg.), Mortality and immortality. The anthropology and archeology of death, London/New York 1981, S. 117-136.

Rajak, Tessa, Reading the Jewish catacombs of Rome, in: Jan Willem van Henten/Pieter Willlem van der Horst (Hg.), Studies in early Jewish epigraphy, AGJU 21, Leiden/New York 1994, S. 226-241.

Dies./Noy, David, *Archisynagogoi*. Office, title and social status in the Greco-Jewish synagogue, in: JRS 83 (1993), S. 75-93.

Rampolla del Tindaro, Mariano, Santa Melania. Giuniore senatrice Romana. Documenti contemporanei e note, Rom 1905.

Ranke, Hermann (Hg.), Koptische Friedhöfe bei Karâra und der Amontempel Scheschkons I. bei El Hibe. Bericht über die badischen Grabungen 1913 und 1914, Berlin/Leipzig 1926.

Rawson, Elizabeth, Roman culture and society. Collected papers, Oxford 1991.

Rebell, Walter, Zum neuen Leben berufen. Kommunikative Gemeindepraxis im frühen Christentum, München 1990.

Rebenich, Stefan, Viri nobiles, viri diserti, viri locupletes, in: Angelika Dörfler-Dierken/Wolfram Kinzig/Markus Vinzent (Hg.), Christen und Nichtchristen in der Spätantike, Neuzeit und Gegenwart. Beginn und Ende des Konstantinischen Zeitalters. Akten des Internationalen Forschungskolloquiums zum 65. Geburtstag von Adolf Martin Ritter, TASHT 6, Cambridge/Mandelbachtal 2001, S. 61-80.

Rebillard, Eric, L'eglise de Rome et le developpement des catacombes. A propos de l'origine des cimetieres chretiens, MEFRA 109.2 (1997), S. 741-763 [zitiert als: Rebillard 1997a].

—— Interaction between the preacher and his audience. The case-study of Augustine's preaching on death, in: StPatr 31 (1997) S. 86-96 [zitiert als: Rebillard 1997b].

—— KOIMHTHPION et COEMETERIUM. Tombe, tombe sainte, nécropole, in: MEFRA 105 (1993), S. 975-1001.

Recheis, Athanas, Engel, Tod und Seelenreise. Das Wirken der Geister beim Heimgang des Menschen in der Lehre der alexandrinischen und kappadokischen Väter, Rom 1958.

Reck, Reinhold, Kommunikation und Gemeindeaufbau. Eine Studie zu Entstehung, Leben und Wachstum paulinischer Gemeinden in den Kommunikationsstrukturen der Antike, Stuttgart 1991.

Reece, Richard (Hg.), Burial in the Roman world, The Council for British Archaeology Research Report 22, London 1977.

Reichardt, Klaus Dieter, Die Judengesetzgebung im Codex Theodosianus, in: Kairos 29 (1978), S. 16-39.

Reif, Stefan C., Judaism and Hebrew prayer. New perspectives on Jewish liturgical history, Cambridge/New York/Melbourne 1995.

Reiner, Eugen, Die rituelle Totenklage der Griechen nach den schriftlichen und bildlichen Quellen dargestellt, TBAW 30, Tübingen 1938.

Rengstorf, Karl Heinrich/Kortzfleisch, Siegfried von (Hg.), Kirche und Synagoge. Handbuch zur Geschichte von Christen und Juden. Darstellung mit Quellen, Bd. 1, Stuttgart 1968.

Reynolds, Philip Lyndon, Marriage in the Western church. The Christianization of marriage during the patristic and early medieval periods, SVigChr 24, Leiden/Boston/Köln 1994.

Richmond, Ian A., Archeology and the after-life in pagan and Christian imagery, RML.Ser.20, London/New York/Toronto 1950.

Ricœur, Paul, Finitude et culpabilité. II. Symbolique du mal, Paris 1960 (dt.: Phänomenologie der Schuld. II. Symbolik des Bösen, Freiburg/München 1971).

Riley, Hugh M., Christian initiation. A comparative study of the interpretation of the baptismal liturgy in the mystagogical writings of Cyril of Jerusalem, John Chrysostom, Theodore of Mopsuestia and Ambrose of Milan, SCA 17, Washington 1974.

Ringgren, Helmer, Art. טָמֵא טֻמְאָה 1., in: ThWAT 3, 1982, Sp. 352-354

—— Israelitische Religion, RM 26, 2. Aufl. Stuttgart 1982.

Ristow, Sebastian, Frühchristliche Baptisterien, JAC.E 27, Münster 1998.

Ritter, Adolf Martin, Art. Ägypten III.4, in: RGG⁴ 1, 1998, Sp. 213f.

—— Christentum und Eigentum bei Klemens von Alexandiren auf dem Hintergrund der früh- christlichen „Armenfrömmigkeit" und der Ethik der kaiserzeitlichen Stoa, in: ZKG 86 (1975), S. 1-25 (= ders., Charisma und Caritas. Aufsätze zur Geschichte der Alten Kirche, Göttingen 1993, S. 283-307).

—— Erwägungen zum Antisemitismus in der Alten Kirche. Joannes Chrysostomus, „Acht Re- den wider die Juden", in: Bernd Moeller/Gerhard Ruhbach (Hg.), Bleibendes im Wandel der Kirchengeschichte. Kirchenhistorische Studien, Tübingen 1973, S. 71-91.

—— Pseudo-Dionysius Areopagita, Über die mystische Theologie und Briefe, eingel. und übers. von Adolf Martin Ritter, BGrL 40, Stuttgart 1994.

Robert, L., Les inscriptions de Thessalonique, in: RPh 100 (1974), S. 180-246.

Robertis, Francesco M. de, Storia delle corporazioni e del regime associativo nel mondo romano 1, Bari 1971.

Roch, Sérée de, Tébessa, antique Théveste, 1952.

Roetzer, Wunibald, Des heiligen Augustinus Schriften als liturgiegeschichtliche Quelle. Eine li- turgiegeschichtliche Studie, München 1930.

Rohde, Erwin, Psyche. Seelencult und Unsterblichkeitsglaube der Griechen, Tübingen 9./10.Aufl. 1925.

Rohde, Georg, Die Kultsatzungen der römischen Pontifices, RVV 25, Berlin 1936.

Rohrbaugh, Richard L., The social world of Luke-Acts. Models for interpretation, London 1994.

Roloff, Jürgen, Die Kirche im Neuen Testament, GNT 10, Göttingen 1993.

Rordorf, Willy, The Eucharist of the Early Christians, New York 1978.

Rossi, Giovanni Battista de, La Roma sotterranea cristiana, 3 Bde., Rom 1861-1877.

Ders./Silvagni, Angelo (Hg.), Inscriptiones Christianae urbis Romae septimo saeculo antiquio- res, insges. 7 Bde., Rom 1862-1888, Suppl. 1915, NS 1922-1956.

Rouge, C., Bestattungssitten im alten Griechenland, NJKA 13, Leipzig 1910.

Röwekamp, Georg (Hg.), Cyrill von Jerusalem. Mystagogicae catecheses. Mystagogische Kate- chesen, FC 7, Freiburg 1992.

Rowell, Geoffrey, The liturgy of Christian burial. An introductory survey of the historical deve- lopment of Christian burial rites, London 1977.

Rozynski, Franz, Die Leichenreden des Heiligen Ambrosius, Breslau 1910.

Ruland, Ludwig, Die Geschichte der kirchlichen Leichenfeier, Regensburg 1901.

Rüpke, Jörg, Die Religion der Römer. Eine Einführung, München 2001.

Ruschenbusch, Eberhard, ΣΟΛΩΝΟΣ NOMOI. Die Fragmente des solonischen Gesetzeswerkes mit einer Text- und Überlieferungsgeschichte, Hist. Einzelschriften 9, Wiesbaden 1966.

Rush, Alfred C., Death and burial in Christian antiquity, SCA 1, Washington 1941.

—— Death as a spiritual marriage. Individual and ecclesial eschatology, in: VigChr 26 (1972), S. 81-101.

—— The colors of black and red in the liturgy of the dead, in: Patrick Granfield/Joseph Andreas Jungmann (Hg.), Kyriakon. FS Johannes Quasten, Bd. 2, Münster 1970, S. 698-708

—— The Eucharist. The sacrament of dying in Christian antiquity, in: Jurist 34 (1974), S. 10-35.

Russell, Donald A./Wilson, Nigel Guy, Menander Rhetor, Oxford 1981.

Rutgers, Leonard V., Art. Dura Europos, in: RGG⁴ 2, 1999, Sp. 1026-1028.

—— Überlegungen zu den jüdischen Katakomben Roms, in: JAC 33 (1990), S. 140-157.

Rutledge, Denys, Cosmic theology. The ecclesiastical hierarchy of Pseudo-Denys. An introduc- tion, London 1964.

Safrai, Shmuel, Religion in everyday life, in: ders./M. Stern (Hg.), The Jewish people in the first century. Historical geography, political history, social, cultural and religious life and institutions, CRI.Sect. 1, Bd. 2, Amsterdam 1976, S. 793-833.

Saller, Richard P., Corporal punishment, authority, and obedience in the Roman household, in: Beryl Rawson (Hg.), Marriage, divorce, and children in ancient Rome, London 1991, S. 144-165.

—— Patriarchy, property and death in the Roman family, Cambridge 1994.

—— Personal patronage under the Early Empire, Cambridge 1982.

Ders./Shaw, Brent D., Tombstones and Roman family relations in the principate: Civilians, soldiers and slaves, in: JRS 74 (1984), S. 124-156.

Samter, Ernst, Antike und moderne Totengebräuche, Neue Jahrbücher 15, 1905.

—— Art. Fasces, in: PRE 12, 1909, Sp. 2002-2006.

—— Familienfeste der Griechen und Römer, Berlin 1901.

—— Geburt, Hochzeit und Tod. Beiträge zur vergleichenden Volkskunde, Leipzig/Berlin 1911.

Sanders, Ed Parish, Judaism. Practice and belief 63BCE-55CE, London/Philadelphia 1992.

Satterthwaite, Philip E., The Latin Church Fathers, in: Stanley E. Porter (Hg.), Handbook of classical rhetoric in the Hellenistic period (300B.C.-A.D. 400), Leiden/New York/Köln 1997, S. 671-694.

Savigny, Eike von, Zur Theorie der Sprechakte, 2. Aufl. Stuttgart 1989.

Saxer, Victor, Culto dei morti, in: DPAC 2 (1984), S. 2303-2306.

—— Die Ursprünge des Märtyrerkultes in Africa, in: RQ 79 (1984), S. 1-11.

—— Mort et culte des morts à partir de l'archeologie et de la liturgie d'Afrique dans l'œuvre de saint Augustin, in: Aug. 18 (1978), S. 219-228.

—— Morts, martyrs, reliques en Afrique Chrétienne aux premiers siècles. Les témoignages de Tertullien, Cyprien et Augustin à la lumière de l'archéologie africaine, Paris 1980.

—— Vie liturgique et quotidienne a carthage vers le milieu du IIIe siècle, SAC 29, 2. Aufl. Rom 1984.

Scharbert, Josef, Art. פקד, in: ThWAT 5, Stuttgart/Berlin/Köln/Mainz 1986, Sp. 901-906.

Scheda, Gunther, Die Todesstunde Kaiser Julians, in: Historia 15 (1966), S. 380-384 (Neudr. in: Richard Klein [Hg.], Julian Apostata, Darmstadt 1978, S. 381-386).

Schefold, Kenneth, Art. Sarkophag, in: LAW, 1965, Sp. 2703.

Schliess, T., Die römischen Collegia funeraticia nach den Inschriften, o. O. 1888.

Schmaltz, Bernhard, Griechische Grabreliefs, Edf 192, Darmstadt 1983.

Schmidt, Andrea B., Kanon der Entschlafenen: das Begräbnisritual der Armenier. Der altarmenische Bestattungsritus für die Laien, Orientalia biblica et christiana 5, Wiesbaden 1994.

Schmidt, K.L., Art. ἐκκλησία, in: ThWNT III, 1938, S. 502-539 (Literaturnachtrag dazu in: ThWNT 10/2, 1979, S. 1127-1131).

Schmidt, Manfred G., Ambrosii carmen de obitu Probi. Ein Gedicht des Mailänder Bischofs in epigraphischer Überlieferung, in: Hermes 127 (1999), S. 99-116.

Schmidt, Peter L., Art. Laudatio funebris, in: KP 3, 1975, Sp. 517f.

Schneemelcher, Wilhelm, Art. Allerseelen, in: RAC 1, 1950, Sp. 300-301.

Schneider, Alfons Maria von, Mensae oleorum oder Totenspeisetische, in: RQ 35 (1927), S. 287-301.

Schneider, Hermann, Untersuchungen über die Staatsbegräbnisse und den Aufbau der öffentlichen Leichenreden der Athener in der klassischen Zeit, Berlin 1912.

Schnitzer, Guiseppe, Minucio Felice e la cremazione, in: Religio 10 (1934), S. 32-44.

Schöllgen, Georg, Die Anfänge der Professionalisierung des Klerus und das kirchliche Amt in der syrischen Didaskalie, JAC.E 26, Münster 1998.

—— Collegia funeraticia, in: LThK3 2, 1994, Sp. 1257f.

—— Ecclesia sordida? Zur Frage der sozialen Schichtung frühchristlicher Gemeinden am Beispiel Karthagos zur Zeit Tertullians, JAC.E 12, Münster 1985.

—— Probleme der früchchristlichen Sozialgeschichte. Einwände gegen Peter Lampes Buch über 'Die stadtrömischen Christen in den ersten beiden Jahrhunderten', in: JAC 32 (1989), S. 23-40.

Schoenebeck, Hans von, Altchristliche Grabdenkmäler und antike Grabgebräuche in Rom, in: ARW 34 (1937), S. 60-80.

Scholz, Sebastian, Art. Bestattung IV, in: LThK3 2, 1994, Sp. 323f.

Schrader, Otto/Hehn, Victor, Kulturpflanzen und Hausthiere in ihrem Übergang aus Asien und Italien sowie in das übrige Europa. Historisch-linguistische Studien, 9. Aufl. Hildesheim 1963.

Schrage, Wolfgang, Ekklesia und Synagoge, in: ZThK 60 (1963), S. 178-202.

Schubert, Kurt, Auferstehung als religionswissenschaftliches und theologisches Problem, in: Bi-Li 42 (1969), S. 19-26.

Schultze, Victor, Grundriß der christlichen Archäologie, 2. Aufl. Gütersloh 1934.

—— Die Stellung der Alten Kirche zur Leichenverbrennung, in: AELKZ 13 (1912), Sp. 300-302.

—— Art. Kreuzeszeichen, in: RE³ 11, 1902, S. 93-96.

Schulz, Hermann, Art. Bestattung I, in: RGG⁴ 1, 1998, Sp. 1362f.

Schulz-Flügel, Eva, Art. Bibelübersetzungen 2, in: RGG⁴ 1, 1998, Sp. 1491-1494.

Schumacher, Walter N./Wilpert, Joseph (Hg.), Die römischen Mosaiken der kirchlichen Bauten vom IV.—XIII. Jahrhundert, Freiburg 1976.

Schunck, Klaus-Dietrich, Art. Makkabäer/Makkabäerbücher, in: TRE 21, 1991, S. 736-745.

Schürer, Emil, Geschichte des jüdischen Volkes im Zeitalter Jesu Christi, 3 Bde., 4. Aufl. Leipzig 1901-1909/ND Hildesheim 1970.

Schwabe, Moshe/Lifshitz, Baruch, Beth She'arim, Bd. 2, Jerusalem 1974.

Schwarte, Karl-Heinz, Art. S. Petronius Probus, in: LAW, 1965, Sp. 2439.

Schwartz, Eduard, Über die pseudoapostolischen Kirchenordnungen, Schriften der wissenschaftlichen Gesellschaft in Straßburg 6, Straßburg 1910 = in: ders., GS 5, Berlin 1963, S. 192-273.

Schwarz, Käthe, Der Vestakult und seine Herkunft, Heidelberg 1941.

Schwer, Wilhelm, Art. Armenpflege, in: RAC 1, 1950, Sp. 689-698.

Scullard, Howard Hayes, Römische Feste, Kalender und Kult, Kulturgeschichte der Alten Welt 25, Mainz 1985.

Searle, John Roger, Ausdruck und Bedeutung. Untersuchungen zur Sprechakttheorie, stw 349, 2. Aufl. Frankfurt 1990.

—— Sprechakte. Ein sprachphilosophischer Essay, stw 458, Frankfurt 1994.

Seemann, Helmut, Augenblicke der Geschichte—Augenblicke der Ewigkeit, in: Klaus Parlasca/ders. (Hg.), Augenblicke. Mumienporträts und ägyptische Grabkunst aus römischer Zeit, Frankfurt/München 1999, S. 11-22.

Segal, Alan, Rebecca's children. Judaism and Christianity in the Roman world, Cambridge Mass. 1986.

Shaw, Brent D., Latin funerary epigraphy and family life in the later Roman empire, in: Historia 33 (1984), S. 458-497.

—— Raising and killing children. Two Roman myths, Mn. 54 (2001), S. 31-77.

Sicard, Damien, La liturgie de la mort dans l'église latine des origines à la réforme carolingienne, LQF 63, Münster 1978.

—— La mort du chrétiens, in: Aimee Georges Martimort (Hg.), L'Eglise en prière 3. Les sacraments, Tournai 1984, S. 238-258.

Sieben, Hermann Josef, Voces. Eine Bibliographie zu Wörtern und Begriffen aus der Patristik (1918-1978), BPatr.S 1, Berlin/New York 1980.

Smith, W. Robertson, Lectures on the religion of Semites, 3. Aufl. London 1927.

Smits, Kennet, Augustine and liturgical pluriformity, in: Worship 44 (1970), S. 386-398.

Soffel, Joachim, Die Regeln Menanders für die Leichenrede in ihrer Tradition dargestellt, herausgegeben, übersetzt und kommentiert, BKP 57, Meisenheim 1974.

Sokolowski, Franciszek, Lois sacrées de l'asie mineure, TMEFA 9, Paris 1955.

—— Lois sacrées des cités Grecques, TMEFA 18, Paris 1969.

Sonntag, Wilhelm Hans von, Die Totenbestattung. Totenkultus alter und neuer Zeit und die Begräbnisfrage, Halle 1878.

Spaccapelo, Natalino, Il 'De curo pro mortuis gerenda' di S. Agostino: annotazioni di antropologia, in: SCSI 100 (1972), S. 98-115.

Spiegel, Yorick, Der Prozeß des Trauerns. Analyse und Beratung, 8. Aufl. Gütersloh 1995.

Spira, Andreas, Rhetorik und Theologie in den Grabreden Gregors von Nyssa, in: StPatr 9 (1966), S. 106-114.

Staats, Reinhard, Art. Auferstehung der Toten I.4. Alte Kirche, in: TRE 1, 1977, S. 514-529.

Stähler, Klaus, Art. Grabdenkmal, in: RAC 12, 1983, Sp. 445-455.

Steimer, Bruno, Vertex traditionis. Die Gattung der altchristlichen Kirchenordnungen, BZNW 63, Berlin/ New York 1992.

Stemberger, Günter, Art. Bestattung III, in: LThK³ 2, 1994, Sp. 323.

—— Einleitung in Talmud und Midrasch, 8. Aufl. München 1993.

—— Das klassische Judentum. Kultur und Geschichte der rabbinischen Zeit, München 1979.

Stengel, Paul, Die griechischen Kultusaltertümer, HKAW 5/3, München 1920.

—— Opferbräuche der Griechen, Darmstadt 1972 (Nachdr. der Ausg. Leipzig/Berlin 1910).

Stichel, Rudolf H. W., Columella—Mensa—Labellum. Zur Form der attischen Grabmäler im Luxusgesetz des Demetrios von Phaleron, in: AA (1992), S. 433-440.

Stierlin, Henri, Kleinasiatisches Griechenland. Klassische Kunst und Kultur von Pergamon bis Nimrud Dagh, Antike Kunst im Vorderen Orient 1, Stuttgart/Zürich 1986.

Stiglmayr, Joseph, Eine syrische Liturgie als Vorlage des Pseudo-Areopagiten, in: ZKTh 37 (1949), S. 283-285.

Stommel, Eduard, Art. Bestattung: griechisch-römisch, in: RAC 2, 1954, Sp. 200-207.

—— Art. Domus Aeterna, in: RAC 4, 1959, Sp. 109-128.

Strack, Hermann L./Stemberger, Günter (Hg.), Einleitung in Talmud und Midrasch, 8. Aufl. München 1993.

Strasburger, Hermann, Der Einzelne und die Gemeinschaft im Denken der Griechen, in: HZ 177 (1954), S. 227-248.

Stritzky, Maria-Barbara von, Art. Grabbeigabe, in: RAC 12, 1983, Sp. 429-445.

Strong, Donald E., Roman imperial sclulpture. An introduction to the commemorative and decorative sculpture of the Roman empire down to the death of Constantine, London 1961.

Stubbe, Hannes, Formen der Trauer. Eine kulturanthropologische Untersuchung, Berlin 1985.

Stuiber, Alfred, Der Tod des Aurelius Augustinus, in: Theodor Klauser u.a. (Hg.), Jenseitsvorstellungen in Antike und Christentum. Gedenkschrift für Alfred Stuiber, JAC.E 9, Münster 1982, S. 1-8.

—— Die gottesdienstlichen Formen im Frühchristentum, in: Karl Gustav Fellerer (Hg.), Geschichte der katholischen Kirchenmusik I. Von den Anfängen bis zum Tridentinum, Kassel/Basel/Tours/London 1972, S. 37-42.

—— καθέσις, in: Alfred Stuiber/Alfred Hermann, (Hg.), Mullus. FS Theodor Klauser, Münster 1964, S. 346-351.

—— Refrigerium Interim. Die Vorstellungen vom Zwischenzustand und die frühchristliche Grabeskunst, Theoph 11, Bonn 1957.

Stupperich, Reinhard, Staatsbegräbnis und Privatgrabmal im klassischen Athen, Münster 1977.

Styger, Paul, Die römischen Katakomben. Archäologische Forschungen über den Ursprung und die Bedeutung der altchristlichen Grabstätten, Berlin 1933.

—— Il monumento apostolico della via Appia, DPARA 2.13, Rom 1918.

—— Juden und Christen im alten Rom, Berlin 1934.

Sukenik, The earliest records of Christianity, in: AJA 51 (1947), S. 351-365.

Sumner, William Graham, Folkways. A study of the sociological importance of usage, manners, customs, mores and morals, Perennial works in sociology, New York 1979 (Erstausgabe New York 1906).

Sundermeier, Theo, Art. Ritus I., in: TRE 29, 1998, S. 259-265.

—— Todesriten als Lebenshilfe. Der Trauerprozeß in Afrika, in: WzM 29 (1977), S. 129-144.

Swete, Henry B., Prayer for the departed in the first four centuries, in: JThS 8 (1907), S. 500-514.

Tabbernee, William, 'Our trophies are better than your trophies'. The appeal to tombs and reliquaries in Montanist-orthodox relations, in: StPatr 31 (1997), S. 207-217.

Taylor, Ann Christine, Remembering to forget. Identity, mourning and memory among the Jivaro, in: Man 28, 4 (1993), S. 653-678.

Teeuwen, Stephan W., Sprachlicher Bedeutungswandel bei Tertullian. Ein Beitrag zum Studium der christlichen Sondersprache, SGKA 14.1, Paderborn 1926 (Neudr. New York 1968).

Terstegen, Wilhelmus Johannes, Εὐσεβής en ὅσιος in het grieksch taalgebruik na de IVe eeuw, Utrecht 1941 (*non vidi*).

Testa, Emanuele, Il simbolismo dei giudeo-cristiani, PSBF 14, Jerusalem 1962.

Testini, Pasquale, Le catacombe e gli antichi cimiteri in Roma, Bologna 1966.

—— Nuove osservazioni sul cubicolo di Ampliato in Domitilla, in: ICCA 9, 1 (1978), S. 141-157.

Thraede, Klaus, „Auferstehung der Toten" im Hymnus ante cibum des Prudentius (cath. 3, 186/205), in: JACE 9 (2. Aufl. 1988), S. 68-78.

—— Art. Hymnus I, in: RAC 16, 1994, Sp. 915-946.

Thumb, Albert, Die griechische Sprache im Zeitalter des Hellenismus, Berlin 1974.

Tiele, Cornelis P./Söderblom, Nathan, Kompendium der Religionsgeschichte, 6. Aufl. Berlin 1931.

Tinnefeld, Franz, Art. Photius, in: TRE 26, 1996, S. 587-589.

Tolotti, Francesco, Il cimitero di Priscilla. Studio di topografia e architettura, Amici delle catacombe 26, Vatikanstadt 1970.

Toynbee, Jocelyn M.C., The art of the Romans, London 1965.

—— Death and burial in the Roman world. Aspects of Greek and Roman life, 2. Aufl. New York 1996 (1. Aufl. 1971).

—— Life, death, and afterlife on Roman-age mosaics, in: Theodor Klauser u.a. (Hg.), Jenseitsvorstellungen in Antike und Christentum. Gedenkschrift für Alfred Stuiber, JAC.E 9, Münster 1982, S. 210-214.

Dies./Ward-Perkins, John Ward, The shrine of St. Peter and the Vatican excavations, London 1956.

Treggiari, Susan, Roman marriage. *Iusti coniuges* from the time of Cicero to the time of Ulpian, Oxford 1991.

Treu, Kurt, Der Tod in der attischen neuen Komödie, in: Theodor Klauser u.a. (Hg.), Jenseitsvorstellungen in Antike und Christentum. Gedenkschrift für Alfred Stuiber, JAC.E 9, 2. Aufl. Münster 1988, S. 21-29.

Triacca, Achille M., La commemorazione dei defunti nelle anafore del IV secolo: testimonianza pregata della sopravivenza. Dalla 'lex credendi' e 'lex orandi' alla 'lex vivendi'. Morte e immortalià nella catachesi dei padri del III-IV secolo, BSRel 66, Rom 1985.

Tucci, Guiseppe, Die Religionen Tibets, in: ders./Walther Haussig, Die Religionen Tibets und der Mongolei, RM 20, Stuttgart 1970, S. 170-248.

Turcan, Robert, Origines et sens de l'inhumation à l'époque impériale, in: REA 60 (1958), S. 323-47.

Turner, Victor, Dramas, fields, and metaphors. Symbolic action in human society, Ithaca/London 1974.

—— The forest of symbols, Ithaca/New York 1967.

—— The ritual process. Structure and anti-structure, Ithaca/New York/London 1969.

Tylor, Edward B., Die Anfänge der Cultur. Untersuchungen über die Entwicklung der Mythologie, Philosophie, Religion, Kunst und Sitte, Bd. 1, Leipzig 1873.

Ühlein, Hermann, Mysterion an den heiligen Entschlafenen. Das Begräbnisritual bei Dionysius Areopagita, in: Hansjakob Becker/Bernhard Einig/Peter-Otto Ullrich (Hg.), Im Angesicht des Todes. Ein interdisziplinäres Kompendium II, PiLi 4, St. Ottilien 1987, S. 1043-1086.

Vaux, Roland de, Archeology and the Dead Sea scrolls, London 1973.

Vermeule, Emily T., Aspects of death in early Greek art and poetry, Berkeley 1979.

Vermeulen, A.J., The semantic development of Gloria in early-Christian Latin, LCP 12, Nijmegen 1956.

Paul Veyne, L'Empire romain, in: Philippe Ariès/Georges Duby (Hg.), Histoire de la vie privée 1. De l'Empire romain à l'an mil, Paris 1985, S. 19-223.

Vickers, Michael J., Artful crafts. The influence of metalwork on Athenian painted pottery, JHS 105 (1985), S. 108-128.

—— Greek vases, Oxford 1978.

—— Silver, copper and ceramics in ancient Athens, in: Michael J. Vickers (Hg.), Pots and pans, Oxford Studies in Islamic Art 3, Oxford 1986, S. 137-151.

Ders./Impey, Oliver/Allan, James, From silver to ceramic. The potter's debt to metalwork in the Graeco-Roman, oriental and Islamic worlds, Oxford 1986.

Vinzent, Markus, Halbe Heiden—Doppelte Christen. Die Festbriefe Kyrills von Alexandrien und die Datierung seines Werkes Contra Julianum, in: Angelika Dörfler-Dierken/Wolfram Kinzig/Markus Vinzent (Hg.), Christen und Nichtchristen in der Spätantike, Neuzeit und Gegenwart. Beginn und Ende des Konstantinischen Zeitalters. Akten des Internationalen Forschungskolloquiums zum 65. Geburtstag von Adolf Martin Ritter, TASHT 6, Cambridge/Mandelbachtal 2001, S. 41-60.

—— Das „heidnische Ägypten" im 5. Jahrhundert, in: Johannes van Oort/Dietmar Wyrwa (Hg.), Heiden und Christen im 5. Jahrhundert, Löwen 1998, S. 32-65.

Vismara, Cinzia, I cimiteri ebraici di Roma, in: *Società romana e impero tardantico* 2 (1986), S. 351-503.

Visonà, Giuseppe, Art. Ostern/Osterfest/Osterpredigt I., in: TRE 25, 1995, S. 517-530.

Visscher, Fernand de, Le droit des tombeaux romains, in: ZSSt Rom. Abt. 95 (1978), S. 15-92.

—— Le droit des tombeaux romains, Mailand 1963.

Vittinghoff, Friedrich, Der Staat beim Tode Konstantins, Genf 1989.

Vliet, Jacques van der, Spätantikes Heidentum in Ägypten im Spiegel der koptischen Literatur, in: Riggisberger Berichte 1 (1993), S. 99-130.

Vogel, Cyrille, Medieval liturgy. An introduction to the sources, Washington D.C. 1986.

Volbach, Wolfgang Fritz, Frühchristliche Kunst. Die Kunst der Spätantike in West- und Ostrom, München 1958.

Vollgraff, Carl Wilhelm, L'Oraison funèbre de Gorgias, Leiden 1952.

Vollmoeller, Karl Gustav Griechische Kammergräber mit Totenbetten, Bonn 1901

Volp, Ulrich, Art. Fisch in der Christlichen Kunst, in: RGG⁴ 3, 2000, Sp. 146f.

—— Das Geheimnis der Mumien, in: KuKi 4 (1997), S. 245.

Vouga, François, Geschichte des frühen Christentums, Tübingen/Basel 1994.

Vries, Simon Ph. de, Jüdische Riten und Symbole, 7. Aufl. Wiesbaden 1994.

Vrugt-Lentz, Johanna ter, Art. Ahnenkult, in: LAW, 1965, Sp. 74.

Wacher, John, The Roman Empire, London 1987.

Wachsmuth, Dietrich, Art. Totenkult, in: KP 5, 1975, Sp. 891-901.

—— Art. Trankopfer, in: KP 5, 1975, Sp. 922f.

Wächter, Ludwig, Der Tod im Alten Testament, AzTh 2, 8, Stuttgart 1967.

Wächter, Theodor, Reinheitsvorschriften im griechischen Kult, RVV 9/1, Gießen 1910.

Wallraff, Martin, Christus Verus Sol. Sonnenverehrung und Christentum in der Spätantike, JAC.E 32, Münster 2001.

—— La preghiera verso oriente. Alle origini di un uso liturgico, in: La preghiera nel tardoantico. Dalle origini ad Agostino. XXVII Incontro di studiosi dell' antichità cristiana, SEAug 66, Rom 1999, S. 463-469.

Walsh, Patrick Gerard, Art. Hymnen I., TRE 15, 1986, S. 756-762.

Walters, Kenneth R., Rhetorik as ritual. The semiotics of the Attic funeral oration, Florilegium 2 (1980), S. 1-28.

Waltzing, J.-P., Étude historique sur les corporations professionelles chez les Romains depuis les origines jusqu'à la chute de l'Empire d'Occident, 4 Bde., Löwen 1895-1900.

Warren, Frederick E., The liturgy and ritual of the ante-Nicene church, London 1912.

Waszink, Jan H., Einige Bemerkungen über den Text des Carmen de resurrectione mortuorum et de iudicio Domini, in: Theodor Klauser u.a. (Hg.), Jenseitsvorstellungen in Antike und Christentum. Gedenkschrift für Alfred Stuiber, JAC.E 9, 2. Aufl. Münster 1988, S. 79-85.

—— Art. Genossenschaft B. Römisch, in: RAC 12, 1983, Sp. 99-117.

—— Pompa diaboli, in: VigChr 1 (1947), S. 13-41.

Ders. (Hg.), Q.S.F. Tertulliani de anima, Amsterdam 1947.

—— Tertullianus, Quintus Septimius Florens. Über die Seele, BAW, Zürich 1980.

Ders./J.C.M. van Winden/P.G. van der Nat, Tertullianus. De idololatria. Critical text, translation and commentary, SVigChr 1, Leiden 1987.

Watson, James L./ Rawski, Evelyn S., Death ritual in late imperial and modern China, Studies on China 8, Berkeley 1988.

Webster, Leslie/Brown, Michelle (Hg.), The transformation of the Roman world. AD 400-900, London 1997.

Wegmann, Hermann A.J., Geschichte der Liturgie im Osten und Westen, Regensburg 1979.

Weis, Johannes E., Die altchristlichen Begräbnisgenossenschaften, AKKR 77 (1897), S. 670-680.

Weiss, Zeev, Social aspects of burial in Beth She'arim. Archeological finds and Talmudic sources, in: Lee I. Levine (Hg.), The Galilee in late antiquity, New York/Jerusalem 1992, S. 357-371.

Wellesz, Egon, Die Musik der byzantinischen Kirche, Das Musikwerk 13, Köln 1959.

Welten, Peter, Art. Bestattung II. Altes Testament, in: TRE 5, 1980, S. 734-738.

Wensinck, A.J., Some Semitic rites of mourning and religion. Studies on their origin and their mutual relation, in: VAW.L 18 (1917), S. 1-101.

Werblowsky, Zwi, A note on purification and proselyte baptism, in: Jacob Neusner (Hg.), Christianity, Judaism, and other Greco-Roman cults 3, Leiden 1975, S. 200-205.

—— Der Tod in der jüdischen Kultur, in: Constantin von Barloewen (Hg.), Der Tod in den Weltkulturen und Weltreligionen, München 1996, S. 161-168.

Wermelskirchen, Axel, Iddir muß gefragt werden, in: FAZ 217 (18.9. 1997), S. 9-10.

Wesch-Klein, Gabriele, Funus publicum. Eine Studie zur öffentlichen Beisetzung und Gewährung von Ehrengräbern in Rom und den Westprovinzen, Heidelberger althistorische Beiträge und epigraphische Studien 14, Stuttgart 1993.

Westerfield Tucker, Karen B., Christian rituals surrounding death, in: Paul F. Bradshaw/Lawrence A. Hoffman (Hg.), Life cycles in Jewish and Christian worship. Two liturgical traditions 4, Notre Dame/London 1996, S. 196-213.

Westrup, Carl Wium, Introduction to early Roman law. Comparative sociological studies 1-3. The patriarchal joint family, Kopenhagen 1944.

Weth, Rudolf, Kirche in der Sendung Jesu Christi. Missionarische und diakonische Existenz der Gemeinde im nachchristlichen Zeitalter, Neukirchen-Vluyn 1993.

Whaley, Joachim (Hg.), Mirrors of mortality. Studies in the social history of death, Europa Social History of Human Experience 3, London 1981.

Wharton, Annabel Jane, Refiguring the post classical city. Dura Europos, Jerash, Jerusalem, and Ravenna, 1995.

Wheeler, Robert Eric Mortimer, A Roman pipe-burial from Caerlon, Monmouthshire, in: AnJ 9 (1929), S. 1-7.

Whitaker, Edward C., The baptismal liturgy, 2. Aufl. London 1981.

White, L. Michael, Art. Burial, in: Encyclopedia of early Christianity 1, 2. Aufl. New York/London 1997.

—— Building God's house in the Roman world. Architectural adaptation among pagans, Jews, and Christians, Baltimore/London 1990.

Wickert, Lothar, Zum Christenbrief des Plinius, in: Rheinisches Museum 100 (1957), S. 100.

Widengren, Geo, Religionsphänomenologie, Berlin 1969.

Wiedemann, Thomas E.J., Adults and children in the Roman empire, London 1989.

Wiegartz, Hans (Hg.), Symposion über die antiken Sarkophagreliefs, in: AA (1971), S. 102-116.

Wiel, Constant van de, Les différentes formes de cohabitation hors justes noces et les dénominations diverses des enfants qui en sont nés dans le droit romain, canonique, civil et byzantin jusqu'au treizième siècle, in: RIDA 39 (1992), S. 327-358.

Wieland, Franz, Altar und Altargrab der christlichen Kirchen im 4. Jahrhundert. Neue Studien über den Altar der altchristlichen Liturgie, München 1912.

Wiesner, Joseph, Art. Lilie, in: LAW, 1965, Sp. 1732.

Wilamowitz-Moellendorf, Ulrich von, Der Glaube der Hellenen, Bde. 1-2, Darmstadt 2.Aufl. 1955.

Wilken, Robert Louis, Die frühen Christen, wie die Römer sie sahen, Graz 1986.

—— John Chrysostom and the Jews. Rhetoric and reality in the late 4th century, The transformation of the classical heritage 4, Berkeley 1983.

Willis, Geoffrey Grimshaw, A history of early Roman liturgy to the death of pope Gregory the Great, HBS.S 1, London 1994.

Wilpert, Joseph, Die Katakombengemälde und ihre alten Copien, Freiburg 1891.

—— Die Malereien der Katakomben Roms, 2 Bde. Freiburg 1903.

—— I sarcophagi cristiani antichi I/III, Rom 1929/1936.

Wilson, Robert McLachlan, Art. Apokryphen II, in: TRE 3, 1978, S. 343-348.

Wischmeyer, Wolfgang, Das Beispiel Jonas. Zur kirchengeschichtlichen Bedeutung von Denkmälern frühchristlicher Grabeskunst zwischen Theologie und Frömmigkeit, in: ZKG 92 (1982), S. 161-179.

—— Von Golgatha zum Ponte Molle. Studien zur Kirchengeschichte im dritten Jahrhundert, FKDG 49, Göttingen 1992.

Wissowa, Georg, Religion und Kultus der Römer, München 1912.

Wolf, Arthur P., Chinese kinship and mourning dress, in: Maurice Freedman (Hg.), Family and kinship in Chinese society, Stanford 1970, S. 189-207.

Wortley, John, Iconoclasm and Leipsaanoclasm. Leo III., Constantine V., and the Relics, ByF 8, Amsterdam 1982.

Wrede, Henning, Die Ausstattung stadtrömischer Grabtempel und der Übergang zur Körperbestattung, in: MDAI.R 85 (1978), S. 411-433.

Wright, Charles H. H., The intermediate state and prayers for the dead, London 1900.

Wright, John Hickey, Art. Dead, prayers for the, in: NCE IV, 1967, Sp. 671-673.

Wyller, Egil A., Art. Plato/Platonismus II., in: TRE 26, 1996, S. 693-702;

Yarnold, Edward, The awe-inspiring rites of initiation, Baptismal homilies of the fourth century, London 1972.

Ysebaert, Joseph, Die Amtsterminologie im Neuen Testament und in der Alten Kirche. Eine lexikographische Untersuchung, Breda 1994.

—— Greek baptismal terminology. Its origins and early development, GCP 1, Nijmegen 1962.

Zajadacz-Hastenrath, Salome/Exner, Matthias, Art. Fisch I., in: RDK 9, 1987f, Sp. 18-88

Zeller, Dieter, Art. Mysterien/Mysterienreligionen, in: TRE 23, 1994, S. 504-526.

Zellinger, Johannes, Augustin und die Volksfrömmigkeit. Blicke in den frühchristlichen Alltag, München 1933.

Ziegler, Konrat, Art. Hymnos, in: KP 2, 1975, Sp. 1268-1271.

—— Art. Lilie, in: KP 3, 1975, Sp. 650f.

Zietzschmann, W., Art. Athenai III, in: KP 1, 1975, Sp. 699f.

Zlotnick, Dov, The tractate 'Mourning', New Haven 1966.

Zoepfl, Friedrich, Art. Bestattung II, in: RDK 2, Stuttgart 1948, Sp. 333-336.

REGISTER

1. Schriftstellen

3. Inschriften

4.Hebräische Begriffe

5. Griechische Begriffe

6. Lateinische Begriffe

7. Sachregister (inkl. antike Personen und Orte)

8. Bildnachweis

Abb. 1: Drei-Königs-Sarkophag, Ravenna (6. Jh.), Photo: Ulrich Volp.

Abb. 2: Ägyptisches Mumienporträt, Original in Privatbesitz. Photo: Ulrich Volp.

Abb. 3: Prothesis mit Mundöffnungsritual, abgebildet auf einer vergoldeten Totenmaske eines jungen Mannes, Hawara ca. 20-40 n. Chr., Original im British Museum, London. Photo: Ulrich Volp.

Abb. 4: Mundöffnungsritual (Kalksteinrelief, 14. Jh.v.Chr.), Original im British Museum, London. Photo: Ulrich Volp.

Abb. 5: Reinigung einer Leiche. Abb. bei Hartwig Altenmüller, Die Mumie. Ein Körper für die Ewigkeit, in: Renate Germer (Hg.), Das Geheimnis der Mumien. Ewiges Leben am Nil, München/New York 1997, S. 18.

Abb. 6: Prothesis (geometrische Keramik, Griechenland), Original im British Museum, London. Photos: Ulrich Volp.

Abb. 7: Frau am Grab mit Totenspende (Lekythos, 5. Jahrhundert), Original im British Museum, London. Photo: Ulrich Volp.

Abb.8: Trauernde Frau bei Reinigung (Lekythos, 5. Jahrhundert), Original im British Museum, London. Photo: Ulrich Volp.

Abb. 9: Columbarium der Familie der Marcella. Abb. aus Ernest Nash, Pictorial dictionary of ancient Rome, 2 Bde., 2. Aufl. London 1968, Tafel 1107, S. 336.

Abb.10: Calixtus-Katakombe Rom. Photo: Ulrich Volp.

Abb. 11: Antike christliche Grabstätten Roms. Grafik nach Fabrizio Mancinelli, Römische Katakomben und Urchristentum, Florenz (1981), 2. Umschlagseite.

Abb. 12: Nekropole der Sieben Schläfer, Ephesos. Photo: Ulrich Volp.

Abb. 13: Christliche Gräber bei Ephesos (4. Jh. und jünger). Photo: Ulrich Volp.

Abb. 14: Gliederpuppe auf Grabverschluß, Abb. aus: Beatrix Asamer/Josef Fink, Die römischen Katakomben, Mainz 1997, S. 16.

Abb. 15: Mahlszene (Fresko, Petrus und Marcellinus-Katakombe, 4. Jh.). Abb. aus Beat Brenk, Spätantike und frühes Christentum, PKG 19 (= Suppl. 1), Frankfurt/Berlin/Wien 1977, Taf. 53a.

Abb. 16: Grundriß der area von Tipasa. Abb. aus Mounir Bouchenaki, Fouilles de la nécropole occidentale de Tipasa (1968-1972), Publications de la Bibliothèque Nationale. Histoire et civilisations 1, Algier 1975, Fig. 6.

Abb. 17: Coemeterium Maius, Via Nomentana, Rom, mit Kathedra, Abb. aus: Frederick van der Meer/Christine Mohrmann (Hg.), Bildatlas der frühchristlichen Welt, Gütersloh 1959, S. 49.

Abb. 18: Mosaik aus Tipasa. Abb. aus Bouchenaki (1975), Fig. 37.

SUPPLEMENTS TO VIGILIAE CHRISTIANAE

52. Drobner, H.R. and A. Viciano (eds.). *Gregory of Nyssa: Homilies on the Beatitudes*. An English Version with Commentary and Supporting Studies. Proceedings of the Eighth International Colloquium on Gregory of Nyssa (Paderborn, 14-18 September 1998) 2000 ISBN 90 04 11621 4

53. Marcovich, M. (ed.). *Athenagorae qui fertur* De resurrectione mortuorum. 2000. ISBN 90 04 11896 9

54. Marcovich, M. (ed.). *Origenis: Contra Celsum Libri VIII.* 2001. ISBN 90 04 11976 0

55. McKinion, S. *Words, Imagery, and the Mystery of Christ.* A Reconstruction of Cyril of Alexandria's Christology. 2001. ISBN 90 04 11987 6

56. Beatrice, P.F. *Anonymi Monophysitae* Theosophia, *An Attempt at Reconstruction.* 2001. ISBN 90 04 11798 9

57. Runia, D.T. *Philo of Alexandria:* An Annotated Bibliography 1987-1996. 2001. ISBN 90 04 11682 6

58. Merkt, A. *Das Patristische Prinzip.* Eine Studie zur Theologischen Bedeutung der Kirchenväter. 2001. ISBN 90 04 12221 4

59. Stewart-Sykes, A. *From Prophecy to Preaching.* A Search for the Origins of the Christian Homily. 2001. ISBN 90 04 11689 3

60. Lössl, J. *Julian von Aeclanum.* Studien zu seinem Leben, seinem Werk, seiner Lehre und ihrer Überlieferung. 2001. ISBN 90 04 12180 3

61. Marcovich, M. (ed.) *Clementis Alexandrini* Paedagogus. 2002. ISBN 90 04 12470 5

62. Berding, K. *Polycarp and Paul.* An Analysis of Their Literary and Theological Relationship in Light of Polycarp's Use of Biblical and Extra-Biblical Literature. 2002. ISBN 90 04 12670 8

63. Kattan, A.E. *Verleiblichung und Synergie.* Grundzüge der Bibelhermeneutik bei Maximus Confessor. 2002. ISBN 90 04 12669 4 *(in preparation)*

64. Allert, C.D. *Revelation, Truth, Canon, and Interpretation.* Studies in Justin Martyr's Dialogue with Trypho. 2002. ISBN 90 04 12619 8

65. Volp, U. *Tod und Ritual in den christlichen Gemeinden der Antike.* 2002. ISBN 90 04 12671 6